民商事类案裁判思维丛书

公司股权
纠纷类案裁判思维

张应杰／主编

人民法院出版社

图书在版编目（CIP）数据

　　公司股权纠纷类案裁判思维 / 张应杰主编. －－北京：人民法院出版社，2023.4
　　（民商事类案裁判思维丛书）
　　ISBN 978-7-5109-3780-4

　　Ⅰ.①公… Ⅱ.①张… Ⅲ.①公司－股权－经济纠纷－中国 Ⅳ.①D922.291.91

　　中国国家版本馆CIP数据核字(2023)第065313号

公司股权纠纷类案裁判思维

张应杰　主编

策划编辑	韦钦平　李安尼
责任编辑	巩　雪
执行编辑	沈洁雯
封面设计	尹苗苗
出版发行	人民法院出版社
地　　址	北京市东城区东交民巷27号（100745）
电　　话	（010）67550667（责任编辑）　67550558（发行部查询）
	65223677（读者服务部）
客服QQ	2092078039
网　　址	http://www.courtbook.com.cn
E- mail	courtpress@sohu.com
印　　刷	保定市中画美凯印刷有限公司
经　　销	新华书店
开　　本	787毫米×1092毫米　1/16
字　　数	614千字
印　　张	31.5
版　　次	2023年4月第1版　2023年7月第2次印刷
书　　号	ISBN 978-7-5109-3780-4
定　　价	119.00元

版权所有　　侵权必究

公司股权纠纷类案裁判思维
编委会

主　　编　张应杰
副 主 编　黄志坚　叶若思
执 行 主 编　慈云西　罗映清
撰　稿　人　罗映清　庄齐明　陈朝毅　刘一瑶

序言

　　天下之事，不难于立法，而难于法之必行。习近平总书记在党的二十大报告中深刻指出："全面依法治国是国家治理的一场深刻革命，关系党执政兴国，关系人民幸福安康，关系党和国家长治久安。必须更好发挥法治固根本、稳预期、利长远的保障作用，在法治轨道上全面建设社会主义现代化国家。"人民法院公正司法作为全面推进依法治国的重要环节，对法治中国建设具有举足轻重的意义。党的十八大以来，在以习近平同志为核心的党中央领导下，全国法院深入推进以司法责任制为核心的四项基础性改革，司法公信力和司法效能显著提升，人民群众的司法获得感普遍增强。深圳法院在"双区"驱动、"双区"叠加、"双改"示范效应作用下，勇立潮头、勇当尖兵，扎实推进各项改革工作，积极推进司法公信力、法治竞争力、改革创新力、国际影响力卓著的先行示范法院建设，改革成效日益突出，示范效应日益凸显。

　　欲知平直，则必准绳；欲知方圆，则必规矩。党中央高度重视法律适用的统一，党的十八届四中全会作出的《中共中央关于全面推进依法治国若干重大问题的决定》将"统一法律适用标准"作为完善以宪法为核心的中国特色社会主义法律体系的重要任务之一。《最高人民法院关于深化司法责任制综合配套改革的实施意见》又将"完善统一法律适用机制"作为重要内容。在统一法律适用的司法大背景下，推进"类案同判"既是党中央提出的明确任务，又是人民群众对于司法公正的朴素追求。在此背景下，深圳市中级人民法院出台了《深圳法院全面构建类案标准化体系加快建设先行示范法院工作方案》，计划用三年时间对司法案件办理常见问题进行系统化、要素式梳理，达到立、审、执、破全口径覆盖，形成对实务具备参考价值的类案裁判思维丛书。这是深圳法院司法改革路线图上迈出的重要一步，向社会释放了深圳法院统一法律适用、促进司法公正的强烈信号。

　　沧海横流显砥柱，万山磅礴看主峰。党中央作出兴办经济特区重大战略部署以来，深圳敢闯敢试、敢为人先、埋头苦干，创造了发展史上的奇迹，成为全国改革开放的一面旗帜。作为改革开放和创新创业的热土，在打造体现深圳特色、辐射全国、具有卓著影响力的国际一流法治环境过程中，深圳法院面临着众多法律关系复杂、事实认定困难的新类型纠纷,法律与司法解释的更新速度远不及新类型纠纷的发生速度。有鉴于此,深圳法院先行先试,推出类案裁判思维丛书,以化解各领域"类案不同判"的难题,为一线法官提供裁判指引,帮助广大法官提高业务能力,以高质量裁判助力深圳打造最安全稳定、最公平公正、法治环境最好的标杆城市。综观本套丛书,呈现以下三个特点:

一是体系性强。本套丛书内容全面系统,体系完整严谨。对民事、知识产权、金融、商事、房产、劳动争议、环资、立案、执行、企业破产等领域的类案进行梳理汇总,对各类型案件办理提供全方位、精细化参考指引,实现流程精细完整、业务覆盖全面。同时,本套丛书在体例结构、主要章节名称和编辑排版方面保持了整体的协调性与一致性,对各类案件办理中的裁判思路、审理要素、实务难点、示范说理、判项表述等内容进行系统梳理,构建出完整的司法裁判知识图谱,为提升类案裁判质效奠定基础。

二是实用性强。本套丛书按照司法裁判的内在逻辑体系,全面总结梳理了深圳两级法院优秀法官的实践智慧成果,对于发挥司法传承作用、明晰案件裁判思路、提升办案工作质效具有非常重要的参考价值。类案裁判思维丛书向社会公开,也为法律工作者、法学院校师生、人民调解员等提供了法官思维的路径、研究法学课题的素材、解决法律争议的方法、评判法律问题的尺度,还能让社会公众看到法官依法明断、定分止争背后的法律原理和法律精神,从而实现人民法院在民意沟通质量和效果上的进一步提升。

三是前沿性强。本套丛书立足全国一流标准,全面搜集各类参考资料,汇集深圳两级法院在常见类案办理过程中形成的优秀智慧和经验成果,为一线法官打造高标准、高水平的司法实务"工具书"。每本书籍既涵盖了有关类案的常见问题,又直面深圳特区司法实践当中的热点难点,为有关前沿争议问题提供具有较强参考价值的破题思路。本套丛书素材虽多取自深圳法院审判实践,研究视野却不囿于深圳一域;目标虽着眼于服务司法实践需求,研究内容亦不局限于实证分析,而具有一定的法学理论深度和理论研究成果价值。

东方风又来,南海潮再涌。四十多年来,深圳法院看尽深圳高速发展所带来的沧桑巨变。站在新时代的十字路口,在走向"两个一百年"的重要历史节点,全面准确落实司法责任制,加快建设公正高效权威的社会主义司法制度,深圳法院责无旁贷、使命在肩。未来,深圳法院将继续以永不懈怠的激情与活力,探索法治城市建设,努力将深圳打造成为中国特色社会主义法治的"窗口"和"名片",不断为法治中国建设输送"深圳经验"。

本套丛书的编撰将始终坚持司法观点的与时俱进以及主题内容的与日俱

增，随着司法实践的不断深入，丛书的内容将不断更新扩充，我们热忱期待深圳法院有更多法官能润泽笔墨，积极贡献自己的司法智慧，也衷心欢迎各界法律工作者能建言献策，为我们多提宝贵意见，在新时代新征程上共同推进深圳法院工作高质量发展。

是为序。

二〇二三年四月

凡例

1. 法律文件名称中的"中华人民共和国"省略，其余一般不省略，例如《中华人民共和国公司法》，简称为《公司法》。
2. 《最高人民法院关于适用〈中华人民共和国公司法〉若干问题的规定（三）》，简称为《公司法司法解释（三）》。
3. 《最高人民法院关于适用〈中华人民共和国公司法〉若干问题的规定（四）》，简称为《公司法司法解释（四）》。
4. 《最高人民法院关于适用〈中华人民共和国民事诉讼法〉的解释》，简称为《民事诉讼法司法解释》。
5. 《最高人民法院关于民事诉讼证据的若干规定》，简称为《民事诉讼证据规定》。
6. 《全国法院民商事审判工作会议纪要》，简称为《民商审判会议纪要》。
7. 《最高人民法院关于审理外商投资企业纠纷案件若干问题的规定（一）》，简称为《外商投资企业纠纷司法解释（一）》。
8. 《最高人民法院关于适用〈中华人民共和国行政诉讼法〉的解释》，简称为《行政诉讼法司法解释》。
9. 《最高人民法院关于审理买卖合同纠纷案件适用法律问题的解释》，简称为《买卖合同司法解释》。
10. 《最高人民法院关于适用〈中华人民共和国民法典〉有关担保制度的解释》，简称为《民法典担保制度司法解释》。
11. 《最高人民法院关于适用〈中华人民共和国民法典〉婚姻家庭编的解释（一）》，简称为《民法典婚姻家庭编司法解释（一）》
12. 《最高人民法院关于审理民事案件适用诉讼时效制度若干问题的规定》，简称为《诉讼时效规定》。
13. 《最高人民法院关于适用〈中华人民共和国合同法〉若干问题的解释（二）》，简称为《合同法司法解释（二）》。
14. 《最高人民法院关于审理证券市场虚假陈述侵权民事赔偿案件的若干规定》，简称为《虚假陈述司法解释》。
15. 《最高人民法院关于民事执行中变更、追加当事人若干问题的规定》，简称为《民事执行中变更、追加当事人的规定》。

目录

第一章 股权转让纠纷

第一节 类型纠纷审判概述 / 3
  一、股权法律含义 / 3
  二、股权转让纠纷常见类型 / 9
  三、股权转让法律规制体系 / 12
  四、股权转让纠纷案件审理理念 / 16

第二节 基本要素审理指引 / 24
  一、立案要素 / 24
  二、被告抗辩要素 / 30
  三、举证要素 / 33
  四、法律关系要素 / 34
  五、合同无效要素 / 43
  六、合同可撤销要素 / 47
  七、合同未生效要素 / 49
  八、合同履行要素 / 50
  九、合同解除要素 / 54
  十、合同效力否定或解除后纠纷处置要素 / 57
  十一、优先购买权要素 / 60
  十二、特殊类型案件要素审查 / 64

第三节 实务难点裁判思路 / 66
  一、关于股权转让合同履行地确定的问题 / 66

二、关于股权转让预约合同问题 / 67

　　三、关于瑕疵股权转让问题 / 69

　　四、关于股权转让"阴阳合同"问题 / 81

　　五、关于股权转让混淆转让主体损害标的公司利益的问题 / 83

　　六、关于股权转让协议缺乏对价或者其他核心条款的问题 / 85

　　七、关于工商变更登记对股权转让合同效力及履行影响的问题 / 86

　　八、关于公司章程限制股权转让边界的问题 / 89

　　九、关于股权让与担保的问题 / 96

　　十、关于债权人能否以控股股东以明显低价转让股权为由请求其连带清偿公司债务问题 / 104

　　十一、关于代持股权转让问题 / 106

　　十二、关于损害股东优先购买权的股权转让合同效力问题 / 114

　　十三、关于国有股权转让前置审批程序对合同效力影响的问题 / 117

第四节　常见争点说理示范 / 120

　　一、关于股权转让纠纷管辖裁判说理示范 / 120

　　二、关于股权转让本约合同与预约合同裁判说理示范 / 124

　　三、关于合同未生效裁判说理示范 / 126

　　四、关于股权转让合同效力裁判说理示范 / 134

　　五、关于撤销股权转让合同裁判说理示范 / 164

　　六、关于股权转让合同解除裁判说理示范 / 167

　　七、关于股权转让合同履行裁判说理示范 / 192

　　八、关于股权转让瑕疵担保责任裁判说理示范 / 205

　　九、关于股权转让合同定金、违约金条款裁判说理示范 / 211

　　十、关于章程限制股权转让效力裁判说理示范 / 217

　　十一、关于优先购买权裁判说理示范 / 221

　　十二、关于股权转让穿透式审判裁判说理示范 / 238

　　十三、关于股权转让股东出资义务履行裁判说理示范 / 252

　　十四、关于涉外股权转让合同纠纷准据法适用的裁判说理示范 / 258

第五节　判决主文规范表述 / 258

　　一、支持办理股权变更登记手续的规范表述 / 259

　　二、股权转让确认无效后办理股权回转登记的规范表述 / 260

三、支持其他股东优先购买权的规范表述 / 261

第二章
估值调整协议纠纷

第一节　类型纠纷审判概述 / 267

　　一、估值调整协议概述 / 267

　　二、估值调整协议纠纷概述 / 274

第二节　基本要素审理指引 / 284

　　一、立案要素审查 / 284

　　二、合同效力要素 / 289

　　三、合同履行要素审查——对赌条件 / 294

　　四、合同履行要素审查——对赌结果 / 299

　　五、违约金要素审查 / 304

　　六、合同解除要素审查 / 305

　　七、诉讼时效要素审查 / 308

第三节　实务难点裁判思路 / 311

　　一、关于与目标公司对赌的难点问题 / 311

　　二、关于目标公司为股东对赌义务提供担保的相关法律问题 / 321

　　三、关于估值调整协议纠纷中夫妻共债的认定问题 / 330

　　四、关于投资方在"对赌失败"后的责任承担问题 / 333

　　五、涉及上市、新三板挂牌领域估值调整协议的相关法律问题 / 336

　　六、关于涉"新冠疫情"估值调整协议纠纷的处理问题 / 343

第四节　常见争点说理示范 / 346

　　一、关于估值调整协议效力的裁判说理示范 / 346

　　二、关于估值调整协议性质认定的裁判说理示范 / 351

　　三、关于投资方行使权利的裁判说理示范 / 351

　　四、关于是否触发对赌条款的裁判说理示范 / 353

　　五、关于估值调整协议项下义务承担的裁判说理示范 / 355

六、关于目标公司对赌义务是否具备履行条件的裁判说理示范 / 358

七、关于违约金的裁判说理示范 / 360

八、关于估值调整协议已终止的裁判说理示范 / 362

九、关于合同解除的裁判说理示范 / 362

十、关于融资方原股东转让股权后回购义务如何承担的裁判说理示范 / 364

十一、关于融资方提出不可抗力或情事变更抗辩的裁判说理示范 / 366

十二、关于"对赌债务"是否属于夫妻共同债务的裁判说理示范 / 367

十三、关于原告在约定的补偿义务之外请求赔偿损失的裁判说理示范 / 370

十四、关于融资方主张投资方不正当触发对赌条款的裁判说理示范 / 370

十五、关于股权回购是否涉及股权优先购买权的裁判说理示范 / 371

十六、关于被告抗辩估值调整协议内容显失公平的裁判说理示范 / 372

第五节 判决主文规范表述 / 372

第三章
上市公司收购纠纷

第一节 类型纠纷审判概述 / 377

一、上市公司收购概述 / 378

二、上市公司收购纠纷概述 / 385

三、上市公司收购法律规制 / 388

四、上市公司收购纠纷审理原则 / 389

第二节　基本要素审理指引 / 397
　　一、立案要素 / 397
　　二、主体要素 / 399
　　三、上市公司要约收购审查要素 / 401
　　四、上市公司协议收购审查要素 / 405
　　五、上市公司间接收购审查要素 / 407
　　六、上市公司管理层收购审查要素 / 408
　　七、上市公司收购证券类纠纷审查要素 / 410

第三节　实务难点裁判思路 / 413
　　一、关于上市公司收购纠纷一致行动人认定问题 / 413
　　二、关于上市公司收购合同的效力认定问题 / 421
　　三、关于上市公司收购纠纷表决权委托认定问题 / 427
　　四、收购要约撤回相关法律问题 / 433
　　五、上市公司章程反收购条款的审查认定问题 / 435
　　六、上市公司收购中的中小股东利益保护问题 / 441

第四节　常见争点说理示范 / 448
　　一、关于上市公司收购合同纠纷裁判说理示范 / 448
　　二、关于借壳上市纠纷的裁判说理示范 / 457
　　三、关于上市公司收购证券纠纷的裁判说理示范 / 460
　　四、关于上市公司收购决议效力的裁判说理示范 / 475
　　五、关于收购上市公司中一致行动人认定的裁判说理示范 / 477
　　六、关于违规收购法律后果和救济的裁判说理示范 / 478

第五节　判决主文规范表述 / 484
　　一、需等待中国证监会豁免要约收购审批的上市公司收购协议继续履行的规范表述 / 485
　　二、确认上市公司董事会作出限制收购方股东权利决议无效的规范表述 / 485

第一章
股权转让纠纷

第一节 类型纠纷审判概述

公司制是现代商事活动的重要制度基础，股权制度是保障公司制度平稳运行的核心和关键。公司作为现代市场经济最为重要的商事主体，占据着相当庞大的社会财富，股权作为公司社会财产和资源的综合性权利载体，逐步成为社会财富的重要法律表现形式。投资者成为公司股东继而拥有公司股权，是控制和支配公司财产并谋求更多收益的前提和基础。随着市场经济活跃发展以及营商环境不断优化，股权交易活动日益频繁。股权转让可以在不影响公司正常运营的情况下促进社会财富交易流转，保证受让方以低成本和高效率的方式平稳加盟，保持公司营运价值，节约交易成本。上述特性使股权转让日益受到投资者青睐，股权在股东以及非股东之间的流转成为众多企业实现财产权流动、资本募集、资源优化配置的重要资本手段。随之而来，股权转让纠纷不断增多并成为公司类纠纷主要类型之一。我国《公司法》虽然较为完整地确立了股权交易框架体系，但因立法较为原则、抽象，且股权转让纠纷法律适用涉及《公司法》和《民法典》两大民商法交汇领域，所涉规范内容广泛、繁杂，加之受商业模式创新、融资方式变革影响，股权转让新类型纠纷不断涌现，股权转让纠纷审理呈现出数量持续增长、诉讼标的大、纠纷类型多、审理难度增加等特点。[①] 准确适用相关法律规范，妥善处理股权转让纠纷，有助于促进交易、维护秩序、发挥制度价值。

一、股权法律含义

（一）股权内涵

股权是股东权利的简称。广义的股权泛指股东可以向公司主张的各种权

[①] 就深圳司法实践而言，两级法院 2016~2021 年五年共审结股权转让类一审案件 6154 件（实务中不少股权转让纠纷因属于新类型或者具有复合案由等原因被归入合同纠纷，本数据仅限于两级法院诉讼系统提取的股权转让纠纷数据，实际数据应高于统计数据），其中，2016 年 632 件，2017 年 651 件，2018 年 848 件，2019 年 1160 件，2020 年 1246 件，2021 年 1617 件，在全部公司类案件中数量占比约 36.91%。

利；狭义的股权则仅指股东基于股东资格而享有的从公司获取经济利益并参与公司经营管理的权利。①我国《公司法》②是从狭义角度定义股权的。要准确理解股权内涵，需明确股权获得的四个步骤：一是公司财产源于股东对公司的出资；二是公司因股东结合构建；三是公司财产与公司组织架构集合股东"比例权益"而产生股份；四是股份承载着公司权利，即形成包含人格属性与财产属性的股权。股权遵循以下形成路径：（出资行为→公司财产）+（股东加入→公司组织）=公司法人→股东整体权益→分割为股份→股权。股东获得股权遵循以下路径：出资行为+公司认可=股东资格→股东权利（股权）。对股权层次化解构有利于确定股权诉讼审理范围和裁判先验判断。③

针对实务中常用的股权与股份法律概念，大多数观点主张并无实质区别。股份，是指股份有限公司股东持有的公司资本基本构成单位，也是划分股东权利义务的基本构成单位，股权则是针对有限责任公司而言的公司资本基本构成单位。④亦即二者是针对不同类型公司法人而使用的两个概念。如我国《公司法》第三章针对有限责任公司规定为"股权转让"⑤，而在第五章针对股份有限公司则规定为"股份发行和转让"⑥。也有观点认为股权与股份实质内涵有所区别：股权是股东根据投资份额而享有的权利，是客观上的权利，股东身份或资格是股权存在和发生作用的基础；而股份是股权作为一种权利所指向的客体，股权依附于股份而存在，股份所依附的股权是客体上的权利，二者类似于物与物权关系。股份属于民法物的范畴，体现的是股东对股份的所有权关系；股权则是股东享有的权利总和，蕴含着股东与公司、公司其他股东、公司债权人之间的法律关系。

在现代企业制度中，股东和公司是两种存在紧密联系的利益主体。作为组织体的公司是产生股权的母体，前述股权形成路径是双向的，股权来源

---

① 陈立斌、刘言浩主编：《股权转让纠纷》（第3版），法律出版社2015年版，第3页。

② 《公司法》第4条规定："公司股东依法享有资产收益、参与重大决策和选择管理者等权利。"

③ 陈克：《股权转让纠纷审理中的体系思维》，载微信公众号"法律出版社"，2019年7月10日。

④ 赵旭东：《公司法》，高等教育出版社2003年版，第307页。

⑤ 《公司法》第71条第1款规定："有限责任公司的股东之间可以相互转让其全部或者部分股权。"

⑥ 《公司法》第3条第2款规定："有限责任公司的股东以其认缴的出资额为限对公司承担责任；股份有限公司的股东以其认购的股份为限对公司承担责任。"第125条第1款规定："股份有限公司的资本划分为股份，每一股的金额相等。"第138条规定："股东转让其股份，应当在依法设立的证券交易场所进行或者按照国务院规定的其他方式进行。"

于股份，股份源自公司，公司又是基于股东财产出资与身份结合形成的"组织"。以公司为中心，就形成"股东（财产、身份）-公司-股权"之间的"闭环"，构筑了公司作为人合与资合组织体的基本构造。[①] 股东是公司创立者，股东出资使公司得以成立，而公司一旦成立，股东与公司之间的财产发生分离，人格相互独立，因而《公司法》确立了股权和公司法人财产权两项权利。

在理解股权内涵时，应注意区分其与公司财产权关系。公司财产，是指公司所拥有的财产，包括物、债权、知识产权等，也包括公司负债，如公司的银行贷款、公司发行的债券等。公司财产最初由股东出资构成，公司在生产经营中新增资产及负债都属于公司财产。公司财产有别于公司资本或股权资本，其数量取决于公司生产经营效果。公司经营得法，公司财产数量往往超出股权资本数量；反之，其财产数量往往可能低于股权资本数量。除生产经营影响外，公司财产数量还可因公司发行溢价股份或者折扣股份而超出或者低于股权资本数量。根据《公司法》第3条第1款的规定："公司是企业法人，有独立的法人财产，享有法人财产权。公司以其全部财产对公司的债务承担责任。"公司财产归属于公司企业法人，公司对公司财产享有全部法人财产权，董事会、股东会代表法人行使财产权。公司成立前，投资者对其各自出资分别享有所有权；公司成立后，投资者个体出资财产成为公司整体财产组成部分。公司财产一旦组成，就独立于股东个人财产，公司以其名义和意志对公司财产享有占用、使用、收益和处分权利，任何股东均不能再以个人名义支配公司财产。公司行使财产权利所得利益归公司所有，而不直接归股东所有。股东所享有的资产收益权，只能通过公司经营所获得的利益第二次分配才能实现。根据《公司法》的规定，公司必须于每一个营业年度结束时首先弥补亏损，提取公积金、公益金之后才能向股东分配利润。

区分股权与公司法人财产权有利于理解"一物一权"原则在《公司法》中的贯彻。股权客体是公司资本，公司法人财产权客体是公司财产，二者并非一物。资本是公司章程确定的由股东出资构成的公司财产部分，具有不变性；而公司法人财产是可供公司支配的财产，其在公司经营中不断变动。

（二）股权性质

研究和把握股权性质是审理股权转让纠纷的基础。随着股权权利范围日益丰富和研究的发展，学界对于股权的性质，逐步发展出股东所有权说[②]、股

[①] 陈克：《股权转让纠纷审理中的体系思维》，载微信公众号"法律出版社"，2019年7月10日。

[②] 股东所有权说认为股权的性质属于物权中的所有权，股权本质上是股东对公司财产所享有的所有权。

权债权说[①]、股权社员权说[②]、独立权利说[③]等学说观点。上述学说从不同角度和层面阐释股权性质。所有权说在解释公司成立时资本来源和解散后剩余财产归属时有其合理成分，但难以解释公司存续期间同一财产上有两个支配力均等主体（股东和公司法人）且不存在共同共有的基础，所有权人独占性支配无法实现问题。债权说在解释公司是基于投资人合意而成立层面具有一定合理性，但难以解释股东投资行为与一般债权人购买公司债券行为存在本质区别的问题，更无法解释股份有限公司股权与公司法人财产权独立与制衡的产权结构和运行机制的产生根源。独立权利说虽道出了股权区别于物权和债权的特质，但其所提出的基于公司复合型产权关系所形成的股权，仅具有形式意义，并不能揭示股权本质属性。目前社员权说为大多数学者所接受。公司股东通过出资获得股权，符合社员以出资为代价取得资格继而取得权利的特征。社员权客体表现为财产利益和参与社团经营管理事务身份利益，股权亦契合社员权客体特征。

（三）股权内容

基于相关立法规范所确定的股权内容及上述对股权性质的阐述，从股权行使目的区分，股东权利可分为自益权与共益权。自益权主要与财产利益相关，共益权则主要与治理利益相关。[④]

自益权主要是指股东获取经济性、财产性利益的权利，是股东为自身利益可单独主张的权利，其权利和义务相对方为股东与公司，其内容主要包括股利分配请求权、剩余财产分配请求权[⑤]、新股认购优先权、退股权、股权转

[①] 股权债权说认为股权的实质为民法中的债权，股东与公司是债权人与债务人之间的关系，股票或者股权权证等即债权债务关系的凭证，股东的股息红利权是一种债权请求权。

[②] 股权社员权说认为公司是社团法人的一种，股东是其成员，故股权是股东基于其营利性社团的社员身份而享有的权利，包括若干类财产性质的请求权和共同管理公司的若干种权利。社员向社团法人出资并取得社员资格后，即对其出资丧失了所有权，而作为独立民事主体的社团法人则对社员的全部出资及其孳息享有民法上的所有权。社员权既与物权有别，亦不同于债权，而是一种独立的民事权利。此说最初由德国学者瑞纳德（Renaud）于1875年首倡，现已成为大陆法系国家通说。

[③] 独立权利说认为股权既不同于社员权，亦非单纯的债权或单纯的所有权，而是一种独立的权利类型，这是因为其不但包括自益权和共益权，而且包括对公司的管理权，故就其权利形态而言，可称为复合的、新型的、独立的民事权利。

[④] 陈立斌、刘言浩主编：《股权转让纠纷》（第3版），法律出版社2015年版，第7页。

[⑤] 剩余财产分配请求权又称所有者权益，是指公司资产扣除负债后，由股东享有的剩余权益，指向股东对企业资产的剩余索取权，是股权财产权能内容之一。

让权、股东名册变更请求权、股票交付请求权等财产请求权,其中最为典型是股东收益权[①]。《公司法》第 4 条规定:"公司股东依法享有资产收益、参与重大决策和选择管理者等权利。"《公司法》第 34 条规定:"股东按照实缴的出资比例分取红利;公司新增资本时,股东有权优先按照实缴的出资比例认缴出资。但是,全体股东约定不按照出资比例分取红利或者不按照出资比例优先认缴出资的除外。"股东收益权内涵与会计学上所有者权益一致。股东投资是为了获取投资回报,而收益权则是法律对这种投资回报所规定的权利,通常包括股东在公司运营过程中所享有的分配公司利润的权利以及在公司清算时所享有的分配公司剩余财产的权利。

共益权指股东作为公司投资者成员参与公司管理事务的权利,具体包括表决权、代表诉讼提起权、临时股东大会召集请求权、临时股东大会自行召集权与主持权、提案权、质询权、股东会和董事会决议无效确认请求权和撤销请求权、公司合并无效诉讼提起权、累积投票权、会计账簿查阅权、公司解散请求权等权利。现代公司治理模式中,公司所有权与经营权原则上两权分离,作为公司所有者的股东并不直接参与公司经营管理,其享有的经营管理权间接通过股东会集体行使,由此决定股东参与经营管理的形式集中体现为股东表决权的享有和行使。由于董事会及管理层具体负责公司经营管理,因此,从实质内容来看,股东主要是通过行使《公司法》或公司章程规定的进行重大决策的权利以及选择管理者的权利,以此间接实现对公司的控制。

(四)股权特征

根据《公司法》等相关规定,股权具有四方面特征。

1. 股权是股东基于其股东资格而享有的从公司获得经济利益,并参与公司经营管理的权利

投资主体以其对公司的出资义务而获得股东身份资格,股东身份资格是股权存在和发生作用的基础。股东将其财产投入公司后,就丧失对该财产的所有权,或者股东认缴公司资本后,产生对公司的出资义务,但依据该投资或者投资义务取得了作为对价的股权。股权是股东享有股东权利、履行股东义务的前提。

2. 股东按其投入公司的资本额享有股权

股东投资是股东权利产生的基础,股东按照其在公司中的投资份额获得相应股权比例,股权比例大小直接影响股东对公司的话语权和控制权,也是股东按比例享有收益的依据。股权平等原则是公司法的重要原则,其由资本

---

① 股东收益权,是指股东有权要求公司根据法律和公司章程规定,依据公司的经营情况,分派股息和其他应得收益。

平等原则决定，即按照股东投入公司的资本享有和行使权利。股权平等原则在股东收益权行使方面表现为公司分配股利或者分配剩余财产时原则上按照股东出资比例或者所持有股份比例进行。不过，根据《公司法》第34条的规定，在公司分配利润或者发行新股时，允许全体股东约定不按照出资比例分取红利或者不按照出资比例优先认缴出资。股权平等原则在表决权方面表现为"一股一权"。有限责任公司按照股东出资比例行使表决权，但法律允许股东在公司章程中规定不按照出资比例行使表决权。按照《公司法》第103条的规定，出席股东大会会议的股份有限公司股东所持一股份就有一表决权。股权可以受到限制，如果股东履行出资义务存在瑕疵，公司可以对其股权的行使作出一定的限制。《公司法》第42条规定："股东会会议由股东按照出资比例行使表决权；但是，公司章程另有规定的除外。"公司可以对出资存在瑕疵的股东的表决权行使进行限制，但是否对股东表决权进行限制应当以公司章程是否有规定或者公司是否有决议为前提。《公司法司法解释（三）》第16条规定："股东未履行或者未全面履行出资义务或者抽逃出资，公司根据公司章程或者股东会决议对其利润分配请求权、新股优先认购权、剩余财产分配请求权等股东权利作出相应的合理限制，该股东请求认定该限制无效的，人民法院不予支持。"

3. 股权包括获取经济利益和参与公司经营管理的权利

获取经济利益的权利最典型的是股东所享有的收益权，参与公司经营管理权实际上是对参加公司重大决策的权利和选择管理者的权利的概括。[①] 财产性权利和非财产性权利二者契合在一起构成股权完整的权利体系。其中，财产性权利是股权的基本内容，收益是股东对公司投资的基本动机所在；非财产性权利是确保股东获得财产利益的手段。

4. 股权具有可转让性和可分割性，股东可以全部转让或部分转让自己所持有的股权

公司制度变迁推进了股权塑造和发展。公司制度初创阶段，股权体现为对某个项目按股东贡献分配份额回报，股权只具备财产权能，如东印度公司按每次航行进行筹款和分钱；公司设立准则确定后，股份（股权）强调不可抽回并区别于债券，赋予选举与分红的根本性权利；在两权分离的现代公司阶段，囊括知情、任免、异议、优先购买、退出等全方位、整体性的股东权利体系得以逐渐构建，随着公司经营弹性需求导致的公司自主性增强，出现了优先股的优先权等特别股权，即股东让渡表决权但可以优先分配红利。可见，随着公司制度发展并在市场驱动下，股权内容从单纯财产所有权扩展到

[①] 施天涛：《公司法论》（第4版），法律出版社2018年版，第254页。

体系性股权，再演化至差异性股权。股权内容谱系扩张及差异性发展，导致股权作为转让标的整体横向、纵向呈现可分割特性。股权转让有时仅是财产性权利转让，有时仅是身份性权利转让，有时是复合性权利转让。就股权转让目的来看，有时转让表象和实质相分离，股权受让本身并非为了获得股权，而是为了获得融资收益、土地使用权、探矿权等。股权转让客体内容范围表现与实质上的差异，对应产生不同争议焦点，继而产生不同法律适用问题，亦增加了股权转让纠纷处理的复杂性。①

二、股权转让纠纷常见类型

股权转让，是指股东依法通过法定方式转让其全部出资或者部分出资。股权转让内容包括股东身份或资格以及该身份或资格所决定的依法可享有的权利和应承担的义务。股权作为社会财富的重要法律表现形式，各国立法原则上允许股东依法自由转让其股份。股权自由转让是资本"最本质属性"的表现，"赋予资本流通之自由，是对其本能的复位"②。不过，公司作为社团法人，具有人合性需求，特别是有限责任公司中，人合性占据重要地位。股权转让不可避免地会影响其他股东权益，因而，股权不可能绝对自由转让。包括我国《公司法》在内的各国立法均对股权自由转让予以一定限制，特别是强调对有限责任公司股东对外转让股权进行限制，以求兼顾公司及其他股东利益。司法实践中，有限责任公司股权转让纠纷最为多发。究其原因是有限责任公司在市场主体中占比高，公司治理能力相对较弱，公司运作不规范现象严重，股权转让基本为场外交易，转让方式具有多样态和随意性特点，等等。其中，最为核心的原因是股权转让对有限责任公司人合性的影响和破坏。

（一）股权转让纠纷表征类型区分

最高人民法院《民事案件案由规定》在"与公司、证券、保险、票据等有关的民事纠纷"中列举了第三级案由"股权转让纠纷"。常见的股权转让纠纷有八种类型。

1. 股权转让合同纠纷

从诉讼请求进行区分，此类纠纷主要有以下四种：（1）继续履行股权转让合同之诉，如股权转让方与受让方之间就支付股权转让款，办理股东名册、章程、工商登记变更手续等产生的诉讼。（2）解除股权转让合同之诉，主要

---

① 陈克：《股权转让纠纷审理中的体系思维》，载微信公众号"法律出版社"，2019年7月10日。

② 江平：《现代企业的核心是资本企业》，载《中国法学》1997年第6期。

是以对方当事人构成根本违约为由而依法或者依约主张解除股权转让合同诉讼,如受让方支付股权转让款后,转让方未履行股权转让义务,受让人提起诉讼请求解除股权转让协议和返还股权转让款。又如受让方未支付股权转让款,转让方提起诉讼请求解除股权转让协议和返还股权。(3)股权转让合同违约赔偿诉讼。(4)股权转让合同效力之诉,主要是公司或公司其他股东就股权转让合同违法、违反公司章程或损害公司或其他股东利益提起的请求确认无效和撤销诉讼。

从纠纷发生原因进行区分,此类纠纷主要有以下七种:(1)因股权转让和义务履行或者权利实现发生争议产生的纠纷,如支付股权转让款、办理变更登记而产生的纠纷;(2)股权转让协议未约定或约定不明、约定内容互相矛盾或存在瑕疵产生的纠纷;(3)标的股权瑕疵产生的纠纷,主要表现为股权转让方处分权欠缺、转让的股权存在股东未出资、出资不实或出资后抽逃资金、股权评估瑕疵、一股二卖、部分权能转让等产生的纠纷;(4)标的公司资产状况披露瑕疵产生的纠纷,如转让方故意隐瞒、虚假陈述、遗漏陈述标的公司资产状况等产生的纠纷;(5)股权转让前后因公司债务承担产生的纠纷;(6)因法律、法规、公司章程对股权转让进行限制产生的纠纷;(7)受让股权后合作经营事项争议、出让股权不规范等产生的纠纷;等等。

2. 股权转让侵权纠纷

此类纠纷主要包括以下四种:(1)向股东以外的人转让股权未经过半数股东同意而产生的纠纷;(2)其他股东行使优先购买权产生的纠纷;(3)发起人发起公司未满三年转让股权产生的纠纷;(4)冒名转让股权产生的纠纷[1];等等。

3. 代持股权转让纠纷

司法实践中,因隐名出资引发的股权转让纠纷主要有以下类型:(1)隐名出资人向第三人转让股权而名义出资人拒绝履行变更义务并主张股东权利而产生的纠纷。(2)名义出资人未经隐名出资人同意向第三人转让股权而产生的纠纷。(3)名义出资人将股权转让给隐名出资人引发其他股东异议而产生的纠纷。

4. 股权善意取得纠纷

公司股权未按法定程序或者被无权转让引发的纠纷中涉及受让方善意取得公司股权的纠纷,此类纠纷涉及公司法律关系商事外观公示及民法善意取

---

[1] 如假冒公司股东签名非法转让、受让公司股权,实务中常是公司负责人员利用职务之便,以非法占有为目的,直接将公司或企业的股权转移到自己个人名下或者自己指定的人员(包括虚构的人员)名下。

得制度。

5. 公司增资扩股纠纷

此类纠纷主要包括公司因引进外部资本，控制公司的股东或管理层以公司名义与公司部分股东或公司股东以外的第三人签署出资或投资协议，继而改变公司股权结构引发的纠纷，此类业务往往以股权转让形式进行①，由此产生的纠纷亦通常被归为股权转让纠纷。公司增资扩股纠纷可能会引发以下两种诉讼：一是对增资扩股异议股东提出的诉讼；二是履行增资扩股协议引发的诉讼。

6. 涉公司决议股权转让纠纷

股权转让纠纷中涉及公司决议无效或撤销，当事人起诉请求确认股东会或者股东大会、董事会决议无效或者请求撤销上述决议，此类纠纷虽然不以股权转让纠纷为案由，但涉及股权转让规范适用。

7. 名为股权转让实为其他法律关系的纠纷

此类纠纷往往是以股权转让为名，实为借款、投资、资产转让等其他性质合同关系纠纷，如受让方要求转让方返还借款、投资本金，交付转让资产等诉讼纠纷。

8. 涉继承等特殊类型股权转让纠纷

如因赠与、继承、夫妻分割财产、股权质押、股权强制执行等公司股权主体变动引发的纠纷，现行《公司法》除规定有偿转让外，还增加了对继承、股权强制执行这两种情形的规定，但未规定其他特殊情形的股权转让规范。

（二）股权转让纠纷实质类型区分

实务中，常见的股权转让方式主要包括转让、赠与、继承等继受取得方式，其中最为常见的是以有偿受让方式取得。股权转让作为一种标的特殊的买卖合同，其具备一般买卖合同的特点，但因股权特性，导致股权转让合同目的具有多元性。因此，股权转让纠纷具有复杂性。甄别合同指向的客体，区分纠纷事实关涉类型，确定争议问题实质，有助于把握案件审理焦点和关键问题。②

1. 普通股权转让合同纠纷

此类纠纷中股权纯粹作为一个标的出现，案件审理不涉及《公司法》《证券法》等股权特殊法律规制问题。如有限责任公司内部股东之间的股权转让，此类纠纷常见的争议问题是"阴阳合同"、不完全履行、瑕疵股权转让、合同

---

① 公司在原有股东范围内增资扩股时一般不涉及股权转让。

② 陈克：《股权转让纠纷审理中的体系思维》，载微信公众号"法律出版社"，2019年7月10日。

目的不能实现等。

2. 涉转让限制审查股权转让纠纷

此类纠纷涉及股权转让限制违反问题，主要包括公司章程转让限制、《公司法》转让限制、特殊股权转让管制限制等。

3. 涉公司控制权股权转让纠纷

此类纠纷中，受让股东是以获得公司控制权为目的，往往涉及以下实务难点问题：一是账册公章移交、法定代表人变更、董事会改选或名额分配等公司治理权力分配请求的处理；二是上述义务属于合同主义务、从义务还是附随义务的判断；三是公司作为独立主体，股东更替往往导致公司权力让渡改变，股权转让应否以公司认可为前提；四是公司控制权发生转移后，如果合同无效、撤销或解除时，如何解决相互返还或者违约损失赔偿；等等。

4. 涉公司特殊资产或资质股权转让纠纷

此类纠纷受让方支付转让对价获得股权的主要目的是获得标的公司拥有的资产、资质，如矿业公司、房地产项目公司等公司股权转让引发的纠纷。

5. 股权部分权能转让纠纷

此类纠纷转让标的仅涉及股权部分权能，如以表决权为转让标的所涉及的股东行为一致协议问题，以收益权为转让标的所引发资产证券化"基本资产"确定问题，股权代持和善意取得问题，等等。[①]

6. 类股权转让纠纷

涉及类似于公司股权的类组织性权利，如设立中的公司、未登记的事实公司权利等"类股权"转让纠纷，此类纠纷可参照《公司法》相关规定予以解决。

7. 名实不一股权转让纠纷

此类纠纷与表征类型中的"实为借款、投资、资产转让等股权转让纠纷"基本一致。股权转让仅是交易表象，实质多以融资为目的，且附有股权回购、股权债权转换等条件，如对赌协议、名股实债协议等。

三、股权转让法律规制体系

（一）股权转让横向规范

从对股权法律含义的阐述可以看出，股权转让属于一种兼具债权和准物权变动性质的民事法律行为。股权转让的债权变动性质体现为交易双方就股

[①] 陈克：《股权转让纠纷审理中的体系思维》，载微信公众号"法律出版社"，2019年7月10日。陈克法官将股权范围与权利层次上存在缩减的股权转让称为"准股权转让"。

权转让数量、价款、付款期限等财产性权利变动达成一致的意思表示；股权转让的准物权变动性质则体现在股权转让协议签订后，受让方并不必然取得股东地位，必须经过登记方履行相关变更登记义务才可整体完成股权财产权和身份权的转让。股权变更登记包括公司股东名册的内部登记变更和工商管理机关的外部登记变更两方面内容，外部登记具有对抗第三人效力，但股权变更登记是否完成并不影响股权转让行为效力。我国《公司法》规定了有限责任公司和股份有限公司两种公司形式。股份有限公司作为典型资合公司，股权以自由转让为基本特征，但强调遵循形式主义原则和公示原则。有限责任公司兼具人合和资合特性，在公司治理结构和股东内部关系方面，有限责任公司存续不仅依赖于各股东资本投入，还取决于股东之间的信任和合作。股权对外转让会使得公司外部主体进入公司内部，对公司人合性产生冲击。《公司法》第71条①对有限责任公司的股东对外转让股权作了限制性规定。基于股权兼具财产属性与人身属性，股权转让纠纷法律适用方面，对应适用《公司法》《民法典》及相关民商事法律规范。现行立法围绕股权转让轴线形成以《公司法》与《民法典》为主体的两大横向法律调整渊源。②

1. 适用以《民法典》合同编和物权编为主体的财产法律规范调整股权转让财产性权利纠纷

股权转让合同纠纷是实务最多发的纠纷类型，其中，主要是因股权转让合同签订、履行、解除、终止等问题引发的纠纷。从股权财产权利属性来看，股权与其他动产和不动产交易在适用法律上并无本质区别。《民法典》合同编关于合同效力、履行、变更、违约责任认定等合同法律规则以及物权编关于物权变动、担保等物权法律规则，基本可以适用于股权转让纠纷。因此，针对股权财产权益转让所产生的纠纷，基本上由以《民法典》合同编、物权编为核心的财产法律制度进行调整。此外，涉及继承、夫妻分割财产等股权转让的，还涉及《民法典》婚姻家庭编法律规范调整。

2. 适用以《公司法》为核心的团体法规范调整股权转让身份性权利纠纷

股权是不同于所有权的独立民事权利，内容相较于所有权而言更为丰富，股权转让本质上属于综合权利转让。股权转让合同作为一类特殊合同，其特殊性集中于合同转让标的物为股权。股权与合同法上买卖合同标的物存在显著差别，股权背后对应着公司全部财产并包含债务，股权转让法律后果表现为转让方与受让方对标的公司控制关系发生变化。从公司作为营利性社团法

---

① 《公司法（修订草案二次审议稿）》第84条将该条进行了修改。
② 陈克：《股权转让纠纷审理中的体系思维》，载微信公众号"法律出版社"，2019年7月10日。

人视角来看，股权作为社员权利，会涉及公司本身、公司所有股东、公司董事和高管、公司债权人及公司普通员工等不同主体权益，如《公司法》第71条①规定，股东对外转让股权需征得其他股东过半数同意，其他股东在同等条件下享有优先购买权。这是《公司法》基于保证有限公司人合性而作出的特殊制度设计。《公司法》对股权转让进行了相对系统的限制性规定，股权转让纠纷属于"与公司有关的纠纷"项下案由。《公司法》及其司法解释关于股权转让的规定应属于特别规定，而《民法典》合同编、物权编的规定属于一般性规定，按照特别法优先一般法适用原则，当《公司法》及其司法解释有不同规定时，股权转让纠纷优先适用《公司法》及其司法解释规定。

针对股权转让中财产权与身份权存在交叉的纠纷，应当区别适用《民法典》和《公司法》。司法实践中，因配偶一方转让股权引发的纠纷最为典型，比较常见的是夫妻一方擅自转让登记在其名下股权或者夫妻之间通过股权转让方式履行离婚协议，上述情形是否需要征得其他股东过半数同意，其他股东是否享有优先购买权。对于此类纠纷中财产权问题，应当适用《民法典》婚姻家庭编及物权编相关规范进行认定，而对于身份权问题，由于有限责任公司人合性要求，决定配偶不能共享股权身份权。因受商事外观主义限制，股东配偶不应享有公司股东地位，此时《民法典》婚姻家庭编的财产共有制应当让位于《公司法》规定，即夫妻之间通过股权转让方式分割股权，须经其他股东过半数同意，其他股东享有优先购买权。《民法典婚姻家庭编司法解释（一）》第73条规定："人民法院审理离婚案件，涉及分割夫妻共同财产中以一方名义在有限责任公司的出资额，另一方不是该公司股东的，按以下情形分别处理：（一）夫妻双方协商一致将出资额部分或者全部转让给该股东的配偶，其他股东过半数同意，并且其他股东均明确表示放弃优先购买权的，该股东的配偶可以成为该公司股东；（二）夫妻双方就出资额转让份额和转让价格等事项协商一致后，其他股东半数以上不同意转让，但愿意以同等条件购买该出资额的，人民法院可以对转让出资所得财产进行分割。其他股东半数以上不同意转让，也不愿意以同等条件购买该出资额的，视为其同意转让，该股东的配偶可以成为该公司股东。用于证明前款规定的股东同意的证据，可以是股东会议材料，也可以是当事人通过其他合法途径取得的股东的书面声明材料。"上述司法解释规定很好地体现了股权转让中财产权与身份权交叉纠纷法律适用规则。

---

①《公司法（修订草案二次审议稿）》第84条将该条进行了修改，删除"需要征得其他股东过半数同意"的限制，保留了原股东享有优先购买权的规定，同样可以实现对有限责任公司人合性的维护。

（二）股权转让纵向规范

营商环境优化建设强调平等对待各类市场主体，但由于公有制为主体、多种所有制经济共同发展的基本经济制度以及我国公司制度脱胎于计划经济的实际情况，我国公司法律规范针对不同所有制类型主体股份（权）实行不同强制程度管制。《外商投资法》《企业国有资产法》《证券法》以及配套的批准、监管、审批法规和部门规章自上而下共同组成特殊主体股权转让管理性规范体系。

1. 外商投资股权转让特殊规范

《公司法》第217条规定："外商投资的有限责任公司和股份有限公司适用本法；有关外商投资的法律另有规定的，适用其规定。"现行立法针对内外投资实行区分管制原则，《中外合资经营企业法》《外资企业法》《中外合作经营企业法》（均已废止）被2020年1月1日起施行的《外商投资法》替代，监管程度有所减弱，但相对内资而言，在某些特定领域，外资监管仍然存在，特别在当今国际化发展的大背景下，针对军工、国防以及国家安全领域的外商投资审查有所加强。

2. 国有股权转让特殊规范

国资委及财政部于2016年6月出台《企业国有资产交易监督管理办法》。2018年7月，为规范上市公司国有股权变动行为，推动国有资源优化配置，平等保护各类投资者合法权益，防止国有资产流失，国资委、财政部、证监会联合发布实施了《上市公司国有股权监督管理办法》。上述办法与《企业国有资产交易监督管理办法》共同构成了较为完整的企业国有资产交易监管制度体系，其覆盖范围囊括上市公司国有股权和非上市公司国有产权。监管重点涉及保证国有资产规范运作、国有资源市场化配置以及促进国有资产保值增值、防止国有资产流失等，监管程序包括决策、审批、评估、定价、进场交易、公开竞价等诸多前置和限制性程序。未遵照决策、审批程序的合同可能不生效，未依法进场交易的国有股权转让合同可能被认定为无效合同。

3. 资本运作类型股权转让监管特殊规范

公司股权通过IPO或上市公司并购等形式转化为上市公司股权，继而成为能在二级市场交易的标准化产品，即惯常所称的股票。股权经过上述资本化过程后因其具有流通性而能实现流动性溢价，故其股权价值更容易被发现和认可。此外，针对股票，其本身的投资流通性，即在不同投资者之间的可交易性，亦与其股权价值被发现和认可程度成正比关系。近年来，融资融券杠杆交易、金融期货交易提高了上市公司股票交易（股权转让）流通性，投机风险随之加剧。为了控制风险，《证券法》和证监会规章针对股权转让资本市场运作交易出台了众多监管措施，这些监管规范成为规制相关类型股权转让的法律渊源。在相关类型股权转让纠纷案件审理过程中，应当将相关金融领域法律、行政法规、规章制度、交易规则等作为裁判依据及考量因素。

4.涉土地或矿业股权转让特殊规范

实践中,通过股权转让方式取得土地使用权或矿业权的交易十分常见,相关纠纷应运而生并增多。此类交易目的是获得目标公司对应的资产或资质,客观上产生了与土地使用权或矿业权转让类似的实际效果。按照现行裁判规则,此类交易因并不违反法律、行政法规强制性规定故而确认其合同有效,但审理此类案件可能涉及矿业、土地、房屋等专门性法律规定,由此增加了此类股权转让案件的复合交易属性及审理难度。

四、股权转让纠纷案件审理理念

股权作为现代公司制度下与公司法人财产权相伴而生的产物,历来是现代企业制度核心问题。随着市场经济不断发展,股权转让作为市场主体产权交易重要组成部分,越来越普遍地成为市场资源有效配置的重要手段,股权转让纠纷随之大量产生。从全国统计数据来看,股权转让纠纷案件在数量上几乎占据公司类纠纷案件半壁江山。除案件数量多外,股权转让纠纷案件与其他类型相比,还具有诉讼标的金额大、涉及法律规范广泛、交易关系复杂以及与国家经济发展联系紧密等特点,股权转让纠纷诉讼属于商事审判重点和难点纠纷诉讼。股权纠纷案件审理应当结合股权转让纠纷性质坚持四项裁判理念和原则。

(一)坚持商事审判思维,维护股权交易安全稳定

由于现代商事活动交易标的额增大、交易形式复杂、周期加快、范围扩大,交易风险加大,商法和商事审判应遵循鼓励交易积极性和维护交易安全基本原则。我国虽未采用民商分立立法体例,司法实务亦将商事纠纷案件纳入大民事范畴,但商事主体和商事行为固有特性决定了商事纠纷审理应遵循特有的原则。公平是民法最基本的价值取向,民法强调公平优先,兼顾效益与其他;效益是商法最基本的价值取向,商法强调效益优先,兼顾公平与其他。商法兼具营利性、发展性、技术性、公法性特征,奉行商事主体严格法定、商事主体维持原则,注重维护商事交易公平、简便、快捷、可靠、安全等,实行要式主义、文义主义、公示主义、外观主义、严格责任主义,对商事请求权普遍采用短期时效。在商事案件审理中,简单地运用传统民事审判思维对待商事争议问题,往往会有违商事立法精神,难以实现情、理、法兼收的裁判效果。股权转让纠纷案件属于商事案件,在案件处理中需要坚持四种商事审判原则。

1. 坚持股权自由转让原则

需要注重股权转让自由与转让限制主次关系，自由为原则，限制为例外，这是世界通行的公司法律有关股权转让的总体规则，我国《公司法》亦不例外。公司章程虽然可以限制股权转让，但不得禁止或者变相禁止股权或股份流通。股权自由转让是公司制度基本属性之一。股权身份属性并无损其聚合财产功能，股权自由转让有利于提高股东资金流动性，间接促进资本形成。同时，股权转让又要关注章程、《公司法》限制和特殊股权管制性规定。股权依托于公司营利法人，涉及其他股东、公司债权人、公司管理层、员工等众多主体权益。对有限公司股权转让予以限制，主要是基于人合性考量。股份公司并无法定优先权规定，在"两权分离"的背景下更为强调股权交易市场开放性，对其的某些限制主要是基于公司的制度属性和要求，如《公司法》第142条、第177条对股权回购产生的减资等问题的规制。对于国有股份、外资投资、上市公司等股权交易设置的限制，更多的是基于对国家利益、社会公共利益考量而对涉及国家资源、国家垄断、国家安全、外资投资特许等特定领域的审查批准、进场交易、信息披露作出的实质性程序性规定。

2. 遵循合同自由原则

为了在竞争激烈的市场中存活，商事主体进行商事行为一般以营利为目的，以追求效率优先为基本价值取向。商事主体向来以"经济人""理性人"为假设，推定其对于市场交易规则和市场风险具有理性判断能力，善于通过比较风险与收益、计算成本与获利，作出最有利于自身利益和趋利避害的抉择，并以此作为其应尽的审慎义务。股权交易内容实际是理性商人经过多轮博弈选择的结果，是商人理性判断结果和意思自治的产物。尊重商事主体意思自治是股权转让纠纷应当坚持的商事裁判思维。商事主体应承担相应商业风险，司法应坚持审慎介入原则，尊重商事主体商业判断和契约自由，促成股权交易活动。对于股权转让合同，只要不违反法律、行政法规强制性规定，应尽量维护其有效性和合法性。

3. 遵循商事外观主义原则

商事外观主义[①]通常是指根据商事法律关系中的外观事实要件判断商事行为效力并决定责任归属，一旦符合交易行为外观的法律行为完成，原则上不得撤销。商事外观包括主体外观、权利外观、法律关系外观、法律事实外观。

---

① 外观主义肇端于德国传统民法，作为"常规法"体系之外的"矫正法"。德国学者称之为外观法理，法国学者称为表见理论，日本学者称为外观主义，英美学者称为禁止反言，我国通称为外观主义。从比较法来看，各国商法普遍接受外观主义法理学说，外观主义在各国商事法律具体制度中得到广泛适用。

为保护对外观的信赖，商事立法和商事审判强调外观事实可以优先于法律真实，其本质是民法信赖保护原则在商法中的运用。商事外观主义着眼于对商事交易行为的合理推定，目的在于减少交易成本与风险，保护不特定第三人利益和社会交易秩序安全与稳定。在审理股权转让纠纷时，商事外观主义原则主要体现为尊重公司登记公示效力，即对于商事登记事项应推定其合法性和准确性。如针对股权代持中的名义股东出让股权、一股多卖等纠纷，善意第三人可以基于股权登记公示外观事项对抗实际出资人或其他买受人。

4.维持公司经营稳定原则

股权转让交易不仅涉及交易双方对价的对等给付，而且可能产生受让方参与公司实际经营管理的后果，故依法维护合同稳定和标的公司经营稳定十分重要。股权转让合同效力遭到否定或者解除，必然会对转让双方及其公司利益相关者权益、公司存续稳定等产生影响，故在对待股权转让合同应否撤销及合同应否解除问题上，应从严把握，尽量秉持维护交易稳定和现状原则。

（二）优先适用商法规则，补充适用民法和行政法律规范

股权转让纠纷涉及部门法交叉问题多，需要较强的法律综合适用能力。实务中的股权转让纠纷大多是因合同签订、履行、解除产生的纠纷，有关合同效力、履行、变更、违约责任认定等合同法规则，以及物权变动、担保物权、善意取得等物权法规则，应当适用于股权转让财产权益类案件审理。因股权同时具有身份权属性，公司作为营利性社团法人，股权转让涉及其他股东、公司、债权人等多方主体，《公司法》为此作出了区别于其他商事交易的限制性规定，股权纠纷审理应遵循特别法即《公司法》，优先一般法即《民法典》合同编、物权编规定的原则。对于涉及其他部门法规定应遵循特殊规范，如国有股权转让应适用国有资产转让特殊规定，外资企业股权转让应适用《外商投资法》及有关准入和负面清单管理等规定，涉及资本领域的股权转让应适用证券、信托、资管新规等金融法律规范，涉及特殊资产或资质的股权转让应适用矿业、房屋、土地等专门法律规范，等等。股权转让纠纷审理中部门法交叉适用问题较为突出，各部门法基于自身立法视角对股权转让调整理念和侧重点有所区别，《公司法》更侧重维护股权组织属性，《民法典》等更关注股权财产属性，国有资产管理规范侧重保护国有资产，外商投资法律侧重监管外商投资所涉行业，婚姻家庭法律注重股权中的财产利益分割、继承，等等。在审理股权转让纠纷案件时，要培养法律适用思维，通过探究案情本相，综合适用各部门法律规范，作出符合效率优先的商法价值以及契合交易实际和事物本质的裁判。

（三）坚持穿透式审判思维，正确界定股权转让与其他相关法律关系

近年来，股权转让纠纷反映到司法实务领域，形式愈发多样化、复杂化，除传统、典型的股权转让外，还涉及多发的为获得投资而签订的附条件股权转让以及估值调整"对赌协议"、到期还本付息的所谓"名股实债"等纠纷。这些纠纷的内在法律关系并非外在显现的股权转让法律关系。合同双方基于某种原因，通过虚假的股权转让意思表示，隐藏双方真实意思表示；或者通过非真实意思表示的其他法律关系掩盖真实的股权转让行为。"穿透式审判思维"的缘起与金融监管中的"穿透式监管"密切相关，是司法实务对金融监管领域动态的能动反映。2019年全国法院民商事审判工作会议要求对金融创新业务，按照"穿透监管"要求，正确认定多层嵌套交易合同下的真实交易关系，对以金融创新为名掩盖金融风险、规避金融监管、进行制度套利的金融违规行为，以其实际构成的法律关系认定合同效力和权利义务，以防范金融风险。同时，强调要注意处理好民商事审判与行政监管关系，通过"穿透式审判思维"，查明当事人真实意思，探求真实法律关系，遵循实质正义精神，注重保障公共利益，避免形式主义司法流弊。需要强调的是，"穿透式审判思维"并不意味着司法恣意而不受制约，其介入标准应该是客观标准而不是价值判断，以此保障司法对私权介入限度。在法律解释上，融入相关政策性考量时应遵循基本逻辑规则，尊重规则理性。且要从宏观上考虑社会公共利益，从个体揭示整体，避免系统性风险发生。

实践中，对股权转让与其他民事法律行为进行区分时，应结合合同性质、目的、主体、客体、内容、履行、转让程序等方面进行综合考量，以判断合同真实交易意思表示。比如，对于"名股实债"，股权投资者通过获得标的公司股权，希望参与公司的经营管理并获得企业价值增长收益，而债权投资者关注的是资金安全和固定收益，两者合同目的明显不一致。又如，股权让与担保受让方的目的是担保主债权实现，这与真实的股权转让受让方目的明显不同。再如，股权转让与增资扩股、资产转让的主要区别是合同主体不同，前者是目标公司股东，后者是目标公司。在审理中，应当准确区分股权转让纠纷与其他相关概念，探究当事人真实意思表示，正确界定纠纷法律关系属性，才能正确适用法律，保护当事人合法权益，更有效地维护法律秩序。

（四）坚持要式审查理念，严格遵循程序和条件限定

由于股权兼具财产属性和组织属性，且股权转让涉及多方利益，股权转让属于一种要式法律行为，转让双方需要签订书面合同，而且《公司法》对于股权转让规定了严格的法定程序，当事人不能通过约定方式变更和规避股

权转让法定程序和条件限制。审理股权转让纠纷案件不应完全、机械地局限于合同本身约定，根据《公司法》相关规定，股权转让需要注意以下五方面内容：（1）股权对外转让需经其他股东过半数同意、保护其他股东优先购买权并受章程约束。[①]（2）股权转让后需办理内部和外部股东变更程序。股权转让后公司应当注销原股东出资证明书，向新股东签发出资证明书，并相应修改公司章程和股东名册中有关股东及其出资额的记载，同时负责办理股权变更登记手续。如果标的公司不履行上述程序，受让方不产生对外公示和对抗效力。（3）不同性质的股权转让场所和转让方式有所区别。股东转让其股份有限公司的股份，应当在依法设立的证券交易场所进行或者按照国务院规定的其他方式进行；对于非上市且未挂牌的股份公司的股份，可以在依法设立的区域性股权交易市场或者产权交易所进行交易，需交付股票并记载于股东名册；对于上市公司以及新三板挂牌公司，则需在上海证券交易所、深圳证券交易所以及全国中小企业股份转让系统进行交易；公司向发起人、法人发行的股票，应当为记名股票，并应当记载该发起人、法人名称或姓名，不得另立户名或者以代表人姓名记名，对于记名股票的转让，由股东以背书方式或者法律、行政法规规定的其他方式转让，转让后由公司将受让人姓名或者名称及住所记载于股东名册，股东大会召开前二十日内或者公司决定分配股利的基准日前五日内，不得进行前述股东名册的变更登记，但是，法律对上市公司股东名册变更登记另有规定的，从其规定；对于无记名股票的转让，由股东将该股票交付给受让人后即发生法律效力。（4）股份公司发起人、公司董事、监事、高级管理人员转让本公司股权应遵守持股时间限制。发起人持有的本公司股份，自公司成立之日起一年内不得转让。[②]公司公开发行股份前已发行的股份，自公司股票在证券交易所上市交易之日起一年内不得转让。公司董事、监事、高级管理人员应当向公司申报所持有的本公司的股份及其变动情况，在任职期间每年转让的股份不得超过其所持有本公司股份总数的25%，所持本公司股份自公司股票上市交易之日起一年内不得转让。（5）国有股权转让的报批、进场交易及评估程序以及外资企业股权转让存在特殊规定。股权转让上述法定程序和限制性规定，可能对股权转让合同效力、履行及违约责任认定产生重大影响。在审理股权转让纠纷时，应注重考量转让方

[①]《公司法（修订草案二次审议稿）》第84条将该条进行了修改，删除"需要征得其他股东过半数同意"的限制，保留了原股东享有优先购买权的规定。

[②]《公司法（修订草案二次审议稿）》删除了对发起人一年内转让股份的限制，增加了"法律、行政法规或者国务院证券监督管理机构对上市公司的股东、实际控制人转让其所持有的本公司股份另有规定的，从其规定"内容。

与受让方在主观心态上的善意与恶意，准确界定合同效力及责任承担。

（五）坚持利益平衡原则，兼顾多元利益保护

利益多元化是公司最为明显的特征之一，与公司关联密切的相关主体包括对内与对外多方主体，股权转让涉及公司内部和外部多重利益关系，不仅直接影响交易双方利益，还间接影响目标公司、其他股东、债权人、公司员工等利益，股权转让中不可避免地存在和发生利益冲突。在审理公司股权对外概括转让纠纷案件时，不仅要考虑合同当事人之间的利益平衡，还应注重兼顾与标的公司相关的其他主体之间的利益平衡。

1. 平衡双方主体利益

股权转让纠纷的基础法律关系是转让方和受让方之间转让标的公司股权的合同关系，关注与平衡双方利益关系属于合同法基本原则。股权转让合同双方均须按约履行义务：受让方需向转让方支付约定的股权转让价款；转让方则需向受让方交付符合约定标的的公司股权。双方履行义务先后顺序，应遵从合同具体约定。一方存在违约行为应按合同约定和法律规定承担违约责任。

2. 关注标的公司利益

在股权转让法律关系中，转让标的的实质是原股东对标的公司的出资份额。公司法人人格独立和财产权独立是公司制度的最基本原则。公司财产属于公司法人享有，股东出资一旦投入公司，即属于独立于股东个体的公司资产，股东非经法定程序不得抽回出资。公司生产经营过程中形成的包括流动资产、固定资产、债权债务等公司财产均由公司独立享有，公司依法享有占有、使用、收益和处分的权利，股东转让股权过程中不得处分和损害公司财产。同时，原股东如果在出让时未履行或者未全面履行到期出资义务，标的公司可以请求该股东履行出资义务，受让方对此知道或者应当知道的，受让人对原股东出资义务承担连带责任。

3. 关注公司其他股东利益

基于有限责任公司人合性和资合性要求，股权作为股东基于出资取得的公司成员权，体现了公司股东相互之间的法律关系。股东对外转让股权时需要书面通知其他股东，征得过半数股东同意，其他股东享有优先购买权。未履行法定程序义务，股权转让合同即使生效也难以顺利履行。

4. 关注公司外部利益关系

要保护公司债权人利益，公司的外部债权人并非股权转让合同当事人，对其利益保护，最有效的途径就是保护标的公司资产不受非法侵害，保全标的公司对外偿债能力不受影响。目前实务中常见的股东出资纠纷、损害公司

债权人利益责任纠纷等，多为债权人维护自身权益而提起的公司类纠纷案件，是债权人利益受到实际损害后，《公司法》赋予债权人的事后司法救济途径。事后救济对债权人利益的保护较为乏力，法院在审理股权转让纠纷时，应当通过保护公司资产以实现对债权人利益的预防性保护。如果股权转让协议履行会导致标的公司资产减损，进而影响公司偿债能力，应对股权转让合同相应条款的内容及效力予以否定性评价。如对实务中常见的约定标的公司为股权转让价款支付主体的条款应予以否定。又如对于对赌条款中约定由公司承担回购义务，应审慎对待。

（六）坚持着眼于经济发展全局和营商环境优化，审慎处理好相关争议

股权转让及资本市场发展，与国家经济发展形势及法治化营商环境建设紧密联系。2014年至2017年期间我国股权投资市场出现了一轮井喷式发展，其中存在过度繁荣假象。在投资端，其获利方式是随着大的投资机构跟投，旨在快进快出加杠杆赚快钱；在被投资端，当时"互联网+"让一大部分盈利模式不清晰和持续烧钱的企业得以一轮又一轮地顺利融资；在市场端，市场流动性充裕，找不到好的投资标的导致的"资产荒"现象是所有投资者共同面临的问题。以上三方面因素共同造就互联网企业等科创企业的股权投资市场超高速繁荣及估值大幅提升，催生了企业估值泡沫。随后一段时期，我国出台资管新规、融资收紧的去杠杆政策，整个资本市场的流动性出现快速收缩。反映到股权投资市场上，募集资金开始减少，部分股权投资者出现了亏损并撤出市场，一些无明确盈利模式的初创企业甚至"独角兽企业"亏损面扩大，好的投资标的开始减少，导致股权投资总额开始下降。不少公司和个人在通过股权转让方式融资后，因不能上市或出现合同约定事由，使得合同条款约定的条件加速到来，导致不能履行相应合同义务而引发纠纷。任何行业的发展都会经历萌芽、成长、成熟、衰退、革新到再发展的周期，当前股权投资市场阶段性低迷是对前期市场过度繁荣的修正和变革信号。从我国经济转型的发展角度看，由于我国人口结构的变化、环境承载力的减弱等因素的影响，使得我国在国际产业链和价值链上的分工面临转变，传统加工贸易和国内投资为主导的经济增长模式不再符合高质量增长要求，推动型经济增长模式急需向创新驱动型转变。科创型企业轻资产、创立前期无盈利的显著特点，要求以银行为主的传统企业融资模式向以股权投资为主的企业融资模式转变。因此，发展股权投资是解决这一矛盾的重要突破口。同时，建立起有效的股权投资市场，可以合理引导居民财富由过去的过于侧重于房地产行业投资转向股权投资，有利于促使居民财富提升和科创企业融资发展双重

目标的有机结合。国家当前已采取多种措施发展壮大股权投资市场，并已着手修订完善资本市场的各类基础性制度，以促进资本市场健康发展并与国际接轨。基于股权投资革新和经济全局发展的需要以及当前优化营商环境建设的要求，股权转让纠纷案件审理，应结合经济发展大局和优化营商环境需求，审慎处理好相关争议。

1.统一裁判尺度，依法平等保护各类市场主体合法权益

推动形成有利于创新和发展的现代企业法人制度，加强对新型市场主体的保护，推动完善法人治理结构，健全市场主体救治退出机制，保护中小股东利益；切实依法维护市场交易公平，从而营造良好的营商环境，更好地服务国家经济建设工作大局。

2.加强释法调解，妥善化解股权转让各方利益矛盾

股权转让纠纷所涉利益主体包括交易双方当事人、其他股东、目标公司、公司员工及公司债权人，所涉利益多元，具有较大的社会影响。引发该类纠纷的原因主要是公司股东之间缺乏信任、股权转让手续不够健全以及法律认识不到位，通过加强释法、引导和调解，促使当事人对案件处理有较为正确、理性的预判，促成原告撤回起诉或各方达成和解，化解各方矛盾，有利于维护标的公司的正常经营。

3.加强沟通协作，构建股权转让纠纷联动防范化解机制

首先，对于商事行为有可能规避法律强制性规定的，要秉持穿透式审判思维，依职权审查真实的交易关系，继而认定合同的效力。对于审理过程中遇到问题及发现的新情况，要及时沟通与通报。对于刻意隐瞒真实交易关系，损害国家、社会公众利益或涉及犯罪的，应当将案件中获得的信息，通过移送、情况专报或司法建议等方式及时向相关部门反映，加大惩戒和打击力度，切实维护市场交易秩序。其次，要延伸司法活动，拓展法院与司法机关之外的诸如产权交易中介机构、工商联、行业协会、人民调解委员会等组织之间的沟通协作，共同研讨，完善股权转让纠纷诉讼与非诉的有效衔接。如促进完善公司工商登记和信息公示制度，公司的工商登记和信息公示是市场主体知晓公司资格、经营范围等信息的重要途径，工商登记信息不完善亦是不少股权转让纠纷发生的直接原因。如果工商登记部门能加强对申请登记、变更登记材料中法定要式内容的真实性审查，特别是对法定代表人、新旧股东签名的真实性审查，加强对签名者身份的核查，就能预防和减少不少纠纷。要拓展公司登记信息的公示途径和方法，促进工商部门、税务、社保、银行等部门建立统一、资源共享的企业信用信息库，提高信息公开度和查阅便利度。再次，要加大法治宣传，提高股权交易主体规范意识，不少股权转让纠纷是因交易主体对股权转让交易所涉法律知识不了解或错误理解引发，应通

过有效方式加强对公司组织形态、运作方式、法定程序、股权、股权转让等法律知识宣传，促进股权规范交易。最后，要共同促进产权交易平台规范运作，完善交易规则、业务模式、操作流程、信息公告制度，促进产权交易市场健康有序、合法、合规发展。通过多方联动，共同构建司法、行政与社会优势互补、资源共享、多方合作的纠纷诉源治理和化解机制。

第二节 基本要素审理指引

一、立案要素

针对股权转让纠纷案件，在立案审查环节，应结合纠纷特点并依照《民事诉讼法》第122条规定进行要素审查。

（一）主管要素

1.民事诉讼与行政诉讼范围界定

《民事诉讼法》第3条规定："人民法院受理公民之间、法人之间、其他组织之间以及他们相互之间因财产关系和人身关系提起的民事诉讼，适用本法的规定。"这一规定是法院民事案件受理范围的界定标准，即以发生争议的实体法律关系是否属于民事关系为标准划定民事诉讼主管范围。审查股权转让案件受理范围可以解决法院内部民事诉讼与行政诉讼的职能分工，解决法院和其他国家机关、社会组织在解决民事纠纷上的分工和权限问题，以便按照各自职责范围有条不紊地受理和解决各类纠纷。

《行政诉讼法》第2条规定："公民、法人或者其他组织认为行政机关和行政机关工作人员的行政行为侵犯其合法权益，有权依照本法向人民法院提起诉讼。前款所称行政行为，包括法律、法规、规章授权的组织作出的行政行为。"第12条、第13条规定了行政诉讼的具体受案范围。

司法实务中，很多当事人认为公司登记机关记载的股东情况与真实权利状态不符，主张其为该出资份额、股份的真实权利人，请求进行股权变更登记。由于此类纠纷的实质是确认民事法律关系内容和状态，故属于民事诉讼的主管范围。

法院可通过民事判决结果直接或间接地促使有关行政行为作出变更，这些行政行为应仅限于程序性或形式性行为，如备案、登记等行为。涉及行政审批职能行为的，如中外合资经营企业的股权变更须经有关部门审批，并应根据审批结果确定股东身份，由于审批行为属实质性行政行为，不能通过民事诉讼程序和民事判决予以变更。

2. 商事登记行政诉讼可合并处理股权变更登记民事纠纷

当事人一致同意涉股权变更的民事争议在行政诉讼中一并解决的，经法院准许，由受理行政诉讼的法院管辖。法院在审理涉股权变更登记的行政诉讼中一并受理股权转让案件的，股权转让案件应当单独立案，由同一合议庭审理。

3. 仲裁协议审查

依照《民事诉讼法》第127条第2项的规定，双方当事人达成书面仲裁协议，不得向人民法院起诉的，法院应告知原告向仲裁机构申请仲裁。股权转让双方当事人达成书面仲裁协议，相关纠纷应由仲裁机构主管。

依照《民事诉讼法司法解释》第215条的规定，当事人在书面合同中订有仲裁条款，或者在发生纠纷后达成书面仲裁协议，一方向人民法院起诉的，人民法院应当告知原告向仲裁机构申请仲裁，其坚持起诉的，裁定不予受理，但仲裁条款或者仲裁协议不成立、无效、失效、内容不明确无法执行的除外。

依照《民事诉讼法司法解释》第216条的规定，在人民法院首次开庭前，被告以有书面仲裁协议为由对受理民事案件提出异议的，人民法院应当进行审查。经审查符合下列情形之一的，人民法院应当裁定驳回起诉：（1）仲裁机构或者人民法院已经确认仲裁协议有效的；（2）当事人没有在仲裁庭首次开庭前对仲裁协议的效力提出异议的；（3）仲裁协议符合《仲裁法》第16条规定且不具有《仲裁法》第17条规定情形的。

【规范依据】《民事诉讼法》第3条、第127条第1项、第2项；《民事诉讼法司法解释》第215条、第216条；《行政诉讼法》第2条、第12条、第13条、第61条；《行政诉讼法司法解释》第138条第1款、第140条。

（二）原告主体要素

原告是对股权转让有直接利害关系的民事主体，主要是具有诉的利益的标的公司的新股东、老股东。

（三）被告主体要素

股权转让纠纷的被告也可以是新股东、老股东及标的公司。被告必须明确，原告应根据其诉讼请求准确界定被告主体。

1. 交易双方股权转让合同效力或履行诉讼被告主体界定

股权转让交易方请求确认转让合同无效或者解除转让合同，请求履行转让合同、支付股权转让款并赔偿损失、支付违约金，等等，这类诉讼主要适用合同法律规范进行处理，原则上只列相对方为被告，涉及标的公司利益的，应列标的公司为第三人。

2. 侵犯股东优先购买权股权转让诉讼被告主体界定

此类案件包括股东向股东以外的人转让股权，不同意股东请求优先购买该转让的股权；股权对外转让合同已履行完毕，公司其他股东主张合同无效、可撤销并请求行使优先购买权；等等。这类诉讼需要结合公司法律与合同法律相关规定进行处理，一般将股权转让方和受让方列为共同被告，标的公司为第三人，涉及其他股东利益的，一并列为第三人。

3. 股东名册记载和请求变更公司登记诉讼被告主体界定

如果仅是标的公司未履行变更义务，可以公司为被告提起诉讼；如转让人未完全履行转让合同，受让人可以标的公司和转让人为共同被告提起诉讼。

4. 公司限制或强制股东转让股权诉讼被告主体界定

如果公司违反法律或公司章程规定限制股东转让股权或者强制转让股权，权利受到侵犯的股东可以公司为被告提起诉讼。

5. 侵犯股东新增资本优先购买权诉讼被告主体界定

股份有限公司在新增资本时侵犯股东优先购买权引发的纠纷，股东可以公司为被告提起诉讼。

6. 瑕疵出资股权转让纠纷被告主体界定

股权受让方知道或应当知道股东未履行或者未全面履行出资义务仍受让的，对未按期足额缴交的欠缴出资部分，债权人或者公司有权将股权转让方和受让方列为共同被告，要求受让方承担连带补充责任。

7. 名义股东无权处分股权诉讼被告主体界定

实际出资人以名义股东无权处分为由提起诉讼，可仅列名义股东为被告，如有必要，可将受让方列为共同被告或第三人。

8. 股权善意取得诉讼被告主体界定

公司股权被无权转让后，实际权利人提起诉讼，受让方主张善意取得公司股权，该类案件既要考虑公司法律关系具有外观公示特点，又要注意遵循善意取得制度的基本原理，可根据诉讼请求将股权转让方列为被告，将主张善意取得股权的第三人、标的公司列为被告或第三人。

9. 涉公司决议股权转让诉讼被告主体界定

股权转让纠纷中涉及公司决议效力的纠纷诉讼，当事人起诉请求确认股东会或者股东大会、董事会决议无效或者请求撤销上述决议的，应当列公司为被告，对决议涉及的相对利害关系人，列为共同被告或者第三人。

【规范依据】《民法典》第311条;《公司法》第32条、第34条、第71条、第72条、第73条、第75条、第139条、第140条。

(四)诉讼请求要素

诉讼请求,是指原告通过诉讼对被告提出的实体权利请求。

1. 诉讼请求明确具体审查

诉讼请求必须具体、明确,即要求原告根据诉的种类,明确、细化其要求被告承担的责任形式及责任内容,诉讼请求具体、明确的判断标准因诉的种类不同而不同。

(1)确认之诉。确认之诉,是指起诉请求确认股权转让法律关系效力,包括未生效、无效,或者依据股权转让法律关系确认股东资格。确认之诉需达到明确请求法院确认民事法律关系存在或不存在之法律效果。

(2)形成之诉。亦称为变更之诉,是指起诉请求撤销股权转让合同或解除股权转让合同,改变或者消灭股权转让法律关系。如以欺诈、胁迫、瑕疵出资等为由请求撤销股权转让合同。又如以拒绝付款或变更登记、发生重大事件导致客观履行不能,以合同约定解除条件成就,或是以对方根本违约或合同目的无法实现等为由要求解除股权转让合同。形成之诉与确认之诉相同,只要明确诉争民事法律关系产生撤销还是变更的效果,就达到了《民事诉讼法》所规定具体标准。

(3)给付之诉。给付之诉,是指起诉请求交付某项财物或者为一定行为,如请求继续履行合同或者请求承担违约责任,股权转让纠纷中的给付之诉有如下几种类型:转让方请求受让方支付股权转让价款,或者以受让方延期支付转让款为由要求赔偿损失;受让方请求履行变更股东名册记载、变更公司登记、公司证照移交等义务,或是以股权转让有瑕疵为由要求赔偿损失;等等。

给付责任具体包括给付财产责任和给付行为责任。

一是给付财产责任。财产责任可以细分为金钱类责任和非金钱类责任。对于非金钱类责任,如交付股权、返还股权等,应当明确目标公司及股权比例。对于金钱类责任形式,如赔偿损失,应当明确具体损失的种类以及具体损失金额或计算方法。

二是给付行为责任。应当从履行或强制执行的角度审查所选择的责任形式是否需要进一步具体化,如原告请求继续履行股权转让合同,但诉讼请求中没有具体履行内容,法院应当向当事人释明,要求其明确或增加具体履行内容,如支付股权转让款、变更股东名册记载、变更公司登记等。只有明确了继续履行的具体义务,才符合诉讼请求具体、明确的要求。

由于给付之诉的具体标准相对比较抽象，且责任形式不同、具体案情不同，判断诉讼请求具体化的标准也不尽相同。大致可按下列方法判断：假如原告所提出的诉讼请求（即责任形式）能得到法院支持，义务人能否准确无误地履行义务，或者在进入强制执行后法院是否可以顺利地强制执行。

2. 诉讼请求效益性审查

（1）原告就股权转让合同争议仅提出部分请求，不利于纠纷一次性解决的，人民法院应向原告释明变更或者追加诉讼请求。如原告请求确认股权转让合同无效，但并未提出返还股权、转让款项或者折价补偿、赔偿损失等请求的，应当向其释明，告知其一并主张相应请求。

（2）同一诉讼程序中，原告基于对股权转让行为效力的不同判断，提出两个或者两个以上存在矛盾的诉讼请求，如原告在提起股权转让行为无效之诉的同时，又基于股权转让行为发生效力提出选择性诉讼请求，对此问题处理实务中存在分歧。考虑到上述预备合并之诉往往存在预备诉或本诉被告非同一对象的情形，容易导致当事人诉讼地位、诉讼请求、争议焦点、审理范围等发生较大变化，不利于审理工作顺畅进行，倾向于采取分步的方式处理，如果当事人提出的诉讼请求不适当，由法官在诉讼过程中通过行使释明权方式予以解决。

3. 诉讼标的审查

诉讼标的，又称为诉的标的或诉的客体，是指当事人之间发生争议并请求法院作出裁判的民事权利义务关系。通俗地说，是当事人双方争议和法院审理的对象。诉讼标的由原告诉讼请求和原因事实加以界定，是民事诉讼必不可少的构成要素之一。股权转让纠纷立案时应当注意先行审查涉股权转让目标公司的存续状况，如果已被注销，应向当事人释明，告知其变更诉讼请求。

【规范依据】《民事诉讼法》第55条、第122条；《民商审判会议纪要》第36条。

（五）管辖要素

1. 地域管辖要素

（1）公司组织行为诉讼管辖的确定。根据《民事诉讼法》第27条、《民事诉讼法司法解释》第22条的规定，涉及与公司组织行为有关的诉讼，如因"股东资格确认纠纷""股东名册记载纠纷""请求变更公司登记纠纷""公司证照返还纠纷""股东知情权纠纷""公司决议纠纷""公司合并纠纷""公司分立纠纷""公司减资纠纷""公司增资纠纷"等股权转让纠纷提起的诉讼，适用特殊地域管辖规则，由公司住所地法院进行管辖。其他不涉及公司组织行为的股权转让诉讼，不属于上述特殊地域管辖条款规制对象，应该依据《民事诉讼法》关于地域管辖的一般规定确定管辖法院。

（2）股权转让侵权诉讼管辖的确定。根据《民事诉讼法》第29条的规定，因股东违反《公司法》第71条的规定对外转让股权，侵犯其他股东优先购买权和其他利益而引发的股权转让案件，属于侵权案件，其他股东可以向侵权行为地或被告住所地法院起诉。

（3）股权转让合同诉讼管辖的确定。对于合同类股权转让诉讼，如果双方当事人对管辖法院有约定且约定有效的，应适用其约定，没有约定或约定不明的，按照《民事诉讼法》第24条及最高人民法院司法解释的相关规定，由被告住所地或合同履行地人民法院管辖。

一是协议管辖。合同的双方当事人可以在书面合同中协议选择被告住所地、合同履行地、合同签订地、原告住所地、标的物所在地人民法院管辖，但不得违反《民事诉讼法》对级别管辖和专属管辖的规定。此外，当出现如下情形时，司法实践中倾向于依照《民事诉讼法司法解释》第18条规定确定管辖法院：约定的合同签订地与实际签订地不一致；约定了合同履行地，但合同并未实际履行，或履行地发生变更；原告、被告住所地诉讼时与签约时不一致；标的公司注册地迁移，从A区到B区；等等。

二是股权转让合同履行地的确定。股权转让目标公司的注册地为合同履行地。公司股权转让纠纷的特殊性在于转让行为需要向公司注册地的登记机关履行相应手续方可完成（如果是外资企业，在工商变更之前还需取得商务主管部门的批复，否则股权转让合同不生效），因此，以公司注册地作为此类案件管辖地，是国际上的通行做法。但是，股权转让诉讼中，转让方诉请支付股权转让款，在确定合同履行地时，可以接受货币一方所在地（以诉请义务说为例）为合同履行地。

三是被告住所地。如果合同没有实际履行，当事人双方住所地又都不在合同约定的履行地的，应由被告住所地人民法院管辖。

（4）例外情形管辖确定。若债务人已经进入了破产程序，则受理破产的法院集中管辖。

【规范依据】《企业破产法》第21条；《民事诉讼法》第24条、第27条、第29条、第35条；《民事诉讼法司法解释》第3条、第18条、第22条、第30条；《最高人民法院关于审理民间借贷案件适用法律若干问题的规定》第3条。

2. 级别管辖要素

股权转让诉讼大多属于财产型给付之诉，应当根据原告诉讼请求的金额或者价额确定诉讼标的额并据此确定级别管辖。

根据最高人民法院有关级别管辖的相关规定，当事人住所地均在或者均不在受理法院所处省级行政辖区的，中级人民法院管辖诉讼标的额 5 亿元以上（含本数）50 亿元以下（不含本数）的第一审股东资格确认纠纷案件；当事人一方住所地不在受理法院所处省级行政辖区的，中级人民法院管辖诉讼标的额 1 亿元以上（含本数）50 亿元以下（不含本数）的第一审股东资格确认纠纷案件。对于诉讼标的额 50 亿元以上（含本数）或者其他在本辖区有重大影响的第一审股东资格确认纠纷案件，则由高级人民法院管辖。

【规范依据】《民事诉讼法》第 18~21 条；《民事诉讼法司法解释》第 1 条；《最高人民法院关于调整中级人民法院管辖第一审民事案件标准的通知》第 1 条、第 2 条、第 4 条；《最高人民法院关于调整高级人民法院和中级人民法院管辖第一审民事案件标准的通知》第 1 条、第 2 条。

二、被告抗辩要素

（一）不符合诉讼要件抗辩

民事诉讼要件是民事诉讼审理对象中不可或缺的一部分。民事诉讼要件按照"三元分法"可分为三种：（1）有关法院的诉讼要件，即受理法院需有管辖权，被告可从是否存在仲裁条款约定，是否违反地域、级别管辖进行诉讼要件抗辩；（2）有关当事人的诉讼要件，即当事人是否具有相应民事行为能力，原告、被告是否适格等；（3）有关诉讼标的的诉讼要件，即相同当事人之间就同一事件别无诉讼，或者不存在既判力裁判。有学者将诉讼要件分为形式要件和诉的利益要件，有学者将诉讼要件等同于诉讼成立要件，并与权利保护要件相区别。

（二）诉讼时效抗辩或除斥期间抗辩

诉讼时效属于民事法律事实中的事件，适用于权利人不行使权利的事实连续存在的情形。诉讼时效产生的法律后果是消灭原告的胜诉权，区别于以当事人取得民事权利为后果的取得时效和消灭实体权利为法律后果的除斥期间。除斥期间是权利的存续期间，在该期限内权利才能存在。撤销权是当事人请求撤销民事法律行为的权利，解除权是当事人主张解除民事法律关系的权利。从性质上看，撤销权、解除权等权利都是形成权，除斥期间的适用对象主要为形成权，因为行使形成权会根据一方的意志而产生法律关系发生、变更和消灭的效果。诉讼时效届满只是使义务人产生相应的抗辩权，义务人可自主选择，法院不得依职权进行审查。而除斥期间届满后，权利人的权利即消灭，权利人不得再行使该权利，故法院有权依职权进行审查。

当被告提出诉讼时效或除斥期间抗辩时，作为债权人的原告对诉讼时效的中止、中断或延长或者未过除斥期间负举证责任，如未提供相关证据予以证明，应承担举证不能的法律后果，法院依法不予支持其诉讼请求。

实务中，对于部分被告的诉讼时效抗辩是否及于全部被告存在争议，持肯定观点的人认为，根据《诉讼时效规定》第15条的规定，对于连带债权人中的一人发生诉讼时效中断效力的事由，应当认定对其他连带债权人也发生诉讼时效中断的效力。对于连带债务人中的一人发生诉讼时效中断效力的事由，应当认定对其他连带债务人也发生诉讼时效中断的效力。诉讼时效中断及于连带债务人，从类推角度出发，诉讼时效抗辩应当及于共同债务人。持否定观点的人认为，按照《诉讼时效规定》第2条的规定，当事人未提出诉讼时效抗辩，人民法院不应对诉讼时效问题进行释明。如果有一方被告没有提出时效抗辩，则法院不能主动适用诉讼时效。主流观点为第二种观点：首先，法律不保护沉睡的权利，从诉讼时效制度功能来看，设置诉讼时效可以督促权利人行使权利，方便法庭查明事实，避免义务人举证困难，等等。民法作为私法，遵循鼓励交易、平等自由的价值理念。从民法价值出发，一种民事权利之所以被限制往往是因其有悖于公共利益。诉讼时效制度维护公共利益的功能表现在，当权利人怠于对相对人行使请求权，会使得该请求权对于特定第三人呈现出一种不存在的状态，导致第三人与债务人进行民事活动，即民法设置诉讼时效的目的在于保护民事活动中第三人的信赖利益。其次，诉讼时效具有两方面功能，诉讼时效一经抗辩成立，则弱化了权利人的债权保护，同时使债务人获得了免于履行义务的权利。因此，从法院处于居中角色考虑，不能主动对未提出时效抗辩的被告适用诉讼时效。最后，在一个案件中，某一被告提出诉讼时效抗辩，另一被告没有提出，则视为未提出方放弃诉讼时效抗辩，放弃方不影响抗辩方对权利人请求权的阻却。

实务中，普遍认为被告应当在庭审结束前提出时效抗辩，被告在一审庭审结束前没有提出诉讼时效抗辩，在庭审结束后通过提交代理词方式提出诉讼时效抗辩的，不予采纳。

（三）先履行抗辩

针对有履行顺序的股权转让合同，被告可以其为后履行义务一方抗辩主张原告未履行债务或者履行债务不符合约定而拒绝履行。先履行抗辩权行使需满足以下条件：（1）原告、被告双方互负对价给付债务；（2）合同约定了履行顺序，且原告债务已届清偿期；（3）应当先履行的原告没有履行合同债务或者没有正确履行债务；（4）应当先履行的对价给付是具有履行可能的义务。

(四)同时履行抗辩

在没有规定履行顺序的股权转让合同中,被告可以原告未对等给付而拒绝先为给付。对于同时履行抗辩的适用条件应着重审查:(1)双方互负的债务均已届清偿期,且没有先后履行顺序;(2)原告未履行债务或未提出履行债务,或者履行不适当;(3)原告、被告双方的给付义务是具有履行可能的义务,如果被告所负债务已经没有履行可能,则不能适用同时履行抗辩,可依照法律规定反诉解除合同。

(五)不安抗辩

不安抗辩、是指原告、被告互负债务,合同约定被告应当先履行债务,在被告有确切证据证明原告有丧失或者可能丧失履行债务能力的情况下,则可以中止履行其债务。

(六)先诉抗辩

一般在涉及担保的股权转让合同纠纷中会涉及以下几种先诉抗辩:(1)一般保证先诉抗辩,具体是指在主合同纠纷未经审判或仲裁,并就债务人财产依法强制执行用于清偿债务前,对债权人可拒绝承担保证责任。(2)混合担保先诉抗辩,被担保的债权既有物的担保又有人的担保的,债务人不履行到期债务或者发生当事人约定的实现担保物权的情形,债权人应当按照约定实现债权。没有约定或者约定不明确,债务人自己提供物的担保的,债权人应当先就该物的担保实现债权。第三人提供物的担保的,债权人可以就物的担保实现债权,也可以请求保证人承担保证责任。提供担保的第三人承担担保责任后,有权向债务人追偿。

(七)针对争议事实和法律关系的抗辩

股权转让纠纷诉讼中被告常见的用来对抗原告主张的抗辩理由有以下四种:

一是妨碍性抗辩,如股权转让合同未成立、生效条件没有成就、无效、被撤销、已解除等情形。

二是消灭性抗辩,如股权转让款已经支付、已被抵销、已经以物抵债等情形。

三是阻却性抗辩,如转让方还未履行约定在先的股权变更登记义务、股权转让款的支付条件还没成就、股权价值存在瑕疵等情形。

四是法律关系主张错误抗辩,如双方间为资产转让而非股权转让,为股权让与担保而非股权转让等抗辩。

【规范依据】《民法典》第199条、第392条、第525~528条、第541条、第563条、第687条、第692条。

三、举证要素

对于股权转让纠纷诉讼举证要素审查，应当依据《民事诉讼法》第67条、第68条，《民事诉讼法司法解释》第90~96条，《民事诉讼证据规定》第1~10条、第51~57条等关于当事人提供起诉证据义务、举证责任分配、无须举证事实、人民法院依职权调取证据范围和条件、诉讼自认、举证期限等的规定进行审查和处理。

（一）举证责任分配原则

股权转让纠纷诉讼与其他普通民商事诉讼一致，实行"谁主张，谁举证"举证责任分配原则，当负有举证责任的一方当事人所提供证据的证明力具有明显优势并初步达到了相应的证明标准，此时其无须继续提供证据，而转由对方当事人承担反驳证明责任，即举证责任发生转移。在诉讼中，对于案件事实的举证责任根据举证情况不断在当事人之间发生转移，直至案件事实被查明。

（二）股权转让纠纷诉讼常见证据清单

1. 证明股权转让合同成立（行为发生）的证据

一是当事人签订的股权转让合同、补充协议、公司章程等。二是股东同意转让股权的证据。

2. 证明股权转让合同履行情况的证据

一是资产评估报告、验资报告等。二是出让或接收股权（出资）的证据，如给付、接收转让股款，公司出具的出资证明书、股东名册，以及转让方将公司的管理权转移给受让方的证据等。三是工商部门办理股权变更登记的资料。

3. 证明股权转让合同生效的证据

股权转让合同原则上成立时即生效。但特定类型的股份（股权）转让需经审批才能生效，以及当事人存在合同附条件、附期限生效约定的，条件成就或期限届满后，合同才生效。

4. 证明股权变动效力的证据

股权转让变更登记并非合同生效要件，证明发生股权变动效力的证据主要包括股东名册和工商登记，核心是股东名册，但工商登记可对抗第三人。

5. 证明股权转让合同效力的证据

一是证明股东瑕疵出资的证据。股东出资瑕疵的股权可以转让，但有可能构成可撤销的情形，如果受让方明知股权存在瑕疵仍愿意受让，法院应认定转让行为有效，否则受让方有撤销权，股权转让合同是可撤销的。

对于股东是否履行出资义务的举证问题，《公司法司法解释（三）》第20条规定，当事人之间对是否已履行出资义务发生争议，原告提供对股东履行出资义务产生合理怀疑证据的，被告股东应当就其已履行出资义务承担举证责任。

二是证明股权转让主体行为能力和意思表示状态的证据。

6.证明股权转让法定受限情形的证据

一是发起人转让持有的本公司股份受限情况的证据。二是董事、监事、高级管理人员转让所持本公司股份受限情况的证据。但因司法强制执行、继承、遗赠、依法分割财产等导致股份变动的，不受上述限制。

【规范依据】《民事诉讼法》第67条、第68条；《民事诉讼法司法解释》第90~96条；《民事诉讼证据规定》第1~10条、第51~57条；《公司法司法解释（三）》第20条；《民商审判会议纪要》第50条。

四、法律关系要素

（一）合同主体要素

1.特殊主体转让股权的限制

（1）发起人转让股权的限制。根据《公司法》的规定，股份有限公司发起人持有的股份自公司成立起1年内（无论股票是否上市）不得转让。

（2）上市公司股东转让股权的限制。持有公司公开发行股份前股份的股东，自公司股票在证券交易所上市交易之日起1年内不得转让。

（3）董事、监事、高级管理人员转让股权的限制。公司董事、监事、高级管理人员应当向公司申报所持有的本公司的股份及其变动情况，在任职期间每年转让的股份不得超过其所持有本公司股份总数的25%，所持本公司股份自公司股票上市交易之日起1年内不得转让。上述人员离职后半年内，不得转让其所持有的本公司股份。

（4）持有5%股份股东转让股权的限制。根据《证券法》的规定，在股票上市后，禁止持有5%股份的股东在买入后6个月内又卖出或者在卖出后六个月内又买入。否则，由此所得收益归公司所有。

（5）上市公司股份收购人转让受让股权的限制。根据《证券法》的规定，采取要约式收购的，收购人在收购期限内，不得卖出被收购公司的股票，也不得采取要约规定以外的形式和超出要约的条件买入被收购公司的股票。同时，收购人持有的股票，在收购行为完成后12个月内不得转让。

（6）发行人向上海证券交易所申请其首次公开发行股票上市时，其控股股东和实际控制人应当承诺：自发行人股票上市之日起36个月内，不转让或者委托他人管理其直接和间接持有的发行人首次公开发行股票前已发行的股份，也不由发行人回购该部分股份。发行人应当在上市公告书中披露上述承诺。自发行人股票上市之日起1年后，出现下列情形之一的，经上述承诺主体申请并经上海证券交易所同意，可以豁免遵守上述承诺：一是转让双方存在实际控制关系，或者均受同一实际控制人所控制，且受让方承继不转让股份的义务；二是因上市公司陷入危机或者面临严重财务困难，受让人提出挽救公司的方案获得该公司股东大会审议通过和有关部门批准，且受让人承诺继续遵守上述承诺；三是上海证券交易所认定的其他情形。发行人没有或者难以认定控股股东、实际控制人的，按照相关规定承诺所持首次公开发行前股份自发行人股票上市之日起36个月内不得转让的股东，适用上述第1项规定。

发行人向深圳证券交易所申请其首次公开发行的股票上市时，其控股股东和实际控制人应当承诺：自发行人股票上市之日起36个月内，不转让或者委托他人管理其直接或者间接持有的发行人首次公开发行股票前已发行的股份，也不由发行人回购其直接或者间接持有的发行人首次公开发行股票前已发行的股份。发行人应当在上市公告书中公告上述承诺。自发行人股票上市之日起1年后，出现下列情形之一的，经上述承诺主体申请并经深圳证券交易所同意，可以豁免遵守上述承诺：一是转让双方存在实际控制关系，或者均受同一控制人所控制，且受让人承诺继续遵守上述承诺；二是因上市公司陷入危机或者面临严重财务困难，受让人提出的挽救公司的方案获得该公司股东大会审议通过和有关部门批准，且受让人承诺继续遵守上述承诺；三是深圳证券交易所认定的其他情形。

（7）证券机构人员和其他有关人员转让限制。根据《证券法》的规定，证券交易所、证券公司和证券登记结算机构的从业人员、证券监督管理机构的工作人员以及法律禁止参与证券交易的其他人员，在任职和法定期限内，不得直接或以化名、借他人名义持有、买卖股票，也不得收受他人赠送的股票。在成为前述人员前，其所持有的股票必须依法转让。上述特殊人员不得买入股票。

（8）证券中介服务机构及其人员转让限制。为股票发行出具审计报告、资产评估报告或者法律意见书等文件的证券服务机构和人员，在该股票承销期内和期满后六个月内，不得买卖该种股票。为上市公司进行上述服务的中介机构和人员，自接受委托之日起至上述文件公开后5日内，不得买卖该种股票。

（9）受让方资格瑕疵限制。受让方资格存在以下法律障碍，同样会导致转让行为效力瑕疵：一是中国公民个人不能成为中外合资（合作）有限公司的股东；二是属于国家禁止或限制外资企业准入行业公司的股权，禁止或限制向外商转让；三是法律、法规、政策规定不得从事营利性活动的主体，不得受让公司股权成为公司股东，如各级国家机关的领导。

（10）有限责任公司章程限制。《公司法》赋予有限责任公司高度的意思自治，有限责任公司可以通过公司章程限制股权内外转让，只要章程限制不违背相关法律禁止性规定，章程相关限制具有效力。

【规范依据】《民法典》第145条、第153条、第171条、第172条；《公司法》第141条；《证券法》第40条、第42条、第44条、第70条；《民商审判会议纪要》第31条、第37条；《上海证券交易所股票上市规则》（2022年版）第3.1.10条；《深圳证券交易所股票上市规则》（2022年版）第3.1.5条。

2. 境外投资者受让股权限制

（1）境外投资者受让国有股权受限。国有资产向境外投资者转让的，应当遵守国家有关规定，不得危害国家安全和社会公共利益。

（2）需审查外商投资领域是否列入负面清单，负面清单以外的领域按内资、外资一致原则对待。根据负面清单内是禁止投资领域还是限制投资领域区分：涉禁止投资领域的合同无效；涉限制投资领域的合同因违反限制性准入特别管理措施无效，但在生效裁判作出前满足准入特别管理措施的有效；在生效裁判作出前，禁止投资或限制投资项目移出负面清单的，合同有效。相关合同在《外商投资法》施行前签订，合同争议尚在一审、二审诉讼的，适用新的规定。

（3）港澳台投资者、定居在国外的中国公民在内地投资的相关股权转让纠纷，参照适用前述规定。

【规范依据】《民法典》第153条；《企业国有资产法》第57条；《外商投资法》第2条、第28~31条；《最高人民法院关于适用〈中华人民共和国外商投资法〉若干问题的解释》第1~6条；《民商审判会议纪要》第31条；《外商投资法实施条例》第33条。

3. 瑕疵出资股东转让股权限制

瑕疵出资股东包括未出资或出资不足或抽逃出资的公司股东。对于瑕疵出资股东与他人签订的股权转让合同的效力，此前实务存在分歧：

一种观点认为股东是向公司投入资金并依法享有权利和承担义务的主体，股份的取得应以对公司出资为必要条件。股东未出资，意味着实际上不具备股东资格，不享有股权，所签订的股权转让合同亦当然无效。

另一种观点认为应视该公司是实行实缴资本制还是认缴资本制而定。对于实行实缴资本制公司，股东缴足注册资本后公司才能成立，未出资的认股人不能成为股东，其转让行为无效。而对于实行认缴资本制的公司，股东出资瑕疵应承担填补出资的义务和责任，并不影响其股东地位，故其转让股权行为有效。

根据《公司法》第28条关于未实际出资的股东应承担的法律责任的规定，对于出资不到位的股东，应责令其补足出资，并承担因注册资本未到位而产生的民事责任，而不是直接否定其股东资格。对于出资瑕疵股东签订的股权转让合同的效力问题，应当根据《公司法》《民法典》相关规定进行处理，并不必然否定其效力。

【规范依据】《公司法》第71条、第198~200条。

4. 实际出资人转让股权限制

（1）实际出资人签订的股权转让合同依法成立，对当事人具有法律约束力，当事人应当按照约定履行自己的义务。若当事人清楚公司实际出资人情况，不得以股权转让合同主体身份未记载于公司股东名册或公司章程或未在登记机关登记备案为由，拒绝履行自己义务。

（2）实际出资人可以自身名义转让股权，但其所处置的股权并非完整意义上的股权，其转让的仅是作为实际出资人的隐名投资权益。

（3）实际出资人转让股份，受让方从实际出资人处受让隐名股权，受让方将承继转让方与名义股东形成的股权代持关系，受让方欲取代名义股东成为显名股东时，需要经过公司其他股东过半数同意。

5. 名义股东转让股权限制

（1）名义股东将登记于其名下的股权转让属于无权处分。

（2）名义股东擅自签订股权转让合同，作为受让方的第三人构成善意取得时，即符合善意受让、以合理的价格转让、转让的股权已经变更登记的善意取得条件，可取得名义股东转让的股权，实际出资人可以请求名义股东承担损害赔偿责任。

（3）第三人不构成善意取得，实际出资人可以解除合同并向名义股东主张违约责任，第三人因此受到的损失可以请求名义股东承担过错赔偿责任。

（4）如果实际出资人有相反证据证明第三人签订股权转让合同时存在恶意，知道或者应当知道名义股东不是实际出资人，则应确认股权转让合同无效，或者以存在法定事由为由撤销股权转让合同，第三人无法依据《民法典》规定的善意取得要件获得股权。

【规范依据】《民法典》第311条、第597条；《公司法》第3条、第71条、第73条；《公司法司法解释（三）》第22条、第23条、第25条。

（二）合同标的要素

基于某些股权转让标的特殊性，法院审理时要根据当事人诉辩情况或者依职权对目标公司类型、是否上市、公司股东结构、股东持股类型、控股权是否转移等需要考虑的因素进行审查。

1. 国有股权转让限制审查

（1）"一法两办法"规范体系。现行《企业国有资产法》《上市公司国有股权监督管理办法》《企业国有资产交易监督管理办法》共同构成了较为完整的企业国有资产交易监管制度体系，其覆盖范围囊括了上市公司国有股权和非上市公司国有产权。在国有资产处置过程中，保证国有资产规范运作、国有资源市场化配置，以及促进国有资产保值增值、防止国有资产流失等，已成为监管重点。

（2）国有股东定义。《上市公司国有股权监督管理办法》《企业国有资产交易监督管理办法》《企业国有资产法》对于国有股东的定义，稍有区别：《上市公司国有股权监督管理办法》第3条规定，国有股东，是指政府部门、机构、事业单位、境内国有独资或全资企业，以及前述单位或企业独家持股比例超过50%，或合计持股比例超过50%，且其中之一为第一大股东的境内企业，还包括前述企业的直接或间接持股的各级境内独资或全资企业。国有股东，其证券账户标注"SS"。《企业国有资产交易监督管理办法》第4条规定，国有及国有控股企业、国有实际控制企业包括以下三种：政府部门、机构、事业单位出资设立的国有独资企业（公司），以及上述单位、企业直接或间接合计持股为100%的国有全资企业；上述所列单位、企业单独或共同出资，合计拥有产（股）权比例超过50%，且其中之一为最大股东的企业；上述所列企业对外出资，拥有股权比例超过50%的各级子企业；政府部门、机构、事业单位、单一国有及国有控股企业直接或间接持股比例未超过50%，但为第一大股东，并且通过股东协议、公司章程、董事会决议或者其他协议安排能够对其实际支配的企业。《企业国有资产法》第2条规定，企业国有资产，是指国家对企业各种形式的出资所形成的权益。《上市公司国有股权监督管理办法》对国有股东的要求，是具有绝对控股权。《企业国有资产交易监督管理办法》对国有股东的认定，拓宽到具有相对控股权。《企业国有资产法》对国有资产规定的范围，涉及国家对企业各种形式的出资所形成的权益。

（3）上市公司国有股权转让限制。上市公司国有股权变动涉及的股份应当权属清晰，公开、公平、公正原则下国有股权转让须经相关部门审批。总的来说，国有股权的转让应当遵循以下规定：

第一，国有独资企业、国有独资公司、国有资本控股公司买卖上市交易的股票，必须遵守国家有关规定。

第二，股东转让其股份，应当在依法设立的证券交易场所进行或者按照国务院规定的其他方式进行。

第三，上市公司国有股权变动行为，是指上市公司国有股权持股主体、数量或比例等发生变化的行为，具体包括以下四种：国有股东所持上市公司股份通过证券交易系统转让、公开征集转让、非公开协议转让、无偿划转、间接转让及国有股东发行可交换公司债券；国有股东通过证券交易系统增持、协议受让、间接受让、要约收购上市公司股份和认购上市公司发行的股票；国有股东所控股上市公司吸收合并、发行证券；国有股东与上市公司进行资产重组等行为。

第四，上市公司国有股权变动行为应坚持公开、公平、公正原则，遵守国家有关法律、行政法规和规章制度规定，符合国家产业政策和国有经济布局结构调整方向，有利于国有资本保值增值，提高企业核心竞争力。

第五，上市公司国有股权变动涉及的股份应当权属清晰，不存在受法律法规限制的情形。即国有股权的转让，不仅要满足依法、公开、公平、公正、平等互利、等价有偿等一般原则，还应当满足调整投资结构、促进国有资产优化配置的目的。

第六，上市公司国有股权变动的监督管理，由省级以上国有资产监督管理机构负责。省级国有资产监督管理机构报经省级人民政府同意，可以将地市级以下有关上市公司国有股权变动的监督管理交由地市级国有资产监督管理机构负责。省级国有资产监督管理机构需建立相应的监督检查工作机制。上市公司国有股权变动涉及政府社会公共管理事项的，应当依法报政府有关部门审核。受让方为境外投资者的，应当符合外商投资产业指导目录或负面清单管理的要求，以及外商投资安全审查的规定，涉及该类情形的，各审核主体在接到相关申请后，应当向同级商务部门征求转让行为是否符合吸收外商投资政策的意见。按照法律、行政法规和本级人民政府有关规定，须经本级人民政府批准的上市公司国有股权变动事项，国有资产监督管理机构应当履行报批程序。

【规范依据】《证券法》第60条；《公司法》第138条；《上市公司国有股权监督管理办法》第2条、第4~6条。

（4）国有股权转让报批要求。上市公司国有股权变动，实行的是分级监管原则。其中，国有资产的监管原则上由省级以上国资监管机构负责，但是，省级国资监管机构经省级人民政府同意，可以将地市级以下有关上市公司国有股权变动的监督管理，交由本级国资监管机构负责。

第一，国有资产监督管理机构负责审核国家出资企业的产权转让事项。

其中，因产权转让致使国家不再拥有所出资企业控股权的，须由国资监管机构报本级人民政府批准。

第二，国有资产监督管理机构决定其所出资企业的国有股权转让。其中，转让全部国有股权或者转让部分国有股权致使国家不再拥有控股地位的，报本级人民政府批准。

第三，国有资产转让由履行出资人职责的机构决定。履行出资人职责的机构决定转让全部国有资产的，或者转让部分国有资产致使国家对该企业不再具有控股地位的，应当报请本级人民政府批准。

【规范依据】《企业国有资产交易监督管理办法》第7条、第23条；《企业国有资产法》第53条。

（5）国有股权转让程序。国有股权转让需要具备程序合法、合规性，除遵循股权变动流程外，还需遵循国资流转报批及评估审核程序。

股东向股东以外的主体转让股权，应当经其他股东过半数同意。股东应就其股权转让事项书面征求其他股东同意，其他股东自接到书面通知之日起满三十日未答复，视为同意转让。其他股东半数以上不同意转让，不同意股东应当购买该转让股权；不购买的，视为同意转让。即股权转让，应当经其他股东过半数同意。而对于国有股权转让决议的规定，则更为严格。

产权转让应当由转让方按照企业章程和企业内部管理制度进行决策，形成书面决议。国有控股和国有实际控制企业中国有股东委派的股东代表，应当按照法律规定和委派单位的指示发表意见、行使表决权，并将履职情况和结果及时报告委派单位。

转让方应当按照企业发展战略做好产权转让可行性研究和方案论证。产权转让涉及职工安置事项的，安置方案应当经职工代表大会或职工大会审议通过；涉及债权债务处置事项的，应当符合国家相关法律法规规定。

产权转让事项经批准后，由转让方委托会计师事务所对转让标的企业进行审计。涉及参股权转让不宜单独进行专项审计的，转让方应当取得转让标的企业最近一期年度审计报告。

对按照有关法律法规要求必须进行资产评估的产权转让事项，转让方应当委托具有相应资质的评估机构对转让标的进行资产评估，产权转让价格应以经核准或备案的评估结果为基础确定。

产权转让原则上通过产权市场公开进行。转让方可以根据企业实际情况和工作进度安排，采取信息预披露和正式披露相结合的方式，通过产权交易机构网站分阶段对外披露产权转让信息，公开征集受让方。

受让方确定后，转让方与受让方应当签订产权交易合同，交易双方不得以交易期间企业经营性损益等为由对已达成的交易条件和交易价格进行调整。

产权交易合同生效后，产权交易机构应当将交易结果通过交易机构网站对外公告，公告内容包括交易标的名称、转让标的评估结果、转让底价、交易价格，公告期不少于5个工作日。

产权交易合同生效，并且受让方按照合同约定支付交易价款后，产权交易机构应当及时为交易双方出具交易凭证。公司应当注销原股东的出资证明书，向新股东签发出资证明书，并相应修改公司章程和股东名册中有关股东及其出资额的记载。对公司章程的该项修改不需再由股东会表决。

涉及国家安全、国民经济命脉重要行业和关键领域企业的重组整合，对受让方有特殊要求：企业产权需要在国有及国有控股企业之间转让的，经国资监管机构批准，可以采取非公开协议转让方式；同一国家出资企业及其各级控股企业或实际控制企业之间因实施内部重组整合进行产权转让的，经该国家出资企业审议决策，可以采取非公开协议转让方式。

【规范依据】《民法典》第153条；《公司法》第71条、第73条；《企业国有资产法》第52~57条；《民商审判会议纪要》第31条；《企业国有资产交易监督管理办法》第9~13条、第23条、第29~31条。

2.外资股权转让限制审查

《外商投资企业纠纷司法解释（一）》第11条规定："外商投资企业一方股东将股权全部或部分转让给股东之外的第三人，应当经其他股东一致同意，其他股东以未征得其同意为由请求撤销股权转让合同的，人民法院应予支持……"由此可见，合资企业股权对外转让既要取得公司其他股东的一致同意，也要得到审批机构的核准，法律明显对合资企业股权的对外转让限制更为严格。

3.股份公司股份转让要求

股份公司股份的发行、筹办事项需符合法律规定。银行保险等金融机构的股权转让需满足法律法规及监管机构对其所作的特别限制。

【规范依据】《公司法》第76条。

4.涉金融企业股权转让要求

《商业银行法》第28条规定，任何单位和个人购买商业银行股份总额5%以上的，应当事先经过国务院银行业监督管理机构批准。

《金融企业国有资产转让管理办法》于2009年5月1日起施行，该办法对非上市企业国有产权转让、上市公司国有股份转让、国有资产直接协议转让进行详细规制，有助于规范金融企业国有资产转让行为，加强国有资产交易监督管理，维护国有资产出资人合法权益，防止国有资产流失。

2018年1月5日，原银监会出台《商业银行股权管理暂行办法》对商业银行股权管理特别是股权转让问题作出进一步规范。

5.上市公司股票转让要求

上市公司的股票，依照有关法律、行政法规及证券交易所交易规则上市交易。

公司公开发行股份前已发行的股份，自公司股票在证券交易所上市交易之日起1年内不得转让，因司法强制执行、继承、遗赠、依法分割财产等导致股份变动的除外。

【规范依据】《公司法》第144条。

6.有限责任公司股权对外转让限制

（1）公司章程未对股东对外转让股权作出限制性规定的情形。转让方对其股权转让事项以书面或者其他能够确认收悉的合理方式通知并征求其他股东意见，如未获其他股东过半数同意，则反对转让的股东应当购买该转让的股权，不购买的，视为同意转让。①如转让获得其他股东过半数同意（包括部分股东被视为同意情形），则进入第二道程序，即告知转让条件。在同等条件下，其他股东有优先购买权，两个以上股东主张行使优先购买权的，协商确定各自的购买比例；协商不成的，按照转让时各自的出资比例行使优先购买权。

（2）公司章程对股权转让另有规定的，从其规定。公司章程内部规则对于股权转让的限制性规定，在不违反法律法规强制性规定和损害公司及债权人利益的前提下，股权对外转让应当符合公司章程中上述特别规定的要求。

【规范依据】《公司法》第71条；《公司法司法解释（四）》第17条。

（三）转让程序和方式要素

1.有限责任公司股权转让程序和方式

（1）内部转让：有限责任公司的股东之间可以相互转让其全部或者部分股权，无须经过其他股东同意。

（2）外部转让：根据《公司法》第71条规定的程序进行。

（3）股权转让内部手续：股东依照《公司法》第71条、第72条转让股权后，公司应当注销原股东的出资证明书，向新股东签发出资证明书，并相应修改公司章程和股东名册中有关股东及其出资额的记载。对公司章程的该项修改不需再由股东会表决。

2.股份有限公司股份转让程序和方式

（1）《公司法》第138条规定："股东转让其股份，应当在依法设立的证券交易场所进行或者按照国务院规定的其他方式进行。"

---

① 《公司法（修订草案二次审议稿）》第84条对此进行了修改，删除需要征得其他股东过半数同意的限制。

（2）记名股票转让：由股东以背书方式或者法律、行政法规规定的其他方式转让，转让后由公司将受让人的姓名或者名称及住所记载于股东名册。股东大会召开前二十日内或者公司决定分配股利的基准日前五日内，不得进行前述的股东名册的变更登记。但是，法律对上市公司股东名册变更登记另有规定的，从其规定。

无记名股票转让：无记名股票的转让，由股东将该股票交付给受让人后即发生转让的效力。

五、合同无效要素

股权转让合同是当事人以转让股权为目的达成的有关转让方交付股权并收取价金，受让方支付价金并获得股权的协议。股权转让合同标的性质即股权性质是公司法理论中比较复杂的问题。根据大陆法系传统公司法理论和我国多数学者所主张的股权独立权利形态说，股权既不属于物权，也不属于债权，而是由公司法规定的包括财产权等多种权利在内的综合性独立权利形态。股权作为一种资格权利，既包含股东对公司的权利，又包含股东对公司和社会应承担的义务。股权的特殊性使得股权转让合同在订立、效力、履行等方面比一般商品买卖合同表现得更为复杂，股权转让合同主体、内容和形式受到较为严格的法律规制，目的是保障资本市场有序运作。

股权转让合同法律规制内容主要包括以下三个方面：一是对特定投资主体持有的股权，如国家股、法人股、个人股、外资股和内部职工股等股权可转让性、受让人和转让方式作了不同规制；二是对某些特定主体持有的股权，在一定期间内禁止或限制其转让；三是对股份有限公司、有限责任公司、中外合资公司等不同形式公司股权转让程序作了不同规定。

此外，股权转让合同除受到《民法典》规定规制，还受到《公司法》《证券法》等有关股权交易法律规制。工商管理、证券管理主管部门行政规章对股权转让行为同样起着规制作用。上述规范有些属于效力性强制性规范，有些属于管理性规范，司法实务中，应当根据规范性质及案件其他证据，依法审查和评判股权转让合同效力。

（一）合同无效要素审查清单

1. 转让交易主体资格是否符合法律规定

股权转让交易双方的主体资格不符合法律规定会导致股权转让合同无效。

2. 转让标的、转让方式、转让手续、转让条件是否符合法律规定

标的股份或者股权必须依法可以转让，如果该标的是法律禁止转让的，

该股权转让行为应当认定无效。如根据《企业国有资产交易监督管理办法》第2条、第13条、第14条[①]及《企业国有资产法》第30条、第47~50条[②]等相关规定,国有资产转让应当遵循等价有偿和公开、公平、公正的原则,除按照国家规定可以直接协议转让的以外,国有资产转让应当在依法设立的产权交易场所公开进行。产权转让采取信息预披露和正式披露相结合的方式,通过产权交易机构网站分阶段对外披露产权转让信息,公开征集受让方。因产权转让导致转让标的企业的实际控制权发生转移的,转让方应当通过产权交易机构进行信息预披露。产权转让原则上不得针对受让方设置资格条件,确需设置的,不得有明确指向性或违反公平竞争原则,所设资格条件相关内容应当在信息披露前报同级国资监管机构备案。国有独资企业、国有独资公司和国有资本控股公司转让重大财产应当按照规定委托依法设立的符合条件

---

①《企业国有资产交易监督管理办法》第2条规定:"企业国有资产交易应当遵守国家法律法规和政策规定,有利于国有经济布局和结构调整优化,充分发挥市场配置资源作用,遵循等价有偿和公开公平公正的原则,在依法设立的产权交易机构中公开进行,国家法律法规另有规定的从其规定。"第13条规定:"产权转让原则上通过产权市场公开进行。转让方可以根据企业实际情况和工作进度安排,采取信息预披露和正式披露相结合的方式,通过产权交易机构网站分阶段对外披露产权转让信息,公开征集受让方。其中正式披露信息时间不得少于20个工作日。因产权转让导致转让标的企业的实际控制权发生转移的,转让方应当在转让行为获批后10个工作日内,通过产权交易机构进行信息预披露,时间不得少于20个工作日。"第14条规定:"产权转让原则上不得针对受让方设置资格条件,确需设置的,不得有明确指向性或违反公平竞争原则,所设资格条件相关内容应当在信息披露前报同级国资监管机构备案,国资监管机构在5个工作日内未反馈意见的视为同意。"

②《企业国有资产法》第30条规定:"国家出资企业合并、分立、改制、上市,增加或者减少注册资本,发行债券,进行重大投资,为他人提供大额担保,转让重大财产,进行大额捐赠,分配利润,以及解散、申请破产等重大事项,应当遵守法律、行政法规以及企业章程的规定,不得损害出资人和债权人的权益。"第47条规定:"国有独资企业、国有独资公司和国有资本控股公司合并、分立、改制,转让重大财产,以非货币财产对外投资,清算或者有法律、行政法规以及企业章程规定应当进行资产评估的其他情形的,应当按照规定对有关资产进行评估。"第48条规定:"国有独资企业、国有独资公司和国有资本控股公司应当委托依法设立的符合条件的资产评估机构进行资产评估;涉及应当报经履行出资人职责的机构决定的事项的,应当将委托资产评估机构的情况向履行出资人职责的机构报告。"第49条规定:"国有独资企业、国有独资公司、国有资本控股公司及其董事、监事、高级管理人员应当向资产评估机构如实提供有关情况和资料,不得与资产评估机构串通评估作价。"第50条规定:"资产评估机构及其工作人员受托评估有关资产,应当遵守法律、行政法规以及评估执业准则,独立、客观、公正地对受托评估的资产进行评估。资产评估机构应当对其出具的评估报告负责。"

的资产评估机构进行资产评估。国有独资企业、国有独资公司、国有资本控股公司及其董事、监事、高级管理人员应当向资产评估机构如实提供有关情况和资料，不得与资产评估机构串通评估作价。资产评估机构及其工作人员受托评估有关资产，应当遵守法律、行政法规以及评估执业准则，独立、客观、公正地对受托评估的资产进行评估。征集产生的受让方为两个以上的，转让应当采用公开竞价的交易方式等。如果未按照上述规定进行企业国有产权转让，交易行为违反公开、公平、公正交易原则，损害社会公共利益，会产生相关交易行为无效的法律后果。

3. 转让是否符合公司章程规定

《公司法》规定，如果公司章程对股权转让有特别规定，应优先适用章程的规定。值得注意的是，公司章程对股权转让的限制性条款不能与法律和行政法规的强制性规定相抵触，公司章程的限制性条款不能绝对禁止股东转让股权，否则违反法律规定的股权自由转让基本原则，剥夺股东基本权利，应属无效条款。

4. 转让主体是否缺乏合同订立能力或真实意思表示

《民法典》规定：无民事行为能力人实施的民事法律行为无效；行为人与相对人以虚假的意思表示实施的民事法律行为无效，以虚假的意思表示隐藏的民事法律行为效力，依照有关法律规定处理；行为人与相对人恶意串通，损害他人合法权益的民事法律行为无效。

5. 转让合同内容是否违反法律、行政法规效力强制性规定或违背公序良俗

股权转让行为生效需具备下列条件：（1）行为人具有相应的民事行为能力；（2）意思表示真实；（3）不违反法律、行政法规强制性规定，不违背公序良俗，违反法律、行政法规强制性规定的民事法律行为无效，但是，该强制性规定不导致该民事法律行为无效的除外。如金融企业作为特殊企业，涉及政府公共管理和金融行业监管事项，该类企业的股权转让行为应结合对应企业管理规范来确定是否需要经批准生效，同时需注意该规范中关于批准的规定是否属于效力性强制性规定，如《商业银行法》第28条规定："任何单位和个人购买商业银行股份总额达百分之五以上的，应当事先经过国务院银行业监督管理机构批准。"

（二）导致合同无效意思表示瑕疵要素

1. 通谋虚伪意思表示

通谋虚伪表示是大陆法系民法采用的法律概念，德国、日本等国家亦称之为虚伪表示、虚假行为等。我国台湾地区学者王泽鉴将通谋虚伪表示解释为，"通谋虚伪表示，是指表意人与相对人通谋而为虚伪的意思表示"。具体

而言，表意人须作出需要相对人受领的意思表示，而相对人须作出受领的意思表示，双方达成合意。表意人与相对人主观上须有共同故意或有意思联络，且双方均须明知该意思表示是不真实的。虚假通谋的隐藏行为是当事人欲真正从事的法律行为。通谋虚伪行为与恶意串通、以合法形式掩盖非法目的等行为虽然存在一定重合，但并不相同。立法予以区别规制的目的是防止在通谋虚伪行为被认定无效的同时，其背后隐藏行为也随之被"一刀切"归为无效，而无法正本清源地依照有关法律规定予以处理。即通谋虚伪行为无效是因为该表示经通谋后被虚假作出，因此不值得被法律保护，但并不影响隐藏行为效力，隐藏行为依其法律规定可能有效也可能无效，应当具体问题具体判断。

在股权转让纠纷中，应当注意对真实转让标的的审查，可具体通过对合同目的、合同权利义务安排、履行行为特征等方面的审查作出准确认定。实务中常见的通谋虚伪表示审查情形有股权让与担保和"阴阳合同"问题。

（1）股权让与担保。该类合同名为股权转让，实为以转让股权的形式提供担保。对于股权让与担保合同，其外在的股权转让法律关系不真实，但其隐藏在内的股权让与担保应当根据法律规定审查处理。股权让与担保合同的特征是债务人或第三人与债权人订立合同，约定将股权形式上转让至债权人名下，并实际办理了公司变更登记。债务人到期清偿债务的，债权人将股权返还债务人、第三人，债务人到期没有清偿债务的，债权人可以对股权拍卖、变卖、折价偿还债务，或者约定股权归债权人所有。对于股权让与担保，债务人到期未清偿债务，债权人起诉要求确认股权归其所有的，法院可以向债权人释明参照法律关于担保物权的规定，变更诉请为要求对股权进行拍卖、变卖、折价，优先偿还其债权。

（2）"阴阳合同"。股权转让"阴阳合同"，又称"黑白合同"，是指转让方和受让方在股权转让交易中，基于避税、防止其他股东行使优先购买权、易于取得审批机关批准等原因，就同一标的股权转让事宜，签订两份或以上，且部分或者全部实质内容存在抵触的股权转让协议。股权转让"阴阳合同"现象十分普遍，基于《民法典》关于通谋虚伪意思表示的规定，"阴合同"体现当事人真实意思表示，属于实际履行合同，"阴合同"的效力应依《民法典》等有关规定处理。

《民商审判会议纪要》强调，民商事审判工作要树立正确的审判理念，注意处理好民商事审判与行政监管的关系，通过穿透式审判思维，查明当事人的真实意思，探求真实法律关系。

【规范依据】《民法典》第132条、第146条；《民商审判会议纪要》第71条。

2. 恶意串通损害他人合法权益

恶意串通，是指合同当事人在订立合同过程中，为牟取不法利益合谋实施的违法行为。恶意串通合同具有以下特征：（1）当事人双方出于故意，这种故意的本质在于通过损害他人的利益来获取自己的非法利益。因恶意串通而成立的合同不以行为人是否获得非法利益为必要条件，只要存在恶意串通、危及他人利益的故意，就可以认定。（2）恶意串通的合同是为牟取非法利益。依据《民法典》的规定，行为人与相对人恶意串通，损害他人合法权益的民事法律行为无效。

股权转让纠纷实务中，常见的恶意串通行为有债务人与第三人通过低价转让股权，以抵押、质押股权等方式转移财产、逃避债务或逃避强制执行，以及代理人与第三人恶意串通损害被代理人的利益等。

【规范依据】《民法典》第132条、第153条、第154条、第164条；《民事诉讼法司法解释》第109条。

六、合同可撤销要素

股权转让合同作为典型的商事合同，具有团体法属性和更强的信赖利益，由此决定股权转让合同不能轻易予以撤销，否则会造成公共利益重大损失。司法实务应当秉持商事裁判思维，对撤销权行使保持克制、谨慎态度，尽力维护商事交易关系的安全性和稳定性，尽可能减少对社会公共利益的影响。

（一）重大误解情形

民法界与商法界对于重大误解内涵的理解并无太多分歧，但是将有重大误解的股权转让合同轻易予以撤销，显然违背商法外观主义原则。已经生效并发生股权变动的股权转让合同已具备权利外观，如果采用民事裁判思维轻易予以撤销，则会伤害到公共利益，特别是对大型企业，一般应以应负更高注意义务为由认定股权受让方尽职调查不充分而对其撤销请求不予支持。实务中，可支持撤销股权转让的情形包括受让人对标的物性质产生重大误解，对标的物质量、标的公司经营状况、公司状态等事实发生重大误解，等等。而对于实务中常见的对于标的公司存在重大债务产生误解的，一般不会导致股权转让行为撤销。

【规范依据】《民法典》第147条。

（二）欺诈、胁迫情形

针对欺诈的认定，民事合同与商事合同的区别在于对商人注意义务的要求。民事主体的抽象模型一般是有限理性人，《民法典》更侧重于保护受欺诈主体的利益，对可撤销合同认定较为宽松。但是，现代各国商法对商人的假设是"强有力的智者""成熟的商人"，均对商人科以更高的注意义务和职责。股权转让行为一般属于绝对商行为，交易双方都会被认定为成熟的商人，因而对于股权标的、转让合同相对人的身份及其履约能力等赋予更高的审慎注意义务。

针对胁迫，对于具有团体法性质的股权转让合同来说，尤其是具有人合性、必须得到公司全体股东一致同意的有限责任公司股权转让，其行为是集体决议的产物，股东能否成为被胁迫的适格主体存在争议。此外，相对于民事合同中典型的身体与精神胁迫，股权转让更为典型的是经济性胁迫，即具有优势竞争地位的对手利用自身优势迫使相对方转让股权，但该情形能否构成胁迫亦存在争议。

从司法实务来看，对于隐藏标的公司的债权债务和实际经营情况行为的认定，法院有较大自由裁量权。自由裁量权行使应当以受欺诈人为应负较高注意义务的商事主体为起点，其负有对转让方所隐藏的事实进行尽职调查的审慎义务，不可轻易予以撤销。对于股权转让经济性胁迫行为与危害结果间的因果关系应严格把握，商事交易主体一般应被认定为在相关领域具有平等的专业知识和谈判地位，只有在对合同签署具有决策权的相关人员受到胁迫时才考虑予以适用。

【规范依据】《民法典》第148~150条。

（三）乘人之危、显失公平情形

相较于《合同法》第54条关于显失公平、趁人之危可撤销情形的规定，《民法典》第151条规定"一方利用对方处于危困状态、缺乏判断能力等情形，致使民事法律行为成立时显失公平"为可撤销情形，表述更为具体，更为强调行为人困窘情形下的意思表示与显失公平的结果之间的因果关系。《合同法司法解释（二）》（已废止，下同）第19条规定"明显不合理的低价""明显不合理的高价"的显失公平标准，在司法实务中仍被继续作为处理合同纠纷的参考标准。但是在股权转让合同领域中，对于显失公平的认定不应机械套用。股权的价值受市场影响较大，最为典型的就是"壳资源"，虽然公司净资产已经为负值，但仍可以被卖出高价。由此可以说明在股权转让中，对于乘人之危、显失公平的认定，明显应当科以更高标准。

【规范依据】《民法典》第151条；《全国法院贯彻实施民法典工作会议纪要》第9条。

（四）撤销权行使除斥期间审查

符合以下条件的，撤销权消灭：（1）当事人自知道或者应当知道撤销事由之日起 1 年内、重大误解的当事人自知道或者应当知道撤销事由之日起 90 日内没有行使撤销权；（2）当事人受胁迫，自胁迫行为终止之日起 1 年内没有行使撤销权；（3）当事人知道撤销事由后明确表示或者以自己的行为表明放弃撤销权；（4）当事人自民事法律行为发生之日起 5 年内没有行使撤销权的。

【规范依据】《民法典》第 152 条。

七、合同未生效要素

（一）合同不成立与合同未生效的区别

合同不成立与合同未生效并非同一概念：前者表示合同在签订时存在一些问题，如合同内容不合乎规范，或者双方并没有达成一致协议；合同未生效，是指合同已经依法成立，但生效时间处在待定状态。根据《民法典》第 502 条第 1 款的规定："依法成立的合同，自成立时生效，但是法律另有规定或者当事人另有约定的除外。"合同成立与生效属于合同不同的法律形态，二者既可以同时发生，也可以不同时发生，即合同成立、生效存在于不同的时点。

（二）未生效合同法律效力

未生效合同不同于无效合同，其已具备合同的有效要件，对双方具有一定的拘束力，任何一方不得擅自撤回、解除、变更，但因欠缺法律、行政法规规定或当事人约定的特别生效条件，在该生效条件成就前，不能产生请求对方履行合同主要权利义务的法律效力。

【规范依据】《民法典》第 502 条；《民商审判会议纪要》第 37 条。

（三）报批义务及相关违约条款独立生效

行政机关对须经行政机关批准生效合同的报批义务及未履行报批义务的违约责任等相关内容作出专门约定的，该约定独立生效。

合同约定生效要件为报批并获得批准，承担报批义务方不履行报批义务的，应当承担违约责任。守约方请求解除合同并请求违约方承担合同约定的相应违约责任和赔偿损失的，人民法院应予支持。除直接损失外，缔约过失人对善意相对人的交易机会损失等间接损失，应予赔偿。间接损失数额应考虑缔约过失人过错程度及获得利益情况、善意相对人成本支出及预期利益等，综合衡量确定。

【规范依据】《民商审判会议纪要》第 38 条。

（四）报批义务释明

一方请求另一方履行未生效合同主要权利义务的，人民法院应当向其释明，将诉讼请求变更为请求履行报批义务。经释明后当事人拒绝变更的，应当驳回其诉讼请求，但不影响其另行提起诉讼。

【规范依据】《外商投资企业纠纷司法解释（一）》第6条第1款；《民商审判会议纪要》第39条。

（五）判决履行报批义务后纠纷处理

一方依据判决履行报批义务，行政机关予以批准，合同发生完全的法律效力，其请求对方履行合同的，人民法院依法予以支持。行政机关没有批准，合同不具有法律上的可履行性，一方请求解除合同的，人民法院依法予以支持。

法院判决一方履行报批义务后，该当事人拒绝履行，经人民法院强制执行仍未履行，对方请求其承担合同违约责任的，人民法院依法予以支持。

【规范依据】《民法典》第500条、第502条；《企业国有资产法》第53条；《外商投资企业纠纷司法解释（一）》第5条；《民商审判会议纪要》第38条、第40条；《企业国有资产监督管理暂行条例》第23条、第24条。

八、合同履行要素

（一）合同生效要素

1. 当事人双方就合同主要条款达成一致，除以下两种情形外，合同即成立和生效：（1）附条件或附期限的合同自条件成就或期限届至时生效；（2）法律、行政法规规定应当经过批准、登记等手续生效的，自批准、登记时生效。

2. 《公司法》第73条规定股权转让应当将股东记载于股东名册。《市场主体登记管理条例》第24条规定，市场主体变更登记事项，应当自作出变更决议、决定或者法定变更事项发生之日起30日内向登记机关申请变更登记。市场主体变更登记事项属于依法须经批准的，申请人应当在批准文件有效期内向登记机关申请变更登记。

3. 未办理公司变更登记或已办理公司变更登记而未办理工商变更登记的，不影响股权转让合同的效力。公司变更登记及工商变更登记并非股权转让合同的生效要件。在实践中，目标公司经常怠于履行办理股东变更登记的义务，经常出现转让人与受让人已签订股权转让合同，甚至已经部分或者完全履行合同义务，但并未到工商管理部门进行股东变更登记的情形。司法实践中，部分法院将未办理公司变更登记或工商变更登记的股权转让合同作为无效合同处理，实际上混淆了债权变动行为和物权变动行为，违背了当事人契约自由原则。股权转让人与受让人就股权的转让达成一致意思表示，股权转让合同即已成立。现行法律法规并无规定，股权转让须经登记才生效，所以，股权转让合同应自成立时即发生法律效力。而股东变更登记是对已经发生股权转让事实的确认，要在股权转让合同生效并履行后才可进行。办理股东变更登记主要是出于行政管理的需要，其功能是使股权的变动产生公示的效力。如果以股东变更登记作为股权转让合同生效的要件，则合同永远也无法生效，因为股东变更登记必须以股东确实已经变更也即股权转让合同已经生效为前提，如果股权转让合同是否生效还要以是否办理股东变更登记为要件，就会产生逻辑上的悖论。股权转让合同的生效与股东变更登记是两个层面的问题，两者在顺序上有先后之分，在审判中不应以顺序在后的股东变更登记否认顺序在前的股权转让合同的效力。

【规范依据】《民法典》第502条。

（二）合同履行状况要素

1. 合同履行约定情况

应注重审查合同关于履行主体、履行标的、履行期限、履行方式等约定内容。

履行主体审查主要是审查转让方与受让方双方主体情况。

履行标的审查主要是审查合同标的。合同标的，是指合同债务人（义务人）必须实施的特定行为，是股权转让合同的核心内容，是合同当事人订立股权转让合同的目的所在。

履行期限审查主要审查股权转让合同关于合同债务人履行合同义务的期限约定。履行期限是合同主要条款，当事人应当按照合同约定的履行期限履行合同义务，否则可能构成迟延履行而应当承担违约责任。

履行方式审查主要审查双方约定以何种形式履行合同义务。股权转让合同的履行方式主要包括转让款支付、标的股权交付、股权变更登记等。履行义务人需按照合同约定方式履行，如果约定不明确的，当事人可以协议补充；协议不成时，可以根据合同有关条款和交易习惯进行确定；如果仍无法确定时，按照有利于实现合同目的原则确定履行方式。

2. 合同实际履行情况

《民法典》第509条规定："当事人应当按照约定全面履行自己的义务。当事人应当遵循诚信原则，根据合同的性质、目的和交易习惯履行通知、协助、保密等义务。当事人在履行合同过程中，应当避免浪费资源、污染环境和破坏生态。"应审查合同债务人（义务人）是否按照合同约定或法律规定，全面、适当地履行合同义务；审查各方当事人是完全履行、部分履行、不适当履行或者不履行；应审查履行或不履行的是主给付义务还是从给付义务及附随义务。

3. 合同主要义务履行情况

股权转让合同的主要合同义务包括股权转让价款支付义务、股权转让交割义务、标的公司交接义务、股权转让变更登记配合义务等，应注重审查股权转让价款支付情况、股权转让交割情况、实际交接手续完成情况、股权转让变更登记情况等。如果合同对双方履行顺序没有明确约定的，对受让方股权转让款支付义务和转让方交付股权或者股票义务的履行顺序不宜直接相互推定。

4. 有限责任公司股权交付审查

股权转让合同对股权交付的标准有约定的，从其约定。没有约定的，原则上以股权变动，主要是股东名册记载变更即标的公司内部公示方式完成为判断标准。受让方姓名或名称已载于股东名册，说明受让方已获得标的公司股东资格。股权变更登记属于外部公示方式，受让方所受让的股权，未完成向公司登记机关办理股权变更登记手续的，不得对抗善意相对人。

股权变更与股权变更登记是两个不同的概念和法定程序。根据《公司法》及《市场主体登记管理条例》的有关规定，受让人通过有效的股权转让合同取得股权后，有权要求公司进行股东变更登记，公司须根据《公司法》及公司章程的规定进行审查，经审查股权转让符合《公司法》及章程规定，同意将受让人登记于股东名册后，受让人才取得公司股权，成为公司认可的股东，这就是股权变更。但股东名册是公司的内部资料，不具有对世性，不能产生对抗第三人的法律效果，只有在公司将其确认的股东依照《市场主体登记管理条例》的规定到公司登记机关办理完成股东变更登记后，才取得对抗第三人的法律效果，这就是股权变更登记。

股权转让涉及公司控制权发生转移的，认定股权交付还可从以下几方面进行审查：（1）公司证照、印鉴、账簿及重要业务合同的移交；（2）公司董事、监事、高管人员的变更。

【规范依据】《民法典》第 509 条；《公司法》第 25 条、第 32 条、第 73 条；《民商审判会议纪要》第 8 条。

（三）违约责任要素

1. 违约行为形态

审查违约行为形态有助于准确界定违约责任。违约行为形态，是指按照违约行为性质和特点区分的合同义务不履行形态。根据履行期限是否到来，分为预期违约和实际违约两种类型。实际违约可区分为迟延履行、不完全履行（或不适当履行），其中，迟延履行可分为转让方迟延、受让方迟延，不完全履行可分为瑕疵给付、加害给付、违反附随义务。

2.违约责任构成

违约责任构成要件，是指违约当事人承担违约责任时需要满足的条件。一般应审查以下条件要素：

（1）合同义务有效存在。这是区分违约责任与侵权责任、缔约过失责任的主要依据，违约责任承担的前提是有效存在合同义务，后两者都不以合同义务的存在为前提。

（2）合同义务人存在不履行合同义务或者履行合同义务不符合约定要求行为，具体包括履行不能、履行迟延和履行不完全等，还包括与合同不履行可能发生关联的瑕疵担保、附随义务违反、合同权利人受领迟延等情形。

（3）不属于法定或约定免责情形。虽然《民法典》框架下的违约责任归属上采取的是无过错责任原则，但为了平衡违约方行为自由与守约方法益保护两方面价值，避免违约方绝对承担违约责任导致交易风险分配不合理，《民法典》规定了法定和约定免责事由，如不可抗力等。此外，合同当事人可在合同中约定免责事由，如果约定的免责事由发生，违约方并不承担违约责任。

此外，还应审查以下影响违约责任的情形：第一，是否存在双方当事人违约。《民法典》第592条规定："当事人都违反合同的，应当各自承担相应的责任。当事人一方违约造成对方损失，对方对损失的发生有过错的，可以减少相应的损失赔偿额。"第二，是否存在情势变更情形。《民法典》第533条规定："合同成立后，合同的基础条件发生了当事人在订立合同时无法预见的、不属于商业风险的重大变化，继续履行合同对于当事人一方明显不公平的，受不利影响的当事人可以与对方重新协商；在合理期限内协商不成的，当事人可以请求人民法院或者仲裁机构变更或者解除合同。人民法院或者仲裁机构应当结合案件的实际情况，根据公平原则变更或者解除合同。"可见，情势变更并不属于违约免责事由，只是发生情势变更情形时，当事人可与对方重新协商；在合理期限内协商不成的，当事人可以请求变更或者解除合同。第三，是否存在第三人原因导致的违约情形。《民法典》第593条规定："当事人一方因第三人的原因造成违约的，应当依法向对方承担违约责任。当事人一方和第三人之间的纠纷，依照法律规定或者按照约定处理。"亦即，应当注意因第三方原因导致违约方违约并不影响违约方违约责任构成或程度。

【规范依据】《民法典》第180条、第186条、第533条、第577条、第590条、第592条、第593条。

3. 违约责任内容

（1）金钱债务继续履行。继续履行，是指继续履行合同约定义务，这是当事人一方违约后应当承担的一项重要民事责任。守约方订立合同的目的需要义务人按照合同约定的标的履行相关义务才能实现，守约方有权请求违约方继续履行合同或者请求法院或仲裁机构强制违约当事人继续履行合同。在股权转让合同纠纷中，受让方违约，转让方可以请求受让方继续履行合同，支付股权转让款。

【规范依据】《民法典》第577条、第579条。

（2）非金钱债务继续履行或履行客观不能。股权转让合同中的非金钱履行债务主要包括股权变更及公司证照、印鉴、账簿等文件交付等。

当事人一方不履行非金钱债务或者履行非金钱债务不符合约定的，对方可以请求继续履行。

并不是所有的合同义务都能够要求对方继续履行，对于非金钱债务，一方不履行或者未适当履行，如果存在法律上或者事实上不能履行、债务的标的不适于强制履行或者履行费用过高、债权人在合理期限内未请求履行等情形致使合同目的不能实现的，守约方不能请求继续履行合同，但可以请求终止合同权利义务关系，并请求违约方承担违约责任。

【规范依据】《民法典》第577条、第580条、第584条、第585条。

九、合同解除要素

（一）合同解除情形

合同解除分为约定解除和法定解除两种，两种情形可以并存适用。对于股权转让合同解除纠纷，应当围绕当事人请求解除的理由是何种情形进行审查认定。

1. 协商解除

《民法典》第562条第1款规定："当事人协商一致，可以解除合同。"协商解除合同下，合同当事人之间较少发生冲突，但亦存在因合同解除后财产返还、赔偿损失等发生争议继而成诉的情形。

2. 约定解除

约定解除是合同当事人合意解除合同，当事人可以约定一方解除合同的事由，只要不违反法律、行政法规的强制性规范，解除合同事由发生时，解除权人可以根据合同约定行使解除权。

3. 法定解除

法定解除，是指法律规定了解除合同的条件，无须当事人在合同中约定，当条件成就时，解除权人可直接援引法律规定行使解除权。法定解除情形包括下列情形：（1）因不可抗力致使不能实现合同目的；（2）在履行期限届满前，当事人一方明确表示或者以自己的行为表明不履行主要债务；（3）当事人一方迟延履行主要债务，经催告后在合理期限内仍未履行；（4）当事人一方迟延履行债务或者有其他违约行为致使不能实现合同目的；（5）法律规定的其他情形。

4. 约定解除和法定解除并存

法定解除权与约定解除权可以并存：当事人可以通过约定的方式对法定解除权适用情形作具体补充，如对不可抗力事件作出解释和细化；可以约定不管违约是否严重，只要违反某一项义务，相对方即可行使解除权。根据合同自由约定原则和相应法律规范内容任意性属性，当事人上述约定均是有效的。当然，基于股权转让合同特殊性，人民法院应审慎支持解除权行使。

【规范依据】《民法典》第562条、第563条。

（二）合同解除权行使期限

法律规定或者当事人约定解除权行使期限，期限届满当事人不行使的，该权利消灭。

法律没有规定或者当事人没有约定解除权行使期限，自解除权人知道或者应当知道解除事由之日起一年内不行使，或者经对方催告后在合理期限内不行使的，该权利消灭。

法律规定或者当事人约定的解除权存续期间，除法律另有规定外，自权利人知道或者应当知道权利产生之日起计算，不适用有关诉讼时效中止、中断和延长的规定。存续期间届满，解除权消灭。

【规范依据】《民法典》第199条、第564条。

（三）合同解除通知义务

合同约定解除或法定解除条件成就时，合同并不当然解除，主张方可以不与对方协商，将解除合同主张通知对方当事人，通过通知方式行使合同解除权。当事人是否依法履行合同解除通知义务，应从以下方面审查：

一是主张行使解除权的当事人是否已经通知对方当事人。二是解除通知应当以积极明示的方式作出。三是主张行使解除权的当事人可以通过提起诉讼（仲裁）、反诉（仲裁反请求）、答辩方式解除合同，只要意思表示真实、明确，符合明示通知要求，可以视为已经履行行使解除权的通知义务。四是只有享有法定或者约定解除权的当事人才能以通知方式解除合同。不享有解除权的一方当事人向另一方发出解除通知，另一方即便未在异议期限内提起诉讼，也不产生合同解除效果。

【规范依据】《民法典》第565条；《民商审判会议纪要》第46条。

（四）合同解除时点

享有法定或者约定解除权的当事人将解除合同的主张通知对方当事人，合同自通知到达对方时解除；通知载明债务人在一定期限内不履行债务则合同自动解除，债务人在该期限内未履行债务的，合同自通知载明的期限届满时解除。对方对解除合同有异议的，任何一方当事人均可以请求人民法院或者仲裁机构确认解除行为的效力。

当事人一方未通知对方，直接以提起诉讼或者申请仲裁的方式依法主张解除合同，人民法院或者仲裁机构确认该主张的，合同自起诉状副本或者仲裁申请书副本送达对方时解除。以通知作为解除权行使方式的，自解除通知到达时，股权转让合同解除。

【规范依据】《民法典》第565条。

（五）合同解除成就条件

对于股权转让合同解除纠纷案件，法院应注重从以下方面审查解除条件是否成就：一是主要应审查股权转让合同是否有效存在；二是当事人行使约定解除权的，应注重审查当事人解除请求是否符合合同约定，约定内容是否违反法律、行政法规强制性规定或公序良俗；三是当事人行使法定解除权的，应注重审查当事人主张的情形是否符合法律规定解除条件；四是当事人解除权的行使方式是否符合法律规定。

【规范依据】《民法典》第564条、第565条。

（六）合同审慎解除原则

基于股权转让合同的特殊性，为了保持公司稳定和维持既成交易关系，要从严把握解除事由，审慎支持合同解除请求。合同约定的解除条件成就时，守约方以此为由请求解除合同的，人民法院应当审查违约方的违约程度是否显著轻微，是否影响守约方合同目的实现，根据诚信原则，确定合同应否解除。一方行使法定解除权，法院需要对照法律规定的解除条件进行审查，特别是《民法典》第563条规定的法定解除构成要件，谨慎认定合同目的、主要债务、迟延履行情况等。违约方的违约程度显著轻微，不影响守约方合同目的实现，守约方请求解除合同的，人民法院不予支持。

【规范依据】《民商审判会议纪要》第47条。

（七）合同解除责任承担

合同解除时，一方依据合同中有关违约金、约定损害赔偿的计算方法、定金责任等违约责任条款的约定，请求另一方承担违约责任的，人民法院依法予以支持。针对股权转让合同，合同解除后守约方可以诉请恢复原状、赔偿损失。在确定合同解除责任时应审查以下问题：

一是双方当事人依股权转让合同所取得的股权、转让价款等；二是当事人请求恢复原状的，应审查股权归属现状，是否存在返还的可能性；三是当事人请求赔偿损失的，应审查是否发生损失及损失数额、损失与违约过错的因果关系；四是其他需要审查的相关事项。

【规范依据】《民法典》第 566 条；《民商审判会议纪要》第 49 条。

十、合同效力否定或解除后纠纷处置要素

根据《民法典》第 157 条、第 566 条的规定，股权转让合同被确认无效、不发生效力或撤销与被依法解除后虽然法律效果存在差异，但在某些方面具有相似之处，基于股权具有集身份权、财产权与管理权等权利于一体的独立权利形态的特殊性，在否定合同效力或解除合同后，应根据具体情况，对纠纷采取不同的处置措施。

（一）返还财产

股权转让合同被确认无效、不发生效力或撤销后，因该合同取得的财产，应当予以返还，有过错的一方应当赔偿对方因此所受到的损失，双方都有过错的，应当各自承担相应的责任。要根据诚信原则的要求，在当事人之间合理确定责任，不能使不诚信的当事人因合同不成立、无效或者被撤销而获益。合同不成立、无效或者被撤销情况下，当事人所承担的违约责任或者缔约过失责任不应超过合同履行利益。

股权转让合同被依法解除时，如合同尚未履行，则终止履行，发生合同终止履行的法律效果；如受让方已支付转让价款，但股权尚未交付，则应终止股权转让行为，由转让方将其已收取的转让价款退回受让方；如果股权已经完成交付，合同解除后，一般情况下股权受让方应当返还股权，使标的股权恢复至股权转让前的状态[①]，但合同解除时，合同所涉标的股权已无法返还

[①] 同时包括公司证照、印章、公司资料等的返还。

的，合同解除仍不必然判令返还股权，使股权恢复至转让前的状态。[①] 从《民法典》第157条"不能返还或者没有必要返还的，应当折价补偿"的规定来看，股权转让合同被确认无效、未生效、撤销时，股权无法返还时也可以适用折价补偿处理原则。

（二）办理手续

如果判令股权受让方应当返还股权，就受让方而言，其有义务将股权返还转让方；就公司而言，有义务协助转让方办理股权回转的相关手续，如变更股东名册、办理股东变更登记等事宜。

（三）股利归属

《外商投资企业纠纷司法解释（一）》第10条规定："外商投资企业股权转让合同成立后，受让方已实际参与外商投资企业的经营管理并获取收益，但合同未获外商投资企业审批机关批准，转让方请求受让方退出外商投资企业的经营管理并将受让方因实际参与经营管理而获得的收益在扣除相关成本费用后支付给转让方的，人民法院应予支持。"参照这一规定及《民法典》关于效力否定处理相关规定，股权转让合同被确认无效、不发生效力或撤销后，受让方依据无效、未生效或被撤销的股权转让合同所取得的股利应当返还。如果受让方分红时符合分红条件和程序的，应当将红利返还给转让方；受让方分红时不符合分红条件与程序的，应将红利返还给标的公司。

股权转让合同被依法解除时，就合同生效期内股利处理问题，《公司法司法解释（四）》（2009年10月专家论证会征求意见稿）第43条规定："股权转让合同解除后，出让方起诉主张受让方在返还股权时一并返还其持有该股份在公司所获得的红利、配送新股及因该股份而认购的新股等股东权益的，

[①] 如湖北省高级人民法院（2016）鄂民再154号龚某诉韩某股权转让纠纷案，该案再审判决支持龚某解除合同的诉请，但驳回了其要求韩某返还标的股权的诉请。该判决指出："股权转让作为一种典型的商事交易，需要从维护市场交易秩序与促进交易的角度考虑，维护效率价值和公司稳定。关于股权转让合同解除后应否恢复原状，应当从商事交易的特殊性角度出发，从严把握解除权和恢复原状的适用条件。"同时，其认为："股权本身包括财产利益与非财产性利益，成为公司股东后不仅可以获得股利，还可以参与公司的经营管理，取得其他的权利和利益。加之有限责任公司兼具资合性和人合性的双重性质，当受让方获得股权、参与公司经营管理后，一旦股权转让合同解除后恢复原状，意味着又要进行一次股东的变更或者股权比例的变化，这种变化除对转让方和受让方产生影响外，还会对公司日常经营及其他股东的权益产生影响。故是否能恢复原状应当综合合同性质、合同的履行情况、当事人的主观意图等因素加以通盘考虑，若通过其他方式进行补救更适宜的，不应当轻易地判决恢复原状。"

人民法院应予以支持。受让方因前款股东权益支付对价的,可以同时请求出让方予以补偿。"第44条规定:"股权转让合同生效后、公司变更股东名册记载之前,出让人以股东名义在公司获得利润分配、配送股份及新股认购等股东利益,受让人主张出让人返还的,人民法院应予以支持。但双方当事人关于上述权益的归属有特殊约定的,从其约定。"上述两条对股权转让合同解除时股利(股权孳息和利润)归属作出了规定。《公司法司法解释(四)》正式稿删除了上述规定内容。针对股利归属问题,实际上讨论的是合同解除是否具有溯及力问题。如果具有溯及力,则合同解除后应恢复至合同未订立时状态,受让方应将获得的股利向转让方返还;如果不具有溯及力,则无须返还。就此问题,学界存有争议。最高人民法院民事审判第一庭编著的《民事审判实务问答》认为:"合同解除原则上有溯及力,继续性合同的解除无溯及力。虽然对于合同的解除有无溯及力这一问题存在争议,但我们认为,合同的解除原则上有溯及力。"[①]

股权转让合同并非继续性合同,按照该观点应具有溯及力,这正是上述《公司法司法解释(四)》(2009年10月专家论证会征求意见稿)所采纳的意见。但股权转让合同作为特殊标的物转让合同,对其合同性质实务亦存在分歧。最高人民法院(2020)最高法民终642号民事判决书认为"股权转让合同的解除通常仅对将来发生效力,并非溯及既往导致合同根本消灭,股权转让合同也类似于继续性合同……受让方获得股东资格后,也同时享有了参与重大决策、选择管理者、监督公司经营以及获得分配等股东权利……即使股权转让合同嗣后解除,受让方在其合法持有股权期间依法行使的各项权利通常仍应具有法律效力。故受让方作为原股东持股期间的依法获得的分红收益

[①] 该答复观点理由如下:承认合同解除有溯及力对非违约方来讲一般都有利。首先,在非违约方已为给付而违约方未为给付的情况下,合同解除有溯及力意味着合同被视为自始不存在,此时非违约方则可基于所有物返还请求权而要求违约方返还其已给付之物;如合同解除无溯及力,则非违约方仅能以不当得利返还请求权要求违约方返还其已给付之物。显然所有物返还请求权属于物权性请求权,在破产等特殊情形下,其效力强于属于债权的不当得利返还请求权。故在此情况下,承认合同解除有溯及力更有利于保护非违约方的利益。其次,在非违约方未为给付而违约方已为给付的情况下(此情况通常为瑕疵给付),承认合同解除具有溯及力,则发生相互返还的效果,非违约方可将瑕疵给付返还给违约方,更好地维护自己的利益。最后,在双方互为给付的情况下,合同有溯及力符合双方利益,对非违约方同样有利。相反,否定合同解除的溯及力,可能会使双方当事人为了避免给付时间差之内合同解除给己方带来的不利后果(无法请求对方给付,自己的给付却无法要求返还),在给付时间和顺序上发生不必要的争执,影响交易顺利进行。参见最高人民法院民事审判庭第一庭编:《民事审判实务问答》,法律出版社2021年版,第32页。

仍然有效、也无须在解除并恢复原状后予以返还"。该判决基于受让方实际参与标的公司重大决策、监督公司经营等情形将股权转让合同界定为类似于继续性合同的合同类型。不过，股权转让合同并非典型的继续性合同，在处理股权转让解除纠纷时主流观点仍认为股权转让合同解除后原则上股利应返还转让方。

（四）赔偿损失

《民法典》第157条规定："民事法律行为无效、被撤销或者确定不发生效力后，行为人因该行为取得的财产，应当予以返还；不能返还或者没有必要返还的，应当折价补偿。有过错的一方应当赔偿对方由此所受到的损失；各方都有过错的，应当各自承担相应的责任。法律另有规定的，依照其规定。"

《民法典》第566条规定："合同解除后，尚未履行的，终止履行；已经履行的，根据履行情况和合同性质，当事人可以请求恢复原状或者采取其他补救措施，并有权请求赔偿损失。合同因违约解除的，解除权人可以请求违约方承担违约责任，但是当事人另有约定的除外。主合同解除后，担保人对债务人应当承担的民事责任仍应当承担担保责任，但是担保合同另有约定的除外。"

综上所述，不管是股权转让合同被确认无效、不发生效力或撤销，还是被依法解除时，过错方（违约方）因为自己过错导致对方财产受到直接或者间接损失，应承担赔偿责任。不过，赔偿损失仅限于返还财产之后仍无法消弭的财产损失。此外，如果过错方为受让方，受让方向转让方赔偿损失的范围不应包括公司利益直接受损部分以及转让方作为股东利益间接受损部分。如果受让方并未损害公司利益，其对公司亏损无须承担损害赔偿责任；如果存在损害公司利益责任行为，则转让方只能通过公司对受让方提起损失赔偿之诉。受让方实际参与公司经营管理期间，其有权对公司提起报酬给付诉讼，要求公司支付合理的报酬。

【规范依据】《民法典》第157条、第566条；《外商投资企业纠纷司法解释（一）》第10条；《民商审判会议纪要》第32~35条、第49条、第50条。

十一、优先购买权要素

（一）股东优先购买权立法规范梳理

1. 法律规范

《公司法》关于股东优先购买权的规定主要涉及三个方面的内容：

（1）公司其他股东对拟转让的股权享有优先购买权。《公司法》第71条第3款规定："经股东同意转让的股权，在同等条件下，其他股东有优先购买权。两个以上股东主张行使优先购买权的，协商确定各自的购买比例；协商不成，按照转让时各自的出资比例行使优先购买权。"

（2）公司其他股东对法院强制执行程序中的执行标的股权享有优先购买权。《公司法》第72条规定："人民法院依照法律规定的强制执行程序转让股东的股权时，应当通知公司及全体股东，其他股东在同等条件下有优先购买权。其他股东自人民法院通知之日起满二十日不行使优先购买权的，视为放弃优先购买权。"

（3）股东对公司增资扩股享有优先认购权。《公司法》第34条规定："股东按照实缴的出资比例分取红利；公司新增资本时，股东有权优先按照实缴的出资比例认缴出资。但是，全体股东约定不按照出资比例分取红利或者不按照出资比例优先认缴出资的除外。"

需要注意的是，股东优先购买权或者优先认购权并非强制性规定，公司章程或者其他体现全体股东意志的协议可以改变上述规定。

2. 司法解释规范

《公司法司法解释（四）》对于股东优先购买权进行了如下详尽的规定：

（1）因继承获得的股权排除其他股东优先购买权。根据《公司法司法解释（四）》第16条的规定，有限责任公司的自然人股东因继承发生变化的，其他股东依据《公司法》第71条第3款的规定主张优先购买权的，法院不予支持，但公司章程另有规定或者全体股东另有约定的除外。

（2）转让股东通知义务。《公司法司法解释（四）》第17条规定，转让股东应当以书面或者其他能够确认收悉的合理方式，将股权转让事项通知其他股东征求意见。经股东同意，转让股东负有以书面或者其他能够确认收悉的合理方式，将交易的"同等条件"通知其他股东的义务。

（3）优先购买权行使期限。根据《公司法司法解释（四）》第19条、第21条的规定，其他股东应及时在公司章程规定的期间内提出购买请求，公司章程无规定的，在转让股东通知确定的期间内（少于30日按30日确定）提出。转让股东未履行通知义务或者恶意损害其他股东优先购买权的，其他股东自知道或者应当知道行使优先购买权"同等条件"之日起30日内提出，但超过股权变更登记之日起1年的除外。

（4）关于股权转让"同等条件"的认定。根据《公司法司法解释（四）》第18条的规定，法院在判断是否符合《公司法》第71条第3款规定的"同等条件"时，应当综合考虑的因素包括转让股权的数量、价格、支付方式及期限等。

（5）转让股东可以行使"反悔权"。根据《公司法司法解释（四）》第20条的规定，在其他股东主张行使优先购买权时，转让股东可以通过取消转让股权的方式拒绝其他股东行使优先购买权，其他股东可以向转让方主张赔偿合理损失。

（6）股东优先购买权救济。根据《公司法司法解释（四）》第21条的规定，如果转让股东未就股权转让事项征求其他股东意见，应当支持其他股东行使优先购买权，按照同等条件购买转让股权。其他股东仅提出确认股权转让合同及股权变动效力等请求，未同时主张行使优先购买权，法院不予支持。其他股东非因自身原因导致无法行使优先购买权，提出损害赔偿请求的，法院应当予以支持。因股东行使优先购买权，导致受让方股权转让合同目的无法实现的，可以依法请求转让股东承担相应民事责任。《公司法司法解释（四）》第22条规定了通过拍卖方式向股东以外的人转让有限责任公司股权以及通过产权交易所转让有限责任公司国有股权的优先购买权，适用《公司法》第71条第2款、第3款及第72条规定的"书面通知""通知""同等条件"时，根据相关法律、司法解释或者产权交易所的交易规则确定。

3. 司法指导性文件规范

《公司法司法解释（四）》第21条针对股东行使优先购买权造成股权交易双方合同目的无法实现的情形作出了相应规定，但司法实践中适用时存在较大分歧，其中最为突出的就是前述损害股东优先购买权的股权转让合同的效力问题。为了统一裁判标准，《民商审判会议纪要》第9条专门明确相关规范，即不得仅从保护其他股东的优先购买权角度而否定股权转让合同的效力。

【规范依据】《公司法》第71条、第72条；《公司法司法解释（四）》第16~22条；《民商审判会议纪要》第9条。

（二）优先购买权"同等条件"认定

"同等条件"是股东行使优先购买权的实质性要件，"同等条件"制度规定具有两面性：一方面是在保护公司人合性的同时保护转让股东交易自由与经济利益；另一方面也是对转让股东的约束，转让股东如故意以不平等的条件规避股东的优先购买权，则法律亦赋予股东对其优先购买权受到侵犯的救济权利。《公司法司法解释（四）》第18条规定，判断"同等条件"应当考虑转让股权的数量、价格、支付方式及期限等因素。转让股东一次性履行通知义务或者经股东同意转让后再次通知的，应当将外部受让人和转让股数、转让价格、支付时间、支付方式等股权转让的主要条件向其他股东披露，该主要条件均为"同等条件"涵括的内容。一般应将转让股东与第三人订立的股权转让协议中约定的完整对价作为判断同等条件的标准。如果转让股东在征求其他股东是否同意转让及是否行使优先购买权意见时，隐瞒对外转让部分条件，如合同约定的履行方式及转让股权后公司债务的承担等非价格条件，致使其通知的转让条件与其对第三人转让合同约定的条件相比，虽然价格一致，但增加了合同义务和责任，则该通知行为不符合《公司法》规定，不属于有效通知。

为了保障转让股东实质权益，实务中对"同等条件"的判断，还需注意审查其他因素，如不能以金钱作价的从给付义务、优先购买权主张股东的资信状况和履约能力等。同时，还需注重对真实"同等条件"的审查，应注意对转让股东与外部受让人是否恶意串通，以虚高价格、严苛支付方式和期限，恶意阻却其他股东行使优先购买权进行审查。转让股东采用签订"阴阳合同"的形式，表面上以高价向股东以外的第三人转让股权，并以该价格通知其他股东，征询其他股东是否同意转让或行使优先购买权。实际上，转让股东是以另一较低的价格向第三人转让股权。最高人民法院有司法案例认为该种情形属于侵犯其他股东优先购买权的行为，相关股权转让协议无效。此外，采用"对内严苛、对外宽松"的支付条件、"高价先买少，低价再买多"的转让方式的，均是不诚信的转让行为。

【规范依据】《公司法司法解释（四）》第18条。

（三）优先购买权行使要求

1. 及时明确主张权利

股东主张优先购买权的，应当在收到通知后及时提出购买请求，意思表示需明确，主张优先购买权期限应从收到转让股东发出告知"同等条件"的通知时起算，公司章程无规定的，最迟应在30日内作出明确答复。

2. 全面主张权利

有限责任公司股权流动性较弱，股东想退出公司，找到第三方购买并不容易。由于交易股权的数量往往影响交易价款，并可能影响股权交易目的能否实现和交易能否成功。为了平衡保护各方利益，除公司章程规定或者全体股东约定允许部分行使优先购买权且外部拟受让人同意外，其他股东不得主张部分行使、部分放弃优先购买权。

3. 诉讼救济要求

在诉讼请求上，原告股东以优先购买权遭受侵害为由提起诉讼的，其诉讼主张不得仅提出确认股权转让合同效力及股权变动效力的请求，还需同时请求购买转让股权。此外，其他股东非因自身原因导致无法行使优先购买权的，可以请求损害赔偿。

【规范依据】《公司法司法解释（四）》第19条。

十二、特殊类型案件要素审查

（一）公司回购股权

公司收购股份的法律后果是减少公司资产，在实务中比较少见，但公司收购股份具有制度和实践价值：可以减少冗余资本，当公司资本充裕，且不需要对外投资或者无更好的投资项目时，公司可以回购股份以减少资本；可以在保持原有股本结构的情况下实施股权激励，以回购的股份替代增发股份实现股权激励；可以维持现有控制人对公司的控制权，通过股份回购减少公司流通股数量，防止公司被他人收购；可以纠正公司股价，当市场过度低估公司股价或者发生股市危机时，公司回购股份能够为市场释放积极信号，有利于稳定市场。因此，各国公司法普遍对股权回购实行原则禁止但允许例外的政策。

1.有限责任公司股权回购

根据《公司法》第74条规定，公司连续五年盈利且符合《公司法》规定的分配利润条件但不向股东分配利润以及公司合并、分立、转让主要财产，股东会决议异议股东可以请求公司按照合理的价格收购其股权。如果公司章程规定的营业期限届满或者章程规定的其他解散事由出现，股东会会议通过决议修改章程使公司存续的，自决议通过六十日内，异议股东与公司不能达成股权收购协议的，可在决议通过九十日内向人民法院提起诉讼请求公司按照合理的价格收购其股权。

2.股份有限公司股权回购

根据《公司法》第142条规定，股份有限公司在减少公司注册资本、与持有本公司股份的其他公司合并、将股份用于员工持股计划或者股权激励、公司合并、分立决议异议股东要求公司收购其股份、将股份用于转换上市公司发行的可转换为股票的公司债券、上市公司为维护公司价值及股东权益所必需的法定情形下可以收购本公司股份。公司回购股权应依法履行相应公司决议程序，而且需依法及时注销所回购的股份。

对因"将股份用于员工持股计划或者股权激励、将股份用于转换上市公司发行的可转换为股票的公司债券、上市公司为维护公司价值及股东权益所必需"三种情形回购公司股份，公司合计持有的本公司股份数不得超过本公司已发行股份总额的百分之十，并应当在三年内完成转让或者注销。上市公司收购本公司股份时应当依照《证券法》的规定履行信息披露义务。上市公司因"将股份用于员工持股计划或者股权激励、将股份用于转换上市公司发行的可转换为股票的公司债券、上市公司为维护公司价值及股东权益所必需"三种情形收购本公司股份，应当通过公开的集中交易方式进行，且公司不得接受本公司的股票作为质押权的标的。

【规范依据】《公司法》第74条、第142条。

（二）股东资格继承

有限责任公司自然人股东死亡后，其合法继承人可以主张继承股东资格。股东资格继承无须像股权对外转让一样，先行征得其他股东同意，其他股东也不享有优先购买权。如果公司章程对自然人股东资格继承另有规定，则从其规定，但是该章程规定应当经自然人股东生前同意，否则对其合法继承人不具有约束力。如果继承人不愿意取得股东资格，可通过协商或者评估确定该股东享有的股权价格，由其他股东受让该股权或由公司依法收购该股权，继承人可取得股权转让款。如果该股东有数个合法继承人，且都愿意继承股东资格，则由该数个继承人通过协商确定各自继承股权的份额。各继承人就股权份额产生争议，可以由各继承人之间通过诉讼等方式解决，因与股东资格继承不属同一法律关系，应当另行起诉。

【规范依据】《民法典》第124条；《公司法》第74条、第75条；《公司法司法解释（四）》第16条。

（三）股权赠与、遗赠限制

我国《公司法》并未对遗赠、赠与情形下的股权转让作出明确规定。由于遗赠、赠与标的物为公司股权，在实施时应当符合商事组织法规定。股东将股权遗赠给法定继承人以外主体，或者将股权赠与公司股东以外的人，应当符合公司章程规定。公司章程没有规定的，按照《公司法》规定的股权转让程序履行相应手续。股东遗赠股权给法定继承人以外主体以及赠与股权给公司股东以外的主体，视为股权对外转让，应当经其他股东过半数同意，并且在同等条件下，其他股东享有优先购买权。

实务中，有些持股股东认为在无偿赠与的情况下，受赠人没有支付对价，不存在"同等条件"，因此，不存在其他股东优先购买权的问题，因而故意利用这个法律空白，通过遗赠、赠与的方式架空其他股东的同意权和优先购买权。基于有限责任公司的人合性特征，为避免股东恶意规避其他股东的同意权和优先购买权的行使，不应以赠与股权不存在"同等条件"为由排除其他股东行使优先购买权。在公司章程对股权遗赠、赠与没有相应规定的情况下，如果无法对股权价款协商一致的，原则上应以委托评估的股权价值为依据，由行使优先购买权的股东向受赠人支付对价，以兼顾其他股东优先购买权及受赠人物质利益的保护。此外，股东将股权赠予他人时，不得以无偿或者未支付对价为由反悔。

【规范依据】《民法典》第660条、第1158条；《公司法》第71条。

（四）离婚股权分割限制

根据《民法典婚姻家庭编司法解释（一）》的规定，股东的配偶对于股权的共有仅体现在股权所代表的财产价值方面。夫妻双方以分割共同财产为目的向股东以外的主体转让股权，不管受让人是原配偶还是其他人，均应当向其他股东履行通知义务并保障其他股东优先购买权。如果无法对股权价款协商一致，原则上以委托评估的股权价值为依据，以行使优先购买权的股东向受让方支付对价的方式进行折价分割。

【规范依据】《民法典婚姻家庭编司法解释（一）》第73条。

第三节　实务难点裁判思路

一、关于股权转让合同履行地确定的问题

股权转让纠纷作为合同纠纷，根据《民事诉讼法》第24条的规定，因合同纠纷提起的诉讼，由被告住所地或者合同履行地人民法院管辖。因此，股权转让合同履行地可以作为管辖法院。对于如何确定"合同履行地"，实务中存在争议。

观点一：以反映合同本质特征的合同义务即特征义务履行地作为确定合同履行地的依据。股权转让纠纷涉及标的公司股权变动，影响股东权益，且须在标的公司注册地办理相关手续，故其特征义务履行地应为标的公司住所地。

观点二：股权转让纠纷是股东之间的纠纷，属于民事合同性质纠纷，应当根据《民事诉讼法》规定的合同纠纷规则确定管辖：对支付转让价款、股权回购款等合同价款给付义务相关争议标的，依据《民事诉讼法司法解释》第18条关于给付货币条款予以确定；对不涉及合同义务款项支付、不动产争议标的的，依据该条解释关于其他标的的条款予以确定。

对于上述实务分歧，我们倾向于根据原告诉讼请求内容确定管辖：一是如果原告的诉讼请求涉及股东资格确认、股东名册记载、请求变更公司登记、公司证照返还、股东知情权、公司决议、公司合并、公司分立、公司减资、公司增资等股权转让纠纷，根据《民事诉讼法》第27条、《民事诉讼法司法解释》第22条的规定，应由标的公司住所地法院管辖。上述规定属于法律规定的特殊地域管辖内容，其立法考量主要是涉及企业组织行为的履行，需要

向公司注册地的登记机关履行相应手续方可完成（如果是外资企业，在工商变更之前还需要商务主管部门的批复），因此，应以公司注册地作为此类纠纷管辖地。二是如果转让方（原告）仅基于股权转让纠纷诉请股权转让款，并不涉及上述特殊地域管辖规定范围内的诉讼请求，在确定管辖时，可以接受货币一方所在地（以诉请义务说为例）为合同履行地，而不进行穿透式考量，将标的公司住所地作为合同履行地进行管辖。

二、关于股权转让预约合同问题

在实践当中，由于股权转让协议涉及复杂的股权标的，协议双方当事人签订预约合同的现象比较普遍。预约合同起源于要物契约[①]，目的是弥补"物之交付"方能成立合同的缺陷。随着诚信原则适用领域扩大，在"物之交付"前，任由当事人随意撤回意思表示，客观上会损害相对人信赖利益，因而在要物契约上设立预约合同。

罗马法虽有要物契约与诺成契约之别，但并无预约合同观念。1804年的《拿破仑民法典》从立法上最早确认预约合同，该法典承认了买卖预约中设立定金担保的效力。《德国民法典》承认了消费借贷预约。《日本民法典》既规定了买卖预约，又规定了消费借贷预约。另外一些国家和地区承认所有的契约均可订立预约合同。根据《民法典》第495条的规定："当事人约定在将来一定期限内订立合同的认购书、订购书、预订书等，构成预约合同。当事人一方不履行预约合同约定的订立合同义务的，对方可以请求其承担预约合同的违约责任。"如果当事人提前确定双方股权转让意愿而签订协议，构成预约合同，对双方当事人具有法律拘束力。可见，《民法典》是在合同编总则部分确定了预约合同，即相较于之前司法解释仅在买卖合同领域确定预约合同法律规则，预约合同适用范围有所扩大。

（一）预约合同构成要件

预约合同应同时具备以下两个基本要素：一是预约订立本合同的意思表示；二是构成本合同要约的要求。预约合同本质上为契约，对预约合同的成立与效力评判，原则上适用一般契约的规定。预约合同的内容是约定将来订立一定内容的合同，在性质上是诺成契约，而非要物契约。预约合同与本合同的界定，不能仅依所使用的文字或合同名称来论断，而应当依照当事人约定的实质内容来判断。

[①] 要物契约，是指缔结契约时要求转移一定的物品才能成立。

不同阶段签订的预约合同具有不同的法律效力。对于接洽初期签订的预约合同，双方尚需对部分或全部的实质性条款进行磋商，对于此类预约合同，双方承担的义务仅仅是针对订立正式合同进一步磋商。如果由于协商不一致，最终没有按照预约合同的约定达成正式的协议，双方也不承担违约责任。但是，如一方有证据证明另一方拒绝磋商或怠于磋商，则拒绝磋商或怠于磋商的一方应当承担违约责任。对于接洽成熟阶段签订的预约合同，双方已经对全部的实质性条款达成了共识，已无进一步磋商的必要，预约合同的目的只是为正式合同成立作出准备。对于此类预约合同，双方承担的义务是缔结正式合同。如果一方无正当理由拒绝订立合同，则须承担违约责任。如买卖预约合同的一方当事人不履行订立买卖合同本约的义务，则构成根本性违约，对方当事人可按照违约责任的规定，追究其违约责任；也可依据《民法典》第563条的规定，行使法定解除权，解除预约合同并主张损害赔偿。

（二）预约合同效力

股权并购前，双方先行签订的意向性协议属于预约合同，对双方有法律约束力。

1. 预约合同不能产生强制缔结本约的效力

预约合同不能适用强制履行问题，实际履行不能作为承担违约责任的方式。违反预约合同的后果主要是一方过错而致使本约不能成立，按照实际履行的要求，当事人必须按照预约合同约定成立本约。但如果这样，预约最终将会产生与本约相同的结果，强制履行有违合同意思自治原则。预约成立后，一方不得依预约向法院径行请求对方履行本约订立义务。若强制其缔结本约，则法院须补足本约的缺失条款，但这些条款及其目的均属于当事人意思自治范畴，此有悖于预约当事人的意思表示。预约合同的特殊法律属性决定了预约合同的违约责任不同于本约合同，特别是预约合同违约后不适用强制履行，即法院不能强制当事人订立本约合同。

2. 当事人即使在预约中明确了主要条款，也不能认为法院有权裁判本约合同内容

本约合同的签订不仅是预约合同履行的法律问题，还有商业判断问题，法院不能替代当事人双方作出商业判断，因为法院并不承担商业风险。如果法院替代当事人作出合意，以法院裁判文书的形式作出本约合同，就有越俎代庖之嫌。

3. 预约合同虽不能产生强制缔约效力，但在预约合同一方不履行订立本约合同义务的情况下，对方可以请求其承担预约合同约定的违约责任，或者要求解除预约合同并主张损害赔偿

预约义务人违反预约合同责任，在性质上属违约责任，承担责任的方式

主要包括赔偿损失。当一方当事人怠于按照预约合同规定的义务订立本约合同时，他方只能请求赔偿因此而遭受的损害，但不能按照预定的本约合同内容，请求赔偿预期利益。不过，当预约债务人对于订立本约合同应负迟延责任时，预约债权人仍可依一般债权规定请求损害赔偿。但是，受预约合同本质决定，无论是追究违约责任的损害赔偿，还是解除预约合同后的损害赔偿，均仅限于赔偿机会损失（信赖利益损失），而不包括可得利益（履行利益）损失。

三、关于瑕疵股权转让问题

瑕疵股权，是指股权存在权利缺陷，从而导致股东权利不能充分实现或者实现权利需要承担额外负担。瑕疵股权转让纠纷是实务多发性问题和审理难题。

（一）瑕疵股权常见类型

股东出资瑕疵有广义和狭义之分。狭义上的出资瑕疵，是指出资人（股东）没有按公司设立时签订的协议、章程规定缴纳出资，即违反《公司法》和章程规定，未足额出资或者其出资的财产权利有瑕疵。广义上的出资瑕疵还包括股东抽逃出资、以赃款出资等情形。与此相对应，瑕疵股权分为狭义瑕疵股权和广义瑕疵股权。《公司法司法解释（三）》第18条第1款[①]界定瑕疵出资为"股东未履行或者未全面履行出资义务"，即采纳狭义说。

实务中，瑕疵股权引发的纠纷并不仅限于狭义上的瑕疵股权类别。依据瑕疵股权的形成原因不同，除因股东瑕疵出资行为而导致的瑕疵股权外，还包括因股东抽逃出资、赃款出资或者股权受限而形成的瑕疵股权。因抽逃出资、赃款出资而导致的瑕疵股权比较容易理解，实务中，股权受限包括股权被用于担保、被查封或者公司处于破产、关闭、清算程序等非正常经营状态，导致股权的存在受到威胁。其中，最为常见的是公司设立时股东未出资、出资不实或者公司设立后股东抽逃出资等形成出资瑕疵股权致使股权受限。上述瑕疵股权类型在法律性质上存在重大差异：股东未依法履行出资义务对于公司其他股东来说是一种违约行为，对公司以及公司债权人则是侵权行为；股东抽逃出资则是一种侵权行为，侵害公司财产权益，公司是直接受害者，

[①]《公司法司法解释（三）》第18条第1款规定："有限责任公司的股东未履行或者未全面履行出资义务即转让股权，受让人对此知道或者应当知道，公司请求该股东履行出资义务、受让人对此承担连带责任的，人民法院应予支持；公司债权人依照本规定第十三条第二款向该股东提起诉讼，同时请求前述受让人对此承担连带责任的，人民法院应予支持。"

公司其他股东、公司债权人是间接受害者;对于赃款出资[①],《公司法司法解释(三)》第7条[②]认定其为"无权处分"行为,也是一种侵权行为。

此外,实务中还存在股权本身并无瑕疵,但由于转让公司的财产或者构成要素,如经营资质、机器设备、无形资产等出现瑕疵,从而导致转让股权商业价值发生减损而产生纠纷的情况。从广义来说,也可以归入瑕疵股权纠纷范畴。

(二)瑕疵股权转让效力

股权归属通过公司登记等外观形式表现出来,具有外观性、公示性等商事特征,亦即具有公信效力。我国现行《公司法》实行认缴资本制,股东资格取得并不以足额履行出资义务为前提条件,股权取得具有相对独立性。《公司法》第28条规定:"股东应当按期足额缴纳公司章程中规定的各自所认缴的出资额。股东以货币出资的,应当将货币出资足额存入有限责任公司在银行开设的账户;以非货币财产出资的,应当依法办理其财产权的转移手续。股东不按照前款规定缴纳出资的,除应当向公司足额缴纳外,还应当向已按期足额缴纳出资的股东承担违约责任。股东不按照前款规定缴纳出资的,除应当向公司足额缴纳外,还应当向已按期足额缴纳出资的股东承担违约责任。"股东瑕疵出资情形不影响股权设立和享有。股东被载入公司章程、股东名册或者经过工商注册登记,非经合法除权程序,即享有股东资格及权利,亦包括处分股权的权利。

《公司法》除第28条对股东出资作出规定外,第30条规定非货币出资股东补足差额的责任。《公司法》未因股东瑕疵出资而否定其股东资格,亦未作出禁止瑕疵股权转让的规定。同时,考虑到授权资本制立法下的瑕疵出资股权转让前后维护公司既成法律关系稳定的需要以及股权再次转让时善意第三人的保护,瑕疵出资股权转让不应被禁止或简单对其作出效力否定性评价。目前实务界普遍认为,股东出资瑕疵不影响股权设立和享有,因此,瑕疵股权具有可转让性。在转让合同未违反法律、行政法规的强制性规定的情形下,

---

① 赃款出资,从赃款来源划分,可以区分为利用职务身份侵害国家利益所得的赃款出资和不利用职务身份侵害他人利益所得的赃款出资。利用职务身份取得的赃款用于出资,侵害的是不特定第三人的利益,即国家利益、社会公共利益。不利用职务身份取得赃款用于出资,侵害的是特定第三人的利益。

②《公司法司法解释(三)》第7条规定:"出资人以不享有处分权的财产出资,当事人之间对于出资行为效力产生争议的,人民法院可以参照民法典第三百一十一条的规定予以认定。以贪污、受贿、侵占、挪用等违法犯罪所得的货币出资后取得股权的,对违法犯罪行为予以追究、处罚时,应当采取拍卖或者变卖的方式处置其股权。"

瑕疵出资股权并不会导致股权转让合同无效。股权转让涉及公司内部以及公司外部的双重法律关系,故瑕疵股权转让亦相应产生对内和对外效力。

就瑕疵出资股权转让的对内效力而言,一般分为受让方"不知道股权瑕疵"和"知道或应当知道股权存在瑕疵"两种情形,即善意和恶意两种情形。受让方如果属于善意受让,即在签订合同时存在重大误解、欺诈、违背真实意思、胁迫、乘人之危并导致显失公平等情形的,受损害的受让方有权请求人民法院或者仲裁机构撤销转让协议。受让方明知或者应知转让股东出资瑕疵事实的,股权转让合同应当认定为有效合同。根据《公司法司法解释(三)》第18条关于"有限责任公司的股东未履行或者未全面履行出资义务即转让股权,受让人对此知道或者应当知道,公司请求该股东履行出资义务、受让人对此承担连带责任的,人民法院应予支持;公司债权人依照本规定第十三条第二款向该股东提起诉讼,同时请求前述受让人对此承担连带责任的,人民法院应予支持。受让人根据前款规定承担责任后,向该未履行或者未全面履行出资义务的股东追偿的,人民法院应予支持。但是,当事人另有约定的除外"的规定,上述司法解释以股权受让方善意与非善意区分转让合同效力及受让方责任。[①]

就瑕疵出资股权转让的对外效力来看,瑕疵出资股权转让,受让方不能简单据此对抗公司债权人。根据《公司法司法解释(三)》第18条"有限责任公司的股东未履行或者未全面履行出资义务即转让股权,受让人对此知道或者应当知道,公司请求该股东履行出资义务、受让人对此承担连带责任的,人民法院应予支持;公司债权人依照本规定第十三条第二款向该股东提起诉讼,同时请求前述受让人对此承担连带责任的,人民法院应予支持"的规定内容,受让人对"有限责任公司的股东未履行或者未全面履行出资义务即转让股权"知道或者应当知道的,则应向公司债权人与转让股东承担连带补充出资责任。如最高人民法院(2017)最高法民申1433号民事裁定归纳的案例要旨为"有限责任公司的股东未履行或者未全面履行出资义务即转让股权,股权受让人是否与未全面出资的股东对公司的债务承担连带责任,取决于其在受让股权时是否知道或者应当知道股权转让人未出资或者未全面出资的事

[①]《公司法(修订草案二次审议稿)》第88条规定:"股东转让已认缴出资但未届缴资期限的股权的,由受让人承担缴纳该出资的义务;受让人未按期足额缴纳出资的,出让人对受让人未按期缴纳的出资承担补充责任。未按期足额缴纳出资或者作为出资的非货币财产的实际价额显著低于所认缴的出资额的股东转让股权的,受让人知道或者应当知道存在上述情形的,在出资不足的范围内与该股东承担连带责任。"根据该条修改,已认缴出资但未届缴资期限即转让股权,出让人需对受让人出资承担补充责任。

实"。如果公司债权人能够举证证明根据商事外观[①]公司股东没有实际出资到位，则可以说明瑕疵股权受让方应当知道股权转让人在转让股权时未出资或者未全面出资的事实，即属于非善意受让人，公司债权人可以将工商登记在册的股东（包括受让方）与公司一起列为被告，追究其连带责任，受让方向公司债权人承担清偿责任后，有权向转让人追偿，或者向法院提起股权转让合同变更或者撤销之诉。

（三）瑕疵股权受让方权利救济分析

1. 股权瑕疵担保责任理论分析

对于瑕疵股权，如果双方无特别约定，股权受让方能否主张转让方承担瑕疵担保责任，是公司法界长期关注的焦点。有观点认为，从历史渊源角度考量，物的瑕疵担保责任制度萌生于罗马法时代，诞生之初为对特定物买卖的担保。依契约正义理论，交付标的物存在瑕疵，不符合买受人对契约利益正当性的期待，故引入物的瑕疵担保责任均衡契约价金和标的物之间的关系。瑕疵担保责任在劳动合同之外的一切有偿合同中均有适用余地。有偿合同中，债权人支付对价后取得物和权利，因此，无论债务人是否存在过失，均应交付债权人无瑕疵的物或者权利，否则有失公平。买卖合同中的瑕疵担保责任表现得最为典型，各国一般将瑕疵担保规定在买卖合同中，其他合同准用之。

股权虽不属于特定物，但具有不可替代特性，因而被赋予特定物的基本属性，将物的瑕疵担保责任适用于股权转让，符合逻辑自洽性。从保障交易安全和股权受让方合法权益角度考量，瑕疵担保责任引入可以增加交易的安全性。鉴于目标公司经营的隐秘性和债权的相对性，受让方即便审慎进行尽职调查，也难以消除交易风险。从维护股权权能完整性角度，股权分为自益权和共益权，自益权的核心权能为利润和剩余财产分配请求权。即使股权本身并无瑕疵，但只要目标公司财产或其他构成要素存在影响股权商业价值的瑕疵，并对股东行使自益权权能构成妨碍，瑕疵担保责任能起到自益权权能补足的功效。

从我国现行立法考量，《民法典》第646条关于"法律对其他有偿合同有规定的，依照其规定；没有规定的，参照适用买卖合同的有关规定"的规定以及《买卖合同司法解释》第32条关于"法律或者行政法规对债权转让、股权转让等权利转让合同有规定的，依照其规定；没有规定的，人民法院可以根据民法典第四百六十七条和第六百四十六条的规定，参照适用买卖合同的有关规定"的规定，为股权瑕疵担保责任提供了相应规范依据。参照适用是司法实践中极为重要的一种法律适用方法，准用规范可以提高立法的灵活性、

[①] 商事外观主义，是指"以交易当事人行为的外观为准，而认定其行为所生的效果"。

经济性、适应性。股权转让合同属于合同的一种，当《公司法》没有相应解决争议规范时，可以回归《民法典》寻求法律支持。

2. 股权瑕疵担保责任的具体适用

具体而言，瑕疵担保责任可分为物和权利两类瑕疵担保责任。物的瑕疵更加关注标的物价值是否符合约定或者通常品质；权利瑕疵更加关注标的物所有权是否存在行使障碍。具体到股权转让，主要是权利瑕疵担保。权利瑕疵担保责任的具体形式应该包括转让方保障标的权利不被第三人追索，以及保证标的权利可以完全不受限制地移转给受让方。

股权瑕疵担保责任构成要件包括以下三个：一是标的股权存在具体的权利瑕疵，而且股权转让时即存在，合同成立后仍未消除。如股权存在出资未履行或未完全履行的瑕疵、股权存在权利限制瑕疵[1]、股权上存在质权[2]、转让人不是实质权利人；二是受让方应当为善意，不知权利存在瑕疵；三是当事人之间未就股权权利瑕疵责任的承担进行约定。权利瑕疵担保责任理论上属于法定责任，并非必须以当事人意思表示为前提。不过民法意义上的瑕疵担保责任并非强制性规定，当事人可以通过特殊约定予以免除、限制或加重。权利瑕疵担保责任在性质上属于一种无过失责任，只要标的权利有瑕疵，即须负责，出卖人有无过失，在所不问。

股权转让与一般的财产转让行为有许多区别：其一，在商事交易实践中，股权转让行为通常会牵涉许多股权交易之外的第三人的利益，如《公司法》第71条对股东对外转让股权的限制，这是《公司法》基于保证有限公司"人合性"的完备而作出的特殊制度设计。此外，股权对外转让行为使得新加入公司的股东获得参与制定新的经营计划以及管理制度的权利，对于公司高管及公司内部的员工均会产生影响。其二，股权变动流转规则与《民法典》规范下物的变动流转规则不一致。《民法典》规定所有权移转中，动产需要交付，不动产需要登记。而根据《公司法》第32条的规定，股权变动以公司登记机关变更登记为对抗要件。其三，买卖合同转让的是标的物的所有权，即财产所有权，而股权属于兼具人身和财产两项权利的社员权。

就性质而言，股权并不属于我国买卖合同意义上"有体物"的范围，股

---

[1]《公司法司法解释（三）》第16条规定："股东未履行或者未全面履行出资义务或者抽逃出资，公司根据公司章程或者股东会决议对其利润分配请求权、新股优先认购权、剩余财产分配请求权等股东权利作出相应的合理限制，该股东请求认定该限制无效的，人民法院不予支持。"

[2] 根据《民法典》第443条的规定，经过质权人协商同意后，出质人可以转让股权。出质人转让设立质权的股权后，应当以转让股权所得的价款向质权人清偿债务或者提存。

权转让合同不能直接适用买卖合同的相关规定，只能参照适用。由于股权转让合同标的物为股权，其参照适用买卖合同的规定时应考虑股权与一般买卖合同标的物的不同，不宜直接适用买卖合同相关规定。如最高人民法院第67号指导案例即属于参照适用买卖合同有关规定处理股权转让合同纠纷的实例。该指导案例的裁判要点为股权转让合同采用分期付款形式的，不同于以消费为目的的分期付款买卖合同，因此，不能适用《合同法》第167条①关于分期付款转让人在买受人未支付价款达1/5时可以解除合同的规定。该指导案例表明不是所有买卖合同的规定都能被股权转让合同参照适用，其参照适用《民法典》合同编中买卖合同相关规定应当有一定的范围限制。

3. 股权瑕疵担保责任内容

关于权利瑕疵担保责任内容，各国有相同之处：大陆法系大都依债务不履行规定处理，如德国、法国、日本民法均规定承担权利瑕疵担保责任的方式为除去瑕疵、拒付价款、解除契约、请求返还已付价款、赔偿损害。英国按出卖人违反法定默示条款处理，买受人可请求出卖人赔偿损害。美国分情形处理：出卖人违反担保义务构成实质违约的，买受人可解除契约并请求损害赔偿；构成轻微违约的，买受人可请求损害赔偿。

关于权利瑕疵担保法律后果，我国《民法典》第615条规定："出卖人应当按照约定的质量要求支付标的物。出卖人提供有关标的物质量说明的，交付的标的物应当符合该说明的质量要求。"《民法典》第617条规定："出卖人交付的标的物不符合质量要求的，买受人可以依据本法第五百八十二条至第五百八十四条的规定请求承担违约责任。"上述《民法典》第615条、第617条的规定属于物的瑕疵担保的规定。《民法典》第618条规定："当事人约定减轻或者免除出卖人对标的物瑕疵承担的责任，因出卖人故意或者重大过失不告知买受人标的物瑕疵的，出卖人无权主张减轻或者免除责任。"股权受让方可以参照《民法典》出卖人违反担保义务上述规定以及合同效力瑕疵规定选择其中一种或多种请求权来挽救其损失。根据法律规定及相关学说，瑕疵股权善意受让方享有协议撤销权、股权瑕疵除去权、同时履行抗辩权、以自己所应当支付的股权对价款与瑕疵股权转让方所负的返还抽逃出资款项的债务予以抵销的抵销权等保障性权利，还可请求其承担违约责任等。

（1）撤销权。撤销权行使是瑕疵股权善意受让方的有效救济途径。股权受让方可以基于欺诈要求撤销股权转让合同，从而使股权受让合同不成立。

---

① 对应《民法典》第634条。

根据《民法典》第152条①的规定，受让方行使撤销权应当自知道或者应当知道撤销事由之日起一年内行使。受让方主张行使撤销权，应当举证证明受让之股权存在瑕疵情形以及自己属于善意。为维护商事交易安全和交易关系稳定等，应尽可能维持既存法律关系和公司秩序，尽量采取给予受让方合理补偿的方式予以救济，从严适用撤销权救济方式。

（2）请求除去股权瑕疵。针对因股东没有足额出资或者其出资的财产权利有瑕疵而形成的瑕疵股权，受让方当然可以适用《民法典》中瑕疵担保责任相关规定，请求转让方全面履行自己的出资义务，除去股权瑕疵。如果股权转让方构成抽逃出资，善意受让方可以转让合同受让方身份要求其补足出资，也可以基于标的公司股东身份寻求除去股权瑕疵的救济。

（3）同时履行抗辩权和拒付股权转让款。对于实务中常见的目标公司股权已经实际变更，在转让方未全面履行出资义务而除去股权瑕疵之前，受让方能否以股权瑕疵为由行使双务合同的同时履行抗辩权或者拒付转让款，实务中存在分歧：

肯定说认为，根据《公司法司法解释（三）》第18条第1款的规定，瑕疵股权受让方存在被公司债权人依法追究连带责任的法律风险，其暂停支付剩余股权转让款具有合理性。②

否定说认为，瑕疵受让方虽然有权选择行使撤销权或终止合同权利，但鉴于目标公司股权已经实际变更，为了维护交易安全及维持既有秩序，不应支持受让方终止合同的抗辩。如最高人民法院（2019）最高法民终230号民事判决认为，在《财务尽职调查报告》作出后，股权受让方若认定目标公司资产不实、股东瑕疵出资可通过终止合同来保护自己的权利，但其并未实际行使该项合同权利，其在《财务尽职调查报告》作出后，明知目标公司实收资本与注册资本不符，仍选择继续支付股权转让款，应视为其对合同权利的

---

①《民法典》第152条规定："有下列情形之一的，撤销权消灭：（一）当事人自知道或者应当知道撤销事由之日起一年内、重大误解的当事人自知道或者应当知道撤销事由之日起九十日内没有行使撤销权；（二）当事人受胁迫，自胁迫行为终止之日起一年内没有行使撤销权；（三）当事人知道撤销事由后明确表示或者以自己的行为表明放弃撤销权。当事人自民事法律行为发生之日起五年内没有行使撤销权的，撤销权消灭。"

②《公司法（修订草案二次审议稿）》第88条规定："股东转让已认缴出资但未届缴资期限的股权的，由受让人承担缴纳该出资的义务；受让人未按期足额缴纳出资的，出让人对受让人未按期缴纳的出资承担补充责任。未按期足额缴纳出资或者作为出资的非货币财产的实际价额显著低于所认缴的出资额的股东转让股权的，受让人知道或者应当知道存在上述情形的，在出资不足的范围内与该股东承担连带责任。"该规定内容与《公司法司法解释（三）》第19条第1款的规定内容一致。

处分。受让方虽然认为在股权转让方出资不实的情况下，其有权选择何时终止合同，其拒付剩余股权转让款是以实际行动终止合同，但鉴于本案目标公司股权已经实际变更，受让方虽然以终止合同提出抗辩，但并不符合法定合同解除条件，对其主张不予支持。现行《公司法》确立了认缴资本制，股东是否足额履行出资义务不是股东资格取得的前提条件，股权的取得具有相对独立性。股东出资不实或者抽逃资金等瑕疵出资情形不影响股权的设立和享有。本案中，转让方已依约将所持目标公司70%的股权变更登记在受让方名下，履行了股权转让的合同义务。受让方通过股权受让业已取得目标公司的股东资格，转让方的瑕疵出资并未影响其股东权利的行使。此外，股权转让关系与瑕疵出资股东补缴出资义务分属不同法律关系。本案中，受让方以股权转让之外的法律关系为由拒付股权转让价款，没有法律依据。对于受让方因受让瑕疵出资股权可能承担的相应责任，可另寻法律途径解决。

否定说有利于维护公司登记外观公示效力，受让方已实际成为公司股东并参与公司经营管理，解除股权转让合同不利于公司稳定，也易引发新的利益冲突和纠纷。而且，由于股权转让关系与瑕疵出资股东补缴出资义务分属不同法律关系，受让方对于因受让瑕疵出资股权而可能承担的相应责任，可另寻法律途径解决。因此，否定说更契合股权转让纠纷审判的价值要求，值得审判实践采纳。

（4）请求承担违约责任。针对股权受让方可循的瑕疵担保权利救济方式，如果交易双方存在约定，则依据合同约定要求股权转让方承担违约责任。若没有约定违约责任或约定的违约责任模糊不清，可参照《民法典》第582条的规定[1]，选择包括退股、减少股权价款、赔偿损失等责任承担方式。退股意味着解除股权转让协议，应当符合《民法典》第563条[2]规定的合同解除条件，只有因未披露股权瑕疵导致股权受让方合同目的无法实现时，才可适用。减少股权价款责任方式可在股权瑕疵未影响受让人合同目的实现时选择适用。

---

[1]《民法典》第582条规定："履行不符合约定的，应当按照当事人的约定承担违约责任。对违约责任没有约定或者约定不明确，依据本法第五百一十条的规定仍不能确定的，受损害方根据标的的性质以及损失的大小，可以合理选择请求对方承担修理、重作、更换、退货、减少价款或者报酬等违约责任。"

[2]《民法典》第563条规定："有下列情形之一的，当事人可以解除合同：（一）因不可抗力致使不能实现合同目的；（二）在履行期限届满前，当事人一方明确表示或者以自己的行为表明不履行主要债务；（三）当事人一方迟延履行主要债务，经催告后在合理期限内仍未履行；（四）当事人一方迟延履行债务或者有其他违约行为致使不能实现合同目的；（五）法律规定的其他情形。以持续履行的债务为内容的不定期合同，当事人可以随时解除合同，但是应当在合理期限之前通知对方。"

股权价格基于目标公司所有者权益而确定,股权转让完成后若出现未披露债务,使得所有者权益降低,股权受让方可依据质量瑕疵担保责任要求减少双方约定的股权价格与实际股权价值之间的价差。[①]赔偿损失的法律依据为《民法典》第583条关于"当事人一方不履行合同义务或者履行合同义务不符合约定的,在履行义务或者采取补救措施后,对方还有其他损失的,应当赔偿损失"的规定。基于权利义务对等原则,转让方因为股权转让获取的最高收益为股权转让价款,扣减金额和赔偿损失不应超过股权转让价款,这也符合股东有限责任原则。股权转让价款类似于转让时出资额对应的权益,股东对公司对外负债的责任不应该高于股权转让价款。由于公司经营的复杂性,股权转让标的公司的验收期间不能直接适用《民法典》第621条[②]的规定。

(四)瑕疵股权转让与股东出资责任承担

1. 瑕疵股权转让方责任

对于瑕疵股权转让后,如何确定股东出资瑕疵责任承担,理论界及实务界存在不同分歧。如转让方承担说、受让方承担说、区别担责说、连带责任说等。根据《公司法司法解释(三)》第18条第1款的规定,受让方与转让方并非一起对瑕疵股权相关权利主体承担义务或者连带责任。对瑕疵股权的转让方而言,无论受让方是否为善意,均需对公司、公司其他股东以及公司债权人承担相应的义务;而受让方只有在非善意时才对公司、公司其他股东承担责任。

公司财产属于公司债务的一般担保财产,股东瑕疵出资侵害了公司财产,对公司构成侵权,应当承担侵权责任;如果因此导致公司债务不能清偿,则应当对公司债权人承担补充赔偿责任。瑕疵出资股东对债权人的责任从法律性质上分析是债权人行使代位权的体现。公司董事(高管人员)对于公司财产有保障义务,如果公司董事(高管人员)怠于履行监管公司财产、追讨被抽逃出资的义务,公司其他股东有权提起股东代表诉讼,请求抽逃出资的股

---

① 有裁判案例使用以下简化的计算公式:可减少股权价款=未披露债务 × 标的股权比例 × 股权价格 ÷ 标的股权对应的注册资本。

② 《民法典》第621条规定:"当事人约定检验期限的,买受人应当在检验期限内将标的物的数量或者质量不符合约定的情形通知出卖人。买受人怠于通知的,视为标的物的数量或者质量符合约定。当事人没有约定检验期限的,买受人应当在发现或者应当发现标的物的数量或者质量不符合约定的合理期限内通知出卖人。买受人在合理期限内未通知或者自收到标的物之日起二年内未通知出卖人的,视为标的物的数量或者质量符合约定;但是,对标的物有质量保证期的,适用质量保证期,不适用该二年的规定。出卖人知道或者应当知道提供的标的物不符合约定的,买受人不受前两款规定的通知时间的限制。"

东向公司承担赔偿责任。

瑕疵股权转让方需要向公司其他股东、公司和公司债权人承担义务（责任）属于"不真正连带责任"。向瑕疵股权转让方主张权利的第一顺位权利人应当是公司，第二顺位权利人是公司其他股东，公司债权人属于第三顺位权利人。公司债权人只有在公司不能清偿债务，且公司或者公司其他股东均不主张权利时，才能向瑕疵股权转让方主张权利。根据法理上的反面解释，公司、公司其他股东以及公司债权人对瑕疵出资人所享有权利的顺位关系，对瑕疵股权善意和非善意受让方均存在影响。

对于瑕疵股权转让方，公司可基于出资关系追究其出资瑕疵责任，这种资本充实责任不受诉讼时效限制，而且不以其是否仍是股东为前提，股东法定出资义务不因股权转让而免除。

对于股东未届出资期限即转让股权，是否需要对公司不能清偿的债务承担补充赔偿责任，实务中存在分歧。根据《公司法司法解释（三）》第13条[①]、第18条[②]的规定，股东未履行或者未全面履行出资义务的，公司债权人有权请求转让方在未出资本息范围内对公司债务不能清偿的部分承担补充赔偿责任。受让方对此知道或者应当知道，公司请求该股东履行出资义务、受让方对此承担连带责任的，人民法院应予支持。

有观点认为，股东出资义务为法定义务，不因股权转让而转移或免除。

[①]《公司法司法解释（三）》第13条规定："股东未履行或者未全面履行出资义务，公司或者其他股东请求其向公司依法全面履行出资义务的，人民法院应予支持。公司债权人请求未履行或者未全面履行出资义务的股东在未出资本息范围内对公司债务不能清偿的部分承担补充赔偿责任的，人民法院应予支持；未履行或者未全面履行出资义务的股东已经承担上述责任，其他债权人提出相同请求的，人民法院不予支持。股东在公司设立时未履行或者未全面履行出资义务，依照本条第一款或者第二款提起诉讼的原告，请求公司的发起人与被告股东承担连带责任的，人民法院应予支持；公司的发起人承担责任后，可以向被告股东追偿。股东在公司增资时未履行或者未全面履行出资义务，依照本条第一款或者第二款提起诉讼的原告，请求未尽公司法第一百四十七条第一款规定的义务而使出资未缴足的董事、高级管理人员承担相应责任的，人民法院应予支持；董事、高级管理人员承担责任后，可以向被告股东追偿。"

[②]《公司法司法解释（三）》第18条规定："有限责任公司的股东未履行或者未全面履行出资义务即转让股权，受让人对此知道或者应当知道，公司请求该股东履行出资义务、受让人对此承担连带责任的，人民法院应予支持；公司债权人依照本规定第十三条第二款向该股东提起诉讼，同时请求前述受让人对此承担连带责任的，人民法院应予支持。受让人根据前款规定承担责任后，向该未履行或者未全面履行出资义务的股东追偿的，人民法院应予支持。但是，当事人另有约定的除外。"

公司股东在认缴出资期限未届至即转让股权,应视为其以自身行为,明确表示不再履行未届出资义务,故属于未依法履行出资义务即转让股权的情形。

另有观点认为,根据《公司法》第 28 条的规定,股东享有出资的"期限利益"。债权人在与公司进行交易时,有审查公司股东出资期限等信用信息的注意义务,并由此作出是否进行交易的决定。因此,《公司法司法解释(三)》第 13 条第 2 款规定的"未履行或者未全面履行出资义务"应当理解为"未缴纳或未足额缴纳出资",出资期限未届满的股东尚未完全缴纳其出资份额不应认定为"未履行或者未全面履行出资义务",不能适用《公司法司法解释(三)》第 13 条第 2 款、第 18 条规定的"未履行或者未全面履行出资义务即转让股权"情形。

上述第二种观点契合《公司法》为股东设立出资期限的目的。而且,《企业信息公示暂行条例》明确规定股东认缴和实缴出资额、出资时间、出资方式等属于公示信息。债权人在与公司交易时应当审查公司股东出资情况及出资期限等信用信息,并在综合考量基础上决定是否进行交易。股权转让人在出资义务尚未到期的情况下转让股权,不属于出资期限届满而不履行出资义务的情形,不应再对公司承担出资责任,也不需要再对公司债权人承担补充赔偿责任,否则有违《公司法》改革的本意。①

2. 瑕疵股权受让方责任

瑕疵股权受让方责任应按照善意和非善意两种情形进行区分。

(1)非善意受让。对于瑕疵股权,如果受让方非善意,即明确知道瑕疵或者可推定其知道瑕疵,仍受让股权,则其应当对此承担相应法律后果,与转让方共同承担出资瑕疵责任。依据《公司法司法解释(三)》第 18 条第 1 款②的规定,受让方是否对出资义务承担连带责任以其是否属于"非善意"为

---

①《公司法(修订草案二次审议稿)》第 88 条规定:"股东转让已认缴出资但未届缴资期限的股权的,由受让人承担缴纳该出资的义务;受让人未按期足额缴纳出资的,出让人对受让人未按期缴纳的出资承担补充责任。未按期足额缴纳出资或者作为出资的非货币财产的实际价额显著低于所认缴的出资额的股东转让股权的,受让人知道或者应当知道存在上述情形的,在出资不足的范围内与该股东承担连带责任。"根据该条修改,已认缴出资但未届缴资期限即转让股权,由受让人承担缴纳该出资的义务;受让人未按期足额缴纳出资的,出让人对受让人未按期缴纳的出资承担补充责任。因此,如果该条修改内容最终得以立法确认,则应照此认定出让人责任。

②《公司法司法解释(三)》第 18 条第 1 款规定:"有限责任公司的股东未履行或者未全面履行出资义务即转让股权,受让人对此知道或者应当知道,公司请求该股东履行出资义务、受让人对此承担连带责任的,人民法院应予支持;公司债权人依照本规定第十三条第二款向该股东提起诉讼,同时请求前述受让人对此承担连带责任的,人民法院应予支持。"

标准。

（2）善意受让。《公司法司法解释（三）》第18条第1款对"非善意"的认定，按照文义解释规则，股权受让方的"善意"即"不知道或者不应当知道"。商事行为通常具有持续性和公开性特征，更强调形式化的外观要求，与意思表示间的联系有所淡化。对于受让方善意的认定，根据商事外观主义原则，审查公司章程应是受让方必须履行的注意义务。虽然有限责任公司作为封闭公司，不负有对外公示公司章程的义务，但是，一般而言，受让方在股权转让前均应对目标公司和拟受让股权作尽职调查，公司章程应为必要审查对象，故对股权受让方施加此项审查义务是合理的。如果受让方在股权转让时未审查目标公司章程，可以认为受让方存在重大过失，不宜认定受让方为善意。针对股权的内部转让，对于受让股东来说，其显然应知道所受让的股权是否存在瑕疵，因此，瑕疵股权善意受让只可能存在于瑕疵股权外部转让的情形。

对于因赠与、继承而获得的瑕疵股权，实务中存在受赠人或者继承人不能享有瑕疵股权善意受让方的权利，或者说均推定为非善意，从而适用《公司法司法解释（三）》第18条第1款的规定，要求受赠人或者继承人承担与瑕疵股权转让方（被继承人）同样的义务（责任）等模糊认识。对此问题，应按照《民法典》第1161条关于"继承人以所得遗产实际价值为限清偿被继承人依法应当缴纳的税款和债务"的规定进行处理，较为妥当。瑕疵股权无偿受让方，基于该瑕疵股权获得的利润，应当先行用于清偿转让方所应当清偿的相关债务，瑕疵股权除却瑕疵后，无偿受让方才能依法获得股权利润分配。

（五）转让股东未完整披露标的公司债务的法律责任

《民法典》第615条规定："出卖人应当按照约定的质量要求交付标的物。出卖人提供有关标的物质量说明的，交付的标的物应当符合该说明的质量要求。"该规定便是出卖人对标的物的品质应承担的瑕疵担保义务。就股权转让而言，有限责任公司股权对外转让时，受让方通常要求对公司现有资产价值进行评估，以确定股权转让对价。对公司现有资产价值进行评估必须建立在转让方据实向受让方告知公司现有资产及负债情况的基础上。标的公司债务信息是决定股权交易价格的重要因素，受让方由于信息受限，只能根据转让方的披露了解公司财务状况。如果转让方故意隐瞒公司债务，则会导致虚增公司现有资产价值，使转让对价脱离公司股权的实际价值，导致受让方利益受损。因此，转让方负有向受让方保证如实披露公司债务的义务，而且此项义务属法定义务。实践中，由于转让方故意隐瞒公司债务，会导致受让方接收标的公司后发现其所受让的股权实际价值缩水。对此情形，考虑到维护交易稳定及公司既有秩序，受让方行使撤销权或解除权将很难获得支持，受让方一般应当选择提起股权价值贬损赔偿诉讼。对于此类赔偿诉讼的处理，可以根据前述股权瑕疵担保责任内容中的违约责任处理原则进行处理。

四、关于股权转让"阴阳合同"问题

股权转让纠纷中，"阴阳合同"最为常见的出现情形为股权交易双方当事人出于避税或者获得行政审批等目的，签订两份转让价格、转让条件等交易条件内容存在差异的合同。其中，价格低的"阳合同"交税务、工商部门备案并据以申报纳税，该类"阳合同"集中表现为股权转让价格明显低于实际履行价格，通常以 0 元或者 1 元作为交易对价，但该份合同交易双方并不实际履行；价格高的"阴合同"则由双方自行保存，该份合同记载双方真实交易条件，用于当事人内部遵照履行。此外，交易双方当事人为了防止公司其他股东行使优先购买权，也通常签订"阴阳合同"，价格低的"阴合同"由双方自行保存，而对外公示的"阳合同"集中表现为股权转让对价等核心条款高于或者履行条件严于实际履行的要求。

实务中，因"阴阳合同"引发的纠纷，通常表现为各方当事人各执一词，主张履行对己有利的合同，否认对己不利的合同真实性和合法性。受让方往往要求以"阳合同"抗辩已支付转让对价，或者主张根据"阳合同"的约定支付转让款；案外利害关系人则起诉指控交易双方为了转移资产，逃避债务，以明显不合理低价转让财产或者明显不合理高价购买财产，损害债权人利益，而主张行使撤销权，或者主张实际履行的转让合同因恶意串通、损害第三人利益而无效；而标的公司其他股东根据《公司法司法解释（四）》第21条关于"有限责任公司的股东向股东以外的人转让股权，未就其股权转让事项征求其他股东意见，或者以欺诈、恶意串通等手段，损害其他股东优先购买权，其他股东主张按照同等条件购买该转让股权的，人民法院应当予以支持，但其他股东自知道或者应当知道行使优先购买权的同等条件之日起三十日内没有主张，或者自股权变更登记之日起超过一年的除外"的规定，主张按照"阴合同"约定的同等条件购买该转让股权，如江苏省高级人民法院（2014）苏商外终字第0010号民事判决认为，转让方与受让方恶意串通，签订虚假转让股权合同，隐瞒真实的股权转让价格，损害了标的公司其他股东优先购买权，故应认定股权转让协议无效。该案判决认定当事人存在恶意串通的证据较为充分翔实。类似的股权交易双方当事人通过虚抬股权转让价格，阻隔其他股东行使优先购买权的股权转让纠纷，实务中较为常见。由于实务中对于恶意串通的举证标准要求较为严格，当事人往往由于举证能力局限，很难得到支持。

股权转让中"阴阳合同"现象存在是不能回避的现实。实务中，存在以下观点分歧：

观点一认为，"阳合同"经过登记或备案，有的甚至经过公证，其证明力大于其他书证，故"阳合同"效力更强。

观点二认为，从形成时间来看，往往载明真实意思的"阴合同"订立时间在前，登记备案的"阳合同"订立时间在后，形成在后的合同对形成在前的合同条款进行了变更。

观点三认为，根据《民法典》第146条的规定："行为人与相对人以虚假的意思表示实施的民事法律行为无效。以虚假的意思表示隐藏的民事法律行为的效力，依照有关法律规定处理。"故而判断"阴阳合同"的效力不能简单依据合同公证等表现形式或订立时间先后确定其效力，而应结合个案的具体情况、金额差异、交易双方的真实目的等因素综合确定当事人的真实意思，以当事人真实意思表示作为认定合同效力基础，即虚假的意思表示的合同为无效合同，而真实意思表示的合同为有效合同。如最高人民法院（2016）最高法民终字7号民事判决认为，朱某某与高某、唐某某分别签订的用于工商登记机关备案登记的《股权转让协议》中，将股权转让价款约定为66万元和33万元，掩盖了双方股权交易价格实际为2800万元的真实情况，该用于备案登记的《股权转让协议》与双方签订的《股权转让补充合同》构成"阴阳合同"关系，依法应当认定该用于备案登记的《股权转让协议》是双方通谋实施的虚伪意思表示，为无效合同。

对于上述争议分歧，观点三更契合《民法典》第146条规定的精神，而且亦契合诚信原则，值得实务遵照执行。对于股权转让"阴阳合同"纠纷，应以探寻交易双方真实意思为出发点，结合磋商过程、协议缔结时点的股权估值、实际履行情况等进行综合认定，这样亦更有利于根据实际履行的合同所确定的内容诚信地解决各方纠纷。对于时常困扰实务的"阴阳合同"所涉及的相关行政责任问题，如补交税款问题，可通过向相关行政机关发出司法建议或者在判决文书中明示应由行政机关予以追究。如最高人民法院（2012）民一终字第98号民事判决认为，关于当事人所签协议的性质和效力问题，从案涉股权转让协议内容看，双方当事人的真实意思为转让标的公司的全部股权，受让方因此取得标的公司及其全部资产的控制权，包括属于无形资产的探矿权。由于股权转让均会伴随着资产控制权主体发生变化，目前尚无对此类变化应办理相关审批手续的规定，故以转让公司及股权的方式实现企业资产转让的，不违反国家强制性规定。关于逃避税收问题，如果依照国家税收管理规定,当事人之间的股权转让行为应缴纳相关税费而未缴纳,则属于行政处罚调整的范围,并不会导致转让协议无效。

但是,如果"阴阳合同"涉及外商投资问题,根据相关规定,股权转让合同须经审批机关审批才能生效,"阴合同"因未经审批,则应认定为未生效合同。实务中还有因"隐名股东"或股权代持而引发的"阴阳合同"纠纷,股权受让人出于各种因素考量,不愿意登记为显名股东。为了保证其利益,股权交易双方可能会采取由名义股东作为受让人签署"阳合同"并登记为股东,实际受让人签署"阴合同"的方式。细究该种交易模式,并不违反法律法规的强制性规定,"阴合同"只要属于双方真实意思表示,可认定为有效合同。

五、关于股权转让混淆转让主体损害标的公司利益的问题

司法实践中,有限责任公司与股东人格混同现象较为常见,特别是在一人有限责任公司股权转让中尤为突出。这种不当的公司治理理念反映在股权转让中,表现为股东意志与公司意志等同,将股权转让方列为标的公司,或者把标的公司作为支付股权转让款的义务主体,或者约定标的公司为股权转让款支付义务承担担保责任。如公司股东之间或公司与部分股东之间签订退还投资款协议,约定由标的公司向退出股东承担投资款退还义务。此类协议从内容来看,更接近于标的公司减资,但标的公司并未履行法定减资程序,从而引发行为性质的争议。又如股权交易双方签订零对价的股权转让协议,同时另行签订协议约定将转让方投资款转化为对标的公司享有的债权。此种交易模式下,股权转让法律关系中的支付对价和变更登记两项主要合同义务被分置于两份协议中,且将转让价款支付义务主体由受让方变为标的公司,这种交易模式实质上构成帮助股东抽逃出资。

《公司法》第142条严格限定公司收购本公司股份的情形、程序、转让及注销时间。在股权转让法律关系中,除标的公司员工股权激励计划、处置回购的本公司股份等特殊情况外,股权转让主体应为标的公司股东,而非标的公司本身。《公司法》第16条规定:"公司向其他企业投资或者为他人提供担保,依照公司章程的规定,由董事会或者股东会、股东大会决议;公司章程对投资或者担保的总额及单项投资或者担保的数额有限额规定的,不得超过规定的限额。公司为公司股东或者实际控制人提供担保的,必须经股东会或者股东大会决议。前款规定的股东或者受前款规定的实际控制人支配的股东,不得参加前款规定事项的表决。该项表决由出席会议的其他股东所持表决权的过半数通过。"股权转让合同的双方当事人是股权转让方与股权受让方,即

标的公司的原股东和现股东，标的公司可作为合同利害关系方，但不能作为股权转让相对方，标的公司不应承担受让方股权转让款支付义务。审判实践中，股权交易双方约定由标的公司履行支付股权转让款义务或约定标的公司为股权转让款支付义务提供担保，上述行为会使标的公司资产直接减损，从性质上属于一种变相抽逃出资的行为，违反了公司资本维持原则，损害了标的公司独立财产权益以及标的公司债权人利益。

对于不当地将股权转让方列为标的公司而引发的股权转让协议效力争议，司法实务原则上认为标的公司本身并非股权享受主体，以标的公司名义与受让人签订的股权转让协议违反《公司法》规定，应属无效；也有判决依照股权转让实际履行主体，将标的公司股东认定为法律关系主体。如最高人民法院（2018）最高法民终60号民事判决认为，标的公司不对转让方承担的股利返还义务或违约责任承担连带清偿责任，标的公司并非股权转让协议相对方，其在股权转让协议中既不享有权利，也不负有相关义务。虽然标的公司为受让方颁发《股权证》，但其义务仅限于将受让方登记于公司股东名册，办理相关的股权变更手续，而非为股东转让股权的行为承担责任，故对受让方要求标的公司承担连带责任的诉讼请求不予支持。

对于股权转让交易中，约定标的公司为受让股东向转让股东支付股权转让款承担连带担保责任情形，司法实务中对此类担保是否有效存在正反两方面的分歧。

否定观点认为，标的公司为股东之间的股权转让提供连带责任担保无效的主要理由是担保行为会导致转让股东抽回出资，损害公司资本维持原则。《公司法》第35条规定公司成立后，股东不得抽逃出资。标的公司为股东之间的股权转让提供连带担保责任将导致公司利益及公司其他债权人的利益受损，形成股东以股权转让方式变相抽回出资的事实，有违《公司法》关于不得抽逃出资的规定，故应认定相关担保无效。

肯定观点认为，标的公司为股东之间的股权转让提供担保为公司内部意思自治范畴，《公司法》第16条并不禁止公司为其股东或实际控制人提供担保，只要担保符合法定程序应确认其效力。

分析上述分歧观点，肯定观点更符合《公司法》立法规定精神。在此类纠纷案件中，转让股东已将其持有的公司股权变更至受让股东名下，而非由公司自己持有，并不属于公司回购本公司股权的情形。《公司法》第35条规定，公司成立后，股东不得抽逃出资，转让股东已将其名下所有的标的公司股权经工商变更登记手续变更至受让股东名下，转让股东作为标的公司股东的法律地位已经消亡，并不属于抽逃出资的行为。公司在承担担保责任后有权向受让股东追偿，并不必然造成标的公司资本不当减少的结果。标的公司如果按照《公司法》第 16 条的规定履行了为股东提供担保的相应程序，且没有其他明显损害标的公司债权人利益的情形，则不应认定为无效。

六、关于股权转让协议缺乏对价或者其他核心条款的问题

股权转让价格条款是股权转让合同的重要内容之一。由于股权与有形财产不同，其价值由多种因素构成。从影响因素角度分析，股权价值与标的公司管理和所处产业有关，具体影响因素以标的公司能否自主控制股权价值作为划分依据，可分为内部因素和外部因素。内部因素主要包括标的公司的利润和剩余财产分配、标的公司的管理（包括战略管理、市场营销、经营管理等内容）、标的公司重大资产处分、标的公司履行业务合同情况以及面临重大诉讼情况等；外部因素主要包括原材料以及劳动力等成本涨跌情况、行业利润形势、国家产业政策等。

如果当事人提出的证据无法证明双方就股权转让价格达成一致，法院不应依据股东出资额、审计报告、公司净资产额以及《民法典》第 510 条、第 511 条[①]的规定确定股权转让价格。股权转让合同未明确约定股权转让价格，因欠缺必备条款不具有可履行性，应认定为合同未成立。如北京市海淀区人民法院（2006）海民初字第 16583 号判决认为，股权转让价格的确定是股权转让的重要内容之一，而股权的价值与有形财产不同，其价值由多种因素构成。在当事人提举的证据无法证明双方就股权转让价格达成一致时，人民法院不应依据股东出资额、审计报告、公司净资产额以及相关法律规定确定股权转让价格。同时，未约定股权转让价格的股权转让合同因欠缺必备条款而

---

① 《民法典》第 510 条规定："合同生效后，当事人就质量、价款或者报酬、履行地点等内容没有约定或者约定不明确的，可以协议补充；不能达成补充协议的，按照合同相关条款或者交易习惯确定。"《民法典》第 511 条规定："当事人就有关合同内容约定不明确，依据前条规定仍不能确定的，适用下列规定：（一）质量要求不明确的，按照强制性国家标准履行；没有强制性国家标准的，按照推荐性国家标准履行；没有推荐性国家标准的，按照行业标准履行；没有国家标准、行业标准的，按照通常标准或者符合合同目的的特定标准履行。（二）价款或者报酬不明确的，按照订立合同时履行地的市场价格履行；依法应当执行政府定价或者政府指导价的，依照规定履行。（三）履行地点不明确，给付货币的，在接受货币一方所在地履行；交付不动产的，在不动产所在地履行；其他标的，在履行义务一方所在地履行。（四）履行期限不明确的，债务人可以随时履行，债权人也可以随时请求履行，但是应当给对方必要的准备时间。（五）履行方式不明确的，按照有利于实现合同目的的方式履行。（六）履行费用的负担不明确的，由履行义务一方负担；因债权人原因增加的履行费用，由债权人负担。"

不具有可履行性，应认定该类合同未成立。

又如，苏州市中级人民法院发布的 2019~2021 年度苏州法院公司类纠纷案件审判典型案例第 1 号案例罗某诉袁某股权转让纠纷案的裁判认为，在股权转让纠纷中，对于真实股权转让价款的争议，应当注重穿透式审判思维的运用，在出让方仅能举证工商备案股权转让协议情况下，应结合股权转让当事人关系、股权转让背景、受让人是否实际参与公司经营、出让方是否主张过股权转让款等事实，准确判定当事人在股权转让项下的权利义务关系，不能仅凭形式上的股权转让协议认定股权转让对价。①

最高人民法院（2021）最高法民再 50 号判决亦与前述判决持相同意见。该案案由为代位权纠纷，该案判决认为，针对鑫某达公司（债权人）对鸿某投资公司（次债务人）的代位权能否成立的问题，关键要审查谭某某（债务人）对鸿某投资公司是否享有到期债权。虽然根据已经查明的事实，谭某某与鸿某投资公司分别签订两份股权转让协议，约定将其持有的鸿某鹅业公司的注册资本 100% 股权（注册资本为 × 万元）和鸿某面粉公司 × 万元出资额对应的股权转让给鸿某投资公司，但双方协议并未对股权转让应当以及如何支付价款作出约定。鑫某达公司主张应按照谭某某在上述两家公司的出资额确定上述股权转让对价。但因股权转让价格不同于股权对应的出资额，在涉案两份股权转让协议均未约定股权转让价款、鑫某达公司亦未提供证据证明以上股权转让应当支付价款的情况下，无法认定谭某某基于该两份协议对鸿某投资公司享有到期债权及具体数额，故鑫某达公司代位权诉讼请求不能成立。鑫某达公司可基于前述股权转让及赠与情况，通过申请执行相关股权或行使撤销权等有关规定寻求救济。

由此，基于股权的特殊性，股权转让合同未约定股权转让价格条款，不能简单依据股东出资额、审计报告、公司净资产额等确定股权转让价格。

七、关于工商变更登记对股权转让合同效力及履行影响的问题

（一）工商变更登记不影响转让合同的效力

《民法典》第 502 条规定，依法成立的合同，自成立时生效。股权转让法律关系是转让方将其对标的公司享有的股东权益转让给受让方，双方所签订

---

① 《护航企业发展 优化营商环境：苏州中院发布公司类纠纷案件审判白皮书和典型案例》，载微信公众号"苏州市中级人民法院"，2022 年 6 月 30 日。

的股权转让合同法律性质上属于债权合同。现行公司法律规范并未规定股权转让协议须经登记生效。《公司法》第32条第3款规定："公司应当将股东的姓名或者名称向公司登记机关登记；登记事项发生变更的，应当办理变更登记。未经登记或者变更登记的，不得对抗第三人。"《民商审判会议纪要》第8条规定："当事人之间转让有限责任公司股权，受让人以其姓名或者名称已记载于股东名册为由主张其已经取得股权的，人民法院依法予以支持，但法律、行政法规规定应当办理批准手续生效的股权转让除外。未向公司登记机关办理股权变更登记的，不得对抗善意相对人。"上述规定可以说明股权工商登记是一种对外发生对抗效力的公示行为，是证权性质宣示，而不是设权性质宣示，该事项未经登记本身不具有对抗第三人效果。工商变更登记主要是基于行政管理需要，其功能是使股权变动产生公示效力。

股权转让协议作为一般债权合同一般应自成立时发生法律效力，无须审批的股权转让协议只要是双方当事人的真实意思表示，并符合相应程序规定，就应认定合法成立并生效。工商登记是否变更不影响股权转让合同的效力，也不影响股权的取得。如最高人民法院（2007）民二终字第32号判决认为，股权转让实质上是在公司内部产生的一种民事法律关系，股权转让合同签订后，是否办理工商变更登记，属于合同履行问题。就股权转让行为的外部效果而言，股权的工商变更登记仅为行政管理行为，该变更登记并非设权性登记，而是宣示性登记，旨在使公司有关登记事项具有公示效力。因此，是否进行工商变更登记对股权转让合同的效力问题不应产生影响，工商登记并非股权转让合同效力的评价标准。质言之，股权转让合同签订后，是否办理工商变更登记，不应导致股权转让行为是否生效或有效的问题，仅应产生当事人的是否违约以及是否具备对抗第三人效力的问题。又如，最高人民法院（2015）民一终字第388号判决认为，根据《公司法》第32条、第71条的规定，有限责任公司的股东之间可以相互转让其全部或者部分股权，公司登记事项发生变更的，应当办理变更登记，未经登记或者变更登记的，不得对抗第三人。工商行政管理部门对股权的变更登记只是公示要件，不影响股权转让行为的生效。

（二）未能办理工商变更登记并非股权转让合同的法定解除事由

根本违约导致无法实现合同目的是实践中当事人主张解除合同的常用理由之一。对于"无法实现合同目的"这一法律事实判断，司法审判主要是根据合同性质和内容以及合同各方当事人订立合同的需求等作出审慎判断。实务中，不少受让人以未能办理股权工商变更登记为由请求解除股权转让合同。由于股权变更与股权变更登记属于不同的法律概念，受让方仅以未办理工商变更登记为由请求解除股权转让合同，很难获得支持。

股权变更，是指受让人通过有效的股权转让合同取得股权后，公司根据《公司法》及公司章程的规定审查同意将受让人登记于股东名册，受让人取得公司股权，成为公司股东。而股权变更登记，是指根据《公司法》及《市场主体登记管理条例》的规定，将新股东姓名或者名称及其出资额登记于公司工商登记信息中。就股权交割和变动而言，主流观点为采取公司内部登记生效主义，即就公司内部关系而言，股东名册变更登记完成视为股权交付和变动，股东身份和资格完成转移。股权工商变更登记作为公司外部登记公示方式是对已经发生的股权转让事实的确认，使股权变动具有对抗第三人的效力，一般是在股权转让协议生效并履行后才进行。

股权转让协议的履行，是指支付股权转让款和进行股东名册变更登记。股东登记于公司股东名册、参与公司经营是获得股权的实质要件，工商登记仅为形式要件，产生对抗效力。如果股权转让双方未就合同目的、变更事项要求等进行明确约定，则配合办理工商登记仅为股权转让合同的附随义务。而且《公司法》明确规定，进行工商变更登记是标的公司义务，而非股东义务，受让方主张因出让方不配合办理工商登记，而导致合同目的不能实现很难成立。

如最高人民法院（2017）最高法民申 2316 号民事裁定认为，双方当事人在《股权转让协议》中对办理工商变更登记的事项没有明确约定，根据《公司登记管理条例》（已废止）第 34 条第 1 款[①]的规定，有限责任公司变更股东的，应当自变更之日起 30 日内申请变更登记。杨某 1、杨某 2 与胡某某均有配合、协助标的公司中某物流公司办理工商变更登记的义务。杨某 1、杨某 2 主张办理股权工商变更登记的义务在胡某某，但其未举证证明在杨某 1、杨某 2 已尽到配合义务情况下，胡某某怠于行使或拒绝行使该项义务，且工商登记中股东股权变更登记仅具有对外公示效力，不影响公司内部股东权利行使，也不是合同解除法定条件。因涉案合同交易双方明知转让客体并非《公司法》意义上的"股权"而仅是投资收益权，杨某 1、杨某 2 以无法变更工商登记为由要求解除合同的理由不能成立。

又如，上海市第二中级人民法院（2021）沪 02 民终 2425 号民事判决认为，公司的工商登记信息体现的仅为对外的公示效力，若当事人通过参与公司经营管理、享受分红利益等行为，亦可确认其具有公司的股东身份。办理

---

① 对应《市场主体登记管理条例》第 24 条第 1 款。《市场主体登记管理条例》第 24 条第 1 款规定："市场主体变更登记事项，应当自作出变更决议、决定或者法定变更事项发生之日起 30 日内向登记机关申请变更登记。"

工商变更手续需要协议双方的配合,双方未就办理工商变更登记的时间进行约定,陈某某在协议签订后至起诉前长达四年多的时间内未向强某某提出办理工商变更手续,其自身对此亦存在过错。陈某某实际已参与予某公司的经营。予某公司经营亏损导致股东无法获得分红利润,并不能归咎于强某某。陈某某依据案涉股权转让协议已享受相应的股东权利,其未提供相关证据证明其行使股东权利受阻。强某某亦当庭表示愿意配合办理相关的工商变更手续。虽然陈某某股东身份并未体现在予某公司工商信息上,但其实际已享有股东权利,陈某某以强某某迟迟不予办理工商变更登记,不让陈某某参与公司经营、分红,导致陈某某合同目的不能实现,要求行使法定解除权并返还股权转让款及利息的主张不能成立。

由此,股权转让合同目的在于取得股权,如果受让股东已经完成公司股东名册记载,则实质上已取得股权,股权工商登记并不影响股东权利的行使,至多仅是一般违约或轻微违约,股权受让人不能仅以股权未办理工商变更登记为由行使合同法定解除权。

八、关于公司章程限制股权转让边界的问题

(一)公司章程绝对限制股权转让的效力

《公司法》本质上属于私法,公司章程、股东会决议等具有承载公司意思自治的功能,除法律强制性规定之外,可依据公司现实进行规定。《公司法》第71条第4款规定:"公司章程对股权转让另有规定的,从其规定。"根据该规定,股东之间内部转让公司股权及对外向股东以外的第三方转让股权,可以通过公司章程作出特别约定。但是,对于有限责任公司的章程限制股权转让的边界,包括能否约定排除股东之间股权自由转让的权利以及股东的优先购买权等问题,司法实践一直存在争议。

由于相关立法原则性规定,从实务裁判情况来看,存在以下两种相左的观点:

有地方法院认为,从《公司法》第71条第4款"公司章程对股权转让另有规定的,从其规定"的文义来看,并未规定公司章程对股权转让限制存在边界。公司章程如果规定公司的股东之间不能自行转让其全部或者部分股权,也不能向股东以外的人转让股权,即绝对禁止或限制股东转让股权,并不违反法律强制性规定。相关公司章程规定合法有效,对公司股东具有约束力。

主流裁判观点认为,股权转让是法律赋予股东的法定权利,公司章程对股东转让股权限制应有合理边界。过度限制、剥夺股东自由转让股权,导致

股东失去退出公司的机会，不符合《公司法》股权转让自由的基本原则，也有悖商业常识。

相较而言，主流裁判观点更契合《公司法》立法目的。有限责任公司是以"人合"为主兼具"资合"性质的"人资两合性"公司。有限责任公司股东之间有着与合伙一样的特殊人身信任或人身依附关系，股权对外转让会导致新股东加入，继而影响股东之间的稳定和长期合作，因此，《公司法》对有限责任公司股权转让进行一定的限制，如股权对外转让需要其他过半数股东同意且其他股东拥有优先购买权等区别于股权对内自由转让，无须通知和同意的规定。但有限责任公司同时具有"资合性"特征，"资合性"要求有限责任公司股权可以自由流通。股权本身财产性权利的特征亦决定应允许其流通和交易，资金资源的优化配置很大程度上依赖于财产的自由流通，股权只有在流通中才能实现利益最大化，因而《公司法》对有限责任公司的股权转让进行了相应的保护，如不同意股东应当购买拟转让股权，不购买的，视为同意转让等规定。《公司法》第71条第4款条文规定内容，整体上属于对有限责任公司"人合性"和"资合性"的协调和折中性安排。由此，公司章程对于股权转让的限制应该建立在设置股东适当退出机制的基础上，即公司章程不能对股权转让作出完全禁止性规定。在《公司法》严格限制公司股权回购的情况下，转让股权是股东退出公司的唯一途径，完全禁止股权转让实际上封堵了股东退出渠道，违反了股权转让自由的基本原则。部分省高级人民法院此前出台的裁判规则持类似观点。如《江苏省高级人民法院关于审理适用公司法案件若干问题的意见（试行）》第60条规定："公司股东违反章程规定与他人签订股权转让合同的，应认定合同无效，但存在下列情形之一的除外：（1）章程的该规定与法律规定相抵触的；（2）章程的该规定禁止股权转让的；（3）经股东会三分之二以上有表决权的股东同意的。"又如山东省高级人民法院民事审判第二庭《关于审理公司纠纷案件若干问题的解答》提出，公司章程是一种具有契约属性的公司自治规则，公司章程不得与《公司法》的强制性规范及《公司法》的基本精神、原则相冲突，如有冲突，所制定的条款无效。

（二）公司章程修正案对异议股东的效力

公司章程乃公司自治的"宪法"，在公司设立、运行乃至解散清算中，均具有约束效力。《公司法》赋予了公司章程极大的自治空间，在收益、表决和处分等股东基本权利上享有"公司章程另行规定从其规定"的自治权利。《公司法》第11条规定，设立公司必须依法制定公司章程。公司章程对公司、股东、董事、监事、高级管理人员具有约束力。第23条规定，设立有限责任公司，需要股东共同制定公司章程。初始章程由全体股东或发起人制定，并采取全体一致同意原则，故初始章程不存在异议股东的问题，对所有股东均具有约束力。公司章程修正案属于公司创设后，根据发展需要通过股东会决议的形式对初始章程进行修改后的章程文本，公司章程修正案实质是公司股东会针对公司章程的修改内容而出具的书面决议。公司章程经制定生效后应保持其稳定性，如需修改须按《公司法》规定和原章程规定的规则进行并由股东会作出决议。《公司法》第 43 条规定，有限责任公司修改公司章程的决议，必须经代表 2/3 以上表决权的股东通过；第 103 条规定，股份有限公司修改公司章程必须经出席股东大会的股东所持表决权的 2/3 以上通过。公司章程修改后，涉及登记事项的，应在法定期间内向原登记机关办理变更登记。公司章程修正案是以股东会决议方式作出，采取资本多数决的原则，并非需要经过全体股东一致同意，故经常产生以股东会决议方式作出的公司章程修正案对反对决议或不参与决议的股东即异议股东是否具有约束力的疑惑。

肯定观点认为，公司章程是公司设立和存在的基础，具有公司自治"宪章"的作用，是公司的基本行为准则。当持有公司 2/3 以上表决权的股东作出修改公司章程的决议，该决议应具有相应的法律效力。即便部分股东弃权或反对，但由于公司章程的修改符合法律和公司章程规定，修改后的内容本身不违反法律规定，应为有效，故对投出弃权或反对票的股东亦具有约束力。如南京市中级人民法院（2016）苏 01 民终 1070 号判决认为，根据扬某公司股东会决议通过的公司章程规定，股东因故（辞职、辞退、退休、死亡等）离开公司，其全部出资必须转让。该公司股东会决议通过的股权管理办法亦作出相同规定。虽然转让股东主张股东会决议中的签名并非其所签，但公司章程经过股东会决议通过，其不仅约束对该章程投赞成票的股东，亦同时约束对该章程投弃权票或反对票的股东。如果公司依照法定程序通过的章程条款只约束投赞成票的股东，而不能约束异议股东，则违背了股东平等原则，也动摇了资本多数决的公司法基本原则，因此，案涉公司章程及股权管理办法的相应规定，体现了全体股东的共同意志，是公司和股东的行为准则，对全体股东具有普遍约束力。

否定观点认为，公司章程本质上属于各股东之间达成的合意，具有契约性质。由于限制股权转让涉及股东个人权益的基本处置权利，因异议股东已经明确投出反对票或持保留意见，公司章程关于股权转让限制的修改内容不应对其产生约束力。公司资本多数决应当仅限于公司整体自治性规范部分，而不应当涉及股东个人权益处置部分，不应该强制股东放弃其个人权益。

根据《公司法》相关规定和学理分析，上述否定观点更具有合理性。根据私权基本法理，在股东自身财产上设定限制或负担需经股东事先同意，否则应认定为不合理限制。初始章程对所有股东具有普适性的限制，是基于其内容已经获得全体股东同意。初始章程对于初始股东具有约束力显而易见，而继受股东在继受股权之时应当以接受公司初始章程约束力为前提。因此，初始章程无论是对于初始股东还是继受股东都应当具有约束力。公司章程修正案关于股权转让的限制属于对股东个人权益的处置，其效力应仅限于同意该修订条款拘束的股东，而不能推定为经过股东会决议后即获得了全体股东同意，继而赋予其普遍性约束力。但是，以股东会决议方式作出的公司章程修正案，如果涉及的是公司整体自治性规范，并非股东个人权益处置部分内容，应具有普遍约束力。

（三）公司章程限制股东优先购买权的效力

实务中，因股权继承、夫妻财产分割、赠与、在特定关系人（如父子）之间过户、公司实施并购等需要，皆有可能涉及股东优先购买权的保护问题。我国《公司法》确定了章程可对公司股权转让另行作出规定的基本原则，公司章程可以就优先购买权限制作出区别于《公司法》的规定。与前述公司章程对股权转让限制效力确定的原则相符，公司初始章程约束全体股东，公司章程修订时对股权优先购买权进行限制，则仅约束同意股东，而不约束异议股东。有限责任公司以公司章程规定形式限制股东优先购买权，符合《公司法》第71条第4款的规定，但效力仅及于同意该条款的股东，持反对票或未明示同意该条款的股东，仍旧享有法定的优先购买权。在股权对外转让过程中，其他股东可依据《公司法》第71条的规定及《公司法司法解释（四）》第17条的规定，行使股权优先购买权。若其他股东认为公司章程修正案强制排除其优先购买权，可向法院提起股权转让纠纷或损害股东利益责任纠纷的诉讼，主张行使优先购买权。其他股东行使优先购买权导致原股权转让合同无法继续履行的，转让方股东应对原股权受让方承担违约责任。

（四）公司章程规定"人走股留"的效力

随着人力资本变得越来越重要，不少企业通过各种措施和激励政策激励优秀人才与企业建立长期稳定的劳动关系，如对高管和专业技术人员实施股权激励、员工持股等人才激励和保留政策。企业在实施股权激励时，为避免公司股权和控制权外泄，往往会要求股东离开公司时需退出投资，即所谓的"人走股留"或者"人走股退"强制退股规定。

强制退股规定可以通过多种形式表现，有的是在公司出资协议或股权转让协议条款中进行约定，有的是在股东会决议中规定，最为常见的是在公司章程中规定。此类条款的具体约定大致可分为由公司收回或将股权转让给特定股东或指定第三人。对于此类"人走股留"条款的效力，实务界存在以下争议：

　　肯定观点认为：一是公司章程是规定公司组织和行为基本规则的重要文件，订立公司章程是股东自治行为，除《公司法》禁止性规定外，股东可以自主约定公司章程内容。在公司章程中约定股东离开公司时必须退出公司投资，该内容属公司意思自治范畴，并不违反《公司法》强制性规定。《公司法》明确规定，公司章程对股权转让另有规定的，从其规定，公司章程中"人走股留"条款内容合法。二是基于有限责任公司的封闭性和人合性，公司章程对公司股东转让股权作出某些限制性规定，是公司自治的体现，该类规定具有正当性。三是从股东个人角度分析，在公司章程中约定离开公司时须退股，实为附条件的民事法律行为，在员工入职或者股东加入公司投资时约定附条件解除或终止投资关系，该条件的设定并不违反法律、行政法规的强制性规定。

　　否定观点认为：对于"人走股留"条款法律效力的分析，应建立在对股权法律属性认识和了解的基础上。股权是股东因出资而取得，依法定或者公司章程规定参与公司经营管理事务，并对公司享受财产利益和人身权利，具有可转让性的综合性权利。《公司法》第71条第3款"公司章程对股权转让另有规定的，从其规定"的规定，针对的是股东转让股权行为，即股东作出股权转让意思表示后，其转让行为必须遵守公司章程规定，但不能理解为公司章程有权代替股东作出转让股权的意思表示。公司章程体现公司的集体意志，而非股东个人意志。公司章程规定不能必然体现股东个人意思表示。如果认可其效力，则意味着章程可以随意开除某股东的身份资格，或者随意强迫某股东向股东会决议指定的其他股东出让股权，这样无疑会侵害股东合法权益，股东权益尤其是小股东权益将无保障可言。因此，公司章程只能规范股东转让股权行为，而不能强制或代替股东个人作出转让股权的决定。公司章程并不属于民事契约，并不能强制或替代股东个人意思表示。公司章程中的"人走股留"条款因侵犯股东个人合法权益，不应具有法律效力。

　　综合分析上述不同观点，实质上是由于二者立足点差异所致。上述两种不同观点事实上完全可以通过建立连接点达到一致。亦即，如果将对股东权利的限制或负担建立在法定或约定的情境下，则可以达成法律效力一致的结论。只要股东在公司出资协议、股权转让协议或者公司章程中认可"人走股留"条款，就符合附条件民事法律行为的要件，应当视为权利人对其权利负担作出了认可。加之，基于前述分析，公司章程中"人走股留"条款约定并不违反法律禁止性规定，故应当具有法律效力。如最高人民法院第96号指导案例裁判针对某华公司章程中关于"人走股留"的规定是否违反了《公司法》禁止性规定的问题主张：第一，依照《公司法》第25条第2款关于"股东应当在公司章程上签名、盖章"的规定，有限公司章程为公司设立时全体股东一致同意并对公司及全体股东产生约束力的规范性文件，宋某某在公司章程上签名的行为，应视为其对前述规定的认可和同意，该章程对某华公司及宋某某均产生约束力。第二，基于有限责任公司封闭性和人合性的特点，由公司章程对公司股东转让股权作出某些限制性规定，是公司自治的体现。某华公司章程将是否与公司具有劳动合同关系作为取得股东身份的依据，继而作出"人走股留"的规定，符合有限责任公司封闭性和人合性的特点，亦为公司自治原则的体现，不违反《公司法》的禁止性规定。第三，某华公司章程第14条关于股权转让的规定，属于对股东转让股权的限制性规定，而非禁止性规定，宋某某依法转让股权的权利没有被公司章程所禁止，某华公司章程不存在侵害宋某某股权转让权利的情形。同时，针对某华公司回购宋某某股权是否违反《公司法》相关规定、某华公司是否构成抽逃出资的问题，其认为《公司法》第74条[①]所规定的异议股东回购请求权具有法定的行使条件，而本案争议焦点为某华公司是否具有回购宋某某股权的权利，二者性质不同，《公司法》第74条不能适用于本案。某华公司基于宋某某的退股申请，依照公司章程的规定回购宋某某的股权，程序并无不当。另外，《公司法》所规定的抽逃出资专指公司股东抽逃其对于公司出资的行为，公司不能构成抽逃出资的主体，宋某某的这一再审申请理由不能成立。综上，裁定驳回宋某某的再审申请。

与前述公司章程对于股权转让、优先购买权的限制效力同理，初始公司章程"人走股留"的规定对所有股东具有约束力；公司章程修正案新增的"人走股留"规定对反对决议或不参与决议的股东不产生约束力，仅对赞成股东具有约束力。

最后需要强调的是，虽然经股东同意，公司章程规定"人走股留"条款具有效力，但是股东对其股权仍享有议价权和股权转让方式的决定权。除双方已经约定回购价格外，实务中常见的由股东会决议确定股权转让的价格，仅对赞成该决议的股东有约束力，对其他股东则不产生法律效力。公司章程

---

①《公司法》第74条规定："有下列情形之一的，对股东会该项决议投反对票的股东可以请求公司按照合理的价格收购其股权：（一）公司连续五年不向股东分配利润，而公司该五年连续盈利，并且符合本法规定的分配利润条件的；（二）公司合并、分立、转让主要财产的；（三）公司章程规定的营业期限届满或者章程规定的其他解散事由出现，股东会会议通过决议修改章程使公司存续的。自股东会会议决议通过之日起六十日内，股东与公司不能达成股权收购协议的，股东可以自股东会会议决议通过之日起九十日内向人民法院提起诉讼。"

可以通过约定按照上一年财务报告的股权净额回购或者由转让公司指定的受让人受让来减少纠纷。如成都市中级人民法院（2015）成民终字第 5778 号裁判认为，根据公司章程第 16 条关于"……股权转让，其转让价格自公司设立之日起至该股东与成都美迪不再具有劳动关系为止，按转让方股东原始出资额每年 10% 的单利计算"的规定可以看出，股权转让价格仅为单利，不包含原始出资额。公司章程包含股东共同一致的意思表示，公司章程中对于股权转让款价格的约定合法有效，无论公司目前经营状况是盈利还是亏损，如无相反约定，股权转让价格均应按公司章程规定的方式计算。

（五）公司章程规定股权转让须经董事会决议通过的效力

为了保持公司股东、股权结构以及经营的稳定性和持续性，公司在公司章程中对股东转让股权进行限制，增加股权转让难度的现象较为常见。公司章程对股权转让进行限制的方式主要有限制股权转让价格、限制股权转让对象、增加股权转让程序和环节等，其中最为常见的是规定股权对外转让须经董事会决议通过。

对该类条款内容效力的评判，与前述关于公司章程限制股权转让应具有合理边界的观点一致，即公司章程对于股东转让股权的限制不能实质上构成禁止股东自由转让股权的效果，如构成则应否定其效力。由于一般情况下，公司章程对董事会通过和不能通过的具体情形进行了详细规定，公司章程中的该类内容实际上并不具有操作性和明确标准。考虑到《公司法》为了保护有限责任公司人合性和股东优先购买权，规定股权转让需征得其他股东同意并需告知其他股东股权交易条件，但《公司法》同时规定不同意转让的股东应当购买该转让股权，不购买则视为同意转让，《公司法》该规定实质上在保障有限责任公司人合性的基础上亦对股东自由转让股权作出相应的制度安排。如果让公司董事会享有绝对限制股东转让股权的权利，则与《公司法》上述制度安排以及股东享有转让股权自由的基本权利相悖，该类规定应视为变相剥夺股东转让股权权利而对其效力予以否定性评价。如上海市第一中级人民法院（2012）沪一中民四（商）终字第 S1806 号民事判决认为，股权转让需经董事会决议的程序，客观上限制了《公司法》赋予有限责任公司股东依法转让股权的法定权利，因此，该规定不但与《公司法》相悖，而且不具有合理性，亦不属于当事人可自由约定的内容范畴。

九、关于股权让与担保的问题

（一）股权让与担保的物权效力

1. 让与担保制度发展

让与担保，是指债务人或者第三人为担保债务的履行，将标的物转移给他人，当债务人不履行债务时，受让人可就标的物的价款优先受偿的一种非典型担保。其中，将标的物转移给他人的债务人或第三人形式上是转让人，实质上是担保人；受领标的物的一方形式上是受让人，实质上是担保权人。[1] 让与担保具有融资灵活、交易成本低、第三人阻碍债权实现的可能性小等优势，一直在担保实践中扮演重要角色。然而，即便让与担保被广泛运用，但因没有明确的法律规则，致使其在合法性等方面存在大量争议，常以"违反物权法定""违反禁止流质流押规定"等理由被否定效力。

近十年来，最高人民法院陆续通过案例、会议纪要、司法解释等形式，逐步认可让与担保的效力。最高人民法院（2013）民提字第135号判决首次肯定了签订房屋买卖合同并办理备案登记为债权进行"非典型担保"的效力，认定买受人不能直接取得案涉不动产的所有权，只能在无法实现债权的情况下，以适当方式（如拍卖、变卖）实现债权。同年，《江苏省高级人民法院关于民间借贷纠纷案件审理若干问题的会议纪要》第3条第3项[2] 规定了类似内容。2015年8月，《最高人民法院关于审理民间借贷案件适用法律若干问题的规定》进一步确定了让与担保具有担保物权优先受偿性等物权效力。2019年11月，最高人民法院发布《民商审判会议纪要》正式稿，其中第71条第1款正式明确了让与担保的概念和效力。该款规定："债务人或者第三人与债权人订立合同，约定将财产形式上转让至债权人名下，债务人到期清偿债务，债权人将该财产返还给债务人或第三人，债务人到期没有清偿债务，债权人可以对财产拍卖、变卖、折价偿还债权的，人民法院应当认定合同有效。合同如果约定债务人到期没有清偿债务，财产归债权人所有的，人民法院应当认定该部分约定无效，但不影响合同其他部分的效力。"

《民法典》第388条第1款规定："设立担保物权，应当依照本法和其他

---

[1] 高圣平：《动产让与担保的立法论》，载《中外法学》2017年第5期。

[2] 《江苏省高级人民法院关于民间借贷纠纷案件审理若干问题的会议纪要》第3条第3项规定："当事人之间以借贷为目的签订房屋买卖合同作为担保的，人民法院应当认定双方名为房屋买卖实为民间借贷关系。出借人以房屋买卖关系提起诉讼，请求履行房屋买卖合同并办理房屋过户登记手续的，人民法院应当向其释明按照民间借贷关系变更诉讼请求；出借人坚持不予变更的，人民法院应当判决驳回其诉讼请求。"

法律的规定订立担保合同。担保合同包括抵押合同、质押合同和其他具有担保功能的合同。担保合同是主债权债务合同的从合同。主债权债务合同无效的，担保合同无效，但是法律另有规定的除外。"该条款是为设立担保物权而订立担保合同的相关规定，其在保留《物权法》（已废止，下同）第172条规定的基础上，新增规定了担保合同不仅包括抵押合同、质押合同，也可以包括其他具有担保功能的合同。该条款将"其他具有担保功能的合同"划入担保合同的范围，使实务中一些存在争议的担保方式如让与担保等能够适用《民法典》担保物权的相关规定。这一规定与《民商审判会议纪要》第66条关于"当事人订立的具有担保功能的合同，不存在法定无效情形的，应当认定有效。虽然合同约定的权利义务关系不属于物权法规定的典型担保类型，但是其担保功能应予肯定"规定相互呼应。

《民法典》第401条规定："抵押权人在债务履行期限届满前，与抵押人约定债务人不履行到期债务时抵押财产归债权人所有的，只能依法就抵押财产优先受偿。"第428条规定："质权人在债务履行期限届满前，与出质人约定债务人不履行到期债务时质押财产归债权人所有的，只能依法就质押财产优先受偿。"《民法典》上述对于流押、流质规定与《担保法》（已废止，下同）、《物权法》相关规定有所不同，均明确担保物权人在债务履行期限届满前，与担保人约定债务人不履行到期债务时担保财产归债权人所有的，只能依法就担保财产优先受偿，即不径直认定无效，而转化为以折价、拍卖或者变卖的方式实现担保物权。

《民法典担保制度司法解释》第4条规定："有下列情形之一，当事人将担保物权登记在他人名下，债务人不履行到期债务或者发生当事人约定的实现担保物权的情形，债权人或者其受托人主张就该财产优先受偿的，人民法院依法予以支持：（一）为债券持有人提供的担保物权登记在债券受托管理人名下；（二）为委托贷款人提供的担保物权登记在受托人名下；（三）担保人知道债权人与他人之间存在委托关系的其他情形。"该司法解释规定让与担保标的物登记于债权人或受托人名下的，债权人可以主张优先受偿权。虽然《民法典》并未明文规定让与担保，但本条司法解释延续了《民商审判会议纪要》第71条关于让与担保的规定，为让与担保的效力提供了依据。

根据担保设定时担保物所有权是否进行转移，可以分为让与担保与后让与担保。《民商审判会议纪要》明确的是前者，即在担保设定之初将担保物的所有权转移于担保权人；而后者是指在债务人与债权人签订买卖合同，约定将买卖合同的标的物作为担保标的物，但权利转让并不实际履行，待债务人未依约履行债务后才转移担保物所有权给担保权人。①

根据是否约定担保物清算估价程序，让与担保又可以分为流质型让与担保和清算型让与担保。前者是指当债务人不能履行债务时，在合同中约定无须进行清算，担保物所有权直接归属债权人用于偿债；后者是指在债务人不能履行债务时，合同中约定对担保物进行清算，如处置担保物清偿债务后，剩余部分返还给担保人。最高人民法院（2016）最高法民申 1689 号裁定认为，案涉股权设立了清算条款，根据《股权及债权重组协议书》约定，各方意思表示为以标的股权优先受偿，而非由债权人获得所有权，属于清算型让与担保。若合同中未约定清算条款，而是约定在债务人不能清偿债务时担保物不予返还，则容易被认定为"流质"条款。

2. 股权让与担保含义

根据标的物的不同，让与担保可分为动产、不动产、股权等类型。其中，股权让与担保最为复杂，既需要充分知悉让与担保的理论，又需要考虑股权兼具财产权和人身权属性的特点。股权让与担保，是指债务人或者第三人为担保债务人债务的履行，将股权过户至债权人名下，在债务人履行完毕债务后，再将股权返还债务人或者第三人，而在债务人不履行债务时，债权人可就该股权受偿的一种非典型担保形式。股权让与担保作为让与担保的一种类型，其效力近年来逐渐被司法实践认定。在股权让与担保的样本案例中有超 95% 的案例认定股权让与担保有效。②

除上述《民商审判会议纪要》第 71 条、《民法典担保制度司法解释》第 4 条相关规定外，《民商审判会议纪要》第 89 条第 2 款规定，采用信托公司受让目标公司股权、向目标公司增资方式并以相应股权担保债权实现的，应当认定在当事人之间成立让与担保法律关系。

《民法典担保制度司法解释》第 68 条沿袭《民商审判会议纪要》关于让与担保效力的规定。该条司法解释规定："债务人或者第三人与债权人约定将财产形式上转移至债权人名下，债务人不履行到期债务，债权人有权对财产折价或者以拍卖、变卖该财产所得价款偿还债务的，人民法院应当认定该约定有效。当事人已经完成财产权利变动的公示，债务人不履行到期债务，债权人请求参照民法典关于担保物权的有关规定就该财产优先受偿的，人民法院应予支持。债务人或者第三人与债权人约定将财产形式上转移至债权人名下，债务人不履行到期债务，财产归债权人所有的，人民法院应当认定该

---

① 杨立新：《后让与担保：一个正在形成的习惯法担保物权》，载《中国法学》2013 年第 3 期。

② 蔡立东：《股权让与担保纠纷裁判逻辑的实证研究》，载《中国法学》2018 年第 6 期。

约定无效，但是不影响当事人有关提供担保的意思表示的效力。当事人已经完成财产权利变动的公示，债务人不履行到期债务，债权人请求对该财产享有所有权的，人民法院不予支持；债权人请求参照民法典关于担保物权的规定对财产折价或者以拍卖、变卖该财产所得的价款优先受偿的，人民法院应予支持；债务人履行债务后请求返还财产，或者请求对财产折价或者以拍卖、变卖所得的价款清偿债务的，人民法院应予支持。债务人与债权人约定将财产转移至债权人名下，在一定期间后再由债务人或者其指定的第三人以交易本金加上溢价款回购，债务人到期不履行回购义务，财产归债权人所有的，人民法院应当参照第二款规定处理。回购对象自始不存在的，人民法院应当依照民法典第一百四十六条第二款的规定，按照其实际构成的法律关系处理。"

《民法典担保制度司法解释》第69条规定："股东以将其股权转移至债权人名下的方式为债务履行提供担保，公司或者公司的债权人以股东未履行或者未全面履行出资义务、抽逃出资等为由，请求作为名义股东的债权人与股东承担连带责任的，人民法院不予支持。"该条司法解释明确规定了股权让与担保的担保权人法律地位问题。

最高人民法院（2019）最高法民终133号判决认为，对于股权让与担保是否具有物权效力，应以是否已按照物权公示原则进行公示，作为核心判断标准。股权经变更登记即具有公示公信效力，类比股权让与担保，举轻以明重，当然应享有优先受偿权利。该判决主张，龙某公司股权抵债行为发生在伊春市中级人民法院受理某钢公司破产重整申请一年之前，龙某公司股权已不属于某钢公司财产，以龙某公司股权抵债并非《企业破产法》第16条[①]所指的人民法院受理破产申请后债务人对个别债权人的清偿行为，亦不属《企业破产法》第31条[②]、第32条[③]规定的可撤销行为。上述案例认定，对于股权让与担保是否具有物权效力，应以是否已按照物权公示原则进行公示作为

[①]《企业破产法》第16条规定："人民法院受理破产申请后，债务人对个别债权人的债务清偿无效。"

[②]《企业破产法》第31条规定："人民法院受理破产申请前一年内，涉及债务人财产的下列行为，管理人有权请求人民法院予以撤销：（一）无偿转让财产的；（二）以明显不合理的价格进行交易的；（三）对没有财产担保的债务提供财产担保的；（四）对未到期的债务提前清偿的；（五）放弃债权的。"

[③]《企业破产法》第32条规定："人民法院受理破产申请前六个月内，如债务人已达到破产界限仍对个别债权人清偿，除该个别清偿使债务人财产受益的情形之外，管理人亦有权请求人民法院予以撤销。"

核心判断标准。在股权质押中，质权人可就已办理出质登记的股权优先受偿。举轻以明重，在股权让与担保中，担保权人形式上已经是作为担保标的物的股份的持有者，其就作为担保的股权享有优先受偿的权利，原则上具有对抗第三人的物权效力，这也正是股权让与担保的核心价值所在。因而，当借款人进入重整程序时，确认股权让与担保权人享有优先受偿的权利，不构成《企业破产法》第16条规定所指的个别清偿行为。

3. 股权让与担保判断

结合上述《民商审判会议纪要》《民法典担保制度司法解释》对股权让与担保的规定以及最高人民法院相关公报案例，司法实践中，通常从以下方面综合判断是否属于股权让与担保：

（1）存在合法有效的主债权。股权让与担保是为主债务提供担保，存在主债权合同是区别股权转让与股权让与担保的重要标准。[1]

（2）具有以股权为主债权提供担保的意思表示。在确认存在客观真实的主债权以及股权取得真实有效的情况下，相对方有转让其股权为债权提供担保的真实意思表示。

（3）股权转让价款约定和支付情况。在股权让与担保中，由于转让股权目的是提供担保，因此，通常情况下，受让方无须支付或者以低于合理价格取得股权。如果支付的股权转让对价具有合理性，且该交易不具有担保性质，一般不宜认定为股权让与担保。

（4）股权让与担保成立及公示的时间节点情况。根据《民商审判会议纪要》第45条的规定，当事人在债务履行期届满前达成以物抵债协议，抵债物尚未交付债权人，债权人请求债务人交付的，不属于《民商审判会议纪要》第71条规定的让与担保。其核心在于区分协议双方是否有抛弃期限利益的意思表示，如果双方有此意思表示，则应按《民商审判会议纪要》第44条有关履行期限届满后达成的以物抵债协议规则处理。反之，只要双方无此意思表示，则应将其解释为一种担保。如果已完成股权变更登记，则按照让与担保处理。如果未办理股权变更等公示手续，则仅具有担保性质，但不具有物权效力，债权人不享有优先受偿权。

（5）股权受让人是否实际行使股东权利。股权让与担保具有信托属性，担保权人仅是名义上的股东，担保权人一般不会实际参与公司经营管理或控制公司，标的公司股权仍由实际股东行使。

---

[1] 最高人民法院民事审判第二庭：《〈全国法院民商事审判工作会议纪要〉理解与适用》，人民法院出版社2019年版，第403页。

（二）股权转让与担保实现方式

股权让与担保的设立目的在于担保主债权的实现，在债务人无法如期履行债务情况下，担保权人如何处置标的股权是股权让与担保制度的关键。《民商审判会议纪要》第 71 条明确认可的实现方式是在债务人不能清偿债务时，债权人可以请求参照法律关于担保物权的规定对财产拍卖、变卖、折价优先偿还其债权，即清算型让与担保；但对债权人请求直接确认担保财产归其所有的明确不支持。

《民法典》第 401 条和第 428 条规定了当事人之间约定流押、流质的，担保权人仅能就担保财产优先受偿。《民法典》对"流押、流质"并非一律按无效处理的规定与《民商审判会议纪要》相关精神一致。从上述规范可以看出，流质型让与担保因违反《民法典》的禁止流质条款，只能依法就质押财产优先受偿，其实此处理方式与清算型让与担保类同。上述流质禁止条款的目的在于避免债务人届期未履行债务时，债权人不经过任何清算程序即取得股权而获取暴利。《民法典担保制度司法解释》亦否认了债权人直接取得财产所有权这一约定的效力，即否定了这类流质型让与担保的效力。

与此相对应的，对于约定将质押股权折价或以拍卖、变卖股权所得的价款优先受偿的清算型让与担保条款，因不存在违反《民法典》的流质禁止条款的问题，可以依其约定实现担保物权。

根据最高人民法院（2018）最高法民终 119 号民事判决，清算型让与担保又可分为归属清算型和处分清算型让与担保两种不同形式。归属清算型让与担保，是指让与担保权人将标的物予以公正估价，标的物估价如果超过担保债权数额的，超过部分的价款应交还给让与担保设定人，标的物所有权由让与担保权人取得；处分清算型让与担保，是指让与担保权人将标的物予以拍卖、变卖，以所得价款用于清偿债务，如有余额则返还给债务人，具体采取何种实现方式，可由当事人依意思表示一致选择。根据《民法典》第 436 条第 2 款、第 3 款关于"债务人不履行到期债务或者发生当事人约定的实现质权的情形，质权人可以与出质人协议以质押财产折价，也可以就拍卖、变卖质押财产所得的价款优先受偿。质押财产折价或者变卖的，应当参照市场价格"的规定，担保财产优先受偿的方式包括协议以质押财产折价，或拍卖变卖质押财产取得价款，分别对应归属清算型让与担保和处分清算型让与担保。

对于当事人约定债务不能履行时股权经一定清算程序后归债权人所有的条款，虽有流质可能，但基于流质禁止的目的，在未损害债务人或其他债权人利益情况下亦应确认其效力。根据最高人民法院（2018）最高法民终 751

号民事判决认定，为防止出现债权人取得标的物价值与债权额之间差额等类似于流质、流押的情形，让与担保权利的实现应对当事人科以清算义务。双方当事人就让与担保标的物价值达成的合意，可认定为确定标的物价值的有效方式。在让与担保标的物价值已经确定，但双方均预见债权数额有可能发生变化的情况下，当事人仍应在最终据实结算的债务数额基础上履行相应的清算义务。

因此，在现行法律框架下，司法允许当事人自主安排股权让与担保的清算形式。事实上，实践中证券公司实施的融资融券强制平仓业务中，若担保物价值超出债权金额，证券公司应向客户返还差额，反之则可以要求客户继续偿还差额，说明当事人可以对清算形式进行自主安排。

（三）股权让与担保名义股东对于实际股东出资不实是否承担补充赔偿责任

股权基于让与担保变更到名义股东名下后，名义股东对于实际股东出资不实的行为是否承担补充赔偿责任，司法实践存在不同认识。

支持意见认为，基于股权让与担保法律关系的确认，如果名义股东对于实际股东出资不实承担补充赔偿责任，则会造成名义股东利益失衡。但根据股权代持内外有别的处理规则，在处理实际出资人、名义股东与公司债权人的关系上，应遵循商事外观主义和公示主义原则，坚持以"保护善意第三人"为价值取向，故应当支持股权让与担保名义股东对实际股东出资不实的行为承担补充赔偿责任。亦即，在股权让与担保中，转让方将股权转移给受让方并完成登记，为受让方的债权提供担保，该以担保为目的的转让行为产生的法律效果，体现了双方真实意思表示。股权工商登记属于对公司内部股东的行政确认，与公司内部的股东名册和公司章程相比，具备更高的公信力。债权人基于股权工商登记公示效力而产生的"信赖利益"理应受到保护。因此，应当根据《公司法司法解释（三）》第18条[①]的规定，要求股权让与担保中的名义股东对实际股东出资不实的行为承担补充赔偿责任。

反对意见认为，在股权让与担保中，虽然发生了股权转让行为，但仅是形式上的股权转让，股权转让的实质目的是提供担保，并非股权这一综合性

[①]《公司法司法解释（三）》第18条规定："有限责任公司的股东未履行或者未全面履行出资义务即转让股权，受让人对此知道或者应当知道，公司请求该股东履行出资义务、受让人对此承担连带责任的，人民法院应予支持；公司债权人依照本规定第十三条第二款向该股东提起诉讼，同时请求前述受让人对此承担连带责任的，人民法院应予支持。受让人根据前款规定承担责任后，向该未履行或者未全面履行出资义务的股东追偿的，人民法院应予支持。但是，当事人另有约定的除外。"

权利实质意义上的转让，并不会产生股东资格的转移，作为股权受让方，其仅仅取得了股权的优先受偿权，而非股权，故不应产生名义股东因转让股东未实缴出资而需承担补充赔偿责任的法律效果。如最高人民法院（2018）最高法民终54号民事判决认为，为保证案涉《加工协议》的顺利履约，叶某、朱某将二人持有的金某财富的全部股份转让给海某公司，在《加工协议》履行终结后，海某公司又将其持有金某财富的全部股份退还叶某、朱某。双方明确约定，金某财富股权相互转让的目的实质是对案涉《加工协议》进行股权担保，并不作其他用途，且转让已经过股东会决议，符合《公司法》的相关规定。新疆某某公司以海某公司曾经受让金某财富的股份而成为该公司股东为由，认为海某公司应承担股东出资不实的补充赔偿责任的上诉理由，没有事实和法律依据，不能成立。

　　对此争议，反对意见更契合《公司法司法解释（三）》规定精神。《公司法司法解释（三）》第14条规定："股东抽逃出资，公司或者其他股东请求其向公司返还出资本息、协助抽逃出资的其他股东、董事、高级管理人员或者实际控制人对此承担连带责任的，人民法院应予支持。公司债权人请求抽逃出资的股东在抽逃出资本息范围内对公司债务不能清偿的部分承担补充赔偿责任、协助抽逃出资的其他股东、董事、高级管理人员或者实际控制人对此承担连带责任的，人民法院应予支持；抽逃出资的股东已经承担上述责任，其他债权人提出相同请求的，人民法院不予支持。"第18条第1款规定："有限责任公司的股东未履行或者未全面履行出资义务即转让股权，受让人对此知道或者应当知道，公司请求该股东履行出资义务、受让人对此承担连带责任的，人民法院应予支持；公司债权人依照本规定第十三条第二款向该股东提起诉讼，同时请求前述受让人对此承担连带责任的，人民法院应予支持。"第26条规定："公司债权人以登记于公司登记机关的股东未履行出资义务为由，请求其对公司债务不能清偿的部分在未出资本息范围内承担补充赔偿责任，股东以其仅为名义股东而非实际出资人为由进行抗辩的，人民法院不予支持。名义股东根据前款规定承担赔偿责任后，向实际出资人追偿的，人民法院应予支持。"上述《公司法司法解释（三）》规定公司债权人有权要求名义股东承担补充责任或者连带责任的情形，包括名义股东存在协助抽逃出资、名义股东与实际出资人之间存在隐名投资协议、名义股东明知股东抽逃出资仍受让股权等情形。但是，在股权让与担保交易模式下，债权人受让股权成为名义股东，其实际地位为债权人，并没有对标的公司履行出资的义务，该股权名义受让人与前述应当承担责任的名义股东之间存在本质区别。而且，根据《民法典担保制度司法解释》第69条关于"股东以将其股权转移至债权人名下的方式为债务履行提供担保，公司或者公司的债权人以股东未履行或者未全面履行出资义务、抽逃出资等为由，请求作为名义股东的债权人与股东承担连带责任的，人民法院不予支持"的规定，公司债权人以股东未履行或者未全面履行出资义务或抽逃出资等情形为由，要求让与担保名义股东承担补充赔偿责任，不予支持，更符合司法解释的规定。

十、关于债权人能否以控股股东以明显低价转让股权为由请求其连带清偿公司债务问题

实务中，公司债权人以控股股东以明显低价转让股权为由请求其连带清偿公司债务的纠纷较为常见。由于此类案件涉及法律概念较多，有必要予以厘清和明确。具体需要厘清以下法律概念：一是股权转让行为与滥用公司人格、滥用股东人格之间的区分；二是股权与公司财产之间的区分；三是股权转让与股东虚假出资、抽逃出资之间的区分。

在处理此类纠纷时，应当清楚地认识到明显低价转让股权行为本身并不等于滥用公司人格、损害债权人利益的行为，而应从公司人格与股东人格是否混同以及股权转让行为是否造成公司财产不当减少，导致公司对外偿债能力降低等方面进行分析判断。如果不存在上述情况，因股权属于股东享有，并非公司财产，股权与公司财产相互分离，股东低价转让股权对于公司财产并不会产生直接影响，属于股东对自有权利的处分。因此，控股股东单纯低价转让股权的行为并不违反《公司法》规定，亦不会据此导致股东对公司债务承担连带责任。如最高人民法院（2017）最高法民终87号判决书裁判观点和理由如下：其一，公司人格独立与股东有限责任作为公司制度得以确立的两大基石，公司具有独立财产并独立承担民事责任，股东仅以出资额为限对公司债务承担责任。为了防止股东利用其优势地位从事滥用法人人格、损害债权人利益的行为，《公司法》第20条第3款规定，公司股东滥用公司法人独立地位和股东有限责任，逃避债务，严重损害公司债权人利益的，应当对公司债务承担连带责任。即股东如果存在上述规定行为，公司债权人可请求股东连带偿还公司债务。针对公司人格是否混同可从以下方面分析：一是公司是否贯彻财产、利益、业务、组织机构等方面的分离。根据标的公司某钢铁公司的工商登记资料，控股股东某嘴集团已以货币和实物出资方式实缴完毕出资。工商登记资料具有推定效力，在无相反证据推翻的情况下，依据该证据能够认定某嘴集团已履行出资义务，股东出资后其出资即与股东相分离成为公司财产。从某钢铁公司与某嘴集团的企业法人营业执照、公司章程等证据来看，两公司的住所地、法定代表人及组织机构等并不相同，亦无证据

证明二者存在业务和利益分配上的混同,故不能认定某钢铁公司与其控股股东某嘴集团之间存在人格混同的情形。二是股权与公司财产相分离,股东转让股权是股东对自有权利的处分,对公司财产并不产生直接影响。股权转让价格高低一定程度上反映标的公司经营状况,从转让后不久某钢铁公司即被债权人申请破产的事实来看,某嘴集团低价转让股权并无异常。本案并无证据证明某嘴集团通过低价转让股权的方式处分标的公司财产,导致该公司偿债能力降低,损害了亿某信公司的利益。因此,某嘴集团、李某某低价转让股权行为不属于《公司法》第20条第3款规定的情形,亿某信公司主张某嘴集团、李某某应对某钢铁公司的欠债承担连带责任的理据不足。其二,某嘴集团是否存在虚假出资、抽逃出资行为。根据《公司法司法解释(三)》第13条第2款[①]、第14条第2款[②]、第12条[③]的规定,公司股东存在虚假出资、抽逃出资情形时,需在未出资或抽逃出资本息范围内对公司债务承担补充赔偿责任,该补充连带责任有别于《公司法》第20条第3款公司人格否认所致的连带责任。本案并无证据证明某嘴集团存在虚假出资、出资不实、抽逃出资的问题。其三,控股股东与标的公司是否存在损害债权人利益的关联交易。《公司法》第21条规定:"公司的控股股东、实际控制人、董事、监事、高级管理人员不得利用其关联关系损害公司利益。违反前款规定,给公司造成损失的,应当承担赔偿责任。"第216条第4项规定:"关联关系,是指公司控股股东、实际控制人、董事、监事、高级管理人员与其直接或者间接控制的企业之间的关系,以及可能导致公司利益转移的其他关系。但是,国家控股的企业之间不仅因为同受国家控股而具有关联关系。"依据上述规定,控股股东及公司董事、监事、高管与公司进行损害公司利益关联交易,关联交易所

[①]《公司法司法解释(三)》第13条第2款规定:"公司债权人请求未履行或者未全面履行出资义务的股东在未出资本息范围内对公司债务不能清偿的部分承担补充赔偿责任的,人民法院应予支持;未履行或者未全面履行出资义务的股东已经承担上述责任,其他债权人提出相同请求的,人民法院不予支持。"

[②]《公司法司法解释(三)》第14条第2款规定:"公司债权人请求抽逃出资的股东在抽逃出资本息范围内对公司债务不能清偿的部分承担补充赔偿责任、协助抽逃出资的其他股东、董事、高级管理人员或者实际控制人对此承担连带责任的,人民法院应予支持;抽逃出资的股东已经承担上述责任,其他债权人提出相同请求的,人民法院不予支持。"

[③]《公司法司法解释(三)》第12条规定:"公司成立后,公司、股东或者公司债权人以相关股东的行为符合下列情形之一且损害公司权益为由,请求认定该股东抽逃出资的,人民法院应予支持:(一)制作虚假财务会计报表虚增利润进行分配;(二)通过虚构债权债务关系将其出资转出;(三)利用关联交易将出资转出;(四)其他未经法定程序将出资抽回的行为。"

产生的责任受偿主体是公司，而不是公司债权人。亿某信公司作为债权人无权要求某嘴集团对某钢铁公司的债务承担连带清偿责任。因此，公司债权人请求控股股东对公司债务承担连带责任于法无据。[1]

在此类案件中，包括公司其他股东指控控股股东损害公司和公司股东利益案件，主张方在起诉后通常申请法院调查取证，调取标的公司经营交易明细及财务收支明细并申请审计。由于银行账号交易情况及财务收支情况属于涉及公司财产利益和商业秘密的交易信息，公司除特定情形外并无对外披露的义务。并且，司法机关依职权调取证据应符合法定条件，不可能对没有任何证据指向的问题随意调查取证，特别是在民商事审判中，应当秉持尊重和维护商事主体财产信息的审判理念。

十一、关于代持股权转让问题

（一）实际出资人能否以自身名义转让股权

实际出资人即隐名股东，是指基于规避法律或其他原因，借用他人名义对公司进行出资并享有投资权益，但在公司章程、股东名册和工商登记中却未记载其为出资人的实际出资人。根据《公司法司法解释（三）》第24条的规定，实际出资人与名义股东对该合同效力发生争议的，如无法律规定的无效情形，人民法院应当认定该合同有效；实际出资人与名义股东因投资权益归属发生争议，实际出资人以其实际履行了出资义务为由向名义股东主张权利的，人民法院应予支持；实际出资人未经公司其他股东半数以上同意，请求公司变更股东、签发出资证明书、记载于股东名册、记载于公司章程并办理公司登记机关登记的，人民法院不予支持。该条司法解释对股权代持情况下隐名股东与名义股东之间的代持协议效力、隐名股东享有的投资收益权以及显名条件进行了原则性规定。在实务中，因隐名股东以自身名义转让股权，受让方反悔或者名义股东不予配合而引发的纠纷较为常见。对于隐名股东转让股权行为效力，司法实践存在分歧。

否定观点认为，《公司法》第32条第3款规定："公司应当将股东的姓名或者名称向公司登记机关登记；登记事项发生变更的，应当办理变更登记。未经登记或者变更登记的，不得对抗第三人。"名义股东与隐名股东之间的代持协议属于其双方内部法律关系，仅在双方之间发生内部效力，对第三方不

---

[1] 潘杰、汪传海：《股东不因极低价格转让股权而对公司债务承担连带清偿责任》，载杜万华主编、最高人民法院民事审判第一庭编：《民事审判指导与参考》2017年第2辑（总第70辑），人民法院出版社2017年版，第96~100页。

具有拘束力。隐名股东对外不具有公示股东的法律地位，其不得以具有内部股权代持关系为由对标的公司股权予以处分。

支持观点认为，根据《公司法司法解释（三）》第25条第1款的规定，名义股东将登记于其名下的股权转让、质押或者以其他方式处分，实际出资人以其对于股权享有实际权利为由，请求认定处分股权行为无效的，人民法院可以参照《民法典》第311条[①]的规定处理。即名义股东处分其名下股权按无权处分原则进行处理。换言之，隐名股东（实际投资人）是真正有权处分股权的主体，其有权转让被代持的股权，特别是在受让方明知其隐名股东身份的情况下。如最高人民法院（2016）最高法民终18号判决认为，对于股权转让方毛某某是否享有股东资格的问题，从《股权认购协议书》首部内容看，焦某于2008年3月19日与石某某煤炭公司全体股东签订了《石某某煤炭公司股权转让协议书》，但依据石某某煤炭公司的工商登记材料，焦某始终未出现在石某某煤炭公司工商登记的股东名册中。据此，可以认定石某某煤炭公司存在登记股东与实际股东不一致的情形，因此，不能仅依据工商登记有无而断定毛某某是否为石某某煤炭公司的股东。在公司内部涉及股东之间的纠纷中，法律并未明确规定未经登记的股东不具备股东资格，而是应当结合其他证据综合认定。石某某煤炭公司以签订《股权认购协议书》的形式，确认了焦某及毛某某的股东身份，并认可该二人享有公司股东的权利及义务。据此，可以确认毛某某为石某某煤炭公司隐名股东这一身份，其股东资格不因未经工商登记而被否定。对于《股权认购协议书》中确定毛某某持有12%的股权是否有效的问题，在公司内部，有关隐名股东身份及持股份额的约定等属于公司与实际出资人或名义股东与实际出资人之间形成的债权债务的合意，除非隐名股东要求变更为显名股东，该约定不会引起外界其他法律关系的变化，亦不会破坏有限责任公司的人合性，故一般应当认可其有效性。毛某某享有石某某煤炭公司12%股权的隐名股东，有权转让该股权。

比较上述两种观点，支持的观点符合《公司法司法解释（三）》第25条规定的精神。而且，隐名股东作为实际出资人，其所处置的并非完整意义上的股权，其转让的仅仅是作为实际出资人的隐名投资地位，相当于一种普通

[①]《民法典》第311条规定："无处分权人将不动产或者动产转让给受让人的，所有权人有权追回；除法律另有规定外，符合下列情形的，受让人取得该不动产或者动产的所有权：（一）受让人受让该不动产或者动产时是善意；（二）以合理的价格转让；（三）转让的不动产或者动产依照法律规定应当登记的已经登记，不需要登记的已经交付给受让人。受让人依据前款规定取得不动产或者动产的所有权的，原所有权人有权向无处分权人请求损害赔偿。当事人善意取得其他物权的，参照适用前两款规定。"

债权债务的移转。隐名股东作为股权隐名投资人，其具有处分其所享有的隐名投资人权益的权利，该行为应属于有权处分行为。对于隐名股东转让股份，受让方从实际出资人处受让隐名股权，受让方将承继转让方与名义股东形成的股权代持关系；受让方欲取代名义股东成为显名股东时，需要经过公司其他股东过半数同意。

（二）名义股东能否以自身名义转让股权

实践中，名义股东未经实际出资人同意，擅自处分股权的情形，较之隐名股东自行转让股权，更为多发。针对名义股东与实际出资人谁有权转让股权，长期以来，学界和实务界存在"实质说"和"形式说"两种不同的观点：前者根据"谁投资谁收益"原则，认为实际出资人属于公司股东，其享有股权处分权；后者认为，为了维护交易安全，应坚持"谁登记谁收益"原则，名义股东符合法律规范意义的形式特征，应确认为公司股东，享有股权处分权。《公司法司法解释（三）》第25条规定："名义股东将登记于其名下的股权转让、质押或者以其他方式处分，实际出资人以其对于股权享有实际权利为由，请求认定处分股权行为无效的，人民法院可以参照民法典第三百一十一条的规定处理。名义股东处分股权造成实际出资人损失，实际出资人请求名义股东承担赔偿责任的，人民法院应予支持。"可见，上述司法解释规定采纳"实质说"观点。

针对名义股东擅自处分股权协议的效力，《民法典》第597条规定："因出卖人未取得处分权致使标的物所有权不能转移的，买受人可以解除合同并请求出卖人承担违约责任。法律、行政法规禁止或者限制转让的标的物，依照其规定。"《民法典》第597条改进了《合同法》第51条关于"无处分权的人处分他人财产，经权利人追认或者无处分权的人订立合同后取得处分权的，该合同有效"的规定，吸纳了《买卖合同司法解释》（2012年）第3条[①]关于"当事人一方以出卖人在缔约时对标的物没有所有权或者处分权为由主张合同无效的，人民法院不予支持。出卖人因未取得所有权或者处分权致使标的物所有权不能转移，买受人要求出卖人承担违约责任或者要求解除合同并主张损害赔偿的，人民法院应予支持"的规定。

同时，《民法典》第311条第1款、第2款规定："无处分权人将不动产或者动产转让给受让人的，所有权人有权追回；除法律另有规定外，符合下列情形的，受让人取得该不动产或者动产的所有权：（一）受让人受让该不动产或者动产时是善意；（二）以合理的价格转让；（三）转让的不动产或者动产依照法律规定应当登记的已经登记，不需要登记的已经交付给受让人。受

[①]《买卖合同司法解释》（2020年修正）已将该条删除。

让人依据前款规定取得不动产或者动产的所有权的，原所有权人有权向无处分权人请求损害赔偿。"

上述《民法典》第 311 条、第 597 条的规定，针对无权处分的问题对此前的立法规范进行了以下修改与完善：一是根据负担行为和处分行为相区分原则，明确了无权处分合同不因未取得处分权而无效；二是所有权人有权将无权处分标的物追回，但第三人善意取得除外；三是若第三人构成善意取得，原所有权人可向无处分权人请求损害赔偿；四是若第三人不构成善意取得，其可以解除合同并向出卖人主张违约责任；五是若无权处分合同因其他法定理由被认定无效或被撤销的，第三人无法依据《民法典》中的善意取得要件获得标的物的所有权。《民法典》上述规定较好地实现了所有权人的物权利益与第三人权益之间的平衡保护。

对于名义股东擅自转让股权，应当根据《民法典》的上述规定处理实际出资人、名义股东以及作为受让方的第三人之间的各类纠纷。

名义股东擅自签订股权转让合同，作为受让方的第三人构成善意取得时，可取得名义股东转让的股权，实际出资人可以请求名义股东承担损害赔偿责任；第三人不构成善意取得，实际出资人可以解除合同并向名义股东主张违约责任，第三人因此受到的损失可以请求名义股东承担过错赔偿责任；如果实际出资人有相反证据证明第三人签订股权转让合同时存在恶意，知道或者应当知道名义股东不是实际出资人，则应确认股权转让合同无效，或者以存在法定事由撤销股权转让合同，第三人无法依据《民法典》规定的善意取得要件获得股权。

（三）上市公司上市之前为吸收投资签订的股权转让及代持协议效力认定

根据上海证券交易所和深圳证券交易所的相关规定，上市公司股本总额不低于人民币 5000 万元，创业板公司发行前净资产不少于 2000 万元，发行后股本总额不少于 3000 万元。企业在谋求上市之前，发起人股东往往通过转让股权并签订股权代持协议的形式对外吸收投资，由此引发的纠纷十分常见。股权代持法律效力长期以来饱受争议和质疑。《公司法司法解释（三）》明确肯定了有限责任公司股权代持的效力，确定了有效为原则，无效为例外的认定思路。

对于股权代持的效力，除上述《公司法司法解释（三）》对有限公司该方面问题作出规定外，其他层面亦有相应规范：

《商业银行股权管理暂行办法》第 12 条规定："商业银行股东不得委托他人或接受他人委托持有商业银行股权。商业银行主要股东应当逐层说明其股权结构直至实际控制人、最终受益人,以及其与其他股东的关联关系或者一致行动关系。"

《保险公司股权管理办法》(保监会令2014年第4号)第8条规定:"任何单位或者个人不得委托他人或者接受他人委托持有保险公司的股权,中国保监会另有规定的除外。"① 最高人民法院公报案例(2017)最高法民终529号裁定曾依据此条规定认定保险公司相关股权代持协议无效。该案认定:当事人签订信托持股协议的行为违反原中国保险监督管理委员会《保险公司股权管理办法》有关禁止代持保险公司股权的规定,对该持股协议的效力审查从上述部门规章的规范目的、内容实质,以及实践中允许代持保险公司股权可能出现的危害后果进行综合分析,相关股权代持协议将会损害社会公众利益,应认定为无效。

《外商投资企业纠纷司法解释(一)》第15条第1款规定:"合同约定一方实际投资、另一方作为外商投资企业名义股东,不具有法律、行政法规规定的无效情形的,人民法院应认定该合同有效。一方当事人仅以未经外商投资企业审批机关批准为由主张该合同无效或者未生效的,人民法院不予支持。"

对于普通股份公司,特别是上市公司的"股权代持"问题未有明确的法律规范。《民商审判会议纪要》第31条对违反涉及公共秩序的规章的合同效力问题作了相关规定。该条规定:"违反规章一般情况下不影响合同效力,但该规章的内容涉及金融安全、市场秩序、国家宏观政策等公序良俗的,应当认定合同无效。人民法院在认定规章是否涉及公序良俗时,要在考察规范对象基础上,兼顾监管强度、交易安全保护以及社会影响等方面进行慎重考量,并在裁判文书中进行充分说理。"

由于证监会要求上市公司股权应当清晰,对于上市公司股权代持效力,近年来不少司法案例持否定态度。如最高人民法院(2017)最高法民申2454号民事裁定即对此予以否定评价,该案例成为上市公司股权代持效力认定的重要参考案例。该案主张:上市公司发行人必须真实,不允许发行过程中隐匿真实股东,否则公司股票不得上市发行,通俗而言,即上市公司股权不得隐名代持。公司上市前,一方代另一方持有股份,并以其自身名义参与公司上市发行,实际隐瞒了真实股东或投资人身份,违反了发行人如实披露义务,为相关规定明令禁止,并损害社会公共利益,因此,代持上市公司股权的协议无效。该裁定认定,该类案件诉争协议的法律性质,从形式上看为股权转

---

① 该条款已被《保险公司股权管理办法》(中国保险监督管理委员会令〔2018〕5号)修改为第31条:"投资人不得委托他人或者接受他人委托持有保险公司股权。"

让协议,但实质上构成上市公司股权隐名代持协议,并非一般股权转让协议;诉争上市公司股权代持协议,根据上市公司监管相关法律法规的规定,公司上市发行人必须股权清晰,股份不存在重大权属纠纷,且公司上市需遵守如实披露的义务,披露的信息必须真实、准确、完整。上市公司发行人必须真实,并不允许发行过程中隐匿真实股东,否则公司股票不得上市发行,即上市公司股权不得隐名代持。相关规范要求拟上市公司股权必须清晰,不得隐名代持股权,是对上市公司监管的基本要求,否则会损害广大非特定投资者的合法权益,从而损害资本市场基本交易秩序与基本交易安全,损害金融安全与社会稳定,故而无效。诉争协议虽被认定为无效,但属于"不能返还或者没有必要返还的"情形,故委托人要求将诉争股权过户至其名下的请求难以支持,但可依进一步查明的股权数量请求公平分割相关委托投资利益。

又如上海金融法院(2018)沪74民初585号民事判决认为,系争《股份认购与托管协议》交易安排实质上构成了系争股份隐名代持,杉某是实际出资人,龚某是名义持有人。系争股份隐名代持涉及公司发行上市过程中的股份权属,其效力如何应当根据现行民事法律关于民事法律行为效力的规定,以及证券市场、上市公司相关法律规定综合判断。根据《民法总则》第8条①、第143条②、第153条第2款③的规定,违背公序良俗的民事法律行为无效。由于公序良俗的概念本身具有较大弹性,故在具体案件裁判中应当审慎适用,避免其被滥用而过度克减民事主体的意思自治。公序良俗包括公共秩序和善良风俗,公共秩序,是指政治、经济、文化等领域的基本秩序和根本理念,是与国家和社会整体利益相关的基础性原则、价值和秩序。在该领域的法律和行政法规没有明确规定的情况下,判断某一下位规则是否构成公共秩序时,应当从实体正义和程序正当两个方面考察。就实体层面而言,证监会于2006年5月17日颁布的《首次公开发行股票并上市管理办法》第13条规定:"发行人的股权清晰,控股股东和受控股股东、实际控制人支配的股东持有的发行人股份不存在重大权属纠纷。"上市公司披露的信息是影响股票价格的基本因素,要求上市公司在股票发行上市的过程中保证信息的真实、准确、完整,是维护证券市场有效运行的基本准则,也是广大投资者合法利益

---

① 对应《民法典》第8条规定:"民事主体从事民事活动,不得违反法律,不得违背公序良俗。"

② 对应《民法典》第143条规定:"具备下列条件的民事法律行为有效:(一)行为人具有相应的民事行为能力;(二)意思表示真实;(三)不违反法律、行政法规的强制性规定,不违背公序良俗。"

③ 对应《民法典》第153条第2款规定:"违背公序良俗的民事法律行为无效。"

的基本保障。发行人的股权结构是影响公司经营状况的重要因素，属于发行人应当披露的重要信息。上述规则属于证券市场基本交易规范，关系到以信息披露为基础的证券市场整体法治秩序和广大投资者合法权益，在实体层面符合证券市场公共秩序的构成要件。就程序层面而言，证监会在制定《首次公开发行股票并上市管理办法》的过程中向社会发布了征求意见稿，公开征求意见，制定后也向社会公众予以公布，符合规则制定的正当程序要求，而且上述办法中关于发行人股权清晰不得有重大权属纠纷的规定契合《证券法》的基本原则。发行人应当如实披露股份权属情况，禁止发行人的股份存在隐名代持情形，从程序层面亦符合证券市场公共秩序的构成要件。结合上述两点分析，发行人应当如实披露股份权属情况，禁止发行人的股份存在隐名代持情形，属于证券市场中应当遵守、不得违反的公共秩序。本案中，格某软件公司上市前，龚某代杉某持有股份，以自身名义参与公司上市发行，隐瞒了实际投资人的真实身份，在格某软件公司对外披露事项中，龚某名列其前十大流通股股东，杉某和龚某双方的行为构成了发行人股份隐名代持，违反了证券市场的公共秩序，损害了证券市场的公共利益，故依据《民法总则》第8条、第143条、第153条第2款和《合同法》第52条第4项的规定，应认定为无效。

上述两案共同裁判观点为，上市公司的股权代持使法律及监管政策对上市公司的系列信息披露要求、关联交易审查、高管人员任职回避等监管举措落空，破坏证券市场交易秩序和交易安全，损害广大不特定投资者的合法权益，因而无效。不过从上海金融法院（2018）沪74民初585号判决裁判说理来看，上市公司股权代持协议不应一概认定无效，上市公司股份代持协议的效力需要考量代持股份数会否对公众投资者构成影响。如果不能对上市公司、公众投资者产生影响，达不到触发涉及金融安全、市场秩序、国家宏观政策等公序良俗条件的强制性规定，如代持比例很小（如不足1%）、不在披露十大股东之列、与实控人没有关联关系等，则代持协议的效力没有必要一律认定无效。最高人民法院亦有认定上市公司股权代持有效的判例。我们认为，实务中不宜简单把上述情形作为效力认定标准，应结合个案坚持代持会否影响监管的实质审查标准认定相应民事行为的效力。

至于股权代持被认定无效后系争股份及相关投资收益归属问题，上海金融法院（2018）沪74民初585号案例同样提供了可资借鉴的解决思路。该判决认定：首先，系争格某软件股份应归龚某所有，龚某作为格某软件公司股东，围绕公司上市及其运营所实施的一系列行为有效；其次，本案中不存在投资亏损使得股份价值相当的投资款贬损而应适用过错赔偿的情形，故杉某向龚某支付的投资款应予返还；最后，系争格某软件公司股份的收益，包括因分红以及上市而发生的大幅增值,并非合同订立前的原有利益,而是合同履行之后新增的利益,显然不属于适用恢复原状的情形,如何分配应由双方当事人协商确定,协商不成的应当适用公平原则合理分配。鉴于双方无法就具体分配方案达成一致,应依照公平原则酌情处理。本案中处理的系争股份收益具体包括两类:(1)系争格某软件股票因股价上涨而发生的增值收益,即上述股票市值扣除变现成本后的现金价值减去投资成本;(2)格某软件公司2017年度的分红,按照每10股派发现金红利4元(含税)乘以股数计算。股份投资是以获得股份收益为目的并伴随投资风险的行为,在适用公平原则时应当着重考虑以下两方面的因素:一是对投资收益的贡献程度,即考虑谁实际承担了投资期间的机会成本和资金成本,按照"谁投资、谁收益"原则,将收益主要分配给承担了投资成本的一方;二是对投资风险的交易安排,即考虑谁将实际承担投资亏损的不利后果,按照"收益与风险相一致"原则,将收益主要分配给承担了投资风险的一方。本案中,从双方之间支付资金、订立协议和股份过户的时间顺序来看,法院有理由相信龚某从案外人张某处购买系争股份的目的在于向杉某立身转让,以赚取差价,龚某并无出资以最终获得股份所有权的投资意图。反之,杉某的投资意图则明显体现于系争《股份认购与托管协议》中,即通过支付投资款以换取系争股份的长期回报。龚某向案外人张某转账之前,已先从杉某处收到款项,从中获得差价。因此,本案投资系争股份的资金最初来自杉某,亦是杉某实际承担了长期以来股份投资的机会成本与资金成本。虽然系争《股份认购与托管协议》无效,但无效的原因为违反公序良俗而非意思表示瑕疵,因此,该协议中关于收益与风险承担的内容仍体现了双方的真实意思。根据约定,龚某须根据杉某的指示处分系争股份,并向其及时全部交付收益。庭审过程中,双方亦确认龚某在代持期间未收取报酬。可见在双方的交易安排中,龚某仅为名义持有人,实际作出投资决策和承担投资后果的为杉某,若发生格某软件公司上市失败或经营亏损情形,最终可能遭受投资损失的亦是杉某。根据上述两方面考虑,应由杉某获得系争股份投资收益大部分。同时,龚某在整个投资过程中起到了提供投资信息、交付往期分红、配合公司上市等作用,为投资增值作出了一定贡献,可以适当分得投资收益小部分。综合上述情况,杉某应当获得投资收益70%,龚某应当获得投资收益30%。

十二、关于损害股东优先购买权的股权转让合同效力问题

有限责任公司作为典型封闭性公司，股东之间的信任关系即人合性是公司有效运转的基础条件。为维护有限责任公司的人合性，《公司法》第 71 条第 2 款、第 3 款[①]规定公司股东对外转让股权需征得其他股东半数以上同意，其他股东在同等条件下享有优先购买权。股东如果未经过其他股东同意，未保障其他股东优先购买权，其对外所签订的股权转让合同是否有效，司法实务对此曾存在较大争议。

肯定观点认为，股权转让协议的效力与优先购买权无直接联系，只与协议本身内容有关。而且，转让方违反《公司法》规定对外转让股权，股东的优先购买权并未丧失，仍可以行使，故此类协议不会仅因为侵犯股东优先购买权而无效。如贵州省高级人民法院（2018）黔民终 1025 号案判决认为：首先，《公司法》第 71 条第 2 款、第 3 款的规定并非法律强制性规定，而是选择适用和推定适用的任意性规范。退一步说，即便将其认定为强制性规范，该规定也属于强制性规定中的赋权性规定，而非禁止性规定。股东违反上述法定规则对外转让股权，其他股东的优先购买权并未丧失，仍可以行使。而且，其他股东是否行使优先购买权，具有不确定性，如果认定相应的股权转让协议无效，当事人选择放弃优先购买权，股权转让双方则须重新缔结合同，明显违反商事经济、效率原则。其次，基于负担行为[②]与处分行为[③]的区分，处分行为无效不影响负担行为效力，股权转让合同并不必然导致股权变动。

[①]《公司法》第 71 条第 2 款、第 3 款规定："股东向股东以外的人转让股权，应当经其他股东过半数同意。股东应就其股权转让事项书面通知其他股东征求同意，其他股东自接到书面通知之日起满三十日未答复的，视为同意转让。其他股东半数以上不同意转让的，不同意的股东应当购买该转让的股权；不购买的，视为同意转让。经股东同意转让的股权，在同等条件下，其他股东有优先购买权。两个以上股东主张行使优先购买权的，协商确定各自的购买比例；协商不成的，按照转让时各自的出资比例行使优先购买权。"

[②] 负担行为，是指使一个人相对于另一个人（或若干人）承担为或不为一定行为义务的法律行为。负担行为的首要义务是确立某种给付义务，即产生某种债务关系，负担行为又可称之债权、债务行为。

[③] 处分行为，是直接使某种权利发生、变更或消灭的法律行为。处分行为包括物权行为和准物权行为，物权行为，是指发生物权法上效果的行为，有单独行为，如所有权的抛弃，有契约行为，如所有权的转移、抵押权的设定等。准物权行为指以债权或者无体财产权作为标的的处分行为，如债权的转让、债务的免除等。

即使认定股权转让协议有效,也并不必然对优先购买权产生实质性侵害,如果当事人主张行使优先购买权,则该股权转让合同难以实际履行。也就是说,股权转让的限制仅仅构成对股权物权性的限制,不会对股权转让合同的效力产生影响。最后,优先购买权仅具有债权效力,不具有对抗第三人的效力,仅产生内部效力。即便优先购买权具有物权效力,也只具有外部效力,从而影响出卖人与第三人之间的法律关系,但该外部效力并不影响出卖人与第三人间买卖合同的效力,仅对标的物所有权的变动产生作用。

北京市高级人民法院(2017)京民终796号判决持同样观点,股东向股东以外的人转让股权应经过其他股东过半数同意,其他股东在同等条件下享有优先购买权,是《公司法》为维护有限责任公司人合性而赋予股东的权利,但该规定是对公司内部行为的约束,不影响股东与第三人之间股权转让合同的效力。股东对外签订股权转让合同,只要合同当事人意思表示真实,不违反法律法规效力性强制性规定,在转让人与受让人之间即应自成立时起生效。其他股东如认为股权转让合同未经其过半数同意或侵害其优先购买权,可依法向法院申请撤销股权转让合同。

否定观点认为,《公司法》第71条第2款、第3款规定的其他股东过半数同意且不行使优先购买权是股权转让协议的生效条件,如果股权转让协议未经其他股东同意或其他股东要求行使优先购买权,则股权转让协议不生效,在其他股东表明意见之前,股东转让协议为效力待定合同。如果其他股东不行使优先购买权,则合同有效;如果其他股东行使优先购买权,则合同无效。

《公司法司法解释(四)》第21条第1款、第2款规定:"有限责任公司的股东向股东以外的人转让股权,未就其股权转让事项征求其他股东意见,或者以欺诈、恶意串通等手段,损害其他股东优先购买权,其他股东主张按照同等条件购买该转让股权的,人民法院应当予以支持,但其他股东自知道或者应当知道行使优先购买权的同等条件之日起三十日内没有主张,或者自股权变更登记之日起超过一年的除外。前款规定的其他股东仅提出确认股权转让合同及股权变动效力等请求,未同时主张按照同等条件购买转让股权的,人民法院不予支持,但其他股东非因自身原因导致无法行使优先购买权,请求损害赔偿的除外。"上述解释条款明确了股东仅以侵害股东优先购买权为由确认合同效力的,不能得到支持。事实上从另一角度否定了侵犯股东优先购买权的股权转让合同无效的意见。

《民商审判会议纪要》第9条规定:"审判实践中,部分人民法院对公司法司法解释(四)第21条规定的理解存在偏差,往往以保护其他股东的优先购买权为由认定股权转让合同无效。准确理解该条规定,既要注意保护其他股东的优先购买权，也要注意保护股东以外的股权受让人的合法权益，正确认定有限责任公司的股东与股东以外的股权受让人订立的股权转让合同的效力。一方面，其他股东依法享有优先购买权，在其主张按照股权转让合同约定的同等条件购买股权的情况下，应当支持其诉讼请求，除非出现该条第1款规定的情形。另一方面，为保护股东以外的股权受让人的合法权益，股权转让合同如无其他影响合同效力的事由，应当认定有效。其他股东行使优先购买权的，虽然股东以外的股权受让人关于继续履行股权转让合同的请求不能得到支持，但不影响其依约请求转让股东承担相应的违约责任。"

从上述司法解释和纪要内容可以解读出以下裁判规则：关于损害股东优先购买权的股权转让合同，如果没有其他影响效力的事由，主要是《民法典》规定的无效事由，应当确认其效力；股东以外的股权受让人因合同目的无法实现，可以请求转让股东承担违约责任。如果股权转让合同属于双方恶意串通损害其他股东优先购买权的，应当认定股权转让合同无效。

上述裁判规则的明确有多方面的考量因素，首先，从《公司法》立法目的来分析，股东优先购买权制度的立法目的是通过保障其他股东优先获得向外部转让的股权以维护有限责任公司的人合性，而要保护股东优先购买权并非只能通过撤销或否定股权转让合同才能实现；其次，从区分"负担行为"与"处分行为"来看，将股权转让行为效力与股权变动的结果相互分离，《公司法》可以仅针对股权变动环节进行干预或者控制，以实现对股东优先购买权的保护，而无须对股权转让合同的效力进行否定性评价；最后，从对各方主体的利益均衡保护来看，承认股权转让合同效力，可以实现股东优先购买权与股权受让方之间的利益均衡保护。诉争股权因其他股东行使优先购买权导致受让方获得股权的合同目的不能实现，该情形属于《民法典》第580条第1款第1项规定的"法律上不能履行"的情形，受让方可以依据股权转让合同向转让股东主张违约责任。

如果否定股权转让合同效力，虽然可以实现对股东优先购买权较为周延的保护，但是对于外部受让方而言，容易造成利益失衡。其只能转而追究转让股东缔约过失责任以实现权利救济。缔约过失责任的认定以当事人过错为归责要件，需要对《民法典》第500条规定的情形承担举证责任。而且，缔约过失责任赔偿损失的范围仅限于当事人因对方过错造成的实际损失，不包括合同履行可得利益损失。故此，在认定股权转让合同为可撤销或者无效时，容易造成与行使优先购买权的股东之间的利益失衡。

该裁判观点在实现各方利益均衡更高层面上与此前所确定的承租人优先

购买权的保护规则[1]以及买卖合同无权处分处理规则[2]有着异曲同工的司法智慧。在实务中，应当注意股权受让方如果因转让方原因导致"法律上不能履行"，合同目的落空而拒绝解除股权转让合同时的"合同僵局"问题，为防止"合同僵局"出现，转让股东可以作为违约方请求终止合同权利义务，但应当向股东以外的股权受让人承担违约责任。

十三、关于国有股权转让前置审批程序对合同效力影响的问题

国有企业股权转让既涉及国有资产监管特别规定，又要符合《公司法》关于股权转让的规定，根据《企业国有资产法》《公司法》《企业国有资产监督管理暂行条例》等监管和交易规则的相关规定，国有股权[3]转让需遵循有条件转让原则。其中，以调整投资结构、促进国有资产优化配置为主要原则，同时亦应遵守依法、公平、公开、公正、平等互利、等价有偿等原则。另外，国有股权转让应当符合法律法规和政策，交易股权权属清楚，采取拍卖、招投标、协议转让或法律、行政法规规定的其他方式，并经国有资产监督管理机构或投资主体同意等。为了强化国有股权规范转让，国有股权转让规定了严格的前置审批程序。

（一）内部审议程序

在做好可行性研究后，国有企业按照内部决策程序进行审议，并形成书面决议。国有独资公司股权转让由董事会审议，未设立董事会的由总经理办公会议审议。涉及职工权益时应听取职工代表大会的意见，妥善处理好职工安置等事项。

（二）国有资产监督管理机构审批

导致国家不再拥有控股地位的国有股权转让应当报本级政府批准；子企业国有股权转让由出资企业决定，但重要转让事项，需报同级国有资产监督

---

[1]《民法典》第726条规定："出租人出卖租赁房屋的，应当在出卖之前的合理期限内通知承租人，承租人享有以同等条件优先购买的权利；但是，房屋按份共有人行使优先购买权或者出租人将房屋出卖给近亲属的除外。出租人履行通知义务后，承租人在十五日内未明确表示购买的，视为承租人放弃优先购买权。"

[2]《民法典》第597条规定："因出卖人未取得处分权致使标的物所有权不能转移的，买受人可以解除合同并请求出卖人承担违约责任。法律、行政法规禁止或者限制转让的标的物，依照其规定。"

[3] 国家股和国有法人股统称为国有股权。

管理机构及财政部门会签审批；涉及社会公共管理审批事项的，需经政府有关部门审批。

（三）清产核资与审计

转让事项经审批后，转让方应当组织目标公司按照有关规定开展清产核资，编制资产负债表、资产移交清册，并委托会计师事务所实施全面审计并委托资产评估机构进行资产评估。

经过严格的前置审批程序之后，国有企业应选择有资格的产权交易机构申请上市交易。转让成交后，转让方和受让方签订股权转让合同，取得产权交易机构出具的产权交易凭证。最后，转让方将股权转让资料报国有产权主管部门备案登记，并根据产权交易凭证和相应材料办理产权登记手续，修改公司章程以及股东名册，到工商行政管理部门进行变更登记。实务中，常见的国有股权转让纠纷因欠缺资产评估和行政审批前置程序产生。对此类欠缺审批程序的股权转让合同效力，实务中存在争议。

无效说。该观点认为国有股权转让应适用前述法律和行政法规，相关国有股权转让资产评估及审批规范，因涉及国家利益，故属于效力性强制性规范，未经前置审批程序的股权转让协议应当认定为无效。如最高人民法院（2021）最高法民申89号判决认为，某港集团所持有的防港某源股权为国有资产，该股权的转让，应当遵守法律法规及相关行政规章规定的国有资产转让的程序和方式。本案中，某港集团没有通过产权交易机构公开披露信息，征集股权受让方，而是私下先行向秉某公司披露股权转让信息，与秉某公司就股权转让签订《备忘录》和《股权转让意向协议》，不符合国有资产转让公开、公平、公正的交易原则，违反了上述法律、法规、规章的强制性规定，侵害了不特定主体同等条件下参与竞买的权利，损害了社会公共利益，双方签订的《备忘录》《股权转让意向协议》存在法律规定的无效情形，应认定为无效合同。最高人民法院再审认为，某港集团实际上是以公开挂牌交易的形式掩盖了私下直接交易的目的，侵害了不特定主体同等条件下参与竞买的权利，损害了社会公共利益。因此，某港集团与秉某公司签订的《备忘录》《意向协议》应属无效。该案中，某港集团向法院提交了股东权益价值资产评估报告、股东全部权益价值资产评估说明、国有资产评估项目备案表、防城港某源矿业股权交易公告等，用于证明其已按照相关国有资产监管法律、行政法规等要求履行了评估、审批、备案、公告、进场交易等全部交易流程，但基于某港集团履行程序是与秉某公司协商而共同进行，该案一审、二审和再审程序均认为某港集团转让国有股权违反了公平、公开、公正等原则，实际上是以公开挂牌交易的形式掩盖了私下直接交易的目的，故双方股权转让协议无效。

有效说。该观点认为《国有资产评估管理办法》《企业国有资产监督管理暂行条例》关于国有股权等重大资产转让必须进行评估并办理审批手续的规定属于管理性规范而非效力性强制规范，因此，是否经过审批并不影响合同效力。

未生效说。该观点认为国有股权转让属于《民法典》合同编规定的应当批准生效的情形。因此，未履行审批等前置程序的国有股权转让协议属于生效条件未成就的合同，即未生效合同。

根据《民商审判会议纪要》第37条的规定，法律、行政法规规定某类合同应当办理批准手续生效的，批准是合同的法定生效条件，未经批准的合同因欠缺法律规定的特别生效条件而未生效。上述司法政策的主要内容已被《民法典》第502条采纳并吸收，该条规定："依法成立的合同，自成立时生效，但是法律另有规定或者当事人另有约定的除外。依照法律、行政法规的规定，合同应当办理批准等手续的，依照其规定。未办理批准等手续影响合同生效的，不影响合同中履行报批等义务条款以及相关条款的效力。应当办理申请批准等手续的当事人未履行义务的，对方可以请求其承担违反该义务的责任。依照法律、行政法规的规定，合同的变更、转让、解除等情形应当办理批准等手续的，适用前款规定。"因此，此类合同属于未成立、未生效合同。未生效不应当按无效处理，只要其具备合同的有效要件，对双方即具有一定的拘束力，任何一方不得擅自撤回、解除、变更，但因转让人未履行报批义务，在该生效条件成就前，不能产生请求对方履行合同主要权利义务的法律效力。《民商审判会议纪要》第38条规定："须经行政机关批准生效的合同，对报批义务及未履行报批义务的违约责任等相关内容作出专门约定的，该约定独立生效。一方因另一方不履行报批义务，请求解除合同并请求其承担合同约定的相应违约责任的，人民法院依法予以支持。"《民法典》第502条第2款中将报批义务条款规定为独立生效。对于违约方的责任问题，此前类案主要聚焦于报批义务人是否采取行动积极履行了报批义务，如果报批义务人未履行报批义务甚至拒绝履行报批义务，受让方可以请求其承担违约责任。对于未履行报批义务应当承担何种责任，《民商审判会议纪要》和《民法典》采用违约责任说，此前有观点主张属于缔约过失责任。

《民商审判会议纪要》和《民法典》的上述规定事实上已经明确将此类未履行审批手续的国有股权转让协议界定为未成立（未生效）合同。事实上，该裁判规则比较契合商事裁判思维。第一，《国有资产评估管理办法》[①]《国有资产评估管理办法施行细则》[②]规定国有资产出让应当进行资产评估并将资产评估结果报告书报主管部门和同级国有资产管理部门审查确认，该规定是为了加强国有资产管理，性质上属于管理性强制规定，而非效力性强制规定；第二，将此类协议确定为未成立合同，既认可对双方具有一定的拘束力，任何一方不得擅自撤回、解除、变更，又强调因转让人未履行报批义务，在该生效条件成就前，不能产生请求对方履行合同主要权利义务的法律效力，对于弥补审批程序和促进企业国有产权有序流动均有益处。

第四节　常见争点说理示范

一、关于股权转让纠纷管辖裁判说理示范

（一）关于确定股权转让合同履行地裁判说理示范

【适用情形】未约定合同履行地、争议标的为给付股权转让款的股权转让合同履行地确定。

[①]《国有资产评估管理办法》第3条规定："国有资产占有单位（以下简称占有单位）有下列情形之一的，应当进行资产评估：（一）资产拍卖、转让；（二）企业兼并、出售、联营、股份经营；（三）与外国公司、企业和其他经济组织或者个人开办外商投资企业；（四）企业清算；（五）依照国家有关规定需要进行资产评估的其他情形。"第18条规定："受占有单位委托的资产评估机构应当根据本办法的规定，对委托单位被评估资产的价值进行评定和估算，并向委托单位提出资产评估结果报告书。委托单位收到资产评估机构的资产评估结果报告书后，应当报其主管部门审查；主管部门审查同意后，报同级国有资产管理行政主管部门确认资产评估结果。经国有资产管理行政主管部门授权或者委托，占有单位的主管部门可以确认资产评估结果。"第19条规定："国有资产管理行政主管部门应当自收到占有单位报送的资产评估结果报告书之日起四十五日内组织审核、验证、协商，确认资产评估结果，并下达确认通知书。"

[②]《国有资产评估管理办法施行细则》第4条规定："《办法》第三条所说的国有资产占有单位包括：（一）国家机关、军队、社会团体及其他占有国有资产的社会组织；（二）国营企业、事业单位；（三）各种形式的国内联营和股份经营单位；（四）中外合资、合作经营企业；（五）占有国有资产的集体所有制单位；（六）其它占有国有资产的单位。"

【说理示范】关于本案地域管辖问题。《民事诉讼法》第 24 条规定："因合同纠纷提起的诉讼，由被告住所地或者合同履行地人民法院管辖。"《民事诉讼法司法解释》第 18 条规定："合同约定履行地点的，以约定的履行地点为合同履行地。合同对履行地点没有约定或者约定不明确，争议标的为给付货币的，接收货币一方所在地为合同履行地；交付不动产的，不动产所在地为合同履行地；其他标的，履行义务一方所在地为合同履行地。即时结清的合同，交易行为地为合同履行地。合同没有实际履行，当事人双方住所地都不在合同约定的履行地的，由被告住所地人民法院管辖。"本案属于股权转让纠纷，各方当事人未约定合同履行地，且争议标的为给付股权转让款。根据上述规定，应当以接收货币一方所在地为合同履行地。本案原告起诉请求被告履行给付股权转让价款义务，原告为接收货币一方，故本案合同履行地应为原告住所地。

（二）关于隐名股东诉请支付股权转让款不能以"接受货币一方"住所地作为合同履行地裁判说理示范

【适用情形】隐名股东并非股权转让协议主体，其诉请支付股权转让款，不属于股权转让协议"接受货币一方"，其住所地并非合同履行地。

【说理示范】《民事诉讼法》第 24 条规定："因合同纠纷提起的诉讼，由被告住所地或者合同履行地人民法院管辖。"《民事诉讼法司法解释》第 18 条规定："合同约定履行地点的，以约定的履行地点为合同履行地。合同对履行地点没有约定或者约定不明确，争议标的为给付货币的，接收货币一方所在地为合同履行地；交付不动产的，不动产所在地为合同履行地；其他标的，履行义务一方所在地为合同履行地。"上述规定明确了因合同纠纷提起诉讼的地域管辖规则。其中，后一司法解释所规定的"合同对履行地点没有约定或者约定不明确，争议标的为给付货币的，接收货币一方所在地为合同履行地"的"一方"应当是指合同一方当事人，而不包括其他依据合同主张权利的非合同当事人。否则，如果允许非合同当事人适用上述规则，以合同履行地确定管辖制度显然陷入随时变动的不确定状态。本案原审原告隐名股东申某公司并非案涉股权转让协议的相对人，其依据股权转让协议主张股权受让方给付股权转让款，按照其诉讼请求，其为接受货币一方，其作为非合同当事人主张给付货币，若另有第三人也主张该合同权利，合同履行地将出现多个和无法确定的情况，这显然不符合逻辑。此外，由于债权可以不经债务人同意而转让，也极易出现债权人随意变更，从而规避管辖、滥用诉讼权利的情况。因此，本案不应以原审原告隐名股东申某公司所在地作为合同履行地并据此确定地域管辖。

此种情况下，应当如何确定地域管辖更为适当，最高人民法院在一些类似情况下有一贯的处理原则，可以予以参考。如《最高人民法院关于适用〈中华人民共和国合同法〉若干问题的解释（一）》第 14 条规定："债权人依照合同法第七十三条的规定提起代位权诉讼的，由被告住所地人民法院管辖。"又如，《最高人民法院关于审理涉及金融资产管理公司收购、管理、处置国有银行不良贷款形成的资产的案件适用法律若干问题的规定》第 3 条规定："金融资产管理公司向债务人提起诉讼的，应当由被告人住所地人民法院管辖。原债权银行与债务人有协议管辖约定的，如不违反法律规定，该约定继续有效。"[①] 上述代位权诉讼、债权受让人向债务人提起诉讼，与本案中实际出资人直接起诉股权受让人支付股权转让款的情形相似，均为非合同当事人诉请合同当事人给付货币。据此，形式上本案原审原告与原审被告缺乏直接的合同法律关系，依据《民事诉讼法》第 24 条的规定，由被告住所地人民法院管辖更为适当。

【参考裁判文书】最高人民法院（2019）最高法民辖终 195 号杨某某、宁夏申银特钢股份有限公司与江苏盛祥贸易有限公司、江苏九耀物资有限公司及沈某、黄某股权转让纠纷一案二审民事裁定书。

（三）关于确定侵害优先购买权纠纷管辖裁判说理示范

【适用情形】股东对外转让股权侵害公司其他股东优先购买权引发的诉讼，不适用公司诉讼特殊地域管辖规定，应按一般侵权纠纷确定管辖法院。

【说理示范】其一，侵害优先购买权纠纷不适用特殊地域管辖规定。《民事诉讼法》第 27 条规定："因公司设立、确认股东资格、分配利润、解散等纠纷提起的诉讼，由公司住所地人民法院管辖。"《民事诉讼法司法解释》第 22 条规定："因股东名册记载、请求变更公司登记、股东知情权、公司决议、公司合并、公司分立、公司减资、公司增资等纠纷提起的诉讼，依照民事诉讼法第二十七条规定确定管辖。"上述规定系针对特殊类型公司诉讼作出的特殊地域管辖规定。适用特殊地域管辖的公司诉讼主要是关涉公司组织性质的诉讼，存在与公司组织相关的多数利害关系人，涉及多数利害关系人的多项法律关系的变动，且胜诉判决往往产生对世效力。

《公司法》第 71 条第 2 款、第 3 款规定："股东向股东以外的人转让股权，应当经其他股东过半数同意。股东应就其股权转让事项书面通知其他股东征求同意，其他股东自接到书面通知之日起满三十日未答复的，视为同意

[①]《最高人民法院关于适用〈中华人民共和国合同法〉若干问题的解释（一）》《最高人民法院关于审理涉及金融资产管理公司收购、管理、处置国有银行不良贷款形成的资产的案件适用法律若干问题的规定》已于 2020 年 12 月 29 日失效。

转让。其他股东半数以上不同意转让的，不同意的股东应当购买该转让的股权；不购买的，视为同意转让。经股东同意转让的股权，在同等条件下，其他股东有优先购买权。两个以上股东主张行使优先购买权的，协商确定各自的购买比例；协商不成的，按照转让时各自的出资比例行使优先购买权。"本案为被告（股权转让方）违反上述规定对外转让股权行为侵犯原告（标的公司其他股东）优先购买权而产生的纠纷，虽与标的公司有关，但不具有公司的组织纠纷性质，也不涉及多项法律关系，该案判决仅对被告（股权转让方）、第三人或被告（股权受让方）及原告（标的公司其他股东）发生法律效力，故本案不属于上述民事诉讼规范规定的适用特殊地域管辖的公司诉讼类型。

其二，侵害优先购买权纠纷属于侵权纠纷，应按照侵权纠纷管辖规定确定管辖法院。本案所涉的股权转让合同由被告（股权转让方）与第三人或被告（股权受让方）签订，原告（标的公司其他股东）并非合同当事人，原告并不受其约束，故本案不宜以股权转让合同履行地确定管辖法院。本案因股东优先购买权受侵害而提起，属于侵权之诉。《民事诉讼法》第29条规定："因侵权行为提起的诉讼，由侵权行为地或者被告住所地人民法院管辖。"原告（标的公司其他股东）认为股权转让行为侵害其优先购买权，故涉案股权转让协议签订地属于侵权行为地。此外，本案诉讼所直接指向的对象是两被告（股权转让方和股权受让方）。因此，涉案股权转让协议签订地、两被告（股权转让方和股权受让方）住所地法院均有管辖权。

（四）关于确定级别管辖裁判说理示范

【适用情形】确定民商事诉讼级别管辖。

【说理示范】关于本案级别管辖问题。根据《最高人民法院关于调整部分高级人民法院和中级人民法院管辖第一审民商事案件标准的通知》第1条的规定，对于当事人一方住所地不在受理法院所处省级行政辖区的第一审民商事案件，贵州省、陕西省、新疆维吾尔自治区高级人民法院和新疆维吾尔自治区高级人民法院生产建设兵团分院管辖诉讼标的额1亿元以上一审民商事案件，所辖中级人民法院管辖诉讼标的额2000万元以上一审民商事案件。甘肃省、青海省、宁夏回族自治区高级人民法院管辖诉讼标的额5000万元以上一审民商事案件，所辖中级人民法院管辖诉讼标的额1000万元以上一审民商事案件。本案为当事人一方住所地不在受理法院所处省级行政辖区的第一审民商事案件，诉讼标的额为×万元，故应由标的公司所在地的中级人民法院即×中级人民法院管辖。

二、关于股权转让本约合同与预约合同裁判说理示范

（一）关于不具有确定性的股权转让意向不构成预约合同裁判说理示范

【适用情形】股东会决议关于股权转让意向性内容能否构成预约，应从该内容是否具有预约合同的确定性、约束力特征来考察。

【说理示范】本案中，郑某某与徐某某、赵某某在召开的公司股东会上达成意向协议，由徐某某、赵某某将所持公司股权作价转让给郑某某，但徐某某、赵某某拒绝当场签署股权转让协议，并在股东会决议上明确"股权转让具体事宜以转让协议为准，四位股东签字后生效"等内容。郑某某起诉请求徐某某、赵某某按照股东会决议内容与其签订转股协议，对此分析如下：一是案涉股东会决议中有关股权转让内容确实含有股东之间转让股权的意思表示，是各方在磋商过程中达成的意向性协议，但并非所有磋商过程中达成的意向性协议均构成预约，能否构成预约应从意向性协议内容是否具有预约合同的特征来考察；二是股东会会议对股权转让有关事项进行了商议，但徐某某、赵某某在股权转让协议已制作完毕的情况下，拒绝当场签署股权转让协议，说明该次股东会会议对股权转让有关事项商议的内容仅能作为股权转让的初步方案，股权转让事宜仍需在四位股东进一步考虑、协商之后，通过签订股权转让协议方式予以确立。嗣后郑某某表示对股权转让价格可再协商，亦表明股东会决议内容不具有确定性、约束性，故不构成预约。

【参考裁判文书】江苏省无锡市中级人民法院（2013）锡商终字第0166号郑某某诉徐某某等股权转让预约合同纠纷一案民事判决书。

（二）关于股权转让本约合同和预约合同界定裁判说理示范

【适用情形】股权转让合同明确约定了转让方、受让方、标的股权的名称及份额、股权转让对价等内容，且无协议约定双方在一定期限内再签订本约合同，虽然该协议未明确标的股权价值，但仍属于本约合同。

【说理示范】《合同法司法解释（二）》第1条第1款规定："当事人对合同是否成立存在争议，人民法院能够确定当事人名称或者姓名、标的和数量的，一般应当认定合同成立。但法律另有规定或者当事人另有约定的除外。"[①]《民法典》第495条规定："当事人约定在将来一定期限内订立合同的认购书、订购书、预订书等，构成预约合同。当事人一方不履行预约合同约定的订立合同义务的，对方可以请求其承担预约合同的违约责任。"依据上述规定，是

[①]《民法典》合同编司法解释尚未出台。

否约定在将来一定期限签订本约合同是预约合同与本约合同的主要区别。如果合同能够确定当事人名称（姓名）、标的和数量，应认定合同成立，属于本约合同。至于合同条款是否完整，合同履行过程中是否需要签订补充协议，不影响本约合同性质认定。涉案股权转让协议明确约定股权转让方、受让方、标的股权名称及份额、股权转让对价等合同必备条款，且在协议中各方并无在一定期限内再签订本约合同的意思表示，虽然涉案协议未对转让股权价值予以明确，但此事实仅涉及涉案合同履行的具体问题，不能据此认定涉案协议为预约合同。

（三）关于预约合同违约责任裁判说理示范

【适用情形】具有预约合同性质的意向协议部分内容虽有明确的权利和义务，但本约签订条件未成就的，意向协议无拘束力，违约方应当承担违约责任。

【说理示范】其一，关于意向协议是否属于预约合同问题。预约合同，是指约定将来订立一定合同的合同。《民法典》第495条规定："当事人约定在将来一定期限内订立合同的认购书、订购书、预订书等，构成预约合同。当事人一方不履行预约合同约定的订立合同义务的，对方可以请求其承担预约合同的违约责任。"本案中，涉案意向协议已经双方签字盖章生效，且不违反法律、行政法规效力性强制性规定，应认定为合法有效协议。但涉案意向协议并未明确约定股权转让具体时间、价格和支付方式，双方还需通过签订和履行协议以实现意向协议所约定的股权转让目的，故其仅具有预约合同性质，涉案意向协议不能直接发生股权转让的法律后果。

其二，关于意向协议的违约责任。涉案意向协议约定受让方交纳保证金数额、时间及违约责任，此部分属于预约合同实质性内容，具备合同要素，相关权利义务内容明确，具有合同约束力，违约方应当承担相应违约责任。《民法典》第577条规定："当事人一方不履行合同义务或者履行合同义务不符合约定的，应当承担继续履行、采取补救措施或者赔偿损失等违约责任。"第584条规定："当事人一方不履行合同义务或者履行合同义务不符合约定，造成对方损失的，损失赔偿额应当相当于因违约所造成的损失，包括合同履行后可以获得的利益……"因受让方拒不履行意向协议义务，转让方要求受让方支付违约金理由成立。

三、关于合同未生效裁判说理示范

（一）关于未办理批准手续的国有股权转让协议未生效裁判说理示范

【适用情形】国有股权转让协议未经审批为未生效合同，经确定不具有法律上的可履行性，股权受让人可以请求解除股权转让协议，并要求违约方承担违约责任。

【说理示范】《民法典》第502条第1款、第2款规定："依法成立的合同，自成立时生效，但是法律另有规定或者当事人另有约定的除外。依照法律、行政法规的规定，合同应当办理批准等手续的，依照其规定。未办理批准等手续影响合同生效的，不影响合同中履行报批等义务条款以及相关条款的效力。应当办理申请批准等手续的当事人未履行义务的，对方可以请求其承担违反该义务的责任。"《民商审判会议纪要》第38条规定："【报批义务及相关违约条款独立生效】须经行政机关批准生效的合同，对报批义务及未履行报批义务的违约责任等相关内容作出专门约定的，该约定独立生效。一方因另一方不履行报批义务，请求解除合同并请求其承担合同约定的相应违约责任的，人民法院依法予以支持。"本案中，涉案《股份转让协议》依法属于应当办理批准手续的合同，因未能得到有权机关批准，故应依法认定为未生效合同。由于股权转让方的上级主管部门已经明确表示不同意本次股权转让，相关报批程序已经结束，故涉案《股份转让协议》已确定无法得到有权机关批准，故应依法认定为不具有法律上可履行性的未生效合同，股权受让方请求解除合同并请求股权转让方按照协议约定承担违约责任理由成立。

（二）关于未经银行业监督管理机构批准的股份转让合同成立未生效裁判说理示范

【适用情形】购买商业银行股份总额5%以上的，应当事先经国务院银行业监督管理机构批准，股份转让合同未经银行业监督管理机构批准的，该合同成立未生效，受让方不能依据股份转让合同取得拟转让股份。

【说理示范】北京某浪公司与某轩控股公司虽均主张案涉《股份转让合同》成立并未生效，但对合同效力的认定属于人民法院依职权审查的范围，应结合合同内容及法律规定予以认定。《商业银行法》第28条规定："任何单位和个人购买商业银行股份总额百分之五以上的，应当事先经国务院银行业监督管理机构批准。"《商业银行股权管理暂行办法》第4条规定："投资人及其关联方、一致行动人单独或合计拟首次持有或累计增持商业银行资本总额或股份总额百分之五以上的，应当事先报银监会或其派出机构核准……"本案中，北京某浪公司与某轩控股公司于2016年6月29日签订的《股份转让合同》，受让某轩控股公司当时持有的地方性银行蚌埠某商行占总股本6.95%的股权。同日，北京某浪公司还分别与其他五个法人股东和十个自然人股东签订《股权转让合同》，受让上述十五个股东所持蚌埠某商行股份。据此，北京某浪公司于2016年6月29日通过签订《股份转让合同》，合计受让蚌埠某商行股份达到64.93%。虽然现蚌埠某商行经增资扩股，北京某浪公司受让某轩控股公司的股份降至3.475%，但北京某浪公司合计受让股份仍然达到32.465%，仍属需审批范围。《合同法》第44条[①]规定："依法成立的合同，自成立时生效。法律、行政法规规定应当办理批准、登记等手续生效的，依照其规定。"《最高人民法院关于适用〈中华人民共和国合同法〉若干问题的解释（一）》第9条规定："依照合同法第四十四条第二款的规定，法律、行政法规规定合同应当办理批准手续，或者办理批准、登记等手续才生效，在一审法庭辩论终结前当事人仍未办理批准手续的，或者仍未办理批准、登记等手续的，人民法院应当认定该合同未生效……"据此，北京某浪公司受让某轩控股公司名下蚌埠某商行6.95%股份行为应经监管部门批准后，双方于2016年6月29日签订的《股份转让合同》才生效。且根据该合同中有关双方及时向蚌埠某商行董事会、监管机关提交股份转让所需的申报材料、办理股份转让审批手续以及监管机构批准后办理股权转让变更登记的约定，以及蚌埠某商行公司章程第14条、第19条的约定，双方对于此类合同需要经蚌埠某商行董事会同意、监管部门审批亦明知，现双方均认可该合同未完成审批手续，故该《股份转让合同》属于成立未生效的合同。

【参考裁判文书】最高人民法院（2020）最高法民终1081号国轩控股集团有限公司与北京巨浪时代投资管理有限公司及蚌埠农村商业银行股份有限公司股权转让纠纷一案民事判决书。

（三）关于国有股权转让报请有关行政部门批准属于法律强制性规定不允许约定变更裁判说理示范

【适用情形】国有股权转让，应报请有关行政部门批准，未经有权机关批准的属于未生效合同。且该种批准手续属于法律的强制性规定，不允许当事人通过约定的方式予以变更。

【说理示范】关于陈某某是否有权要求某塔公司继续履行《股份转让协议》的问题。对此，分析认为，本案所涉《股份转让协议》依法属于应当办理批准手续的合同，但未能得到有权机关批准，故应依法认定为未生效合同。

---

① 对应《民法典》第502条。

第一，本案所涉《股份转让协议》依法属于应当办理批准手续的合同。《企业国有资产监督管理暂行条例》第23条规定，国有资产监督管理机构决定其所出资企业的国有股权转让；对于重要子企业的重大事项，《企业国有资产监督管理暂行条例》第24条规定，所出资企业投资设立的重要子企业的重大事项，需由所出资企业报国有资产监督管理机构批准的，管理办法由国务院国有资产监督管理机构另行制定，报国务院批准。根据以上规定，国务院国有资产监督管理委员会与中国证券监督管理委员会经国务院同意于2007年联合颁布了《国有股东转让所持上市公司股份管理暂行办法》[①]（已废止），对国有股东转让所持上市公司股份行为进行了规范，即国有股东所持上市公司股份的协议转让至少需要经过两次上报：一是国有股东拟协议转让上市公司股份的，在内部决策后，应当及时按照规定程序逐级书面报告省级或省级以上国有资产监督管理机构；二是国有股东与拟受让方签订股份转让协议后，应及时履行信息披露等相关义务，同时应按规定程序报国务院国有资产监督管理机构审核批准。本案某塔公司是国有企业，拟转让的是其所持云南某药集团的上市股份，转让的形式是与受让人协议转让，故双方当事人签订《股份转让协议》后，应按照《国有股东转让所持上市公司股份管理暂行办法》要求的程序办理相关手续。本案双方当事人对本案所涉股权的转让需要经过审批均是明知的，根据《股份转让协议》的约定，双方当事人在订立《股份转让协议》时知悉该协议需要经过审批，并在《股份转让协议》中对审批手续的办理以及不能得到审批的后果作了明确、清晰的约定。

第二，《股份转让协议》未得到有权机关批准。对于烟草行业产权转让的审批程序和权限，《财政部关于烟草行业国有资产管理若干问题的意见》规定，中国烟草总公司所属烟草单位向非烟草单位的产权转让，主业评估价值在1亿元以上（含1亿元）、多种经营在2亿元以上（含2亿元）的，由各单位逐级上报中国烟草总公司（国家烟草专卖局），由中国烟草总公司（国家烟草专卖局）报财政部审批。本案《股份转让协议》签订时，双方拟转让的股份价值20多亿元，根据上述意见精神，应由某塔公司逐级上报至中国烟草总公司，由中国烟草总公司报财政部批准。某塔公司在与陈某某签订《股份转让协议》后，即按程序将相关材料逐级上报至某塔集团公司、市级云南中国烟草公司、中国烟草总公司。现中国烟草总公司收到上报材料后，明确作出不同意本次转让的批复。据此，《股份转让协议》已无法经由财政部批准。陈某某认为，中国烟草总公司批复不同意本案股份转让，而且不按规定将《股

---

① 《国有股东转让所持上市公司股份管理暂行办法》已失效，现可参照适用《上市公司国有股权监督管理办法》。

份转让协议》报送财政部审批,应属某塔公司内部决策行为,不属于有权审批,不应产生对本案股权转让不批准的法律效力,其行为应构成某塔公司对陈某某的违约。根据《财政部关于烟草行业国有资产管理若干问题的意见》的精神,本案所涉《股份转让协议》的有权审批主体虽是财政部,中国烟草总公司无权批准本次股权转让行为,但作为某塔公司的出资人,中国烟草总公司等根据国有资产监督管理相关规定,行使股东重大决策权和国有资产出资人权利,其作出的不同意本次股权转让的批复,已实际终结了《股份转让协议》的报批程序。此外,中国烟草总公司等是某塔公司的出资人,属于独立的主体,且不是《股份转让协议》的当事人,将中国烟草总公司等批准机构的行为视为某塔公司违约亦缺乏法律依据。

第三,《股份转让协议》依法应认定不生效。关于审批对合同效力的影响,《合同法》第44条[①]第2款规定:"法律、行政法规规定应当办理批准、登记等手续生效的,依照其规定。"《最高人民法院关于适用〈中华人民共和国合同法〉若干问题的解释(一)》第9条进一步明确"依照合同法第四十四条第二款的规定,法律、行政法规规定合同应当办理批准手续,或者办理批准、登记等手续才生效,在一审法庭辩论终结前当事人仍未办理批准手续的,或者仍未办理批准、登记等手续的,人民法院应当认定该合同未生效……"本案所涉《股份转让协议》依法属于应当办理批准手续的合同,需经财政部批准才能生效,但因某塔公司上级主管部门中国烟草总公司不同意本次股权转让,报批程序已经结束,《股份转让协议》已确定无法得到有权机关批准,故应依法认定为不生效合同。

本案中,尽管当事人对合同生效约定"本协议自签订之日起生效",仍应依据相关法律规定来判断合同效力。既然《股份转让协议》不生效,其关于协议解除的约定也不产生效力,某塔公司提出的《股份转让协议》应按约定解除的主张亦不能成立。因《股份转让协议》不生效,陈某某要求某塔公司继续履行《股份转让协议》并承担违约责任的主张缺乏合同依据,应不予支持。《股份转让协议》不生效后,当事人应比照《合同法》第58条[②]关于"合同无效或者被撤销后,因该合同取得的财产,应当予以返还"的规定,向对方承担返还取得财产的义务,故某塔公司应将已经收取的款项返还给陈

---

① 对应《民法典》第502条。
② 对应《民法典》第157条规定:"民事法律行为无效、被撤销或者确定不发生效力后,行为人因该行为取得的财产,应当予以返还;不能返还或者没有必要返还的,应当折价补偿。有过错的一方应当赔偿对方由此所受到的损失;各方都有过错的,应当各自承担相应的责任。法律另有规定的,依照其规定。"

某某，并给付相应利息，其利息标准根据公平原则应按照银行同期贷款利率计算。

【参考裁判文书】最高人民法院（2013）民二终字第42号陈某某与云南红塔集团有限公司股权转让纠纷一案民事判决书。

（四）关于促成具备履行条件的未生效股权转让合同履行裁判说理示范

【适用情形】股权转让合同仍然具备履行条件，转让方要求解除协议，不予支持。

【说理示范】《民法典》第502条第1款、第2款规定："依法成立的合同，自成立时生效，但是法律另有规定或者当事人另有约定的除外。依照法律、行政法规的规定，合同应当办理批准等手续的，依照其规定。未办理批准等手续影响合同生效的，不影响合同中履行报批等义务条款以及相关条款的效力。应当办理申请批准等手续的当事人未履行义务的，对方可以请求其承担违反该义务的责任。"《民商审判会议纪要》第37条规定："法律、行政法规规定某类合同应当办理批准手续生效的，如商业银行法、证券法、保险法等法律规定购买商业银行、证券公司、保险公司5%以上股权须经相关主管部门批准，依据《合同法》第44条第2款的规定，批准是合同的法定生效条件，未经批准的合同因欠缺法律规定的特别生效条件而未生效。实践中的一个突出问题是，把未生效合同认定为无效合同，或者虽认定为未生效，却按无效合同处理。无效合同从本质上来说是欠缺合同的有效要件，或者具有合同无效的法定事由，自始不发生法律效力。而未生效合同已具备合同的有效要件，对双方具有一定的拘束力，任何一方不得擅自撤回、解除、变更，但因欠缺法律、行政法规规定或当事人约定的特别生效条件，在该生效条件成就前，不能产生请求对方履行合同主要权利义务的法律效力。"本案中，案涉股权转让合同涉及国有股权转让，而国有股权转让属于国家行政审批范围，双方当事人在签订涉案合同时应当是明知的。按一般交易习惯，应当由股权转让方向国家相关行政主管部门提出权利变动申请。根据本案查明的事实，涉案股权仍然在转让方名下，涉案股权转让合同仍然具备履行条件。本案受让方已经依据股权转让合同约定支付相关款项，但转让方并未向国家相关行政主管部门提交股权转让申请，消极抵制合同目的实现的意图明显。根据上述法律和纪要相关规定，股权转让方请求解除合同主张不成立，依法不应当获得支持。

（五）关于在批准机构不再具有批准的可能性情况下成立未生效股权转让合同应当解除裁判说理示范

【适用情形】经批准才生效的股权转让合同，在未经批准前已经成立但未生效，该合同对双方当事人具有一定的约束力，即当事人具有履行报批手续的义务，但在批准机构不再具有批准的可能性情况下，该股权转让合同应当解除。

【说理示范】北京某浪公司诉称，因某轩控股公司违反《股份代持协议》约定，导致其控股蚌埠某商行的合同目的无法实现，且《股份转让合同》也实际不能履行，依据《合同法》第94条[①]规定，其享有解除《股份转让合同》的法定权利。某轩控股公司则认为上述合同均已实际履行，其不存在违约行为，且北京某浪公司合同目的已经实现，不存在解除事由，合同仍可以继续履行。本案争议焦点如下：

第一，北京某浪公司是否有权通知解除《股份转让合同》，即北京某浪公司是否享有法定解除权。

一是北京某浪公司主张因某轩控股公司未经其同意投票赞成蚌埠某商行增资扩股，致其合同目的不能实现，其据此享有法定解除权。首先，如前所述，北京某浪公司受让某轩控股公司股权的行为未经董事会同意、监管机关批准，案涉《股份转让合同》成立但未生效，双方拟转让股权未发生变更，北京某浪公司亦未实际取得蚌埠某商行股东资格。某轩控股公司仍为蚌埠某商行股东，而北京某浪公司并非蚌埠某商行股东，北京某浪公司与某轩控股公司签订《股份代持协议》，约定由某轩控股公司为其代持案涉蚌埠某商行6.95%股权，为无权处分行为，不发生股权代持的法律效力。因此，北京某浪公司据此主张某轩控股公司违反《股份代持协议》约定，在未经北京某浪公司书面同意的情况下，对《蚌埠某商行2018年增资扩股方案》投了赞成票，构成违约的理由不能成立。其次，2018年6月19日《关于增资扩股暨召开股东大会的征求意见函》反映，当时蚌埠某商行资本净额和资本充足率已经为负值，中国人民银行总行要求，必须在2018年7月31日前资本充足率达到2%，2019年7月31日前恢复到10.5%。结合蚌埠某商行公司章程第29条的约定，蚌埠某商行资本充足率低于法定标准时，股东应支持董事会提出的提高资本充足率的措施，故某轩控股公司对于《蚌埠某商行2018年增资扩股方案》投了赞成票亦符合章程约定。且在某轩控股公司2018年6月29日投票前，北京某浪公司已于2018年6月27日发出《公司函》，要求立即终止

[①] 对应《民法典》第563条。

《股份代持协议》,并通知某轩控股公司以自己的名义行使在蚌埠某商行的股东权利。因此,某轩控股公司根据蚌埠某商行的现状、增资扩股的必要性等投赞成票,是行使股东权利的行为,并无不当。最后,北京某浪公司所称通过受让和委托代持股权相对控制蚌埠某商行的合同目的,实质在于规避金融监管,亦不应作肯定评价。因此,北京某浪公司以某轩控股公司违约致其合同目的不能实现为由主张享有法定解除权无事实和法律依据。

二是北京某浪公司主张因监管政策从严,2018年之后北京某浪公司已不能通过一致行动人持股的方式间接实现合同目的,故北京某浪公司享有法定解除权。《商业银行法》第28条规定:"任何单位和个人购买商业银行股份总额百分之五以上的,应当事先经国务院银行业监督管理机构批准。"《中国银监会农村中小金融机构行政许可事项实施办法》(已废止,下同)第12条规定:"单个境内非金融机构及其关联方合计投资入股比例不得超过农村商业银行股本总额的10%。并购重组高风险农村信用社组建农村商业银行的,单个境内非金融机构及其关联方合计投资入股比例一般不超过农村商业银行股本总额的20%,因特殊原因持股比例超过20%的,待农村商业银行经营管理进入良性状态后,其持股比例应有计划地逐步减持至20%。"北京某浪公司在签订案涉《股份转让合同》时,对于上述规定应知晓。《商业银行股权管理暂行办法》虽自2018年1月5日施行,但该办法第4条有关投资人及其关联方、一致行动人单独或合计拟首次持有或累计增持商业银行资本总额或股份总额5%以上的,应当事先报银监会或其派出机构核准的规定,以及第12条有关商业银行股东不得委托他人或接受他人委托持有商业银行股权的规定,并未超出《商业银行法》《中国银监会农村中小金融机构行政许可事项实施办法》规定的监管范围。因此,北京某浪公司以《商业银行股权管理暂行办法》的公布属不可抗力的理由不能成立,且北京某浪公司陈述的合同目的本身在于规避监管,不具有正当性,其据此主张享有法定解除权亦不能得到支持。同时,2018年10月29日《公司函》主要内容为北京某浪公司要求协商终止相关合同,也非通知某轩控股公司解除该合同。北京某浪公司依据该《公司函》主张其已通知解除《股份转让合同》,该合同已解除的理由亦不能成立。

第二,案涉《股份转让合同》应否解除。2016年6月29日北京某浪公司在受让某轩控股公司所持蚌埠某商行6.95%股份的同时,另受让了恒某公司、新某公司等其他五法人股东及顾某某、秦某、顾某某等十自然人股东所持蚌埠某商行的股份,合计受让股份64.93%。该受让商业银行的股份比例严重超过法律规定。2018年6月19日,蚌埠银监分局分别向新某公司、恒某公司、某轩控股公司、中某公司、华某公司等发出《风险提示书》,要求立即纠正违规股权转让行为。2018年6月27日、2019年3月26日，蚌埠银监局两次向北京某浪公司发出《关于北京某浪公司受让蚌埠某商行股权有关情况的函》，明确告知北京某浪公司受让股权的行为违反法律规定，先后作出"必须立即纠正"及拟进行处罚的监管意见。现北京某浪公司受让的蚌埠某商行的股份，虽因增效扩股减至32.465%，但仍属于《商业银行法》规定的需要经监管部门批准的范围。因案涉《股份转让合同》签订后，双方均未按照合同约定报经蚌埠某商行董事会同意、行业监管部门批准，且在北京某浪公司超比例受让蚌埠某商行股权的行为未纠正的情况下，根据《中国银监会农村中小金融机构行政许可事项实施办法》《商业银行股权管理暂行办法》规定，北京某浪公司就全部受让股权通过审批在事实上已无法完成。据此，双方签订的《股份转让合同》已无通过批准趋于有效的可能，双方继续受此拘束亦无必要，北京某浪公司选择解除与某轩控股公司签订的《股份转让合同》应予支持。因《股份代持协议》基于《股份转让合同》而签订，且案涉股权亦未实际转让，故也应一并解除。

第三，关于《债权转让协议书》《股权转让协议书》应否一并解除问题。案涉《股份转让合同》第9.1条约定，某轩控股公司认购蚌埠某商行股份时，一并购买了蚌埠某商行2085万元不良资产，并与其他股东共同出资设立了某祥公司经营管理该不良资产。某轩控股公司转让其持有的蚌埠某商行股份时，一并转让该不良资产和某祥公司股权。《债权转让协议书》第3.2条约定，《股份转让合同》约定的股份转让获得批准后，某轩控股公司方将债权转让的情况通知某祥公司和蚌埠某商行。《股份转让合同》第4条约定，蚌埠某商行的股份变更至北京某浪公司名下后，办理某祥公司股权转让变更登记。上述约定表明：某轩控股公司受让蚌埠某商行不良资产以及认购某祥公司的股权，均与其认购蚌埠某商行股份相关联；北京某浪公司与某轩控股公司签订《债权转让协议书》《股权转让协议书》在受让蚌埠某商行股份时，同时也整体受让该部分债权和股份，亦是履行《股份转让合同》第9.1条约定的内容。且上述两份协议书签订后，亦无证据表明某轩控股公司或北京某浪公司将债权转让情况通知某祥公司和蚌埠某商行，某祥公司股权也未办理变更登记。因此，在《股份转让合同》解除情形下，北京某浪公司关于《债权转让协议书》《股权转让协议书》应一并解除的请求，应予以支持。

【参考裁判文书】最高人民法院（2020）最高法民终1081号国轩控股集团有限公司与北京巨浪时代投资管理有限公司及蚌埠农村商业商行股份有限公司股权转让纠纷一案民事判决书。

四、关于股权转让合同效力裁判说理示范

（一）关于代持股权转让效力认定裁判说理示范

1. 关于实际出资人转让股权行为效力裁判说理示范

【适用情形】实际出资人转让股权行为效力认定。

【说理示范】本案中，股权转让方虽然在标的公司章程、股东名册和工商登记中未被记载为出资人，但根据其提交的证据显示其为标的公司部分股权的实际出资人。法院在审理时，主要基于以下考量因素进行裁判：一是在公司内部，有关隐名股东身份及持股份额的约定等，属于公司与实际出资人或名义股东与实际出资人之间形成的债权债务合意，除非隐名股东要求变更为显名股东以外，该约定不会引起对外其他法律关系变化，亦不会破坏有限责任公司人合性。二是隐名股东作为实际出资人，其所转让的仅仅是隐名投资地位和权利，相当于普通债权债务的移转。隐名股东作为股权隐名投资人，具有处分其所享有的隐名投资人权益的权利。三是《公司法司法解释（三）》第25条第1款规定："名义股东将登记于其名下的股权转让、质押或者以其他方式处分，实际出资人以其对于股权享有实际权利为由，请求认定处分股权行为无效的，人民法院可以参照民法典第三百一十一条的规定处理。"根据上述规定，名义股东处分其名下股权按无权处分原则进行处理。换言之，实际投资人是有权处分代持股权的主体，而且，本案受让方是在明知转让方隐名股东身份情况下受让涉案股权。因此，涉案实际出资人转让股权应当发生法律效力。

2. 关于名义股东转让股权行为应按无权处分原则处理的裁判说理示范

【适用情形】名义股东转让股权属于无权处分行为。

【说理示范】《公司法司法解释（三）》第25条规定："名义股东将登记于其名下的股权转让、质押或者以其他方式处分，实际出资人以其对于股权享有实际权利为由，请求认定处分股权行为无效的，人民法院可以参照民法典第三百一十一条的规定处理。名义股东处分股权造成实际出资人损失，实际出资人请求名义股东承担赔偿责任的，人民法院应予支持。"《民法典》第311条第1款、第2款规定："无处分权人将不动产或者动产转让给受让人的，所有权人有权追回；除法律另有规定外，符合下列情形的，受让人取得该不动产或者动产的所有权：（一）受让人受让该不动产或者动产时是善意；（二）以合理的价格转让；（三）转让的不动产或者动产依照法律规定应当登记的已经登记，不需要登记的已经交付给受让人。受让人依据前款规定取得不动产或者动产的所有权的，原所有权人有权向无处分权人请求损害赔偿。"根据上述

规定，名义股东擅自处分股权应当按照无权处分处理。

（二）关于股权无权处分与善意取得裁判说理示范

1.关于股权转让时单一股东无权代表标的公司对未来收益作出处分裁判说理示范

【适用情形】由于法人财产的独立性，单一股东无权代表公司对未来收益作出处分。股权受让方约定以目标公司未来部分收益给予退股老股东补偿，构成无权处分，应认定为个人债务，而非公司债务。

【说理示范】关于《承诺书》的责任主体和效力问题。本案当事人为开发×市×区×村的旧村改造项目，专门设立正某公司，并为正某公司的股权转让签订了若干协议。当事人在签约过程中并不严谨，言语表述不够清晰，个人签名随意，单位公章混用，因此，造成双方当事人对《承诺书》的理解各执一词。从本案查明的基本事实看，《承诺书》产生的背景是某江公司将其持有的正某公司股权转让给杨某某，并同日签署《退股协议》。《承诺书》载明，因某江公司"积极配合退股"，×村项目由杨某某担任法定代表人"进行操作"，"操作期间愿请王某某同志协作帮助工作，每月上班10天工资1万元，该项目今后所得利润分给王某某20%并另安排协议外2万平方米的第一期土建施工指标"。其中，上述《承诺书》虽然将王某某列为受益人，但由于享有正某公司股权的是某江公司，而非王某某个人，王某某是某江公司法定代表人并代表某江公司签订《退股协议》，因此，"该项目今后所得利润分给王某某20%"应当理解为20%利润的受益人是某江公司，而非王某某个人。事实上，王某某本人不仅从未主张上述权益，更声明其行为代表某江公司。因此，应当认为《承诺书》中所述内容是针对王某某代表的某江公司"退股"的补偿。正某公司关于《承诺书》的受益人应当是王某某，进而认为某江公司并非本案适格诉讼主体的理由不能成立。

杨某某签署《承诺书》，并加盖了正某公司公章。杨某某作为股权受让方，应当向转让方某江公司支付对价。从《承诺书》的内容看，承诺的给付事项，构成正某公司股权转让对价的组成部分，即杨某某因受让某江公司持有的正某公司股权，除股权转让协议确定的转让款之外，还要向某江公司支付×村项目20%的利润。正某公司是股权转让涉及的目标公司，于理不应为杨某某依约支付的股权转让款这一个人债务承担法律责任。签署《承诺书》时，虽然正某公司的老股东在协议中一致认为杨某某可以代表正某公司，但杨某某当时尚未正式成为正某公司的法定代表人，无权代表正某公司，且此后杨某某并未成为正某公司100%的股东，其仅持有正某公司90%股份，根据公司法人财产独立性以及《公司法》第20条第1款关于公司股东不得滥用股东权利的规定，参照《公司法》第147条第2款关于董事等高级管理人员不得侵占公司财产的规定，特别是《公司法》第166条关于公司利润分配的若干限制性规定，可以认定公司利润分配并非可以由大股东简单决定。因此，不能将《承诺书》的内容理解为杨某某代表正某公司承诺将该公司的未来项目所获20%利润支付给某江公司。也就是说，虽然《承诺书》上盖有正某公司的公章，但不能以此认定构成正某公司的真实意思表示，而应当认定为杨某某个人的真实意思。《承诺书》是杨某某个人向某江公司作出的真实意思表示，不违反我国法律、行政法规的规定，应当认定有效，杨某某应当依据《承诺书》的约定向某江公司承担相应的义务。正某公司关于杨某某无权处分正某公司财产的观点成立，但其关于《承诺书》应当被认定无效的理由不能成立。根据上述分析，《承诺书》尽管盖有正某公司的公章，但不能代表正某公司的真实意思，应当由杨某某个人承担相应的履约责任。

【参考裁判文书】最高人民法院（2015）民提字第69号珠海正邦房地产开发有限公司与九江市庐山区房地产开发股份有限公司股权转让纠纷一案民事判决书。

2.关于母公司股东未经授权转让子公司股权应属无权处分行为及相关纠纷处理裁判说理示范

【适用情形】（1）母公司股东未经授权转让子公司股权，属无权处分，但不影响合同效力；（2）无权处分股权转让协议纠纷处理。

【说理示范】关于《收购协议》效力问题。①《收购协议》约定：蒋某某实际拥有某山铜业、正某矿业和国某矿业的全部股权，其同意并承诺将上述三家矿业公司各50%股权以1.5亿元转让给绿某公司，其中某山铜业股权转让价为×万元，国某矿业股权转让价×万元，正某矿业股权转让价×亿元。上述约定的核心内容是绿某公司通过协议取得三家矿业公司各50%股权，蒋某某以三家矿业公司实际控制人的身份签约，承诺将三家矿业公司各50%股

---

① 现行关于股权转让无权处分问题规范包括《民法典》第311条第1款、第2款、第597条、《公司法司法解释（三）》第25条。上述规范针对无权处分的问题对此前的立法规范进行了以下修改与完善：一是根据负担行为和处分行为相区分原则，明确了无权处分合同不因未取得处分权而无效；二是所有权人有权将无权处分标的物追回，但第三人善意取得除外；三是若第三人构成善意取得，原所有权人可向无处分权人请求损害赔偿；四是若第三人不构成善意取得，其可以解除合同并向出卖人主张违约责任；五是若无权处分合同因其他法定理由被认定无效或被撤销的，第三人无法依据《民法典》中的善意取得要件获得标的物的所有权。《民法典》上述规定较好地实现了所有权人的物权利益与第三人交易保护权益之间的平衡，完善了第三人权利的选择和保护。

权过户到绿某公司名下，并收取相应股权转让款。该协议的性质并非合同意向书，而是有具体权利义务内容的正式合同。因正某矿业全资股东是正某贸易，蒋某某并不是正某矿业的登记股东，《收购协议》是否因蒋某某无权处分而归于无效。围绕此问题，各方当事人就蒋某某对正某矿业实际控制权事实发生争执并各自举证。

根据查明的事实，蒋某某虽于2009年3月经交易后实际控制三家矿业公司，但至《收购协议》签署时，由于蒋某某债权人的介入导致其丧失了对正某贸易、正某矿业的控制权，故其签约行为构成无权处分，但蒋某某在签订《收购协议》时是否实际控制正某贸易、正某矿业的事实，不构成《收购协议》的无效事由。理由如下：第一，缔约时转让人不具有标的物处分权，并不意味着转让人此后不能取得处分权，亦不妨碍转让人在履约过程中取得处分权并交付标的物。蒋某某在《收购协议》中载明其实际控制三家矿业公司，目的在于表明其有能力实际取得三家矿业公司的股权并进行交付，绿某公司对此予以合理信赖并无过失。第二，根据《合同法》第51条关于"无处分权的人处分他人财产，经权利人追认或者无处分权的人订立合同后取得处分权的，该合同有效"的规定，应当保护财产的真实权利人不会因无处分权人的无权处分行为而受到侵害，该条不能被合同一方当事人用作恶意抗辩合同无效、借以逃避合同责任的工具。在财产转让合同中，如果将转让人是否具有处分权作为合同效力的要件，容易产生合同效力状态变动不定并受制于转让人意愿的情形。转让人在因财产权利瑕疵无法履行承诺的义务时，可以无权处分为由不承担合同责任；信赖合同有效而进行交易的相对人的履行利益却得不到相应的保护，如此则不但会妨碍交易的安全稳定，也不符合民法的基本原则，并容易诱发诚信问题。第三，《买卖合同司法解释》第3条①规定："当事人一方以出卖人在缔约时对标的物没有所有权或者处分权为由主张合同无效的，人民法院不予支持。出卖人因未取得所有权或者处分权致使标的物所有权不能转移，买受人要求出卖人承担违约责任或者要求解除合同并主张损害赔偿的，人民法院应予支持。"上述规定表明司法实践中对《合同法》第51条的适用范围作了限缩解释，仅适用于处分行为即标的物所有权的转移变更。换言之，转让人对标的物没有处分权的，其订立的合同仍然有效，但标的物所有权是否发生转移，则处于效力待定状态。该司法解释第45条第1款②进一步规定："法律或者行政法规对债权转让、股权转让等权利转让合同有规定的，依照其规定；没有规定的，人民法院可以根据合同法第

---

① 《买卖合同司法解释》（2020年修正）已将该条删除。
② 对应《买卖合同司法解释》（2020年修正）第32条。

一百二十四条和第一百七十四条的规定，参照适用买卖合同的有关规定。"因此，本案中蒋某某缔约时是否持有或控制三家矿业公司股权的事实，不影响《收购协议》的效力。本案所涉《收购协议》是蒋某某和绿某公司的真实意思表示，不违反我国法律和行政法规的强制性规定，具备合同的全部生效要件，合法有效，对蒋某某和绿某公司具有法律约束力。蒋某某作为转让人，有义务在履约阶段取得三家矿业公司的股权，包括办理三家矿业公司可能涉及的其他股东优先购买权放弃等手续，并依约办理转让后的股权变更登记。由于蒋某某签约时的实际控制权与《收购协议》效力没有关联，故无须进一步查明《股权托管协议》和《情况说明》的真实性。

关于《收购协议》能否约束正某矿业和正某贸易的问题。本案中，蒋某某是以个人名义签订的《收购协议》，而不是以包括正某贸易在内的三家矿业公司的股东或其法定代表人、代理人身份签订协议，因此，本案不涉及表见代表或表见代理的问题。《合同法》第8条第1款[①]规定："依法成立的合同，对当事人具有法律约束力。当事人应当按照约定履行自己的义务，不得擅自变更或者解除合同。"正某贸易、正某矿业均没有被列为《收购协议》的当事人，根据合同相对性原则，合同不能约束合同以外的当事人，故绿某公司仅与合同相对人蒋某某之间存在合同债权债务关系。绿某公司请求正某贸易履行《收购协议》项下的义务并承担违约责任，没有合同依据，对该上诉请求本院予以驳回。

关于本案纠纷的处理。《收购协议》包含了三个各自独立的矿业公司的股权转让法律关系。除另案争议的运某公司付款外，现已确认的绿某公司付款为×万元和×万港币，即某山铜业和国某矿业的股权转让款×万元已全部付清，而该两家矿业公司的股权也依约过户至绿某公司名下，故本院认定该两家矿业公司股权转让的权利义务已经履行完毕。关于正某矿业的股权转让法律关系。蒋某某作为转让人，原本应当依据《收购协议》的约定及时取得正某矿业的股权，为股权变更至绿某公司名下做好必要准备。即使蒋某某因个人债务导致其在取得正某矿业股权时受到债权人的制约，也应当即时清结个人债务以消除《收购协议》的履行障碍。然而综观本案履行过程，正某矿业的全资股东正某贸易于2010年7月前已变更为唐某某持股51%，孟某持股49%，表明蒋某某在解决与债权人之间的纠纷后，已安排正某贸易股权过户给第三方，本案并无证据证明第三方为恶意受让，故该第三方的权益应得到保护。虽然《股权收购协议》对股权变更和转让款支付没有约定履行顺序和期限，但蒋某某在《收购协议》之外与第三方进行交易并导致《收购协议》

---

① 对应《民法典》第465条。

无法继续履行，已经构成在履行期限届满之前以自己行为表明不履行主要债务，属重大违约。绿某公司请求蒋某某过户正某矿业股权，是要求其继续履行非金钱债务，鉴于正某贸易的股东及正某贸易均不同意转让正某矿业股权，蒋某某事实上无法再通过获取正某矿业股权而完成股权变更登记的合同义务，根据《合同法》第110条[①]关于"当事人一方不履行非金钱债务或者履行非金钱债务不符合约定的，对方可以要求履行，但有下列情形之一的除外：（一）法律上或者事实上不能履行"的规定，对绿某公司要求蒋某某过户股权的请求不予支持。考虑到正某矿业股权转让关系已无法实际履行的事实，该股权转让法律关系应予解除，绿某公司和蒋某某可以根据《合同法》第九十七条[②]的规定另循法律途径清结相关债权债务。绿某公司请求蒋某某承担违约损失，性质为迟延变更正某矿业股权登记的逾期违约损失。由于绿某公司变更股权的诉请不能得到支持，且绿某公司亦未付清正某矿业的股权转让款，故对该项违约损失请求不予支持。综上，绿某公司请求变更正某矿业股权登记以及蒋某某请求返还某山铜业和国某矿业股权的理由均不能成立，应予以驳回。

【参考裁判文书】最高人民法院（2014）民四终字第51号福州绿力健康产品有限公司与蒋某某、青海正远贸易有限公司等股权转让纠纷一案民事判决书。

3. 关于股东无权处分股权转让合同效力认定和纠纷处理裁判说理示范

【适用情形】无权处分人签订的股权转让合同效力认定和纠纷处理。

【说理示范】《民法典》第597条规定："因出卖人未取得处分权致使标的物所有权不能转移的，买受人可以解除合同并请求出卖人承担违约责任。法律、行政法规禁止或者限制转让的标的物，依照其规定。"第311条第1款、第2款规定："无处分权人将不动产或者动产转让给受让人的，所有权人有权追回；除法律另有规定外，符合下列情形的，受让人取得该不动产或者动产的所有权：（一）受让人受让该不动产或者动产时是善意；（二）以合理的价格转让；（三）转让的不动产或者动产依照法律规定应当登记的已经登记，不需要登记的已经交付给受让人。受让人依据前款规定取得不动产或者动产的所有权的，原所有权人有权向无处分权人请求损害赔偿。"根据上述规定，针对无权处分人签订的股权转让合同效力，根据负担行为和处分行为区分原则，该合同不因未取得处分权而无效，只要合同体现双方真实意思，且未违反法律、行政法规强制性规定，该合同的债权行为即具有效力，但标的股权所有

[①] 对应《民法典》第580条。

[②] 对应《民法典》第566条。

权转移的物权行为处于效力待定状态。经权利人追认或事后取得处分权后，标的股权转让物权行为亦发生效力。如果所有权人不同意该股权转让行为，其有权将无权处分标的股权追回，但第三人善意取得的除外；若第三人构成善意取得，标的股权原所有权人可向无处分权人请求损害赔偿；第三人不构成善意取得，其可以请求解除股权转让合同并向无处分权人即转让方主张违约责任。

4. 关于股权受让方构成善意取得时原股东权利救济裁判说理示范

【适用情形】股权被无处分权人转让的，受让人可依据《民法典》第311条的规定善意取得，以维护善意第三人对权利公示的信赖，保障交易安全；原所有权人可另循法律途径，向无处分权人主张赔偿责任。

【说理示范】根据查明的事实，标的公司于注册成立并取得企业法人营业执照，营业执照载明公司类型为有限责任公司，注册资本为×万元，《公司设立登记审核表》和《公司设立登记申请书》载明高某某认缴出资额为×万元，持股比例为×%。故高某某为标的公司的原始股东，持有×%的股权。从本案证据来看，虽然高某某与张某某就股权转让一事进行过磋商，但双方并未正式签订股权转让协议，亦未授权张某某代其签名办理标的公司的股权变更登记等手续。张某某提交的股权转让协议以及依据该协议办理标的公司股权变更登记等一系列相关文书中所涉"高某某"签名均为张某某代签。因此，张某某处置高某某所持标的公司股权的行为系无权处分行为。张某某在办理标的公司股权变更登记后，作为转让方与受让方袁某1、袁某2签订《股权转让协议》。对于张某某作为无权处分人与袁某1、袁某2签订的《股权转让协议》的效力问题。经查，张某某与袁某1、袁某2签订的《股权转让协议》是当事人的真实意思表示，不违反法律、行政法规的强制性规定，且无权处分不构成认定股权转让协议无效的事由，应当认定为有效合同。根据《民法典》第311条的规定："无处分权人将不动产或者动产转让给受让人的，所有权人有权追回；除法律另有规定外，符合下列情形的，受让人取得该不动产或者动产的所有权：（一）受让人受让该不动产或者动产时是善意；（二）以合理的价格转让；（三）转让的不动产或者动产依照法律规定应当登记的已经登记，不需要登记的已经交付给受让人。受让人依据前款规定取得不动产或者动产的所有权的，原所有权人有权向无处分权人请求损害赔偿。当事人善意取得其他物权的，参照适用前两款规定。"具体到本案：其一，袁某1、袁某2受让诉争股权时是善意的。张某某在转让金某商砼公司股权时，并未告知其未经高某某同意处分高某某享有股权的事实，且袁某1、袁某2也无法知悉张某某未经高某某授权处分高某某股份的事实，在案证据也无法证实张某某与袁某1、袁某2之间有恶意串通的情形，故可以认定袁某1、袁某2受让高某某公司的股权是善意的。其二，诉争股权以合理的价格转让。协议签订后，袁某1、袁某2实际支付了股权转让款。故可以认定袁某1、袁某2受让金某商砼公司的股权支付了相应的股权转让款。其三，诉争股权依照法律规定已进行了登记。工商管理部门已经变更了工商登记，袁某1、袁某2已取得本案诉争的股权，成为金某商砼公司的股东。因此，袁某1、袁某2依据《民法典》第311条关于"善意取得"的规定已取得本案诉争的股权。高某某作为原权利人要求确认其为标的公司的股东，没有事实和法律依据，依法不予支持。高某某的具体损失可另循法律途径解决。

【参考判决文书】贵州省高级人民法院（2018）黔民终1119号高某某与张某某、百里杜鹃金坡商砼有限责任公司、袁某1、袁某2股权转让合同纠纷一案二审民事判决书。

（三）关于房地产企业股权转让土地增值税缴纳不影响合同效力裁判说理示范

【适用情形】房地产企业股权转让土地增值税是否征收不影响合同效力。

【说理示范】《土地增值税暂行条例》第2条规定："转让国有土地使用权、地上的建筑物及其附着物（以下简称转让房地产）并取得收入的单位和个人，为土地增值税的纳税义务人（以下简称纳税人），应当依照本条例缴纳土地增值税。"但对于以股权转让方式转让房地产的行为是否属于该规定的应税行为问题，由于转让股权和转让土地使用权是完全不同的行为，当股权发生转让时，目标公司并未发生国有土地使用权转让的应税行为，目标公司并不需要缴纳营业税和土地增值税[①]。如双方在履行合同中有规避纳税的行为，应向税务部门反映，由相关部门进行查处。

【参考裁判文书】最高人民法院（2014）民二终字第264号马某1、马某2与湖北瑞尚置业有限公司股权转让纠纷一案民事判决书。

（四）关于股份有限公司发起人为在公司成立三年后转让股份而与他人提前签订股份转让合同合法有效裁判说理示范

【适用情形】股份有限公司发起人为在公司成立三年后转让股份而与他人提前签订股份转让合同，该合同并不违反法律法规的强制性规定，合法有效。

【说理示范】为了防范发起人利用公司设立谋取不当利益，并通过转让股

[①] 有些地方税收政策规定房地产企业股权转让需要征收土地增值税。

份逃避发起人可能承担的法律责任,《公司法》第 147 条[①]对发起人持有的公司股份规定了禁售期,即发起人持有的本公司股份,自公司成立之日起三年内不得转让。涉案合同不违反《公司法》第 147 条的禁止性规定,应认定合法有效。

股份有限公司发起人在设立公司过程中关系重大,如果发起人在其不当发起行为导致的法律后果实际发生前转让股份并退出公司,则不仅不利于保护他人或社会公众的合法权益,且很难追究发起人的法律责任。《公司法》第 147 条第 1 款关于 "发起人持有的本公司股份,自公司成立之日起三年内不得转让" 的规定,旨在防范发起人利用公司设立谋取不当利益,并通过转让股份逃避发起人可能承担的法律责任,但法律并不禁止发起人与他人订立合同约定在三年后转让股权。股份有限公司的发起人在公司成立后三年内,与他人签订股权转让协议,约定待公司成立三年后为受让方办理股权过户手续,并在协议中约定将其股权委托受让方行使,该股权转让合同并不违反《公司法》第 147 条第 1 款的规定。协议双方约定在《公司法》所规定的发起人股份禁售期内,将股权委托给未来的股权受让方行使,也不违反法律的强制性规定,只要不出现实际交付股份和办理股权登记的情况,就不会改变发起人股东身份并引起股权关系实际变更的法律后果,发起人仍然是公司的股东,其法律责任和股东责任并不因签订股份转让合同而免除。因此,股权转让合同应认定为合法有效。

【参考判决文书】江苏省高级人民法院(2005)苏民二初字第 0009 号张某某诉王某股权转让合同纠纷一案民事判决书。

(五)关于股权被质押不影响转让行为效力裁判说理示范

【适用情形】涉案股权被质押的情况下,不影响公司过户义务的存在,即便因为质权人不同意等原因客观上不能办理股权过户手续,也仅属于履行不能的问题。

【说理示范】杰某公司辩称,某兴公司的股权已经质押给他人,其要求办理股权过户手续的诉讼请求客观上无法实现,进而请求驳回某兴公司的该项诉讼请求,这就涉及股权设定质押后能否办理股东变更登记的问题。参照

[①] 对应《公司法》(2018 年修正)第 141 条第 1 款:"发起人持有的本公司股份,自公司成立之日起一年内不得转让。公司公开发行股份前已发行的股份,自公司股票在证券交易所上市交易之日起一年内不得转让。"

《物权法》第226条第2款[1]有关"基金份额、股权出质后，不得转让，但经出质人与质权人协商同意的除外。出质人转让基金份额、股权所得的价款，应当向质权人提前清偿债务或者提存"的规定精神，在取得质权人同意的情况下，办理股权过户手续并无障碍。退一步说，即便因为质权人不同意等原因客观上不能办理股权过户手续，也仅属于履行不能的问题，并不影响杰某公司履行股权过户义务的存在。如果确因股权过户手续问题导致杰某公司不能履行过户义务，但源某公司将代持的股权质押给他人，属于侵害他人财产权的行为，依法应当承担恢复原状或损害赔偿的责任。一审判决在某兴公司提出明确的股权过户请求，并且认为该项诉讼请求于法有据的情况下，却驳回该项诉讼请求，要求另行处理，有违"一事不再理"原则，本院予以纠正。

【参考裁判文书】最高人民法院（2017）最高法民终870号三亚三兴实业公司、北京金源新盛置业有限公司股权转让纠纷一案民事判决书。

（六）关于签订"阴阳合同"逃避股权转让相关税费不影响股权转让合同效力裁判说理示范

【适用情形】当事人转让股权时应缴纳相关税费而未缴纳，属于行政处罚调整的范围，并不导致转让协议的无效。

【说理示范】永某公司主张双方所签协议违反国家法律规定，其内容已损害国家利益，协议应认定无效。庭审中，虽然双方均认可实际履行的转让款为收购协议中所约定的7000万元，但办理相关手续时系按照《股权转让协议》中载明的1000万元，少缴了其余6000万元部分的税款，但相关避税保密条款并非合同的效力条款，且《税收征收管理法》第63条规定"……对纳税人偷税的，由税务机关追缴其不缴或者少缴的税款、滞纳金，并处不缴或者少缴的税款百分之五十以上五倍以下的罚款；构成犯罪的，依法追究刑事责任"，即本案双方当事人的偷税行为属于应受行政处罚手段调整的问题，构成犯罪的，应依法追究刑事责任，并不因此导致合同无效。故永某公司该项理由不能成立。

【参考裁判文书】最高人民法院（2012）民一终字第98号昆明安宁永昌集团有限公司与香格里拉县博峰矿业有限责任公司等企业出售合同纠纷一案民事判决书。

---

[1] 对应《民法典》第443条规定："以基金份额、股权出质的，质权自办理出质登记时设立。基金份额、股权出质后，不得转让，但是出质人与质权人协商同意的除外。出质人转让基金份额、股权所得的价款，应当向质权人提前清偿债务或者提存。"

（七）关于涉及夫妻权益股权转让裁判说理示范

1.关于夫妻一方未经配偶同意转让其名下股权效力裁判说理示范

【适用情形】夫妻一方未经配偶同意，独自对外转让登记在其名下股权，不影响股权转让合同效力。

【说理示范】其一，婚姻关系存续期间投资股权的财产权益属于夫妻共同财产。《民法典》第1062条第1款第2项规定，夫妻在婚姻关系存续期间生产、经营、投资的收益，为夫妻的共同财产，归夫妻共同所有。《民法典婚姻家庭编司法解释（一）》第25条第1项规定，婚姻关系存续期间一方以个人财产投资取得的收益属于夫妻共同财产。第73条第1款规定，人民法院审理离婚案件，涉及分割夫妻共同财产中以一方名义在有限责任公司的出资额，另一方不是该公司股东的，按以下情形分别处理：（1）夫妻双方协商一致将出资额部分或者全部转让给该股东的配偶，其他股东过半数同意，并且其他股东均明确表示放弃优先购买权的，该股东的配偶可以成为该公司股东；（2）夫妻双方就出资额转让份额和转让价格等事项协商一致后，其他股东半数以上不同意转让，但愿意以同等条件购买该出资额的，人民法院可以对转让出资所得财产进行分割。其他股东半数以上不同意转让，也不愿意以同等条件购买该出资额的，视为其同意转让，该股东的配偶可以成为该公司股东。根据上述规定和夫妻共同财产制的基本原理，股权作为一种含有财产利益的权利，在婚姻关系存续期间投资获得的股权中的财产权益部分应当属于夫妻共同财产。

其二，股权作为一项特殊的权利，有别于一般的夫妻共同财产。依据《公司法》第4条的规定，公司股东作为出资者按投入公司的资本额享有所有者的资产收益、重大决策和选择管理者的权利。股权是股东因出资而取得的权利，股东依法定或公司章程规定的规则和程序，参与公司事务，并在公司中享受财产利益。因此，股权除作为一项具有财产收益的权利外，还具有依附于股东人身的诸如选举、表决、经营等决定公司事务的权利内容，股权的财产属性属于夫妻共同财产，但其人身属性应由股东本人独立行使，不受他人干涉。

其三，股权转让主体是股东本人。《公司法》第71条第2款规定："股东向股东以外的人转让股权，应当经其他股东过半数同意。股东应就其股权转让事项书面通知其他股东征求同意，其他股东自接到书面通知之日起满三十日未答复的，视为同意转让。其他股东半数以上不同意转让的，不同意的股东应当购买该转让的股权；不购买的，视为同意转让。"依据该规定，《公司法》确认的股权转让主体是股东本人。如章程无特别约定，对于自然人股东而言，股权的各项具体权能应由股东本人独立行使，而非由其配偶或家庭成员行使，股权转让无须经配偶同意。

其四，股权转让是商事交易行为，商事交易注重效率和交易安全。股权转让使生产经营性财产参与到社会经济活动中，认定持股一方享有独立管理处分权能，有利于最大限度保障交易安全与效率。若股权转让需经配偶同意，这样的规则设计显然欠缺效率，也不利于交易安全。

由此，在股权流转方面，我国《公司法》确认的合法转让主体是股东本人，而不是其所在的家庭，法律亦未规定股东转让股权需经配偶同意。本案中，转让方作为标的公司股东对外转让股权行为已获得标的公司其他股东同意，符合《公司法》规定股东对外转让股权的程序条件。其与受让方签订股权转让协议，双方从事该项民事交易活动，主体适格，意思表示真实、明确，协议内容不违反《民法典》《公司法》相关强制性规定，该股权转让协议应认定有效。

2.关于夫妻一方不能以其离婚分割为由主张股权变更登记的裁判说理示范

【适用情形】夫妻一方不能以其离婚时双方已经分割一方所持股权为由要求办理股权变更登记。

【说理示范】股权作为一项特殊的财产权，除具有财产权益内容外，还具有与股东个人的社会属性及其特质、品格密不可分的人格权、身份权等内容。如无特别约定，对于自然人股东而言，股权仍属于商法规范内的私权范畴，其各项具体权能应由股东本人独立行使，不受他人干涉。《公司法》确认的合法转让主体是股东本人，而不是其所在的家庭。本案中，无论被告是否履行出资义务，其已被标的公司登记为股东，因此，被告享有相应股权。原告与被告虽然在协商离婚时将涉案股权作为夫妻共同财产通过内部协议予以分割，约定归原告所有。但根据《公司法》第71条的规定："有限责任公司的股东之间可以相互转让其全部或者部分股权。股东向股东以外的人转让股权，应当经其他股东过半数同意。股东应就其股权转让事项书面通知其他股东征求同意，其他股东自接到书面通知之日起满三十日未答复的，视为同意转让。其他股东半数以上不同意转让的，不同意的股东应当购买该转让的股权；不购买的，视为同意转让。经股东同意转让的股权，在同等条件下，其他股东有优先购买权。两个以上股东主张行使优先购买权的，协商确定各自的购买比例；协商不成的，按照转让时各自的出资比例行使优先购买权。公司章程对股权转让另有规定的，从其规定。"原告并未提交证据其根据离婚协议分割被告名下的标的公司股权符合上述《公司法》规定，故对其要求将标的公司股权变更登记至其名下的主张不予支持。

3. 关于夫妻一方与第三人恶意串通签订股权转让合同效力的裁判说理示范

【适用情形】有证据证明夫妻一方与第三人恶意串通，签订股权转让合同以转移夫妻共同财产，损害配偶一方财产共有权，相关股权转让合同无效，股权应恢复至原登记状态。

【说理示范】关于邱某某主张其配偶张某某与鑫某祥公司恶意串通、签订股权转让合同以转移夫妻共同财产、损害其财产共有权、相关股权转让合同无效的主张能否成立问题。邱某某认为张某某与鑫某祥公司并不存在真实买卖关系，但张某某与鑫某祥公司均主张双方存在真实的交易关系，因此，张某某与鑫某祥公司应就其主张承担举证责任。但本案双方所提交证据不足以证明该交易关系真实存在，而邱某某提交的反驳证据亦增强了该交易关系不存在的可能性，据此认定张某某与鑫某祥公司之间并不存在真实的交易关系。虽然案涉股权原登记于张某某名下，张某某作为股东有权决定转让该股权，但因张某某与鑫某祥公司之间并不存在真实交易关系，双方签订的以货款折抵股权转让价款的抵债协议缺乏事实基础，同时上述抵债及转让股权行为正好发生于邱某某与张某某离婚诉讼期间，案涉股权转让后应得的对价为夫妻双方共同财产，故法院有理由相信涉案《股权转让协议》为张某某与鑫某祥公司恶意串通签订，损害了邱某某的合法权益。依照《民法典》第154条的规定，《股权转让协议》应认定为无效。

关于涉案股权应否回转登记至股权转让方名下问题。《民法典》第157条规定："民事法律行为无效、被撤销或者确定不发生效力后，行为人因该行为取得的财产，应当予以返还；不能返还或者没有必要返还的，应当折价补偿。有过错的一方应当赔偿对方由此所受到的损失；各方都有过错的，应当各自承担相应的责任。法律另有规定的，依照其规定。"案涉股权转让协议被确认无效的情况下，股权受让方名下的股权应当重新变更登记至股权转让方名下，因此，对邱某某请求将案涉股权恢复登记至张某某名下，法院予以支持。

【参考裁判文书】最高人民法院（2018）最高法民终851号张某某、天津鑫意祥工贸有限公司与邱某某、天津开发区兰德玛克投资管理有限公司确认合同无效纠纷一案民事判决书。

（八）关于标的公司为股权转让款支付义务主体或承担连带责任约定效力裁判说理示范

【适用情形】股权转让合同的权利义务主体应是转让股东与受让方，标的公司并非合同相对方，故公司股东之间相互转让股权时约定公司为受让方的股权转让款支付义务，可能会导致股东以股权转让的方式从公司抽回出资的后果，构成实质意义上的抽逃出资，因此该约定无效。

【说理示范一】关于彭某与受让方约定标的公司连带承担支付股权转让款的责任是否有效的问题。本案中,彭某依据《股权转让协议》关于标的公司自愿对陈某某所欠的全部股权转让款本息承担连带给付责任的约定,诉请标的公司对陈某某欠付的股权转让款承担连带偿还责任。

其一,该条约定不符合《公司法》关于公司为其股东提供担保必须经股东会或股东大会决议的规定。《公司法》第16条规定:"公司向其他企业投资或者为他人提供担保,依照公司章程的规定,由董事会或者股东会、股东大会决议;公司章程对投资或者担保的总额及单项投资或者担保的数额有限额规定的,不得超过规定的限额。公司为公司股东或者实际控制人提供担保的,必须经股东会或者股东大会决议。前款规定的股东或者受前款规定的实际控制人支配的股东,不得参加前款规定事项的表决。该项表决由出席会议的其他股东所持表决权的过半数通过。"本案《股权转让协议》是彭某、陈某某与标的公司签订,约定标的公司自愿对陈某某应支付给彭某的股权转让款承担连带给付责任。虽然协议未使用"担保"一词,但条款的性质与担保无异,当事人约定同样不能违反公司治理的基本原则。陈某某签订《股权转让协议》时为标的公司的股东和法定代表人,其未经标的公司股东会决议即以公司名义为其个人债务承担连带给付责任,违反了《公司法》的上述规定,其行为依法属于越权代表行为。《民法典》第504条规定:"法人的法定代表人或者非法人组织的负责人超越权限订立的合同,除相对人知道或者应当知道其超越权限外,该代表行为有效,订立的合同对法人或者非法人组织发生效力。"彭某与陈某某签订《股权转让协议》时,明知标的公司并非只有陈某某一位股东,本应审查陈某某以标的公司名义为其个人提供担保是否符合《公司法》第16条第2款规定,但其未要求陈某某出示标的公司同意担保的股东会决议,也未提供证据证明其有理由相信该行为已经标的公司股东会决议同意,故其自身存在明显过错,属于《民法典》第504条规定的应当知道陈某某的行为属于超越权限的行为人,不属于善意相对人。因此,陈某某的越权代表行为不符合《民法典》第504条规定的有效情形。

其二,该条约定不符合《公司法》关于股东缴纳出资后不得抽回的规定。《公司法》第35条规定:"公司成立后,股东不得抽逃出资。"涉案股权彭某与陈某某均为标的公司股东,两人之间发生股权转让,约定由标的公司对受让方欠付的股权转让款本息承担连带给付责任,即意味着在陈某某不能支付股权转让款的情况下,标的公司应向转让股东支付股权转让款,从而导致股东以股权转让的方式从公司抽回出资的后果。公司资产为公司所有债权人债权的一般担保,《公司法》规定股东必须向公司缴纳其认缴的注册资本金数额,公司必须在公司登记机关将公司注册资本金及股东认缴情况公示,在未经公司注册资本金变动及公示程序的情况下，股东不得以任何形式用公司资产清偿其债务，否则构成实质意义上的抽逃出资。

综上所述，涉案《股权转让协议》中关于标的公司对陈某某欠付彭某的股权转让款本息承担连带给付责任的约定应认定为无效。

【参考裁判文书】湖南省高级人民法院（2019）湘民终290号彭某诉陈某某、湖南嘉茂房地产开发有限公司股权转让纠纷一案民事判决书。

【说理示范二】《公司法》第3条第1款规定："公司是企业法人，有独立的法人财产，享有法人财产权。公司以其全部财产对公司的债务承担责任。"第35条规定："公司成立后，股东不得抽逃出资。"第177条规定："公司需要减少注册资本时，必须编制资产负债表及财产清单。公司应当自作出减少注册资本决议之日起十日内通知债权人，并于三十日内在报纸上公告。债权人自接到通知书之日起三十日内，未接到通知书的自公告之日起四十五日内，有权要求公司清偿债务或者提供相应的担保。"根据上述规定，股东出资形成有限责任公司全部法人财产，是公司对外承担债务的责任保证，非经法定程序，股东不得撤回对公司的出资，减少公司财产。为了防止因公司减资导致债权人的利益受损，《公司法》规定公司减资必须公告，债权人知悉后可以要求公司清偿债务或提供相应担保。本案中，受让方与转让方均为标的公司内部人员，在无相反证据情况下，应推定双方对于公司财产状况均充分知晓。受让方将自身应承担的向转让方支付股权转让款的义务转嫁给标的公司，却未给予标的公司对等利益，该转嫁债务行为必然导致标的公司财产减损，从而降低标的公司对外承担债务的保证能力。由于本案股权转让双方均属于标的公司内部人员，本案不存在基于保护公司外部善意债权人利益而由标的公司先行对外承担责任再对内追责的情形，故标的公司为内部人员之间进行的股权转让行为支付价款，侵犯了公司财产权，属于《公司法司法解释（三）》第12条规定的"利用关联交易将出资转出"或"其他未经法定程序将出资抽回的行为"，应认定为股东抽逃出资行为，不具有法律效力。不过，该条款属双方对股权转让协议履行方式约定，并不影响股权转让协议效力，本案股权转让交易双方应当继续履行协议。

【说理示范三】其一，《公司法》第16条第2款、第3款规定："公司为公司股东或者实际控制人提供担保的，必须经股东会或者股东大会决议。前款规定的股东或者受前款规定的实际控制人支配的股东，不得参加前款规定事项的表决。该项表决由出席会议的其他股东所持表决权的过半数通过。"本案中，股权转让方通过签订股权转让协议将标的公司股权转让给股权受让方，标的公司在股权转让协议上盖章，同意对股权转让款进行担保，依照《公司法》第16条规定，股权受让方作为公司变更后的法定代表人及公司唯一股东，对该担保事项无表决权，故本案公司为股权受让方支付股权转让款提供担保事项的决议实际上不存在有表决权的股东。

其二，从资本维持原则出发，《公司法》第 177 条规定："公司需要减少注册资本时，必须编制资产负债表及财产清单。公司应当自作出减少注册资本决议之日起十日内通知债权人，并于三十日内在报纸上公告。债权人自接到通知书之日起三十日内，未接到通知书的自公告之日起四十五日内，有权要求公司清偿债务或者提供相应的担保。"即非经法定程序，禁止公司回购本公司股份。公司存续期间应维持与其注册资本相当的资本，以保护债权人利益和社会交易安全。本案股权转让方主张标的公司为股权受让方支付股权转让剩余款项承担担保责任，则无异于以公司资产为股权转让买单，违反资本维持原则的基本要求。《公司法》规定股东须向公司缴纳其认缴的注册资本金数额，公司须在登记机关将注册资本金及股东认缴的情况公示，在未经注册资本金变动及公示程序的情况下，公司股东不得以任何形式用公司资产清偿其债务，否则构成实质上抽逃投资。标的公司在本案中的保证行为虽非直接抽逃出资，但会实际造成公司资本不当减少，会损害公司及债权人合法权益，应予否定评价。

（九）关于涉矿业权股权转让合同效力的裁判说理示范

【适用情形】涉矿业权股权转让合同的效力认定。

【说理示范一】关于股权转让方提出的本案所涉合同"名为股权转让实为矿权转让"应当认定无效的问题。根据本案查明的事实，股权转让方与股权受让方签订股权转让协议，约定转让方将其在某工贸公司的原始股份额 × 万元，以 × 万元转让给受让方。协议中约定了部分股权转让款的支付时间，同时约定余款在受让方进入 × 市 × 煤矿、转让方将财务和资产证件等手续移交完毕、受让方变更为常某堡矿业公司董事等事项完成后支付。此后，受让方依约向转让方支付股权转让款 × 万元，某工贸公司进行了股东变更登记，法定代表人亦由转让方变更为受让方。上述约定及履行情况表明，双方就转让某工贸公司的股权达成了一致的意思表示，受让方依约定向转让方支付了部分股权转让款，双方亦在工商管理部门进行了股东变更登记。协议中虽有受让方进入 × 市 × 煤矿、受让方变更为常某堡矿业公司董事等内容，但该约定属双方为履行股权转让协议而设定的条件，并不改变受让方受让某工贸公司股权的交易性质及事实。某工贸公司为常某堡矿业公司的股东，采矿权也始终登记在常某堡矿业公司的名下，因此，本案的股权转让协议不存在转让采矿权的内容，实际履行中亦没有实施转让采矿权的行为，转让方的该项上诉理由没有事实和法律依据，本院不予支持。

【参考裁判文书】最高人民法院（2014）民二终字第48号艾某、张某某诉刘某某股权转让纠纷一案民事判决书。

【说理示范二】虽然《探矿权采矿权转让管理办法》第10条和《城市房地产管理法》第38条、第39条对矿业权、土地使用权的转让作了限制性规定，但矿业权、土地使用权与股权是两种不同的民事权利，其性质、内容及适用的法律应有所区别。如果仅转让公司股权而不导致权利主体的变更，不属于法律、行政法规规定的须办理批准、登记等手续才生效的合同。至于转让后公司股东的变更，属公司的内部事务，并未为法律所禁止，公司作为独立的法人主体是持续存在的，其内部股权发生变化，对其名下土地使用权、矿业权的归属不会造成影响，不构成以合法的股权转让形式，逃避行政监管，实现实质上非法的权利转让的目的。从本案双方当事人签订的整体收购标的公司协议和股权转让协议及相关补充协议内容看，双方当事人的真实意思是转让标的公司的全部股权，股权受让方因此取得标的公司及其全部资产的控制权，包括属于公司资产的矿业权、土地使用权等。股权转让均会伴随资产控制权的主体发生变化，目前尚无对此类变化应办理相关审批手续的规定。因此，以转让公司股权的方式实现企业资产转让，不违反国家强制性规定，应认定股权转让行为合法有效。

【参考裁判文书】最高人民法院（2018）最高法民终199号大同中建伟业房地产开发有限公司与李某、张某、西安安盛置业有限公司、大同市益同房地产开发有限责任公司、段某某股权转让纠纷一案二审民事判决书。

（十）关于涉房地产项目股权转让合同效力裁判说理示范

【适用情形】通过股权转让方式实现房地产项目转让的交易行为有效。

【说理示范】林某某等三人于2002年11月12日期间先后与祥某公司、华某某和盛某公司签订了《股权转让协议》《项目转让协议》《协议书》，约定采取盛某公司股东向祥某公司转让该公司全部股权的方式转让"紫茵山庄"项目，通过股权转让的方式实现对房地产项目的转让并不违反法律和行政法规的禁止性规定，涉案协议应认定为有效，理由如下：

首先，本案股权转让不违反《公司法》的规定。理论上，股权作为股东的一项固有权利，自由转让性为其应有属性。股权的转让性使股权具有价值和价格，让股权得以游离于公司资本之外而自由流转，其流通不影响公司资本及经营的稳定性；股权的转让性使股东利益与公司的资本维持达成一致，若股东对按多数决议形成的公司决策不满，或不愿忍受投资回收的长期性，可通过转让股权达到目的，而股权的转让又不影响公司的正常运转；股权的转让性使股东对公司的股权约束强化，即股东可以通过转让股权的形式对公司施加强有力的股权约束，使公司营运符合股东资本增值的意愿。关于有限责任公司股权转让问题，《公司法》第 71 条规定："……股东向股东以外的人转让股权，应当经其他股东过半数同意。股东应就其股权转让事项书面通知其他股东征求同意，其他股东自接到书面通知之日起满三十日未答复的，视为同意转让。其他股东半数以上不同意转让的，不同意的股东应当购买该转让的股权；不购买的，视为同意转让。经股东同意转让的股权，在同等条件下，其他股东有优先购买权……"也就是说，有限责任公司股东在对外转让股权时只要经其他股东半数同意、不侵害公司其他股东的优先购买权即可。本案中，盛某公司股东只有林某某等三人，他们在对外转让股权时不存在需要经过其他股东同意的问题，更不存在侵犯其他股东优先购买权的问题，股权转让符合法律规定。

其次，本案各方当事人均没有回避以转让股权方式转让房地产开发项目的问题。《项目转让协议》第 1 条即明确约定："采用甲方（盛某公司）股东向乙方（祥某公司）转让甲方股权的形式，转让后，现甲方的全部股权将由乙方及其指定的公司持有。盛某公司的法人资格和项目开发资格保持不变并持续，从而达到乙方持有'紫茵山庄'项目的目的。"由此，本案各方当事人均没有回避以转让股权方式转让房地产开发项目的事实，不存在以合法手段掩盖非法目的的问题。

最后，本案股权转让不存在逃避房地产业监管的问题。现行法律并不禁止房地产开发项目的转让，只是对开发资质、转让条件等进行了规定。《城市房地产开发经营管理条例》第 9 条对开发资质规定："房地产开发主管部门应当根据房地产开发企业的资产、专业技术人员和开发经营业绩等，对备案的房地产开发企业核定资质等级。房地产开发企业应当按照核定的资质等级，承担相应的房地产开发项目。具体办法由国务院建设行政主管部门制定。"《城市房地产管理法》第 39 条第 1 款对转让条件规定："以出让方式取得土地使用权的，转让房地产时，应当符合下列条件：（一）按照出让合同约定已经支付全部土地使用权出让金，并取得土地使用权证书；（二）按照出让合同约定进行投资开发，属于房屋建设工程的，完成开发投资总额的百分之二十五以上，属于成片开发土地的，形成工业用地或者其他建设用地条件。"本案中，祥某公司虽然通过受让盛某公司全部股权的方式取得盛某公司的"紫茵山庄"房地产项目控制权，但祥某公司持有盛某公司 100% 股权后与盛某公司仍属两个相互独立的民事主体，"紫茵山庄"项目仍属于盛某公司的资产，并未因股权转让而发生流转，盛某公司的法人资格和开发资质均没有发生改变。因此，本案不存在以转让公司股权的方式转让房地产项目以规避房地产业法律监管的问题。

【参考裁判文书】最高人民法院（2015）民抗字第 14 号珠海祥和置业有限公司、珠海市盛鸿置业有限公司、张某与林某某等 3 人股权转让合同纠纷一案民事判决书。

（十一）关于新老股东对标的公司转让前后债权债务分割处理约定效力裁判说理示范

【适用情形】新老股东对标的公司转让前后债权债务分配处理不影响股权转让合同的效力。

【说理示范】林某某等三人于 2002 年 11 月 12 日期间先后与祥某公司、华某某和盛某公司签订了《股权转让协议》《项目转让协议》《协议书》，约定在协议签订前盛某公司所发生的债权债务均由林某某等三人享有并负责处理，同时明确盛某公司的部分资产剥离给林某某等三人。结合案情及法律规定，本案关于将"紫茵山庄"外的全部债权债务剥离给林某某等三人的约定，在没有证据证明损害债权人利益的情况下，应认定为有效，具体理由如下：《项目转让协议》约定"双方确认除协议书涉及的'紫茵山庄'项目外，在协议书签订前盛某公司所发生的其他债权债务均由林某某、汤某、林某芳享有并负责处理，与祥某公司及股权变更后的盛某公司无关""协议书签订后一年内，林某某等三人应尽可能将协议书签订前所发生的除'紫茵山庄'外的其他债权债务从盛某公司剥离完毕"。原审判决认为该约定属于抽逃出资，违反了公司法的禁止性规定，根据《合同法》第 52 条第 1 款第 5 项规定[①]，应认定协议无效。所谓抽逃出资，是指在公司验资注册后，股东将所缴出资暗中撤回，却仍保留股东身份和原有出资数额的欺诈行为。因该种行为侵犯了公司的财产权，违反了资本维持原则，并可能侵犯公司债权人的利益，因而被法律所不允。对此，《公司法司法解释（三）》第 12 条规定："公司成立后，公司、股东或者公司债权人以相关股东的行为符合下列情形之一且损害公司权益为由，请求认定该股东抽逃出资的，人民法院应予支持：（一）制作虚假财务会计报表虚增利润进行分配；（二）通过虚构债权债务关系将其出资转出；（三）利用关联交易将出资转出；（四）其他未经法定程序将出资抽回的行为。而在本案中，协议各方只是针对公司的债权债务进行了约定，并不属于上述公司法司法解释具体列举的股东抽逃出资的情形，也未损害公司权益和债权人利益。事实上，股权转让前盛某公司正处于严重资不抵债状态，而在股权转让后由受让方盛某公司清偿了 × 万元债务，说明在协议签订后盛某公司

[①] 对应《民法典》第 153 条规定："违反法律、行政法规的强制性规定的民事法律行为无效。但是，该强制性规定不导致该民事法律行为无效的除外。违背公序良俗的民事法律行为无效。"

的债务清偿能力并没有减弱,也并没有侵犯公司债权人利益。因此,原审判决认为"林某某等三人与祥某公司在明知盛某公司负有巨额债务而未予清理且未经盛某公司债权人同意情况下,将盛某公司的部分资产从公司资产中剥离,并将公司债务在新老股东之间进行划分转移,由此造成盛某公司法人财产在股东变动过程中大幅减少,削弱了公司的偿债能力,侵犯了公司所有债权人的合法权益"。与协议的实际履行情况和盛某公司债务的实际清偿情况不符。本案还涉及股东不得抽逃出资的规定属于管理性规定还是效力性规定的问题。管理性规定旨在管理和处罚违反规定的行为,以禁止其行为为目的,但并不否认该行为在民商法上的效力;效力性规定以否定法律效力为目的,作用在于对违反者加以制裁,以禁遏其行为,此类规范不仅旨在处罚违反的行为,而且意在否定其民商法上的效力。虽然《公司法》第35条规定"公司成立后,股东不得抽逃出资",但法律并未明确规定违反该规定将导致合同无效,而是在《公司法》及其司法解释中规定了违反该规定应承担的法律责任。首先,民事责任。包括对公司和其他股东的民事责任及对公司债权人的民事责任两种。对于第一种情况,《公司法司法解释(三)》第14条第1款规定:"股东抽逃出资,公司或者其他股东请求其向公司返还出资本息、协助抽逃出资的其他股东、董事、高级管理人员或者实际控制人对此承担连带责任的,人民法院应予支持。"对于第二种情况,《公司法司法解释(三)》第14条第2款规定:"公司债权人请求抽逃出资的股东在抽逃出资本息范围内对公司债务不能清偿的部分承担补充赔偿责任、协助抽逃出资的其他股东、董事、高级管理人员或者实际控制人对此承担连带责任的,人民法院应予支持;抽逃出资的股东已经承担上述责任,其他债权人提出相同请求的,人民法院不予支持。"《公司法》第20条第3款还规定:"公司股东滥用公司法人独立地位和股东有限责任,逃避债务,严重损害公司债权人利益的,应当对公司债务承担连带责任。"其次,行政责任。《公司法》第200条规定:"公司的发起人、股东在公司成立后,抽逃其出资的,由公司登记机关责令改正,处以所抽逃出资金额百分之五以上百分之十五以下的罚款。"最后,刑事责任。《公司法》第215条规定:"违反本法规定,构成犯罪的,依法追究刑事责任。"《刑法》也规定了抽逃出资罪。可见,股东抽逃出资,应依法承担相应的民事、行政甚至刑事责任,但并不必然导致民事合同无效。《合同法》第52条关于"违反法律、行政法规的强制性规定"规定中的"强制性规定"是指效力性规定。法律禁止股东抽逃出资是因为抽逃出资不仅损害了公司、其他股东的合法权益,也会导致债权人利益的损害。而在本案中,盛某公司的新股东不仅未对公司资产减少提出异议,反而要求认定涉案协议有效。而从协议的实际履行情况看,也未损害公司债权人的利益,更没有债权人对盛某公司的债务转移提出异议或主张行使撤销权。综上，原审判决依据《合同法》第52条认定本案的股权转让协议无效不当，涉案协议在双方当事人间应认定为有效。而且，认定涉案三份协议有效更符合涉案房地产项目的实际状况。本案中，林某某等三人与祥某公司在平等自愿的基础上签订合同，合同体现了双方的真实意思表示。而且自双方2002年签订合同以来，涉案合同已经实际履行十余年，合同大部分内容均已履行完毕，"紫茵山庄"项目也已全部建成并销售。本着对交易安全和交易秩序的维护，涉案协议不应被认定为无效。

【参考裁判文书】最高人民法院（2015）民抗字第14号珠海祥和置业有限公司、珠海市盛鸿置业有限公司、张某与林某某等3人股权转让合同纠纷一案民事判决书。

（十二）关于工商变更登记不影响股权转让合同效力裁判说理示范

【适用情形】工商变更登记仅是股权变动的宣示性登记，未经登记不代表未取得股权，只是不能对抗善意第三人。

【说理示范】未进行工商变更登记会否影响股权转让合同的效力。关于某投资公司向科某通公司转让标的公司35.88%股权的生效时间问题。本案中，某投资公司向科某通公司转让标的公司35.88%股权的行为涉及三个日期：一是2001年2月27日即该股权《转让协议书》签订日期；二是2001年3月19日即国有资产管理部门批准股权转让的日期；三是2001年4月6日即工商行政管理部门办理该股权变更登记的日期。尽管依据《合同法》第44条第1款[①]关于"依法成立的合同，自成立时生效"的规定，本案所涉某投资公司转让标的公司35.88%股权的行为应自2001年2月27日生效，但由于某投资公司为国有企业，该国有资产的转让应经国有资产管理部门批准，根据《合同法》第44条第2款[②]关于"法律、行政法规规定应当办理批准、登记等手续生效的，依照其规定"的规定，本案所涉股权转让行为应自办理批准、登记手续时生效。关于本案所涉标的公司35.88%股权转让行为生效时间应当是国有资产管理部门批准转让之日即2001年3月19日，还是工商行政管理部门办理股权变更登记的日期即2001年4月6日的问题。我国《公司法》并未明确规定股权转让合同是否以工商变更登记为生效条件，《公司法》第32条规

[①] 对应《民法典》第502条第1款："依法成立的合同，自成立时生效，但是法律另有规定或者当事人另有约定的除外。"

[②] 对应《民法典》第502条第2款："依照法律、行政法规的规定，合同应当办理批准等手续的，依照其规定。未办理批准等手续影响合同生效的，不影响合同中履行报批等义务条款以及相关条款的效力。应当办理申请批准等手续的当事人未履行义务的，对方可以请求其承担违反该义务的责任。"

定，登记事项发生变更的，应当办理变更登记。《公司登记管理条例》（2005年修订）第35条[①]规定："有限责任公司股东转让股权的，应当自转让股权之日起30日内申请变更登记。"但上述规定并不能说明工商登记是股权转让的效力要件。就股权转让行为的性质而言，股权转让实质上是在公司内部产生的一种民事法律关系，股权转让合同签订后，是否办理工商变更登记，属于合同履行问题；就股权转让行为的外部效果而言，股权的工商变更登记仅为行政管理行为，该变更登记并非设权性登记，而是宣示性登记，旨在使公司有关登记事项具有公示效力。因此，是否进行工商变更登记，对股权转让合同的效力问题不应产生影响，工商登记并非股权转让合同效力的评价标准。质言之，股权转让合同签订后，是否办理工商变更登记，不应影响股权转让行为是否生效或有无效力，仅影响当事人是否违约以及股权转让是否具备对抗第三人的效力。因此，本案所涉标的公司35.88%股权转让行为的生效时间应当是2001年3月19日，即国有资产管理部门批准转让之日。

【参考裁判文书】最高人民法院（2007）民二终第32号浦公堂公司与南山投资公司撤销权纠纷一案民事判决书。

（十三）关于外商投资主体受让义务教育或普通高中教育学校股权无效裁判说理示范

【适用情形】我国普通高中义务教育机构属于限制外商投资项目，外商投资主体通过股权转让方式受让开设义务教育或普通高中教育学校主体股权属于主体不适格，应确认为无效。

【说理示范】《民办教育促进法》第10条第1款规定："举办民办学校的社会组织，应当具有法人资格。"《指导外商投资方向规定》第4条规定："外商投资项目分为鼓励、允许、限制和禁止四类。鼓励类、限制类和禁止类的外商投资项目，列入《外商投资产业指导目录》。不属于鼓励类、限制类和禁止类的外商投资项目，为允许类外商投资项目。允许类外商投资项目不列入《外商投资产业指导目录》。"而《外商投资产业指导目录》（2015年修订）载明：普通高中教育机构外商投资限于合作、中方主导；义务教育机构禁止外商投资。因此，根据我国法律和行政法规，普通高中教育机构属于限制外商投资项目，义务教育机构属于禁止外商投资项目。经查：某州科技中学《民办非企业单位登记证书》载明，某州科技中学办学范围为全日制高中、初中

[①] 《市场主体登记管理条例》自2022年3月1日起施行，《公司登记管理条例》废止。《市场主体登记管理条例》第24条规定："市场主体变更登记事项，应当自作出变更决议、决定或者法定变更事项发生之日起30日内向登记机关申请变更登记。市场主体变更登记事项属于依法须经批准的，申请人应当在批准文件有效期内向登记机关申请变更登记。"

教育；该校《民办学校办学许可证》载明，学校类型为普通完全教育，办学内容为初中、高中普通教育。因此，根据上述事实，一审判决认定某州科技中学的办学内容包括全日制义务教育，汇某公司受让案涉股权主体不适格，其合同目的不能实现，双方签订的《某州科技中学收购协议书》《补充协议书》违反了国家法律法规的强制性规定，应确认为无效，具有事实和法律依据。李某某、洪某某上诉主张一审判决认定案涉协议无效错误，理由不能成立，本院不予支持。

【参考裁判文书】最高人民法院（2021）最高法民终 332 号李某某、洪某某与汇忠控股有限公司及陈某某股权转让纠纷一案民事判决书。

（十四）关于股权受让人通过受让股权而实现对公司财产的控制并不违反强制性规定裁判说理示范

【适用情形】股权受让人通过股权转让协议受让公司股权方，实现对公司财产的控制，因公司财产并不直接属于公司股东，相关协议不违反法律法规规定，合法有效。

【说理示范】公司是企业法人，有独立的法人财产，享有法人财产权，公司的财产并不直接属于公司股东，本案探矿权的权利主体是某环矿业公司。朱某某、林某某、司某某作为某环矿业公司的股东签订 2728 协议，约定将某环矿业公司一号矿山矿权及铁选矿厂所属权转让，但朱某某、林某某、司某某并非上述财产的权利人。该协议约定了所转让的财产对应的股权比例，协议依据各自的股权份额对公司经营权进行了分割，约定了办理股权变更手续。根据该协议的具体内容，应认定为股权转让协议。该协议不违反法律法规规定，合法有效。双方当事人应当按照该协议约定履行合同约定的义务。林某签订 2728 协议的目的在于成为某环矿业公司的股东参与公司经营，该协议签订后，受让方投资修建了厂房和输电线路，交纳了相关费用，已实际参与公司经营。之后一号矿山的探矿权进行了两次延续，后因未按时交费致探矿权证逾期。2728 协议附有探矿权证，该探矿权证上记载了探矿权的期限，受让方在协议签订之后也参与了探矿权的续期，可见受让方对探矿权需要延续的事实明知。之后探矿权证因未按期交费而逾期，是公司经营期间双方当事人对公司内部事务未能妥善处理导致，不影响协议目的的实现。对于受让方所称的因再审申请人的承诺行为导致二号探矿权不能延续致使公司财产减少，是公司经营过程中公司内部事务的处理问题，不影响 2728 协议的目的。本案不符合《合同法》第 94 条①规定的合同法定解除的情形，双方亦未在协议中

---

① 对应《民典》第 563 条。

约定合同的解除条件，原判决认定 2728 协议目的无法实现，从而判决解除合同，适用法律错误，本院予以纠正。双方当事人应当继续履行 2728 协议。2728 协议第 2 条约定，转让价款为 2728 万元，双方签订协议前受让方交付定金 500 万元，协议签订时受让方再交付定金 1500 万元，待双方办理股权变更时付余款 728 万元。受让方支付 1870 万元转让款后再未支付。再审申请人在之前诉讼中于 2014 年 5 月 13 日庭审时提出协助受让方办理股权变更登记，受让方拒绝。剩余款项的支付不因受让方拒绝变更股权登记而免除支付义务，受让方林某应当支付剩余转让款 858 万元。

【参考裁判文书】最高人民法院（2020）最高法民再 225 号朱某某、林某某与陈某、林某、司某某、新疆中环矿业有限公司股权转让纠纷一案民事判决书。

（十五）关于国有资产股权未经资产评估而转让违反强制性规定裁判说理示范

【适用情形】全民所有制企业所持有的其他公司的股权属于国有资产，该股权转让时应当进行资产评估，不经资产评估转让股权的行为违反了国有资产应当评估的强制性规定。

【说理示范】本案争议焦点为旅游公司未经评估将其持有的老某地公司 23.8% 的股权以 1 万元价格转让给澄某公司，是否违反了法律法规的强制性规定，《备忘录》第 6 条以及旅游公司与澄某公司签订的《股权转让协议书》是否因此无效。分析如下：

第一，旅游公司已经提供合作条件，具有股东地位，享有股东权益。根据原审判决查明的事实，2000 年 6 月 6 日，某港公司与旅游公司签订《中外合作经营企业章程》，约定合作成立老某地公司。2000 年 9 月 4 日，老某地公司成立，某港公司占股权的 76.2%，旅游公司占股权的 23.8%。旅游公司以取得土地使用权和清场等作为合作条件，某港公司以出资并且完成项目开发建设作为合作条件。某昌公司受让某港公司的股权后，与旅游公司重新签署了《中外合作经营企业合同书》和《中外合作经营企业章程》，但老某地公司合作双方的合作条件未发生变化。根据合作合同和章程的约定，某昌公司的合作条件为投入合作公司项目所需的全部资金并完成项目的开发和建设。某昌公司受让某港公司股权后，2008 年 5 月 22 日，某江市政府向老某地公司颁发了老鹰地项目一期 994.54 亩土地的国有土地使用证，一期土地已经交付老某地公司实际使用。即，在旅游公司转让股权前，一期土地已经完成权属变更登记，旅游公司履行了提供合作条件的合同义务。某昌公司主张旅游公司仅为老某地公司的名义股东，未履行出资义务，不享有股东权益的主张不能成立,本院不予支持。

第二,不经资产评估转让旅游公司股权的行为违反了国有资产应当评估的强制性规定。国务院《国有资产评估管理办法》第3条规定:"国有资产占有单位(以下简称占有单位)有下列情形之一的,应当进行资产评估:(一)资产拍卖、转让;(二)企业兼并、出售、联营、股份经营;(三)与外国公司、企业和其他经济组织或者个人开办外商投资企业;(四)企业清算;(五)依照国家有关规定需要进行资产评估的其他情形。"《企业国有资产评估管理暂行办法》第6条规定:"企业有下列行为之一的,应当对相关资产进行评估:(一)整体或者部分改建为有限责任公司或者股份有限公司;(二)以非货币资产对外投资;(三)合并、分立、破产、解散;(四)非上市公司国有股东股权比例变动;(五)产权转让;(六)资产转让、置换;(七)整体资产或者部分资产租赁给非国有单位;(八)以非货币资产偿还债务;(九)资产涉讼;(十)收购非国有单位的资产;(十一)接受非国有单位以非货币资产出资;(十二)接受非国有单位以非货币资产抵债;(十三)法律、行政法规规定的其他需要进行资产评估的事项。"旅游公司为全民所有制企业,其所持有的老某地公司23.8%的股权属于国有资产,根据上述行政法规的规定,股权转让时应当进行资产评估。即使《备忘录》和《股权转让协议》是解决老某地公司股权的整体并购方案,也不能因此而改变旅游公司的股权属于国有资产的事实,更不能认为对旅游公司股权的进行转让和受让时无须进行资产评估。某江县人民政府未经资产评估,即与骏某公司签订《备忘录》,约定无偿转让旅游公司持有的23.8%的股权及旅游公司与澄某公司签订《股权转让协议书》,将其持有的老某地公司23.8%的股权以1万元对价转让给澄某公司,均违反了上述行政法规和部门规章的强制性规定。案涉股权转让发生于2008年6月16日,《企业国有资产法》自2009年5月1日起施行,该法不具有溯及力,并不适用于本案。骏某公司、某昌公司、澄某公司关于案涉股权转让不属于依法应当评估的范围且没有对股权进行评估的必要的上诉主张不能成立。

第三,骏某公司、某昌公司、澄某公司作为关联公司,在对老某地公司股权进行整体并购的过程中,与某江县人民政府的经办人之间恶意串通,不经评估以极低价格受让旅游公司持有的股权,造成国有资产流失,是《合同法》第52条第2项规定的损害国家、集体或第三人利益的行为。澄某公司与旅游公司签订的《股权转让协议书》及某江县人民政府与骏某公司签订的《备忘录》第6条的内容无效。旅游公司的股权利益应予返还。《企业国有资产评估管理暂行办法》第7条规定:"企业有下列行为之一的,可以不对相关国有资产进行评估:(一)经各级人民政府或其国有资产监督管理机构批准,对企业整体或者部分资产实施无偿划转;(二)国有独资企业与其下属独资企业（事业单位）之间或其下属独资企业（事业单位）之间的合并、资产（产权）置换和无偿划转。"澄某公司受让旅游公司股权不属于上述规章规定的情形，不能进行无偿划转。但在收购老某地公司股权的过程中，骏某公司明知旅游公司是全民所有制企业，仍要求某江县人民政府将旅游公司持有的老某地公司的股权进行无偿转让。李某某作为某江县人民政府推进抚仙湖（太阳山）国际生态旅游休闲度假区项目协调领导小组办公室主任，代表某江县人民政府与骏某公司签署《备忘录》，违反规定承诺将旅游公司持有老某地公司的全部股权无偿过户。在无偿转让面临法律障碍后，骏某公司又主动提出以1万元作为股权转让的对价。对此，李某某向财政局领导"通过气、打过招呼"，致使澄某公司通过与旅游公司签订《股权转让协议书》的方式，仅以1万元取得了旅游公司持有的老某地公司价值4409.95万元的股权。该股权价格严重偏离了股权的真实价值，造成国有资产重大流失。骏某公司及其关联公司的行为构成恶意串通，其民事行为无效。根据《合同法》第52条第2项的规定，某江市政府与骏某公司签订的《备忘录》第6条及澄某公司与澄某公司签订的《股权转让协议书》均应认定为无效。

【参考裁判文书】最高人民法院（2019）最高法民终1815号云南澄江澄阳商务有限公司、骏豪控股有限公司、永昌发展有限公司与澄江市人民政府、澄江县旅游总公司、深圳观澜湖房地产开发有限公司、丘某某、王某某股权转让纠纷一案民事判决书。

（十六）关于"一股二卖"不影响股权转让合同效力裁判说理示范

【适用情形】"一股二卖"行为。

【说理示范】2016年2月19日，龚某1以龚某2为被告、龚某为第三人向宁波市中级人民法院提起股权转让纠纷诉讼，请求龚某2立即支付龚某1款项1.7亿元，并赔偿逾期付款利息损失，龚某2立即办理天某公司股权转让变更手续。该案生效判决认为，龚某2与龚某虽为父子关系，但二者均为独立民事主体，在事先未征得龚某同意，事后亦未取得龚某追认的情况下，《还款协议书》对龚某没有法律约束力。龚某1已经将其名下天某公司的股权转让给龚某，事后又意将该股权转让给龚某2，属于"一股二卖"行为。由于具有股权转让内容的《还款协议书》为龚某1与龚某2的真实意思表示，内容不违反法律、行政法规的强制性规定，其不能仅因"一股二卖"而确认无效。鉴于天某公司的股权至今登记于龚某1、赵某某名下，尚未变更登记于龚某2或其指定的人名下，且龚某2对于天某公司的股权已经转让给龚某的情况也知悉，所以龚某2的受让行为不构成善意取得，龚某2不能取得股权，其只能请求股权转让人承担违约责任。考虑到龚某2不能依据《还款协议书》取得股权，龚某1请求龚某2支付股权转让款并办理股权过户手续缺乏事实和法律依据，判决驳回龚某1的诉讼请求。龚某1对该生效判决没有提起再审申请，亦未举示充分证据推翻生效判决认定的事实，原审法院根据该生效判决已经认定的股权转让事实和约定内容，结合龚某从未对《还款协议书》表示同意或追认的事实，考虑当事人的意思表示、履行能力、天某公司经营情况等，综合认定本案《还款协议书》客观已不具备履行可能，目的不能实现且已经解除，并无不当。龚某1、赵某某申请再审中提交的证据，既不足以证明多个已经发生效力的法律文书认定的事实存在错误，也与本案待证事实的关联性、证明力不足，不能推翻原审判决认定的事实。龚某1在（2016）浙02民初67号案件及本案中主张上述款项为龚某2为弥补龚某1与龚某之间签订的股权转让协议与案涉《还款协议书》之间的差价及违约金等而支付的款项，但对此未能提供证据予以证明，不能成立。

【参考裁判文书】最高人民法院（2020）最高法民申3498号龚某1、赵某某与龚某2合同纠纷一案民事判决书。

（十七）关于股权交易双方是否恶意串通损害转让方配偶利益行为认定裁判说理示范

【适用情形】界定股权交易双方是否存在恶意串通损害转让方配偶权益的情形。

【说理示范】本案的审查重点在于裴某某和张某某之间是否就股权转让和损害王某合法权益两方面存在恶意串通行为，从而确认两人转让某鼎公司股权的行为无效。下面从恶意串通行为的构成要件及其证明标准、王某提供的证据所达到的证明程度以及股东配偶财产权的保护与公司经营稳定性之间的利益平衡三个方面进行分析认定。

1. 从恶意串通的构成要件及其证明标准看

《民法典》规定的恶意串通，一般是指行为人与相对人互相勾结，为谋取私利而实施的损害他人合法权益的民事法律行为。其构成要件包括三方面：一是双方当事人都出于恶意，该"恶意"的含义是明知且具有损害他人的意图，即行为人不仅明知其行为客观上会损害他人利益，而且主观上有损害他人的故意；二是双方当事人之间互相串通，即双方存在意思联络或沟通，并共同配合或共同实施了非法的民事法律行为；三是损害的必须是特定的第三人合法权益。对于恶意串通的证明标准，《民事诉讼法司法解释》第109条规定："当事人对欺诈、胁迫、恶意串通事实的证明，以及对口头遗嘱或者赠与事实的证明，人民法院确信该待证事实存在的可能性能够排除合理怀疑的，应当认定该事实存在。"也就是说，司法解释对恶意串通事实采取了较高的证明标准，即必须高于民事诉讼证据通常适用的高度盖然性证明标准，只有达到排除合理怀疑程度，才能认定恶意串通的行为存在。根据上述分析，本案王某主张裴某某和张某某恶意串通转让股权、损害其合法权益，则必须证明两人不仅明知股权转让行为会损害其合法权益且主观上有此故意，同时实施了串通行为，并达到排除其他合理怀疑的证明标准。

2. 从王某现有证据的证明程度看

综观王某提交的证据材料，主要包括某鼎公司和万某公司的股权结构等基本情况及裴某某与两公司之间的资金往来情况、某鼎公司的历次股权变动、转让价格和资产、利润状况、裴某某与张某某、某鼎公司财务人员之间有关款项支付和财务办理的微信聊天记录等四大类内容，其目的在于说明裴某某与张某某恶意低价处置某鼎公司55%股权及张某某受让的股权转让款来自裴某某。但分析上述证据材料，并无直接证据证明裴某某和张某某之间实施恶意串通股权转让行为从而损害其合法权益的具体内容。也就是说，王某提交的证据材料中并无直接证据证明裴某某和张某某之间存在恶意串通损害其合法权益的证据，其结论源自双方股权转让价格不合理和所付价款来源存疑等事实的推论。具体而言，王某是通过举证证明裴某某低价转让某鼎公司股权并自付转让价款来证明裴某某和张某某的行为是恶意串通。但由于缺少两人之间实施恶意串通行为的直接证据，其提交的全部证据材料显然未达到排除合理怀疑的程度。主要理由是：

第一，王某虽与裴某某出现婚姻纠纷，但其起诉离婚的时间是2018年2月，张某某受让某鼎公司股权在此之前六个月。张某某与裴某某虽同在一个公司，但并无直接证据证明当时其已知道裴某某和王某之间婚姻出现问题且达到离婚并分割或转移财产的程度。事实上，由于夫妻生活的隐秘性，除非当事人主动告知，同单位的人员一般很难知悉本单位其他人员的夫妻感情情况，故张某某对于裴某某和王某的婚姻状况的了解至多只具有一定的可能性。

第二，对于股权转让行为和过程是否合理问题。张某某受让某鼎公司股权有两次，第一次是2017年6月12日分别受让裴某某名下的20%股权和韩某名下的5%股权，工商档案备案的《股权转让协议书》约定的转让价均为1000元。但裴某某和张某某解释称上述《股权转让协议书》只是用于中介机构办理变更登记，并非各方的实际转让协议，实际转让价格按照注册资本计算，即裴某某的20%股权为160万元，韩某的5%股权为40万元，合计总价款200万元，并提供了相应的《股权转让协议》及2017年6月28日张某某通过中国银行深圳市分行向某鼎公司的工商银行深圳分行新世界广场支行账户支付200万元的电子回单，证明张某某实际支付了200万元的股权转让款。

经查，该银行电子回单载明的款项用途是"投资款"。王某虽不认可上述转让价款，但并未提供张某某需投入某鼎公司 200 万元的其他理由和证据，且如果工商档案备案的《股权转让协议书》属实，裴某某持有的 20% 某鼎公司股权和韩某持有的 5% 某鼎公司股权均按 1000 元确定，也不合情理，更与两个月之后的第二次股权转让价相差悬殊。结合当前市场上办理股权转让普遍存在的中介机构以格式《股权转让协议》代替实际协议予以代办的不良现象，裴某某和张某某的这一解释存在一定的合理性。第二次是同年 8 月 24 日受让裴某某名下的 35% 股权，双方协议约定的股权转让价款为 280 万元。对于本次股权转让，王某的异议在于股权实际价值、收款主体等方面。在股权的实际价值方面，包括第一次 25% 股权的价格问题。双方均是按照注册资本的比例计算的，王某认为上述价格显著不合理，其主要依据是其从某鼎公司财务处强行拿走的电脑中单方下载的《2016 年公司利润表》《深圳某鼎 2016 年 12 月清算汇总表》等多份财务资料，而上述财务资料说明某鼎公司 2016 年度纯利润为 800 余万元。但上述财务资料的获取不符合法定程序，原审判决亦已认定其取证行为违反了法律禁止性规定，依法不能作为认定本案事实的依据。虽然根据《民事诉讼证据规定》第 95 条关于"一方当事人控制证据无正当理由拒不提交，对待证事实负有举证责任的当事人主张该证据的内容不利于控制人的，人民法院可以认定该主张成立"的规定，可以推定王某所主张的某鼎公司 2017 年 5 月份资产价值在 1100 万元以上，但并不能简单地根据该资产价值认定双方以公司注册资本 800 万元为股权转让价款计算基数、受让股权就显失公平，更不能以此推定张某某主观上存在恶意。事实上，按照王某的主张，任某某在退出某鼎公司时该公司亦同样存在未分配利润的问题，但其股权转让价格同样是按照所占注册资本的相应比例计算的，只不过将利润和股权转让款分开计算而已。在股权转让款的收取主体方面，正常情况下，股权转让款应当支付给股权转让方，而非目标公司本身，张某某将股权转让款直接支付给某鼎公司确实存在歧义。但裴某某和某鼎公司之前亦存在此类非规范操作，如裴某某和韩某受让任某某退出公司的股权时并未直接支付股权转让款给任某某，而是由某鼎公司直接支付，说明相关各方存在将某鼎公司当作资金交付和运作平台的现象。结合此前裴某某和韩某承接任某某退股时股权转让款由某鼎公司支付、裴某某和韩某未为该部分股权支付对价的事实，裴某某让张某某将股权转让款直接付给某鼎公司，从而填补该项空缺，亦符合常理。至于裴某某自己名下已付股权对价的 15% 股权的转让款 120 万元，裴某某已解释其个人安排给某鼎公司周转。综合以上几点考虑，在没有证据证明张某某与某鼎公司另有投资或其他交易的情况下，不能排除张某某支付给某鼎公司共计 480 万元投资款为股权转让款的可能性。

第三，对于张某某所付股权转让价款的来源。王某认为张某某所支付的第二次股权转让款实际来自裴某某，其主要证据包括裴某某与张某某及万某公司、某鼎公司相关人员的聊天记录、裴某某与万某公司以及万某公司与张某某之间的资金往来等，但上述证据均为间接证据，并无明确裴某某付给万某公司 270 万元是为张某某支付股权转让款的内容，且时间在张某某受让股权近三个月以后，不符合正常串通策划的特征，而裴某某付给万某公司的凭证已注明为"股权投资款"，裴某某亦说清了支付该笔款项的来龙去脉，同时，张某某还提交了其与万某公司之间的借款协议。由此可见，该笔款项涉及多个主体利益和多重法律关系，王某主张张某某 2017 年 12 月付给某鼎公司 280 万元来源于裴某某的此笔款项，依据明显不足。如果根据现有证据将上述一系列资金往来行为认定为恶意串通行为，则一旦这些行为涉讼，必须被认定无效并判决返还相应款项，否则即与本判决相矛盾。在原审判决认为这些行为的处理涉及某鼎公司和万某公司等案外人利益、不能作出肯定性结论的前提下，认定这些行为属于恶意串通行为，亦明显不当。

第四，对于裴某某转让股权后是否实际控制某鼎公司。王某主张裴某某将某鼎公司全部股权转让后仍实际控制某鼎公司，其主要依据是裴某某与某鼎公司财务人员的微信聊天记录及其与某鼎公司的大额款项往来，但如前所述，王某未能提供上述证据材料的原始载体，其下载这些证据材料时亦未进行公证，获取途径不符合法定程序，且未提供相关当事人或银行付款记录予以佐证。根据《民事诉讼证据规定》第 15 条第 2 款关于"当事人以电子数据作为证据的，应当提供原件。"的规定，王某该方面证据材料依法不能作为认定本案事实的依据。退而言之，即使上述证据材料属实，与裴某某现仍为某鼎公司法定代表人的身份亦相符，但不能达到裴某某实际仍为该公司股东的证明标准。

3. 从维护公司安定性和债权人利益角度看

公司股权转让不仅涉及股权转让和受让双方的利益，还关系到公司自身治理的稳定性及其他股东和债权人等多方利益平衡。正是基于上述考虑，《公司法司法解释（四）》第 21 条第 1 款对恶意串通损害其他股东优先购买权的行为并未简单规定一律无效，其规定："有限责任公司的股东向股东以外的人转让股权，未就其股权转让事项征求其他股东意见，或者以欺诈、恶意串通等手段，损害其他股东优先购买权，其他股东主张按照同等条件购买该转让股权的，人民法院应当予以支持，但其他股东自知道或者应当知道行使优先购买权的同等条件之日起三十日内没有主张，或者自股权变更登记之日起超过一年的除外。"本案同属恶意串通损害他人合法权益情形，其对象虽非其他股东的优先购买权，而是股东配偶的财产权益，但股东家庭之间的矛盾和纠纷同样应以不影响公司及其债权的合法权益为前提，两者保护的限度在法理上是相同的。自某鼎公司股权最后一次变更登记至张某某名下之日，到王某2018年10月底提起本案诉讼，已经超过一年。比照上述司法解释精神，其请求同样不应获得支持。综上所述，裴某某和张某某未按原审法院要求举证，不符合《民事诉讼法》的要求，应予批评。但是，王某作为原告，应当首先对其主张的"恶意串通"事实承担证明责任，并达到排除合理怀疑的证明标准，不能因为裴某某和张某某未按要求提供其掌握的证据或者相关陈述出现前后不一即推定两人之间存在恶意串通的行为，原审判决对上述证明标准的理解以及对相关事实的认定明显有误。裴某某和张某某上诉理由的合理部分，本院予以采纳。鉴于王某主张裴某某和张某某恶意串通损害其合法权益证据不足，对其主张本院难以采信。王某与裴某某之间婚姻纠纷属家庭内部关系，裴某某对外转让某鼎公司股权如果确属私自转移夫妻共同财产的行为，王某可以依照《婚姻法》第47条[①]关于离婚时隐藏财产或伪造债务的规定依法处理，以保护自己的合法权益。

【参考裁判文书】深圳市中级人民法院（2020）粤03民终18566号裴某某、张某某与王某股权转让纠纷一案民事判决书。

五、关于撤销股权转让合同裁判说理示范

（一）关于标的公司资产状况不良是否构成欺诈裁判说理示范

【适用情形】股权受让方对标的公司资产应承担尽职调查的注意义务，以欺诈、重大误解、显失公平为由撤销股权转让合同需承担证明责任。

【说理示范】其一，股权受让方以其实际接手经营标的公司后单方委托的中介机构所作资产评估报告及经营状况的专项审计报告为依据主张涉案股权转让协议构成欺诈及显失公平应予以撤销。由于评估审计目的及评估基准日不同，股权受让方所提交的评估与审计资料是否充分全面会对结论产生影响。其所提交的资产评估报告及经营状况专项审计报告并不能充分证明涉案股权转让时标的公司的实际资产数额及账目状况。而且，涉案标的股权转让是整体转让，包括资产、负债、有形资产、无形资产以及对该股权未来升值空间的期待利益，标的公司实际财产情况并不能完全等同于公司股权实际价值，公司经营状况与股权转让价格之间不能是绝对的对应关系。股权受让方如要参照标的公司的实际财产状况商定转让价格，其完全可以并应该在双方转让

[①] 对应《民法典》第1092条。

股权之前通过委托审计部门进行审计或其他方式考察标的公司的资产情况。

其二，涉案股权转让价款由交易双方协商达成。交易价格关乎签约双方基本利益和权益，是双方所重点关注的合同核心内容和主要条款。涉案股权转让协议内容可以反映出双方在充分协商基础上最终确定相关股权的转让价格。股权受让方作为市场商事主体，对标的公司股权实际价值以及转让价值是否合理，应当具有专业知识及判断能力。

其三，《公司法》作为商事立法，其最基本价值取向是效益，即效益优先。涉案股权转让协议签订后，股权受让方不仅多次承诺付款，并办理了股权转让的变更手续，且已实际经营标的公司。从维护现有法律关系稳定角度出发，应通过工商登记的变更认定交易主体变更，以维护交易相对人及第三人的合理信赖利益。

其四，本案股权受让方未能提交充分证据证明对方当事人在订立协议时隐瞒真相，致使双方权利和义务明显违反公平、等价有偿原则，从而导致合同内容显失公平，其所提交的现有证据不足以证明对方在签订协议时存在欺诈行为。

（二）关于转让方未披露标的公司对外巨额担保构成欺诈转让裁判说理示范

【适用情形】转让方在担任法定代表人期间以公司名义擅自对外提供巨额担保，但在转让股权时未披露该事实，构成欺诈。

【说理示范】《民法典》第 500 条规定，当事人在订立合同过程中，故意隐瞒与订立合同有关的重要事实或提供虚假情况，给对方造成损失的，应承担损害赔偿责任。因此，信息披露义务属合同订立过程中的法定先合同义务。具体到股权转让中，股权转让标的虽为标的公司股权，但股权作为一种具有财产价值的权利，其交易价格主要取决于标的公司的经营状况，转让方依法负有相应信息披露义务。

转让方在转让股权时，应披露与股权直接相关的信息，如股权份额、登记状况、有无抵押、实缴出资情况等。此外，转让方是否负有标的公司对外担保诉争信息的披露义务，应根据其股权份额、任职情形等具体案情判断。对于中小股东，一般不参与公司的经营管理，缺乏对公司重要信息的了解途径，无义务向受让方提供相关信息。如果转让方为标的公司大股东或实际控制公司的股东，因其参与公司经营管理，了解公司相关信息，应认定负有相关披露义务。

本案中，转让方担任标的公司法定代表人期间，擅自以公司名义对外作出巨额担保，故其在转让其股权时，应当向受让方披露该对外担保的情况。由于标的公司对外担保情况对受让方作出股权受让决定具有重要影响，转让方有能力、有义务披露该担保情况，却未向受让方告知该事实，属于故意隐瞒真实情况。受让方基于标的公司不存在巨额对外担保的认知签订涉案股权转让协议，该后果与转让方不履行披露义务之间存在因果关系，构成欺诈。因此，涉案股权转让合同应予以撤销。

【参考裁判文书】北京市第二中级人民法院（2017）京02民终10153号李某某诉张某某股权转让纠纷一案民事判决书。

（三）关于转让方是否构成欺诈转让裁判说理示范

【适用情形】认定股权转让合同是否属于受欺诈而签订。

【说理示范】义某康公司主张其受欺诈而签订《股权转让协议》，案涉协议应予撤销。法院对此评析如下：首先，《民事诉讼法司法解释》第109条规定："当事人对欺诈、胁迫、恶意串通事实的证明，以及对口头遗嘱或者赠与事实的证明，人民法院确信该待证事实存在的可能性能够排除合理怀疑的，应当认定该事实存在。"也就是说，司法解释对欺诈事实采取了较高的证明标准，即必须高于民事诉讼证据通常适用的高度盖然性的证明标准。只有达到排除合理怀疑程度，才能认定欺诈行为的存在。根据上述分析，义某康公司主张其受欺诈而签订《股权转让协议》，则必须证明存在欺诈的事实，且应达到排除其他合理怀疑的证明标准。其次，《股权转让协议》第2条约定："本协议签署之前，王某某先生详尽告知义某康公司海某升公司各种债权债务数据，并告知其所认缴海某升公司注册资金尚未到位。"第3条第1款约定："王某某愿将其所持海某升公司70%的股权以250万元整价格转让给义某康公司，义某康公司经核查海某升公司资产、负债和净资产后同意以该对价受让。"据此，应视为《股份转让协议》约定的双方权利义务对等，义某康公司在签订《股份转让协议》时对海某升公司的资产及债权债务已进行审查。最后，《股权转让协议》第5条第12款约定："海某升公司2019年4月30号之前所发生债权债务应收应付由王某某负责，5月份及之后双方按照股权比例分享盈利和分担风险与亏损。"依据上述约定，2019年4月30日即《股份转让协议》签订之前的海某升公司债权债务由转让方王某某负责，2019年5月之后海某升公司的债权债务由双方根据股权比例分享或分担，故《股权转让协议》签订前海某升公司是否存在366万元应收账款或其他债务其权利义务均归于王某某。鉴此，法院认为，王某某与义某康公司作为平等商事主体，依据各自商业判断签订案涉《股权转让协议》，确定转让股权份额和转让对价，应认定案涉协议为双方真实意思表示，内容合法有效。义某康公司主张王某某存在欺诈情形，并要求撤销《股权转让协议》，王某某向其返还股权转让款75万元，但义某康公司提供的证据未达到排除其他合理怀疑的证明标准，法院对此不予采纳。一审判决认定义某康公司应向王某某支付剩余股权转让款及利息，并无不当。关于海某升公司的财务报表问题，案涉《股权转让协议》未就此作出明确约定，如王某某未提供公司财务报表损害了海某升公司或义某康公司的权益，海某升公司或义某康公司可另循法律途径解决。

【参考裁判文书】深圳市中级人民法院（2020）粤03民终1161号深圳义德康农产品供应链有限公司与王某某、深圳海日升农业开发有限公司股权转让纠纷一案民事判决书。

六、关于股权转让合同解除裁判说理示范

（一）关于股权转让合同补充协议解除并不必然导致合同整体解除裁判说理示范

【适用情形】具有相对独立性的股权转让补充协议被解除，并不必然导致股权转让合同整体解除。

【说理示范】鉴于涉案补充协议约定的权利义务关系失衡，且补充协议所约定履行条件未能成就，股权转让方请求解除补充协议应予以支持。由于涉案补充协议与此前双方签订的股权转让合同具有相对独立性，从二者内容来看，解除补充协议并不影响股权转让合同的履行，因此，转让方一并请求解除股权转让合同不予支持。

（二）关于标的公司部分资产未能办理权属登记手续并非股权转让合同法定解除事由裁判说理示范

【适用情形】标的公司部分资产未能办理权属登记手续并非股权转让合同解除的法定事由。

【说理示范】鉴于本案双方当事人签订股权转让合同的主要目的是转让标的股权，标的公司部分资产使用权证办理与股权转让具有独立性。股权受让方已经履行转让价款支付义务，涉案股权转让合同约定的办理股权过户条件已经成就，而且转让方在庭审中明确表示可随时无条件将其名下的股权过户至受让方名下，本案双方当事人应当继续履行股权转让合同。受让方在接管标的公司经营管理权后，可以标的公司名义依法解决公司部分资产权属登记问题。

（三）关于未付清余款并非股权转让合同法定解除事由裁判说理示范

【适用情形】受让方未付清股权转让款不属于根本违约，转让方主张解除股权转让合同不予支持。

【说理示范一】涉案股权转让合同约定如到期受让方未付清全部款项，转让方有权追讨相关款项。本案股权转让已完成工商变更登记手续，标的公司股东已由转让方变更为受让方，股权结构已经发生重大改变，受让方已实际接手经营标的公司。根据双方实际履行情况，应认定股权转让合同目的已经基本实现。转让方以受让方未付清转让款为由起诉请求解除股权转让合同并请求受让方返还标的股权，因受让方欠付股权转让余款行为并未构成根本性违约，并不符合股权转让合同约定的解除条件，亦不属于法律规定的法定解除情形，故双方应当继续履行股权转让合同。

【说理示范二】由于转让方与受让方签订的股权转让合同仅约定受让方未按约定支付股权转让价款时应支付违约金，并未约定转让方可据此解除协议，故受让方未支付剩余股权转让价款，转让方并不享有约定解除权。转让方提交的最高人民法院失信被执行人信息公示，显示受让方作为失信被执行人的具体情形是"有履行能力而拒不履行生效法律文书确定义务"，不足以证明受让方无履行能力，且受让方名下股权已质押用于保障股权价款的支付，而受让方也一直表示愿意继续履行股权转让的付款义务。涉案股权已经办理过户手续，股权转让协议未履行部分仅是剩余部分股权价款的支付，受让方有履约意愿并用股权质押提供了履约保证，且因双方股权转让协议履行存在一定争议，受让方未及时支付剩余价款的违约行为尚不足以构成根本违约，故对转让方要求解除与受让方的股权转让法律关系的请求不予支持。

【参考裁判文书】最高人民法院（2019）最高法民终 1833 号朱某某、斯某某股权转让纠纷一案民事判决书。

（四）关于一方构成根本性违约但仍需审慎解除股权转让合同裁判说理示范

【适用情形】股权转让合同一方构成根本违约，守约方能否解除合同，应结合合同履行情况等综合认定。

【说理示范】股权是一种综合性的财产权利，不仅包括财产收益权，还包括公司经营决策权等多种权利。股权转让合同的签订与履行不仅直接影响合同当事人的权利义务，还会影响标的公司、公司债权人及其他相关第三人的利益。因此，解除股权转让合同除应根据法律的明确规定外，还应考虑股权转让合同的特点，尤其是在相关股权已登记变更，受让方已经支付部分款项，且已实际控制标的公司的情况下，更应结合合同的履行情况、违约方的过错程度以及合同目的能否实现等因素综合判断是否解除股权转让合同。具体到本案，根据案涉股权转让协议的约定，股权受让方已经构成违约，股权转让方因此享有合同解除权。但在股权受让方已经支付全部股权转让价款且没有证据证明股权转让方存在经济损失的情况下，结合标的公司已由股权受让方实际经营、部分股权被质押且标的公司资产价值发生较大变化等实际情况，对股权转让方请求解除股权转让合同不予支持。

【参考裁判文书】最高人民法院（2019）最高法民申 966 号刘某某与郭某、陈某股权转让纠纷一案民事裁定书。

（五）关于以存在经营分歧等为由请求解除股权转让合同不予支持裁判说理示范

【适用情形】股权受让方以与其他股东存在经营分歧等为由请求解除股权转让协议不予支持。

【说理示范】公司股东之间关于经营理念的冲突，往往涉及公司控制权和经营方向决策等问题，上述事项与公司资本多数决有关。根据《公司法》有关规定，公司经营决策问题需经过公司决议，公司决议具有严格的法定表决程序和条件，如果股权受让方认为公司决议损害其股东利益，可以通过适当的救济途径寻求救济。案涉股权转让协议已生效并履行完毕，股权受让方请求解除涉案股权转让协议，并不符合协议约定的解除条件，亦不符合法定解除条件[①]，不应予以支持。

（六）关于标的股权被司法查封并非必然导致股权转让协议不能履行裁判说理示范

【适用情形】股权被司法查封并非必然导致股权转让协议不能履行。

【说理示范】关于股权被司法查封是否必然导致股权转让协议不能履行的问题。案涉股权被司法查封并非《股权转让协议》继续履行的根本障碍。从形式上看，转让方的股权因民间借贷案件被司法查封的确是继续履行股权转让协议的障碍，但根据《股权转让协议》第3条关于"股权变更手续"部分的约定，转让方配合完成股权变更手续的义务是在收到受让方全部股权转让款之后，即如果受让方按照约定支付转让款，相关借款就可能被偿还，股权查封就可能被解除。且根据转让方的主张，正是因为受让方逾期支付转让款，其才对外举债。另外，案涉股权仅被保全冻结，无证据证实转让方须以其所

---

① 《民法典》第 563 条规定："有下列情形之一的，当事人可以解除合同：（一）因不可抗力致使不能实现合同目的；（二）在履行期限届满前，当事人一方明确表示或者以自己的行为表明不履行主要债务；（三）当事人一方迟延履行主要债务，经催告后在合理期限内仍未履行；（四）当事人一方迟延履行债务或者有其他违约行为致使不能实现合同目的；（五）法律规定的其他情形。以持续履行的债务为内容的不定期合同，当事人可以随时解除合同，但是应当在合理期限之前通知对方。"

持标的公司股权承担责任。综上，股权查封产生与解除都与受让方是否支付转让款密切相关，并非股权转让协议继续履行的根本障碍，受让方据此要求解除《股权转让协议》的主张不能成立。

【参考裁判文书】最高人民法院（2019）最高法民终686号章某某、大兴烨扬（上海）资产管理有限公司股权转让纠纷一案民事判决书。

（七）关于目标公司经济效益未达到预期主张解除股权转让合同不能成立裁判说理示范

【适用情形】受让方已经取得公司经营权，标的股权亦已变更登记，其受让股权的合同目的已经实现，再以目标公司经济效益未达到预期主张解除合同不能成立。

【说理示范】关于以目标公司经济效益未达到预期为由主张解除股权转让合同能否成立的问题。《合同法》第94条第4项①规定，当事人一方迟延履行债务或者有其他违约行为致使不能实现合同目的，当事人可以解除合同。案涉股权的转让不仅仅是股权受让方购买股权转让方持有的标的公司的股份，亦是股权受让方以购买股份的方式完成其对新设立公司即标的公司的投资控制和经营，股权受让方受让股权转让方持有的标的公司51%股份的目的是完成合作投资，获取标的公司的经营权。根据本案查明的事实，股权转让方按约将其持有的标的公司51%股权变更登记到股权受让方名下，股权受让方取得了标的公司51%的股份，亦取得了标的公司的经营权，实现了《合作投资协议书》和《股权转让及转移经营权协议书》中约定的合同目的。至于标的公司的经济效益未达到股权受让方的预期，原因复杂，股权受让方主张是股权转让方违约导致合同目的不能实现，理由不能成立。

【参考裁判文书】最高人民法院（2020）最高法民终564号裕秀物流股份有限公司、新生活集团（中国）有限公司股权转让纠纷一案民事判决书。

（八）关于股权转让商业经营风险不属于情势变更情形裁判说理示范

【适用情形】房地产企业股权转让合同转让方对地上建筑物拆迁进度不确定性风险应有所预见，不得以"政府不作为、案外人争议"等原因主张发生情势变更，进而要求解除协议有关拆迁期限的约定。

【说理示范】关于本案股权转让协议成立后是否发生情势变更的问题。《合同法司法解释（二）》第26条②规定："合同成立以后客观情况发生了当

---

① 对应《民法典》第563条第4项。

② 对应《民法典》第533条。

事人在订立合同时无法预见的、非不可抗力造成的不属于商业风险的重大变化，继续履行合同对于一方当事人明显不公平或者不能实现合同目的，当事人请求人民法院变更或者解除合同的，人民法院应当根据公平原则，并结合案件的实际情况确定是否变更或者解除。"本案中，股权转让方在签订《股权转让协议》时，明知诉争地块上的建筑物、物资等并不归其所有，其自身亦非有权决定拆迁的拆迁单位，应当预见到其无法控制拆迁进度、诉争地块能否在约定期限内拆迁完毕具有不确定性，故合同成立以后客观情况并未发生当事人在订立合同时无法预见的重大变化，不构成情势变更事由。股权转让方以此为由主张解除双方合同关于拆迁期限的约定，缺乏法律依据，应不予采纳。

【参考裁判文书】最高人民法院（2015）民二终字第231号江苏威如房地产有限公司与天津宝士力置业发展有限公司、天士力控股集团有限公司股权转让纠纷一案民事判决书。

（九）关于股权受让方实际取得股东权利后未积极要求变更登记不得以合同目的不能实现为由主张解除合同裁判说理示范

【适用情形】虽然股权变更登记手续的申请主体是标的公司，但股权受让方仍有协助变更的义务，受让方实际取得股东权利以后未积极要求公司变更，亦超过合理期限的，不得以合同目的不能实现为由主张解除合同。

【说理示范一】根据双方合同的约定，转让方某石化公司的主要义务是向受让方移交股权，而受让方兆某旺公司的主要义务则是支付股权转让款。当上述交易行为完成后，即产生股权转让的法律后果，合同目的得以实现。本案中，根据查明的事实，双方签订合同后，兆某旺公司依约向某石化公司支付了全部股权转让款，而某石化公司则将其持有的标的公司的全部股权让渡给兆某旺公司，兆某旺公司已实际以标的公司第一大股东的身份派驻人员对标的公司进行了经营、管理，依法行使了参与重大决策、选择管理者等股东权利，且以标的公司最大股东的身份参与了相关诉讼。与之对应的，某石化公司不再是标的公司股东，丧失了原有的股东权利。上述事实亦为另案生效民事判决所确认。故本案股权权能已实际发生转移，兆某旺公司取得标的公司股权的合同目的业已实现，双方签订的《股权转让协议》与《补充协议》所约定的主要权利义务均已履行完毕，不存在根本违约的问题。虽然兆某旺公司在受让标的公司股权后未办理股权变更手续，未修改公司章程和股东名册，但并不影响兆某旺公司实际取得了标的公司的股东身份并行使股东权利。兆某旺公司提出某石化公司未完成股权和资产移交，其并未实际取得标的公司股权，某石化公司的行为构成根本违约的主张与客观事实不符。

兆某旺公司还提出，某石化公司在履行合同过程中存在对标的公司债务披露不实，未履行标的公司与其他公司的资产置换、国有职工身份置换和改制等义务，并恶意收购标的公司债权，以债权人身份申请标的公司破产、出售标的公司主要资产，等等，亦属严重违约行为，导致《股权转让协议》与《补充协议》无法继续履行，合同目的无法实现。经查，关于某石化公司是否存在对标的公司的债务披露不实的问题，因兆某旺公司未能提供标的公司以2000年9月30日为基准日的财务报告，用以证明某石化公司所披露的标的公司的债务与实际债务不符，故兆某旺公司主张某石化公司隐瞒了标的公司债务，没有相应的事实依据。即使某石化公司存在对标的公司债务披露不实的违约行为，由于兆某旺公司于2006年就该问题提出反诉被本院裁定按撤回反诉处理后，在长达八年的时间内未向某石化公司主张过权利，其在本案诉讼中主张，显然已超过了法定的诉讼时效。关于标的公司职工劳动关系的调整以及标的公司与某化肥公司资产置换的问题，因上述事项均是标的公司内部事务，并非某石化公司的合同义务，上述事项未完成不是因为某石化公司违反合同约定所致，不能因此认定某石化公司存在违约行为。至于某石化公司向某资产公司收购标的公司债权的问题，因合同并未对此作出任何禁止性约定，且某石化公司将标的公司的全部股权转让后，即与标的公司之间没有法律上的利害关系，其作为普通民事主体收购标的公司债权，并以标的公司最大债权人的身份申请标的公司破产，并不违反法律的相关规定，更不存在违反双方约定的情形，故该行为亦不构成违约。兆某旺公司主张某石化公司存在上述根本违约行为的主张亦无相应的事实依据。基于以上理由，兆某旺公司已实际取得了标的公司的股权，其合同目的已经实现。虽然兆某旺公司未在股权转让后获得预期利益，但并不能以兆某旺公司的经营目标代替《股权转让协议》所约定的合同目的。兆某旺公司作为商事主体，应自行承担经营风险。在本案《股权转让协议》《补充协议》的主要权利义务均已履行完毕，且已实际以标的公司第一大股东的身份经营、管理标的公司长达十余年之久的情况下，兆某旺公司此时要求解除双方签订的《股权转让协议》与《补充协议》，既无事实依据又无法律依据，亦不利于社会经济秩序的稳定和商事交易安全。因此，兆某旺公司提出某石化公司存在根本违约行为，《股权转让协议》和《补充协议》应予解除的诉讼请求不能成立，应不予支持。因某石化公司在本案中不存在违约行为，相应的不应向兆某旺公司支付违约金或赔偿损失。且兆某旺公司所列举的损失均是其在经营、管理标的公司期间的经营性投入，应由其自行承担该经营风险。至于兆某旺公司对标的公司享有的债权，则依法应在标的公司破产程序中予以解决，兆某旺公司主张应由某石化公司承担违约金、赔偿损失的诉讼请求不能成立，应不予支持。

【参考裁判文书】最高人民法院（2015）民二终字第225号深圳市兆佳旺实业发展有限公司与衡阳市石油化工集团公司、衡阳市人民政府国有资产监督管理委员会股权转让纠纷一案民事判决书。

（十）关于应根据诚信原则结合合同履行情况、违约方过错程度以及股权合同目的能否实现等因素综合判定股权转让合同能否解除裁判说理示范

【适用情形】股权转让合同的签订与履行不仅直接影响合同当事人的利益，还会影响目标公司的员工、债权人及其他相关第三人的利益。因此，解除股权转让合同除应依据法律的明确规定外，还应考虑股权转让合同的特点。尤其在股权已经变更登记，受让方已经支付大部分款项且已经实际控制目标公司的情况下，解除股权转让合同应结合合同的履行情况、违约方的过错程度以及股权转让合同目的能否实现等因素予以综合判断。

人民法院在认定约定解除条件时，不能完全根据合同文本机械地确定合同是否解除，而应根据诚信原则，综合考量违约方的过错程度和违约行为形态以及违约行为的后果来进行认定，如果一方已履行了合同的主要义务，其过错或违约程度较轻，也不影响合同目的实现的，则不宜根据合同约定认定解除合同的条件已经成就。

【说理示范一】关于涉案《股权转让协议》的合同目的是否不能实现及是否应予解除的问题。绿某公司依据《合同法》第94条第4项[①]规定主张解除《股权转让协议》，其主张锐某公司迟延履行债务或者存在其他违约行为致使其不能实现合同目的。锐某公司已支付股权转让款2.25亿元，占全部股权转让款的60%，未支付剩余1.5亿元股权转让款虽然构成违约，但并未造成《股权转让协议》的目的不能实现。迟延履行不能实现合同目的，指迟延的时间对于债权的实现至关重要，超过了合同约定的期限履行合同，合同目的就将落空。虽然锐某公司存在尚未支付剩余1.5亿元股权转让款的违约行为，但《股权转让协议》并未约定锐某公司迟延支付该部分款项，绿某公司即可拒绝《股权转让协议》的履行。绿某公司作为股权的转让方，其转让股权的目的在于收取股权转让款，迟延交付1.5亿元股权转让款虽使其遭受损失，但是通过股权买受人继续履行股权转让款支付义务并承担违约责任等，合同目的仍能实现。现法院认定剩余1.5亿元股权转让款的支付条件已经成就，绿某公司主张迟延履行支付1.5亿元股权转让款致其合同目的不能实现的理由不成立。此外，虽然6900万元为《股权转让协议》项下锐某公司的支付义务，锐某公司

---

① 对应《民法典》第563条第4项。

尚未支付 900 万元构成违约行为，但该款项并不属于锐某公司应支付的案涉股权的对价，因此，锐某公司尚未支付 900 万元不影响《股权转让协议》目的的实现。关于锐某公司和某港城公司将某港城公司分立的违约行为，即使锐某公司和某港城公司存在提前将某港城公司分立的违约行为，某港城公司的分立亦非《股权转让协议》项下的主要合同义务，绿某公司亦不能依据锐某公司和某港城公司的该违约行为主张解除《股权转让协议》。

股权是一种综合性的财产权利，不仅包括财产收益权，还包括公司经营决策权等多种权利。股权转让合同的签订与履行不仅直接影响合同当事人的利益，还会影响目标公司的员工、债权人及其他相关第三人的利益。因此，解除股权转让合同除应依据法律的明确规定外，还应考虑股权转让合同的特点。尤其在股权已经变更登记，受让方已经支付大部分款项、且已经实际控制目标公司的情况下，解除股权转让合同应结合合同的履行情况、违约方的过错程度以及股权转让合同目的能否实现等因素予以综合判断。本案中，绿某公司已将某港城公司 80% 的股权变更登记至锐某公司名下，锐某公司已经实际接管某港城公司达两年多，占某港城公司 20% 股权的股东国某公司明确反对绿某公司再次进入某港城公司，威某汀酒店也开业在即，某港城公司在中国银行海口海甸支行的贷款本息已经还清，该公司也于 2016 年 2 月 19 日分立为某港城公司和某创公司。与 2015 年 11 月 19 日案涉股权过户时相比，锐某公司现持有的某港城公司股权的价值及股权结构均已发生较大变化，案涉股权客观上已经无法返还。综上，锐某公司虽然存在迟延支付股权转让款的违约行为，但是依据本案事实和法律规定，《股权转让协议》并不符合法定解除条件。绿某公司关于返还股权及协助变更登记的诉讼请求，因绿某公司关于解除《股权转让协议》的诉讼请求不成立，故对绿某公司该请求均不予支持。

【参考裁判文书】最高人民法院（2017）最高法民终 919 号上海绿洲花园置业有限公司与霍尔果斯锐鸿股权投资有限公司、海口世纪海港城置业有限公司等股权转让纠纷一案民事判决书。

【说理示范二】关于约定解除条件的成就问题。《合同法》第 93 条第 2 款[①]规定："当事人可以约定一方解除合同的条件。解除合同的条件成就时，解除权人可以解除合同。"李某某和胡某某据此上诉认为约定解除权不同于法定解除权，只要达到双方合同约定的条件，解除权人就可以无条件地解除合同。对此，最高人民法院《民商审判会议纪要》第 47 条就上述《合同法》条文的理解和适用问题作了如下规定："合同约定的解除条件成就时，守约方以

---

① 对应《民法典》第 562 条第 2 款。

此为由请求解除合同的，人民法院应当审查违约方的违约程度是否显著轻微，是否影响守约方合同目的实现，根据诚实信用原则，确定合同应否解除。违约方的违约程度显著轻微，不影响守约方合同目的实现，守约方请求解除合同的，人民法院不予支持；反之，则依法予以支持。"因此，人民法院在认定约定解除条件时，不能完全根据合同文本机械地确定合同是否解除，而应根据诚信原则，综合考量违约方的过错程度和违约行为形态以及违约行为的后果来进行认定，如果一方已履行了合同的主要义务，其过错或违约程度较轻，也不影响合同目的实现的，则不宜根据合同约定认定解除合同的条件已经成就。就本案而言，一审判决虽已认定万某华公司迟延办理 8% 股权变更登记手续，构成违约，但鉴于双方前期已将天某公司 90% 的股权过户登记并移交了证照，万某华公司对天某公司名下的土地进行了平整清理并依约支付了 74% 的股权对价，且在李某某和胡某某发出解除合同通知的第二天又支付了股权转让款 673 370 元，并积极要求继续履行合同，因此，无论是就万某华公司主观过错、违约程度，还是就双方合同目的的实现而言，一审判决认定解除条件未成就，并无不当。并且，双方最初约定办理股权变更手续超过 10 天可以解除合同是基于股权转让行为，但后来双方将股权转让变更为 90% 的股权通过增资形式来实现，而增资行为不仅仅涉及股权转让双方的利益，还牵涉公司以外的债权人利益。因此，合同解除后能否恢复原状存在不确定性，故本案不能简单地仅以双方补充协议未变更违约责任条款为依据支持李某某和胡某某的该项请求。

【参考裁判文书】深圳市中级人民法院（2019）粤 03 民终 29615 号李某某、胡某某诉深圳市万景华科技有限公司股权转让纠纷一案民事判决书。

（十一）关于解除权需诚信行使裁判说理示范

【适用情形】股权转让方享有解除权情况下未提出解除且继续收取股权转让款，直至受让方起诉请求继续履行合同时才主张行使解除权，应不予支持。

【说理示范】关于股权转让方与股权受让方之间的股权转让协议是否已经解除的问题。股权转让方与股权受让方签订的《股权转让协议》主体合格，意思表示真实，亦不违反法律法规的强制性规定，均属合法有效的合同。因股权受让方未按合同约定付清全部股权转让款，已构成违约，故根据《股权转让协议》约定，股权转让方享有合同解除权。但股权转让方此后接受了股权受让方逾期支付的股权转让价款，且截至本案一审受理前，股权转让方并未对股权受让方的逾期付款行为提出异议，也未向股权受让方发出过解除合同的通知，故在股权受让方向一审法院提起诉讼之时，《股权转让协议》仍处于履行状态，对股权转让方及股权受让方仍具有法律约束力。股权受让方主张其延期付款行为经过股权转让方的代表刘某某口头同意,但未提供证据予以证明;股权转让方主张其在本案一审诉讼前已通知股权受让方解除合同,亦未提供证据予以证明,故对股权受让方及股权转让方主张的上述事实,不予认定。根据《股权转让协议》约定,在股权受让方违约的情况下,股权转让方有权根据合同约定随时行使合同的解除权。但在进入诉讼阶段后,对诉讼发生前、已经确定的合同效力及履行情况,应当由人民法院依法作出认定。股权转让方在本案一审诉讼期间向股权受让方发出解除股权转让协议并承担违约金的函,并不能改变诉讼前已经确定的合同效力及履行状态。股权转让方在享有合同解除权的情况下,未行使合同解除权,并接受股权受让方逾期支付的价款而未提出异议,以行为表示其仍接受《股权转让协议》的约束。但股权转让方在《股权转让协议》的履行期间,既接受股权受让方逾期支付的价款,又同时将已经约定转让给股权受让方的案涉股权再次转让给关联公司并办理工商登记,阻碍既有合同的继续履行,已构成违约。股权转让方在股权受让方提起本案诉讼过程中行使合同解除权,以对抗股权受让方要求其继续履行合同的诉讼请求,有违诚信原则,应不予支持。综上,《股权转让协议》未解除,对合同当事人均有法律约束力。

【参考裁判文书】最高人民法院(2013)民二终字第29号四川京龙建设集团有限公司等与深圳市合众万家房地产投资顾问有限公司等股权确认纠纷一案民事判决书。

(十二)关于隐名股东以无证据证明其已成为标的公司股东为由主张退还委托投资款依据不足裁判说理示范

【适用情形】委托隐名投资纠纷处理。

【说理示范】关于姚某某应否向翁某某返还40万元投资款,法院从以下层面进行分析认定:其一,姚某某与翁某某建立的法律关系性质。根据姚某某与翁某某于2015年3月31日签订《委托隐名股东代理投资协议书》约定的内容,翁某某自愿加入且委托姚某某以隐名股东身份参与公司原股东的增资扩股计划,翁某某委托姚某某以其隐名股东身份向公司投资40万元,委托显名股东徐某某以显名股东身份投资40万元,以每股5元的价格向公司购买8万股,翁某某首先将投资款汇入姚某某名下账户,姚某某在收款后1日内将注资款转入显名股东公司账号,翁某某同意姚某某作为隐名股东代表,委托公司显名股东徐某某向公司以显名股东身份代持翁某某股份,并同意徐某某作为姚某某显名股东登记于公司的章程、股东名册或其他工商登记材料中。从上述约定内容来看,姚某某与翁某某形成委托合同关系,翁某某委托姚某某以隐名股东身份受让幸福某家公司指定的显名股东徐某某股份。其二,根据姚某某二审提交银行交易明细和 2015 年 4 月 9 日签订的《增资扩股隐名股东投资协议书》以及《股权证书》，姚某某在与翁某某签订《委托隐名股东代理投资协议书》后确实以隐名股东身份受让了幸福某家公司显名股东徐某某（由幸福某家公司安排指定）52 万股股权，从姚某某收受翁某某投资款及向幸福某家公司转账支付投资款时间节点以及姚某某以 260 万元购进 52 万股股权情况来看，姚某某主张其以 260 万元购进的 52 万股股权包括翁某某出资的主张具有高度盖然性。由于姚某某提交的《股权证书》是幸福某家公司出具的内部认可及证明姚某某持有其公司股权的证明，并非幸福某家公司对外公示的股权持有资料，翁某某主张姚某某提交的《股权证书》与其提交《增资扩股隐名股东投资协议书》相矛盾不能成立。翁某某委托姚某某以隐名股东身份受让幸福某家公司的显名股东徐某某股份，因此，翁某某未收到幸福某家出具的股权证书或其他股份证据符合情理，不能据此否定姚某某委托事务的完成。综上分析，姚某某主张其已经完成《委托隐名股东代理投资协议书》项下受托事务理由成立，本院予以认可。翁某某请求解除《委托隐名股东代理投资协议书》本院不予支持。其三，姚某某与翁某某签订的《委托隐名股东代理投资协议书》并无约定如果幸福某家公司不能如期上市时的风险承担内容，翁某某亦未提交证据证明姚某某曾经向其承诺如果幸福某家公司不能如期上市其将承担向翁某某退还投资款责任。从姚某某以 260 万元购进 52 万股股权单价情况来看，其并未从其接受翁某某委托事项中收取差价，仅约定幸福某家公司上市与翁某某分享增值收益。据此，翁某某在幸福某家公司不能如期上市时请求姚某某退还其 40 万元投资款缺乏事实依据，本院不予支持。但姚某某基于其接受翁某某委托进行隐名股东代理投资事务其有义务配合翁某某向相关主体追讨投资款。

【参考裁判文书】深圳市中级人民法院（2021）粤 03 民终 29702 号姚某某与翁某某、山东幸福世家老龄产业投资股份有限公司股权转让纠纷一案民事判决书。

（十三）关于实际出资人以名义股东擅自处分代持股权为由请求名义股东退还出资款，理由不能成立裁判说理示范

【适用情形】在名义股东擅自转让股权后，实际出资人可以受让人不构成善意、取得股权的转让行为无效来主张返还股权，如名义股东造成实际出资人损失，实际出资人还可以要求名义股东赔偿损失，但不得据此请求名义股东退还投资款。

【说理示范】《公司法司法解释（三）》第 25 条[①]规定："名义股东将登记于其名下的股权转让、质押或者以其他方式处分，实际出资人以其对于股权享有实际权利为由，请求认定处分股权行为无效的，人民法院可以参照物权法第一百零六条的规定处理。名义股东处分股权造成实际出资人损失，实际出资人请求名义股东承担赔偿责任的，人民法院应予支持。"由此，相关司法解释规范了实际出资人在名义股东擅自转让股权时的司法救济路径，即在名义股东擅自转让股权后，实际出资人可以受让人不构成善意、取得股权的转让行为无效来主张返还股权，如名义股东造成实际出资人损失，实际出资人还可以要求名义股东赔偿损失。具体到本案：第一，《股份合作协议》是孔某某、谢某及案外人刘某某、袁某某签订，根据该协议，中某公司注册资本增至 3000 万元，孔某某占股比例 3%（含赠送干股 1%、实际出资 2%），袁某某占股比例 5%（含赠送干股 2%、实际出资 3%），孔某某、袁某某的股份均由谢某代持。孔某某第一期投资现金 6 万元，第二期投资现金 4 万元，孔某某于 2017 年 5 月 8 日向谢某支付了第一期投资款 6 万元。协议签订后，2017 年 5 月 11 日中某公司的股权结构为刘某某持股 40%、谢某持股 60%，故中某公司各显名股东对谢某为孔某某代持 2% 股份均知晓并同意，该代持行为并不违反法律、行政法规的强制性规定，可以认定孔某某是中某公司 2% 股份的实际出资人。第二，孔某某主张谢某在其不知情也未征得其同意的情形下将代持股份转让他人，谢某则表示在向陈某某转让股份的同时也将所持的孔某某及袁某某合计 8% 的股权转委托陈某平代持，并提交了 2019 年 11 月 25 日其与陈某某签订的《股权代持协议》。对此，本院认为，《股份合作协议》约定各股东名下股份三年内不得转让给第三方，无论谢某是将代持股份转给陈某某代持，还是向陈某某转让代持股份均未征得孔某某的同意。本案中孔某某并未以谢某无权处分而主张享有股权实际权利，也未主张谢某赔偿因处分代持股权造成其作为实际出资人的损失，而是以谢某违约要求返还 6 万元投资款，隐含了解除代持协议意思。但依据《股份合作协议》，孔某某将该款转入谢某账户并通过谢某转给中某公司是履行协议约定的出资义务，该款项已经成为中某公司的财产，未经法定减资程序以及符合法定条件的返还均有违公司资本维持原则，有可能损害公司债权人的利益，据此，谢某请求不予返还于法有据，予以支持。如孔某某作为中某公司 2% 股份的实际出资人，因名义股东谢某处分代持股份损害其权益，可依据《公司法》及相关司法解释的规定另循途径寻求救济。

【参考裁判文书】深圳市中级人民法院（2021）粤 03 民终 30103 号谢某

---

① 对应《公司法司法解释（三）》（2020 年修正）第 25 条。

与孔某某股权转让纠纷一案民事判决书。

（十四）关于股权转让合同确实无法继续履行应予以解除裁判说理示范

【适用情形】股权转让建立在双方之间相互信任、相互配合的基础上，在双方当事人均有违约，且经过调解无法妥善解决纠纷的情况下，双方合作的信任基础已经不复存在，合同事实上已经无法继续履行，此时应判决解除合同。

【说理示范一】关于《合作协议》应否解除问题。钮某西公司与荣某公司签订的《合作协议》为双方的真实意思表示，不违反法律行政法规的强制性规定，协议合法有效，双方均应全面履行约定义务。在案涉《合作协议》未约定解除条件且双方也未协商一致解除合同的情况下，钮某西公司主张解除《合作协议》，应符合法定解除事由。《合作协议》为双务合同，钮某西公司和荣某公司均负有一定的合同义务。就荣某公司来看，其合同义务主要有三方面：一是成为目标公司控股股东的一个月内，向目标公司开放销售网络；二是按约支付19%的股权转让款；三是入股目标公司后，使目标公司三年内累计销售收入不低于3亿元，确保目标公司向双方的分红款不低于7000万元，其中向钮某西公司三年累计分红款不低于4150万元，且应于协议生效之日起30个月内按约预先向钮某西公司支付上述分红款。荣某公司向目标公司开放销售网络，是其成为目标公司控股股东后应履行的主要合同义务，也是双方合作的基础。根据约定，双方签订《合作协议》的目的，就是要通过荣某公司已形成的"极草"品牌和高端养生品的全国销售网络，提升目标公司水产品的知名度，重塑和建立目标公司矿泉水销售渠道，实现目标公司整体资产大幅度增值，使目标公司三年内累计销售收入不低于3亿元，三年内确保目标公司向双方分红总额不低于7000万元。荣某公司取得目标公司70%股权之后，直至诉讼之时，没有证据证明履行了向目标公司开放销售网络的义务。荣某公司辩称其在签约后做了大量的矿泉水品牌提升、制订营销策划方案等前期准备工作。但这与其应履行的开放销售网络义务不可同日而语，不足以证明其已经履约，荣某公司在履行开放其控制的养生品牌销售网络义务方面明显存在违约行为。由于荣某公司未依约向目标公司开放销售网络，同时钮某西公司也未向荣某公司移交目标公司的财务账册、行政公章等，影响了荣某公司经营管理权的正常行使，导致目标公司的生产经营一直处于停滞状态，双方约定的提升目标公司水产品的知名度、重塑和建立目标公司矿泉水销售渠道、实现目标公司整体资产大幅度增值、三年内累计销售收入不低于3亿元、向双方分红款不低于7000万元等合作目标已经完全落空，合同目的无法实现。在此情况下，钮某西公司主张解除合同，符合《合同法》第 94 条第 4 项①规定，《合作协议》应予解除。从情理上看，钮某西公司和荣某公司之间的合作是建立在双方之间相互信任、相互配合的基础上的，《合作协议》第 12 条亦明确约定"本协议议定和履约的基础是双方之间的高度信任"。但从现实情况看，因双方均存在违约行为，导致合同无法履行，最终酿成本案讼争，虽经多方反复调停，至今仍无法妥善解决，双方合作的信任基础已经不复存在，《合作协议》事实上已经无法继续履行。在此情形下，解除合同无疑是使双方摆脱困局、减少损失、重寻商机的最佳选择。

关于荣某公司是否应当返还股权、赔偿损失问题。《合同法》第 97 条②规定："合同解除后，尚未履行的，终止履行；已经履行的，根据履行情况和合同性质，当事人可以要求恢复原状、采取其他补救措施，并有权要求赔偿损失。"荣某公司依据《合作协议》从钮某西公司取得了目标公司 70% 的股权，《合作协议》解除后，荣某公司应向钮某西公司返还所取得的股权，办理股权变更登记手续，同时返还已取得的目标公司的相关证照、印鉴、账册及证件类文书等；钮某西公司亦应将取得的股权转让款、分红款共计 6783 万元及利息返还荣某公司。鉴于荣某公司并未就上述款项返还提出请求，本案对此不予审理。荣某公司基于案涉合同解除享有的权益，可另寻法律途径解决。钮某西公司原审中即提出由荣某公司赔偿销售损失、预期收益损失等 2600 万元的主张，原审法院通过详尽分析、充分论证，认为钮某西公司的主张证据不足，未予支持，并无不当。二审中，钮某西公司没有提供足以推翻原审判决的新证据，进一步证明其主张，故对钮某西公司关于荣某公司应赔偿 2600 万元损失的上诉请求亦不予支持。

【参考裁判文书】最高人民法院（2016）最高法民终 276 号钮瑞西商贸（上海）有限公司、西藏荣恩科技有限公司股权转让纠纷一案民事判决书。

【说理示范二】关于案涉《股权转让协议》是否应当解除的问题。首先，《股权转让协议》名为转让股权，实为转让土地使用权。案涉《股权转让协议》约定，某视公司受让某鑫公司 100% 股权，包括股权项下的土地使用权。由于某鑫公司的主要资产为案涉土地使用权，协议内容也主要涉及对案涉土地进行开发建设，故某视公司的合同目的是以受让股权的方式取得案涉土地使用权并进行开发建设，案涉土地能否使用开发影响着《股权转让协议》的履行。其次，案涉土地已无法进行开发建设。经查，万宁市国土资源局于 2016 年 7 月 20 日作出万国土资函〔2016〕565 号《万宁市国土资源局关于万

---

① 对应《民法典》第 563 条第 4 项。
② 对应《民法典》第 566 条。

宁市总体规划（空间类 2015-2030）情况告知书》，告知某鑫公司案涉土地不再规划保留为建设用地。由于案涉土地因万宁市总体规划确定属于生态红线保护范围，不再规划保留为建设用地，该土地已不可能再进行开发建设。再次，虽然某鑫公司等主张某视公司继续履行合同依然可以取得政府的换地权益，但已不是案涉合同约定的标的权益。最后，某视公司已向某鑫公司支付了 1000 万元定金及 500 万元投资款，但某鑫公司仍未依约将某鑫公司 90% 的股权变更至某视公司名下。据此，原判决在某视公司已无法实现《股权转让合同》目的的情况下，支持其单方解除案涉合同，并无不当。

【参考裁判文书】最高人民法院（2021）最高法民申 6074 号海南万宁万鑫实业有限公司、林某某、陈某某、翁某某、许某某与海南中视投资控股有限公司股权转让纠纷一案民事裁定书。

（十五）关于因履行不能解除股权转让合同裁判说理示范

【适用情形】当事人针对股权转让交易签订包含两种不同法律关系性质的协议，股权转让交易需以前一性质协议履行为条件，一方在履行前一性质协议中存在根本违约行为，对方有权解除股权转让协议。

【说理示范】根据《民法典》第 563 条第 1 款第 4 项的规定，当事人一方迟延履行债务或者有其他违约行为致使不能实现合同目的，对方当事人可以解除合同。本案中，股权转让方与受让方为了涉案项目股权交易签订了租赁协议和股权转让协议两份协议，租赁协议是双方为履行股权转让协议而签订的，是涉案股权交易的前期履行部分，亦是股权转让协议履行的前提。由于受让方经多次催告后转让方仍拒绝履行租赁协议约定的合同义务，使得受让方签订合同的交易目的无法实现，受让方请求解除租赁协议及股权转让协议理由成立。

（十六）关于经催告仍不履行约定义务相对方有权解除股权转让合同裁判说理示范

【适用情形】股权转让合同一方当事人经催告仍不履行约定义务，相对方可以行使合同解除权。

【说理示范】《民法典》第 563 条第 1 款第 3 项规定：当事人一方迟延履行主要债务，经催告后在合理期限内仍未履行，对方当事人可以解除合同。第 566 条第 1 款、第 2 款规定：合同解除后，尚未履行的，终止履行；已经履行的，根据履行情况和合同性质，当事人可以请求恢复原状或者采取其他补救措施，并有权请求赔偿损失。合同因违约解除的，解除权人可以请求违约方承担违约责任。涉案股权转让合同签订后，受让方已经按照合同约定向转让方支付股权转让价款，但转让方经合理催告仍未履行合同约定义务，未向受让方交付标的股权，已构成根本性违约。对于受让方解除合同及承担违约责任的诉求，应予以支持。

（十七）关于股权转让不适用"分期付款的买受人未支付到期价款的数额达到全部价款的五分之一，经催告后在合理期限内仍未支付到期价款的，出卖人可以请求解除合同"规定裁判说理示范

【适用情形】股权转让合同不适用《民法典》第634条关于"分期付款的买受人未支付到期价款的数额达到全部价款的五分之一，经催告后在合理期限内仍未支付到期价款的，出卖人可以请求买受人支付全部价款或者解除合同"的规定。

【说理示范】《民法典》第634条规定："分期付款的买受人未支付到期价款的数额达到全部价款的五分之一，经催告后在合理期限内仍未支付到期价款的，出卖人可以请求买受人支付全部价款或者解除合同。出卖人解除合同的，可以向买受人请求支付该标的物的使用费。"上述规定是法律赋予的分期付款买卖合同中出卖人的特定解除权。但是，股权转让合同与以消费为目的的一般买卖合同明显不同，股权转让以获取股东身份、参与公司经营为目的，约定分期支付股权转让款通常因公司资产移交、债权债务清理等因素所致。分期付款买卖合同的本质特征是"先物后款"，而股权转让与一般有体物交付不同，故不可适用《民法典》第634条的解除条件。具体理由分析如下：

首先，尽管案涉股权的转让形式也是分期付款，但由于本案买卖的标的物是股权，因此，与以消费为目的的一般买卖的特点不同：一是汤某某受让股权是为参与公司经营管理并获取经济利益，并非满足生活消费；二是周某某作为有限责任公司的股权转让人，基于其所持股权一直存在于目标公司中的特点，其因分期回收股权转让款而承担的风险，与一般以消费为目的的分期付款买卖中出卖人收回价款的风险并不同等；三是双方解除股权转让合同，也不存在向受让人要求支付标的物使用费的情况。综上特点，股权转让分期付款合同，与一般以消费为目的的分期付款买卖合同有较大区别，故案涉《股权转让资金分期付款协议》不宜简单适用《合同法》第167条[1]规定的合同解除权。

其次，双方当事人之间签订的《股权转让资金分期付款协议》已经部分履行，在一审、二审审理过程中，汤某某明确表示愿意继续履行付款义务，因此，合同履行并不存在根本障碍，合同目的能够实现。

再次，鉴于双方在股权转让合同上明确约定"此协议一式两份，双方签字生效，永不反悔"，根据诚信原则，即使依据《合同法》第167条的规定，

---

[1] 对应《民法典》第634条。

周某某也应当首先要求汤某某支付全部价款,而不是解除合同。

最后,本案中周某某所持有的6.35%股权已经变更登记至汤某某名下,汤某某已实际参与公司的经营管理,撤销合同可能对公司经营管理的稳定产生不利影响。

【参考裁判文书】最高人民法院(2015)民申字第2532号汤某某诉周某某股权转让纠纷一案再审民事裁定书。

(十八)关于股权转让合同解除类型和效力认定裁判说理示范

【适用情形】关于股权转让合同解除类型和效力认定。

【说理示范】关于康某之家公司行使合同解除权的类型和效力问题。《合同法》第93条、第94条① 规定了合同解除的三种情形:合意解除、依约定解除权解除和法定解除。席某某在上诉状中主张康某之家公司没有在合理的期限内行使合同解除权从而丧失了合同约定解除权,《股权转让协议》的解除是由于双方共同意思表示的结果,而非康某之家公司致函所产生的正当法律效力,即使康某之家公司发出《律师函》产生合同解除的法律效力,也属于违约解除。对此,法院认为:(1)在《股权转让协议》履行期间,康某之家公司法定代表人张某某曾向席某某提出过退股退款,席某某也表示同意,同时双方均认为应当签订书面的协议予以确认,但最终双方未达成合意,没有签订解除协议,据此不能认定双方协商解除了《股权转让协议》。(2)康某之家公司于2019年5月14日向席某某发出了《律师函》,通知解除《股权转让协议》。从形式上看,该函是单方作出解除合同意思表示的通知函,而不是协商函;从内容上看,席某某虽然对解除《股权转让协议》不持异议,但其并没有认可协议解除的事由,同时就协议解除后的退款退息的计算也没能与康某之家公司协商一致。因此,席某某虽然接受解除《股权转让协议》,但不能据此认定双方达成合意、解除该协议是双方共同意思表示的结果。《律师函》通知席某某解除《股权转让协议》的主要理由是席某某未将标的股权变更至康某之家公司名下,完成股权变更登记手续。而该理由正是《股权转让协议》约定的康某之家公司有权选择解除该协议的情形。据此,应认定康某之家公司主张解除《股权转让协议》,属于单方行使约定合同解除权。虽然《合同法》第94条第4项② 规定"当事人一方迟延履行债务或者有其他违约行为致使不能实现合同目的"可构成合同法定解除的情形,但《律师函》中没有表明康某之家公司解除协议是由于对方的违约导致合同的目的不能实现,故

---

① 对应《民法典》第562条、第563条。
② 对应《民法典》第563条第4项。

不能认定其行使的是法定解除权。需要指出的是，依据《合同法》第 97 条[①]的规定，合同解除后，当事人有权要求赔偿损失。因此，本案中无论康某之家公司行使的是何种类型的合同解除权，并不影响其主张损失赔偿。（3）就本案的事实而言，没有证据显示双方对《股权转让协议》约定的履行时间进行过协商变更。该协议约定康某之家公司支付股权转让款的时间先于协议签订的时间，属于合同瑕疵，双方是通过席某某向康某之家公司催促付款、康某之家公司收到催促后及时付款的方式，完成了对合同瑕疵的弥补。该协议约定席某某应当在股权转让过户前办理股权质押登记手续，在席某某没有依约办理的情况下，康某之家公司没有催促或者声明将追究其违约责任，但无法推导出双方以事实行为变更了协议的约定。关于对目标公司增资事宜，席某某在与张某某的微信记录中虽然有涉及，但是双方没有形成一致意见，在康某之家公司没有明确接受席某某增加 150 万元股权转让款的提议后，席某某的回复是双方再行讨论，即康某之家公司对目标公司增资事宜并没有成为《股权转让协议》需要补充约定的内容，康某之家公司是否增资不能作为双方是否履行《股权转让协议》的正当事由。在《股权转让协议》签订前，引进光大控股对目标公司投资的工作已经在开展，康某之家公司也通过席某某而知悉，因此双方签订《股权转让协议》时是对光大控股公司投资目标公司已有合理期待，但是双方并没有将该期待与协议履行时间安排结合起来，没有约定随光大控股投资工作的进展而灵活调整股权转让过户登记时间。在 2018 年 6 月 10 日张艳江向席某某催促办理股权变更手续，席某某作出说明后，张艳江也没有作出同意延长办理期限的明示表示。席某某上诉称双方在实际履行过程中采取了灵活交易方式，缺乏事实依据，法院不予支持。（4）根据《股权转让协议》第 4 条第 2 项的约定，席某某最迟于 2017 年 11 月 30 日应履行的义务由两部分组成：促成目标公司召开股东会决议同意本次股权转让，其他股东放弃优先受偿权；办理完成股权转让过户登记手续。席某某向法院提交了目标公司的股东会决议，但是其没有办理股权转让过户登记手续。如前所述，没有证据显示双方对《股权转让协议》约定的履行时间进行过协商变更，目标公司的增资事宜、引进光某控股投资进展情况均不构成双方事实上变更了履行时间约定的依据。此外，席某某将康某之家公司没有催告其办理股权转让变更登记，作为其未履行变更登记义务的抗辩，不能成立，因为其变更登记义务源于协议约定，而不以对方催告为条件，何况康某之家公司曾于 2018 年 6 月 10 日进行过催告。相反，席某某并没有提供证据反映其在股东会决议形成后通知康某之家公司配合办理股权变更登记手续。需要指出

[①] 对应《民法典》第 566 条第 1 款。

的是，如前所述，康某之家公司对协议的解除行使的是约定解除权，而不是法定解除权，该解除的效力并不以合同的目的无法实现作为必要的构成条件。综上，席某某二审中提出的未依约办理股权转让的工商变更登记不宜作为本案解除合同的合法依据的辩论意见，法院不予支持。(5)《合同法》第95条第2款规定："法律没有规定或者当事人没有约定解除权行使期限，经对方催告后在合理期限内不行使的，该权利消灭。"在《股权转让协议》中，双方没有约定解除权的行使期限。在本案中，席某某没有向法院表明在协议履行过程中，其曾向康某之家公司催告或提示过是否行使约定解除权事宜。在法律没有规定或者当事人没有约定且没有催告的情形下，对合同一方行使约定解除权的期限，《合同法》没有作出规定。本案双方当事人向法院提供了观点不同的法院生效判决，一种观点是对方当事人没有催告的，解除权人的解除权没有合理期限的限制，另一种观点是该解除权的行使应当受到合理期限的约束。《最高人民法院关于审理商品房买卖合同纠纷案件适用法律若干问题的解释》第15条第2款①以及《民法典》第564条第2款规定在该情形下解除权人应当在解除权发生之日（知道或者应当知道解除事由之日）起一年内行使。上述司法解释是针对特定合同类型作出的特别规定，没有规定其他合同类型的解除权可遵照或者参照适用，而《民法典》尚未施行②，因此，有关解除权应当在一年内行使的规则在本案中并不当然适用。但是，法院认为，现有的这些规定体现的法律导向是，对于在法律没有规定或者当事人没有约定且没有催告的情形下，对解除权人行使解除权应当设定合理的期限。至于该合理期限的确定，在没有直接适用的法律规定的情况下，应当结合具体案件的实际情况综合作出判断，现行规则中将一年期确定为合理期限，仅可以作为具体案件判断时的参考。本案中，康某之家公司于2017年12月4日付清全部股权转让款后，于2018年6月10日向席某某催促过办理股权变更手续，基于对席某某的信任，该公司对引进光某控股投资目标公司抱有期待而没有提出解除合同，实属合理，不能认定其是故意拖延行使解除权而谋求不正当的利益。席某某在本案中主张其收取600万元股权转让款后，目标公司股东会作出了同意股权转让的决议。但是，没有证据表明席某某将该决议告知并提供给了康某之家公司，也没有通知或者提示康某之家公司配合其办理股权变更登记手续。在其代持股权期间，没有证据反映其协助康某之家公司作为实际股东参与目标公司的经营决策管理等事务。如果康某之家公司没有在合理期

---

① 对应《最高人民法院关于审理商品房买卖合同纠纷案件适用法律若干问题的解释》(2020年修正)第11条。

② 本案判决于2020年9月14日，判决时《民法典》尚未施行。

限内行使解除权而将席某某陷于合同履行的不安状态，席某某可以依照法律的规定行使催告权。席某某辩论时认为《股权转让协议》约定在席某某违约情况下康某之家公司有三种处理方式的选择，这导致其无法准确判断对方的意思表示而进行催告，因而本案解除权的行使不当然适用《合同法》第95条第2款的规定。对此，法院认为，康某之家公司的三种选择权，对席某某行使催告权，并不构成法律上的障碍，也不存在具体行使时的客观障碍，故该意见法院不予采纳。另外，从席某某的履行情况看，康某之家公司何时行使合同解除权，并不存在对席某某基于合同履行的合理信赖而造成对其不公允的问题。同时，《股权转让协议》对协议解除的后果有具体约定，对双方而言都是可以预见的，一方主张解除合同后约定范围内的权利，也不存在对另一方不公允的问题。综上，法院认为，康某之家公司于2019年5月14日行使约定解除权属于在合理的期限内，不应认定其约定解除权的丧失。康某之家公司在席某某逾期没有办理股权转让变更登记手续的情况下发出《律师函》，行使约定解除权，符合《股权转让协议》有关协议解除的约定，该函件送达后即产生协议解除的后果。席某某于2019年5月15日收到该函件，并接受协议解除的结果，故法院确认《股权转让协议》于2019年5月15日解除。

【参考裁判文书】深圳市中级人民法院（2020）粤03民终13869号席某某与北京康护之家健康管理有限公司股权转让纠纷一案民事判决书。

（十九）关于股权转让解除时点认定裁判说理示范

【适用情形】股权转让双方均存在违约情况下解除时间的认定。

【说理示范】关于案涉《股权转让协议》解除时间的问题。股权转让方弘某投资公司等认为案涉《股权转让协议》解除时间应为判决生效之日，一审认定于2013年9月29日解除错误。经分析认为，本案在股权转让双方均存在违约行为的情况下，转让方弘某投资公司于2013年9月27日向受让方鑫某公司发函称，若在2013年9月29日15时前未收到鑫某公司应付的对价款及违约金，则其单方解除《股权转让协议》。其后，鑫某公司未按照上述要求的时间支付对价款及违约金，并于2013年10月18日向弘某投资公司发送了《股权转让协议解除通知书》，该通知书第8条载明，鑫某公司分别于9月26日和9月30日两次致函，督促转让方履行协议义务。另外，弘某投资公司提交了其于9月30日向鑫某公司出具的回函，虽然鑫某公司不认可收到了该回函，但综合上述情况可以认定，双方于合同生效同年9月26日双方开始产生争议，鑫某公司于10月18日向转让方正式送达了《股权转让协议解除通知书》，表示其于2013年10月21日起解除协议。虽然在本身存在违约行为的情况下，以对方违约为由提出解除合同的主张，并不符合《股权转让协议》

所约定的任意一方单方解除合同的条件，但双方均不愿意继续履行合同的意思表示明确。弘某投资公司对于鑫某公司的解除通知没有提出异议，并在 2014 年 4 月 16 日通过股东会决议确认《股权转让协议》已终止。据此，应当认定案涉《股权转让协议》已于《股权转让协议解除通知书》载明的 2013 年 10 月 21 日起解除。弘某投资公司辩称，前述股东会确认的是协议已经终止而不是解除，但是根据《合同法》第 91 条[①]的规定，本案《股权转让协议》终止的原因除了解除之外，并不存在前述法律所规定的其他导致合同终止的情形，故对弘某投资公司的上述理由不予采信，其关于《股权转让协议》应自判决生效之日起解除的主张，亦缺乏事实和法律依据。

【参考裁判文书】最高人民法院（2016）最高法民终 10 号青海浏阳鑫达有色金属有限公司、弘毅投资股份有限公司股权转让纠纷案民事判决书。

（二十）关于因股权转让合同涉及金融股权代持、股权被查封、政府监管介入等非股权转让方可以控制事宜影响合同履行的，不宜认定转让方有违约故意的裁判说理示范

【适用情形】股权转让双方在签约时对合同履行过程中可能出现的来自案外债权人、代持股主体及有关部门等不确定因素对双方交易的影响，也即双方交易面临的商业风险应有预见。若因为合同涉及的金融股权代持、转让的股权被查封、政府监管介入等非股权转让方可以控制的事宜影响合同履行的，不宜认定转让方有违约的故意。

【说理示范】关于履行案涉合同双方是否存在根本违约行为问题。一审判决认定股权转让方实某集团已履行了约定的主要合同义务，股权受让方元某资本未支付股权对价款并划回首期收购款的行为构成根本违约。元某资本等主张合同双方履行中变更了首期收购款的交易步骤；元某资本划回首期收购款经双方一致同意，属于合理止损措施，符合商业惯例；实某集团未履行合同义务，构成根本违约。

对于实某集团是否存在根本违约行为，分析认为，元某资本与实某集团签订的《合作框架协议》及《债务重组框架协议》是双方的真实意思表示，内容不违反法律法规的禁止性规定，合法有效。双方在《合作框架协议》中对拟收购的金融股权及收购价格、合作模式等作出了意向性约定，并明确在

---

① 对应《民法典》第 557 条："有下列情形之一的，债权债务终止：（一）债务已经履行；（二）债务相互抵销；（三）债务人依法将标的物提存；（四）债权人免除债务；（五）债权债务同归于一人；（六）法律规定或者当事人约定终止的其他情形。合同解除的，该合同的权利义务关系终止。"

元某资本支付诚意金后对拟收购的目标公司进行尽职调查，在尽职调查完成后决定合作，双方及双方指定的相关方将签订正式协议，并依据尽职调查结果制订出详细可行的重组方案和资金支付方式。之后，双方签订了案涉《债务重组框架协议》，就金融股权处置及相关事宜达成框架协议。综观案涉《债务重组框架协议》内容，第 3 条交易原则中明确，本次交易以债务重组的模式进行，基本原则为元某资本代表的收购主体通过实某集团沟通和安排与相关债权人签订《债权重组协议》，以受让取得相关债权人对债务主体的债权。收购主体分别与五家目标公司股东签订《债权转让协议》，将前述受让取得的债权及一定金额的现金资产转让给五家目标公司的股东。第 4 条交易步骤中确认，实某集团应按照元某资本要求协调完成的事项包括人某投资完成其代持 19.94% 铁某银行金融股权的协议安排并提供相应文件，及华某银行的债务清偿或转移并保证华某银行撤销诉讼、解除查封和财产担保。同时双方一致确认上述金融股权股份代持及华某银行债务的解决为双方继续履行该协议的前提。若在约定期限内未能有效解决该相关事宜，元某资本有权选择终止协议，或选择与实某集团另行协商解决。双方同时约定，实某集团在协议签订后十个工作日内负责完成附件列明的第一期清理债务的谈判，以使得收购主体能够与相关债权人达成签订《债权重组协议》的意向。该条同时载明双方同意若未在前述期限内达成相关协议实质性的签订意向，则双方将另行协商签订补充协议，以使得交易能够进行。上述协议内容表明，在案涉《债务重组框架协议》确立的交易原则基础上，双方能否按照约定的交易步骤全面实际履行，还涉及与案外债权人能否达成《债权重组协议》，以及与人某投资等合同约定的代持股主体能否协调解决代持股份转让以及解除查封等事宜。因此，案涉《债务重组框架协议》的内容尚不完备，存在诸多有待进一步协商确定的内容及协调解决的事项，该合同的履行也因此存在一定的不确定性。合同中对上述相关事项无法按期解决时约定采取终止合同履行或双方协商或签订补充协议等方式解决，表明合同双方在签约时对《债务重组框架协议》存在履约风险有充分预见。同时，元某资本在签约前对五家目标公司进行了尽职调查，对五家目标公司的股权状态及债权债务情况应了解，对实某集团当时面临的经营状况也应属于明知。据此本案足可以认定，实某集团和元某资本在签约时对合同履行过程中可能出现的来自案外债权人、代持股主体及有关部门干预等不确定因素对双方交易的影响，也即双方交易面临的商业风险应有预见。实际履行中，案涉《债务重组框架协议》签订后，双方均积极有序履行合同，元某资本支付了大部分首期收购款，实某集团也办理了三家目标公司的股权过户手续。导致双方合同履行停滞的起因是目标公司大连万某股权过户未能及时完成。实某集团 2012 年 10 月 18 日给某市金融局的函件表明，实某集团曾努力协调解决相关事宜，促成案涉双方合同继续履行；同时，实某集团2012年12月6日、2013年1月8日给元某资本的函件内容显示，在元某资本划回14亿元首期收购款后，实某集团仍在协调排除履行障碍，促成交易继续进行，并就协调进展情况及影响双方交易进行的原因向元某资本进行通报，其中包括向元某资本明确告知在沟通过程中人某投资表态意欲收购华某银行整体的情况。同时，在上述函件中，实某集团自认因股权被查封，其无法履行案涉《债务重组框架协议》中约定的义务。元某资本并无证据证明实某集团上述相关函件中陈述的协调沟通情况及其无法履行合同义务的原因与实际不符，也无证据证明案涉《债务重组框架协议》能够履行，但实某集团违背诚信原则，为了达到将案涉目标公司股权另行转让给案外人的目的而恶意毁约。因此，基于上述事实可以认定，影响案涉《债务重组框架协议》履行的根本原因应在于实某集团无法履行合同义务，但非由其自身可以控制的原因造成，而是与案涉合同双方交易涉及的金融股权代持及转让的股权被查封等事宜没有能够顺利解决有关，也与当时有关部门对实某集团债务重组加大监管力度有关。如前所述，因双方在签约时对可能来自案外债权人、代持股主体及有关部门等不确定因素对双方交易的影响应有预见，因此，对于本案实际履行过程中出现的影响合同履行的情形，双方在签约时均应有预见，故不应因此认定实某集团构成根本违约。

对于元某资本是否存在根本违约行为，分析认为，案涉《债务重组框架协议》于2012年9月14日签订，其中第4条交易步骤中约定：在本协议签订后五个工作日内，元某资本应将首期收购价款20亿元（含其依据《合作框架协议》约定已支付的1亿元诚意金）支付至共管账户。实某集团在元某资本首期收购款到账后一个工作日内提交五家目标公司的股权转移及法定代表人变更登记手续，双方均应尽最大努力在五个工作日内完成股权过户及法定代表人变更的全部工商登记手续。实际履行中，双方没有严格按照合同约定履行，元某公司支付部分首期收购款的时间迟于合同约定的日期，且至纠纷发生时尚欠4亿元未支付；实某集团在元某公司支付了部分首期收购款后即开始办理目标公司的股权及法定代表人的变更登记手续。双方的履行行为也存在如元某资本等主张的"付款－转股"交错进行的现象。但是，根据案涉《债务重组框架协议》约定，元某资本以52亿元对价受让取得实某集团五家目标公司的股权，协议约定支付的20亿元仅是首期收购价款，剩余收购价款双方在协议中亦约定了支付条件及时间节点。元某公司等并未主张也没有提供证据证明合同双方对首期收购款的数额进行了协商变更。实某集团为元某资本办理工商变更登记的三家目标公司股权对应的出资额为15.1亿元，根据目标公司大连万某股权转让协议约定，涉及需变更的目标公司大连分某股权对应的出资额为5亿元，尚有大连某德股权需变更。因此，如果按照元某资本主张的双方变更了首期收购款支付为"付款－转股"的方式进行，基于需办理的五家目标公司股权对应的出资情况，办理完成五家目标公司股权转让手续需支付的首期收购款势必超出20亿元，在此情形下，即使可以推定元某资本需要支付的首期收购款数额，双方也需对协议约定的交易余款的数额作相应变更，显然合同双方对此并未协商确定。根据《合同法》第78条①的规定："当事人对合同变更的内容约定不明确的，推定为未变更。"据此，仅以双方的履行行为并不能认定或得出合同双方对首期收购款的数额及支付方式已经作出新的变更约定。由于合同约定元某资本需支付的首期收购价款为20亿元，元某资本已支付了16亿元，实某集团对元某资本迟延支付未提出异议，也没有要求元某资本继续支付尚欠的4亿元，故元某公司支付首期收购款的时间及数额虽然与合同约定不符，但并不应认定属于导致合同目的无法实现的根本违约行为。对于元某资本划回首期收购款的行为是否构成根本违约的问题。元某资本于2012年10月23日、11月1日分别向实某集团发出的《告知函》载明，因目标公司大连万某未能完成工商过户手续，大连某德股权转让事宜和人某投资代持股权过户工作仍无法确定，其公司决定派专人将首期收购款中的4亿元和10亿元划回，请实某集团对该划款事宜予以配合。上述函件内容表明，元某资本划回首期收购款是其单方作出决定后要求实某集团予以配合，并非双方协商达成的一致意见。因合同中并未约定20亿元首期收购款与需办理转让手续的五家目标公司股权对应的出资额存在一一对应关系，元某资本也没有提供证据证明共管账户中的16亿元中有4亿元系对应目标公司大连分某的股权过户资金，因此，元某资本以目标公司大连分某股权过户未完成为由提出划回16亿元中对应目标公司大连分某股权过户的4亿元资金，其理由缺乏合同和事实依据。元某资本划回10亿元的理由为大连某德股权转让事宜和人某投资代持股权过户工作无法确定，因《债务重组框架协议》第4.5条中对实某集团应按照元某资本的要求协调完成人某投资代持金融股份的协议安排并提供相应文件的时间仅约定为2012年，元某资本在2013年2月16日给实某集团的回函中载明应于2012年12月前完成协调人某投资的代持股事宜。因此，元某资本是在其自认的双方约定实某集团协调完成人某投资代持股事宜的时间节点未至的情形下，以该理由划回共管账户中的大部分资金。对于大连某德股权问题，因元某资本对大连某德进行了尽职调查，对其股权结构及股权是否被查封等情况应属于明知，现并无证据证明大连某德股权在当时出现了与签订合同时不一致的情形。据此，元某资本划回10亿

---

① 对应《民法典》第544条。

元也缺乏合同依据。另外，元某资本当时已经持有实某集团三家目标公司的股权，完成转让手续的股权对应的出资额已为15.1亿元，在此情形下，元某资本主张其单方撤回已经支付的首期收购款系减少资金利息损失、防范资金成本损耗的减损措施，并不具备合理性和正当性，也没有证据证明符合商业惯例。但是，如前所述，导致元某资本划回首期收购款及案涉合同履行停滞的起因是目标公司大连分某股权过户未能完成。实某集团于2012年10月18日给大连市金融局的函件内容表明，实某集团之所以请求有关部门协调，应是认为基于当时的情况，目标公司大连分某股权存在无法过户的可能。实某集团之后在给元某资本的函件中也明确自认因出现了无法控制的情况，其无法继续履行《债务重组框架协议》中约定的义务。且在实际履行中，实某集团对元某资本划回资金的行为予以配合，并没有提出异议，之后也没有要求元某资本再划回资金或继续履行合同义务，也没有证据证明实某集团完成了合同约定的第一期债务清理工作，并要求元某资本按照《债务重组框架协议》约定清偿债务，但因元某资本撤回资金而影响上述债务清偿。现有证据也不能证明目标公司的股权质押和司法查封事宜未能有效解决是因元某资本划回首期收购款所致。故本案元某资本划回首期收购款不是影响案涉《债务重组框架协议》履行的根本原因，并因此导致合同目的无法实现。

【参考裁判文书】最高人民法院（2017）最高法民终11号北京元金盛世资本运营中心等与大连实德集团等股权转让纠纷一案民事判决书。

（二十一）关于股权转让合同解除后应返还转让款及资金占用费裁判说理示范

【适用情形】股权转让合同解除后已支付的股权转让款返还处理。

【说理示范】关于某轩控股公司应否返还转让款及资金占用费问题。《合同法》第97条①规定："合同解除后，尚未履行的，终止履行；已经履行的，根据履行情况和合同性质，当事人可以要求恢复原状、采取其他补救措施，并有权要求赔偿损失。"案涉《股份转让合同》《债权转让协议书》及《股权转让协议书》解除后，某轩控股公司依据上述合同取得的股权转让款及债权转让款82 068 282.07元应予返还。因某轩控股公司、北京某浪公司在签订《股份转让合同》后，双方均未按照合同约定及蚌埠某商行公司章程约定，报经董事会同意、监管部门审批，且存在签订《股份代持协议》规避监管的行为，致使上述违规行为长期存在。此后，从双方往来的邮件，也可反映某轩控股公司对于北京某浪公司除受让其股份外，还对受让蚌埠某商行股东股份

---

① 对应《民法典》第566条第1款。

的事实知晓，双方又未按照监管部门要求及时予以纠正，故北京某浪公司、某轩控股公司对此均具有过错。综合本案事实及双方当事人的过错程度，对于北京某浪公司主张的转让款占用期间利息损失，酌定按中国人民银行同期贷款基准利率的标准计付。北京某浪公司关于某轩控股公司应自转让款实际支付之日起按年利率10%的标准计算的资金占用费的请求，缺乏事实和法律依据，不予支持。据此，某轩控股公司应向北京某浪公司支付自2016年7月6日起，以16 412 777元为基数，按中国人民银行公布的同期同类贷款基准利率计算至2016年8月28日的利息，以及自2016年8月29日起，以82 068 282.07元为基数，按中国人民银行公布的同期同类贷款利率计算至款项实际返还之日止的利息。

【参考裁判文书】最高人民法院（2020）最高法民终1081号国轩控股集团有限公司与北京巨浪时代投资管理有限公司及蚌埠农村商业银行股份有限公司股权转让纠纷一案民事判决书。

七、关于股权转让合同履行裁判说理示范

（一）关于股权无偿转让协议认定裁判说理示范

【适用情形】应当依据协议双方明示的意思表示确定股权转让协议是否属于无偿性转让。

【说理示范】案涉《股权转让协议书》未约定股权转让款，股权转让方起诉主张案涉协议书虽名为转让，但未约定转让价款，双方实际属于股权代持法律关系，并非无偿性转让合同。从法律规定和常理来看，民事主体在实施一项具体民事行为时，其真实意思表示应当确定且恒定，不因时间推移或场景改变而发生变更。涉案股权转让协议约定股权转让方愿意将标的公司股权转让给受让方，但未约定股权转让款，转让方在受让方未实际支付转让价款情况下，已及时履行股权转让协议约定义务，并就标的股权办理了工商变更登记。由于股权转让方在股权转让协议签订后较长时间内均未向受让方主张股权转让对价，亦未能提交证据证明双方之间实际属于股权代持法律关系，故应当依据涉案股权转让协议明示的意思表示确定双方法律关系性质，即股权转让合同关系，而且涉案股权转让协议属于无偿转让协议。

（二）关于股权转让未获公司认可受让无法获得股东资格和无法行使股东收益权裁判说理示范

【适用情形】因股权转让违反标的公司章程规定，标的公司对股权转让行为不予认可，受让方并非《公司法》意义上的股东，其主张公司直接向其支

付分红款理由不成立。

【说理示范】根据《公司法司法解释（四）》第 13 条第 1 款规定："股东请求公司分配利润案件，应当列公司为被告。"《公司法》第 32 条规定："有限责任公司应当置备股东名册，记载下列事项：（一）股东的姓名或者名称及住所；（二）股东的出资额；（三）出资证明书编号。记载于股东名册的股东，可以依股东名册主张行使股东权利。公司应当将股东的姓名或者名称向公司登记机关登记；登记事项发生变更的，应当办理变更登记。未经登记或者变更登记的，不得对抗第三人。"根据上述规定，股东向公司行使利润分配请求权的前提，应是其属于记载于股东名册的股东。本案中，股权受让方虽与转让方签订了案涉股权转让协议，转让方认可其将标的公司部分股权转让给受让方，但由于案涉股权转让违反标的公司章程规定，标的公司对案涉股权转让不予认可。受让方未能提交工商登记、股东名册等能够证明其属于标的公司股东身份的证明文件，其并非《公司法》意义上的股东，不具有直接向标的公司请求分红款的资格。

（三）关于按照合同所使用的词句、合同的有关条款、合同的目的、交易习惯以及诚信原则确定合同条款真实意思裁判说理示范

【适用情形】当事人对合同条款的理解有争议的，按照合同所使用的词句、合同的有关条款、合同的目的、交易习惯以及诚信原则，确定该条款的真实意思。

【说理示范】甘某某、蔡某某对《欠款协议》是否约定了股权转让余款 120 万元的付款条件存在争议。当时施行的《合同法》第 125 条第 1 款规定："当事人对合同条款的理解有争议的，应当按照合同所使用的词句、合同的有关条款、合同的目的、交易习惯以及诚实信用原则，确定该条款的真实意思。"甘某某自认《欠款协议》是其本人起草的。在《欠款协议》签订前的磋商过程中，甘某某提出了"在努某尔科技公司盈利的情况下，120 万按照你个人在努某尔科技公司的利润收入的 50% 逐笔还我"的协议框架，蔡某某亦回应"我个人获得的努某尔收益一定阶段分给你作为创业补偿"，该磋商记录可以认定《欠款协议》约定的"分配利润的 50%""破产清算的资产""股权转让所获得资金"均是付款条件而非优先付款条件。甘某某在催款时提出的蔡某某未向其出示东莞市努某尔科技公司年度财务资料和反馈持股比例变化情况的言辞，也可以印证蔡某某还款是与努某尔科技公司盈利与否和蔡某某持股比例变化情况相关联的。甘某某并未主张在一定期限内蔡某某必须支付多少款项、多长时间必须付清。因此，法院采纳蔡某某对该条款的理解，蔡某某应付股权转让余款的条件为上述三种情形。但上述三种情形未成就、蔡某

某未支付股权转让余款时，蔡某某应当按照约定向甘某某支付该欠款的利息。蔡某某在《欠款协议》签订前的磋商过程中虽有"这些钱在两年以内能够处理完。我有工作单位，我不可能为这事情人间蒸发。如果违约，你可以拿欠条找我单位，我有工资"的表述，但根据对话的前后内容来看，该言辞是回应甘某某提出增加担保人要求所述，上述"两年内"的期限仅是对上述付款条件成就时间的估计，并非为确定的款项履行期限，"我有工资"也仅是针对其有赔偿能力的说明，而非以工资清偿股权转让余款的意思表示。蔡某某提交的努某尔科技公司年度财务报表、努某尔科技公司商事登记信息可以证明努某尔科技公司未向蔡某某分配股权收益，未进入破产清算程序，蔡某某也未减持持股比例，《欠款协议》约定的付款条件尚未成就。甘某某请求蔡某某清偿股权转让余款，不符合协议约定，一审法院不予支持是正确的。

【参考裁判文书】深圳市中级人民法院（2019）粤03民终33874号甘某某与蔡某某股权转让纠纷一案民事判决书。

（四）关于当事人是否怠于履行股权转让合同义务裁判说理示范

【适用情形】关于当事人是否存在怠于履行股权转让合同义务行为的认定。

【说理示范】嘉某公司以段某怠于履行双方签订的《股份转让协议书》约定义务，拖延协助办理股权变更登记手续等为由起诉要求段某继续履行该协议，向其转让某航电子公司的股权并办理变更登记手续，故本案为股权转让纠纷，争议核心在于段某是否存在怠于履行《股份转让协议书》的行为。

判断段某是否怠于履行协议约定的义务，必须首先明确《股份转让协议书》约定转让的某航电子公司股份未过户登记至嘉某公司名下是否因段某拖延履行办理股权变更登记的协助义务所致。对此，段某已明确股权未依约办理变更登记的主要原因是嘉某公司未取得某航电子公司全部股东同意转让的股东会决议和其他股东放弃优先购买权的声明。因此，本案审查重点在于嘉某公司是否负有该项约定义务及其是否已完成该义务，至于嘉某公司提出的中某机载公司优先购买权是否成立，对于其与段某之间的股权转让纠纷而言，属于第二层次的问题，即《股权转让协议书》在法律上或事实上能否履行，仅需考察涉案股权未办理变更登记是否由法律障碍所致，进而排除段某怠于履行协助义务的一个方面因素，但不是唯一因素，不能将二者完全等同。

根据上述分析，首先，从《股权转让协议书》约定的办理股权变更登记条件和期限来看，其内容是，在股权转让获得某航电子公司内部审批通过之日起十五个工作日内，双方办理股权变更登记手续，段某应积极配合办理，并同时注明审批通过的标准以嘉某公司拿到某航电子公司的全部股东同意本次股权转让的股东会决议和其他股东放弃优先购买权的声明为准。由此可见，段某配合办理股权过户登记的前提是嘉某公司取得标的公司股东同意转让股权的股东会决议和其他四位股东放弃优先购买权的声明，但从本案的事实看，双方当事人对于嘉某公司至今未取得上述股东会决议和股东放弃优先购买权的声明这一事实并无争议，嘉某公司自始至终亦未提供该方面材料，故双方约定的办理股权变更登记的条件和期限尚未具备，段某尚无配合办理的前提。其次，根据协议约定，段某仅负有协助配合嘉某公司办理股权变更登记的义务，根据嘉某公司的要求提供相关资料、签署有关文件，因此，股权变更登记何时启动、如何启动以及提供哪些协助或材料均应由嘉某公司提出，但从嘉某公司提交的证据及其反映的事实看，并无证据证明其曾向段某发出了协助通知并安排了具体协助事项，而段某未按期在三十日内提供相应协助或未按要求完成协助事项，故其主张段某怠于履行协助义务，没有事实前提。再次，关于通知其他股东征求同意对外转让股权的义务主体问题，从《公司法》及其司法解释、公司治理逻辑结构来看，一般情况下，应当由转让股权的股东来履行，这从《公司法司法解释（四）》第17条第1款的规定可以明显看出，法律作出上述规定的核心在于保护其他股东依法享有的优先购买权，实现上述权利保护的最佳路径就是通过公司内部约束其股东行为，但法律并不禁止由股权受让方来完成该项义务。且从本案双方当事人的约定看，如前所述，双方已明确该项义务属于嘉某公司。另外，从协议签订前后的实际履行行为来看，也是嘉某公司先后于2016年6月和2021年3月向中某机载公司及其股东发出股权转让事项通知并征求意见，结合段某在2020年4月先后发出催告嘉某公司尽快取得某航电子公司同意股权转让的股东会决议和其他股东放弃优先购买权的《催告函》及以此为由出具的解除股份转让协议和补充协议的通知函等事实，足以认定段某抗辩提出的双方转让股权事项的通知和征求某航电子公司及其股东意见等事项是嘉某公司应履行的义务这一主张成立，本院予以采信。嘉某公司对此提出异议，理由和依据均不充足，本院不予采纳。最后，关于中某机载公司要求行使优先购买权是否成立并足以阻却《股权转让协议书》的履行问题。中某机载公司在嘉某公司于2016年6月第一次发出其与段某之间4.3%股权转让的征求意见函件之后，即明确函复以同等条件即嘉某公司所述的129万元股权转让价格行使优先购买权，但并无证据表明嘉某公司收到此函件后告知段某并明确催告双方限期签订有关协议。而且，嘉某公司在征求意见时将段某其中的4.3%股权转让价格表述为129万元，段某当时也不可能同意以此价格将其股权转让给中某机载公司，即中某机载公司当时提出的优先购买权不可能实现。因此，嘉某公司主张中某机载公司仅表态行使优先购买权而未实际行使该项权利，法院并不支持。至于其所述通过一审法院送达起诉材料并在诉讼过程中即2021年3月向中某机载公司发送了征求股权转让的意见，但中某机载公司并未实际行使优先购买权的问题：一是从法律规定来看，《公司法司法解释（四）》第17条第1款明确规定股东对外转让股权时必须以合理方式通知其他股东征求同意，从诚信原则和正常转让程序而言，这是办理股权转让前应当首先完成的程序，而非在双方发生争议后通过法院送达诉讼材料代替其履行。二是中某机载公司已根据正常诉讼程序通过答辩提出相应抗辩并明确了以同等条件行使优先购买权。由于此时双方的争议已在诉讼过程中，依法应由人民法院作出结论后才能具体决定其优先购买权能否行使，故其在此期间未与段某落实涉案股权的转让协议，并无不当。嘉某公司认为即使在一审驳回其全部诉讼请求后中某机载公司亦无任何实际购买行为，故其已丧失法律赋予的优先购买权，没有法律依据，本院不予采纳。并且，即使其认为中某机载公司提出的优先购买权不成立，也应根据这一情况变化与段某先行协商，对原合同条款约定的股权变更登记事项达成新的一致意见后妥善予以办理，而非径直起诉其不履行配合义务。综上所述，嘉某公司上诉主张段某怠于履行协助办理股权过户登记义务并要求其办理变更登记，没有事实和法律依据，也不符合双方约定。

【参考裁判文书】深圳市中级人民法院（2021）粤03民终24456号深圳市嘉德机电设备有限公司诉段某等股权转让纠纷一案民事判决书。

（五）关于股权转让合同未约定具体履行时间受让方可随时要求办理变更手续裁判说理示范

【适用情形】股权转让协议未约定办理变更登记手续时间，受让方可在诉讼时效内随时要求办理。

【说理示范】太平洋某公司与陈某某、黄某某于2000年9月20日签订的《股权转让合同书》未违反法律、行政法规的强制性规定，属有效合同，各方当事人均应按约全面履行合同。本案二审期间各方当事人的争议焦点是太平洋某公司请求陈某某、黄某某协助办理港口某公司的18%股权变更手续并请求陈某某、黄某某、港口某公司共同支付1998年至2010年期间港口某公司的红利165.6万元是否已超过诉讼时效的问题。《股权转让合同书》明确约定将陈某某、黄某某在港口某公司持有的18%股权作价195万元转让给太平洋某公司，且太平洋某公司已经按约分两次将转让价款195万元支付给陈某某、黄某某，陈某某、黄某某亦应按约履行自己的合同义务。在各方当事人没有明确约定办理股权变更手续时间的情况下，根据《合同法》第62条第

4项①的规定，太平洋某公司有权随时要求陈某某、黄某某、港口某公司履行协助办理股权变更手续的合同义务。根据各方当事人的陈述可以认定，太平洋某公司于向原审法院提起诉讼的前一个月曾要求陈某某协助办理股权变更手续，根据《诉讼时效规定》第6条的规定，本案太平洋某公司主张陈某某、黄某某、港口某公司协助办理股权变更手续的诉讼请求并未超过诉讼时效期间，故太平洋某公司以《股权转让合同书》未约定股权变更时间为由主张其请求协助办理港口某公司的18%股权变更手续未超过诉讼时效期间的上诉理由有事实与法律依据，本院予以支持。陈某某、黄某某、港口某公司应按照《股权转让合同书》的约定协助太平洋某公司办理股权变更手续。本案为股权转让纠纷，《股权转让合同书》并未涉及太平洋某公司所提出的陈某某、黄某某、港口某公司共同支付1998年至2010年期间港口某公司红利165.6万元的诉讼请求的相关内容，故太平洋某公司提出的该诉讼请求并非本案的审理范围，若太平洋某公司认为存在争议，可以另行起诉。另外，黄某某在一审中对太平洋某公司的主张并不反对，其认为"我并没有不配合股权变更登记"，且太平洋某公司在诉前也没有向黄某某主张权利，故该部分诉讼费由太平洋某公司自行负担。

【参考裁判文书】温州市中级人民法院（2013）浙温商终字第881号温州市太平洋石油化工有限公司诉陈某某、黄某某、温州市港口石化仓厂储有限公司股权转让纠纷一案民事判决书。

（六）关于应向受让方履行股权转让义务的合同主体为转让方而非其股东裁判说理示范

【适用情形】依照股权转让协议，转让方应向股权受让方履行股权转让以及配合办理股权工商变更登记义务，转让方是公司的，转让方公司股东并非股权转让协议中转让义务以及相应违约责任承担主体，股权受让方起诉请求转让方公司股东履行股权工商变更登记义务以及承担未及时完成股权工商变更登记的违约责任，缺乏合同与法律依据。

【说理示范】关于金某某是否构成违约，应否承担违约责任的问题。从案件基本事实看，2016年8月26日，本案各方当事人等六方主体签订案涉《股权转让协议》，约定通过债权转股权的方式来偿还因先前的购销合同关系欠付物资公司的债务。根据该协议，某恒香港公司有义务按约将其持有的某恒江苏公司40%股权变更登记至某投公司名下；如果某恒香港公司违反协议约定，应向守约方承担相应的违约责任。上述事实表明，应向某投公司履行股权转

---

① 对应《民法典》第511条第4项。

让以及股权工商变更登记义务的合同主体为某恒香港公司。就金某某而言，本案诉讼程序中其虽为某恒香港公司的唯一股东，但在本案《股权转让协议》中并未约定关于其变更某恒江苏公司40%股权的具体合同义务以及相应违约责任。现物资公司、某投公司起诉请求金某某履行上述股权工商变更登记义务以及承担因未及时完成股权工商变更登记的违约责任，缺乏合同与法律依据，因此，难以认定金某某在某恒江苏公司40%股权的变更登记中存在违约行为。一审、二审判决判令金某某就此承担违约责任向某投公司支付违约金属于认定事实不清、适用法律错误，应依法予以纠正。

关于金某某请求再审驳回物资公司、某投公司一审其他诉讼请求是否成立的问题。物资公司、某投公司一审起诉请求判令某恒香港公司立即与某投公司办理股权变更登记，第三人某恒江苏公司履行协助义务，并要求某恒香港公司承担相应的违约责任。根据前述分析，某恒香港公司应当依约与某投公司办理案涉股权变更登记，第三人某恒江苏公司负有协助义务。如果某恒香港公司违反协议约定未及时履行合同义务，应当依约向某投公司承担违约责任。原判决确认某恒香港公司持有的案涉某恒江苏公司40%的股权归某投公司所有，判令某恒香港公司在判决生效后与某投公司办理股权变更登记手续，第三人某恒江苏公司履行协助义务，并结合协议约定和本案的实际情况判令某恒香港公司承担相应的违约责任，具有事实和法律依据，并无不当。另外，金某某既是本案一审被告之一，又是一审被告某恒香港公司代表人和第三人某恒江苏公司的法定代表人，其以个人名义申请再审，应理解为其以一审被告金某某的身份申请再审。因此，金某某仅能就原审判决关于其自身权利义务的判项部分申请再审。但金某某所提出的再审请求，既有基于自身权利义务所提的请求，又有基于一审被告某恒香港公司代表人和第三人某恒江苏公司的法定代表人的身份所提的再审请求。即使金某某为某恒香港公司代表人、某恒江苏公司的法定代表人，仍不能以其个人名义主张有关某恒香港公司、某恒江苏公司的诉讼权利。也就是说，原审判决有关某恒香港公司、某恒江苏公司权利义务的判项内容，对于金某某而言，并无诉的利益。金某某再审请求驳回某投公司上述一审诉讼请求缺乏法律依据，应不予支持。

【参考裁判文书】最高人民法院（2021）最高法民再245号金某某与盐城市物资集团有限公司、盐城国投新材料有限公司及中恒日上（香港）有限公司、中恒日上（江苏）新能源股份有限公司股权转让纠纷一案民事判决书。

（七）关于实际投资人在受让人未依约支付股权转让款情况下可以直接以自己的名义提起诉讼裁判说理示范

【适用情形】实际投资人在受让人未依约支付股权转让款情况下可以直接

以自己的名义提起诉讼。

【说理示范】根据隐名出资人某银公司与显名出资人黄某签订的《隐名出资协议》和黄某作为转让方与受让方沈某签订的《股权转让协议》，以及某银公司与沈某1等人签订的《公司股权重组、增资协议》中关于各股东出资比例、出资金额及股权实际控制人的约定，结合新生焦化公司在工商部门登记的企业信息，可以证实某银公司将其实际控制、由黄某代持的新生焦化公司5400万元占公司注册资本27%的股权，以黄某名义转让给沈某，而沈某为名义出资人，受让股权的实际控制人为沈某1。故某银公司与沈某1之间形成了股权转让法律关系，沈某1应向某银公司支付股权转让款。虽然某银公司、沈某1在股权转让过程中均不是新生焦化公司的股东，但黄某对其代某银公司持有新生焦化公司股份的事实认可，盛某公司、某耀公司对沈某代沈某1持有案涉受让的股权也无异议，且各方分别签订了《隐名出资协议》《股权转让协议》《公司股权重组、增资协议》，对持有和转让股权事宜进行了约定，其中沈某1签字确认的《公司股权重组、增资协议》中明确载明，其持有新生焦化公司67%股权，为股权实际控制人，并对各出资人相应权利义务作出了相应约定，故盛某公司、某耀公司提出某银公司起诉本案主体不适格，沈某1不是新生焦化公司股东，不应承担股权转让款支付责任的答辩意见不能成立，不予采纳。案涉《股权转让协议》载明"经双方协商一致，并经2016年9月9日公司股东会议研究同意，黄某自愿将其持有的新生焦化公司5400万元占公司注册资本27%的股权转让给沈某"，且进行了工商变更登记，沈某代沈某1实际取得了新生焦化公司5400万元占公司注册资本27%的股权。现某银公司主张股权转让款为5400万元，沈某1、沈某经一审法院合法传唤无正当理由未到庭参加诉讼，未就股权转让提出异议或反驳证据，视为其放弃相应诉讼权利，故对某银公司要求沈某1支付股权转让款5400万元的诉讼请求，予以支持。

经审查，本案为股权转让纠纷，虽转让人为黄某，但对于黄某与某银公司之间的代持股关系，各方均无异议，某银公司作为案涉股权的实际权利人，在沈某1未依约支付股权转让款的情况下，直接以自己的名义提起本案诉讼，主体资格并无不妥。同时，虽股权变更登记之后的持股人为沈某并非沈某1，但《公司股权重组、增资协议》载明，该股权的实际控制人为沈某1，对此沈某1签字确认，故某银公司直接起诉案涉股权的实际控制人沈某1，要求其支付相应股权转让款，亦无不妥。

【参考裁判文书】最高人民法院（2020）最高法民终346号宁夏某银公司、沈某1与江苏盛某公司、江苏某耀公司、沈某、黄某股权转让纠纷一案民事判决书。

（八）关于合同未明确债务履行期限诉讼时效从债权人明确表示不履行义务起算裁判说理示范

【适用情形】在合同未明确债务履行期限时，如债务人不愿继续履行债务，应留存好向债权人明确表示不履行义务的证据，诉讼时效从该时起算。否则，诉讼时效将从债权人指定的宽限期届满之日起算，债权人也未指定宽限期的，则不会被认定为超出诉讼时效。

【说理示范】根据《合同法》第 62 条第 4 项[①]"履行期限不明确的，债务人可以随时履行，债权人也可以随时要求履行，但应当给对方必要的准备时间"的规定，荆某某有权随时要求陈某某履行股权变更或交付相关财产权益的义务。根据《诉讼时效规定》第 6 条[②]"未约定履行期限的合同，依照合同法第六十一条、第六十二条的规定，可以确定履行期限的，诉讼时效期间从履行期限届满之日起计算；不能确定履行期限的，诉讼时效期间从债权人要求债务人履行义务的宽限期届满之日起计算，但债务人在债权人第一次向其主张权利之时明确表示不履行义务的，诉讼时效期间从债务人明确表示不履行义务之日起计算"的规定，本案的诉讼时效应从荆某某向陈某某要求履行义务的宽限期届满之日起计算，或者从陈某某表示不履行义务之日起计算。因本案并无证据证明陈某某在荆某某提起本案诉讼之前表示过不履行义务，且陈某某并未提出诉讼时效的抗辩，故荆某某提起本案诉讼要求陈某某履行股权转让协议，并未超过诉讼时效。

【参考裁判文书】最高人民法院（2018）最高法民终 60 号陈某某、荆某某股权转让纠纷一案民事判决书。

（九）关于根据公平合理和有利于合同目的实现的原则确定股权转让款分期支付裁判说理示范

【适用情形】双方当事人既不能依法就合同分期履行达成补充协议，也无法按照合同有关条款或者交易习惯进行确定，则只能依照《民法典》第 71 条第 4 项和第 5 项的规定，根据公平合理和有利于合同目的实现的原则予以确定。

【说理示范】胡某某与陈某先后通过《离婚协议书》《合作协议》《股权转让协议书》以及《深圳市义某供应链管理有限公司股东会关于股权变更的决议》对双方名下义某公司的股权处置及转让事宜进行了约定，上述协议内容前后连贯，意思明确，最终形成了胡某某将其持有的义某公司 51% 股权分

[①] 对应《民法典》第 511 条第 4 项。

[②] 对应《诉讼时效规定》（2020 年修正）第 6 条。

别转让给陈某和陈某1的一致协议。其中,《股权转让协议书》是双方最终的一致意思表示,内容不违反法律、行政法规的禁止性规定,合法有效,对双方有约束力,双方均应严格履行。上述协议签订后,胡某某已通过股东会决议等方式依约将义某公司股权变更登记至陈某和案外人陈某1名下,已履行了《股权转让协议书》约定的主要义务。现胡某某要求陈某支付约定的股权转让款,陈某应当依约履行。由于《股权转让协议书》仅约定了陈某自协议生效之日起20年内以分期付款的方式将总计250万元的股权转让款支付给胡某某,并未具体约定付款的期数、时间和每期的金额,致使双方在履行过程中发生争议。对此,《合同法》第61条[1]规定:"合同生效后,当事人就质量、价款或者报酬、履行地点等内容没有约定或者约定不明确的,可以协议补充;不能达成补充协议的,按照合同有关条款或者交易习惯确定。"第62条[2]规定:"当事人就有关合同内容约定不明确,依照本法第六十一条的规定仍不能确定的,适用下列规定……(四)履行期限不明确的,债务人可以随时履行,债权人也可以随时要求履行,但应当给对方必要的准备时间。(五)履行方式不明确的,按照有利于实现合同目的的方式履行……"现双方当事人既不能依法就250万元股权转让款的20年分期履行达成补充协议,也无法按照合同有关条款或者交易习惯进行确定,则只能依照上述《合同法》第62条第4项和第5项的规定,根据公平合理和有利于合同目的的实现的原则予以确定。胡某某主张按照总价款250万元和20年付款期限的平均数,每年支付125 000元,符合《合同法》的上述规定精神,也能与双方《股权转让协议》约定的未按期付款应负的违约责任意思表示相一致,应予采纳。并且,对于胡某某这一付款主张,陈某亦答辩认为截至2019年8月24日应当支付的股权转让款为25万元,只是因为其对胡某某享有的债权数额远大于该笔应付的款项,故条件不成就。因此,按照胡某某的主张明确双方股权转让款按照每年平均支付125 000元,并于每年的8月24日前支付,不违背双方的真实意思表示。因此,原审判决未依法明确股权转让款分期支付时间和数额,简单驳回胡某某的诉讼请求不当,应依法予以纠正。根据原审法庭辩论终结的时间,陈某应支付的股权转让款为25万元,扣除双方认可的已付5万元,实际应付20万元,并按胡某某的请求从其起诉之日或逾期付款之日起分别按同期中国人民银行公布的贷款基准利率和同期全国银行间同业拆借中心公布的贷款市场报价利率(LPR)计付利息。至于胡某某要求陈某一次性支付全部股权转让款,一方面与双方《股权转让协议书》约定的违约责任承担方式不符,另一

---

[1] 对应《民法典》第510条。
[2] 对应《民法典》第511条。

方面也与双方发生争议的原因为约定不明不相吻合，应不予支持。

【参考裁判文书】深圳市中级人民法院（2020）粤03民终24563号胡某某诉陈某股权转让纠纷一案二审民事判决书。

（十）关于股权转让款付款条件成就裁判说理示范

【适用情形】股权受让方故意阻却股权转让协议约定的付款条件成就，应视为条件已成就。

【说理示范一】关于锐某公司支付1.5亿元股权转让款的条件是否已经成就。绿某公司认为锐某公司支付1.5亿元股权转让款的条件于2015年11月9日已经成就，理由如下：根据《股权转让协议》第3.5条约定，锐某公司应付绿某公司股权转让总价款的40%（1.5亿元），由锐某公司在股权交割后，在威某汀酒店在建工程造价审核完成后的60个工作日内，但最迟不晚于协议签署后9个月内向绿某公司付清。而《股权转让协议》于2015年2月9日签订，依照《股权转让协议》的上述约定，1.5亿元最迟应于2015年11月9日支付。但由于案涉股权于2015年11月19日才完成变更登记，《备忘录》签订于2015年11月18日。因此，1.5亿元最迟应于2015年11月9日的支付期限已经被《备忘录》所变更。在此情况下，对于1.5亿元的付款期限是否届满，应根据双方具体约定进行分析判断。因双方约定1.5亿元的支付条件仅为"在威某汀酒店在建工程造价审核完成后的60个工作日内"。故绿某公司以双方约定最迟付款期限主张1.5亿元股权转让款的条件于2015年11月9日成就，与事实不符。而对该酒店的在建工程造价审核问题，《股权转让协议》第5.1.7条约定，在协议正式生效之日，即视为锐某公司按现状接收某港城公司威某汀酒店在建工程。在锐某公司按现状接收某港城公司威某汀酒店在建工程后，由锐某公司为主、双方共同配合对某港城公司威某汀酒店截至本协议生效之日前的现状工程造价进行审核，某港城公司提供一切所需资料和便利，酒店工程结算最终以审计结算为准。因此，对威某汀酒店在建工程造价现状完成审核主要是锐某公司的义务，而且该工程造价审核是《股权转让协议》生效之日前的现状工程造价审核。《股权转让协议》于2015年2月9日签订，绿某公司于2015年11月19日将某港城公司80%的股权变更登记为锐某公司，在距今长达两年多的时间内，锐某公司仍未完成对威某汀酒店在建工程造价的审核，且无证据证明绿某公司不配合锐某公司进行审核。《合同法》第45条第2款[①]规定："当事人为自己的利益不正当地阻止条件成就的，视为条

---

① 对应《民法典》第159条规定："附条件的民事法律行为，当事人为自己的利益不正当地阻止条件成就的，视为条件已经成就；不正当地促成条件成就的，视为条件不成就。"

件已成就；不正当地促成条件成就的，视为条件不成就。"因此，锐某公司怠于对威某汀酒店在建工程造价进行审核，为其自己的利益不正当地阻止1.5亿元支付条件的成就，应视为"对威某汀酒店在建工程造价完成审核"这一条件已成就，锐某公司支付1.5亿元股权转让款的条件已经成就。

【参考裁判文书】最高人民法院（2017）最高法民终919号上海绿洲花园置业有限公司与霍尔果斯锐鸿股权投资有限公司、海口世纪海港城置业有限公司、海口绿创置业有限公司股权转让纠纷一案民事判决书。

【说理示范二】案涉《汽修厂转让合同补充协议》第2条约定："2019年3月31日前，若陈某某收到国家有关部门的征用或拆迁通知，则徐某需在陈某某收到国家有关部门的征用或拆迁通知之日起10日内再退还转让款4.7万元。"从该条款的用词看，徐某退还陈某某4.7万元的条件是有关部门发出了征用或拆迁的通知，所用词语表达的意思清晰，不存在歧义；同时该补充协议第3条约定的事项依然是以"收到征用或拆迁通知"为条件，用词表意并不存在前后矛盾。因此，根据文义解释，双方约定的条款含义明确，没有多种解释的余地。从双方先后签订的两份合同的完整内容看，该补充协议是对当事人签订的《汽修厂转让合同》的补充，约定的事项是在汽修厂发生被征用或拆迁时，徐某减少收取特定数额的转让款。至于被征用或拆迁的具体情形，无论是以通知为要件，还是以实际交付为要件，均是符合常理的选择。诉讼中，廖某没有提供证据以证实徐某与陈某某在订立合同的协商过程中作出的共同意思表示是以被征用或拆迁物业实际交出为条件及补充协议表述为"发出通知时"是表意错误。当冯某在收到拆迁通知后向廖某主张退款时，廖某也没有以补充协议条款用词存在表意错误作出抗辩。同时，冯某在诉讼中对于廖某有关合同目的的表述并没有接受、认同。合同解释的过程是一个探寻当事人真实意思的过程，探寻当事人真意，当然不应拘泥于文字；当以合同目的的解释规则来探究当事人真意时，该合同目的应当是可以确定的当事人在合同中通过合意而达成的共同的目的，当双方对共同的目的发生争议且无法判断时，应当从双方均已知或应知的表示于外部的目的来作出认定。综上，冯某上诉主张补充协议约定的退回4.7万元转让款是以通知为条件，依据充分。

【参考裁判文书】深圳市中级人民法院（2020）粤03民终17184号冯某与廖某、徐某股权转让纠纷一案民事判决书。

（十一）关于股权受让方需支付剩余股权转让款及逾期违约金裁判说理示范

【适用情形】股权受让方违约逾期支付股权转让款，应承担支付剩余股权转让款及逾期付款违约金的法律责任。

【说理示范】关于某能公司应否支付剩余股权转让款及逾期违约金的问题。曾某与某能公司签订的《股权转让协议》第1条第1项约定："本协议生效后1个工作日内，某能公司委托有资质的中介机构对合营公司进行实地财务尽职调查。若《财务尽职调查报告》显示合营公司资产负债、内部控制、经营管理等的真实状况与曾某事前所介绍的相差在合理范围以内，本协议下述条款双方继续履行。否则，某能公司有权单方面终止本协议。"依据上述协议约定，在《财务尽职调查报告》作出后，某能公司若认定目标公司资产不实、股东瑕疵出资可通过终止合同来保护自己权利。但某能公司并未实际行使该项合同权利，其在《财务尽职调查报告》作出后，明知目标公司实收资本与注册资本不符，仍选择继续支付股权转让款，应视为其对合同权利的处分。某能公司虽然认为在曾某出资不实的情况下，其有权选择何时终止合同，故其拒付剩余股权转让款是以实际行为终止合同，但鉴于本案目标公司股权已经实际变更，某能公司虽然以终止合同提出抗辩，但并不符合法定合同解除条件，对其主张不予支持。

现行《公司法》确立了认缴资本制，股东是否足额履行出资义务不是股东资格取得的前提条件，股权的取得具有相对独立性。股东出资不实或者抽逃资金等瑕疵出资情形不影响股权的设立和享有。本案中，曾某已依约将所持目标公司70%的股权变更登记在某能公司名下，履行了股权转让的合同义务。某能公司通过股权受让业已取得目标公司的股东资格，曾某的瑕疵出资并未影响其股东权利的行使。此外，股权转让关系与瑕疵出资股东补缴出资义务分属不同的法律关系。本案中，某能公司以股权转让之外的法律关系为由拒付股权转让价款，没有法律依据。对于某能公司因受让瑕疵出资股权而可能承担的相应责任，其可另寻法律途径解决。曾某已依约转让股权，某能公司未按约支付对价，构成违约，应依照《合同法》第60条、第107条[①]的规定向曾某支付股权转让款。

对于曾某主张的逾期支付违约金，虽然《股权转让协议》未就某能公司逾期支付股权转让款的违约责任作出约定，但曾某一审诉请中要求按照银行同期贷款利率计算上述"违约金"，鉴于某能公司逾期支付剩余股权转让款实际上造成曾某资金被占用期间的利息损失，根据《合同法》第107条的规定，上述利息损失应由某能公司负担。根据查明的事实，曾某于2015年12月2日将所持有的某能公司股权变更登记在某能公司名下，逾期支付股权转让款的利息损失应从股权变更登记的次日计算。对曾某主张的自2015年12月3

---

① 对应《民法典》第509条、第577条。

日起至清偿之日止以同期中国人民银行贷款利率计算逾期支付股权转让款的利息部分，予以支持。

【参考裁判文书】最高人民法院（2019）最高法民终230号曾某与甘肃华慧能数字科技有限公司、冯某、冯某1股权转让合同纠纷一案民事判决书。

八、关于股权转让瑕疵担保责任裁判说理示范

（一）关于受让方不得以目标公司矿产资源储量和产能等资产价值未达预期并以瑕疵担保为由主张解除股权转让合同裁判说理示范

【适用情形】股权受让方在充分尽职调查且无证据证明股权转让方恶意隐瞒的前提下，即使目标公司的资产价值未达预期，受让方也不得以瑕疵担保责任为由解除合同。

【说理示范】股权受让方与股权转让方签订的《煤矿产权收购合同》已明确记载股权受让方是在充分考察标的公司现有资产及股权构成的前提下，才决定收购该公司的全部股权和资产并继续经营该公司，且协议第6条的违约责任明确约定若转让方违约，则应当赔偿股权受让方包括财务顾问费、相关方差旅费等直接和间接损失。据此足以认定股权受让方在签订案涉《煤矿产权收购合同》之前，已经就标的公司采矿权所辖的资源储量、矿井设施等相关资产进行了调查和了解。且双方协议中关于转让方协助办理标的公司改建、扩建审批手续的约定，以及嗣后标的公司委托天地某公司开展煤矿产能扩建的相关工作等事实，也符合当地政府关于煤矿产业优化升级的政策方向。故股权受让方关于股权转让方在签订合同的过程中，违反诚信原则，隐瞒其非法开采、煤层过火等事实，以及煤矿属于应予淘汰的落后产能，不能实现年产90万吨生产能力的理由，无事实依据。

关于股权转让方在履行协议中是否存在根本违约行为并由此导致股权受让方合同目的不能实现的问题。股权受让方的理由主要包括三个方面：一是迟延移交相关的证照、资料等档案资料；二是未能完成煤矿改扩建审批手续；三是案涉股权价值因资源储量、产能等原因存在品质瑕疵。首先，就档案资料的移交义务而言，股权转让方实际向股权受让方移交档案资料的时间，较合同约定的时间迟延了57天。但这一迟延并未影响到工商变更登记手续的办理和企业经营权的移交，股权受让方实际接管并继续经营标的公司的合同目的并未因此受到影响，故应当认定股权转让方的迟延履行行为并不构成根本违约，亦不影响合同目的的实现。其次，就煤矿改扩建审批手续的协助而言，根据合同约定，转让方的义务是积极协助办理改扩建审批手续。在股权受让

方接受标的公司的经营之后，相关的改建、扩建工程开展、报批应当由股权受让方主导。因股权受让方签约之前已经开展了相应的调查工作并在此基础上形成自己的独立商业判断，故案涉煤矿是否具备升级改造为90万吨/年生产能力的现实基础，以及该项升级改造工程是否实际完成，均为股权受让方应当自行承担的正常商业风险。且根据股权受让方二审中的举证，在标的公司的股东变更登记为股权受让方之前，股权转让方已经代表标的公司与天地某公司签订了煤矿改造升级的合作协议，该事实本身即可认定为股权转让方履行了协助义务。最后，关于案涉股权价值的品质瑕疵问题。退一步而言，即便标的公司所辖的矿井中资源储量、煤矿产能等资产价值未能达其预期而导致股权价值减少，因股权受让方在签约前已经进行了调查，且本案并无证据表明股权转让方在签约前向股权受让方隐瞒了相关重大事实，故股权受让方关于股权转让方应负瑕疵担保责任并据此主张解除合同的诉讼理由，不符合《合同法》第111条[①]的规定，应不予支持。

【参考裁判文书】最高人民法院（2014）民二终字第255号新疆西域荣光矿业有限公司、朱某某股权转让纠纷一案民事判决书。

（二）关于股权转让方恶意隐瞒目标公司巨额债务、降低股权实际价值构成违约裁判说理示范

【适用情形】股权转让方对所交付的股权价值负有瑕疵担保义务，恶意隐瞒目标公司巨额债务，降低了股权的实际价值，构成违约。

【说理示范】关于金某某是否隐瞒恒某公司巨额债务，梁某是否有权要求金某某赔偿违约损失问题。《股权转让协议书》第2条约定，转让方企业原债权债务经双方书面确认，由梁某全部承担，并办理书面移交手续，梁某接受恒某公司后所产生的债权债务由梁某承担。2007年4月27日，双方签署的《建设工程债务明细表》载明，恒某公司对外所欠债务总额为3 371 232元。根据相关判决，金某某确实存在隐瞒恒某公司债务的事实。股权转让协议的转让方对所交付的股权负有瑕疵担保义务，转让方隐瞒标的公司债务，导致标的公司的股权实际价值低于股权转让价格，属于交付标的物不符合约定的情形，故金某某的行为构成违约。但鉴于恒某公司债务尚未实际执行，本案违约损失金额尚不确定，且恒某公司未经披露债务的数额并未超过梁某欠付的股权转让款余额，梁某和金某某可另循法律途径清理双方的债权债务。

【参考裁判文书】最高人民法院（2015）民四终字第26号金某某与梁某股权转让纠纷一案民事判决书。

---

① 对应《民法典》第582条。

（三）关于股权转让方因标的公司存在资产不实和大量未披露债务情形应承担违约责任裁判说理示范

【适用情形】股权转让合同约定股权价值与资产价值对应的，转让方不仅需要按约定移交股权，还负有相关资产的瑕疵担保义务，不得存在资产不实和大量未披露债务的行为，否则应承担瑕疵担保责任。

【说理示范】关于中某公司是否已经履行了合同义务问题。中某公司主张，其已经按照《产权转让合同》的约定交付了股权，且交付的股权不存在瑕疵，故其已经完成了合同义务。但如前所述，按照合同的约定，中某公司履行义务不限于将股权转让至海某地产公司名下，还包括把与股权相对应的标的公司资产移交给海某地产公司控制。但由于资产的所有权并未转移至海某地产公司名下，故并不存在公司法人资产与股东股权相混同的情况。同时，双方在合同中还约定，不在审计报告、资产评估报告范围内以及审计报告、资产评估报告未披露的目标公司资产、负债由中某公司享有或承担。由此可见，中某公司不仅要把与股权相对应的标的公司资产移交给海某地产公司，同时交付的资产要符合其在合同中的承诺，即中某公司对其移交的资产负有瑕疵担保责任。而海某地产公司提交的证据证实，由于中某公司未能披露或不实披露标的公司的多项资产及负债，海某地产公司为此向政府及他人额外支付了相应的款项，中某公司的行为违反了诚信和等价有偿的原则。中某公司辩称，关于标的公司股权转让信息的披露方式不能仅限于股权转让时的审计报告、评估报告，还应包括政府公开的信息，但双方在合同中约定，审计报告、评估报告及转让期间的公告为信息披露的载体和范围，而未提及政府公开的信息，在此情况下，若将政府公开的信息也作为信息披露的范围，则将显著加重海某地产公司的责任，不符合公平原则，故中某公司该项主张缺乏法律和合同依据。中某公司还称，海某地产公司所主张的相关项目损失情况，已在审计报告中披露，依约应由海某地产公司承担相应的损失。但该审计报告形成于《产权转让合同》签订之后，且根据约定，该审计报告的功能是对《评估报告》所确认的评估基准日至工商变更登记日期间正常生产经营损益情况的审计，不涉及对评估基准日之前《评估报告》中未披露的信息的补充披露。此外，虽然审计报告在"特别事项说明"中对九个事项进行了说明，但该九个事项均发生在评估基准日之前，不属于目标公司在约定期间正常生产经营所发生的损益，加之该九个事项涉及的财产价值数额巨大，如果在《评估报告》中予以披露，将会对股权转让价格的商定产生举足轻重的影响。因此，上述审计报告不涉及对评估报告未披露的信息进行补充披露，中某公司认为该审计报告对海某地产公司所主张的事项进行了披露，不符合合同约定和诚信原则，一审法院未采信中某公司的该抗辩理由，是正确的。综上所述，中某公司未能全面履行信息披露义务，构成违约，根据合同的约定及《合同法》第42条①的规定，中某公司对海某地产公司应当承担相应的违约责任。

关于中某公司所要承担的具体责任问题。如上所述，由于中某公司存在未披露及披露不实的行为，导致海某地产公司损失，因此中某公司需承担相应的赔偿责任。下面，围绕海某地产公司、中某公司的各项上诉请求，就中某公司所要承担的责任进行具体分析和认定。

第一，关于八某山路2500万元修建费用的承担责任问题。八某山路是市政公路，通常由政府出资修建。而根据标的公司与政府相关部门的约定，八某山路修建费用由标的公司承担50%。经查，中某公司在签订《产权转让合同》时未告知海某地产公司关于标的公司承担八某山路50%修建费用的情况。而在《评估报告》中对于所承担的2500万元修建费用情况，中某公司是以"预付账款"的名目列示的。对于预付账款的含义，一般理解为买受人为购买某种商品或利益预先支付给出卖人的款项，买受人因而将来可获得该商品或利益；若无法取得商品或利益，买受人也可以将预付的款项收回。但八某山路为标的公司与政府约定投资修建的公共基础设施，海某地产公司既无法取得该公路的相关利益，也不可能收回已经支出的2500万元。由此可见，由于中某公司对八某山路修建费用的不实披露，导致海某地产公司相信将来可从政府收回2500万元修建费用，进而影响了海某地产公司对转让价款的判断，故中某公司违反诚信原则，其应当承担该笔费用。

第二，关于"阳某水岸"一期、"中房某郡"项目别墅一期逾期交房3 346 218元违约金的承担责任问题。根据标的公司与购房人的约定，"阳某水岸"一期房屋交付时间为2011年10月20日，"中房某郡"项目别墅一期的交房时间分别为2011年12月20日和2012年3月20日，标的公司未能按照约定交房。根据查明的事实可知，逾期交房时间均发生于评估基准日之后，故逾期交房行为属于合同约定的企业正常生产经营行为，按照《产权转让合同》的约定，该责任不应由中某公司承担。

第三，关于清某路修建费用的承担责任问题。根据标的公司与政府相关部门的约定，清某路建设费用由标的公司全额承担，但《评估报告》对此未予披露；虽然审计报告提及了此事，但该事项发生在评估基准日之前，故审计报告仅是对该事项的事后说明，不发生信息披露的作用。中某公司抗辩称清某路修建费用应计入已预提扣减的清某路修建评估成本中，但其提交的证

---

① 对应《民法典》第500条。

据不足以证明自己的主张，故中某公司应承担清某路修建费用 13 909 835 元。

第四，关于湿地公园建设费用的承担责任问题。根据政府的要求，湿地公园为标的公司建设，但《评估报告》对此没有披露。中某公司称规划情况属于政府对社会公开的信息，但正如前面所述，查阅政府公开的信息不是海某地产公司合同义务，海某地产公司不必担责。中某公司还称在原规划信息中规划的公园在用地西侧，而海某地产公司提交的规划文件表明湿地公园在用地东侧，此为海某地产公司出于自身经营需要单方申请的规划变更，且没有证据证明建于用地东侧的公园即为原规划中的用地西侧公园，但海某地产公司举证证明规划部门已将《合肥市规划（单体）方案审定通知书》中的用地西侧更正为用地东侧，且中某公司亦无证据证明是海某地产公司出于自身经营需要而申请的规划变更，因此，该费用由中某公司承担。

第五，关于"某光城"所补缴的 2400 万元土地出让金的承担责任问题。"某光城"容积率调整是在评估基准日之前，《评估报告》对此未予披露。虽然审计报告提及了此事，但该事项发生在评估基准日之前，故审计报告仅是对该事项的事后说明，不发生信息披露的作用。此外，就容积率调高后所得利益，中某公司已向法院另行提起诉讼，故中某公司应承担该项费用。

第六，关于合肥"颐某花园"所欠 3 849 204 元工程款的承担责任问题。海某地产公司受让股权后向他人支付了 3 849 204 元工程款，经查上述工程款发生在评估基准日之前，《评估报告》对此未予披露。虽然审计报告提及了此事，但审计报告仅是对该事项的事后说明，不发生信息披露的作用。因此，上述工程款应由中某公司承担。

第七，关于"阳某水岸"项目土地出让金 740 480 000 元的承担责任问题。"阳某水岸"土地使用权证面积较土地规划面积少 4482.30 平方米，《评估报告》在评估时按土地规划面积予以评估，中某公司隐瞒了真实情况，导致海某地产公司多承担了 740.48 万元土地出让金，因此，中某公司应将上述款项退还海某地产公司。

第八，关于"某光城"项目所补缴的税款、滞纳金及支付的逾期交房违约金等费用承担责任问题。欠缴税款行为及逾期交房行为均发生在评估基准日之前，《评估报告》对此未予披露，而审计报告又不发生信息披露的作用，故中某公司应承担上述费用。中某公司称股权转让评估时中某公司已将"某光城"项目需预缴的相关税费、预提的后期应缴税费合并计入成本并予以扣减，但其没有提交充分证据加以证明，故不予采信。

第九，关于违约金问题。如上所述，中某公司存在违约行为，其应当支付违约金，且一审法院确认的违约金并不过分高于海某地产公司的损失，故一审法院判令中某公司给付海某地产公司 100 万元违约金具有事实和法律依据。

【参考裁判文书】最高人民法院（2015）民一终字第82号海亮地产控股集团有限公司与中国房地产开发合肥有限公司股权转让纠纷一案民事判决书。

（四）关于在瑕疵股权转让方拒绝履行补足出资义务情况下，受让方可以代为补足出资后请求转让方赔偿损失的裁判说理示范

【适用情形】为贯彻公司资本充足原则，保护公司债权人及瑕疵股权受让方的利益，在瑕疵股权转让方拒绝履行补足出资义务的情况下，受让方可以代为履行向目标公司补足出资的义务，受让方代为履行后可请求转让方赔偿损失。

【说理示范】关于本案谁先行违约及某置业公司、中某融公司拒绝付款的抗辩理由能否成立的问题。本案的相关证据和事实表明，恒某公司、民某公司在向某置业公司、中某融公司转让某游艇会的股权时存在不诚信的违约行为，主要表现在：（1）股权转让方对所转让的股权负有瑕疵担保义务，其应保证所转让的股权不被他人追索且没有其他债务负担。同时，《公司法》第28条规定："股东应当按期足额缴纳公司章程中规定的各自所认缴的出资额。股东以货币出资的，应当将货币出资足额存入有限责任公司在银行开设的账户；以非货币财产出资的，应当依法办理其财产权的转移手续。股东不按照前款规定缴纳出资的，除应当向公司足额缴纳外，还应当向已按期足额缴纳出资的股东承担违约责任。"第34条规定："股东按照实缴的出资比例分取红利；公司新增资本时，股东有权优先按照实缴的出资比例认缴出资……"恒某公司、民某公司从峻某公司、中某广公司处受让股权时签署补充章程，承诺由其各自承担某游艇会原公司章程所规定的责任、义务，但恒某公司非但未依照补充章程的承诺将峻某公司原出资存在瑕疵的深游001、深游002两艘游艇出资问题消除，并将该两艘游艇的财产所有权转移登记至某游艇会名下，反而将该两艘游艇从峻某公司名下改登记到自己名下，该行为明显违反了以上法律的强制性规定，损害了公司的利益及股权受让方的股东权益，亦使该出资存在瑕疵的股权受让方存在被某游艇会债权人追究出资责任的风险。而且，由于恒某公司在向某置业公司转让某游艇会股权时，没有相应的证据证明其曾向受让方某置业公司披露告知过其对某游艇会的实物出资存在瑕疵的情形，而深圳汇某会计师事务所出具的审计报告又将该两艘游艇作为某游艇会的固定资产并作价，以致某置业公司有合理的理由确信某游艇会拥有该项资产，并将其作为股权作价的基础，故恒某公司未如实履行出资义务且未如实告知所转让的股权存在出资瑕疵的行为已构成违约，且该违约行为属于先行违约行为。而足额出资是股东对公司的法定义务，现恒某公司对某游艇会持有的

股权虽已协议转让给了某置业公司，但其对某游艇会补足出资的法定义务并不能因股权转让而免除，某置业公司对其所受让的股权，有权要求转让人恒某公司补足出资。公司拥有充足的资本是其开展正常经营活动的保证，公司资产也是其对外承担民事责任的一般担保，为贯彻公司资本充足原则，保护公司债权人及瑕疵股权受让方的利益，在瑕疵股权转让方恒某公司拒绝履行补足出资义务的情况下，瑕疵股权受让方某置业公司可以向某游艇会代为补足出资，并有权在代为履行出资义务后循法律途径向恒某公司主张赔偿损失。

【参考裁判文书】最高人民法院（2015）民提字第54号恒益国际企业有限公司、吴江民生房产开发有限公司股权转让纠纷一案民事判决书。

九、关于股权转让合同定金、违约金条款裁判说理示范

（一）关于股权转让双方均存在违约行为不能适用定金罚则裁判说理示范

【适用情形】虽然《股权转让协议》约定了双方义务分期履行的时间，但并未约定支付股权转让款的合同义务和接受配合共管的合同义务互为履行的前提条件，且合同目的的达成应建立在各方均履行各自义务的基础上，双方均存在违约行为时，不能适用定金罚则。

【说理示范】关于案涉《股权转让协议》履行过程中，双方是否存在违约行为以及违约责任如何认定的问题。本案中，股权转让方与股权受让方签订的《股权转让协议》《补充协议》等协议是各方当事人的真实意思表示，合法有效，各方均应按照协议约定履行各自义务。现各方均主张对方存在违约行为，并认为自身不履行义务是行使先履行抗辩权，不构成违约，进而均要求适用定金罚则，股权转让方还要求股权受让方支付违约金。经分析认为，案涉《股权转让协议》《补充协议》等协议签订的目的在于通过股权转让的方式，让原股东完全退出目标公司，新股东即股权受让方全面接管和控制目标公司，并对目标公司的项目继续进行建设、经营和管理。实际履行过程中，股权受让方向股权转让方账户汇入三笔款项 x 万元后，未再按上述协议约定支付后续转让款，构成违约。与此同时，根据《股权转让协议》的约定：在过渡期内，股权转让方应保证全面配合股权受让方接管目标公司；股权受让方支付上述第一笔款项之后，转让方应在2个工作日内将公章、财务专用章等各项档案资料交由双方共管，5日内转让方应向股权受让方提交各项档案资料清单。本案中，股权转让方虽然提交部分证据证明股权受让方向目标公司派驻了部分管理人员、双方在银行开立了共管账户，但并未提供充分证据证

明其按约定将公章、财务专用章等各项档案资料清单以及对公司经营管理产生决定性影响的事项交由双方共管。并且,股权受让方在部分股权转让款支付之后,曾于 2013 年 9 月 26 日向股权转让方发函,对未能实现共管事宜提出异议,股权转让方在 9 月 27 日的回函中并未否认股权受让方的异议,只是主张其异议不是拒绝付款的理由。据此可以认定,股权转让方亦未按照《股权转让协议》的约定履行交付相关档案资料进行共管的义务,同样构成违约。虽然《股权转让协议》约定了双方义务分期履行的时间,但并未约定支付股权转让款的合同义务和接受配合共管的合同义务互为履行的前提条件,且合同目的的达成应建立在各方均履行各自义务的基础上,故一方违约并不能被认定为行使对另一方违约行为的履行抗辩权。据此,鉴于双方在履行《股权转让协议》中均存在违约行为,根据《合同法》第 120 条[①]有关"当事人双方都违反合同的,应当各自承担相应的责任"的规定,本案股权转让双方当事人应各自承担责任,且不适用定金罚则,具有事实和法律依据,应予以认可。故对于双方互相要求对方根据定金罚则承担相应的违约责任,以及股权转让方要求股权受让方支付迟延付款违约金的主张,均不予支持。

【参考裁判文书】最高人民法院(2016)最高法民终 10 号青海浏阳鑫达有色金属有限公司、弘毅投资股份有限公司股权转让纠纷一案民事判决书。

(二)关于股权转让定金数额原则上不予调整裁判说理示范

【适用情形】定金作为一种担保方式,其所担保的对象就是合同双方当事人的履约合意,并适用定金罚则实现担保的目的,因此,其本质特征是惩罚性。定金与违约金不同,违约金的性质以补偿性为主、惩罚性为辅,违约方为其违约行为付出的代价应与给对方造成的实际损失大致相当,在违约金约定过高的情况下允许违约一方提出调减的请求。但在适用定金罚则时,从目前法律规定看,违约方承受的丧失定金的责任仅取决于违约行为本身,并未考虑是否给对方造成损失,因此,法律亦未规定可对定金数额进行调整。但对违约行为进行惩罚并非定金制度的根本目的,以惩罚为手段实现合同目的才是制度的价值取向。

受让方认为逾期支付股权转让款违约金过高,请求调整;转让方认为因受让方逾期支付造成损失,请求赔偿,需符合违约赔偿与损失相当原则。

【说理示范】《意向协议》《补充协议》既为合法有效的合同,则双方当事人均应严格遵守。虽然双方当事人对于《意向协议》第 3 条第 2 款第 3 项约定的第一期股权转让款支付时间是在股权转让协议签订之前还是之后产生争议,但双方随后签订的《补充协议》对此问题予以了明确。《补充协议》第 3

---

① 对应《民法典》第 592 条第 1 款。

条约定：王某某、刘某承诺在×年×月×日之前向刘某2、刘某1支付第一期股权转让款，如未能按期支付，《意向协议》自动解除，前期已经支付的定金不再退还。《补充协议》第4条还约定：《补充协议》与《意向协议》的约定有不同之处的，以《补充协议》为准。上述两个条款对于第一期股权转让款的支付时间以及违约责任的约定明确、具体，没有歧义，王某某、刘某作为合同当事人应当按约履行合同义务，如违约则应按约承担违约责任。而根据本案查明的事实，在《补充协议》将第一期股权转让款支付时间延期到的情况下，王某某、刘某仍未能履行按期支付的合同义务，已构成违约。之后，刘某2、刘某1又分别向王某某、刘某送达了《关于尽快签订股权转让协议的催告函》，王某某虽在该函上签字，但并未在该函所给予的宽限期即收到该函后三日内支付约定的股权转让款并签订股权转让协议，刘某则予以拒收，以其行为表明其拒绝支付约定的股权转让款并签订股权转让协议的态度。此种情况下，刘某2、刘某1有权按照《补充协议》的约定向王某某、刘某主张违约责任，即已经支付的定金不再退还。定金与违约金不同，违约金的性质以补偿性为主、惩罚性为辅，违约方为其违约行为付出的代价应与给对方造成的实际损失大致相当，在违约金约定过高的情况下允许违约一方提出调减的请求。而在适用定金罚则时，从目前法律规定来看，违约方承受的丧失定金的责任仅取决于违约行为本身，并未考虑是否给对方造成损失，因此，法律亦未规定可对定金数额进行调整。但是，对违约行为进行惩罚并非定金制度的根本目的，以惩罚为手段实现合同目的才是制度的价值取向。这种约定仅存在于当事人双方之间，是当事人自由意志的体现，是双方对风险和不公平的容忍，不触犯公共利益和第三人利益，不应作过多干预。

【参考裁判文书】最高人民法院（2015）民二终字第423号王某某、刘某与刘某1、刘某2股权转让纠纷一案民事判决书。

（三）关于股权转让违约金调整原则裁判说理示范

【适用情形】违约金条款是合同主体契约自由的体现，除具有对违约行为的惩罚性和对守约方的补偿性功能之外，还应体现预先确定性和效率原则。约定违约金降低了发生纠纷时合同主体的举证成本，使合同主体在订立合同时即明确违约后果，从而做到慎重订约、适当履约，人民法院对约定违约金进行调整应依法、审慎、适当。

【说理示范】关于凯某公司应承担的违约金数额问题。双方签订的《股权转让合同》《股权转让补充合同》《股权转让补充合同二》对案涉房屋土地使用权证的办理及交付时间予以明确约定，凯某公司未在2011年7月31日前履行上述合同义务，构成违约，应承担相应的违约责任。违约金条款是合同主体契约自由的体现，除具有对违约行为的惩罚性和对守约方的补偿性功能之外，还应体现预先确定性和效率原则。约定违约金降低了发生纠纷时合同主体的举证成本，使合同主体在订立合同时即明确违约后果，从而做到慎重订约、适当履约，人民法院对约定违约金进行调整应依法、审慎、适当。第一，本案凯某公司与陈某1、陈某之间为股权转让合同纠纷，各方当事人在股权转让合同中明确约定如果未如期交付房产证和土地证，则以房屋土地价款为基数计算违约金。一审法院以各方当事人为过户而订立的房屋买卖合同所约定价款为基数计算违约金，缺乏事实依据，有违当事人真实意思表示，本院予以纠正。第二，凯某公司作为违约方主张违约金约定过高，应承担举证责任，非违约方陈某1、陈某主张违约金约定合理的，亦应提供相应的证据。在凯某公司未提交证据证明违约金过高的情况下，一审法院认为逾期办理交付土地使用权证造成损失的证明责任主体为守约方陈某1、陈某，举证责任分配有失妥当。第三，《合同法司法解释（二）》第29条第1款规定："当事人主张约定的违约金过高请求予以适当减少的，人民法院应当以实际损失为基础，兼顾合同的履行情况、当事人的过错程度以及预期利益等综合因素，根据公平原则和诚实信用原则予以衡量，并作出裁决。"从本案履约情况来看，陈某、陈某1分别三次发函要求凯某公司履行合同义务，凯某公司作出书面承诺后，仍未履行相应义务，直至二审开庭期间交付土地使用权证已逾期，有失诚信。凯某公司称陈某1等拒绝受领土地使用权证，但未提供证据证明。鉴于合同违约条款是针对在约定时间内交付房屋产权证、土地使用权证，凯某公司已经在约定期限内交付了涉案房屋产权证，部分履行了合同义务，且陈某1、陈某除发出函件主张权利之外，确未采取有效措施主张权利，同时考虑到三层房屋租金收益由陈某1、陈某收取，法院根据合同实际履行情况及双方过错程度，按照年利率24%计算违约金。

【参考裁判文书】最高人民法院（2016）最高法民终20号西宁凯达实业发展有限责任公司、陈某1股权转让纠纷一案民事判决书。

（四）关于标的公司房产开发项目存在政府置换土地迟延、面积减少等情形，受让方可依约请求减少股权转让款项的裁判说理示范

【适用情形】一是如果标的公司房产开发项目存在政府置换土地迟延、面积减少等情形，受让方可依约请求减少股权转让款项。二是股权交易双方均存在违约情况下应根据公平原则确定违约责任。三是股权交易一方存在多个主体，应整体承担违约责任。

【说理示范】关于某唐公司与擎某公司的股权转让款是否需要多退的问题。某唐公司认为，《合作协议》明确约定勤某公司受让的土地权益是等值置换，即便可建设总面积发生变化，并不影响股权转让款的总价恒定，因此，

不存在因实际获得面积缩小而需要退款的问题。同时,《合作协议》约定的容积率调整是唯一可变因素,这也是双方为尽量争取利益最大化作出的一种特殊安排,不能作为股权转让款随意调整的依据。擎某公司则强调,《合作协议》已经明确约定因实际可建设面积发生变化而需要"多退少补",这是合同双方当事人的真实合意,而等值置换是某唐公司和政府之间的事情,与擎某公司和某唐公司之间的约定无关。根据《合同法》第125条第1款[①]规定:"当事人对合同条款的理解有争议的,应当按照合同所使用的词句、合同的有关条款、合同的目的、交易习惯以及诚实信用原则,确定该条款的真实意思。"本案中,《合作协议》明确约定经充分协商,某唐公司、王某某有意将勤某公司从深某公司所获得的土地权益转让给擎某公司,并将该宗权益拟等值置换为×市×区×路处面积×万平方米土地使用权,擎某公司对此表示认可。双方还约定,上述可建设总面积按楼面地价作价转让给擎某公司开发。最终以市规划局批准的容积率计算实际可建设面积,多退少补。从上述合同条款文义来看,"等值置换"仅是最初确定待转土地来源的一种方式,《合作协议》已经进一步明确待转土地的地理位置、地块大小、容积率、可建设总面积、单价以及总价。应该说,双方对于待转土地权益的确定是非常清楚的。同时,双方还明确约定了"多退少补"条款,虽然限定是因容积率变化调整,并未明确写明其他变化因素,但最终落脚点还是"计算实际可建设面积"。因此,综合词句文义、上下条款以及合同目的等解释,根据实际可建设面积的变化对股权转让对价进行相应调整,符合双方当事人的真实意思表示。事实上,最终政府审批置换给勤某公司的土地与《合作协议》约定的待转土地属于同一地块,但是置换土地面积和实际可建设面积均显著减少,明显不符合双方签订合同的初衷和本意,并且对擎某公司可期待利益影响较大,既违反了合同约定,也不符合诚信和公平原则,某唐公司理应对擎某公司的股权转让款多收部分予以退还。

关于某唐公司是否需要向擎某公司支付违约金的问题。某唐公司认为,不能按期办证是政府原因,应属于不可抗力,并且根据《补充协议(二)》约定,因迟延办理土地证,双方已不再履行《合作协议》《补充协议》,有关权利义务另行协商解决,因此,《合作协议》约定的违约金条款已经失效,不存在支付违约金的问题。擎某公司则认为,《补充协议(二)》虽然约定了对于

[①] 对应《民法典》第466条第1款规定:"当事人对合同条款的理解有争议的,应当依据本法第一百四十二条第一款的规定,确定争议条款的含义。"第142条第1款规定:"有相对人的意思表示的解释,应当按照所使用的词句,结合相关条款、行为的性质和目的、习惯以及诚信原则,确定意思表示的含义。"

迟延交付土地证，双方另行协商解决，但实际双方并未有效协商，也未有协商结果，在此情况下仍应依照《合作协议》的约定支付违约金。对此，《合同法》第114条[①]第1款规定："当事人可以约定一方违约时应当根据违约情况向对方支付一定数额的违约金，也可以约定因违约产生的损失赔偿额的计算方法。"该条第3款规定："当事人就迟延履行约定违约金的，违约方支付违约金后，还应当履行债务。"本案中，《合作协议》明确约定：涉及有关土地事项均由某唐公司办理，擎某公司可参与办理。土地证办理期限为合同生效后×天内，超出×天后每延迟一天，甲方（某唐公司、王某某）应按乙方（擎某公司）已付金额的万分之一向擎某公司支付违约金。《补充协议（二）》进一步约定，鉴于某唐公司不能按时向擎某公司交付项目地块，双方同意延迟到×年×月×日，如某唐公司在×年×月×日前将项目地块的土地证交给擎某公司，双方继续按原两份协议执行，如某唐公司不能按时交付该项目土地证，双方另行协商解决。由此可见，根据合同履行情况变化，双方在《合作协议》基础上陆续签订了两份补充协议，并且在《补充协议（二）》中明确将土地证办理交付期限延长到×年×月×日。虽然之后某唐公司仍未能按照新期限交付土地证，双方也未能进行有效协商，但有关权利义务仍应以《合作协议》为主，双方应继续履行。某唐公司因迟延履行合同义务，勤某公司直至×年×月×日才取得相应土地证。按照《合作协议》约定，某唐公司理应支付相应违约金，起算时间从×年×月×日计算至×年×月×日。综合考虑上述情况，本院酌定某唐公司应向擎某公司支付的违约金为×万元。

关于某唐公司是否仅需要承担责任的问题。某唐公司认为，勤某公司在《合作协议》签订时有两个股东，即某唐公司和王某某，两者作为甲方均参与了《合作协议》的签订，因此，某唐公司仅应承担部分责任。某唐公司还认为，擎某公司虽然主张某某公司和王某某是一个"整体"，但未能提供明确证据予以证实。擎某公司则认为，从协议签署情况、合同履行情况以及一审诉讼过程来看，某唐公司和王某某实则是一个"整体"，某唐公司的行为同时也代表了某唐公司和王某某，因此，某唐公司在本案中应承担100%责任。本案中，股权转让的目标公司——勤某公司的股东在《合作协议》签订时为某

[①] 对应《民法典》第585条的规定："当事人可以约定一方违约时应当根据违约情况向对方支付一定数额的违约金，也可以约定因违约产生的损失赔偿额的计算方法。约定的违约金低于造成的损失的，人民法院或者仲裁机构可以根据当事人的请求予以增加；约定的违约金过分高于造成的损失的，人民法院或者仲裁机构可以根据当事人的请求予以适当减少。当事人就迟延履行约定违约金的，违约方支付违约金后，还应当履行债务。"

唐公司和王某某，但一审原告擎某公司并未将王某某列为被告，一审、二审法院也未将王某某追加为被告或第三人，依据查明事实以及全案证据，足以确认某唐公司的行为可以视为同时代表了王某某，二审法院认定某唐公司仅需要承担部分责任的处理不当。其一，《合作协议》由某唐公司、王某某共同作为甲方与擎某公司作为乙方签署，双方之间的权利义务安排并未涉及甲方内部之间的关系，此后就同一股权转让事宜，某唐公司和擎某公司又分别代表甲方和乙方签署了《补充协议》和《补充协议（二）》，两份协议皆无王某某的签署，王某某也从未提出过异议；其二，擎某公司按照前述协议的约定或根据某唐公司的指示，向相关主体支付股权转让款，但并未单独向王某某支付任何一笔款项，某唐公司和王某某对此也从未提出任何异议；其三，在本案一审过程中，某唐公司和王某某从未就王某某未被列为被告和王某某未参与庭审提出过任何异议；其四，王某某为某唐公司的法定代表人，其应知股权转让合同的实际履行情况以及本案的诉讼情况，但从未提出异议。综上，在本案股权转让事宜中，某唐公司与王某某实为一个"整体"，某唐公司的行为可以视为同时代表了王某某。擎某公司作为本案原告，并未起诉王某某，故一审判决并未遗漏当事人。

【参考裁判文书】最高人民法院（2018）最高法民再169号上海擎田企业管理有限公司、海南大唐置业投资有限公司股权转让纠纷一案民事判决书。

十、关于章程限制股权转让效力裁判说理示范

（一）关于章程未进行工商登记不影响其效力裁判说理示范

【适用情形】

确定股东享有优先购买权资格的公司章程未进行工商登记不影响效力。

【说理示范】

关于确定股东享有优先购买权资格的公司章程未进行工商登记会否影响其效力问题。信某投资公司与庄某公司一同设立项目公司信某置业，并签订《框架协议》。之后双方又签订了《项目公司增资扩股协议》《有限责任公司章程》。章程第10条规定：除非得到对方的同意，并经审批机关批准，任何一方都不得将其认缴的出资额全部或者部分转让给公司股东以外的第三人；如对方不同意转让，应当购买该转让的出资，如果不购买该转让的出资，视为同意转让；一方转让时，对方在同等条件下享有优先购买权。但是，如信某投资公司将其持有的部分或全部股权转让给其系统内的其他公司，庄某公司须予以同意并放弃优先购买权。章程是信某投资公司与庄某公司双方的真实

意思表示，章程关于股权转让的约定依法适用于双方当事人，庄某公司不仅签署了章程，而且作为事实上的股东，应当遵守章程的约定，受章程的约束。从章程适用的时间看，章程明确规定章程自双方签字盖章之日起生效，即意味着章程不仅适用于工商变更登记后，也适用于工商变更登记前。信某投资公司对外转让股权时提前一个月通知庄某公司，庄某公司虽然表示反对，但并没有提出购买，按照章程规定，应视为同意转让。二审认为庄某公司不是股东，因而不适用章程规定，与事实不符，也与章程规定不符，再审予以纠正。

【参考裁判文书】最高人民法院（2020）最高法民再 15 号信达投资公司、北京信达置业公司合同纠纷一案民事判决书。

（二）关于股权转让应该符合公司章程规定且对其他股东应履行达到实质标准的通知义务裁判说理示范

【适用情形】股权转让应符合公司章程规定的条件，且对其他股东应履行达到实质通知标准的通知义务。

【说理示范】关于案涉股份转让行为是否符合公司章程规定的各项条件问题。修改后的标的公司章程第 24 条共有 4 款，第 1 款规定了股份可以转让，前提为"依法"；第 2 款规定了股东对外转让股份，应取得其他股东同意，且为"事先""一致"；第 3 款规定了其他股东享有"优先受让权"，即《公司法》规定的"优先购买权"；第 4 款规定了其他股东享有"同售权"。根据以上章程规定，股权转让方对外转让股份，应保障其他股东"优先购买权""同售权"的行使，且应无法定限制或其他股东有正当事由否定。结合本案查明事实，股权转让方股份转让条件尚未成就。具体理由如下：

首先，现无证据显示股权转让方在对外转让股份前曾事先与其他股东充分协商，股权转让方在发出《股权转让通知》时直接确定了对外转让价格，其他股东在收到通知后明确回函，考虑到股权转让方曾向某公司借款且该款可能产生抽逃公司注册资本的实质后果，不符合《公司法》关于资本维持原则的基本精神，其转让股权行为存在法定障碍，要求股权转让方清除该障碍，并召开股东大会表决。该理由合理、正当，股权转让方当时并未解决该问题并及时提请股东大会讨论。

其次，《股权转让通知》所称股份受让对象为"涉某集团"，与实际受让主体千某公司不一致，虽然千某公司主张股权转让方分别向其他股东寄出了《股份转让通知》，明确主体问题，但该通知内容属于告知股份转让，并非与其他股东商讨行使优先购买权或同售权，形式并不完备。

最后，本案中，梦某公司的股东包括股权转让方和其他股东，但无证据显示股权转让方同样对小股东孙某履行了通知义务,明显不符合章程规定的"一致"要求。因此,千某公司虽主张其与股权转让方签订的《股权转让协议》已对标的公司及该公司其他股东发生法律效力,但在现有情况下,其履行情况尚不符合公司章程的规定,故其可待充分履行章程规定的条件后再行主张权利。

【参考裁判文书】最高人民法院(2020)最高法民终1224号张家港保税区千某公司、梦某公司股东资格确认纠纷一案民事判决书。

(三)关于公司章程修正案限制股东优先购买权的修改条款对异议股东不产生拘束力裁判说理示范

【适用情形】公司章程修改条款对未签字或未同意的股东不发生效力。

【说理示范】章程修正案是公司根据发展需要通过股东会决议的形式对初始章程进行修改后的章程文本,其实质是公司股东会针对公司章程的修改内容而出具的书面决议。公司章程经制定生效后应保持其稳定性,如需修改须按《公司法》规定和原章程规定的规则进行并由股东会作出决议。《公司法》第43条规定,有限责任公司修改公司章程的决议,必须经代表2/3以上表决权的股东通过;第103条规定,股份有限公司修改公司章程必须经出席股东大会的股东所持表决权的2/3以上通过。章程修正案是以股东会决议方式作出,采取资本多数决原则,并非需要经过全体股东一致同意,故存在以股东会决议方式作出的章程修正案对反对决议或不参与决议的股东即异议股东是否具有约束力的问题。由于公司章程本质上属于各股东之间达成的合意,具有契约性质,而限制股东优先购买权涉及股东个人权益处置,因异议股东已经明确投出反对票或持保留意见,公司章程相关修改内容不应对其产生约束力。公司资本多数决应当仅限于公司整体自治性规范部分,而不应当涉及股东个人权益处置部分,不应该强制股东放弃其个人权益。具体到本案,根据标的公司年度股东会决议载明,标的公司的公司章程新增"公司股东对外出让股权,其余股东放弃优先购买权"内容。该决议注明:部分股东同意,部分股东不同意。因此,章程该修改内容对异议股东不发生效力,异议股东可以依法行使优先购买权。

(四)关于公司章程中"人走股留"规定条款效力裁判说理示范

【适用情形】国有企业改制为有限责任公司,其初始章程对股权转让进行限制,明确约定公司回购条款,只要不违反《公司法》等法律强制性规定,可认定为有效。有限责任公司按照初始章程约定,支付合理对价回购股东股权,且通过转让给其他股东等方式进行合理处置的,应予支持。

【说理示范】一是关于初始章程约定"人走股留"是否有效问题。首先,标的公司章程第14条规定:"公司股权不向公司以外的任何团体和个人出售、转让。公司改制一年后,经董事会批准后可以在公司内部进行赠与、转让或继承。持股人若死亡或退休,经董事会批准后方可继承、转让或由企业收购,持股人若辞职、调离或被辞退、解除劳动合同,人走股留,所持股份由企业收购。"依照《公司法》第25条第2款关于"股东应当在公司章程上签名、盖章"的规定,有限公司章程是公司设立时全体股东一致同意并对公司及全体股东产生约束力的规则性文件,宋某某在公司章程上签名的行为,应视为其对前述规定的认可和同意,该章程对标的公司及宋某某均产生约束力。其次,基于有限责任公司封闭性和人合性的特点,由公司章程对公司股东转让股权作出某些限制性规定,是公司自治的体现。在本案中,标的公司进行改制时,宋某某之所以成为标的公司的股东,其原因在于宋某某与标的公司存在劳动合同关系,如果宋某某与标的公司没有建立劳动关系,则宋某某没有成为标的公司股东的可能性。同理,标的公司章程将是否与公司具有劳动合同关系作为取得股东身份的依据继而作出"人走股留"的规定,符合有限责任公司封闭性和人合性的特点,亦是公司自治原则的体现,不违反《公司法》的禁止性规定。最后,标的公司章程第14条关于股权转让的规定,属于对股东转让股权的限制性规定而非禁止性规定,宋某某依法转让股权的权利没有被公司章程所禁止,标的公司章程不存在侵害宋某某股权转让权利的情形。综上,本案一审、二审法院均认定标的公司章程不违反《公司法》的禁止性规定,应为有效的结论正确,宋某某的这一再审申请理由不能成立。

二是章程规定"人走股留"由公司回购是否违反《公司法》第74条所规定的异议股东回购请求权法定行使条件限制。《公司法》第74条规定了异议股东回购请求权具有的法定行使条件,即只有在"(一)公司连续五年不向股东分配利润,而公司该五年连续盈利,并且符合本法规定的分配利润条件的;(二)公司合并、分立、转让主要财产的;(三)公司章程规定的营业期限届满或者章程规定的其他解散事由出现,股东会会议通过决议修改章程使公司存续的"三种情形下,异议股东有权要求公司回购其股权,对应的是公司是否应当履行回购异议股东股权的法定义务。而本案属于标的公司是否有权基于公司章程的规定及其与宋某某的合意而回购宋某某的股权,对应的是标的公司是否具有回购宋某某股权的权利,二者性质不同,《公司法》第74条不能适用于本案。在本案中,宋某某向标的公司提出解除劳动合同申请并于同日手书《退股申请》,提出"本人要求全额退股,年终盈利与亏损与我无关",该《退股申请》应视为其真实意思表示。标的公司退还其全额股价款并召开股东大会审议通过了宋某某等三位股东的退股申请,标的公司基于宋某某的退股申请,依照公司章程的规定回购宋某某的股权,程序并无不当。另外,

《公司法》所规定的抽逃出资专指公司股东抽逃其对公司出资的行为，公司不能构成抽逃出资的主体，宋某某的这一再审申请理由不能成立。

【参考裁判文书】陕西省高级人民法院（2014）陕民二申字第 00215 号宋某某诉西安市大华餐饮有限公司股东资格确认纠纷一案民事裁定书。

十一、关于优先购买权裁判说理示范

（一）关于其他股东主张优先购买权并不导致股权转让合同无效裁判说理示范

【适用情形】股东主张行使优先购买权不影响转让方与股东以外的受让方之间的股权转让合同的效力。

【说理示范一】其他股东主张行使优先购买权，并不导致转让方与股东以外的受让方之间的股权转让合同无效，理由如下：

其一，《公司法》第 71 条第 2 款、第 3 款、第 4 款关于"股东向股东以外的人转让股权，应当经其他股东过半数同意。股东应就其股权转让事项书面通知其他股东征求同意，其他股东自接到书面通知之日起满三十日未答复的，视为同意转让。其他股东半数以上不同意转让的，不同意的股东应当购买该转让的股权；不购买的，视为同意转让。经股东同意转让的股权，在同等条件下，其他股东有优先购买权。两个以上股东主张行使优先购买权的，协商确定各自的购买比例；协商不成的，按照转让时各自的出资比例行使优先购买权"的规定并非法律强制性规定，而是选择适用和推定适用的任意性规范，退一步说，即便将其认定为强制性规范，该规定也属于强制性规定中的赋权性规定，而非禁止性规定。在公司股东违反法定规则与第三人签订转让合同的情况下，公司其他股东的优先购买权并未丧失，仍可以行使，且其他股东是否行使优先购买权具有不确定性，如果认定相应的股权转让协议无效，当事人选择放弃优先购买权，股权转让双方则须重新缔结合同，明显违反商事活动的经济、效率原则。

其二，基于负担行为与处分行为的区分，处分行为无效不影响负担行为的效力，股权转让合同并不必然导致股权变动。即使认定股权转让协议有效，也并不必然对优先购买权产生实质性侵害，如果当事人主张行使优先购买权，该股权转让合同就难以实际履行。也就是说，股权转让的限制仅仅构成对股权物权性的限制，不会对股权转让合同的效力产生影响。

其三，优先购买权仅具有债权效力，而不是具有可以对抗第三人的物权效力，仅产生内部效力。即便是物权效力的优先购买权，也只具有外部效力，从而影响出卖人和第三人之间的法律关系，但该外部效力并不影响出卖人与第三人间买卖合同的效力，仅对标的物所有权的变动产生作用。

其四，《民商审判会议纪要》第 9 条规定："审判实践中，部分人民法院对公司法司法解释（四）第 21 条规定的理解存在偏差，往往以保护其他股东的优先购买权为由认定股权转让合同无效。准确理解该条规定，既要注意保护其他股东的优先购买权，也要注意保护股东以外的股权受让人的合法权益，正确认定有限责任公司的股东与股东以外的股权受让人订立的股权转让合同的效力。一方面，其他股东依法享有优先购买权，在其主张按照股权转让合同约定的同等条件购买股权的情况下，应当支持其诉讼请求，除非出现该条第 1 款规定的情形。另一方面，为保护股东以外的股权受让人的合法权益，股权转让合同如无其他影响合同效力的事由，应当认定有效。其他股东行使优先购买权的，虽然股东以外的股权受让人关于继续履行股权转让合同的请求不能得到支持，但不影响其依约请求转让股东承担相应的违约责任。"

因此，其他股东主张行使优先购买权并不影响转让方与股东以外的受让方之间的股权转让合同效力。

【参考裁判文书】贵州省高级人民法院（2018）黔民终 1025 号陈某、许某某股权转让纠纷一案民事判决书。

【说理示范二】关于《产权交易合同》是否合法有效问题。某州控股公司上诉主张，轨道公司对外转让股权未经过半数股东同意、未尽通知义务，某盾公司与轨道公司私下更改了股权交易对价支付方式和结算方式、通过签订《补充协议》方式隐瞒了股权交易真实价款，《产权交易合同》因损害其股东优先购买权而无效。某盾公司、轨道公司辩称，不存在恶意串通情形，没有损害某州控股公司股东优先购买权，《产权交易合同》合法有效。本院认为，某州控股公司的上诉主张不能成立，一审判决认定《产权交易合同》合法有效并无不当。

首先，关于轨道公司对外转让股权是否未经过半数股东同意、是否未尽通知义务的问题。第一，《公司法司法解释（四）》第 17 条第 2 款规定："经股东同意转让的股权，其他股东主张转让股东应当向其以书面或者其他能够确认收悉的合理方式通知转让股权的同等条件的，人民法院应当予以支持。"涉案股权 2018 年 11 月 16 日在山东产权交易中心公开挂牌转让后，轨道公司于 2018 年 12 月 5 日又向某州控股公司送达《行权通知》，告知其股权挂牌情况及某州控股公司可行使优先购买权，按照《公司法司法解释（四）》第 17 条第 2 款的规定，应当认定轨道公司对某州控股公司股东优先购买权的行使尽到了通知义务。第二，《公司法司法解释（四）》第 19 条规定："有限责任公司的股东主张优先购买转让股权的，应当在收到通知后，在公司章程规定的行使期间内提出购买请求。公司章程没有规定行使期间或者规定不明确的，以通知确定的期间为准，通知确定的期间短于三十日或者未明确行使期间的，行使期间为三十日。"某州铁路公司的公司章程并没有规定股东优先购买权的行使期间，《行权通知》明确挂牌期间为2018年11月16日至2018年12月13日，但至2018年12月18日签订《产权交易合同》时，亦保证了某州控股公司30日的股东优先购买权法定行使期间。第三，《公司法司法解释（四）》第17条第1款规定："有限责任公司的股东向股东以外的人转让股权，应就其股权转让事项以书面或者其他能够确认收悉的合理方式通知其他股东征求同意。其他股东半数以上不同意转让，不同意的股东不购买的，人民法院应当认定视为同意转让。"轨道公司2018年10月25日就向某州控股公司送达了拟转让案涉股权的《转让通知》，虽某州控股公司在2018年11月7日某州铁路公司股东会决议中表示不同意股权转让并保留依法行使优先购买权的权利，某州控股公司在2019年2月21日某州铁路公司股东会上虽反对轨道公司将案涉股权转让给某盾公司，但并未主张股东优先购买权，直至本案诉讼时亦未明确主张行使股东优先购买权。按照《公司法司法解释（四）》第17条第1款的规定，应当认定视为某州控股公司同意轨道公司转让案涉股权，其再以行使期间为由主张《产权交易合同》损害其股东优先购买权明显不能成立。

其次，关于某盾公司与轨道公司是否私下更改了股权交易对价支付方式和结算方式问题。《公司法司法解释（四）》第18条规定："人民法院在判断是否符合公司法第七十一条第三款及本规定所称的'同等条件'时，应当考虑转让股权的数量、价格、支付方式及期限等因素。"2018年12月18日《产权交易合同》约定，某盾公司自合同签订之日起5个工作日内，将股权转让价款30 925.08万元汇入山东产权交易中心在银行开立的交易资金结算专户。某盾公司出具的从网银汇票服务系统下载的以轨道公司为被背书人的流水明细表格，与轨道公司出具的接受汇票背书支付的明细表格信息完全吻合，票据号码、票据金额、授权日期等一一对应，轨道公司出具了关于承兑汇票指定收款账户的说明，认可通过承诺汇票背书方式收到26 925.08万元。虽除4000万元是某盾公司直接汇至山东产权交易中心交易直接结算专户外，其余26 925.08万元是某盾公司按照轨道公司意见以汇票背书方式支付，虽在形式上与《产权交易合同》约定的支付方式不符，但并非支付方式的实质性变更，不属于《公司法司法解释（四）》第18条所指"同等条件"判断因素中支付方式不同的情形，不足以影响某州控股公司优先购买权的行使。退一步讲，即使轨道公司与某盾公司对《产权交易合同》约定的支付方式进行了变更，支付方式等"同等条件"因素仅是涉及股东主张优先购买权能否成立的判断问题，与股权转让款是否支付是合同的履行问题一样，均不影响股权转让合同效力的评判。

再次，关于轨道公司与某盾公司是否隐瞒股权交易真实价款的问题。第一，某州控股公司提交的两份《补充协议》为复印件，某盾公司、轨道公司对其真实性亦不予认可，因复印件无法与原件核对，不能单独作为认定案件事实的依据，一审法院对其证据效力不予确认并无不当。第二，即使存在《补充协议》，《补充协议》约定某盾公司需债务加入与某州铁路公司共同偿还对轨道公司的 192 004 947.64 元欠款，亦是在案涉股权挂牌转让价款的基础上增加某盾公司的购买条件和责任承担，不存在对某州控股公司可在山东省产权交易中心案涉股权转让挂牌价这一"同等条件"下的股东优先购买权的损害问题，更不能因此认定轨道公司与某盾公司存在恶意串通。第三，即使如某州控股公司所述《补充协议》约定以中建公司中标大莱龙项目为合同终止条件，该约定亦因违反《招标投标法》关于公平竞争的规定而无效，本案中不能依据该无效约定来评判是否损害某州控股公司的股东优先购买权，亦不能依据该无效约定来否定公开挂牌转让而签订的《产权交易合同》的合同效力。第四，大莱龙项目是经公开招投标确定的施工单位，工程价款是经公平竞争而确定，其施工合同的效力并未有生效判决予以否定。参照《产权出让申请书》载明的所有者权益 40 807.08 万元直接计算轨道公司持有的某州铁路公司 69.9769% 股权价值，案涉股权转让价 30 925.08 万元并非有失公允。即便某盾公司的控股股东为大莱龙项目的实际施工人，亦因不存在通过关联交易变相降低股权转让价或变相提高股权交易条件的问题，不能以此认定轨道公司与某盾公司存在恶意串通。

最后，关于《产权交易合同》的效力与股东优先购买权的关系问题。《公司法司法解释（四）》第 21 条第 1 款、第 2 款规定："有限责任公司的股东向股东以外的人转让股权，未就其股权转让事项征求其他股东意见，或者以欺诈、恶意串通等手段，损害其他股东优先购买权，其他股东主张按照同等条件购买该转让股权的，人民法院应当予以支持，但其他股东自知道或者应当知道行使优先购买权的同等条件之日起三十日内没有主张，或者自股权变更登记之日起超过一年的除外。前款规定的其他股东仅提出确认股权转让合同及股权变动效力等请求，未同时主张按照同等条件购买转让股权的，人民法院不予支持，但其他股东非因自身原因导致无法行使优先购买权，请求损害赔偿的除外。"准确理解该条规定，既要注意保护其他股东的优先购买权，也要注意保护股东以外的股权受让人的合法权益，正确认定有限责任公司的股东与股东以外的股权受让人订立的股权转让合同的效力。一方面，其他股东依法享有优先购买权，在其主张按照股权转让合同约定的同等条件购买股权的情况下，应当支持其诉讼请求，除非出现该条第1款规定的超期行权情形。另一方面，为保护股东以外的股权受让人的合法权益，股权转让合同如无该条第1款规定的欺诈、恶意串通等影响合同效力的事由，应当认定有效。其他股东行使优先购买权的，虽然股东以外的股权受让人关于继续履行股权转让合同的请求不能得到支持，但不影响其依约请求转让股东承担相应的违约责任。即股东优先购买权的行使与股权转让合同效力的认定并无必然关系。本案中，因不存在欺诈、恶意串通等影响《产权交易合同》效力的情形，一审判决关于某州控股公司股东优先购买权的法律救济并非以确认《产权交易合同》无效为前提的认定并无不当。

综上所述，不管公司股东对外转让股权是否损害公司其他股东的优先购买权，股权转让合同本身若不存在《合同法》第52条规定的无效情形，均应认定合法有效。

【参考裁判文书】最高人民法院（2020）最高法民终1253号河南中州铁路控股有限公司、山东海盾投资管理有限公司等股权转让纠纷一案民事判决书。

（二）关于产权交易场所自行制定的视为放弃优先购买权的交易规则的效力裁判说理示范

【适用情形】产权交易所自行制定的"未进场则视为放弃优先购买权"的交易规则是否具有效力。

【说理示范】一审裁判说理：首先，股东优先购买权是《公司法》赋予股东的法定权利，《公司法》仅在第72条规定了在法院强制执行程序中，优先购买权股东被通知后法定期间内不行权，视为放弃优先购买权，《公司法》及司法解释并未规定其他情形的失权程序；其次，根据相关法律规定，不作为的默示效果只有在法律有规定或者当事人双方有约定的情况下，才可视为意思表示；最后，产权交易所作为依法设立的产权交易平台，法律并未赋予其判断交易标的是否存在权属争议和交易一方是否丧失优先购买权这类法律事项的权利。综上，在法律无明文规定，且中某公司未明示放弃优先购买权的情况下，中某公司未进场交易并不能得出其优先购买权已丧失的结论。从商事交易的角度来说，商事交易既要遵循效率导向，也要兼顾交易主体利益的保护。并且，优先购买权股东未进场交易，产权交易所亦可通知其在一定期限内作出是否接受最后形成的价格的意思表示，不到场并不必然影响交易的效率。若片面强调享有优先购买权股东不到场交易则丧失优先购买权，无疑突出了对产权交易所利益和善意第三人利益的保护，而弱化了对优先购买权股东利益的保护，必将导致利益失衡。中某公司在股权交易前提出了异议，第三人产权交易所应及时答复。参照《企业国有产权交易操作规则》的相关规定，信息公告期间出现影响交易活动正常进行的情形，或者有关当事人提出中止信息公告书面申请和有关材料后，产权交易机构可以作出中止信息公告的决定。对于提出异议的优先购买权股东而言，其在未被产权交易所及时答复异议前，并不知晓交易是否如期进行，因而不到场不能视为其放弃受让。故在中某公司未明确放弃优先购买权的情况下，某力公司与某利公司的股权转让合同不生效。

二审裁判说理：中某公司并未丧失涉案股权的股东优先购买权。第一，考虑到有限公司的人合性特征，我国《公司法》等相关法律法规规定了股东向股东以外的人转让股权的，应当向其他股东充分履行通知义务。其他股东在同等条件下享有优先购买权。此处所涉通知的内容，应当包括拟转让的股权数量、价格、履行方式、拟受让人的有关情况等多项主要的转让条件。结合本案，在某力公司于一审第三人某能源公司股东会议中表示了股权转让的意愿后，中某公司已明确表示不放弃优先购买权，某力公司确定将股权转让给某利公司后，也并未将明确的受让人情况告知中某公司，故而对中某公司及时、合法的行权造成了障碍。而权利的放弃需要明示，故不能当然地认定中某公司已经放弃或者丧失了该股东优先购买权。第二，中某公司在一审第三人产权交易所的挂牌公告期内向产权交易所提出了异议，并明确提出了股东优先购买权的问题，要求产权交易所暂停挂牌交易。但产权交易所未及时反馈，仍然促成某力公司与某利公司达成交易，并在交易完成之后，方通知中某公司不暂停交易，该做法明显欠妥。需要说明的是，产权交易所经市政府批准设立，不以营利为目的，仅为产权交易提供场所设施和市场服务，并按照规定收取服务费的事业法人。基于此，产权交易所并非司法机构，不具有处置法律纠纷的职能，其无权对中某公司是否享有优先购买权等作出法律意义上的认定。故当中某公司作为某能源公司的股东在挂牌公告期内向该所提出异议时，产权交易所即应当暂停挂牌交易，待某能源公司股东之间的纠纷依法解决后方恢复交易，才更为合理、妥当。故其不应擅自判断标的公司其余股东提出的异议成立与否，其设定的交易规则也不应与法律规定相矛盾和冲突。

【参考裁判文书】上海市第二中级人民法院（2014）沪二中民四（商）终字第1566号中静实业（集团）有限公司诉上海电力实业有限公司等股权转让纠纷一案二审民事判决书。

（三）关于法院强制执行股权情形下股东依然享有优先购买权的裁判说理示范

【适用情形】股权被法院强制执行予以抵债的情形之下，股东依然享有优先购买权。

【说理示范】关于某柴银川公司与万某公司转让 57% 股权的行为是否属于恶意串通、虚假交易,损害国有权益和股东的优先购买权的行为,是否应认定无效。《物权法》第 219 条第 2 款[①]规定:"债务人不履行到期债务或者发生当事人约定的实现质权的情形,质权人可以与出质人协议以质押财产折价,也可以就拍卖、变卖质押财产所得的价款优先受偿。"应当说,无论是折价、拍卖、变卖,均关涉到股权转让问题。《公司法》第 72 条规定:"人民法院依照法律规定的强制执行程序转让股东的股权时,应当通知公司及全体股东,其他股东在同等条件下有优先购买权。其他股东自人民法院通知之日起满二十日不行使优先购买权的,视为放弃优先购买权。"西某车辆公司为有限责任公司。案涉该公司 57% 的股权在执行程序中以拍卖方式进行转让,应根据上述法律规定,保护作为西某车辆公司股东的兰某公司等股东的优先购买权。在某柴银川公司与万某公司借款质押案执行程序中,法院采取拍卖的方式对 57% 股权中的 0.5% 股权进行转让。某柴银川公司向兰某公司发出的《征询函》,告知 0.5% 股权转让的价款为 500 万元并询问兰某公司是否行使优先购买权。兰某公司回复意见称,其行使优先购买权,但需经甘肃省国资委批准。在法定的 20 日期间内,兰某公司未提交甘肃省国资委的批准文件,亦未交付转让款,在本案一审期间,亦没有甘肃省国资委的批准意见,未交付转让款,故应认定兰某公司对以 500 万元转让 0.5% 股权不行使优先购买权。但兰某公司主张,案涉 0.5% 的股权的价格为 50 万元而非 500 万元,其证据为宁夏回族自治区高级人民法院 2010 年 10 月 19 日作出的(2009)宁高法执裁字第 12-5 号《执行裁定书》载明的事实。万某公司主张转让的价格是 500 万元,并提交了《股权转让合同》、2010 年 9 月 9 日某柴银川公司给万某公司出具的《汇款指令》以及同日万某公司打给澎某公司 500 万元的电汇凭证、某柴银川公司给万某公司出具的其收到 500 万元收据等证据予以证明。法院认为,(2009)宁高法执裁字第 12-5 号《执行裁定书》作出的时间为 2010 年 10 月 19 日,在万某公司提交《汇款指令》、电汇凭证、收据之后,且其载明,该裁定书是依据万某公司与某柴银川公司签订的《执行和解协议书》认定 0.5% 的股权是抵偿 50 万元债务。由于万某公司与某柴银川公司签订的《执行和解协议书》明确载明 0.5% 的股权抵债 50 万元的事实,且该事实被法院裁定书认定,故该 0.5% 股权的对价款应为 50 万元而非 500 万元。鉴于 0.5% 的股权的转让款为 50 万元,远低于询问兰某公司是否行使优先购买权时《征询函》载明的价格,故载明案涉 0.5% 的股权的转让款为 500 万元的《征询函》并不构

[①] 对应《民法典》第 436 条第 2 款。

成有效通知。在本院二审期间，兰某公司仍明确表示，其行使上述股权的优先购买权。该股权抵债行为侵犯了兰某公司的优先购买权，万某公司与某柴银川公司没有有效转让案涉 0.5% 的股权。由于万某公司未合法取得西某车辆公司 0.5% 的股权，故其以股东身份受让剩余 56.5% 股权抵债，未通知西某车辆公司股东行使优先购买权的行为也侵害了西某车辆公司其他股东的优先购买权，亦不发生有效转让股权的效力。综上所述，不能认定万某公司合法取得案涉 57% 的股权。《民事诉讼法司法解释》第 93 条规定，已为人民法院发生法律效力的裁判所确认的事实，当事人无须举证证明，当事人有相反证据足以推翻的除外。本案中，尽管以股抵债事实已被法院生效裁定确定，但由于兰某公司有相反证据足以推翻，故法院对相关事实另行作出认定。万某公司应将案涉 57% 的股权返还给某柴银川公司。万某公司若对设定质押的案涉 57% 的股权行使质押权，应根据《公司法》第 72 条的规定，保障兰某公司等西某车辆公司股东的优先购买权。股权转让方与股权受让方没有有效转让标的公司案涉股权，股权受让方未合法取得标的公司股权，其并不具有标的公司的股东资格。在此情况下，股权受让方以股东身份受让股权转让方剩余标的公司股权用于抵销债务，但未通知标的公司其他股东行使优先购买权，该股权抵债行为侵犯了标的公司其他股东的优先购买权，因此，不能认定股权受让方已经合法取得案涉 57% 的股权。

【参考裁判文书】最高人民法院（2016）最高法民终 295 号甘肃兰驼集团有限责任公司与常柴银川柴油机有限公司等股权转让纠纷一案民事判决书。

（四）关于股东对外转让股权应向其他股东履行通知义务裁判说理示范

【适用情形】对外转让股权的股东不仅需要向其他股东告知自己欲对外转让股权，还应当告知受让人、转让数量、转让价格、支付方式、履行期限等主要内容；其他股东同意转让股权，其他股东享有的优先购买权并不丧失，转让股东仍须就转让股权的同等条件再次通知其他股东。

【说理示范】针对股权转让方转让股权时是否依法履行通知义务的问题。《公司法》第 71 条第 2 款、第 3 款、第 4 款规定："股东向股东以外的人转让股权，应当经其他股东过半数同意。股东应就其股权转让事项书面通知其他股东征求同意，其他股东自接到书面通知之日起满三十日未答复的，视为同意转让。其他股东半数以上不同意转让的，不同意的股东应当购买该转让的股权；不购买的，视为同意转让。经股东同意转让的股权，在同等条件下，其他股东有优先购买权。两个以上股东主张行使优先购买权的，协商确定各自的购买比例；协商不成的，按照转让时各自的出资比例行使优先购买权。

公司章程对股权转让另有规定的，从其规定。"为保护有限责任公司股东在同等条件下行使优先购买权，拟对外转让股权的股东不仅需要向其他股东告知自己欲对外转让股权，还应当告知受让人、转让数量、转让价格、支付方式、履行期限等主要内容。《公司法司法解释（四）》第17条第1款、2款规定："有限责任公司的股东向股东以外的人转让股权，应就其股权转让事项以书面或者其他能够确认收悉的合理方式通知其他股东征求同意。其他股东半数以上不同意转让，不同意的股东不购买的，人民法院应当认定视为同意转让。经股东同意转让的股权，其他股东主张转让股东应当向其以书面或者其他能够确认收悉的合理方式通知转让股权的同等条件的，人民法院应当予以支持。"转让股东可以一次告知前述全部内容，也可以分次告知。

具体到本案中，股权转让方通过短信和邮件通知公司其他股东，告知其拟对外转让股权，要求限期回复是否愿意购买。该通知载明的转让股权数量与实际转让数量不符，且其中"逾期回复视为不同意购买"只是股权转让方的单方意思表示，不符合标的公司章程关于"股东应就其股权转让事宜书面通知其他股东征求意见，其他股东自接到书面通知之日起满三十日未答复的，视为同意转让"的规定。股权转让方"逾期回复视为不同意购买"的单方意思表示对公司其他股东没有约束力。而且，即便公司其他股东收到通知后未回复，也只能视为同意转让，而非不同意购买。即在标的公司其他股东同意转让股权的情况下，其享有的优先购买权并不丧失，股权转让方仍须就转让股权的同等条件再次通知公司其他股东。但股权转让方在未通知公司其他股东的情况下，与股权受让方签订《标的公司股权转让协议》。虽然股权转让方向标的公司其他股东邮寄了《标的公司股权转让协议》《股权转让补充协议》，但同时还邮寄了《关于限期办理工商变更登记的通知》，要求标的公司其他股东和标的公司在接到通知后×日内依法办理股权转让工商登记。显然，股权转让方向标的公司其他股东邮寄《标的公司股权转让协议》《股权转让补充协议》的目的并非告知标的公司其他股东股权转让的同等条件，并征求其是否行使优先购买权，而是告知标的公司其他股东股权已经转让的事实，并要求其协助办理股权变更登记手续。此外，股权转让方一方面主张已经向标的公司其他股东告知股权转让相关事项，另一方面又主张第一份《股权转让补充协议》约定的价格并非真实的转让价格，显然自相矛盾。因此，股权转让方转让股权时未依法履行通知义务。

【参考裁判文书】四川省高级人民法院（2019）川民再378号钟某某、杨某某股权转让纠纷一案民事判决书。

（五）关于转让股东是否履行通知义务的裁判说理示范

【适用情形】股东为法定代表人时，即使未被书面通知股权转让事宜，推定该股东对于股权转让事项知情。

【说理示范】本案争议焦点为如何认定转让股东是否履行通知义务。主张优先购买权的股东作为目标公司的法定代表人，对于转让股东自合同签订后即退出公司经营、由目标公司办理土地使用权抵押贷款手续并向转让股东汇款等事项是明知的，可以认定该股东对转让股权事宜知道或应当知道。目标公司原五名股东中，除转让股东外，另外四名股东中三人在《股权转让合同》上签字，同意人数占其他股东人数的3/4，符合《公司法》第71条第2款以及目标公司章程的规定。因此，主张优先购买权的股东应知道股权转让事宜，且自合同签订后直至诉讼发生，没有对此提出异议或主张优先购买权，应认定其同意该股权转让。本案中，当事人之间对股权转让合同中一并约定的债权利息违反《企业所得税法》及《企业所得税法实施条例》的相关规定，是否导致股权转让合同无效产生争议。由于《企业所得税法》第46条及《企业所得税法实施条例》第119条规定的是计算纳税所得额的标准，不涉及合同约定超出规定比例利息的效力评判；违反上述法律规定的计息比例的后果，是不能扣除相应的纳税所得额，并不涉及民事合同的履行问题。涉案《股权转让合同》是当事人的真实意思表示，不具有法定无效情形，故合法有效。

【参考裁判文书】最高人民法院（2017）最高法民再266号岑溪市国强商贸有限公司、冯某股权转让纠纷一案民事判决书。

（六）关于在媒体上发布股权转让声明的行为不符合《公司法》关于股权转让应书面通知其他股东的规定裁判说理示范

【适用情形】在报纸等媒体上发布股权转让声明的行为不符合《公司法》关于股权转让应书面通知其他股东的规定。

【说理示范】本案公司其他股东郭某在收到股权转让方富某公司发出的《股权转让通知书》及得知第三人马某欲收购富某公司在标的公司持有的40%股权后，在法律规定的期限内复函富某公司，明确表示不同意富某公司将所持股权转让给马某，并愿意以同等价格受让富某公司持有的标的公司40%的股权。可见，公司其他股东郭某受让富某公司股权的行为，属于行使股东优先购买权的行为。股东优先购买权属于法定优先购买权，即公司现有股东依法优先于第三人行使股权购买权；唯在优先权人放弃优先购买权时，第三人才能购买该股权。本案中，虽然股权受让方马某已经向富某公司支付股权转让款，并在报纸上发布股权转让声明，称股权转让方富某公司拟将其持有的标的公司×万元股权转让给股权受让方马某，但上述通知的方式不符合《公司法》第71条第2款关于"股东应就其股权转让事项书面通知其他股东征求同意"的规定。同时，股权转让方富某公司与马某签订的《标的公司股东股权转让合同》及《合同补充条款》中亦有关于"双方已清楚了解《公司法》规定，有限责任公司股东股权转让，公司原股东有优先购买权，在同等条件下若发生原股东行使优先购买权，则无条件由原股东优先购买，双方免责"的约定，故公司其他股东郭某主张行使优先购买权于法有据。

【参考裁判文书】最高人民法院（2015）民申字第1593号马某诉郭某等确认合同无效纠纷一案民事裁定书。

（七）关于股权让与担保情形股东不得要求行使优先购买权的裁判说理示范

【适用情形】股权让与担保情形，股东不得要求行使优先购买权。

【说理示范】本案中，陈某和宏某实业公司均为宏某地产公司的股东，宏某实业公司与王某（公司外部第三人）之间签订《股东转让出资协议》，随后在工商局办理了股权变更登记，陈某据此认为宏某实业公司未经其同意将股权转让给王某，侵害了其优先购买权。但经查实，宏某实业公司向王某无偿转让其持有的宏某地产公司75%股权是对其所借款项的质押担保，双方之间不存在真实的股权转让行为，即宏某地产公司75%股权虽变更登记至王某名下，但是以变更股权持有人的方式进行质押担保。上述借款到期后宏某实业公司未依约归还，其法定代表人胡某峰遂以宏某实业公司名义出具欠条，写明"宏某实业公司将持有的宏某地产公司75%股权质押给王某，借款×万元，至今共计利息×万元，合计×万元"。由此可知，宏某地产公司已以欠条方式对借款本息重新进行了确定，并再次以宏某地产公司75%股权作质押，双方之间没有因未偿还到期借款而产生宏某地产公司75%股权归王某所有的结果。因此，虽然宏某地产公司75%股权继续登记在王某名下，但不能以此确认王某基于股权受让取得了宏某地产公司75%股权。因该《股东转让出资协议》属股权让与担保性质协议，股权转让并非协议各方当事人真实意思表示，因而不产生股权实质转让效力，不存在侵犯陈某优先购买权的问题，故陈某认为侵犯其优先购买权的申请再审理由不能成立。关于王某与宏某实业公司借款关系中股权质押是否符合法律规定，可以另循法律途径解决。

【参考裁判文书】最高人民法院（2017）最高法民再171号陈某、陕西宏润实业集团有限公司股权转让纠纷一案民事判决书。

（八）关于优先购买价格确定裁判说理示范

【适用情形】股东提起股权转让优先购买权之诉，应明确是否行使优先购买权，且优先购买价格只能以被诉股权转让协议为准。

【说理示范】其一，《公司法》第71条第2款规定："股东向股东以外的人转让股权，应当经其他股东过半数同意。股东应就其股权转让事项书面通知其他股东征求同意，其他股东自接到书面通知之日起满三十日未答复的，视为同意转让。其他股东半数以上不同意转让的，不同意的股东应当购买该转让的股权；不购买的，视为同意转让。"本案中，股权转让方作为投资公司股东，向公司股东以外的股权受让方转让股权时，应就其股权转让事宜书面通知其他股东征求意见，本案证据能证明股权转让方在转让股权前已向公司其他股东履行了通知义务，公司股东邢某某在收到该通知后30日内未答复，应视为同意转让。

其二，公司其他股东明某公司、王某等实际未收到股权转让通知书，但投资公司股东会记录足以证明公司其他股东明某公司、王某等至迟于×年×月已经知道该股权转让事实及具体交易条件。在此情况下，明某公司、王某等在股东会上明确表示反对股权转让方将其股份转让给股权受让方，但其并未提交证据证明此后曾向股权转让方提出购买该股权，且在本案诉讼过程中，明某公司、王某等明确放弃优先购买股权转让方对外转让的股权，亦应视为明某公司、王某等同意股权转让方向股权受让方转让股权。

其三，"同等条件"是原有股东行使优先购买权的前提，同等条件包括诸多要素，其中股权转让价格是同等条件中最为重要的一项内容，而公司其他股东邢某某在主张优先购买权的同时，却不认同股权转让方与股权受让方已协商一致的股权转让价格，公司其他股东邢某某在本案中行使优先购买权的前提条件并不成就。

【参考裁判文书】四川成都高新技术产业开发区法院（2013）高新民初字第2213号邢某某诉肖某等股权转让纠纷一案民事判决书。

（九）关于股权转让的"同等条件"披露标准裁判说理示范

【适用情形】关于股权转让的"同等条件"是否已达到披露标准的认定。

【说理示范】以"同等条件"优先购买，是股东优先购买权的核心内容，也是权利行使的实质要件。"同等条件"是指同等的购买条件，其内容应当包括价格、数量、支付方式、交易时间等合同主要条款，其中价格和数量是考量的最主要标准。结合双方之前的往来函件，可以确认通过要约和承诺，双方已经就股权转让达成了框架性协议，该协议涵盖了转让的数量、价款、付款方式。之后某股东虽提出了其他条件，但标的公司其他股东并未予以认可，因而未形成合意。考量股权受让方出具的《报价承诺书》、所付款额及其与标的公司19名股东所签的股权转让协议的相关内容，应认定标的公司19名股东向某股东披露的购买条件与股权受让方的购买条件相同。某股东要求提供标的公司19名股东与股权受让方签订的转让股份协议及细则，无论该协议是否存在，其本身并非行使优先购买权的必要条件。只要标的公司19名股东向股权受让方和向其他股东提出的购买条件同等,即可认定"同等条件"披露业已履行。

【参考裁判文书】四川省高级人民法院(2011)渝高法民终字第 266 号张某与狮龙公司等股东优先购买权纠纷一案民事判决书。

(十)关于优先购买权需针对拟转让的整体股权行使裁判说理示范

【适用情形】数名股东整体对外转让股权且转让价格是以整体转让为条件时,其他股东的优先购买权针对的是整体股权,而非单个股东的股权。

【说理示范】关于其他股东能否针对拟转让的部分股权而非全部股权主张行使优先购买权的问题。

《公司法》第 71 条第 3 款规定,经股东同意转让的股权,在同等条件下,其他股东有优先购买权。本案中,包括陈某在内的标的公司 8 名自然人股东与高某公司达成的股权转让意向,是高某公司以 × 万元价格受让陈某等股东 51%标的公司的股权。双方达成的转让条件中,陈某的股权转让与标的公司其他 7 名自然人股东的股权转让是不可分割的状态,是整体转让给高某公司,双方协商的转让价格是以整体转让为条件。陈某与标的公司其他 7 名自然人股东已依法将整体转让事宜通知其他股东并征求其意见,其他股东如若行使优先购买权,应按 × 万元的价格优先受让包括陈某在内标的公司 8 名自然人股东 51%股权。其他股东仅要求对陈某持有的 1.5%的股权行使优先购买权,与高某公司拟以 × 万元的价格整体受让标的公司 8 名自然人股东 51%的股权不属于同等条件。故其他股东要求优先购买陈某持有的 1.5%的股权,不符合法律规定。

【参考裁判文书】浙江省宁波市中级人民法院(2017)浙 02 民终 1283 号浙江环益资源利用有限公司诉陈某某股权转让纠纷一案民事判决书。

(十一)关于转让股东可以在其他股东主张优先购买权后"反悔"裁判说理示范

【适用情形】如果公司章程和全体股东无禁止约定,股东可以在其他股东主张优先购买权后行使"反悔权"。

【说理示范】关于股东能否在其他股东主张优先购买权后行使"反悔权"问题。《公司法司法解释(四)》第 20 条规定:"有限责任公司的转让股东,在其他股东主张优先购买后又不同意转让股权的,对其他股东优先购买的主张,人民法院不予支持,但公司章程另有规定或者全体股东另有约定的除外。其他股东主张转让股东赔偿其损失合理的,人民法院应当予以支持。"本案中,公司其他股东所主张的"股权转让申请提交公司后不得撤回"提议内容没有形成全体股东会决议，也未纳入公司章程，该内容不能约束股东转让股权行为。股权转让方在转让股权时通知了公司其他股东，公司其他股东主张行使优先购买权，股权转让方决定撤回其股权转让行为符合法律规定。

【参考裁判文书】江苏省淮安市中级人民法院（2020）苏08民终3555号金湖县商业大厦有限公司与王某某、张某某股权转让纠纷一案民事判决书。

（十二）关于其他股东主张股权转让优先购买权应明确是否行使该权利且优先购买价格只能以被诉股权转让协议为准的裁判说理示范

【适用情形】股东提起股权转让优先购买权之诉，应明确是否行使优先购买权，且优先购买价格只能以被诉股权转让协议为准。

【说理示范】本案中，投资公司股东龚某与公司股东以外的肖某签订股权转让协议，投资公司股东邢某和贸易公司在股东会上均明确表示反对。邢某起诉请求确认龚某与外部第三人肖某之间的转股协议无效，并主张以评估价为准。对此分析如下：其一，《公司法》第71条第2款规定："股东向股东以外的人转让股权，应当经其他股东过半数同意。股东应就其股权转让事项书面通知其他股东征求同意，其他股东自接到书面通知之日起满三十日未答复，视为同意转让……"本案中，龚某作为投资公司股东，向公司股东以外的肖某转让股权时，应就其股权转让事宜书面通知其他股东征求意见，本案证据能证明龚某在转让股权前已向邢某履行了通知义务，邢某在收到该告知书后30日内未答复，应视为同意转让。其二，贸易公司实际未收到股权转让告知书，但投资公司股东会记录足以证明贸易公司至迟于×年×月已知道该股权转让事实及具体交易条件，在此情况下，贸易公司在股东会上明确表示反对龚某将其股份转让给肖某，但贸易公司并未提供证据证明此后曾向龚某提出购买该股权的意思表示，且在本案诉讼过程中，贸易公司明确放弃优先购买龚某对外转让的股权，亦应视为贸易公司同意龚某向肖某转让股权。其三，"同等条件"是原有股东行使优先购买权的前提，同等条件包括很多要素，其中股权转让价格是同等条件中最为重要的一项内容，而邢某在主张优先购买权时，却并不认同龚某与肖某已协商一致的股权转让价格，主张按中介机构评估价购买，邢某该主张于法无据，其在本案中行使优先购买权的前提条件并不成就，应驳回其诉请。

【参考裁判文书】四川省成都高新技术产业开发区人民法院（2013）高新民初字第2213号邢某某诉肖某等股权转让纠纷一案民事判决书。

（十三）关于如何判决保护其他股东优先购买权裁判说理示范

【适用情形】司法裁判应如何判决保护其他股东的优先购买权。

【说理示范】由于对优先购买权的行使除《公司法》规定的"同等条件"外，法律尚无具体规定，司法实践中亦无参考先例。考虑到第三人某能源公司目前的实际状况，同时为防止股东优先购买权的滥用，即确权后不行权，导致保护优先购买权成空文或对股权转让人和受让人的利益造成损害，因此，需要确定股东的优先购买权的行权期限、行权方式。比照《公司法》第72条的规定，可以要求中某公司在确权生效后二十日内行权，否则视为放弃行权。只有中某公司放弃行权，某力公司与某利公司的股权转让合同才生效。关于行权方式，中某公司应按照国有资产转让的规定办理。综上所述，中某公司主张其对某力公司与某利公司转让的某能源公司的股权享有优先购买权并要求行权的诉讼请求，于法有据，予以支持，其行权内容、条件应与某力公司、某利公司之间签订的产权交易合同相同。

【参考裁判文书】上海市第二中级人民法院（2014）沪二中民四（商）终字第1566号中静实业（集团）有限公司诉上海电力实业有限公司等股权转让纠纷一案民事判决书。

（十四）关于股权外部买受人因其他股东行使优先购买权遭受损失的承担裁判说理示范

【适用情形】其他股东行使优先购买权导致股权转让协议无法履行，外部买受人因准备协议履行及实际履行中产生的损失认定与承担。

【说理示范】第一，针对损失承担问题。案涉股权转让协议未能继续履行的原因在于仲裁裁决案外人其他股东电某公司对股权转让方华某公司拟转让的股权享有同等条件的优先购买权，且其他股东电某公司与股权转让方华某公司已在仲裁裁决指定的时间内签订协议，并向股权转让方华某公司给付了3亿元股权转让款。其他股东电某公司实际行使优先权的行为，使股权转让方华某公司与股权受让方新某特公司签订的股权转让协议的标的不复存在，继续履行已不可能。对于股权转让协议终止履行后，给股权受让方新某特公司造成的损失如何承担问题。股权转让方华某公司和股权受让方新某特公司在签订股权转让协议时，均知悉《公司法》规定的其他股东在同等条件下享有优先购买权，也知悉其他股东电某公司不放弃优先权的态度。由于法律对股东行使优先权的方式、期限等没有明确规定[①]，股权转让方华某公司采取通知函的形式，限期其他股东电某公司行使优先权，逾期视为放弃。股权受让方新某特公司完全认同股权转让方华某公司已经以此方式排除了其他股东电

[①] 现行《公司法》已经明确，但本案关于外部买受人因准备协议履行及实际履行中产生的损失认定及按过程比例分担损失的处理规则当前仍然适用。

某公司行使优先权的权利，并在双方均认为其他股东电某公司已丧失优先权的情况下签订了股权转让协议。但此后的仲裁裁决没有支持股权转让方华某公司与股权受让方新某特公司在优先权问题上的判断，而裁决其他股东电某公司有权行使优先权。其他股东电某公司实际行使优先权的行为，最终导致本案股权转让协议终止履行。由于股权转让方华某公司与股权受让方新某特公司在签约时，应当预见该合同可能因其他股东电某公司行使优先权而终止，但没有预见，造成合同终止履行，对此双方均有过错。股权受让方新某特公司因准备合同履行及实际履行中产生的损失应由股权转让方华某公司、股权受让方新某特公司各自承担50%。股权转让方华某公司认为其履行生效仲裁裁决而无法继续履行与股权受让方新某特公司的股权转让协议，没有过错，不应承担股权受让方新某特公司的损失，其理由与事实不符，不予支持。股权转让方华某公司以协议约定股权不能过户的风险由股权受让方新某特公司承担为由，要求不承担协议终止履行造成的损失，因其与股权受让方新某特公司在协议中只约定了股权迟延过户的风险，并没有约定不能过户的风险承担问题，故股权转让方华某公司的该上诉理由也不能成立，不予支持。优先购买权是法律规定股东在同等条件下对其他股东拟对外转让的股份享有的优先购买的权利，是一种为保证有限责任公司的人合性而赋予股东的权利，优先权的规定并不是对拟转让的股东股权的限制或其自由转让股份的限制。其他股东电某公司依法行使优先权，并不能证明股权转让方华某公司对其持有的股权不享有完全的、排他的权利。股权受让方新某特公司以股权转让方华某公司违反协议约定为由，要求其承担全部赔偿责任的上诉请求，没有事实和法律依据，不予支持。

第二，针对股权转让协议终止履行造成损失的计算问题。其一，关于股权受让方新某特公司支付2亿元股权转让款的损失问题。《有关股权转让相关问题的协议书（二）》明确约定，如股权转让方华某公司在仲裁案件中败诉，造成转让的股权不能过户，股权转让协议不能继续履行时，股权受让方新某特公司不得追究股权转让方华某公司应当或可能负有的对2亿元的资金所产生的利息、融资成本、可预期利益、赔偿等相关责任。该约定是双方当事人的真实意思表示，不违反相关法律、行政法规，应为有效。该约定免责的前提是股权转让方华某公司在仲裁中败诉，而非股权受让方新某特公司主张的在股权转让方华某公司败诉的情况下，还应让其与其他股东电某公司再行竞价，股权受让方新某特公司在股权转让方华某公司仲裁败诉后即收回2亿元资金的行为也说明其不存在再行竞价的意愿。股权受让方新某特公司自愿放弃与2亿元相关的赔偿，是其处分权利的行为，故股权受让方新某特公司上诉提出股权转让方华某公司应赔偿其因支付2亿元股权转让款而造成的利息损失的请求不予支持。其二，关于股权受让方新某特公司因支付1亿元股权转让款所产生的损失问题。股权转让款如何筹集是股权受让方新某特公司自身的行为，资金的来源可能有多种，股权转让方华某公司可以预见的合理损失只应是其实际占有资金期间的利息损失，而不应包括股权受让方新某特公司对外融资所产生的实际费用，故该部分损失应以股权转让方华某公司实际占有资金的时间、金额，按照中国人民银行半年定期存款利率计算。其三，股权受让方新某特公司为履行合同所支付的咨询费、审计费、财务顾问费、人员工资等，是其为实现合同目的，诚意履约而实际支付或必须对外支付的款项，应认定为合同不能履行所产生的损失。其中咨询费已付200万元，但根据股权受让方新某特公司与咨询公司的合同，股权受让方新某特公司有权要求咨询公司退还100万元，故咨询费的实际损失应认定为100万元；人员工资损失应按照实际从事股权收购的人员、时间计算，即×万元；审计费按实际支付金额×万元计算；财务顾问费按股权受让方新某特公司被追索的×万元计算。上述咨询费、审计费、财务顾问费、人员工资损失共计×万元，由股权转让方华某公司承担50%，即×万元。股权受让方新某特公司主张的股权收益×万元，因证据不足，不予支持。

【参考裁判文书】最高人民法院（2003）民二终字第143号北京新奥特公司诉华融公司股权转让合同纠纷一案民事判决书。

（十五）关于其他股东行使优先购买权致使股权转让合同解除后股权转让款退还裁判说理示范

【适用情形】其他股东行使优先购买权致使股权转让合同解除，股权转让方应退还股权受让方的股权转让款。

【说理示范】根据另案生效判决，目标公司其他股东对股权转让合同项下的股权享有优先购买权，其已依据该生效判决支付部分股权转让款，股权转让合同客观上已无法履行，双方亦均认可解除该合同。根据《合同法》第97条[①]关于"合同解除后，尚未履行的，终止履行；已经履行的，根据履行情况和合同性质，当事人可以要求恢复原状、采取其他补救措施，并有权要求赔偿损失"的规定，转让股东应当返还相应的股权转让款。司法实践中，在存在多个转让股东时，股东以外的股权受让人通常根据受让股权的总数将股权转让款汇入目标公司账户，由多个转让股东按照出让股权的比例进行分配。但是，如果多个转让股东并非按照转让股权的比例分配股权转让款，在股权转让合同解除后，受让人是否有权要求各个股东按照转让股权比例予以返还，

---

① 对应《民法典》第566条第1款。

存在争议。对此，在本案中，受让人主张股东之间关于股权转让价款的实际分配数额，属于股东内部的分配问题。在股权转让合同解除后，当事人请求恢复原状时，即双方关系应当恢复至合同订立前的状态，每一个转让股东应当根据其持有的拟转让的目标公司股权比例，确定各自应当返还的款项数额，法院并不考虑每个股东实际获得的股权转让款。

【参考裁判文书】最高人民法院（2019）最高法民再309号朱某某、斯某某股权转让纠纷一案民事判决书。

十二、关于股权转让穿透式审判裁判说理示范

（一）关于名为股权转让实为民间借贷的裁判说理示范

【适用情形】一是通过综合分析合同约定条款和合同履行方式等内容，可认定双方签订《股权转让合同》并以固定金额回购的交易安排目的是一方获得借贷资金，另一方出借资金获得利息，股权转让仅作为借款担保，应认定双方为民间借贷关系。二是在"名为股权转让，实为借贷"交易中，股权转让为双方虚假意思表示，属无效行为，应按照双方真实意思表示即民间借贷确定合同性质，并依法认定民间借贷合同效力。三是名为股权转让、实为企业间借贷的"虚拟回购"，借款人已偿还借款本息，贷款人主张股权转让，不予支持。

【说理示范一】第一，针对双方当事人的法律关系为股权转让还是民间借贷的认定。从涉案《股权转让合同》利息约定及转让股权份额、交付方式、价金、回购权和履行方式等六个方面综合分析：其一，关于利息。股权转让关系中，股权转让款一般及时结清，无须对利息作出约定，而约定利息是民间借贷关系的主要特征。其二，关于转让股权份额。股权转让关系中，股权份额应具体、明确。本案中，双方约定实际转让的股权数按实际收到的款项核定具体份额，与股权转让的特征及交易惯例不符。其三，关于转让股权的交付。股权转让合同的目的在于买受人行使股东权利，一般会及时交付股权，但本案当事人约定在回购期内不办理变更登记，盈亏由转让方承担，不符合股权交易的特征。其四，关于股权转让价金。股权转让的价金应具体明确，而本案当事人以实际出借金额作为股价。其五，关于股权回购。股权转让关系中，通常在交付股权后，合同即履行完毕。本案当事人约定两年内转让方享有回购权，实际上是股权在两年借款期限内并不实际转让。其六，关于合同履行方式。李某某通过案外人代持股份，且股权已经出质，无法按合同约定交付，说明李某某并无出让股权以取得对价的意思表示。因此，涉案《股

权转让合同》名为股权转让合同，实为民间借贷合同。

第二，针对双方民间借贷法律关系效力问题。涉案《股权转让合同》约定的权利义务表明双方当事人之间名为股权转让合同关系，实为民间借贷合同关系。根据《民法典》第146条关于"行为人与相对人以虚假的意思表示实施的民事法律行为无效。以虚假的意思表示隐藏的民事法律行为的效力，依照有关法律规定处理"的规定，涉案交易双方关于股权转让的意思表示虚假，应为无效，其民间借贷的意思表示真实，内容不违反法律、行政法规的强制性规定，亦不违反公序良俗，应为有效。

【参考裁判文书】最高人民法院（2016）最高法民终435号李某某、刘某某民间借贷纠纷一案民事判决书。

【说理示范二】本案中，建筑公司因融资需要与投资公司签订股权转让协议，约定建筑公司将所持科技公司20%股权作价转让给投资公司，并约定了回购期及回购价，双方已办理了股权变更登记手续。因建筑公司逾期未还款，双方签订补充协议约定建筑公司先期向投资公司转让8%股权，并经科技公司董事会决议通过。建筑公司本案起诉请求投资公司、科技公司办理案涉20%股权工商变更登记手续，即由投资公司名下恢复登记至建筑公司名下。其一，针对投资公司持有科技公司8%股权部分。投资公司与建筑公司已重新签订股权转让协议，对建筑公司转让给投资公司该8%股权的相关内容，包括股权转让对价及工商变更登记办理手续等事项作出了明确约定，科技公司亦已召开董事会决议通过该8%股权转让事项。因此，该8%股权转让部分的约定是投资公司与建筑公司双方的真实意思表示，未违反法律法规规定，合法有效。其二，针对投资公司持有科技公司12%股权部分。双方当事人在签订股权转让协议及相关股权未变更登记至投资公司名下时已约定建筑公司"股权回购"条件，且纵观双方签订的股权转让协议内容，双方所约定的"回购延展期"实质上是对还款期限的约定，双方在协议中约定股权转让价款及回购款项支付方式，实质上是对借款本金及利息的变相约定，即双方所签订的协议是名为股权转让、实为借款合同的协议。根据本案证据显示，建筑公司已将所借投资公司的款项及利息偿还完毕，故投资公司依法不能享有科技公司该12%的股权。

【参考裁判文书】北京市第二中级人民法院（2013）二中民终字第05810号德美投资有限公司与建生建筑工程有限责任公司股权转让纠纷一案民事判决书。

（二）关于"股""债"协议性质区分和效力问题裁判说理示范

【适用情形】一是应结合协议签订背景、目的、条款内容及交易模式、履行情况综合界定协议性质。二是协议满足《民法典》第143条规定即有效。

【说理示范】关于案涉《投资协议》性质，通某公司主张案涉《投资协议》性质为借款协议,并非股权投资协议。结合协议签订背景、目的、条款内容及交易模式、履行情况综合判断,农某公司与汉某公司之间并非借款关系,而是股权投资关系。理由如下:(1)农某公司按照国家发改委等四部委联合印发的《专项建设基金监督管理办法》的规定通过增资方式向汉某公司提供资金,该投资方式符合国家政策,不违反《公司法》及行业监管规定。事实上,基金通过增资入股、逐年退出及回购机制对目标公司进行投资,是符合商业惯例和普遍交易模式的,不属于为规避监管所采取的"名股实债"的借贷情形。(2)农某公司增资入股后,汉某公司修改了公司章程,农某公司取得了股东资格并享有表决权,虽然不直接参与汉某公司日常经营,但仍通过审查、审批、通知等方式在一定程度上参与管理,这也是基金投资模式中作为投资者的正常操作,显然不能以此否定其股东身份。(3)虽然案涉协议有固定收益、逐年退出及股权回购等条款,但这仅是股东之间及股东与目标公司之间就投资收益和风险分担所作的内部约定,并不影响交易目的和投资模式。并且在投资期限内,农某公司作为实际股东之一,其对外仍是承担相应责任和风险的。(4)农某公司根据协议约定获得了固定收益,但该固定收益仅为1.2%/年,远低于一般借款利息,明显不属于通过借贷获取利息收益的情形。其本质仍是农某公司以股权投资方式注入资金帮助企业脱困的投资行为,只有这样汉某公司及其股东通某公司才能以极低的成本获取巨额资金。综上所述,案涉《投资协议》为股权投资协议。

关于案涉《投资协议》效力,该协议是当事人的真实意思表示,且不违反法律、行政法规的禁止性规定。案涉协议的签订及履行经过了充分、完整的公司程序,汉某公司及其股东对协议签订背景、交易目的、条款内容均知悉。并且,汉某公司实际在本案交易中通过《投资协议》获得了经营发展所需资金,公司及包括通某公司在内的全体股东均从中获益。因此,《投资协议》应属有效。

【参考裁判文书】最高人民法院(2019)最高法民终355号通联资本管理有限公司与中国农发重点建设基金有限公司、汉中市汉台区人民政府股权转让纠纷一案民事判决书。

(三)关于"阴阳合同"认定裁判说理示范

【适用情形】双方当事人案涉股权转让签订了两份不同内容协议时,如何判断双方实际履行的合同。

【说理示范一】谈某某与某硕公司就案涉股权转让签订了两份协议,分别是签订于2016年12月2日的《合作协议》以及经工商部门备案的签订于2016年12月18日的《股权转让协议》。关于双方当事人实际履行的协议是《合作协议》还是《股权转让协议》的问题。

首先，虽然案涉《股权转让协议》在市场监督管理局进行了备案，但本案中谈某某提交的《股权转让协议》来源于乳山市市场监督管理局，谈某某与某硕公司作为《股权转让协议》的合同当事人均未持有该份协议的原件，不符合交易惯例和交易常理，亦与《股权转让协议》第5条约定的"本协议一式四份，转让双方各执一份"不相符合。

其次，从合同内容来看，《股权转让协议》仅一页纸，五个条款；而《合作协议》涵盖了股权转让的比例、某硕公司出资投资款的用途、股权转让相关费用的负担、各股东的权责、协议的变更与解除、违约责任及争议解决等内容。显然《合作协议》约定的合同内容比《股权转让协议》更为详尽。在《合作协议》中仅约定某硕公司将出资投资款用于相关地块土地评估费的支付、已经发生的应付款（详见三方签订确认的清单）、招商中心的装修等各项费用，并未约定某硕公司需向谈某某支付股权转让款。某硕公司主张其通过承接威海东方归某科技公司债务及后续费用的方式支付案涉股权转让的对价具有合理性。

最后，从实际履行情况看，双方于2016年12月2日签订《合作协议》后，东方归某科技公司于2016年12月16日召开股东大会，决议同意公司股东谈某某持有的股权中的15%转让给某硕公司。之后双方于2017年初完成了股权工商变更登记手续。双方当事人亦确认某硕公司已依照《合作协议》的约定向第三方支付了398 424元土地评估费。由此可见，案涉《合作协议》已得到实际履行。

综上所述，2016年12月18日签订的《股权转让协议》虽在市场监督管理局进行备案，但根据现有证据本院有合理理由相信该协议应是双方为工商备案登记所需而签订，双方于2016年12月2日签订的《合作协议》更能反映当事人的真实意思表示，涉案股权转让价款应按《合作协议》的约定履行。因此，谈某某根据《股权转让协议》诉请某硕公司向其支付股权转让款75万元及相应利息损失，缺乏事实和法律依据。

【参考裁判文书】深圳市中级人民法院（2021）粤03民终8124号谈某某诉深圳市西硕电子科技有限公司、王某某股权转让纠纷一案民事二审民事判决书。

【说理示范二】关于双方在案涉股权交易中实际履行的是2018年7月13日签订的《协议》还是工商部门备案的2018年8月1日签订的《股权转让协议书》的问题。

首先，傅某某、张某某均为中航某驾公司原股东，分别持有公司40%、30%的股权，双方先后于2018年7月13日、2018年8月1日签订《协议》及《股权转让协议书》。《协议》约定：中航某驾公司注册资本金为1000万元，傅某某为中航某驾公司法定代表人兼股东，合法持有公司40%的股权，应实缴股金为400万元，实际出资为28万元；傅某某将其合法持有的中航某驾公司的40%股权转让给张某某，股权转让款为30万元。依据上述约定可知，傅某某、张某某作为中航某驾公司原股东，均确认傅某某持有中航某驾公司40%的股权，实缴出资28万元。故傅某某将其持有的中航某驾公司40%股权以30万元对价转让给张某某，符合商业惯例。

其次，虽然张某某于一审期间提交的中航某驾公司2018年上半年《利润表》及中航某驾公司《2018年度审计报告》载明，中航某驾公司2017年亏损金额为594 161.79元，2018年上半年亏损金额为1 524 189.97元，但该《2018年度审计报告》资产负债表（2018年12月31日）同时显示中航某驾公司资产总计年初余额为2 522 813.93元，期末余额为5 593 189.51元，所有者权益合计年初余额为2 405 838.21元，期末余额为4 619 296.20元。一审判决以中航某驾公司存在亏损为由而不考虑公司的实际资产总额及所有权权益即认定案涉股权转让价款为1元合理，是不当的。

最后，《协议》约定，傅某某承诺积极协助张某某办理有关的股权转让过户手续、法人变更手续。《协议》签订后，双方于2018年8月1日签订《股权转让协议书》，并于同日向深圳市市场和质量监督管理委员会提交《股权转让协议书》等材料，申请公司变更登记。从《协议》的前述约定及双方履行行为可知，双方于2018年8月1日签订《股权转让协议书》实际是为履行《协议》约定的办理工商变更登记手续之需要。

鉴于此，就案涉《协议》和《股权转让协议书》的文本内容及相互之间的关系来看，2018年8月1日签订的《股权转让协议书》及当日的股东会决议应是双方为履行《协议》的约定到工商部门办理股权变更登记手续而签订，而双方将股权转让价款确定为1元，实际是为掩盖双方股权交易的真实价格，2018年7月13日签订的《协议》与2018年8月1日签订的《股权转让协议书》构成"阴阳合同"关系。故可以认定2018年7月13日的《协议》更能反映双方当事人的真实意思表示，《协议》对傅某某、张某某有法律约束力，案涉股权转让价款应按2018年7月13日签订的《协议》的约定履行。

【参考裁判文书】深圳市中级人民法院（2019）粤03民终31197号傅某某诉张某某等股权转让纠纷一案民事判决书。

（四）关于名为股权转让实为让与担保裁判说理示范

【适用情形】名为股权转让，实为让与担保协议的处理。

【说理示范一】本案股权转让方与股权受让方之间的股权转让，除限定不得超过×万元，具体股权转让价格并未明确，而约定以股权转让方的通知为准，与通常股权转让约定明显不同；股权受让方除对标的公司增资、减资等重大事项有否决权外，标的公司的日常经营管理仍由股权转让方负责；双方当事人约定将诉争股权变更登记到受让方名下，期限届满后，诉争股权由股权转让方回购，在股权转让方支付股权回购款后，诉争股权变更登记至股权转让方名下。因此，从本案《股权转让协议书》内容看，股权受让方受让股权的目的不是长期持有诉争股权，而是收回股权回购款，该诉争股权实质是作为股权转让方支付股权回购款的担保，即让与担保。因目前没有证据表明提供资金的一方即股权受让方是以资金融通为常业，本案不属于违反国家金融管制的强制性规定的情形。案涉股权转让及回购安排并未违反法律、行政法规效力性强制性规定，应属有效协议。

【参考裁判文书】福建省高级人民法院（2014）闽民终字第360号丁某某、吴某与福建渝某投资有限公司、丁某某民间借贷纠纷一案民事判决书。

【说理示范二】关于当事人以签订股权转让协议方式为民间借贷债权进行担保，此种非典型担保方式即让与担保是否有效，是否具有物权效力问题。具体分析如下：

其一，涉案股权转让协议约定，"龙某公司100%股权阶段性转让给乙方，以保证乙方债权的安全和实现"，其担保债权实现的意思表示清晰、明确，债权人与债务人同意以阶段性地转让龙某公司100%股权的形式保障借款安全。协议还约定："若1年内甲方不能出售房产清偿对乙方的借款，由中介机构对龙某公司可变现资产进行评估，甲方按评估价值下浮最低不超过5%出售房产清偿乙方借款，多余部分归甲方。"由此意味着，尽管龙某公司100%股权已经过户至刘某某名下，但原股东某钢公司仍有权出售龙某公司项下不动产，用以抵偿约定的欠付刘某某的特定债务。上述约定内容，本质上是通过以龙某公司100%股权过户至刘某某名下的方式担保前述债权的实现，某钢公司仍保留对龙某公司的重大决策等股东权利；待债务履行完毕后，龙某公司100%股权复归于某钢公司；如债务不能依约清偿，债权人可就龙某公司经评估后的资产价值抵偿债务。因此，双方之间的股权变更行为符合让与担保法律特征，此种担保形式作为民商事活动中广泛运用的非典型担保，并不违反法律、行政法规效力性强制性规定，应当认定合法有效。

其二，某钢公司主张其已进入破产重整程序，以龙某公司股权作价抵销某钢公司对闽某公司所负债务，损害了其他债权人权益。《企业破产法》第30条规定："破产申请受理时属于债务人的全部财产，以及破产申请受理后至破产程序终结前债务人取得的财产，为债务人财产。"为防止债务人不当减少责任财产而损害全体债权人利益，《企业破产法》第16条规定："人民法院受理破产申请后，债务人对个别债权人的债务清偿无效。"第31条第1款规定："人民法院受理破产申请前一年内，涉及债务人财产的下列行为，管理人有权请求人民法院予以撤销：（一）无偿转让财产的……"第 32 条规定："人民法院受理破产申请前六个月内，债务人有本法第二条第一款规定的情形，仍对个别债权人进行清偿的，管理人有权请求人民法院予以撤销。但是，个别清偿使债务人财产受益的除外。"本案一审中，伊春市中级人民法院于 2018 年 6 月 11 日裁定受理某钢公司重整申请。根据本案证据显示，某钢公司、刘某某与龙某公司于 2017 年 5 月 15 日签订的协议载明"甲方同意以龙某公司 100% 的股权及资产抵债""鉴于 2014 年 6 月 12 日双方已经办理了股权转让变更手续，双方一致确认该股权变更有效，不需要再次履行变更手续"等。可见，各方以龙某公司股权抵债的行为发生于 2017 年 5 月 15 日，而且当年年底前各方已依约完成抵债股权的价值评估。换言之，在伊春市中级人民法院受理某钢公司破产重整申请一年之前，龙某公司股权已不属于某钢公司财产，某钢公司以龙某公司股权抵债并非《企业破产法》第 16 条所指的人民法院受理破产申请后，债务人对个别债权人清偿行为，亦不属《企业破产法》第 31 条、第 32 条规定的可撤销行为。某钢公司提出的前述主张与事实不符，于法无据。

其三，闽某公司是否有权就翠某山公司 64% 股权优先受偿，某钢公司与刘某某签订的《协议书》约定："双方签订的股权转让协议的目的是以股权转让的形式保证乙方债权的实现，督促甲方按本协议的约定偿还乙方的借款。甲方应积极筹措资金偿还乙方借款，每偿还一笔借款，按还款数额相应核减乙方的持股比例。全部还清时，乙方应将受让的翠某山公司的股权份额全部转回甲方或甲方指定的公司，并配合甲方办理工商变更登记手续。"《补充协议书》再次明确，该股权转让是为了"保证乙方债权的安全和实现"、双方确认"乙方没有实质持有翠某山公司股权的意愿"。可见，双方签订股权转让协议的目的是以股权转让形式保证刘某某债权的实现，保障某钢公司按协议约定偿还借款。上述《协议书》《补充协议书》约定将某钢公司名下翠某山公司 64% 股权变更至刘某某名下，与前述以龙某公司 100% 股权提供担保为同一性质的担保，并非真正的股权转让，而是将翠某山公司 64% 股权作为对刘某某债权实现的非典型担保，即让与担保，各方对此亦不持异议。如前所述，有关让与担保的约定内容真实、自愿、合法，不具有合同无效情形，应为有效合同。某钢公司主张上述《协议书》《补充协议书》为本案各方通谋虚伪意思表示，依据《民法总则》第 146 条[①]的规定和《企业破产法》的相关规定，应属无效。《民法总则》第 146 条规定："行为人与相对人以虚假的意思表示实施的民事法律行为无效。以虚假的意思表示隐藏的民事法律行为的效力，依照有关法律规定处理。"判断是否为"以虚假的意思表示实施的民事法律行

---

① 对应《民法典》第 146 条。

为"，应当结合当事人在主合同即借款合同和从合同即让与担保合同中作出的真实意思表示，统筹作出判断。涉案各方约定将债务人或第三人股权转让给债权人的合同目的是设立担保，翠某山公司64%股权转让至刘某某（闽某公司的股权代持人）名下是为某钢公司向闽某公司的巨额借款提供担保，而非设立股权转让民事关系。对此，债权人、债务人均明知。从这一角度看，债权人、债务人的真实意思是以向债权人转让翠某山公司股权的形式为债权实现提供担保，"显现的"是转让股权，"隐藏的"是为借款提供担保而非股权转让，均为让与担保既有法律特征的有机组成部分，均是债权人、债务人的真实意思，该意思表示不存在不真实或不一致的瑕疵，也未违反法律、行政法规的效力性强制性规定。

某钢公司主张以翠某山公司股权设定的让与担保，违反物权法定、物权公示原则以及法律禁止流押、流质的规定。对此主张分析如下：

第一，根据物权和债权区分原则，物权法定原则并不能否定上述合同的效力，即使股权让与担保不具有物权效力，股权让与担保合同也不必然无效。

第二，让与担保虽非《物权法》等法律规定的有名担保，但属在法理及司法实践中得到广泛确认的非典型担保。[①]《物权法》第186条[②]规定："抵押权人在债务履行期届满前，不得与抵押人约定债务人不履行到期债务时抵押

[①]《民法典》第388条第1款规定："设立担保物权，应当依照本法和其他法律的规定订立担保合同。担保合同包括抵押合同、质押合同和其他具有担保功能的合同。担保合同是主债权债务合同的从合同。主债权债务合同无效的，担保合同无效，但是法律另有规定的除外。"该条款是为设立担保物权而订立担保合同的相关规定，其在保留《物权法》第172条规定的基础上，新增了担保合同不仅包括抵押合同、质押合同，也可以包括其他具有担保功能的合同的规定。该条款将"其他具有担保功能的合同"划入担保合同的范围，使实务中一些具有争议的担保方式如"让与担保"等能够适用《民法典》担保物权相关规定。这一规定与《民商审判会议纪要》第66条"当事人订立的具有担保功能的合同，不存在法定无效情形的，应当认定有效。虽然合同约定的权利义务关系不属于物权法规定的典型担保类型，但是其担保功能应予肯定"规定相互呼应。

[②] 对应《民法典》第401条规定："抵押权人在债务履行期限届满前，与抵押人约定债务人不履行到期债务时抵押财产归债权人所有的，只能依法就抵押财产优先受偿。"

财产归债权人所有。"第 211 条①规定："质权人在债务履行期届满前，不得与出质人约定债务人不履行到期债务时质押财产归债权人所有。"前述《物权法》禁止流押、流质的规定，旨在避免债权人乘债务人之危而滥用其优势地位，压低担保物价值，谋取不当利益。如约定担保权人负有清算义务，当债务人不履行债务时，担保权人并非当然取得担保物所有权，即不存在流押、流质问题。本案中，某钢公司与刘某某于 2015 年 8 月 13 日签订的《补充协议书》约定，如某钢公司不能还清债务，"乙方有权对外出售翠某山公司股权，出售价格以评估价格为基础下浮不超过 10%；出售股权比例变现的额度，不得超过未清偿借款本息"。可见，某钢公司与刘某某就以翠某山公司 64% 股权设定的让与担保，股权出售价格应以 "评估价格为基础下浮不超过 10%" 的清算方式变现，上述约定不违反禁止流质、流押的法律规定，应当认定上述约定有效。

闽某公司上诉主张，让与担保是已为《民间借贷规定》所认可的非典型担保，设定担保的目的在于债权人就担保标的物优先受偿。案涉翠某山公司 64% 股权已在工商部门变更登记至刘某某名下，具有物权公示作用及对抗第三人的效力，能够限制该股权转让或其他处分。故闽某公司就翠某山公司 64% 股权具有排除第三人的优先物权效力。某钢公司主张，依据物权法定原则，只有法律明确规定的物权种类，才具有法律认可和保护的物权效力，让与担保并非法律明确规定的物权种类，仅具有债权效力，不具有与法定物权同样的物权效力，不能对抗第三人，无法取得优先于其他债权人的受偿权；从合同内容看，本案双方在以该股权设定让与担保的《协议书》《补充协议书》中均未约定刘某某享有优先受偿权。闽某公司与某钢公司上述主张，实质争议焦点在于以翠某山公司 64% 股权设定的让与担保是否具有物权效力，让与担保权人是否可因此取得就该股权价值优先受偿的权利。对此，《最高人民法院关于进一步加强金融审判工作的若干意见》规定："依法认定新类型担保的法律效力，拓宽中小微企业的融资担保方式……除符合合同法第五十二条规定的合同无效情形外，应当依法认定新类型担保合同有效；符合物权法有关担保物权的规定的，还应当依法认定其物权效力……" 对于前述股权让

---

① 对应《民法典》第 428 条规定："质权人在债务履行期限届满前，与出质人约定债务人不履行到期债务时质押财产归债权人所有的，只能依法就质押财产优先受偿。"《民法典》上述对于流押、流质规定与《担保法》和《物权法》相关规定有所不同，均明确担保物权人在债务履行期限届满前，与担保人约定债务人不履行到期债务时担保财产归债权人所有的，只能依法就担保财产优先受偿，即不径直认定无效，而转化为折价、拍卖或者变卖的方式实现担保物权。

与担保是否具有物权效力,应以是否已按照物权公示原则进行公示作为核心判断标准。本案诤争的让与担保中,担保标的物为翠某山公司64%股权。《公司法》第32条第2款规定:"公司应当将股东的姓名或者名称向公司登记机关登记;登记事项发生变更的,应当办理变更登记。未经登记或者变更登记的,不得对抗第三人。"可见,公司登记机关变更登记为公司股权变更的公示方式。《物权法》第208条第1款[①]、第226条第1款[②]及第229条[③]规定,在股权质押中,质权人可就已办理出质登记的股权优先受偿。举轻以明重,在已将作为担保财产的股权变更登记到担保权人名下的股权让与担保中,担保权人形式上已成为担保标的物的股份持有者,其就担保的股权享有优先受偿的权利,更应受到保护,原则上具有对抗第三人的物权效力,这也正是股权让与担保的核心价值所在。本案中,某钢公司与刘某某于2014年6月就签订《协议书》以翠某山公司64%股权设定让与担保,并由各方协调配合已依约办妥公司股东变更登记,刘某某形式上成为该股权的受让人。因此,刘某某依约享有的担保物权优于一般债权,具有对抗某钢公司其他一般债权人的物权效力,故闽某公司主张刘某某享有就翠某山公司64%股权优先受偿的权利,应予以支持。某钢公司以让与担保非法定物权且合同当事人未约定刘某某有优先受偿权为由,否定其优先受偿主张,不应予以支持。

闽某公司主张,一审判决以《企业破产法》第16条有关禁止个别清偿的规定为由不支持其就翠某山公司64%股权优先受偿,属适用法律错误,应根据《企业破产法》第109条规定认定其享有优先受偿的权利。某钢公司则主张:只有法定担保物权人,才可依《企业破产法》第109条规定在破产程序中享有优先受偿权;如判定刘某某享有对翠某山公司64%股权的优先受偿权,将损害其他债权人利益,对某钢公司等四十家公司破产重整造成不利影响。对此分析认为,《企业破产法》第16条之所以规定人民法院受理破产申请后的个别清偿行为无效,一是在于此种个别清偿行为减少破产财产总额,二是在于此类个别清偿行为违反公平清偿原则。在当事人以股权设定让与担保并办理相应股权变更登记,且让与担保人进入破产程序时,认定让与担保权人就已设定让与担保的股权享有优先受偿权利,是让与担保法律制度的既有功能,是设立让与担保合同的目的,现翠某山公司64%股权已经变更登记至刘某某名下,刘某某就该股权享有优先受偿权利。因此,刘某某对诉争股权享有优先受偿权,不构成《企业破产法》第16条规定的个别清偿行为。根

---

① 对应《民法典》第425条第1款。
② 对应《民法典》第443条。
③ 对应《民法典》第446条。

据在案证据，尽管案涉一系列借款合同、转账协议、以翠某山公司股权设定让与担保的协议及补充协议均以刘某某名义与某钢公司等签订，但银行转账记录等相关证据显示，涉案借款均由闽某公司或其关联公司账户汇出，刘某某本人亦承认真正的权利人为闽某公司，其名下翠某山公司的股份只是为闽某公司代持。有鉴于此，在闽某公司与某钢公司之间存在真实的债权债务关系、闽某公司与刘某某之间对于股权代持关系并无争议的情况下，闽某公司主张就翠某山公司64%股权优先受偿，应予支持。

【参考裁判文书】最高人民法院（2019）最高法民终133号黑龙江闽成投资集团有限公司与西林钢铁集团有限公司、刘某某民间借贷纠纷一案民事判决书。

（五）关于股权转让纠纷虚假诉讼认定裁判说理示范

【适用情形】股权转让纠纷虚假诉讼的认定。

【说理示范】关于本案是否为虚假诉讼及一审程序是否严重违法的问题。某州控股公司上诉主张本案为虚假诉讼，因案涉股权尚未达到约定的过户条件而原告、被告双方并未形成争议，某盾公司的委托诉讼代理人由轨道公司指定并垫付本案诉讼费用，轨道公司企图强行通过转让股权方式逃避追债。某盾公司、轨道公司辩称，本案不是虚假诉讼。本院认为，某州控股公司关于本案为虚假诉讼的主张均不能成立。《最高人民法院关于防范和制裁虚假诉讼的指导意见》第1条规定："虚假诉讼一般包含以下要素：（1）以规避法律、法规或国家政策谋取非法利益为目的；（2）双方当事人存在恶意串通；（3）虚构事实；（4）借用合法的民事程序；（5）侵害国家利益、社会公共利益或者案外人的合法权益。"根据查明的事实及上述分析，本案原告某盾公司与被告轨道公司之间存在真实的股权转让交易关系，因《产权交易合同》存在履行障碍而诉请主张合同有效和股权变更登记，是利用法定程序对其民事权益进行保护的正当民事诉讼行为，不存在恶意串通以规避法律、法规或国家政策谋取非法利益或侵害国家利益、社会公共利益或者案外人合法权益的情形，显然不具备前述规定的虚假民事诉讼的基本要素。

法院在某州控股公司另案与轨道公司联营合同纠纷中冻结案涉股权，某盾公司自感《产权交易合同》的履行面临危险提起本案诉讼，虽在诉讼中案涉股权已解除冻结、轨道公司与某盾公司之间已无履行争议，但某州控股公司作为第三人参与诉讼后主张《产权交易合同》无效，一审法院对股权变更登记问题不予裁判、对《产权交易合同》效力争议进行判定并无不当，不能因某盾公司与轨道公司之间无实质争议而认定本案为虚假诉讼。如前所述，虽轨道公司与某盾公司双方之间并无实质争议，但由于第三人某州控股公的原因造成《产权交易合同》履行障碍，即合同不能及时履行非轨道公司原因，某盾公司为其合同权利尽快得到保护，即使存在帮助轨道公司寻找律师或垫付诉讼费用，亦为合理，并不非法，不能因此而认定某盾公司与轨道公司之间为虚假诉讼。某州控股公司主张轨道公司在入股经营某州铁路公司中存在责任已另案提起诉讼，不管目标公司某州铁路公司是否存在经营困难、轨道公司是否对合作股东某州控股公司负有合同责任，轨道公司作为产权人都有权对其持有的某州铁路公司股权进行处分，某州控股公司以轨道公司通过转让股权方式逃避追责为由主张本案系虚假诉讼的理由不能成立。

【参考裁判文书】最高人民法院（2020）最高法民终1253号河南中州铁路控股公司、山东海盾投资管理有限公司等股权转让纠纷一案民事判决书。

（六）关于独立请求权第三人类型界定及上诉权认定裁判说理示范

【适用情形】关于有独立请求权第三人和无独立请求权区分以及是否具有上诉权的认定和处理。

【说理示范】第一，关于某州控股公司是无独立请求权第三人还是有独立请求权第三人的问题。《民事诉讼法》第56条第1款[①]规定："对当事人双方的诉讼标的，第三人认为有独立请求权的，有权提起诉讼。"在本案一审中，某州控股公司要求参加诉讼并主张《产权交易合同》因恶意串通损害其股东优先购买权而无效，是对某盾公司、轨道公司双方的诉讼标的《产权交易合同》是否合法有效提出的独立请求权，某州控股公司参加本案诉讼属于《民事诉讼法》第56条第1款规定的有独立请求权的第三人。

第二，关于某州控股公司是否有上诉利益的问题。《公司法》第71条第3款规定："经股东同意转让的股权，在同等条件下，其他股东有优先购买权。两个以上股东主张行使优先购买权的，协商确定各自的购买比例；协商不成的，按照转让时各自的出资比例行使优先购买权。"该款规定的股东优先购买权是一项实体性的权利，某州控股公司上诉主张《产权交易合同》因恶意串通损害其股东优先购买权而无效，对其有直接的上诉利益。

第三，关于法律适用问题。《民事诉讼法司法解释》第82条规定："在一审诉讼中，无独立请求权的第三人无权提出管辖异议，无权放弃、变更诉讼请求或者申请撤诉，被判决承担民事责任的，有权提起上诉。"该款规定的被判决承担民事责任才有权提起上诉的情形是针对无独立请求权的第三人，而《民事诉讼法》第56条第1款规定的有独立请求权的第三人无论是否判处其

[①] 对应《民事诉讼法》（2021年修正）第59条第1款。

承担责任，均有权提起上诉，某盾公司、轨道公司依据该款规定以一审未判处某州控股公司承担民事责任为由主张其无上诉权，是对该款规定的错误理解和适用。

【参考裁判文书】最高人民法院（2020）最高法民终 1253 号河南中州铁路控股公司、山东海盾投资管理有限公司等股权转让纠纷一案民事判决书。

（七）关于债权人按照让与担保协议中"到期不还款时债权人有权处置股权"约定处置股权效力裁判说理示范

【适用情形】债务人到期未清偿债务，在双方约定债权人对案涉股权享有完全、直接的处置权时，债权人有权处置股权用于偿还其债权。

【说理示范】《民法典》第 436 条第 2 款、第 3 款规定："债务人不履行到期债务或者发生当事人约定的实现质权的情形，质权人可以与出质人协议以质押财产折价，也可以就拍卖、变卖质押财产所得的价款优先受偿。质押财产折价或者变卖的，应当参照市场价格。"第 437 条规定："出质人可以请求质权人在债务履行期限届满后及时行使质权；质权人不行使的，出质人可以请求人民法院拍卖、变卖质押财产。出质人请求质权人及时行使质权，因质权人怠于行使权利造成出质人损害的，由质权人承担赔偿责任。"第 438 条规定："质押财产折价或者拍卖、变卖后，其价款超过债权数额的部分归出质人所有，不足部分由债务人清偿。"案涉《协议书》约定债权人对股权享有处置权，并非约定股权所有权直接归债权人所有，符合让与担保的法律特征。《民商审判会议纪要》第 71 条规定："债务人或者第三人与债权人订立合同，约定将财产形式上转让至债权人名下，债务人到期清偿债务，债权人将该财产返还给债务人或第三人，债务人到期没有清偿债务，债权人可以对财产拍卖、变卖、折价偿还债权的，人民法院应当认定合同有效。合同如果约定债务人到期没有清偿债务，财产归债权人所有的，人民法院应当认定该部分约定无效，但不影响合同其他部分的效力。当事人根据上述合同约定，已经完成财产权利变动的公示方式转让至债权人名下，债务人到期没有清偿债务，债权人请求确认财产归其所有的，人民法院不予支持，但债权人请求参照法律关于担保物权的规定对财产拍卖、变卖、折价优先偿还其债权的，人民法院依法予以支持。债务人因到期没有清偿债务，请求对该财产拍卖、变卖、折价偿还所欠债权人合同项下债务的，人民法院亦应依法予以支持。"由此可见，债务人到期未清偿债务，在双方约定债权人对案涉股权享有完全、直接的处置权时，债权人有权处置案涉股权用于偿还其债权，符合上述会议纪要规定。

【参考裁判文书】最高人民法院（2021）最高法民申 6563 号刘某 1 与刘某 2、富民小贷公司合同纠纷一案民事裁定书。

（八）区分转让标的是房地产项目开发权还是公司股权裁判说理示范

【适用情形】运用穿透式思维判断涉案协议转让标的是相关房地产项目开发权还是公司股权。

【说理示范】首先，正某公司与万某企业、某靓物业经协商于2016年11月30日签订《合作协议》，约定双方采取股权转让的方式合作实施城市更新项目。此后，三方于2017年2月26日又通过《补充协议》约定将上述两公司的股权变更登记至世某实业、张某某和郭某某名下并实际办理了变更登记。其中，《合作协议》由翟某某、吴某某作为万某企业和某靓物业的委托代理人签名，加盖了上述两公司的公章和万某某的个人印鉴，并附有两公司的董事会决议和股东会决议，且经律师事务所律师见证，对上述协议的真实性及双方合作开发的合同目的应予肯定。但是，从上述协议签订的主体来看，分别是正某公司与万某企业、某靓物业，转让股权主体即万某企业、某靓物业的股东并未参与，不符合法律有关股权转让合同主体的规定。虽然《合作协议》的附件《董事会决议》《股东会决议》以及翟某某所签的《协议书》能够证明万某企业、某靓物业已特别授权翟某某代表其实施相关合作行为，亦同意将其股东的股权质押或转让给翟某某或其指定的第三人，但有关股权转让的法律效力已经本院（2018）粤03民终20671号民事判决认定，该判决的分析与认定已发生法律效力，应作为本案的审理依据。其次，从上述协议的内容来看，三方已明确以股权转让的方式实施合作开发某靓物业的城市更新项目，即合作开发房地产项目才是双方签订合同的目的，股权转让只是手段，三方只是将万某企业和某靓物业作为项目合作的平台，或者说双方的真实意思表示实质是转让上述项目而非股权。最后，从合同对三方权利义务的安排来看，正某公司的权利义务主要是取得项目开发的权利和便利，同时承担全部开发的责任和风险，并依约向对方支付对价，万某企业和某靓物业的主要权利义务则是让渡其名下对某靓物业所享有的土地使用权、开发权、城市更新权和物业房产等固定资产、无形资产，收取转让对价，协议并未约定该对价由其股东收取。由此可见，三方转让的标的实质上是相关房地产的使用开发权，而非两公司的股权，故本案实质上属于房地产开发经营过程中的项目转让合同纠纷，而非股权转让纠纷。

【参考裁判文书】深圳市中级人民法院（2021）粤03民终12346号正海公司与万兴企业等股权转让纠纷一案民事一审民事裁定书。

十三、关于股权转让股东出资义务履行裁判说理示范

（一）关于股东在出资期限届满前转让股权不属于《公司法司法解释（三）》第13条第2款规定"未履行或者未全面履行出资义务"情形裁判说理示范

【适用情形】一是出资期限未届满的股东未完全缴纳其出资份额，不应认定为《公司法司法解释（三）》第13条第2款规定"未履行或者未全面履行出资义务"股东。二是股东在出资期限届满前转让股权对转让前公司债务不承担出资加速到期的补充清偿责任。①

【说理示范一】关于冯某、冯某1应否承担补充责任问题。本案中，华某能公司原股东冯某、冯某1的认缴出资期限截至2025年12月31日。《公司法》第28条规定，股东应当按期足额缴纳公司章程中规定的各自所认缴的出资额。股东享有出资的"期限利益"，公司债权人在与公司进行交易时，有机会在审查公司股东出资时间等信用信息的基础上综合考察是否与公司进行交易，债权人决定交易即应受股东出资时间的约束。《公司法司法解释（三）》第13条第2款规定的"未履行或者未全面履行出资义务"应当理解为"未缴纳或未足额缴纳出资"，出资期限未届满的股东尚未完全缴纳其出资份额不应认定为"未履行或者未全面履行出资义务"。本案中，冯某、冯某1二人转让全部股权时，所认缴股权的出资期限尚未届满，不构成《公司法司法解释（三）》第13条第2款、第18条②规定的"未履行或者未全面履行出资义务即转让股权"的情形，且曾某并未举证证明其基于冯某、冯某1的意思表示或行为并对上述股东的特定出资期限产生确认或信赖，又基于上述确认或信

---

①《公司法（修订草案二次审议稿）》第88条规定："股东转让已认缴出资但未届缴资期限的股权的，由受让人承担缴纳该出资的义务；受让人未按期足额缴纳出资的，出让人对受让人未按期缴纳的出资承担补充责任。未按期足额缴纳出资或者作为出资的非货币财产的实际价额显著低于所认缴的出资额的股东转让股权的，受让人知道或者应当知道存在上述情形的，在出资不足的范围内与该股东承担连带责任。"该条修改如果得到立法确认，则出让人需对受让人未按期缴纳的出资承担补充责任。

②《公司法司法解释（三）》第18条规定："有限责任公司的股东未履行或者未全面履行出资义务即转让股权，受让人对此知道或者应当知道，公司请求该股东履行出资义务、受让人对此承担连带责任的，人民法院应予支持；公司债权人依照本规定第十三条第二款向该股东提起诉讼，同时请求前述受让人对此承担连带责任的，人民法院应予支持。受让人根据前款规定承担责任后，向该未履行或者未全面履行出资义务的股东追偿的，人民法院应予支持。但是，当事人另有约定的除外。"

赖与华某能公司产生债权债务关系。曾某主张冯某、冯某1二人在未出资本息范围内对华某能公司债务不能清偿的部分承担补充赔偿责任的实质是主张冯某、冯某1的出资加速到期，该请求没有法律依据。①

【参考裁判文书】最高人民法院（2019）最高法民终230号曾某与甘肃华慧能数字科技有限公司、冯某、冯某1股权转让合同纠纷一案民事判决书。

【说理示范二】债权人提起执行异议之诉请求追加原股东为被执行人，原股东未届出资认缴期转让股权且转让股权早于涉案债务，无须担责。

其一，关于执行异议之诉的起诉条件。《民事执行中变更、追加当事人的规定》第32条规定："被申请人或申请人对执行法院依据本规定第十四条第二款、第十七条至第二十一条规定作出的变更、追加裁定或驳回申请裁定不服的，可以自裁定书送达之日起十五日内，向执行法院提起执行异议之诉。被申请人提起执行异议之诉的，以申请人为被告。申请人提起执行异议之诉的，以被申请人为被告。"本院于2017年10月20日作出（2017）京03执异141号执行裁定书，裁定驳回边某某申请追加高某为被执行人的请求，现边某某以高某为被告于2017年11月7日提起申请执行人执行异议之诉，符合上述法律及司法解释的规定。

其二，关于原股东应否担责问题。边某某主张，根据《公司法司法解释（三）》第1条，以及第13条第1~3款的规定，高某作为正某能源公司的发起人股东，应当对该公司股东未履行或者未全面履行出资义务承担责任。《公司法司法解释（三）》第13条第1~3款规定："股东未履行或者未全面履行出资义务，公司或者其他股东请求其向公司依法全面履行出资义务的，人民法院应予支持。公司债权人请求未履行或者未全面履行出资义务的股东在未出资本息范围内对公司债务不能清偿的部分承担补充赔偿责任的，人民法院应予支持；未履行或者未全面履行出资义务的股东已经承担上述责任，其他债权

---

① 股权转让后的新债务，是指原股东转让股权后公司对外新发生的债务。在"实缴制"条件下如果股东出资不实、抽逃出资，即使原股东转让了股权，原股东也应承担补足认缴出资的责任。但是，在认缴制条件下按《民商审判会议纪要》第6条"注册资本认缴制下，股东依法享有期限利益。债权人以公司不能清偿到期债务为由，请求未届出资期限的股东在未出资范围内对公司不能清偿的债务承担补充赔偿责任的，人民法院不予支持。但是，下列情形除外：（1）公司作为被执行人的案件，人民法院穷尽执行措施无财产可供执行，已具备破产原因，但不申请破产的；（2）在公司债务产生后，公司股东（大）会决议或以其他方式延长股东出资期限的"的规定，"未履行或者未全面履行出资义务"应当理解为"未缴纳或未足额缴纳出资"，按照此理解，出资期限未届满的股东尚未完全缴纳其出资份额不应认定为"未履行或者未全面履行出资义务"。对于《民商审判会议纪要》第6条的规定，在本司法判例中得到体现。

人提出相同请求的,人民法院不予支持。股东在公司设立时未履行或者未全面履行出资义务,依照本条第一款或者第二款提起诉讼的原告,请求公司的发起人与被告股东承担连带责任的,人民法院应予支持;公司的发起人承担责任后,可以向被告股东追偿。"第18条第1款规定:"有限责任公司的股东未履行或者未全面履行出资义务即转让股权,受让人对此知道或者应当知道,公司请求该股东履行出资义务、受让人对此承担连带责任的,人民法院应予支持;公司债权人依照本规定第十三条第二款向该股东提起诉讼,同时请求前述受让人对此承担连带责任的,人民法院应予支持。"《民事执行中变更、追加当事人的规定》第19条规定:"作为被执行人的公司,财产不足以清偿生效法律文书确定的债务,其股东未依法履行出资义务即转让股权,申请执行人申请变更、追加该原股东或依公司法规定对该出资承担连带责任的发起人为被执行人,在未依法出资的范围内承担责任的,人民法院应予支持。"根据上述司法解释的规定可以看出,有限责任公司的股东在未出资本息范围内对公司债务不能清偿的部分承担责任的前提是该股东未履行或者未全面履行出资义务。对于在认缴出资期限未届满前已经转让股权的未出资股东,是否亦应当承担上述责任,应从公司法规定的公司注册资本制度予以考虑。根据《公司法》第26条、第28条的规定,有限责任公司的注册资本为在公司登记机关登记的全体股东认缴的出资额,股东应当按期足额缴纳公司章程中规定的各自所认缴的出资额。由此可知,股东出资认缴制是现行《公司法》的明文规定,股东依法分期缴纳出资的期限利益受法律保护,股东在认缴出资期限未届满前转让股权,不属于"未履行或者未全面履行出资义务"。本案中,高某认缴出资时间为2017年3月27日。2015年3月29日,高某将其持有的正某能源公司的500万元出资转让给智某中心,此时高某的认缴出资期限尚未届满,其转让行为并不属于"未履行或者未全面履行出资义务"。另外,高某与智某中心签订的《出资转让协议书》约定自转让之日起,高某作为转让方对已转让的出资不再享有出资人的权利,亦不承担出资人的义务,受让人智某中心以其出资额为限对正某能源公司享有出资人的权利、承担出资人的义务,根据该约定,高某已经将其对正某能源公司的出资义务转让给智某中心,并于2015年6月12日办理了相应的工商备案变更登记。正某能源公司就相关债务人对边某某的相关债务提供担保发生于2016年4月,此时高某已经退出正某能源公司,并办理了股权变更登记,边某某作为债权人对此亦应有所认知。本案为申请执行人执行异议之诉,在执行过程中,变更或追加执行当事人的,应当严格按照执行方面法律、司法解释的规定进行;没有明确规定可以变更或追加执行当事人的,不得变更或追加。根据本案查明情况,边某某以高某对正某能源公司未履行或者未全面履行出资义务为由请求追加高某为被执行人,缺乏事实和法律依据,不属于《民事执行中变更、追加当事人的规定》规定的应追加为被执行人的情形。

【参考裁判文书】北京市第三中级人民法院(2017)京03民初378号边某某与高某申请执行人执行异议之诉一案民事判决书。

【说理示范三】首先,谷某某转让出资的行为不构成瑕疵出资转让。适用《公司法司法解释(三)》第18条的前提应在于股东即本案谷某某向国某润能中心转让出资的行为构成瑕疵转让,而本案中正某科技公司的注册资本均采用认缴制,谷某某依法无须即时缴纳注册资金,而是结合其特定出资承诺,享有一定的履行期限,在履行期限届满前谷某某并无实际的出资义务。谷某某的认缴截止日期为2017年3月27日,其转让出资的行为发生在2015年3月29日,转让时谷某某的认缴出资期限尚未届满,不属于未履行或未完全履行出资义务,因此,不构成瑕疵转让。

其次,关于正某科技公司无财产偿还边某某的债务,谷某某应否提前承担出资加速到期的责任,应当综合考虑资本认缴制的背景、立法目的及本案的具体案情。资本认缴制的目的在于激活市场经济,促进公司健康有序发展,由此,资本认缴制赋予了股东自由权及出资宽展期,有利于激发公司的最大效能。同时,资本认缴制意味着股东对出资期限存在特定的期待利益,要求未届期满的股东承担出资义务,会导致其丧失法律赋予的期待利益。此外,对此争议问题,在规范性文件尚无明确规定的情况下,亦不应对现有法律条文进行扩张性解释,使股东实缴出资的自由期限被非诉讼方式突破,进而对股东科以义务。本案中,谷某某按照协议向润某中心转让其持有的出资股权,未违反法律、行政法规的强制性规定,符合公司章程的要求,并在工商行政管理部门登记备案,应为合法有效的转让。谷某某对外转让股权,受让人润某中心取得其持有的股权,成为正某科技公司新股东,即应全面继受原股东谷某某的权利义务。即使是在正某科技公司负债的情况下,如果不能证明股权转让过程中存在双方恶意串通,或者存在一方欺诈、故意隐瞒事实等特定情形,要求谷某某承担责任,亦缺乏法律依据。

最后,本案的特殊性在于,谷某某作为正某科技公司的股东,转让出资早于正某科技公司的债务形成时间。谷某某转让股权(出资)后,正某能源公司承诺就案涉争议的债权债务关系承担担保责任,所形成的公司债务与该公司的前股东并无关联性,若仍要求谷某某承担责任,显然有失公平。

【参考裁判文书】北京市高级人民法院(2019)京民终193号边某某与谷某某执行异议之诉一案民事判决书。

（二）公司发生对外债务后通过修改公司章程推迟股东出资时间不能对抗债权人权利主张的裁判说理示范

【适用情形】转让股东在已知债权存在的情况下修改出资时间，影响公司资本充实，损害了公司债权人基于公司章程公示的注册资本数额和缴纳期限的信赖利益，应在其未缴纳出资本息范围内承担补充赔偿责任。

【说理示范】《民事执行中变更、追加当事人的规定》第17条规定："作为被执行人的营利法人，财产不足以清偿生效法律文书确定的债务，申请执行人申请变更、追加未缴纳或未足额缴纳出资的股东、出资人或依公司法规定对该出资承担连带责任的发起人为被执行人，在尚未缴纳出资的范围内依法承担责任的，人民法院应予支持。"第19条规定："作为被执行人的公司，财产不足以清偿生效法律文书确定的债务，其股东未依法履行出资义务即转让股权，申请执行人申请变更、追加该原股东或依公司法规定对该出资承担连带责任的发起人为被执行人，在未依法出资的范围内承担责任的，人民法院应予支持。"本案中，北菜某科公司于2016年11月7日注册成立，为有限责任公司。根据公司章程的规定，北菜某科公司的原股东某篮子配送公司认缴出资100万元、北某投资公司认缴出资450万元、某和公司认缴出资450万元，首期出资应于在公司取得营业执照后60个工作日内到位，第二期出资应于2017年6月30日前缴付完毕，但某篮子配送公司、北某投资公司、某和公司均未按照认缴期限缴纳出资款，未依法出资的数额分别为100万元、450万元、450万元。其后，北某投资公司、某和公司将其股权转让给某篮子配送公司，属于未依法履行出资义务即转让股权，应当在未依法出资范围内承担责任。根据《公司法司法解释（三）》第13条第2款的规定，某篮子配送公司、北某投资公司、某和公司应当在其未出资本息范围内对公司债务不能清偿的部分承担补充赔偿责任。北某投资公司、某和公司将其股权转让给某篮子配送公司后，某篮子配送公司为北菜某科公司唯一股东，其通过股东决议修改公司章程，将出资时间变更为2018年1月10日，该期限届满后，某篮子配送公司仍未实际缴纳出资，而是修改公司章程，将出资时间推迟至2035年4月20日。某篮子配送公司在已知债权存在的情况下修改出资时间，影响公司资本充实，损害了公司债权人基于其公司章程公示的注册资本数额和缴纳期限的信赖利益。其后，某篮子配送公司将其全部股权转让给齐某某，亦属于未依法履行出资义务即转让股权。需要说明的是，对于某篮子配送公司未足额出资的数额，电缆厂主张为1000万元。但某篮子配送公司原认缴资本金仅为100万元，其余900万元股权为其受让所得。《民事执行中变更、追加当事人的规定》第19条并未规定受让人可被追加为被执行人，且在本案中，电缆厂未主张某篮子配送公司作为股权受让人应承担的相关责任，因此，某篮子配送公司对北菜某科公司债务不能清偿的部分承担补充赔偿责任的范围应限于其未缴纳出资 100 万元的本息。对于电缆厂过高的诉讼请求，一审法院不予支持。

【参考裁判文书】北京市高级人民法院（2020）京 02 民终 197 号威视泰和信息技术（北京）有限公司等与北京市重型电缆厂申请执行人执行异议之诉一案民事判决书。

（三）关于存在瑕疵出资或抽逃出资行为的原股东与非善意受让方股东对公司负出资义务的裁判说理示范

【适用情形】一是存在瑕疵出资（逾期出资、虚假出资）或抽逃出资行为的股东不因股权转让行为而免除出资义务。二是受让方股东明知转让方股东存在瑕疵出资（逾期出资、虚假出资）或抽逃出资行为，仍受让股权，应对原股东出资义务承担连带责任。

【说理示范一】《公司法司法解释（三）》第 13 条第 1~3 款规定："股东未履行或者未全面履行出资义务，公司或者其他股东请求其向公司依法全面履行出资义务的，人民法院应予支持。公司债权人请求未履行或者未全面履行出资义务的股东在未出资本息范围内对公司债务不能清偿的部分承担补充赔偿责任的，人民法院应予支持；未履行或者未全面履行出资义务的股东已经承担上述责任，其他债权人提出相同请求的，人民法院不予支持。股东在公司设立时未履行或者未全面履行出资义务，依照本条第一款或者第二款提起诉讼的原告，请求公司的发起人与被告股东承担连带责任的，人民法院应予支持；公司的发起人承担责任后，可以向被告股东追偿。"第 18 条第 1 款规定："有限责任公司的股东未履行或者未全面履行出资义务即转让股权，受让人对此知道或者应当知道，公司请求该股东履行出资义务、受让人对此承担连带责任的，人民法院应予支持；公司债权人依照本规定第十三条第二款向该股东提起诉讼，同时请求前述受让人对此承担连带责任的，人民法院应予支持。"根据上述规定，公司股东应当按期足额缴纳公司章程中规定的认缴出资额，否则，即便其已将股权转让，仍应因其瑕疵出资（逾期出资、虚假出资）或抽逃出资行为对公司承担出资义务。受让股东明知转让股东存在瑕疵出资（逾期出资、虚假出资）或抽逃出资行为仍受让股权的，应对原股东出资义务承担连带责任。

【说理示范二】未全面履行出资义务即转让其股权的股东，应向公司承担补齐出资的民事责任，该责任不因股权转让行为而免除。

《公司法》第 28 条规定："股东应当按期足额缴纳公司章程中规定的各自

所认缴的出资额。股东以货币出资的，应当将货币出资足额存入有限责任公司在银行开设的账户；以非货币财产出资的，应当依法办理其财产权的转移手续。股东不按照前款规定缴纳出资的，除应当向公司足额缴纳外，还应当向已按期足额缴纳出资的股东承担违约责任。"依法全面向公司履行出资义务是公司股东对公司的法定义务，未全面履行出资义务即转让股权的股东，其出资义务不因股权转让而消灭。本案中，标的公司章程明确规定股权转让方认缴出资额为×万元，虽然公司设立验资报告中记载股权转让方已全部出资到位，但根据查明的事实，股权转让方实际出资少于其认缴出资额。标的公司依公司章程约定，请求股权转让方履行剩余出资义务，符合法律规定，依法应予支持。

十四、关于涉外股权转让合同纠纷准据法适用的裁判说理示范

【适用情形】涉外股权转让纠纷准据法确定。

【说理示范】本案股权转让方/受让方为外国籍公司，本案属于涉外民事纠纷。关于法律适用问题中的程序法问题，根据《民事诉讼法》第266条的规定，本案适用《民事诉讼法》第四编关于涉外民事诉讼程序的特别规定以及该法其他有关规定进行审理。关于法律适用问题中的准据法适用问题，依据《涉外民事关系法律适用法》第2条、第41条的规定，该法和其他法律对涉外民事关系法律适用没有规定的，适用与该涉外民事关系有最密切联系的法律，当事人可以协议选择合同适用的法律，当事人没有选择的，适用履行义务最能体现该合同特征的一方当事人经常居所地法律或者其他与该合同有最密切联系的法律。案涉《股权转让协议书》的合同签订地、履行地、合同标的、合同签订双方均在中华人民共和国，本案被告应诉答辩亦援引了中华人民共和国法律，故本案应适用中华人民共和国法律作为处理本案争议的准据法。

第五节 判决主文规范表述

裁判文书主文即裁判结果，是人民法院针对当事人诉讼请求依法审理，根据认定的事实和援引的法律，对当事人之间权利义务关系作出的实体性处理决定。司法裁判的主要功能和目的在于依法分配利益，解决纠纷，保护当

事人的民事权益。裁判主文是人民法院整个裁判的落脚点和文书最重要的核心内容，依法、正确、规范地表述判决主文非常必要。

根据最高人民法院《人民法院民事裁判文书制作规范》裁判主文部分要求，民事裁判文书主文应当符合下列要求：（1）裁判主文中当事人名称应当使用全称；（2）裁判主文内容必须明确、具体、便于执行；（3）多名当事人承担责任的，应当写明各当事人承担责任的形式、范围；（4）有多项给付内容的，应当先写明各项目的名称、金额，再写明累计金额；（5）当事人互负给付义务且内容相同的，应当另起一段写明抵付情况；（6）对于金钱给付的利息，应当明确利息计算的起止点、计息本金及利率；（7）一审判决未明确履行期限的，二审判决应当予以纠正。判决承担利息，当事人提出具体请求数额的，二审法院可以根据当事人请求的数额作出相应判决，当事人没有提出具体请求数额的，可以表述为"按×利率，自×年×月×日起计算至×年×月×日止"。

结合审判实践和上述规定，民事裁判文书主文表述应当遵循以下三项规则：一是以当事人诉讼请求为基础。裁判主文应对应当事人的诉讼请求确定权利义务内容，体现当事人意思自治原则和"不告不理"原则，按照不同的诉因，根据确认之诉、变更之诉或给付之诉不同类型，正确加以表述；应对当事人所有诉讼请求（包括反诉请求）作出支持、部分支持或者不予支持的明确结论，既不遗漏也不超出当事人请求范围。二是主文表述合法，语言规范，逻辑严密。主文表述应与文书的事实、说理部分内在逻辑一致；准确把握和使用法律文字和专门术语（如无效、撤销、未生效、解除、终止等），保证表述的准确与严谨，应避免夸张、主观或暗示性的词句，做到准确无误、简洁精练、严谨周密。三是主文内容简洁精练，明确具体，没有歧义，便于执行。除非出于技术原因不可避免时才考虑将裁判理由引入裁判主文，一般不应赘上冗长的计算方法或属于判决理由的内容。主文语意应当确定无疑，只能作单一解释，便于当事人和执行人员理解和执行，不得产生歧义，如给付内容应当写明交付标的物名称、数量或数额、给付时间和给付方式；如给付财物品种、款项往来交易众多，可另附详情清单，作为判决书附件；对利息、违约金、损害赔偿金等难以确定具体金额的，应当写明包含本金、计付标准和起止日的计算方法等。

一、支持办理股权变更登记手续的规范表述

根据《公司法》第32条第1款、第2款的规定："有限责任公司应当置备股东名册，记载下列事项：（一）股东的姓名或者名称及住所；（二）股东

的出资额；（三）出资证明书编号。记载于股东名册的股东，可以依股东名册主张行使股东权利。"受让人通过有效的股权转让合同取得股权后，有权要求公司进行股东变更登记。公司根据《公司法》及其章程规定进行审查，经审查股权转让符合规定，同意将受让人登记于股东名册后，受让人才取得公司股权，成为公司认可的股东，这是所谓的"股权变更"。股东名册仅仅是公司内部资料，不具有对世性，只有在公司依照《市场主体登记管理条例》规定到工商管理部门完成股东变更登记后，股东才因宣示性的登记取得对抗第三人的法律效果，这就是"股权变更登记"。上述股权变更与股权变更登记两个不同的法定程序均需要在转让方与目标公司参与和配合下才能完成。对此问题判决主文有以下几种规范表述方式：

1. 被告 B（转让方股东）、第三人/被告 C（目标公司）应于本判决生效之日起 × 日（一般是三十日）内将登记在被告 B 名下的第三人/被告 C（目标公司）×% 的股权变更登记至原告 A 名下。

2. 被告 B（转让方股东）应于本判决生效后 × 日（一般是三十日）内协助原告 A 与第三人/被告 C（目标公司）办理股权登记变更手续。

3. 被告 B（转让方股东）应于本判决生效之日起 × 日（一般是三十日）内将登记在被告 B 名下的第三人/被告 C（目标公司）× % 的股权转移至原告 A 名下，第三人/被告 C（目标公司）应协助办理变更登记。

二、股权转让确认无效后办理股权回转登记的规范表述

根据《民法典》的规定，合同无效或者被撤销后，因该合同取得的财产，应当予以返还，不能返还或者没有必要返还的，应当折价补偿。有过错的一方应当赔偿对方因此所受到的损失，双方都有过错的，应当各自承担相应的责任。就股权转让合同被确认无效或者撤销之后的返还财产而言，无论是转让方，还是受让方，都应将其从对方处取得的财产予以返还，从而将合同双方当事人之间的利益关系恢复到无效合同缔结前的原状。就受让方而言，其有义务将其依据无效或被撤销的股权转让合同所取得的股权返还给转让方。公司有义务协助转让方办理股权回转的相关手续（如修改章程、变更股东名册、前往公司登记机关办理股东变更登记）。对此问题判决主文规范表述方式如下：

1. 股权受让方 B 应于本判决生效之日起 × 日（一般是三十日）内将登记在其名下的第三人/被告 C（目标公司）股权（对应出资额为 × 元，股权比例为 ×%）恢复登记至股权转让方 A 名下，第三人/被告 C（目标公司）应配合办理上述变更登记（能明确对应出资额情形时使用）。

2. 股权受让方 B 应于本判决生效之日起 × 日（一般是三十日）内将登

记在其名下的第三人/被告 C（目标公司）×% 股权恢复登记至股权转让方 A 名下，第三人/被告 C（目标公司）应配合办理上述变更登记（不能明确对应出资额情形时使用）。

三、支持其他股东优先购买权的规范表述

对于被侵犯优先购买权的股东，法院在判决主文中如何支持，司法实践做法不一，不同做法将导致股权最终归属的差异。实践中主要有以下几种做法：

1. 原告 A（标的公司其他股东）对被告 B（股权转让方）与第三人/被告 C（股权受让方）转让的第三人/被告 D（标的公司）的股权享有优先购买权；原告 A（标的公司其他股东）应当在本判决生效之日起 × 日（一般是三十日）内行使优先购买权，否则视为放弃；原告 A（标的公司其他股东）优先购买权的行使内容、条件，与被告 B（股权转让方）与第三人/被告 C（股权受让方）签订的股权转让合同相同。[①]

2. 原告 A（标的公司其他股东）对被告 B（股权转让方）与第三人/被告 C（股权受让方）转让的第三人/被告 D（标的公司）的股权享有优先购买权，优先购买条件为股权转让价款 × 元，原告 A（标的公司其他股东）在本判决生效之日起 × 日（一般是三十日）内支付给被告 B（股权转让方）。[②]

3. 原告 A（标的公司其他股东）对被告 B（股权转让方）转让给第三人/被告 C（股权受让方）标的公司股权享有按 × 元受让的优先购买权。[③]

4. 原告 A（标的公司其他股东）对被告 B（股权转让方）向第三人/被告 C（股权受让方）转让的标的公司股权享有同等条件下的优先购买权；标的公司应于本判决发生法律效力之日起 10 日内将第三人/被告 C（股权受让方）持有的标的公司股权变更至原告 A（标的公司其他股东）名下，第三人/被告 C（股权受让方）应予以协助。

对比上述实践中的不同表述方式，考虑股东优先购买权的立法目的，并非为了保障标的公司其他股东获得拟转让的股权，而是为了保障公司内部股东关系的稳定性，维护公司人合性。因此，就立法目的解释论而言，保护优

[①] 参见上海市第二中级人民法院（2014）沪二中民四（商）终字第 1566 号中某实业公司诉上海电某公司等股权转让纠纷一案二审民事判决书。

[②] 参见江门市江海区人民法院（2020）粤 0704 民初 1004 号柯某某与冯某某、区某某股权转让纠纷一案一审民事判决书。

[③] 参见广东省深圳市中级人民法院（2018）粤 03 民终 18499 号陈某与左某某、深圳市红某股权投资基金管理有限公司财产损害赔偿纠纷一案二审民事裁定书。

先购买权应当支持股权转让的阻断力,而非直接的强制力。同时,鉴于实务中不乏优先购买权保护的股东事后放弃优先购买权的情形,因此,上述第1种表述方法无疑最为妥当和规范。

股权转让纠纷判决主文规范表述汇总见表1。

表1 股权转让纠纷判决主文规范表述

裁判类型	裁判事项		裁判主文
合同效力	确认合同无效		确认原告A与被告B于×年×月×日签订的股权转让合同无效
	确认合同部分无效		确认原告A与被告B于×年×月×日签订的股权转让合同中第×条/关于×的约定内容无效
	撤销合同		撤销原告A与被告B于×年×月×日签订的关于转让标的公司×%股权的股权转让合同
	合同不成立		确认原告A与被告B于×年×月×日签订的关于转让标的公司×%股权的股权转让合同不成立
合同履行	金钱给付	支付股权转让款	被告B(股权受让方)应于本判决生效之日起×日内支付原告A(股权转让方)股权转让款×元
		返还股权转让款	被告B(股权转让方)应于本判决生效之日起×日内返还原告A(股权受让方)股权转让款×元
		支付利息损失	1. 被告B应于本判决生效之日起×日内偿付原告A利息损失×元; 2. 被告B应于本判决生效之日起×日内偿付原告自×年×月×日起至实际清偿日止的利息损失〔以×元为基数,按同期全国银行间同业拆借中心公布的早期贷款市场报价利率(LPR)计算〕
		支付违约金	被告B应于本判决生效之日起×日内偿付原告A违约金×元
		赔偿其他损失	被告B应于本判决生效之日起×日内偿付原告A损失×元

续表

裁判类型	裁判事项		裁判主文
合同履行	物品给付	移交证照、印鉴、账册	被告B应于本判决生效之日起×日将第三人/被告C（目标公司）的证照、印鉴、账册移交给原告A（种类较多无须列举的，可注明详见判决书附表）
		返还证照、印鉴、账册	被告B应于本判决生效之日起×日内将第三人/被告C（目标公司）的证照、印鉴、账册返还给原告A（返还品种较多无须列举的，可标注详见判决书附表）
	股权变更	办理股权登记	1.被告B（转让方股东）、第三人/被告C（目标公司）应于本判决生效之日起×日（一般是三十日）内将登记在被告B名下的第三人/被告C（目标公司）×%的股权变更登记至原告A名下； 2.被告B（转让方股东）应于本判决生效后×日（一般是三十日）内协助原告A与第三人/被告C（目标公司）办理股权登记变更手续； 3.被告B（转让方股东）应于本判决生效之日起×日（一般是三十日）内将登记在被告B名下的第三人/被告C（目标公司）×%的股权转移至原告A名下，第三人/被告C（目标公司）应协助办理变更登记
		恢复股权登记	1.股权受让方B应于本判决生效之日起×日（一般是三十日）内将登记在其名下的第三人/被告C（目标公司）股权（对应出资额为×元，股权比例为×%）恢复登记至股权转让方A名下，第三人/被告C（目标公司）应配合办理上述变更登记（能明确对应出资额情形时使用）； 2.股权受让方B应于本判决生效之日起×日（一般是三十日）内将登记在其名下的第三人/被告C（目标公司）×%股权恢复登记至股权转让方A名下，第三人/被告C（目标公司）应配合办理上述变更登记（不能明确对应出资额情形时使用）

续表

裁判类型	裁判事项	裁判主文
合同解除	请求解除合同	原告A与被告B于×年×月×日签订的股权转让合同于×年×月×日起（诉状副本送达之日）解除
	确认合同解除	确认原告A与被告B于×年×月×日签订的股权转让合同自×年×月×日起（解除通知到达之日）解除
特殊类型纠纷审查	支持股东优先购买权	原告A（标的公司其他股东）对被告B（股权转让方）与被告C（股权受让方）转让的第三人/被告D（标的公司）的股权享有优先购买权；原告A（标的公司其他股东）应当在本判决生效之日起×日（一般是三十日）内行使优先购买权，否则视为放弃；原告A（标的公司其他股东）优先购买权的行使内容、条件，与被告B（股权转让方）与被告C（股权受让方）签订的股权转让合同相同
	股权遗赠	确认原告A（受遗赠人）继承取得B（遗赠人）在被告C（目标公司）的×%股权，由被告C于本判决生效后×日内将上述股权变更登记至原告A名下

第二章
估值调整协议纠纷

第一节 类型纠纷审判概述

一、估值调整协议概述

（一）估值调整协议的内涵

估值调整协议，实践中俗称"对赌协议"，是源自私募股权投资领域的创新性金融工具。"对赌协议"进入国内大众的视野，始于"蒙牛乳业"与摩根士丹利等境外投资机构之间一项依业绩调整股权比例的交易安排。2003年，摩根士丹利等投资机构投资"蒙牛乳业"，为使预期增值的目标能够兑现，投资方与"蒙牛乳业"管理层签订业绩对赌协议，约定如果2003年至2006年"蒙牛乳业"的复合年增长率低于50%，公司管理层将补偿投资方6000万至7000万股的上市公司股份；如果业绩增长达到目标，投资方将以自己的相应股份奖励给"蒙牛乳业"管理层。2004年6月，"蒙牛乳业"业绩增长达到预期目标，投资方的投资利益得以实现，"蒙牛乳业"管理层的股份奖励也得以兑现，双方实现共赢，"蒙牛乳业"获得快速成长。此后，诸多企业纷纷效仿"蒙牛乳业"签订对赌协议，以期快速发展，"对赌协议"一时在投资领域引发热议。

关于"对赌协议"，学者认为有三种不同口径的理解：一是最狭义的口径，仅指初始投资的作价调整条款，即以特定时间后公司的业绩为标准调整投资方的投资；二是中等口径的解读，包括初始投资作价补偿条款以及投资者退出时的股权回购条款；三是最广义的口径，涵盖了投融资双方就未来不确定情形所约定的对投资方或者融资方的补偿条款。[1] 最高人民法院在《民商审判会议纪要》相关条款的阐述中，首次从司法层面对估值调整协议加以定义：实践中俗称的对赌协议，又称估值调整协议，是指投资方与融资方在达成股权性融资协议时，为解决交易双方对目标公司未来发展的不确定性、信息不对称以及代理成本而设计的包含了股权回购、金钱补偿等对未来目标公

---

[1] 关于"对赌协议"的三种解读口径，详见刘燕：《对赌协议与公司法资本管制：美国实践及其启示》，载《环球法律评论》2016年第3期。

司的估值进行调整的协议。[①] 最高人民法院对于估值调整协议的定义最接近于中等解读口径。

（二）估值调整协议的性质

估值调整协议并未规定于原《合同法》及《民法典》的典型合同类别中，可视为一种无名合同。估值调整协议产生的原因在于投资的未来不确定性，投资方与融资方在达成股权性融资协议时，限于当时的条件，无法准确判断目标公司价值（主要体现为股权价值），故需要在未来某个时点对目标公司价值进行重新评估，从而对各方利益进行重新调整，以达到平衡投融资双方利益的目的。关于估值调整协议的性质，学界的观点可大致分为"射幸合同说""附条件合同说""担保说""期权说"及"综合说"等。"射幸合同说"认为，对赌协议的特征与射幸合同的特征是最相接近的，对赌协议在签订时，也无法预测将来之业绩，因此认为射幸合同最能概括对赌协议之本质特征；"附条件合同说"认为，对赌协议契合附条件合同的构成，附条件合同是针对未来发生、不确定的特点与对赌协议将来内容效果不确定相吻合；"担保合同说"认为，对赌协议存在担保功能，即在缔结对赌协议时会对将来目标公司的业绩进行约定，若未达约定之业绩，融资方可能需高价回购或现金赔偿，投资方以投资额换取一部分股权，此项股权意在对投资方进行一项担保；"期权合同说"认为，对赌协议在某种意义上类似于期权合同；"综合说"认为，应结合各种学说对其定性，对赌协议不是纯粹民法领域的问题，其主要使用在商事交易领域当中，因此也应考虑商事领域的特殊性。[②] 因估值调整协议具有对未来不确定的事项进行预期和约定的特点，主流观点认为估值调整协议在性质上属于射幸合同。但也有观点认为，对赌协议与我国合同法所列举的合同类型难以契合，既非射幸合同，也非附条件合同，更非借贷合同或是担保合同，因触发条件实现是否具有确定性问题存在差异，也无法归入期权合同的范畴，应属于"无名合同"。[③]

我们认为，一方面，估值调整协议是商事主体为排除投资之未来不确定性而创设的金融工具，司法审查中应充分尊重当事人意思自治。在目前关于估值调整协议的性质并无定论的情况下，司法实践中无须急于对估值调整协议进行定性，现阶段宜将估值调整协议作为一种非典型合同或无名合同进行

[①] 最高人民法院民事审判第二庭编著：《〈全国法院民商事审判工作会议纪要〉理解与适用》，人民法院出版社2019年版，第112页。

[②] 关于各种学说的综述，详见张彬彬：《"对赌协议"的法律性质及效力研究》，载《安徽警官职业学院学报》2019年第5期。

[③] 余冬梅：《对赌协议的法律性质与效力探析》，载《法制与社会》2019年第7期。

审查，回归协议内容本身，以免产生思维定式。另一方面，虽然目前对于估值调整协议的性质尚未有明确定性，但不妨碍在司法实践中寻求类推适用的路径，即适用与其性质最接近的相关法律规则。估值调整协议关系最基本的特征是在触发对赌条款的情况下，一方当事人需向对方履行金钱补偿、股权补偿或股权回购等合同义务，司法实践中各方争议的核心通常为是否触发利益补偿的条件。因此，该种约定实质为附履行条件的金钱给付股权转让或者公司收购股权，故估值调整协议在性质上最接近于附条件履行的合同，在审理估值调整协议纠纷时，可适用附履行条件合同的相关法律规则。

（三）估值调整协议的基本运作机制

一般而言，估值调整协议包括"估值"和"调整"两个机制。就"估值机制"而言，投资方投资目标公司前须对公司进行估值，以确定投资价格。"私募股权投资通常采用的估值方法是市场法，也称之为市盈率法或收益倍数法，即目标公司股权价值等于目标公司预计未来一定年度的每股收益乘以一定的倍数即市盈率，也可称之为基于收益的溢价倍数。在这种情况下，股权估值取决于两个变量因素，即未来每股收益（对应的是目标公司的整体盈利）情况和市盈率即溢价倍数（取决于未来成长性预期及谈判博弈）。"[1]因目标公司未来盈利情况是一个不确定的因素，且投融资双方对此认识往往存在偏差，"为了弥合投资交易双方的这种心态差异，提高交易达成的效率，并尽可能地实现双方的利益平衡，实践中就出现了估值调整安排"，[2]此即"调整机制"。"调整机制"的原理是，投融资双方事先确定一个衡量估值的基准点，一般表现为融资方对目标公司未来一定期限内的业绩承诺或者上市承诺。如果未来目标公司达到这个基准点（即目标公司完成业绩承诺或者成功上市），说明双方最初的估值"准确"，投资方的投资价格与目标公司的价值相当；如果达不到这个基准点，则说明最初的估值"不准确"，投资价格偏低或者偏高，需要根据偏离情况对投资方超出或不足的股权份额或资金投入进行"多退少补"的调整，或者通过原股东回购股权的方式使投资方"退出"该次投资。

通过上述"估值"和"调整"两个机制，投融资双方得以尽快消除对于未来不确定性的顾虑，提高交易效率，兼顾交易公平。两种机制的有效结合能更好地鼓励交易，促进资本市场中资金的流通。

---

[1] 陶修明：《投资对赌协议纠纷裁判处理的定性和定量问题分析》，载《北京仲裁》2020年第1期。

[2] 陶修明：《投资对赌协议纠纷裁判处理的定性和定量问题分析》，载《北京仲裁》2020年第1期。

（四）估值调整协议的主要类型

实务中最常见的估值调整协议为 PE/VC 领域[①]中的对赌安排，PE/VC 投资过程中的对赌也是引发争议最多的对赌类型。因此，本章主要针对 PE/VC 投资过程中的对赌进行讨论。[②]以 PE/VC 投资中的对赌为例，其分类情况大致如下。

1. 以对赌主体分类

根据对赌主体的不同，估值调整协议可区分为以下常见类型：（1）投资方与目标公司对赌；（2）投资方与目标公司的股东、实际控制人或管理层对赌；（3）投资方与目标公司及其股东、实际控制人或管理层同时对赌。

2. 以对赌条件（对象）分类

根据对赌条件的不同，估值调整协议可区分为以下类型：

（1）对赌财务业绩指标类型。财务业绩指标包括目标公司某一时段的净利润数、业绩增长率等。例如，"蒙牛乳业"的对赌条件是自 2003 年起未来三年的复合年增长率是否低于 50%；"太子奶集团"的对赌条件是在收到投资方 7300 万美元投资后的前三年业绩增长是否超过 50%；"海富案"中的对赌条件是目标公司 2008 年净利润不低于 3000 万元等。

（2）对赌非财务业绩指标类型。非财务业绩指标包括目标公司的上市时间、客户拥有量（如网络公司活跃客户的增长数量）、管理层锁定（即投资方对某一个或多个管理层的留任作出特殊要求，并作为调整投资条件的要件）、新投资方引进、其他非财务业绩指标（如技术研发企业的技术实现阶段、连锁企业的店面数量等）。

3. 以对赌标的（工具）分类

根据对赌条件触发后采用的估值调整工具不同，估值调整协议可区分为

[①] PE（Private Equity）投资即私募股权投资，是指通过私募基金对非上市公司进行权益性投资；VC（Venture Capital）即风险投资，是指风险投资公司向初创企业（一般是高新技术产业）提供资金支持并获得股权的投资方式。

[②] 除 PE/VC 领域外，《上市公司重大资产重组管理办法》规定了上市公司购买资产过程中交易对方应当与上市公司就相关资产实际盈利数不足利润预测数的情况签订补偿协议；对于发行人原签订的对赌协议在 IPO（Initial Public Offerings，即首次公开发行股票并上市）业务过程中如何处理，证监会也有相关的监管规定。针对上市公司监管的特殊性，本章将上市公司资产重组以及"首发业务"相关的对赌协议在第三节"实务难点"中进行研讨。

以下类型：[1]

（1）现金补偿型，主要约定目标公司未能实现对赌条件时，目标公司或者其股东、实际控制人向投资方支付一定金额的现金补偿，如目标公司实现对赌条件，则由投资方向目标公司或者其股东、实际控制人给予现金奖励。实务中常见的现金补偿数额基本计算方式为：投资方投资金额－当年度审计净利润×当年对应PE×投资方持股比例，其中当年对应PE＝本次投资后估值÷公司承诺当年净利润。

（2）股权回购型，主要约定目标公司未能实现对赌条件时，由目标公司或者其股东、实际控制人按一定比例溢价回购投资方持有的全部股权。实务中常见的股权回购价格的基本计算方式为投资方投资金额×（1+N）÷365天×投资天数，其中N为约定的溢价回购的年化利率。

（3）股权补偿型，包括投资方与目标公司股东、实际控制人之间的股权调整（转让）和目标公司向投资方的定向增资。前者主要约定目标公司未能实现对赌条件时，目标公司股东或实际控制人将以无偿或者象征性价格将一部分股权转让给投资方；如目标公司实现对赌条件，则由投资方以无偿或者象征性价格将一部分股权转让给目标公司股东或实际控制人。后者主要约定目标公司未能实现对赌条件时，目标公司将以极低价格向投资方增发一部分股权，以稀释目标公司管理层股东的股权比例，增加投资方在目标公司内部的权益比例，故后者在业界也被称为股权稀释型。实务中常见的股权补偿数额计算方式为：[投资方投资金额÷（当年度审计净利润×当年对应PE）]×100%－投资方持股比例，其中当年对应PE＝本次投资后估值÷公司承诺当年净利润。

（4）股权激励型，主要约定目标公司实现对赌条件时，投资方将无偿或者以象征性价格转让一部分股权给企业管理层作为奖励。例如，"蒙牛乳业"对赌协议中，各方约定如果实现约定的业绩增长目标，则投资方向"蒙牛乳业"管理层奖励相应的股份。

（5）股权优先型，主要约定目标公司未能实现对赌条件时，投资方将获得优先于其他股东的权利，如利润优先分配权、清算优先权或者优先于其他股东的表决权等。

（6）其他估值调整工具。实务中还存在其他估值调整工具，例如，投票权调整，即约定符合条件时，对投资方或者目标公司股东、实际控制人的投票权给予特别优待或限制；公司治理席位调整，即约定符合条件时，对目标

---

[1]《一文读懂〈对赌协议〉、九大注意事项与五大案例》，载微信公众号"股权投资论坛"，2021年11月29日。

公司的董事、高级管理人员等加以调整，以转变公司治理结构等。

实践中，上述对赌工具有单向适用情形，即只约定在目标公司未完成对赌条件时融资方向投资方进行利益补偿。同时，也有双向适用情形，即不仅约定融资方在目标公司未实现对赌条件时补偿投资方，还约定在目标公司实现对赌条件时投资方给予融资方奖励。此外，对赌工具既有单独适用情形，也有同时约定两个以上对赌工具的情形。因实践中最常见的对赌工具为股权回购、现金补偿以及股权补偿，故本章在讨论估值调整协议纠纷的相关问题时，也主要结合上述三种对赌类型进行讨论。

（五）估值调整协议的制度价值及限制性

尽管"对赌协议"自出现在国内投资领域以来就引起业界的诸多争议，但"对赌"作为一种排除投资之未来不确定性的机制，近年来已广泛运用于 PE/VC 投资、上市公司重大资产重组、中国企业海外并购等投资领域，[1] 成为投融资与企业估价中最常见的交易安排。而估值调整协议的实操结果也是"几家欢乐几家愁"，既有像"蒙牛乳业"对赌成功、投资方与融资方皆大欢喜的实例，也有像"永乐电器"对赌失败、最终以退市惨淡收场的实例。资本市场的跌宕起伏也引发了学术界关于估值调整协议的效力、性质、制度价值等持续不断的争议。虽然《民商审判会议纪要》已经从司法层面对估值调整协议的效力明确地予以肯定，但针对估值调整协议的争议并未消弭。这些纠纷一旦进入司法领域，就要求法院在司法审查中对于估值调整协议的制度价值有较为客观公正的认识，以形成公平、合理、恰当的裁判思路，妥善处理估值调整协议纠纷。

就制度价值而言，"对赌协议与成长型企业联系紧密，其产生之初，旨在破解成长型企业的估值困境。对赌协议的运用，为具有资金优势的创投人和具有资金需求的创业人找到了完美的契合点。"[2] 对赌协议被创制之初的用意是十分明确的：首先，通过运用对赌协议降低投融资双方因信息不对称而可能引发的风险；其次，通过运用对赌协议更有效地激励目标公司实际控制人；最后，通过运用对赌协议增强新老股东之间的信任。[3] 目前，伴随着资本市场中估值调整机制的不断成熟、完善，市场开放程度的提高以及各方对估值调

---

[1] 刘燕：《"对赌协议"的裁判路径及政策选择——基于 PE/VC 与公司对赌场景的分析》，载《法学研究》2020 年第 2 期。

[2] 赵忠奎：《对赌协议效力认定路径的偏失与矫正》，载《经济法论坛》2016 年第 2 期。

[3] 赵忠奎：《对赌协议效力认定路径的偏失与矫正》，载《经济法论坛》2016 年第 2 期。

整协议认识的深入,对于估值调整协议的制度价值,"学界和实务界都达到了少见的高度一致和广泛认识:(1)相对地调整和平衡融资双方投资信息的不对称;(2)是有效解决投资方投资后管理的无奈之举;(3)是促进和保障目标公司经营管理的重要激励措施"。[1]

当然,作为一种为排除投资之未来不确定性的金融工具,估值调整协议的弊端或者说制度限制性也是显而易见的。对于投资方而言,如果过度依赖估值调整协议来控制投资风险,而忽视了必要的项目筛选、尽职调查、合同谈判等风控措施,即使最终触发了对赌条款,其可以主张现金补偿、股权回购等利益补偿措施,但仍然会面临补偿义务方欠缺清偿能力、对赌协议成为一纸空文的风险。或者投资方虽获得原股东的股权补偿,但其与原股东的关系可能由此恶化,而在缺少创始人股东、管理层股东配合的情况下,目标公司未来的发展空间终究有限,投资方的利益将得不到保障,投资目的最终落空。对于融资方而言,估值调整协议的弊端体现在:(1)风险巨大,为了获得风险资本的支持,企业以牺牲其所有权、控制权以及收益权的风险作为代价。被投资企业在引入风险投资的阶段,好似"在刀尖上跳舞",因此,公司高管必须时刻都需要确保其公司经济效益持续增长,面临巨大风险。(2)承受各种限制性条件,风险投资机构在通过对被投资企业管理层授股的限制,某种程度上来说签署对赌协议的公司是没有自主权的。[2] 当然,对于融资方而言,签署估值调整协议的最大风险莫过于一旦对赌失败,其要面临巨额的利益补偿义务。这一点从"永乐电器""太子奶""俏江南"等企业的对赌失败案例中均可见一斑。

尽管估值调整协议在国内资本市场出现以来就饱受争议,但结合其产生的原因、市场环境以及企业融资现状等现实情况,可以认为"估值调整协议最根本的原因和价值,是对投资利益和投资风险的合理配置和公平安排"。[3] 作为一种分散风险和调整估值的创新型金融机制,估值调整协议能有效纠正投融资双方因目标公司估值不准确而产生的利益失衡,既帮助投资方通过调整目标公司股权价值有效规避投资风险,也大大激励公司管理层积极提升公司的管理水平和经营业绩,最终实现投融资双方的双赢。更进一步说,估值调整协议使用率的高低实质上取决于资本市场的资金供求关系。在目前国内

---

[1] 赵旭东:《第三种投资:对赌协议的立法回应与制度创新》,载《东方法学》2022年第4期。

[2] 苏正浩:《浅谈对赌协议对融资方的利与弊》,载《管理观察》2016年第12期。

[3] 赵旭东:《第三种投资:对赌协议的立法回应与制度创新》,载《东方法学》2022年第4期。

企业融资难,特别是在从银行贷款难的背景下,融资方接受对赌条款既可以说是一种"无奈之举",也可以说是一项缓解"融资难"困境的有效举措。估值调整协议有助于鼓励和促进资本向实体经济流通,推动实体经济尤其是高科技创新行业的发展。

二、估值调整协议纠纷概述

(一)估值调整协议纠纷的内涵和主要类型

1. 估值调整协议纠纷的内涵

2011年2月修正的《民事案件案由规定》及2020年12月修正的《民事案件案由规定》在二级案由"与公司有关的纠纷"项下并未明确规定"估值调整协议纠纷"这一案由。[①] 基于最高人民法院统一规范民事纠纷案由的要求,司法实务中不宜将此类纠纷的案由直接确定为"估值调整协议纠纷",而应结合具体案情选择适用最接近的"股权转让纠纷""新增资本认购纠纷""确认合同效力纠纷"等案由。不过,考虑到伴随估值调整协议在投融资市场中越发广泛的运用,司法实践中此类纠纷频繁发生,且此类纠纷与一般的股权转让纠纷等相比具有明显差异性,对此类纠纷加以针对性研究,有助于快速、准确地厘清案件事实,寻找裁判依据。因此,本章将因估值调整协议的订立、履行、变更、终止等产生的纠纷统称为"估值调整协议纠纷",并作为一个专题加以研究,以帮助司法实践构建估值调整协议纠纷的裁判思路和审理规则。

2. 估值调整协议纠纷的主要类型

根据涉案主体的不同,司法实践中估值调整协议纠纷主要包括两大类型:

一是投资方与目标公司股东、实际控制人之间的纠纷。常见争议类型为投资方请求目标公司股东或实际控制人承担金钱补偿义务或者股权回购义务。该类纠纷的审查重点在于是否触发金钱补偿或者股权回购的条件。

二是投资方与目标公司之间的纠纷。常见争议类型包括投资方请求目标公司承担金钱补偿义务或者股权回购义务,以及投资方请求目标公司为其股东或实际控制人的对赌债务承担担保责任。该类纠纷的审查重点在于目标公司是否具备实际履行对赌债务的条件,以及目标公司是否符合公司对外担保的规定等。

[①] 2018年12月发布的《最高人民法院关于增加民事案件案由的通知》亦未增加"估值调整协议纠纷"这一案由。

（二）估值调整协议纠纷审理规则的演变

司法实践中对估值调整纠纷审理规则的分歧和演变，主要集中在与目标公司对赌类纠纷上，并通过具体案件裁判要旨得以体现。法院裁判思路的变化反映了实务界对于争议的探索和辨析过程，这个过程概而言之，就是"海富案"到"瀚霖案"再到"华工案"的过程，故有必要对这个过程进行梳理和呈现。

1. "对赌第一案"——"海富案"

"海富案"[①]被称为估值调整协议纠纷第一案。在该案中，2007年10月，苏州工业园区海富投资有限公司（以下简称海富投资公司）与甘肃世恒有色资源再利用有限公司（原名称甘肃众星铸业有限公司，以下简称甘肃世恒公司）及其原股东香港迪亚有限公司（以下简称迪亚公司）、法定代表人陆某签订《增资协议书》，约定海富投资公司以2000万元对甘肃世恒公司进行增资。其中，合同第7条第2项"业绩目标"约定：甘肃世恒公司2008年净利润不低于3000万元，如果甘肃世恒公司2008年实际净利低于3000万元，海富投资公司有权要求甘肃世恒公司予以相应补偿，如果甘肃世恒公司不履行补偿义务，海富投资公司有权要求迪亚公司履行补偿义务，并约定补偿金额=（1–2008年实际净利润/3000万元）×本次投资金额。根据工商年检报告登记记载，甘肃世恒公司2008年度生产经营利润总额为26 858.13元，净利润为26 858.13元。2009年12月30日，海富投资公司诉至兰州市中级人民法院，请求判令甘肃世恒公司、迪亚公司和陆波向其支付协议补偿款19 982 095元。

该案经最高人民法院再审认为，各方在《增资合同书》中关于业绩对赌条款的约定，使得海富投资公司的投资可以获取相对固定的收益，该收益脱离了甘肃世恒公司的经营业绩，损害了甘肃世恒公司及其债权人的利益，该部分条款内容应认定无效，而在《增资协议书》中，迪亚公司对于海富投资公司的补偿承诺并不损害甘肃世恒公司及其债权人的利益，不违反法律法规的禁止性规定，是当事人的真实意思表示，因此该补偿责任的约定是有效的。上述裁判要旨被归纳为，投资方与目标公司的股东对赌有效，与目标公司对赌无效。

"海富案"裁判要旨的核心：目标公司补偿条款的实质是股东滥用权利损害公司及其债权人利益，滥用权利的手段为利用固定收益提取公司资本、规避经营风险，应当为法律所禁止。"海富案"再审判决一经作出，随即引发了

[①] 最高人民法院（2012）民提字第11号甘肃世恒有色资源再利用有限公司、香港迪亚有限公司与苏州工业园区海富投资有限公司、陆某增资纠纷一案再审民事判决书。

广泛的讨论。实务界、理论界对于"与目标公司对赌无效"这种裁判规则多有异议，由此引发的争议也持续不断。

2. 历史性的转折——"瀚霖案"

"瀚霖案"①是一次历史性的转折。该案中，2011年4月26日，各方签订《增资协议书》及《补充协议书》，约定强某某等投资方向山东瀚霖生物技术有限公司（以下简称瀚霖公司）增资，并约定曹某某承诺争取目标公司于2013年6月30日前获准首次公开发行股票并在国内主板或创业板证券交易所上市，如果目标公司未能在2013年6月30日前完成合格IPO，强某某有权要求曹某某以现金方式回购强某某所持的目标公司股权，瀚霖公司为曹某某的回购提供连带责任担保。2012年5月31日，强某某与曹某某签订了《股权转让协议》。因曹某某、瀚霖公司未履行付款义务，强某某向成都市中级人民法院起诉请求曹某某支付股权转让款37 791 360元并承担违约金，瀚霖公司对曹某某的付款承担连带清偿责任。

一审法院认为，关于《补充协议书》中瀚霖公司为回购提供连带担保的约定，因强某某与曹某某均系瀚霖公司的股东，且曹务波为公司法定代表人，基于此情形，强某某应当提交瀚霖公司为股东曹某某提供担保已经股东会决议通过的相关证据；结合强某某与曹某某的股东身份以及瀚霖公司并非为经营发展向公司以外的第三人提供担保的事实，该约定损害了公司、公司其他股东以及公司债权人的利益，应认定为无效。

二审法院认为，对于瀚霖公司提供担保行为的效力问题，瀚霖公司为曹某某回购强某某股权的股权转让款提供担保，其实质是不论瀚霖公司经营业绩如何，股东强某某均可以从瀚霖公司获取收益，该约定使得股东获益脱离了公司的经营业绩，背离了公司法法理精神，最终使得股东强某某规避了交易风险，将瀚霖公司可能存在的经营不善及业绩不佳的风险转嫁给瀚霖公司及其债权人，严重损害了瀚霖公司其他股东和债权人的合法利益，应当认定瀚霖公司为曹某某回购强某某股权产生的责任承担担保义务无效。

最高人民法院认为，合同无效的判定严格遵循法定主义，本案二审判决否定担保条款效力的裁判理由不符合合同法关于合同无效的各类法定情形，该项认定已违反合同法基本规则，构成适用法律错误。再审认为：其一，强某某已对瀚霖公司提供担保经过股东会决议尽到审慎注意和形式审查义务。案涉《补充协议书》所约定担保条款对瀚霖公司已发生法律效力；其二，强某某投资全部用于公司经营发展，瀚霖公司全体股东因而受益，故应当承担

---

① 最高人民法院（2016）最高法民再128号强某某与曹某某、山东瀚霖生物技术有限公司股权转让纠纷一案再审案民事判决书。

担保责任。案涉担保条款虽由曹某某代表瀚霖公司与强某某签订，但是3000万元款项是全部供瀚霖公司经营发展使用，有利于瀚霖公司提升持续盈利能力，符合公司全体股东的利益，瀚霖公司本身是最终的受益者。即使确如瀚霖公司所述并未对担保事项进行股东会决议，但是该担保行为有利于瀚霖公司的自身经营发展需要，并未损害公司及公司中小股东权益，不违反《公司法》第16条的立法目的。因此，认定瀚霖公司承担担保责任，符合一般公平原则。

"瀚霖案"裁判要旨的核心：目标公司为股东的对赌义务提供担保，并非法定的合同无效事由，效力判断因素应落在《公司法》第16条有关公司为股东提供担保的规定上。

3. 对赌案件的里程碑——"华工案"

"华工案"[1]作为与公司对赌案件的里程碑当之无愧。该案中，各方签订《增资扩股协议》及《补充协议》，约定江苏华工创业投资有限公司（以下简称华工公司）向扬州锻压机床股份有限公司（原名为扬州锻压机床集团有限公司，以下简称扬锻公司）增资，并约定若扬锻公司在2014年12月31日前未能在境内资本市场上市，华工公司有权要求扬锻公司回购其所持有的全部股份，扬锻公司应以现金形式收购。华工公司以扬锻公司未在2014年12月31日前在境内资本市场上市为由，向扬州市邗江区人民法院起诉请求扬锻公司等主体以现金形式回购华工公司持有的全部公司股份。

一审法院认为，案涉股权回购约定因违反《公司法》禁止性规定且违背公司资本维持和法人财产独立原则而无效。在公司有效存续期间，股东基于其投资可以从公司获得财产的途径只能是依法从公司分配利润或者通过减资程序退出公司，而公司回购股东股权必须基于法定情形并经法定程序。首先，2013年修正的《公司法》第142条对于四种法定情形以外的公司不得收购本公司股份作出了明确规定。案涉《补充协议》关于约定情形下公司应以现金形式按约定计算方法回购股权的约定不符合上述法定情形，违反了上述禁止性规定。其次，该约定实际是让华工公司作为股东在不具备法定回购股权的情形以及不需要经过法定程序的情况下，直接由公司支付对价而抛出股权，使股东可以脱离公司经营业绩、不承担公司经营风险而当然获得约定收益，损害了公司及其他股东和公司债权人的权益，与《公司法》第20条资本维持原则、法人财产独立原则相悖，故该股权回购约定当属无效。

二审法院认为，相关法律和扬锻公司章程均明确公司不能从事该回购事

---

[1] 江苏省高级人民法院（2019）苏民再62号江苏华工创业投资有限公司与扬州锻压机床股份有限公司、潘某某等请求公司收购股份纠纷一案再审民事判决书。

宜，否则明显有悖公司资本维持这一基本原则和法律有关规定，故一审认定回购约定无效依据充分。

再审法院认为：案涉对赌协议效力应认定有效。案涉对赌协议签订时扬锻公司系有限责任公司，且该公司全体股东均在对赌协议中签字并承诺确保对赌协议内容的履行。该协议约定扬锻公司及其原全体股东应在华工公司书面提出回购要求之日起30日内完成回购股权等有关事项，包括完成股东大会决议、签署股权转让合同以及其他相关法律文件，支付有关股权收购的全部款项，完成工商变更登记；扬锻公司的违约行为导致华工公司发生任何损失，扬锻公司及其全体股东承担连带责任。上述约定表明，扬锻公司及全部股东对股权回购应当履行的法律程序及法律后果是清楚的，即扬锻公司及全部股东在约定的股权回购条款激活后，该公司应当履行法定程序办理工商变更登记，该公司全体股东负有履行过程中的协助义务及履行结果上的保证责任。我国《公司法》并不禁止有限责任公司回购本公司股份，有限责任公司回购本公司股份不当然违反我国《公司法》的强制性规定。有限责任公司在履行法定程序后回购本公司股份，既不会损害公司股东及债权人利益，也不会构成对公司资本维持原则的违反。在有限责任公司作为对赌协议约定的股份回购主体的情形下，投资者作为对赌协议相对方所负担的义务不仅限于投入资金成本，还包括激励完善公司治理结构以及以公司上市为目标的资本运作等。投资人在进入目标公司后，亦应依《公司法》的规定，对目标公司经营亏损等问题按照合同约定或者持股比例承担相应责任。案涉对赌协议中关于股份回购的条款内容，是当事人特别设立的保护投资人利益的条款，属于缔约过程中当事人对投资合作商业风险的安排，系各方当事人的真实意思表示。股份回购条款中关于股份回购价款约定虽为相对固定收益，但约定的年回报率为8%，与同期企业融资成本相比并不明显过高，不存在脱离目标公司正常经营下所应负担的经营成本及所能获得的经营业绩的企业正常经营规律。华工公司、扬锻公司及其全体股东关于华工公司上述投资收益的约定，不违反国家法律、行政法规的禁止性规定，不存在原《合同法》第52条规定的合同无效的情形，亦不属于合同法所规定的格式合同或者格式条款，不存在显失公平的问题。在案涉对赌条款激活后，扬锻公司应按照协议约定履行股份回购义务，潘某某等原扬锻公司股东应承担连带责任。

"华工案"裁判要旨的核心：有限责任公司回购本公司股份不当然违反《公司法》的强制性规定，其在履行法定程序后回购本公司股份，亦不会损害公司股东及债权人利益，亦不构成对公司资本维持原则的违反，不存在原《合同法》第52条规定的合同无效情形。

通过分析上述案件的裁判结果可见，法院从"海富案"否定投资方与目标公司对赌条款的效力，到"瀚霖案"认为目标公司为股东对赌提供担保不构成合同无效事由，效力判断因素应落在《公司法》第16条有关公司为他人提供担保的规定上，再到"华工案"认为公司回购本公司股份不当然违反公司法的强制性规定，从而认定投资方与目标公司对赌有效，司法界关于估值调整协议纠纷的审理规则在逐步发生转变。这种转变与估值调整协议纠纷数量的增长、司法界对此认识的深入有关，也与国内市场日益开放、各方对于估值调整协议的接受程度不断提高相关。

4.《民商审判会议纪要》的定分止争

《民商审判会议纪要》的出台为与目标公司对赌类纠纷的审理提供了明确的裁判规则，具有定分止争的重大意义。《民商审判会议纪要》第5条规定："投资方与目标公司订立的'对赌协议'在不存在法定无效事由的情况下，目标公司仅以存在股权回购或者金钱补偿约定为由，主张'对赌协议'无效的，人民法院不予支持，但投资方主张实际履行的，人民法院应当审查是否符合公司法关于'股东不得抽逃出资'及股份回购的强制性规定，判决是否支持其诉讼请求。投资方请求目标公司回购股权的，人民法院应当依据《公司法》第35条关于'股东不得抽逃出资'或者第142条关于股份回购的强制性规定进行审查。经审查，目标公司未完成减资程序的，人民法院应当驳回其诉讼请求。投资方请求目标公司承担金钱补偿义务的，人民法院应当依据《公司法》第35条关于'股东不得抽逃出资'和第166条关于利润分配的强制性规定进行审查。经审查，目标公司没有利润或者虽有利润但不足以补偿投资方的，人民法院应当驳回或者部分支持其诉讼请求。今后目标公司有利润时，投资方还可以依据该事实另行提起诉讼。"

从上述规定可见，司法实践对于与目标公司对赌类纠纷的审理规则，经历了从"海富案"的效力管控到《民商审判会议纪要》的履行规制的转变。《民商审判会议纪要》相关规则立足于投资方、公司债权人、公司之间的利益平衡，兼顾合同法与公司法，鼓励交易的同时贯彻资本维持和债权人保护，可为对赌纠纷的妥当解决提供明确指引。[1]具体而言，《民商审判会议纪要》的相关规定体现了以下制度价值：

（1）公平原则下的纠偏机制。进入诉讼和仲裁的案件都是对赌失败的案例，裁判者面临是否判令目标公司补偿或者回购股权的问题。一方面，目标公司需要以困难的财务状况应对投资者巨额的赔偿或股权回购款请求；另一方面，投资方在投资失败后没有承担任何风险，反而取得其保底回报，两相

---

[1] 王毓莹：《对赌纠纷裁判的法律适用逻辑与诉讼体系定位》，载《华东政法大学学报》2021年第5期。

对比，从视觉上似乎产生"显失公平"的印象。但其实资本逐利是其本性，投资方的目的是目标公司上市或被收购，获利退出。在融资难、成本高、风险大的情况下，能有资金进入扩大生产经营、增强实力，已是极为难得。还有的公司初创人只有核心技术，既没有资金也没有管理企业的能力，投资方不仅提供资金，还有公司治理方面的贡献，为目标公司上市提供全方位的服务，付出良多。因此，不能仅凭对赌失败后的结果去判断商事交易双方主体的善恶，而应该从全局角度审视对赌双方是否得到公平对待。

（2）效力回归本源。"海富案"出现后，法院判决与公司对赌协议无效的理由包括不承担公司经营风险获得固定收益、损害公司及债权人利益、违反关于股权回购和利润分配的规定等，这些导致合同无效的理由都是《公司法》的单方面规定，并不是《民法典》（包括原《合同法》）规定的合同无效事由，这使得对合同效力的判断本身脱离合同法的本源。《民商审判会议纪要》第5条回归到合同效力判断规则的本源，首先肯定合同的效力，再通过《公司法》的角度考察与公司对赌是否存在履行障碍。裁判维度从一元化的合同效力维度转化为合同效力与合同履行两个维度，除普遍认可的"合同有效"外，关注重心转移至对赌协议的"可实际履行性"。[①] 通过合同法判断效力，再区分合同效力与合同履行，把与目标公司对赌条款的效力认定回归至本源。

（3）与目标公司对赌在现有公司法框架下具有可操作性。如前所述，一旦对赌失败，势必触发股权回购条款或现金补偿条款，这样就会触动公司资本管制规则，投资方要求目标公司承担责任的诉求都会在资本维持原则前提下被否定。资本维持原则的初衷是为了维护债权人的利益，投资方除了是股东还是债权人，以子之矛攻子之盾，反而造成本末倒置的结果。在不损害债权人利益的情况下，股东退出公司和股东处分投资都是可行的。《民商审判会议纪要》第5条给出了现行《公司法》下目标公司履行对赌协议的两条路径：在投资方要求回购股权时，可以通过减资来实现；在投资方要求目标公司现金补偿时，可以向投资方定向分配公司利润。

（三）估值调整协议纠纷的法律规制梳理

由于通过合同手段打破了标准的公司利益与风险分配格局，"对赌协议"纠纷中的合同法问题与公司法问题交叉错位，成为我国商事审判与仲裁实践中的疑难与突出问题。[②] 对赌协议涉及合同法中当事人地位平等意思自治的精

[①] 王毓莹：《对赌纠纷裁判的法律适用逻辑与诉讼体系定位》，载《华东政法大学学报》2021年第5期。

[②] 王璐琪：《〈九民纪要〉"对赌协议"的规定解读及实务路径探索》，载《金融法制/行业》2020年第6期。

神，同时也受到公司法中资本恒定保护、债权人利益的强制性规范的限制。[1] 审理估值调整协议纠纷的法律规范主要包括合同法与公司法两大领域，也正因此，学界认为估值调整协议的本质为"嵌入公司法的合同"[2]。在审理估值调整协议过程中，应当把握该类纠纷横跨合同法与公司法两大领域的基本特征，兼顾适用合同法与公司法相关规定，不可顾此失彼。当然，根据估值调整协议纠纷类型的不同，适用法律的侧重点也有所不同。

1. 合同相关法律规定对于估值调整协议的规制

估值调整协议在法律性质上属于无名合同，其当然应受合同法的规制。因此，在审理估值调整协议的效力，估值调整协议的订立、履行、变更、终止，违约责任承担等实体问题时，应当适用《民法典》合同编的相关规定。对于投资方与目标公司原股东、实际控制人之间的估值调整协议纠纷，主要适用合同法相关规则进行审理。

2. 公司相关法律规定对于估值调整协议的规制

估值调整协议是投资方与融资方在达成股权性融资协议时所制定的目标公司估值调整机制，投资方一般是通过新增资本认购或者受让股权的方式投资目标公司。在投资项目完成后，投资方将成为目标公司股东，即投资方在投资活动中兼具目标公司债权人与股东双重身份。对于投资方与目标公司之间的估值调整协议，因约定目标公司向特定股东（即投资方）进行股权回购或者金钱补偿，涉及公司财产向特定股东的流出，因此，应当受到《公司法》的规制。尽管关于估值调整协议的法律规制，司法实践中经历了从效力管控（"海富案"的裁判要旨）到履行规制（《民商审判会议纪要》第5条确立的裁判规则）的变化过程，但无疑在审理此类估值调整协议纠纷时，应当将重点放在《公司法》的相关规定和基本原则上。在现行法律框架下，涉及估值调整协议纠纷的法律规制，主要为资本维持原则。根据资本维持原则，股东一旦完成出资，相应出资即成为公司财产，而公司财产是维持公司正常运营和对外承担责任的基本物质保证，非经法定程序不得再向股东流出。资本维持原则旨在保护公司和公司债权人利益，而涉及目标公司的估值调整协议中关于投资方可要求目标公司回购股权或者进行金钱补偿的规定，前者实质上是股东从公司收回出资，根据资本维持原则，必须受到《公司法》关于减资（《公司法》第177条）、公司收购股东股权或股份（《公司法》第74条、第

---

[1] 秦涛、张旭东：《对赌协议裁判的理想进路：合同法与公司法的嵌入与并存》，载《学习与实践》2018年第2期。

[2] 王毓莹：《对赌纠纷裁判的法律适用逻辑与诉讼体系定位》，载《华东政法大学学报》2021年第5期。

142 条）等规定的限制；后者实质上是公司财产向特定股东的流出，同样应当遵循"资本维持原则"和"股东不得抽逃出资"的禁止性规定（《公司法》第 35 条），必须受到《公司法》关于公司盈余分配（《公司法》第 34 条、第 166 条）等规定的限制。因此，减资规定和盈余分配规定构成投资方要求目标公司履行对赌义务的两个门槛，也是司法实践中审理涉及目标公司类估值调整协议纠纷最基本的《公司法》依据。

3. 审理估值调整协议纠纷涉及的其他法律规范

根据常见估值调整协议纠纷中当事人争议焦点，审理估值调整协议纠纷还可能涉及以下法律规定：

（1）当事人主张自然人股东或实际控制人的配偶承担连带责任的，需适用关于夫妻共同债务的相关法律规定。关于夫妻共同债务的裁判依据主要是《民法典》第五编婚姻家庭部分（主要为第 1064 条）。

（2）估值调整协议约定目标公司为股东或实际控制人的对赌债务提供担保的，需适用《公司法》关于公司为其股东或实际控制人的债务提供关联担保的规定。《公司法》第 16 条第 2 款规定："公司为公司股东或者实际控制人提供担保的，必须经股东会或者股东大会决议。"该条规定是审理此类纠纷的基础法律规范。此外，《民商审判会议纪要》第六节"关于公司为他人提供担保"对此作了进一步详细的规定。

（3）估值调整协议涉及上市或新三板挂牌领域的，需适用相关行政监管部门的监管规定。例如，《上市公司重大资产重组管理办法》第 35 条针对上市公司购买资产，规定了交易对方应当与上市公司就相关资产实际盈利数不足利润预测数的情况签订明确可行的补偿协议，相关情况属于上市公司重大资产重组中的对赌。又如，对于首次公开发行股票并上市过程中"部分投资机构在投资发行人时约定对赌协议等类似安排"如何处理，适用于主板的《首发业务若干问题解答》（2020 年 6 月修订）规定，投资机构在投资发行人时约定对赌协议等类似安排的，原则上要求发行人在申报前清理，同时规定了可以不清理的四项要求。适用于创业板的《深圳证券交易所创业板股票首次公开发行上市审核问答》和适用于科创板的《上海证券交易所科创板股票发行上市审核问答（二）》中也有类似规定。再如，针对申请新三板挂牌中对赌条款的清理、与挂牌公司股票发行相关特殊条款的处理，全国中小企业股份转让系统有限责任公司也有相关的监管规定。在审理此类估值调整协议纠纷时，需要注意到行政监管部门的特殊规定。

（4）估值调整协议涉及国有资产、外资领域的，需适用相关法律及行政监管规定。例如，《企业国有资产法》《企业国有资产监督管理暂行条例》等针对国有资产产权交易规定了特殊审批程序，估值调整协议涉及国有资产产权交易的,需审查是否符合上述审批程序。又如,国家发改委、商务部针对外商投资制定了《外商投资准入特别管理措施(负面清单)》,估值调整协议涉及国家规定实施准入特别管理措施的外商投资企业的,应审查是否符合相关的准入规定和审批程序。

(四)估值调整协议纠纷的审理原则

1. 鼓励投资行为,促进实体经济发展

估值调整协议是投融资市场中的一项投资标的估值调整机制,是商事主体的金融创新机制。该种机制有利于合理配置投资利益和投资风险,化解企业融资难的困境。如轻易否定这种机制的效力,必然会打击市场主体的投资积极性,不利于资源的优化配置和有效利用。因此,在审理过程中,应当坚持商法领域鼓励交易的基本原则,在法律允许的范围内尽可能维护协议的效力,以鼓励资本向实体经济的流动,促进实体经济的发展。

2. 尊重商事主体意思自治,秉持司法谦抑态度

意思自治原则是民法上的基本原则。就商事领域而言,交易双方均为成熟、理性的商人,具有"趋利避害"的天性,对于自身所从事的交易有更为理性的判断,对于交易风险和交易结果有更加清晰的认识。商事领域中的交易安排是商事主体理性判断的结果,在司法审查中应当尽可能尊重商事主体的意思自治。估值调整协议是商事主体为解决投资标的估值困难、排除投资未来不确定性而创设的新型融资机制,无论最终的对赌结果看起来有多么"显失公平",相关条款均是投融资双方经过多轮博弈的结果,双方在签约时对此结果均有明确的预见,商事主体自应承担由此带来的商业风险。因此,在审理此类纠纷时,应当秉持审慎、谦抑的态度,尊重当事人的商业判断和契约自由,尽量回归合同条款本身,避免不当介入当事人的投融资决策。

3. 平衡各方利益,维护交易安全

估值调整协议不仅涉及投融资双方利益,也涉及目标公司债权人利益,甚至会影响投融资市场的有序发展。因此,在审理此类纠纷时,应当平衡投资方、目标公司及其股东、目标公司债权人等多方利益。既要保障投资方的投资利益,也不能使投资方成为估值调整这一新型融资机制下的唯一赢家,要注意保护实体经济的生存和发展,"不能形成金融压榨实体经济的结果"[①]。同时也要注意保护公司债权人利益。基于保护债权人利益,维护交易安全的需要,公司法针对公司财产流出确立了"资本维持原则",并由此设置了股东不得抽逃出资的禁止性规定、减资规定和盈余分配规定等。在审理中应当避

---

① 最高人民法院民事审判第二庭编著:《〈全国法院民商事审判工作会议纪要〉理解与适用》,人民法院出版社 2019 年版,第 119 页。

免裁判结果与上述规则相悖，导致公司财产向特定股东的不当流出，损害公司和债权人利益。

4. 维持市场秩序，保护公共利益

特定领域中的估值调整协议还可能涉及市场交易秩序以及公共利益，为此相关行政主管部门会制定相应的监管规定。实践中应注重与此类估值调整协议相关的监管规定，从维护市场交易秩序和公共利益的角度加以衡量。例如，在上市公司相关的领域，监管部门基于保障上市公司持续正常经营、维护社会公共利益和金融市场安全的目的，针对对赌条款有专门的监管规定。实践中在审查此类纠纷时，应注重审查估值调整协议是否违反相关监管规定，从而损害公众投资者的利益，进而损害股票市场的交易秩序、危害国家金融安全，以作出正确的利益评判。

第二节 基本要素审理指引

一、立案要素审查

针对估值调整协议纠纷，在立案审查环节应结合纠纷特点以及《民事诉讼法》第122条的规定，注重以下要素审查。

（一）主管要素

1. 估值调整协议纠纷属于人民法院受理民事案件的范畴

《民事诉讼法》第3条规定："人民法院受理公民之间、法人之间、其他组织之间以及他们相互之间因财产关系和人身关系提起的民事诉讼，适用本法的规定。"该条明确了人民法院民事诉讼主管的范围，即以产生争议的法律关系是否属于民事关系为标准来划定民事诉讼的主管范畴。估值调整协议本质上是投融资双方的一种新型融资约定，本质上系投资协议，因此基于估值调整协议产生的纠纷属于法院民事诉讼的主管范围。

2. 估值调整协议主体之间存在书面仲裁协议的审查与处理

《民事诉讼法》第127条第2项规定："依照法律规定，双方当事人达成书面仲裁协议申请仲裁、不得向人民法院起诉的，告知原告向仲裁机构申请仲裁。"《民事诉讼法司法解释》第215条规定："依照民事诉讼法第一百二十七条第二项的规定，当事人在书面合同中订有仲裁条款，或者在发生纠纷后达成书面仲裁协议，一方向人民法院起诉的，人民法院应当告知原告向仲裁机构申请仲裁，其坚持起诉的，裁定不予受理，但仲裁条款或者仲裁协议不成立、无效、失效、内容不明确无法执行的除外。"第216条规定："在人民法院首次开庭前，被告以有书面仲裁协议为由对受理民事案件提出异议的，人民法院应当进行审查。经审查符合下列情形之一的，人民法院应当裁定驳回起诉：（一）仲裁机构或者人民法院已经确认仲裁协议有效的；（二）当事人没有在仲裁庭首次开庭前对仲裁协议的效力提出异议的；（三）仲裁协议符合仲裁法第十六条规定且不具有仲裁法第十七条规定情形的。"据此，估值调整协议中的仲裁协议符合《仲裁法》第16条、第18条规定的仲裁协议有效要件，[1]同时不存在第17条规定的无效情形[2]，因估值调整协议产生的纠纷，应由仲裁机构主管。

【规范依据】《民事诉讼法》第3条、第122条、第127条；《仲裁法》第16~18条；《民事诉讼法司法解释》第215条、第216条。

（二）管辖要素

估值调整协议纠纷属于合同纠纷，应当依据《民事诉讼法》关于合同纠纷的管辖规定确定管辖法院。

1. 地域管辖

（1）估值调整协议中约定管辖条款的，可依照约定确定管辖。《民事诉讼法》第35条规定："合同或者其他财产权益纠纷的当事人可以书面协议选择被告住所地、合同履行地、合同签订地、原告住所地、标的物所在地等与争议有实际联系的地点的人民法院管辖，但不得违反本法对级别管辖和专属管辖的规定。"协议管辖不得违反《民事诉讼法》关于级别管辖和专属管辖的规定，因此，若估值调整协议中对管辖法院有明确约定，除违反《民事诉讼法》第35条关于协议管辖的禁止性规定以外，由协议约定的法院管辖。

（2）估值调整协议纠纷区别于公司组织行为纠纷，原则上不适用特殊地域管辖。《民事诉讼法》第27条规定："因公司设立、确认股东资格、分配利润、解散等纠纷提起的诉讼，由公司住所地人民法院管辖。"该条规定了公司纠纷的特殊地域管辖。《民事诉讼法司法解释》第22条规定："因股东名册记载、请求变更公司登记、股东知情权、公司决议、公司合并、公司分立、

---

[1] 仲裁协议的有效要件：（1）请求仲裁的意思表示；（2）明确的仲裁事项；（3）明确的仲裁委员会。

[2] 仲裁协议的无效情形：（1）约定的仲裁事项超出法律规定的仲裁范围的；（2）无民事行为能力人或者限制民事行为能力人订立的仲裁协议；（3）一方采取胁迫手段，迫使对方订立仲裁协议的。

公司减资、公司增资等纠纷提起的诉讼,依照民事诉讼法第二十七条规定确定管辖。"上述规定涉及的是与公司组织行为有关的纠纷,该类纠纷管辖属于《民事诉讼法》特殊地域管辖中的一种。与公司组织行为有关的纠纷系基于公司组织法性质关系产生,一般具有以下特点:其一,涉及多数利害关系人、多项法律关系;其二,均关乎目标公司,一般情况下以目标公司为被告;其三,属于形成之诉,为了维护既有法律关系的稳定性,需要法院判决方得以产生效力;其四,相关判决对大部分第三人也具有效力,即具有对世效力。因此,公司纠纷适用特殊地域管辖,即由公司住所地人民法院管辖。

估值调整协议虽然主要存在于股权转让、定向增资等公司法领域,但对于当事人履行股权转让和增资协议过程中发生的纠纷,应明确区分该纠纷是因股权转让或增资事项产生,还是因上述交易中所承诺的对赌条款而产生。《民事诉讼法》第27条规定针对的是与公司组织行为有关的纠纷,而估值调整协议纠纷主要涉及投资方与目标公司或其股东之间的关系,不属于《民事诉讼法》第27条和《民事诉讼法司法解释》第22条规定的公司纠纷,故除非估值调整协议纠纷同时存在《民事诉讼法》第27条、《民事诉讼法司法解释》第22条所规定的特定纠纷,否则不适用特殊地域管辖规定。

(3)估值调整协议纠纷适用《民事诉讼法》合同纠纷管辖规定。根据《民事诉讼法》第24条规定:"因合同纠纷提起的诉讼,由被告住所地或者合同履行地人民法院管辖。"

关于被告住所地的认定,依据《民事诉讼法司法解释》第3条,若被告为公民,则住所地主要为公民户籍所在地;若被告为法人,被告住所地优先以主要办事机构所在地为准,若无法确认,以法人住所地为准。

关于合同履行地,《民事诉讼法司法解释》第18条第2款规定:"合同对履行地点没有约定或者约定不明确,争议标的为给付货币的,接收货币一方所在地为合同履行地;交付不动产的,不动产所在地为合同履行地;其他标的,履行义务一方所在地为合同履行地。即时结清的合同,交易行为地为合同履行地。"实践中应按该条规定认定合同履行地。

(4)目标公司进入破产程序后由受理破产法院管辖。依据《企业破产法》第21条规定:"人民法院受理破产申请后,有关债务人的民事诉讼,只能向受理破产申请的人民法院提起。"若目标公司进入破产程序,估值调整协议纠纷由受理破产的法院管辖。

2.级别管辖

《民事诉讼法》第19条规定:"中级人民法院管辖下列第一审民事案件:(一)重大涉外案件;(二)在本辖区有重大影响的案件;(三)最高人民法院确定由中级人民法院管辖的案件。"第20条规定:"高级人民法院管辖在本辖区有重大影响的第一审民事案件。"第 21 条规定:"最高人民法院管辖下列第一审民事案件:(一)在全国有重大影响的案件;(二)认为应当由本院审理的案件。"实践中应依据上述级别管辖规定确定管辖法院的级别,一般判断标准为诉讼标的额,同时符合案件在辖区的影响情况。

【规范依据】《企业破产法》第 21 条;《民事诉讼法》第 19~21 条、第 24 条、第 27 条、第 34 条、第 35 条;《民事诉讼法司法解释》第 3 条、第 18 条、第 22 条、第 30 条。

(三)案由要素

由于实务中估值调整协议往往以特别条款的方式约定于"增资协议""股权转让协议"等基础合同中,司法实践中对于涉及估值调整协议的案件,一般根据基础合同确定案由,例如,"股权转让纠纷""新增资本认购纠纷"等。另外,根据当事人的诉讼请求,也有确定为"确认合同效力纠纷",或者根据法院查明的法律关系实质,确定为"民间借贷纠纷"等。由于《民事案件案由规定》二级案由"与公司有关的纠纷"项下并未规定"估值调整协议纠纷"这一案由,基于规范适用案由的要求,实践中不宜将此类纠纷直接确定为"估值调整协议纠纷",而应依据诉争的基础法律关系性质以及诉的种类,准确确定案由。

1.因估值调整协议而产生的纠纷,一般可确定为股权转让纠纷

司法实践中因估值调整协议而产生的纠纷多数确定为股权转让纠纷。具体适用情形如下:(1)当事人依据股权转让协议中约定的估值调整条款提起的诉讼,通常为投资方请求目标公司原股东回购股权,或者给付现金补偿(本质上是要求原股东对投资方投资时"多支付"的股权转让款进行补偿),故可根据其基础法律关系确定为股权转让纠纷。(2)对于投资方根据估值调整条款请求目标公司原股东或实际控制人回购股权的纠纷,不论该条款所存在的基础法律关系是股权转让协议还是增资协议,因案件争议的法律关系实质为投资方与原股东或实际控制人之间的股权转让,故也可确定为股权转让纠纷。(3)投资方同时请求目标公司对原股东的对赌义务承担担保责任的,则可根据二者承担责任的主从地位,由主法律关系吸收从法律关系,仍确定为股权转让纠纷。

2.当事人请求目标公司履行对赌义务的纠纷,可根据基础法律关系确定案由

涉及目标公司的对赌条款,一般约定于增资协议中。实践中,目标公司为扩大经营、拓宽业务、提高融资融信能力等,通过增资引入投资方,并在增资协议中设置对赌条款,约定目标公司在对赌条件触发的情况下承担现金

补偿或股权回购义务。由此引发的纠纷，可根据对赌条款所存在的基础法律关系确定为新增资本认购纠纷。

3. 仅涉及估值调整协议效力的纠纷，可确定为确认合同效力纠纷

根据《民事案件案由规定》，确认合同效力纠纷属于二级案由"合同纠纷"项下的三级案由。合同效力是审理其他诉讼或仲裁请求的先决条件，针对估值调整协议效力的纠纷，一般由融资方先行提起。因此，在融资方（目标公司或其股东等）先行提起确认估值调整协议效力之诉的情况下，可将案由归入"确认合同效力纠纷"。

4. "估值调整协议纠纷"与"民间借贷纠纷"的区别

根据《民事案件案由规定》，民间借贷纠纷属于二级案由"合同纠纷"项下三级案由"借款合同纠纷"项下的四级案由。实践中，有大量目标公司或股东对赌失败后以投资人的投资行为系"名为对赌、实为借贷"为由，要求法院将基础法律关系变更为民间借贷关系，从而达到仅需返还投资款并支付资金占用期间利息的目的。相应地，有部分法院将估值调整协议纠纷归入"民间借贷纠纷"案由。估值调整协议虽被广泛应用于私募股权投资等领域，但在目前的立法框架下仍属于无名合同。结合现有司法审判实践及相关规定，在区分"估值调整"和"名股实债"进而确定案由时，可参考以下判断因素：

第一，所附条件确定与否。例如，广西壮族自治区高级人民法院民事审判第二庭颁布的《广西壮族自治区高级人民法院民二庭关于审理公司纠纷案件若干问题的裁判指引》第 46 条对"名为对赌实为借贷"如何认定有以下意见：若对赌目标在客观上不可能或几乎不可能达成，则实质上消除了所附条件的"不确定性"，其约定的违约责任就成为必然发生的结果，该部分收益即为投资方获得的固定收益，该内容已不再符合"对赌"的性质，对此人民法院可以根据个案情况认定为借贷关系。

第二，投资回报固定与否和是否与业绩挂钩。估值调整协议在业绩要求、上市目标实现后，投资方的收益是不封顶的，其回购的固定回报仅作为规避风险的方式，而"名股实债"以固定收益为目的，保本付息、定期支付；估值调整协议一般情况下与业绩挂钩，"名股实债"协议则不与目标公司的业绩挂钩。对于投资方收取固定收益，且不与目标公司的业绩挂钩的，可认定为"名股实债"，确定为"民间借贷纠纷"。

【规范依据】《民事案件案由规定》第四部分第 10 条第 76 项，第八部分第 21 条第 266 项、第 269 项。

（四）原告主体要素

原告是对估值调整协议纠纷有直接利害关系的民事主体，一般是投资方，

此外也有融资方为原告的情形，包括目标公司或其股东、实际控制人等。

实践中，目标公司及其股东或实际控制人针对估值调整协议提起的诉讼主要为确认合同效力之诉。作为估值调整协议的一方当事人，协议有效与否对于其是否需要履行估值调整协议为其规定的义务、享有为其创设的权利，以及是否能够期待获得协议完全履行后的利益具有决定性意义，故其是此类案件的利害关系人，符合原告主体资格。

【规范依据】《民事诉讼法》第122条。

（五）被告主体要素

估值调整协议纠纷中的被告通常为"对赌关系"中的义务主体，大多数案件中的被告是目标公司或其股东、实际控制人；在融资方提起的诉讼中，被告为估值调整协议关系中的投资方；少部分案件还涉及投融资双方以外的第三人。例如，估值调整协议由夫妻双方共同签署，共债共签原则下夫妻双方均系对赌关系中的义务主体，此时均应列为被告。但是，如果仅有夫妻一方签署估值调整协议，另一方没有共同签署也不存在事后追认的，是否可将另一方列为被告？根据《民事诉讼法》第122条规定："起诉必须符合下列条件：（一）原告是与本案有直接利害关系的公民、法人和其他组织；（二）有明确的被告；（三）有具体的诉讼请求和事实、理由；（四）属于人民法院受理民事诉讼的范围和受诉人民法院管辖。"据此，法律对于被告的要求是"明确"，故在原告对配偶一方提出主张的情况下，将其列为被告并无不当。至于配偶一方是否应当承担责任，属于实体审理问题，不影响其在案件中的诉讼主体资格。

【规范依据】《民事诉讼法》第122条。

（六）第三人主体要素

如投资方仅起诉目标公司股东或实际控制人，鉴于实务中目标公司通常也作为一方主体参与基础合同（如增资协议、股权转让协议）的签署，故实践中根据案件审理需要，可追加目标公司为第三人。

二、合同效力要素

（一）一般审查规则

1. 估值调整协议原则上应认定有效

关于投资方与目标公司股东或实际控制人之间的对赌协议的效力，实务中一般不存在争议。在无法定无效事由的情况下，相关估值调整协议应认定有效。

关于投资方与目标公司之间的对赌协议，如上文所述，司法实践中经历了"效力管控"到"履行规制"的演变。现《民商审判会议纪要》第5条对此已作出了明确规定，即对于投资方与目标公司订立的"对赌协议"在不存在法定无效事由的情况下，目标公司仅以存在股权回购或者金钱补偿约定为由，主张"对赌协议"无效的，人民法院不予支持。

【规范依据】《民商审判会议纪要》第5条。

2. 合同无效的审查要素

根据《民法典》第144条、第146条、第153条、第154条等的规定，存在如下情形的，合同无效：无民事行为能力人实施的民事法律行为；行为人与相对人以虚假的意思表示实施的民事法律行为；违反法律、行政法规的效力性强制性规定的民事法律行为；违背公序良俗的民事法律行为；行为人与相对人恶意串通，损害他人合法权益的民事法律行为。

合同无效的审查要素包括交易主体、交易标的、交易方式、交易手续、交易条件是否符合法律规定，交易本身是否符合公司章程规定，交易主体是否缺乏合同订立的能力或者真实意思表示，交易内容是否违反效力性强制性规定或违背公序良俗等。司法实践中常见的合同无效要素审查规则如下：

（1）通谋虚伪行为。通谋虚伪行为包含虚伪表示行为和隐藏行为，需审查是否存在意思表示、行为人的表示与真实意思是否不一致、表意人对其表示与意思不一致是否明知以及表意人与相对人是否存在通谋。根据《民法典》第146条规定，行为人与相对人以虚假的意思表示实施的民事法律行为无效。以虚假的意思表示隐藏的民事法律行为的效力，依照有关法律规定处理。实务中，该种无效情形主要为前文所述的"名为对赌实为借贷"情形，因当事人的真实意思表示并非对赌，即对赌条款为虚假的意思表示，应认定无效，至于其隐藏的借贷关系，则应按有关法律规定处理。

（2）违反法律、行政法规的效力性强制性规定。首先审查是否存在违反强制性规定的情形，其次应审查强制性规定是否属于法律、行政法规的效力性强制性规定。根据《民商审判会议纪要》第30条规定，效力性强制性规定需要考量强制性规定所保护的法益类型、违法行为的法律后果以及交易安全保护等因素。效力性强制性规定通常有以下几种：涉及金融安全、市场秩序、国家宏观政策等公序良俗的；交易标的禁止买卖的；违反特许经营规定的；交易方式严重违法的；交易场所违法的。违反上述效力性强制性规定的合同无效。关于经营范围、交易时间、交易数量等行政管理性质的强制性规定，一般认为是管理性强制性规定，通常情况下不影响合同效力。此外，仅因目标公司履行估值调整协议义务可能导致违反资本维持原则、债权人保护原则的，通常不导致合同无效，而属于合同履行问题。

（3）违反公序良俗。公序良俗的认定弹性较大，在具体案件中应审慎适用，避免过度克减民事主体的意思自治。如合同违反涉及金融安全、市场秩序、国家宏观政策等公序良俗的规章制度规定，应当认定无效。司法实践中，估值调整协议包含上市公司股份代持内容、违反信息披露监管规定或者估值调整条件规避环保监管、审查规定等，可能因违反涉及公序良俗的规章制度而被认定无效。

（4）恶意串通损害他人利益。具体审查：交易双方是否存在损害第三人利益的恶意及共同故意；主张方是否能证明恶意串通事实存在，且达到能够排除合理怀疑的证明标准；是否存在损害主张方利益的事实。

【规范依据】《民法典》第144条、第146条、第153条、第154条；《民商审判会议纪要》第30条、第31条。

3. 合同可撤销的审查要素

根据《民法典》第147条、第148条、第149条、第150条、第151条等规定，存在如下情形的合同可撤销：基于重大误解订立的合同；因受欺诈订立的合同；一方或者第三人以胁迫手段，使对方在违背真实意思的情况下订立的合同；一方利用对方处于危困状态、缺乏判断能力等情形，致使合同成立时显失公平的。司法实践中常见的合同可撤销要素审查规则如下：

（1）重大误解。根据《民法典总则编司法解释》第19条规定，重大误解的审查要素具体包括以下几种：协议是否已经有效成立；是否有一方存在重大误解，即行为人对行为的性质、对方当事人或者标的物的品种、质量、规格、价格、数量等产生错误认识，且按照通常理解，如果不发生错误认识，行为人就不会作出相应的意思表示；重大误解与合同的订立是否存在因果关系；是否仍在除斥期间内；是否存在明示或默示放弃撤销权的情形；是否存在交易习惯排除撤销权的情形。

（2）欺诈。根据《民法典总则编司法解释》第21条规定，欺诈的审查要素具体包括以下几种：一方是否存在欺诈行为；欺诈行为是否具有主观故意；另一方是否因此陷入错误判断作出意思表示；是否仍在除斥期间内；是否存在明示或默示放弃撤销权的情形。

（3）胁迫。根据《民法典总则编司法解释》第22条规定，胁迫的审查要素具体包括以下几种：是否存在一方或者第三人实施了胁迫行为；一方或第三人是否具有胁迫的故意；胁迫行为是否非法的；受胁迫方是否因此订立合同；是否仍在除斥期间内；是否存在明示或默示放弃撤销权的情形。

（4）显失公平。显失公平的审查要素具体包括以下几种：双方当事人的利益是否显著失衡，即根据交易关系的具体情况，通过考虑回购条款条件、回购价格、补偿对价等各种因素，判断利益的失衡是否达到"显著"的程度；

是否在民事法律行为成立时显失公平；是否仍在除斥期间内；是否存在明示或默示放弃撤销权的情形。

根据《民法典总则编司法解释》第19条的规定，重大误解的举证方在于主张存在重大误解的一方。关于可撤销事由的证明标准，结合《民事诉讼法司法解释》第108条、第109条规定，对负有举证证明责任的当事人提供的证据，人民法院经审查并结合相关事实，确信待证事实的存在具有高度可能性的，应当认定该事实存在。当事人对欺诈、胁迫、恶意串通事实的证明标准，应当高于一般证明标准，司法解释采取了排除合理怀疑标准，即只有人民法院确信该待证事实存在的可能性能够排除合理怀疑的，才能认定该事实存在。

【规范依据】《民法典》第147~151条；《民法典总则编司法解释》第19~22条；《民事诉讼法司法解释》第108条、第109条。

（二）特殊审查规则

1. 对保底条款的审查

估值调整协议通常约定以现金补偿或股权回购等方式保障投资方投资的基本安全，在形式上与保底条款类似，实践中亦存在部分估值调整协议包含保底条款的内容。法院审理过程中，主要审查相关条款是否构成保底条款（即在固定期限内获取固定收益），及是否违反法律法规或金融监管规章的禁止性规定，以此来判断相关条款是否有效。例如，（2019）沪74民初379号（2020年度上海法院金融商事审判十大案例之九）案件中，法院认为私募基金有限合伙企业的有限合伙人之间因估值调整协议触发有限合伙企业份额的对内转让关系，法律并未禁止合伙人之间的合伙财产份额转让，对赌内容未违反《合伙企业法》第33条规定的利润和亏损分配原则，也未违反《私募投资基金监督管理暂行办法》第15条关于私募基金管理人、私募基金销售机构不得向投资者承诺投资本金不受损失或者承诺最低收益的监管规定，亦不存在合同法规定的无效或可撤销的情形，故估值调整协议有效。

值得一提的还有上市公司非公开发行股票业务中的"定增保底"条款。根据原《上市公司非公开发行股票实施细则》（2020年）第29条规定[①]，上市公司及其控股股东、实际控制人、主要股东不得向发行对象作出保底保收益或变相保底保收益承诺，且不得直接或通过利益相关方向发行对象提供财务资助或者补偿。该条所涉及的"保底保收益承诺"条款一般称为"定增保底"条款。实践中有观点认为"定增保底"条款在性质上属于特殊的对赌条款，对"定增保底"条款的效力也颇有争议。2022年6月23日，最高人民法

---

① 该细则已失效，现对应《上市公司证券发行注册管理办法》第66条。

院发布《关于为深化新三板改革、设立北京证券交易所提供司法保障的若干意见》，其中第9条规定："在上市公司定向增发等再融资过程中，对于投资方利用优势地位与上市公司及其控股股东、实际控制人或者主要股东订立的'定增保底'性质条款，因其赋予了投资方优越于其他同种类股东的保证收益特殊权利，变相推高了中小企业融资成本，违反了证券法公平原则和相关监管规定，人民法院应依法认定该条款无效。"上述规定对于"定增保底"条款的效力提出了司法意见。

【规范依据】《合伙企业法》第33条；《私募投资基金监督管理暂行办法》第15条；《最高人民法院关于为深化新三板改革、设立北京证券交易所提供司法保障的若干意见》第9条。

2. 目标公司担保条款的效力审查要素

为了加强对投资人的保护，估值调整协议中存在关于目标公司对其股东的回购义务或业绩补偿义务承担连带责任的约定。对于约定目标公司为股东或实际控制人在估值调整协议项下义务承担连带担保责任条款的效力，结合《公司法》第16条以及《民商审判会议纪要》第18条规定，需审查目标公司是否履行公司法、公司章程等规定的决议程序，及投资方对未履行相关决策流程是否存在"明知"，即投资方是否为善意。原则上，符合公司对外担保决议程序的，可认定担保条款有效。

3. 审批程序对合同效力的影响

（1）与国有资产产权交易相关的审批手续。根据《企业国有资产法》《企业国有资产监督管理暂行条例》等相关规定，国有资产产权交易需经特殊审批程序。在参与对赌的主体系国有企业尤其是国有独资公司的情况下，基于国有资产监管的特殊要求，相关股权回购条款的生效是否须以国资监管机构审批为前提，在实践中存在不同观点。我们认为，回购条款通常包含在基础投资协议中，而投资协议在作出投资行为时一般已经取得有权机关的批准。股权回购条款作为股权转让交易的对价，是该项交易得以达成的关键性条件，股权回购与股权转让属于同一整体交易行为、不可分割，股权转让协议的审批应涵盖对未来附条件生效条款的审批，且支持国有产权转让方事后以投资协议中回购条款未经审批或评估等程序，可能造成国有资产流失为由请求认定合同无效或未生效的主张，不仅人为使得交易安排不具有可预见性而损害交易安全，同时也不利于国有企业以平等的市场主体身份充分参与市场竞争。因此，在基础投资协议已履行审批手续的情况下，当事人以回购条款未履行审批手续为由主张未生效的，应当不予支持。

（2）与中外合资公司股权转让相关的审批程序。根据2016年9月3日颁布的《全国人民代表大会常务委员会关于修改〈中华人民共和国外资企业法〉

等四部法律的决定》，对于不涉及国家规定实施准入特别管理措施的外商投资企业，原企业设立和变更相关的审批事项改为备案管理。对于仅需备案管理的事项，是否履行审批程序不影响合同的效力。对于需外商投资主管部门审批的外商投资企业相关事项，如投资时外商投资主管部门在批文中仅阐明同意股权转让，未明示同意回购条款，则回购时尚需就回购事项签署股权转让协议并再次报外商投资主管部门审批。未获审批通过，回购条款不生效。

【规范依据】《民法典》第502条；《企业国有资产法》第53条；《企业国有资产监督管理暂行条例》第23条、第24条。

三、合同履行要素审查——对赌条件

估值调整协议的实质是为了避免投资方与融资方在达成股权性融资协议时因信息不对称等而对目标公司的现有价值争议不休，进而投资方与融资方在股权性融资协议中共同设定目标公司在未来一定时点或期间的业绩或上市目标，根据目标公司未来运营的实际绩效来调整目标公司的估值和弥补双方损失的一种约定。估值调整协议通常的约定内容：如果目标公司的未来达到了约定目标，由融资方行使估值调整的权利，以弥补其因目标公司价值被低估而遭受的损失；否则，由投资方行使估值调整的权利，以补偿其因目标公司价值被高估而遭受的损失。[1] 由此可知，估值调整协议的核心条款通常包括以下两个方面的内容：一是对赌条件，即由投资方与融资方共同设定目标公司应实现的目标，以及该等目标实现与否的判断标准；二是对赌结果，即因目标公司未实现业绩目标而导致对赌条件触发时，融资方应向投资方补偿损失的方式和额度。在就估值调整协议的实际履行情况进行审查时，应主要围绕"对赌条件"及"对赌结果"的合同约定内容、实际履行情况及相应的法律后果进行审查。

在估值调整协议中，常见的对赌条件系与目标公司的财务数据、上市时点相挂钩，另外基于目标公司自身的特殊性，投资方与融资方约定的对赌条件可能还包括管理层锁定、核心技术人员竞业限制、目标公司不存在未披露的债权债务、目标公司及目标公司股东、实控人或管理层不存在重大违法违规情形等。

---

[1]《一文读懂〈对赌协议〉、九大注意事项与五大案例》，载微信公众号"股权投资论坛"，2021年11月29日。

（一）对外业绩承诺为对赌条件的审查

1. 对业绩承诺指标内容的审查

由于财务数据是投资方对目标公司进行估值的直接依据，目标公司的各项财务数据的预期结果就成了最为常见的对赌条件之一。

实践中应当根据合同约定审查业绩承诺所涉具体的财务数据指标及实现要求，区分类似财务数据指标之间的差别。常见作为对赌条件的财务数据包括但不限于：净利润、归属于母公司股东的净利润、扣除非经营性损益后的净利润等；营业收入、销售收入；订单数量、客户数量；等等。

2. 对业绩承诺判断依据的审查

在以业绩承诺作为对赌条件的估值调整协议纠纷案件中，估值调整协议通常会约定以目标公司的当年或历年审计报告作为确认业绩承诺是否实现的依据，并可能进一步对审计报告的审计范围、出具时间、委托单位、受托单位资质等方面设定具体的要求。据此，应当区分"目标公司业绩已经审计"及"目标公司业绩未经审计"两种情形进行审查。

（1）目标公司业绩已经审计情形下的审查。在目标公司业绩已经审计并取得审计报告的情形下，应根据合同约定，重点审查与审计报告相关的如下内容：

第一，审计机构的资质是否符合合同约定。在实践中，私募投资的最终目的通常为促成目标公司上市，为匹配目标公司未来上市对中介机构提供服务的资质要求、避免目标公司前期的财务处理存在不同的会计处理甚至会计差错，投资方可能在估值调整协议中要求在目标公司上市前为其出具审计报告的审计机构亦已具备证券从业资格。具备证券从业资格的审计机构，是指可以从事上市公司等证券相关机构的会计报表审计、净资产验证、实收资本（股本）的审验及盈利预测审核等业务的会计师事务所，通常必须事先取得财政部、证监会联合审批并授予《会计师事务所证券、期货相关业务许可证》。[1] 案件审理中应审查估值调整协议对审计机构的资质有无特殊约定、投资方是否已就审计机构的特殊资质进行举证、审计机构不符合合同约定资质是否足以影响审计报告的证明力等。

第二，审计机构的选聘是否符合合同约定。通常情况下，审计机构的委托主体为目标公司，但基于投资方在对赌交易中的相对强势地位，投资方往往也会要求选聘的目标公司审计机构必须由投资方等特定主体委托、指定或事先取得投资方等特定主体的认可。然而，实践中，在对赌纠纷产生之前，

---

[1] 参见《注册会计师执行证券、期货相关业务许可证管理规定》（财协字〔2000〕56号）。

投资方与目标公司或目标公司股东、实控人、管理层等主体之间很可能已经存在严重的冲突及矛盾，进而无法就审计机构的选聘达成一致意见，可能出现审计机构的委托主体与合同约定不一致的情况。在此情况下，应着重审查估值调整协议对审计机构的选聘有无特殊约定、投资方是否已就审计机构的选聘符合合同约定进行举证、审计机构的选聘程序与合同约定不符是否足以影响审计报告的证明力等。

第三，审计范围是否符合合同约定。实践中，投资方通常会在估值调整协议中明确提出针对目标公司在业绩承诺期中的某一会计年度或某几个会计年度的财务报表（即资产负债表、利润表、现金流量表、股东权益变动表以及相关财务报表附注等）等事项进行审计。委托单位与审计机构签订的《审计业务约定书》、审计机构出具的审计报告正文通常亦会明确审计工作的目标及范围。案件审理中应审查估值调整协议对审计范围有无特殊约定以及投资方是否已就审计范围符合合同约定进行举证。

第四，审计工作是否符合审计准则等行业规定。根据《中国注册会计师审计准则第1101号——注册会计师的总体目标和审计工作的基本要求》规定，注册会计师应当遵守与审计工作相关的所有审计准则，如果某项审计准则有效且所适用的情形存在，则该项审计准则与审计工作相关。包括但不限于审计机构人员应当依照审计准则实施审计程序、获取审计证据、编制审计工作底稿、出具审计结论等。如前所述，在对赌纠纷产生之前，投资方与目标公司或目标公司股东、实控人、管理层等主体很可能已经存在严重冲突和矛盾，从而发生在诉讼中融资方（目标公司或目标公司股东、实控人、管理层等）对审计过程中已提供的财务资料等审计工作底稿不予确认的情况。在此情况下，应特别关注审计程序是否符合审计准则等行业标准、审计工作底稿内容是否已取得了目标公司或目标公司股东、实控人、管理层等主体的确认。如果在审计过程中审计工作底稿已经取得融资方的确认，则诉讼中融资方又对审计底稿提出异议的，不予采纳。

第五，审计结论是否符合审计准则等行业规定。实践中，根据《民事诉讼证据规定》第41条规定，如一方已提交形式上要件齐备的年度审计报告，原则上应认定该审计报告具有真实性、合法性及有效性，但另一方有证据或者理由足以反驳的除外。在一方当事人已举证主张审计报告的全部或部分内容存在错误的情况下，如人民法院难以就审计相关的专业性问题进行独立判断，根据《民事诉讼证据规定》第84条规定，人民法院可以对有专门知识的人进行询问。"有专门知识的人"在对赌纠纷案件中一般为出具审计报告的会计师事务所及会计师，审理中可结合上述专业人士所作的相应答复决定是否采信审计报告。

总体而言，财务报表审计是注册会计师对被审计单位的财务报表是否在所有重大方面按照适用的财务报告编制基础编制并实现公允反映所发表的审计意见，是一项鉴证业务。在审计报告的服务资质、委托单位、审计范围等要求与合同约定不完全相符的情况下，在案件审理中应回归该项鉴证业务的本质，基于估值调整协议的合同目的，综合案件各证据与案件事实的关联程度、各证据之间的联系等方面审查现有的审计报告是否足以客观、合理地反映目标公司的财务状况，进而决定是否采信审计报告，并据以作为判断对赌条件是否已经触发的依据。

【规范依据】《民事诉讼证据规定》第41条、第84条、第88条。

（2）目标公司业绩未经审计情形下的审查。在目标公司业绩未经审计并取得审计报告的情况下，应根据合同约定，重点审查与目标公司未能进行审计原因相关的如下内容：

第一，目标公司未经审计是否因对赌义务人的原因导致。如在投资方与目标公司或目标公司股东、实际控制人、管理层等主体很可能已经存在严重冲突和矛盾的情况下，因目标公司的财务资料通常由公司管理层掌握，在目标公司管理层不配合提供财务资料、确认财务数据或选聘审计机构等情况下，投资方通常难以单方推进对目标公司进行审计，进而难以取得审计报告，以证明业绩承诺的对赌条件已被触发。如目标公司未能进行审计系因对赌义务人导致，根据《民法典》第159条的规定，因对赌义务人为自己的利益不正当地阻止条件成就，可以视为对赌条件成就。

第二，目标公司未经审计是否因不可抗力、情势变更等法定免责或减责事由导致。实践中，案件当事人均有可能提出系不可抗力、情势变更等法定免责或减责事由导致目标公司未经审计或未实现业绩目标。在此情况下，应当审查该等法定免责或减责事由是否真实存在、与目标公司未经审计或未实现业绩目标是否存在法律上的因果联系、提出主张的一方是否已就该等法定免责或减责事由的真实性及关联性进行充分举证。

总体而言，如目标公司未能进行审计的原因并非对赌义务人导致，且投资方现有证据不足以证明合同约定的对赌条件已经触发，根据"谁主张，谁举证"的举证责任分配一般性规则，当事人对自己提出的诉讼请求所依据的事实或者反驳对方诉讼请求所依据的事实有责任提供证据加以证明，即原则上应该由主张对赌条件已经触发的一方承担举证责任，否则应承担举证不能的不利后果。但如基于对赌义务人一方的自认或人民法院运用逻辑推理和日常生活经验足以认定对赌条件已经触发（如过往审计报告数据已与业绩承诺数值存在明显差距、目标公司已被裁定受理破产申请等情况），则不应再对原告科以过重的举证义务。

【规范依据】《民法典》第 159 条、第 533 条、第 590 条;《民事诉讼法》第 67 条;《民事诉讼证据规定》第 1 条、第 3 条、第 85 条。

(二)上市承诺为对赌条件的审查

私募投资的终极目的往往就是促成目标公司上市并在目标公司上市后基于目标公司分红或转让目标公司股票以获得投资收益,为此,投资方通常会对目标公司完成上市提出一个时间节点,由目标公司的股东、实际控制人或管理层对目标公司的上市作出承诺,在目标公司上市未达约定目标的情况下,对赌条件触发,对赌义务人须因此承担相应对赌结果。

在以上市承诺作为对赌条件的估值调整协议纠纷案件中,估值调整协议通常会对上市的具体时间、交易所范围等方面设定具体的要求。司法实践中应基于估值调整协议的相关约定,重点审查与上市承诺相关的如下内容。

1. 上市时点是否符合合同约定

上市是一个证券市场术语,即首次公开发行股票并上市,指企业通过证券交易所首次公开向投资者发行股票,以期募集用于企业发展资金的过程。根据《首次公开发行股票并上市管理办法》等相关规定,企业最终实现上市通常需要经过"企业依法变更为股份有限公司、企业董事会及股东大会就本次发行股票作出决议、企业制作申请文件并向证监会申报、证监会作出受理决定、证监会初审、发行委员会审核、证监会作出核准决定、企业股票在交易所公开发行"在内的一系列流程。据此,在审查时应以企业股票公开发行时点确认目标公司的上市时点,并进一步审查上市时点是否符合合同约定。

2. 上市板块是否符合合同约定

在中国境内的语境下,狭义的上市是指中国公司在中国境内的上海证券交易所、深圳证券交易所、北京证券交易所上市。从 2011 年开始,国务院就明确提出建设以第一级主板和中小板,第二级创业板,第三级全国中小企业股份转让系统(新三板)、第四级区域性股权交易市场为构架的多层次资本交易市场。2021 年 9 月 3 日,为继续支持中小企业创新发展,深化新三板改革,经国务院批准进一步设立了北京证券交易所。因此,在狭义的上市范畴之外,广义的"上市"还包括在中国其他多层次资本市场挂牌交易、中国公司直接到非中国内地的证券交易所(比如香港证券交易所、纽约证券交易所、纳斯达克证券交易所、伦敦证券交易所等)以及中国公司间接通过在海外设立离岸公司并以该离岸公司的名义在境外证券交易所上市(红筹股)等。因此,在审查上市承诺的对赌条件是否触发时,还需关注估值调整协议针对上市板块是否有明确约定,并在无特殊约定或明确约定的情况下,应依据《民法典》第 142 条的规定确定签约各方的真实意思表示。

【规范依据】《民法典》第 142 条。

3. 未能上市是因何种原因导致

在以上市承诺未达标导致对赌条件触发为起诉事由的案例中，对赌义务人通常会从系非目标公司或投资方本身原因导致目标公司未能上市等角度提出抗辩，包括但不限于投资方怠于履行股东义务导致公司无法决策或决策错误进而导致目标公司未能如期上市；因目标公司其他股东股权被查封导致目标公司未能如期上市；国家政策变化等不可抗力导致目标公司未能如期上市；等等。针对该等抗辩理由，应重点审查未能上市的原因是客观条件所造成，还是存在人为阻挠因素；是投融资单方原因还是双方原因，是否存在第三方原因；是否存在不可抗力、情势变更事由等。

四、合同履行要素审查——对赌结果

对赌条件的触发往往意味着投资方与融资方在达成股权性融资协议时对目标公司的估值过高，出现了投资方溢价投资的情况，故为弥补投资方的损失，投资方与融资方通常会约定以下方式完成估值调整：其一，股权回购，即对赌义务人以投资款本金加固定利率计算的利息的合计数为回购价格向投资方回购其持有的全部或部分目标公司股权；其二，现金补偿，即对赌义务人向投资方支付一定金额的现金；其三，股权补偿，即对赌义务人以无偿或者象征性的价格将一部分股权转让给投资方，投资方因此获得目标公司更多股权。

（一）股权回购

1. 对股权回购义务主体的审查

对此，应根据合同约定审查是单一回购主体还是多个回购主体，如存在多个回购主体，则需要进一步根据合同约定审查各回购主体应承担的回购义务是否区分份额。通常情况下，如合同未对各回购义务主体的回购份额作出明确分割，应认为多个回购主体是作为一个整体共同对投资方承担回购义务，投资方有权请求部分或者全部回购主体承担回购义务，且当投资方向任一回购主体主张权利后，效力自然及于全体回购义务人。

值得探讨的问题是，在合同履行过程中目标公司原股东转让股权，退出目标公司的，是否能因此豁免对赌义务？实践中存在目标公司原股东在对赌条款履行完毕前即转让股权，退出目标公司的情况。则在对赌条款触发的情况下，投资方应向该原股东主张权利，还是向受让人主张权利？对此作如下分析：首先，应结合合同相对性原理以及债权债务概括转移规则进行审查。

一般情况下，原股东转让股权，如果无证据证明各方之间就原股东在对赌协议项下的债权债务概括转移至受让人，则依据合同相对性原理，原对赌协议仍然约束投资方和原股东。虽然原股东持有公司股权、参与公司经营管理是双方对赌的基础条件，但原股东在明知存在对赌条款的情况下，未经与投资方协商，单方退出目标公司，应视为其接受相应的不利后果，故其不能以股权已经转让为由作出抗辩，拒绝履行对赌义务。其次，对于有证据证明原股东转让股权是经投资方同意或者指示，且受让人知悉对赌条款内容并同意承继原股东权利义务的情形，基于对赌协议的制度目的是解决投融资双方信息不对等及平衡双方利益，在原股东已退出目标公司的情况下，此时仍由原股东承担对赌条款项下义务，显然有悖对赌条款的制度目的，也有违公平原则。故在此情形下，应认定各方对于由受让人承继原股东在对赌条款项下的权利义务达成合意。此时，投资方应向受让人主张权利，而不应再向原股东主张权利。[①]

【规范依据】《民法典》第178条、第551条。

2. 对股权回购价款的审查

实践中，投资方基于覆盖其投资成本的考虑，股权回购价格通常会被设定为按投资方已支付的投资款与以投资款为本金按固定利率、投资期间计算的利息的合计数。

在估值调整协议纠纷的审理过程中，回购义务人往往以按合同约定计算的股权回购价款远超应弥补的投资方损失，导致投资方据此可获取的投资回报过高，违反公平原则等为由提出抗辩并请求法院调减股权回购价款。具体的抗辩理由包括但不限于：（1）股权回购价款的计算基数应予调减，如应扣减投资方在投资期间从目标公司取得的分红款等；（2）股权回购价款的计算利率应予调减，如回购利率约定过高等；（3）股权回购价款的计算期间错误，不应从投资方支付投资本金之日起算等。

针对前述抗辩，应根据合同约定审查股权回购价款是固定金额或浮动金额，如是浮动金额，则需要进一步根据合同约定审查股权回购价款的核算是否合法合理、有据可依。在投资方主张的股权回购价款的计算方式与合同约定一致的情况下，因投资方与融资方系商事交易主体，其在缔约时即应对交易模式、投资风险及相应的法律后果有明确认知，如当事人之间自愿达成的股权回购条款不存在法定无效之事由，均应受法律保护，法院应尊重当事人

[①] 对于现金补偿的情况，也可适用上述规则，下文不再赘述。对于股权补偿的情况，则涉及原股东履行不能的情况，如认定原股东债务未转移给受让人，则投资方可寻求损失赔偿的路径。

之间的意思自治。

3. 对股权回购可履行性的审查

根据当前司法实践达成的一致共识，在处理估值调整协议纠纷案件时，不仅应适用《民法典》合同编的相关规定，还应适用《公司法》的相关规定，依法平衡投资方、目标公司股东、目标公司债权人、目标公司之间的利益。

（1）投资方请求目标公司回购股权。根据《民商审判会议纪要》第5条的规定，法院应当依据《公司法》第35条关于"股东不得抽逃出资"或者第142条关于股份回购的强制性规定进行审查。原因在于，目标公司回购自身股权的实质是减少注册资本，基于贯彻资本维持原则和保护债权人合法权益原则，《公司法》关于"股东不得抽逃出资"的禁止性规定，目标公司在回购自身股权前应先履行法定减资程序。根据《公司法》的相关规定，法定减资程序有以下几种：第一，股东会对公司减少注册资本作出有效决议，必须至少经代表2/3以上表决权的股东通过，但股东因对股东会作出的公司合并、分立决议持异议，要求公司收购其股份的情形除外；第二，编制资产负债表及财务清单；第三，目标公司自作出减少注册资本决议之日起10日内通知债权人；第四，目标公司自作出减少注册资本决议之日起30日内在报纸上公告。

另外，如目标公司的公司章程对目标公司回购自身股权的减资程序有特殊规定的，目标公司还应履行章程规定的减资程序。

如经审查发现目标公司尚未完成法定及约定减资程序，即应视为目标公司就其股权回购义务存在履行障碍，应当驳回投资方主张目标公司回购股权的诉讼请求。

（2）投资方请求目标公司股东回购股权。在符合回购条件的情况下，主要审查是否存在合同履行不能的情形（例如，投资方已将标的股权转让给案外人），否则，应当支持投资方关于目标公司股东回购股权的诉讼请求。

（3）投资方请求目标公司股东以外的主体回购股权。在符合回购条件的情况下，主要审查是否存在合同履行不能的情形（例如，目标公司股东以外的主体是否具备受让目标公司股权的特殊资格；是否已办理法律、行政法规规定的批准手续；目标公司其他股东是否过半数同意或者已经放弃了优先购买权等）。如存在侵犯目标公司其他股东优先购买权的情况，根据《民商审判会议纪要》第9条规定，虽然目标公司股东以外的主体回购股权不能得到支持，但不影响投资人依约请求回购义务人承担相应的违约责任。

【规范依据】《民法典》第580条；《公司法》第35条、第37条、第43条、第71条、第74条、第91条、第142条、第177条；《民商审判会议纪要》第5条、第9条。

4.对股权回购履行顺序的审查

在估值调整协议纠纷案件审理过程中，股权回购义务人往往以支付股权回购价款应以投资方先过户股权为前提等为由提出抗辩。对此，应根据合同约定审查股权回购是否存在先后履行顺序、回购义务人是否享有先履行抗辩权。

另外，在支持投资方回购款请求的情况下，是否应当同时处理股权变更的问题。参照《民商审判会议纪要》第36条规定，因股权回购系双务合同，司法实践中要防止机械适用"不告不理"原则，仅就当事人的诉讼请求进行审理，故原则上应向当事人就股权返还问题进行释明，尽可能一次性解决纠纷。但需要说明的是，《民商审判会议纪要》第36条规定的释明事项并非人民法院的法定释明义务。在当前的司法实践中，如融资方未在案件中就返还股权提起反诉，投资方的诉讼请求也不包括返还股权的，法院一般不就投资方返还股权作出判决，当事人对此可另循法律途径解决。

【规范依据】《民法典》第525~527条；《民商审判会议纪要》第36条。

（二）现金补偿

1.对现金补偿义务主体的审查

对此，应根据合同约定审查是单一补偿主体还是多个补偿主体，如存在多个补偿主体，则需要进一步根据合同约定审查各补偿主体应承担的补偿义务是否区分份额。通常情况下，如合同未对各补偿义务主体的补偿份额进行明确约定，应认为多个补偿主体是作为一个整体共同对投资方承担现金补偿义务，投资方有权请求部分或者全部补偿主体承担现金补偿义务，且当投资方向任一补偿主体主张权利后，效力自然及于全体补偿义务人。

【规范依据】《民法典》第178条。

2.对现金补偿金额的审查

实践中，投资方基于覆盖其投资成本的考虑，通常会以目标公司的业绩目标与实际业绩之间的差额为基准设定现金补偿金额的计算方式。在估值调整协议纠纷案件审理过程中，补偿义务人往往以按合同约定计算的现金补偿金额远超应弥补的投资方损失，导致投资方据此可获取的投资回报过高，违反公平原则等为由提出抗辩，并请求法院调减现金补偿金额。

针对前述抗辩，应根据合同约定审查现金补偿金额是固定金额还是浮动金额，如是浮动金额，则需要进一步根据合同约定审查现金补偿金额的核算是否合法合理、有据可依。在投资方主张的现金补偿金额的计算方式与合同约定一致的情况下，因投资方与融资方系商事交易主体，双方在缔约时即应对交易模式、投资风险及相应的法律后果有明确认知，如当事人之间自愿达成的现金补偿条款不存在法定无效之事由，则应受法律保护，法院应尊重当事人之间的意思自治。

3. 对现金补偿可履行性的审查

根据当前司法实践达成的一致共识，在处理估值调整协议纠纷案件时，不仅应适用《民法典》合同篇的相关规定，还应适用《公司法》的相关规定，依法平衡投资方、目标公司股东、目标公司债权人、目标公司之间的利益。

（1）投资方请求目标公司承担金钱补偿义务。根据《民商审判会议纪要》第5条的规定，人民法院应当依据《公司法》第35条关于"股东不得抽逃出资"和第166条关于利润分配的强制性规定进行审查。原因在于，目标公司向投资方承担金钱补偿义务的实质是分配利润，基于贯彻资本维持原则和保护债权人合法权益原则，以及《公司法》关于"股东不得抽逃出资"的禁止性规定，目标公司在履行金钱补偿义务前应先履行利润分配程序。根据《公司法》的相关规定，利润分配遵循以下程序：股东会审议批准公司的利润分配方案；目标公司分配当年税后利润时，应当提取利润的10%列入公司法定公积金，但目标公司法定公积金累计额为公司注册资本的50%以上的除外。

另外，如目标公司的公司章程对目标公司的利润分配程序有特殊规定的，目标公司还应履行章程规定的利润分配程序。

如经审查发现目标公司尚未完成法定及约定的利润分配程序或无可供分配利润，即应认定目标公司就其现金补偿义务尚不具备履行条件，应当驳回投资方提出的目标公司现金补偿请求。待今后目标公司有利润时，投资方还可以依据该事实另行提起诉讼。

（2）投资方请求目标公司股东或实际控制人现金补偿。现金补偿义务属于金钱给付义务，一般不存在履行不能的情况，故在符合约定补偿条件的情况下，应当支持投资方对目标公司股东或实际控制人提出的现金补偿请求。

【规范依据】《民法典》第580条；《公司法》第34条、第35条、第37条、第91条、第166条；《民商审判会议纪要》第5条、第50条。

（三）股权补偿

1. 对股权补偿义务主体的审查

对此，应根据合同约定审查是单一补偿主体还是多个补偿主体，如存在多个补偿主体，则需要进一步根据合同约定审查各补偿主体应承担的补偿义务是否区分份额。通常情况下，如合同未对各补偿义务主体的补偿份额作明确约定，应认为多个补偿主体是作为一个整体共同对投资方承担补偿义务，投资方有权请求部分或者全部补偿主体承担补偿义务，且当投资方向任一补偿主体主张权利后，效力自然及于全体补偿义务人。

【规范依据】《民法典》第178条。

2. 对股权补偿比例的审查

实践中，投资方基于覆盖其投资成本的考虑，通常会以目标公司的业绩目标与实际业绩之间的差额为基准设定股权补偿比例的计算方式。在估值调整协议纠纷案件审理过程中，补偿义务人往往以按合同约定计算的应补偿的股权价值远超应弥补的投资方损失，导致投资方据此可获取的投资回报过高，违反公平原则等为由提出抗辩，并请求法院调减股权补偿额。

针对前述抗辩，应根据合同约定审查应补偿的股权比例的核算是否合法合理、有据可依。在投资方主张的股权补偿比例的计算方式与合同约定一致的情况下，因投资方与融资方系商事交易主体，其在缔约时即应对交易模式、投资风险及相应的法律后果有明确认知，如当事人之间自愿达成的股权补偿条款不存在法定无效之事由，均应受法律保护，法院应尊重当事人之间的意思自治。

3. 对股权补偿可履行性的审查

根据当前司法实践达成的一致共识，在处理估值调整协议纠纷案件时，不仅应适用《民法典》合同编的相关规定，还应适用《公司法》的相关规定，依法平衡投资方、目标公司股东、目标公司债权人、目标公司之间的利益。

（1）投资方请求目标公司补偿股权。实践中，投资方请求目标公司补偿股权的情况比较少见，常见于目标公司为上市公司的情况。如目标公司为上市公司，投资方请求目标公司补偿股权，实质上是请求上市公司定向增发股票，对此应根据《上市公司证券发行管理办法》《上市公司非公开发行股票实施细则》等监管规定审查补偿股权是否具备可履行性。

（2）投资方请求目标公司股东补偿股权。对此，应当审查是否存在合同履行不能的情形（例如，目标公司股东已将标的股权转让给案外人），否则，在符合约定补偿条件的情况下，应当支持投资方关于目标公司股东补偿股权的诉讼请求。

【规范依据】《民法典》第580条；《公司法》第178条；《民商审判会议纪要》第5条。

五、违约金要素审查

估值调整协议中通常会设定相应的违约责任条款，约定对赌义务人在违反约定的情况下应支付违约金。在估值调整协议纠纷案件审理过程中，违约方[①]往往以违约金过高为由提出抗辩。具体的抗辩理由包括但不限于：违约金本身约定过高，远超投资方实际损失；现金补偿金与违约金均是对投资方实际损失的弥补，同时主张系重复计算；现金补偿金与违约金同时主张导致利息部分超过民间借款利率保护的上限等。

针对前述抗辩，应当首先审查合同是否针对对赌义务（如现金补偿义务、股权回购义务等）约定了违约金条款。在义务人违反了合同约定的对赌义务情况下，应当适用违约金条款。合同约定的违约金是各方当事人在缔约时预先约定的因违约而产生的损害赔偿额的计算方法，如当事人之间自愿达成的违约金条款不存在法定无效之事由，均应受法律保护，法院应尊重当事人之间的意思自治。如一方主张违约金过高，根据《民商审判会议纪要》第50条的规定，法院在举证责任分配时应当首先要求主张违约金过高的一方举证，而不能简单以受法律保护的民间借贷利率上限作为判断违约金是否过高的标准，并兼顾合同履行情况、当事人过错程度以及预期利益等因素综合确定。

【规范依据】《民法典》第585条；《民商审判会议纪要》第50条。

六、合同解除要素审查

（一）法定解除要素的审查

1. 对法定解除五种事由的审查

法定解除权系指合同成立后，履行完毕前，出现法定事由，解除权人可以基于法律规定行使解除权，即使当事人明确排除法定解除权的适用，亦不受其限制和影响。《民法典》第563条规定了五种法定解除权的事由：因不可抗力致使合同目的不能实现；预期违约；迟延履行主要债务经催告后在合理期限内仍未履行；迟延履行或者其他违约行为导致合同目的无法实现；法律规定的其他情形。存在前述五种情形的，解除权并不当然成立。当事人是否具有法定解除权的关键在于合同目的能否实现，如果不影响合同目的的实现，通常不以法定解除权解除合同。所谓合同目的不能实现，系指债权人的履行利益落空。在估值调整协议纠纷中，通常体现为估值调整协议所对应之主协议的投资目的或引入投资目的无法实现。除法律规定的其他情形外，实践中应重点审查以下要素：

（1）不可抗力。需审查相关事由是否是不能预见、不可避免且不能克服的客观情况；合同是否对不可抗力事项进行界定；不可抗力是否导致合同目

[①] 此部分关于违约金的讨论主要针对目标公司股东或实际控制人违约的情形，关于目标公司违约的问题，主要在本章第三节"实务难点"中加以讨论。

的无法实现；受不可抗力影响的一方是否及时通知另一方；是否能够证明受不可抗力的影响程度。

（2）预期违约。需审查相关违约行为是否发生在合同履行期限届满前；是否存在明示或默示不履行主要债务的情形；当事人的行为目的；当事人的履约能力；守约方是否及时采取救济措施。

（3）迟延履行且经催告仍不履行。需审查是否存在应履行的义务迟延履行的事实；守约方是否明示催告；是否催告后在合理期限内违约方仍不履行。

（4）迟延履行或其他违约行为导致合同目的无法实现。需审查是否存在应履行的义务迟延履行的事实；守约方是否明示催告；是否已经致使合同目的无法实现。实践中，可能被认定为合同目的无法实现的情形有以下几种：投资涉及的重要土地房产、商标专利、特许经营许可等前置条件无法按照合同约定实现；因投资人原因导致原股东无法继续经营管理，无法对目标公司的业绩负责；投资项目因违反相关规定被关停；估值调整涉及条件即期未得到满足等。

【规范依据】《民法典》第563条。

2. 对情势变更导致继续履行显失公平的审查

情势变更系指合同成立后，合同的基础条件发生了当事人在订立合同时无法预见的、不属于商业风险的重大变化，继续履行合同对于当事人一方明显不公平，此时，受不利影响的当事人可以与对方重新协商，协商不成的，可以请求人民法院或者仲裁机构变更或者解除合同。审查过程中，需考察合同赖以存在的客观情况是否发生变化、该变化是否是突发且不可预见（不包含商业风险）；该变化是否不可归责于双方；该变化发生在合同成立后履行完毕前（不包含迟延履行期间）；继续履行合同是否会导致对一方当事人显失公平。

【规范依据】《民法典》第533条。

（二）约定解除要素的审查

1. 双方协商一致解除合同的审查

协商一致解除系指合同成立并生效后，当事人双方协商一致解除原有的合同。解除协议的本质是当事人意思表示一致形成新的合同关系。协议解除不以解除权的存在为必要，无须履行通知程序，不受解除权行使期限的限制，判断其行为效力的标准是民法典关于民事法律行为与合同效力的一般规定，具体包括意思表示真实、不违反法律法规的效力性强制规定、不违背公序良俗等。在合同协议解除的场合，是否恢复原状、是否产生溯及既往的效力以及是否承担违约赔偿的问题，通常需要当事人协商确定。如未作出约定或者安排，也不能据此认为当事人已经当然放弃了由此产生的赔偿损失请求权。此外双方协商一致对一种对赌方式的解除并不代表对另一种对赌方式的解除。

【规范依据】《民法典》第562条。

2. 合同约定的解除条件是否实现的审查

合同约定解除即双方在合同中以合同条款的形式约定以未来发生的某种情况作为解除事由，并以此为据赋予一方或者双方解除合同的权利。合同约定的解除条件成就时，守约方以此为由请求解除合同的，应当审查违约方的违约程度是否显著轻微，是否影响守约方合同目的实现，并结合诚信原则，确定是否解除合同。具体而言，一是要考察违约方的过错程度是轻微过失、严重过失还是故意，如果仅为轻微过失，一般不宜认定解除合同条件成就；二是要考察违约行为形态，是否为重大违约行为，如果约定的解除条件是针对随附义务，通常不宜认定解除条件成就；三是要考察违约行为的后果，如果一方已经履行合同主要义务，违约方的违约程度显著轻微且不影响合同目的的实现，不能轻易根据合同约定认定合同解除条件已经成就。

【规范依据】《民商审判会议纪要》第47条。

（三）有解除权的一方及时行使解除权的审查

解除权本身并不导致合同解除，只有在约定的解除事由出现时，享有解除权的一方通过行使解除权才能产生合同解除的效果。解除权人应当遵循《民法典》第564条、第565条关于解除权行使期限、解除权行使程序的规定行使解除权，才能摆脱原有合同关系的束缚，重新获得交易自由。解除通知应当以积极明示的方式作出，在诉讼中以起诉、反诉、答辩方式提出解除合同的，只要意思表示真实、明确，符合明示通知的要求，可以视为行使解除权的通知行为。在提起诉讼前，合同当事人在享有合同解除权的情况下，未行使合同解除权，并接受了违约方履行行为而未提出异议，表明其已接受违约方继续履行合同的事实，在诉讼过程中再行使合同解除权，以免除合同义务的，有违诚信原则，不应认定发生合同解除的后果。

【规范依据】《民法典》第564条、第565条；《民商审判会议纪要》第46条。

（四）解除合同法律后果的审查

合同解除后，守约方可以诉请恢复原状、采取其他补救措施或赔偿损失，应着重审查以下要素：（1）当事人依合同取得的财产种类、数额等；（2）要求恢复原状的股权是否存在返还的可能、相关股权是否产生孳息；（3）要求赔偿的损失是否发生及具体数额；（4）损失与过错的因果关系、补救措施的可能性、赔偿损失的范围、双方的过错程度等。

【规范依据】《民法典》第566条。

七、诉讼时效要素审查

（一）投资方在估值调整协议项下权利性质的认定

对于投资方在估值调整协议项下的权利性质认定，涉及该权利是受诉讼时效的限制还是受除斥期间的约束。实践中，投资方主张权利一般有三种情形，一是请求支付现金补偿款，二是请求给予股权补偿，三是请求回购股权。对于前两种情形，其权利的实质均是请求义务方履行给付义务，符合请求权的法律特征，故应当受到诉讼时效的约束。实践中存在争议的是投资方主张股权回购的情况。在估值调整协议以股权回购为义务时，当对赌条款触发后，投资方主张股权回购的性质是请求权还是形成权，则决定投资方行权是受到诉讼时效的限制还是除斥期间的约束。当前实践中存在三种观点：观点一认为，股权回购权属于形成权，适用除斥期间制度。观点二认为，股权回购权属于请求权，受诉讼时效的限制，此观点为主流观点。观点三认为，股权回购权属于形成权与请求权的结合，同时受除斥期间和诉讼时效的约束。投资人行使股权回购权的行为结构为先选择行使股权回购权，"激活"股权转让的法律关系；后行使请求回购义务人支付股权回购款的权利。

对此，应从以下两方面进行分析认定：首先，从股权回购的法律后果看，股权回购包含以下法律后果：一是成立投资方与回购义务主体之间新的股权转让关系；二是请求回购义务主体履行新的股权转让关系下的义务。对于前一种法律后果，属于依投资方单方意思表示即可引起相应法律关系的变动，符合形成权的法律特征，应当适用除斥期间的规定。其次，从平衡各方利益的角度看，将投资方主张回购认定为形成权，有利于敦促投资方在回购条件成就后尽快作出是否回购的意思表示，否则容易导致目标公司的经营产生严重不确定性，造成双方合同权利义务的严重失衡。在投资方主张回购后，投资方与回购义务主体之间成立新的股权转让关系，此时投资方可请求回购义务方支付股权回购款，该项请求属于请求权，适用诉讼时效的规定。

（二）股权回购期的要素审查

1.当事人未约定回购期限的情形

实践中，大多数投资合同中并未就投资人选择行使股权回购权的时间限制进行约定，在此情况下该如何确定行权的"合理期限"？司法实践中，不论是将股权回购权认定为形成权或者将其认定为先行使形成权后行使请求权的情况，还是认定为债权请求权或不对其性质加以认定，法院裁判中均认为股权回购权应当在"合理期限"内行使。

我们认为,当事人未约定回购期限的,可认为双方经过协商形成了不对行权期限作出限制的合意,此时可给予投资方相对较长的行权合理期限。但如上所述,无限期的回购权将导致目标公司的经营产生严重不确定性,造成双方合同权利义务的严重失衡,因此,不应给予投资方无限期的回购权,故在司法实践中仍应结合案件实际情况确定行权的"合理期限"。考察的因素包括投资方是否知道回购条件成就、是否知晓目标公司的经营状况、是否曾作出要求回购的意思表示、是否与融资方协商回购事宜以及协商结果、是否曾以实际行动放弃回购等。另外,参照诉讼时效期间3年的法律规定,在当事人未约定回购期限的情况下,投资方主张回购的期限最长不得超过知道或应当知道回购条件成就之日起3年。

2. 当事人约定回购期限的情形

(1)当事人明确约定投资方未在约定期限内主张股权回购,即丧失回购权的情况。这种情况可认定当事人之间对于回购权的行使期间进行了约定,该"回购期限"可认定为除斥期间,一般可按约定处理。

(2)当事人仅约定"回购期限",未约定投资方未在约定期限内主张股权回购,即丧失回购权的情况。对此可认定相关条款仅为敦促享有股份回购权一方及时行权,而非对其权利加以时间上的限制,但投资方的行权期限仍应受到约束。对此仍然应当结合案件实际情况对投资方行使回购权确定"合理期限"。关于"合理期限"的确定,可参照上述未约定回购期限的情况,且最长亦不得超过知道或应当知道回购条件成就之日起3年。

(三)诉讼时效要素审查

1. 诉讼时效一般审查规则

投资方请求融资方给予现金、股权补偿或支付股权回购款的,应受诉讼时效约束。诉讼时效,是指民事权利受到侵害的权利人在法定的时效期间内不行使权利,当时效期间届满时,人民法院对权利人的权利不再进行保护的制度。依据《民法典》第188条的规定,向人民法院请求保护民事权利的诉讼时效期间为3年。法律另有规定的,依照其规定。诉讼时效期间自权利人知道或者应当知道权利受到损害以及义务人之日起计算。法律另有规定的,依照其规定。但是,自权利受到损害之日起超过20年的,人民法院不予保护,有特殊情况的,人民法院可以根据权利人的申请决定延长。诉讼时效需要重点关注起算点、终结点、中止、中断的问题,其中诉讼时效期间起算点的确定最为重要。

【规范依据】《民法典》第188条;《诉讼时效规定》第4条。

2. 诉讼时效期间起算点的确定

对于现金补偿和股权补偿，一般根据合同关于履行补偿义务期限的约定，从义务主体迟延履行之日起算。实践中诉讼时效的争议点主要集中在股权回购的诉讼时效期间起算点判断上，股权回购款给付请求权的诉讼时效期间起算点应具备两个要件：（1）投资人的权利受到损害的事实存在；（2）投资人知道或者应当知道其权利受到侵害。结合相关规定以及既有案例，现有裁判观点和判断方法主要如下：

其一，诉讼时效期间起算点是合同约定的回购权行使期限届满而未行权之日。其二，诉讼时效期间起算点是回购义务人支付价款的履行期限届满或明确拒绝支付之日。需要说明的是，诉讼时效期间起算点不应当从股权回购条件成就时，或对赌条件触发时按照合同约定的投资人行使"选择权"（若有）的期限届满起算，因为自投资人行使请求权，要求回购义务人支付股权回购款，同时回购义务人违法、违约拒不支付到期债务，损害投资人权利之日，诉讼时效才开始计算。其三，诉讼时效期间起算点是投资人知道或者应当知道股权回购条件成就之日。需要说明的是，此标准通常是在投资人怠于行使权利的时间过长，明显过分超过回购条件成就之日，且没有其他更好的时间参考依据时，法院作出的宏观把握。若投资人不是过分怠于行使权利，法院一般不宜以投资人知道或应当知道股权回购条件成就之日为诉讼时效期间起算点。其四，合同未约定股权回购期限时，债权人可随时要求履行，但应当给对方必要的准备时间。其五，诉讼时效从债权人要求债务人履行义务的宽限期届满之日起算，债务人明确表示不履行义务的，诉讼时效期间从债务人明确表示不履行义务之日起计算。其六，触发股权回购的条件有多个，投资人既有权利从中选择触发条件，也有权利选择在股权回购条件触发时或约定的期限日行使回购权。其七，股权回购的时点应结合具体案情，如参股目的能否实现进行判断，若投资人在股权回购条件成就后长期怠于行使权利，明显超过合理期限，容易失权。需要说明的是，具体案件中可以依据具体交易背景、合同目的、目标公司的经营情况或上市前景、合同履行情况等，综合判断。

对于上述司法实践中不同的裁判观点和判断方法，应根据前述回购包含的两种法律后果进行分析。鉴于投资方请求支付股权回购款的前提是其已主张了股权回购，即双方形成了新的股权转让关系，故实践中应区分投资方是否已提出股权回购的不同情形予以审查：

（1）投资方已主张回购的情况。投资方举证证明其已在回购条件触发后在约定期限或合理期限内向回购义务人提出了回购主张，股权转让关系自回购通知到达回购义务人之日成立，此时投资方有权请求回购义务主体支付股权回购款。关于投资方请求支付股权回购款的诉讼时效期间起算点，如合同约定支付回购款期限的（如约定在投资方发出回购通知之日起×日内支付回购款），或者合同未约定而投资方在回购通知中明确了付款时间的，诉讼时效期间从回购义务人迟延履行之日起算。

（2）投资方未主张回购的情况。对于投资方未举证证明其在起诉之前提出回购主张的，则其起诉视为提出回购主张。如认定投资方的起诉未超过主张回购的约定期限或合理期限，则双方的股权转让关系形成，进而再按上述原则认定投资方请求回购义务主体支付股权回购款的诉讼时效期间起算点。如认定投资方的起诉已超过主张回购的约定期限合理期限，则投资方已丧失要求回购的权利，也就谈不上请求支付股权回购款及请求支付股权回购款的诉讼时效期间起算点问题。

第三节 实务难点裁判思路

一、关于与目标公司对赌的难点问题

（一）与目标公司对赌协议的司法审查——从效力管控到履行规制

在《民商审判会议纪要》出台之前，实务界、理论界关于与目标公司对赌协议的争议集中在效力认定上，司法实践中也经历了前述"海富案"—"瀚霖案"—"华工案"的思维转变，直至《民商审判会议纪要》出台，才对与目标公司对赌协议的效力之争一锤定音。自此，关于与目标公司对赌协议纠纷的审判理念完成了从效力管控到履行规制的转化。

1. 与目标公司对赌协议的效力认定

《民商审判会议纪要》第5条规定，投资方与目标公司订立的"对赌协议"在不存在法定无效事由的情况下，目标公司仅以存在股权回购或者金钱补偿约定为由，主张"对赌协议"无效的，人民法院不予支持，但投资方主张实际履行的，人民法院应当审查是否符合公司法关于"股东不得抽逃出资"及股份回购的强制性规定，判决是否支持其诉讼请求。

《民商审判会议纪要》对对赌协议的裁判规则提出明确意见，即在不存在法定无效事由的前提下，认可了投资人与目标公司之间对赌协议的效力，对于之前认定投资方与目标公司对赌无效的裁判思路进行了修正，并对实现投资方与目标公司对赌的补偿性条款提供了解决途径。按照《民商审判会议纪要》规定精神，司法机关应当依据合同法和公司法相关规定审查对赌协议效力，不能先入为主地认定一种投资估值工具的好坏，而忽略其作为一种解决企业融资难的金融创新方式和高科技产业孵化方式的前景和价值。肯定该类合同的效力，不仅仅起到定分止争的作用，更蕴含前所未有的价值。《民商审判会议纪要》将与目标公司对赌的司法审查核心从"效力管制"转变为"履行规制"，为该类对赌纠纷的妥当解决提供了明确指引。

2. "履行规制"的法理基础

尽管估值调整协议具有解决企业融资难的金融创新价值，有其存在的合理性，但也不是没有负面性，因为它并不是解决企业资金短缺的"灵丹妙药"。一般而言，若有更好的融资途径，融资方不会冲动地采取公司与投资方对赌的方式。在市场主体已经预见商业风险的情况下，司法不应再一律对此采取否定的态度，否则将不利于鼓励商事交易和尊重市场主体的意思自治。但是一味地放纵风险，置公司法的核心原则和价值观于不顾，也是司法所不能接受的。这个核心的法理学基础就是"资本维持原则"。

资本维持原则，又称资本充实原则，是指公司在存续过程中必须经常保持与抽象的公司资本额相当的现实财产，目的在于将股东的出资"留"在公司之内。①这一原则直接体现于《公司法》"禁止股东抽逃出资"的规定中。②对资本维持原则的认识应从其功能与目的出发。"资本维持原则是法律为了实现平衡债权人和股东之间的利益"，③股东在公司经营过程中希望能够获得利润分红或股份的增值溢价，在公司有限责任的保护下，股东能够通过多种方式将公司资产据为己有，如无所顾忌地追求高风险与高收益的经营活动，甚至在某些情况下作出逆向选择，也可能通过增加负债规模造成高杠杆，使债权人的债务被稀释；④而债权人则倾向于在公司的运营中取得"旱涝保收"的收益。⑤在这样的背景下，为平衡公司、股东与债权人三方的利益，"资本维持原则"作为一项最低保障性安排应运而生。

基于资本维持原则的功能，可将其分为两个层面：第一，当公司发行股份之际，确保资本未渗水，即不得高估或虚增。这首先要求公司在经营过程

---

① 冯果：《慎重对待"资本维持原则"的存废》，载《中国法律评论》2020年第3期。
② 赵旭东：《公司法》（第4版），高等教育出版社2017年版，第166页。
③ 赵旭东：《公司法》（第4版），高等教育出版社2017年版，第166页。
④ ［美］莱纳·克拉克曼等：《公司法剖析：比较与功能的视角》（第2版），罗培新译，法律出版社2012年版，第119页、第132页。
⑤ 傅穹：《公司资本维持原则的现代思考》，载《社会科学战线》2004年第1期。

中不得折价发行股票，以免给交易对方造成公司注册、发行股本的误导；其次要求公司对非货币出资承担相应的责任，如评估、核查与补足等；最后要求公司强化发起人的责任，确保其认股承诺能够得以履行，在不履行出资义务的情况下承担不利后果。第二，在公司发行股份后，尽量使公司实际资本保持在注册资本的正常波动范围内，原因在于，"维持"并非绝对的一致，因公司处于正常的商事营业过程中，不免经受正常商事交易的影响。因此"维持"是相对的充实，而非要求实质资本与注册资本完全一致。资本维持原则对与目标公司对赌协议的履行规制，主要通过公司股权回购规则、减资规则、盈余分配规则等具体规则发挥作用。

（二）目标公司回购股权的履行规制

1. 公司股权回购规则

股权回购是指公司以有偿的方式，在符合特定的条件下取得本公司股权的行为，[①]我国采取"原则上禁止，部分情况例外"的回购原则。[②]一般而言，按照回购的事由不同，这一原则可分为约定回购和法定回购两类。

股权法定回购，是《公司法》明确允许公司回购其股份的情形，相关规定见诸我国《公司法》第74条，即在有限责任公司出现"公司连续五年不向股东分配利润，而公司该五年连续盈利，并且符合本法规定的分配利润条件""公司合并、分立、转让主要财产"与"公司章程规定的营业期限届满或者章程规定的其他解散事由出现，股东会会议通过决议修改章程使公司存续"的情况下股东可以请求公司回购其股权，以及出现《公司法》第142条规定的情形下，股份有限公司可以回购本公司股份，从而保护股东权益。

股权约定回购原则，则是在没有出现上述情况时，股东和公司在章程或协议中签署回购条款进行回购的方式。对赌协议就是股权约定回购原则的直接体现。这一回购类型一方面保障了股东的退出自由，体现并维护了公司契约自由的原则；另一方面，股东在加入公司后，对一系列公司契约的实际、真实履行具有合理的期待权利，[③]秉持股权约定回购原则，同样也保护了股东对公司预期利益的期待权。此外，由于公司的实际运作涉及股东、公司与债

[①] 庞哲凯：《我国有限责任公司股权回购制度实证研究》，华东政法大学2019年硕士学位论文。

[②] 张玉滢、闵晶晶：《股权回购型"对赌协议"的价值选择及裁判思路》，载《财会月刊》2021年第23期。

[③] 朱慈蕴：《资本多数决原则与控制股东的诚信义务》，载《法学研究》2004年第4期。

权人等多方面主体的利益，打破某些情况下公司运行的僵局，①因此约定股权回购原则能够较好平衡三者之间的利益关系，促进公司运行的正常化。

2. 股权回购与减资程序的顺位

《民商审判会议纪要》发布以后，最高人民法院直接将减资程序作为投资方要求支付回购款的前提条件。最高人民法院于2020年3月就新余甄投云联成长投资管理中心与广东运货柜信息技术有限新增资本认购纠纷、买卖合同纠纷一案作出（2020）最高法民申1191号民事裁定，于2020年6月就北京银海通投资中心与新疆西龙土木新材料股份有限公司股权转让纠纷一案作出（2020）最高法民申2957号民事裁定，两案都采取了减资程序为前置程序的裁判路径，均认为对赌协议案件发生时，应当平衡投资方、公司股东、公司债权人、公司之间的利益，在未经股东会或股东大会决议完成减资程序前，投资方无法请求目标公司完成股权回购。

虽然目前关于与目标公司对赌的裁判规则已相对明确，但是批评的声音从未停止，认为减资程序的前置将极大阻碍投资方依据对赌协议收回投资款项的可能性，导致投资者的利益受到损害，挫伤投资积极性。但必须重申的是，公司注册资本对外公示，是公司对外开展业务经营、担保公司债务履行的责任财产，是对其支付能力的一种背书。通常公司债权人在与公司进行交易时，会先通过公司的注册资本判断风险。为了保护债权人的利益，当然应该限定注册资本的随意减少，这种严格限定并非我国的立法例外。先减资还是先回购，最高人民法院的意见是，"在这个问题上，必须先减资，必须先保护公司债权人的利益，对此不能有任何含糊"。②综上所述，与目标公司对赌失败后主张回购股份的，必须经过减资的前置程序。

3. 减资程序判断主体

根据《公司法》第37条规定，公司减资应经股东会决议。第177条规定，公司需要减少注册资本时，必须编制资产负债表及财产清单。公司应当自作出减少注册资本决议之日起10日内通知债权人，并于30日内在报纸上公告。债权人自接到通知书之日起30日内，未接到通知书的自公告之日起45日内，有权要求公司清偿债务或者提供相应的担保。

实务中公司减资通常分为两个阶段：一是清偿能力判断，即判断公司减资是否影响清偿到期债务；二是减资程序启动。按照《民商审判会议纪要》

---

① 任檬佳：《有限责任公司股权回购的正当性分析》，华东政法大学2019年硕士学位论文。

② 最高人民法院民事审判第二庭编著：《〈全国法院民商事审判工作会议纪要〉理解与适用》，人民法院出版社2019年版，第117页。

的观点，不支持减资程序的可诉性，即司法并不介入公司减资程序，因此，实施减资程序的主体为目标公司。按照公司内部治理结构，清偿能力判断通常由目标公司董事会作出，再由股东会启动减资程序。如果公司董事会认为公司不具备足够的清偿能力，从而无法通过减资回购股权，主张回购的投资方就需要对公司董事会在评估目标公司清偿能力时违反信义义务进行举证，证明其作出了不符合实际的判断。

之所以将清偿能力判断交由目标公司董事会而非司法机关，是因为司法机关相对于目标公司董事会，在行业知识、专业技能、商业信息等各方面均有欠缺，判断结果不仅会受到质疑，也会浪费司法资源。我国公司法采取的是底线规制理论，能够让公司决定的事情，不应该由外部力量过多干涉，更不能由司法机关参与公司治理，否则会引发法律规定的逻辑混乱，违背公司自治的本质初衷。

减资程序的启动由股东会或股东大会进行决议，《公司法》明确规定，减资决议须经股东投票决定，且属于须代表 2/3 表决权股东同意才可以通过的重大公司决定。商业判断应当按照除法律规定之外、其他事项一律交由目标公司采用内部意思自治方式行使的原则进行，司法不应干涉。此外，《公司法》规定股东会作出减资决议后应当通知债权人，使债权人能够知悉并参与到减资过程中。将是否影响债权人利益或者如何减资的程序设计交还给公司和债权人本身，这是债权人利益保护的最好方式，也是公司法意思自治的最好出路。这种方式不仅解决了矛盾，更重要的是为投融资双方提供了两种解决路径：一是在与公司对赌之前就通过章程规定或者股东会、股东大会决议明确规定启动减资程序的条件和方式及相关程序的设计；二是投资方与目标公司签订投资协议时，同时要求目标公司大股东就回购款承担共同清偿的责任。

4. 减资程序是否可诉

投资方请求目标公司回购其股份的，必须是在目标公司已经履行减少公司注册资本程序后，才能主张该项权利。双方发生纠纷时，如果目标公司不履行该程序，投资方是否可以通过诉讼方式强制要求目标公司履行？

实践中有两种观点：一种观点认为，在目标公司和投资方签订对赌协议时，就已经约定对赌失败，回购投资方股权。回购股份的前提就是履行减资程序，目标公司出尔反尔的行为在法律上构成违约，应产生诉的必要。另一种观点认为，公司减资是公司自治的范畴，既然连清偿能力都是公司内部进行判断的，减资程序的流程、方式均应由公司内部相应机关决定。基于前述对减资程序商业判断的分析，赋予减资行为可诉性在目前既没有法律依据，也不能起到良好社会效果，故不应赋予其可诉性。

5. 与目标公司对赌的司法建议

《民商审判会议纪要》的相关规定虽然肯定了投资方与目标公司进行对赌的协议效力，但在实际履行问题上设置了较为严格的条件。同时在立法和司法实践中，衡量标准均侧重于债权人的利益是否得到保障。《民商审判会议纪要》可能旨在向投资方作出提醒，即充分地设计对赌条款的履行细则，否则会受现行司法规制路径约束，难以实现约定的目的。

但若与投资方进行对赌的相对方是目标公司的股东，情况则会完全不同，目标公司股东作为独立的民事责任主体，其由于对赌失败而承担相应的法律责任，并不必然损害目标公司以及目标公司债权人的利益。因此，投融资方在考虑订立对赌协议及相关条款时，或许可以尽可能地选择与目标公司股东进行对赌，或由投资方要求目标公司股东在与目标公司的对赌中提供担保。

（三）目标公司现金补偿的履行规制

1. 盈余分配规则

公司盈余分配，或称利润分配，我国公司法对此主要从公司治理角度进行了体系性规范。公司利润分配的治理规范体系包括董事会制订、股东会审议批准利润分配方案和弥补亏损方案（《公司法》第46条第5款、第37条第6款），连续5年有利润而不分红引发异议股东评估退出请求权（《公司法》第74条第1款），股份有限公司章程应当载明公司利润分配办法（《公司法》第81条第9款），弥补亏损并提取法定公积金与任意公积金所余税后利润可分配、分配比例可约定、违法分配股东须退还公司等（《公司法》第166条）。[①]

公司盈余分配是董事会制订方案并经股东（大）会批准而进行的商业判断，这是公司自治理念在利润分配领域的逻辑延伸。《公司法司法解释（四）》第14条规定，股东提交载明具体分配方案的股东会或者股东大会的有效决议，请求公司分配利润，公司拒绝分配利润且其关于无法执行决议的抗辩理由不成立的，人民法院应当判决公司按照决议载明的具体分配方案向股东分配利润。上述条款表明，利润分配决议的权力配置给股东会或股东大会，一旦决议通过，公司与股东之间就产生新的法律关系，即债权债务关系。这种债权债务关系必须明确，表现在利润分配方案的内容要具体，应当包括分配利润数额、分配政策、分配范围以及分配时间等具体分配事项。

除此之外，公司盈余分配原则在实践中存在三种限制途径：其一为协议限制，在司法裁判之中，股东与公司之间的协议或股东一致书面形式同意，均产生股东会决议一样的法律效果，但必须以符合利润分配的法定要求为前

[①] 赵奕彤、傅骘：《公司盈余分配的司法实证观察》，载《社会科学家》2020年第10期。

提。其二为法规限制，法规监管或指令对特定行业的盈余分红限制是有效的，当指令期限届满之后，仍然回归公司法关于盈余分配的实体要求与股东会决议的程序要求。其三为司法限制，也就是司法在特定的情形下强制介入公司的盈余分配，是"对股东利润分配请求权的消极方式不可或缺的重要弥补"[①]。

2. 盈余分配规则对现金补偿的规制

现金补偿同样为常见的对赌方式之一，根据《民商审判会议纪要》第5条的规定，投资方请求目标公司承担金钱补偿义务的，人民法院应当依据《公司法》第35条关于"股东不得抽逃出资"和第166条关于利润分配的强制性规定进行审查。据此，投资方请求目标公司进行现金补偿的，应该审查目标公司是否存在可分利润，目标公司存在可分利润的，才存在现金补偿的基础。《民商审判会议纪要》实施之后，最高人民法院在处理与公司对赌纠纷时全部遵循了《民商审判会议纪要》的要求，从最高人民法院对《民商审判会议纪要》对赌规则的解读亦可以看出，最高人民法院在审理对赌协议纠纷案件时坚持的裁判思路只能基于现行法，与现行法不相符合的观点不能得到支持。

与对赌协议履行密切相关的，无论是回购股份还是现金补偿，其根本都在于公司法的资本维持原则，而最能体现该项原则的就是盈余分配规则和股权回购规则[②]。公司法上的盈余分配规则要求公司在没有盈利的情况下，不得向股东进行分配。具体来说，公司所获的利润，首先应用于弥补以前年度的亏损，而后按照法律规定的比例提取法定公积金，最后仍有剩余的才能向股东进行分配。如在公司没有盈利的情况下强行向股东进行分配，分配的不是公司的利润，而是公司的股本或资本。因此，只有在目标公司有可供分配的利润情况下，投资方的诉讼请求才有可能得到支持。

3. 现金补偿的范围

由于对赌协议业绩补偿的资金来源应限于目标公司的利润，由此也产生了诸多具体问题：比如目标公司的可供分配利润应如何认定？目标公司的资本公积金是否可以用于现金补偿？

关于目标公司可供分配的利润，应考量在业绩补偿义务发生时是否仍有可供分配的利润。例如，北京市高级人民法院在（2019）京民终154号安某某等与王某某等股权转让纠纷二审案件中认为："根据汇信广瑞中心一审提交

[①] 石少侠：《对〈公司法〉司法解释（四）若干规定的理解与评析》，载《当代法学》2017年第31期。

[②] 赵旭东：《第三种投资：对赌协议的立法回应与制度创新》，载《东方法学》2022年第4期。

的星烁公司税务申报表显示，星烁公司 2016 年度经营处于亏损状态，并无利润可供分配。汇信广瑞中心罔顾星烁公司经营业绩情况，径行要求取得约定业绩补偿金，与前述公司法及公司章程规定不符，亦损害星烁公司利益和公司债权人利益。因此，本院对汇信广瑞中心要求星烁公司回购股份，以及承担业绩补偿义务的诉讼请求不予支持。"此外，可供分配的利润不应该仅包括当年度的利润，也应包括目标公司往年积累的未分配利润。根据《民商审判会议纪要》的规定，在起诉时目标公司不具有可供分配利润的，或者可供分配利润不足以完全清偿的，在今后目标公司有利润时，投资方还可以依据该事实另行起诉。

关于目标公司的资本公积金是否可以用于现金补偿，尤其当投资方入股目标公司时，其投资的资金多数进入了资本公积金，在与目标公司对赌失败的情况下，如可以用资本公积金补偿投资方似乎是投资方愿意看到的效果。根据《公司法》第 168 条规定，资本公积金不得用于弥补公司亏损。《公司法》禁止资本公积金弥补亏损，实际是禁止资本公积金以利润分配的形式流向股东。[1]最高人民法院在（2018）最高法民终 393 号银基烯碳新材料集团股份有限公司与连云港市丽港稀土实业有限公司公司增资纠纷二审案件中认为："资本公积金不仅是企业所有者权益的组成部分，亦是公司资产的重要构成，而公司资产在很大程度上代表着公司的资信能力、偿债能力、发展能力，在保障债权人利益、保证公司正常发展、维护交易安全方面起着重要作用"，并基于此作出了"无正常理由转出资本公积金应认定属于抽逃出资，理应予以偿还"的判决。因此，在投资方作为目标公司股东的情况下，无论基于什么原因，都不能从公司的"资本公积金"中拿走金钱。[2]

4. 目标公司可分配利润的举证责任

当对赌失败后，投资方的身份从单纯的目标公司股东，转变成了目标公司的股东和债权人，投资方的利益也与目标公司及目标公司的其他股东对立，争议的解决必须正视投资方的两个身份及相应的利益冲突。就举证责任分配而言，当法律没有特别规定时，应适用"谁主张谁举证"的一般证据规则。对于目标公司是否有可分配利润的举证责任问题，最高人民法院已经明确投资方应当承担举证责任，证明目标公司有可以分配的利润，否则人民法院应

---

[1] 刘燕：《新〈公司法〉的资本公积金补亏禁令评析》，载《中国法学》2006 年第 6 期。

[2] 最高人民法院民事审判第二庭编著：《〈全国法院民商事审判工作会议纪要〉理解与适用》，人民法院出版社 2019 年版，第 119 页。

驳回投资方要求目标公司履行现金补偿的诉讼请求。[1]

5. 利润分配决议是否可诉

投资方要求目标公司承担金钱补偿义务,需要从公司的利润中获得,相当于利润分配,必须经过股东会决议通过。此外,《公司法》第34条规定,股东按照实缴的出资比例分取红利;公司新增资本时,股东有权优先按照实缴的出资比例认缴出资。但是,全体股东约定不按照出资比例分取红利或者不按照出资比例优先认缴出资的除外。目标公司向投资方支付现金补偿,相当于向特定股东定向分配利润,相当于同为股东的投资方利益优先于其他股东的权益,有违同股同权原则。在利益存在冲突的情况下,如果股东会不作出决议如何解决,投资方能否向法院提起诉讼?结论是否定的,基本逻辑与减资是否可诉完全一致,这种情形属于公司内部的治理范围,不属于《公司法司法解释(四)》第15条规定的情况,司法不宜介入。

6. 困境解决及处理方式

首先,如前所述,在原股东和投资方的利益发生冲突时,原股东为自己的利益不配合召开股东大会,无法产生决议,就会导致无法分配利润的结果。这就要求程序的预先设定,投资方向目标公司投资时,事先在协议中把有关问题约定好,形成明确的约定和违约责任的承担方式。其次,签订投资协议时,明确投资方享有对目标公司经营情况、财务状况、债务情况的知情权,便于投资方及时提出主张,也为投资方举证提供便利。最后,选择对赌主体时,尽量不要只选择目标公司一个主体承担金钱补偿义务,同时应当考虑将原股东作为承担连带责任的主体,避免风险过大。

(四)与目标公司对赌履行障碍的解决方式

如前所述,与目标公司对赌的合同效力认定问题取得了长足进步,合同效力得到了认可,这是对投资方与目标公司对赌中当事人意思自治正当需求的保障和肯定。但是,对赌协议有效,未必具有强制执行效力,《民商审判会议纪要》将合同效力与合同强制履行分开,被誉为里程碑的价值,却没有扫清履行障碍,也没有为履行障碍提供解决路径。实践中,投资者在举证方面存在困难,其启动减资程序和撬动分配利润的股东大会更是困难重重,如何解决履行障碍,成为目前与目标公司对赌的最大难题。

1. 第一种路径:投资方能否以履行障碍为由主张解除合同,返还投资款

首先,要判断与目标公司对赌的履行障碍是否属于"履行不能",即造成合同目的无法实现。"华工案"将"允许减资"视为具有"法律上的可履行

---

[1] 最高人民法院民事审判第二庭编著:《〈全国法院民商事审判工作会议纪要〉理解与适用》,人民法院出版社2019年版,第119页。

性"，将公司具有清偿能力视为"事实上的可履行性"，说明一时的履行障碍并非履行不能。即使起诉时暂时无法履行，并不意味永远无法履行，且条件成就具备法律上的可履行性时，就可以再次启动诉讼程序，故这种情况下不符合"履行不能"，充其量就是"履行迟延"，投资方不能主张解除合同，返还投资款。其次，从维护交易稳定性的角度出发，股权投资交易往往牵涉多个市场主体，多轮投资行为，多重交易结构，如果轻易判决解除合同，将牵一发而动全身，影响整体的交易架构，不利于市场稳定、有序发展。因此，对于投资者以发生履行障碍为由主张解除合同、返还投资款的，一般不予支持。

2. 第二种路径：目标公司未能履行约定的回购义务，投资方能否援引违约责任规定请求支付违约金

实践中对此有两种不同的观点。一种观点认为，目标公司向投资方支付违约金，就是让股东变相抽逃出资，不予支持。另一种观点认为，不能减资属于目标公司违反合同附随义务，虽然不会导致履行不能，但目标公司迟延履行应当承担违约责任，并支付违约金。

对于投资方能否请求目标公司承担违约责任，支付违约金，要从以下两个层次进行分析：一是目标公司因未履行法定减资程序而导致无法回购股权，以及目标公司因不具有可分利润而无法支付现金补偿，是否构成违约。二是如构成违约，能否要求目标公司承担违约责任，支付违约金。第一，未减资问题。各方在签署协议时及合同履行过程中，应当对己方能否履行相应的义务有合理预期并如实履行，目标公司未能及时履行减资程序违反了合同的附随义务，导致投资方未能在约定时间内足额支付投资人赎回价款，其应承担因未及时履行合同义务而产生的迟延履行违约责任。第二，无可分利润问题。因现金补偿适用盈余分配规则，如目标公司无可分配利润，作为股东的投资方本身不具有请求分配利润的权利，此时不能认定目标公司构成违约。但如果投资方有证据证明目标公司有可分配利润，而目标公司不作出分配决议，则可认定目标公司构成违约。第三，能否支持违约金问题。对此产生分歧的根本原因在于，对目标公司支付违约金是否属于投资人变相抽逃出资的认识不同。这个问题的根本症结还是是否违反资本维持原则，是否侵害债权人的利益。资本维持原则是一条底线原则，其维持的"资本"只要不损害原有"资本"，在符合《公司法》程序要求时，公司可以自由向股东分配利润、回购股份及进行其他利益输送。支付违约金并没有改变公司的"资本"，不会导致公司注册资本减少，不存在导致债权人利益受损的情况出现。故在符合《公司法》规定情况下，目标公司应当按照合同约定履行其义务及附随义务，没有履行的，应当承担违约责任并支付违约金。

二、关于目标公司为股东对赌义务提供担保的相关法律问题

（一）目标公司为股东对赌义务提供担保的特殊之处

在《民商审判会议纪要》发布之前，司法实践中普遍认为投资者与目标公司对赌无效、但与目标公司股东或实际控制人对赌有效，实务中为避开"与目标公司对赌无效"的主流裁判观点以及保障投资方最终利益实现，相当一部分交易主体采用在投资方与股东对赌的同时，由目标公司为股东对赌义务提供担保的安排。这就不可避免地涉及公司为大股东或实际控制人提供担保的效力及认定标准问题。该问题表现为公司对外担保的一种形式，同时又因其存在于对赌交易模式中而具有其特殊性。

1. 与股东对赌的效力认定

《民商审判会议纪要》已经明确，对于投资方与目标公司股东或者实际控制人订立的"对赌协议"，因其补偿主体为目标公司股东，通常不会损及公共利益和违反法律强制性规定，如无其他无效事由，法院应尊重双方的自治行为，在不违反效力性强制性规定、诚信原则和公序良俗原则、不损害社会公共利益的前提下，应认定有效并支持实际履行。该项规则解决了目标公司为股东对赌义务提供担保中主债权的效力问题。

2. 目标公司为股东对赌义务提供担保的程序要求

目标公司为股东对赌义务提供担保，属于公司对外担保的一种形式，首先应当符合公司对外担保的法律规定。《公司法》第16条规定，公司对外担保属于公司决议事项，故实践中主要审查以下因素：

（1）是否有公司决议。《公司法》第16条规定的决议前置程序旨在确保公司对外意思表示真实，公司机关决议是证明公司作出真实意思表示的最直接证据。因此，审查公司股东会或股东大会是否对担保进行有效决议以及公司章程是否对此有规定，是投资方证明其为善意的重要证据。如无决议，原则上构成越权担保。基于此，如公司为公司股东或者实际控制人的回购义务提供关联担保的，应要求担保公司提供股东（大）会决议、公司章程，其中股东（大）会决议的表决除应当符合章程规定外，还应符合《公司法》第16条的规定，也即在关联担保情况下，审查标准包括股东（大）会决议、决议的表决程序以及通过决议的签字人员身份是否符合章程规定等。

（2）是否为适格决议。对赌协议中，公司为股东回购义务提供的担保一般均为关联担保，适格决议必须由股东（大）会作出。

（3）投资方作为相对人是否善意。如相对人非善意，则担保行为对公司

不发生效力。如何判断投资方是否善意，《民法典担保制度司法解释》第 7 条规定，相对人善意是指相对人在订立担保合同时不知道且不应当知道法定代表人超越权限。相对人有证据证明已对公司决议进行了合理审查，人民法院应当认定其构成善意，但是公司有证据证明相对人知道或者应当知道决议系伪造、变造的除外。值得一提的是，《民法典担保制度司法解释》第 7 条将审查义务从《民商审判会议纪要》规定的"形式审查"变更为"合理审查"，增加了相对人的审查义务。最高人民法院在对《民法典担保制度司法解释》的阐述中进一步明确了合理审查的基本要求：一是审查股东或董事的身份是否属实；二是审查在关联担保情况下，应当回避表决的股东是否参与了表决。[①]与此同时还明确指出，形式审查与合理审查标准的区别，很大程度上在于是否审查了公司章程。未审查股东（大）会或董事会决议即签订担保合同的相对人，不属于善意相对人。由此可见，对相对人善意的认定，关键在于其是否对公司章程和决议尽到合理审查义务。基于此，结合既有司法实践，实务中需要审查投资方是否尽到了如下合理审查的义务：①获取了签订对赌协议时有效的公司章程，依据公司章程审查过公司股东名录，并与公开渠道能够查询的信息进行过核验。②要求公司提供股东（大）会同意公司对外担保的相关决议文件。③审查公司股东的签章和表决情况是否与公司章程中的内容和规定一致。此处需注意，对投资人注意义务的审查要以一般理性人的注意标准衡量，就签章而言，不应与公司章程中的签章有肉眼可见的明显差异，就表决情况而言，同意决议的人数及其表决权、签字人员等应符合《公司法》和公司章程的规定，尤其注意应当回避表决的股东是否参与了表决，在排除被担保股东表决权的情况下，该项表决是否由出席会议的其他股东所持表决权的过半数通过。在前述审查事项的基础上，进一步审查担保金额等担保基本情况是否违背公司章程中的相关规定。④将获取的公司章程和决议文件等相关文件作为担保合同的附件，并妥善保管。

3. 公司为股东对赌义务提供担保的特殊之处

目标公司为股东对赌义务提供担保，不能仅以合同法审视。投资方与目标公司签订对赌协议的基础是其增资入股或受让股权而成为目标公司股东，投资方进入目标公司以后，身份转变为公司股东，而非单纯的公司债权人。由此，对赌协议进入股东与公司发生资本性交易的场景。上海市第二中级人民法院发布的《2015—2019 年涉"对赌"纠纷案件审判白皮书》认为，对于目标公司提供担保，一方面，要从公司提供担保的角度进行效力判断；另

[①] 最高人民法院民事审判第二庭编著：《最高人民法院民法典担保制度司法解释理解与适用》，人民法院出版社 2021 年版，第 136 页。

一方面，目标公司履行担保责任的效果与履行对赌义务效果一致，故应结合《公司法》关于"股东不得抽逃出资"及股份回购的强制性规定进行效力审查。

从经济学角度看，股东与公司债权人均向公司注入了资产，也均希望通过公司的经营行为获益，但区别在于，对公司债权人而言，其依赖于正常商业往来从公司获取对价，对股东而言，其享有"剩余索取权"，劣后于债权人取得资产，但高风险对应高收益。当然，股东也可以与公司进行一般性的经营行为，此时转而依据债权人身份经由商业交易取出资产，构成关联交易。为避免公司财产向股东不当流出，美国等域外法一般区分"资本性交易"和"经营性交易"对股东行为予以规制。资本性交易是指股东基于出资人身份或股权属性而与公司进行的交易，① 贯彻股东平等及债权人保护原则；经营性交易是指公司在经营活动中可能与股东之间发生的市场交易，② 受公平交易规则与关联交易约束。显然，投资方与目标公司的对赌不是单纯的市场交易、经营性交易，而应归属于资本性交易。第一，合同内容方面，对赌协议的交易标的是公司股权，投资方将资金投入目标公司的目的是获取股东身份，投资方收取金钱补偿乃是基于股东身份而无须另为对待给付，投资方要求公司回购股权则是返还投资、退出公司的途径。第二，会计方面，投资者投入资金通常计入"股本"或"资本公积金"科目，属于"资本"范畴，与经营性交易计为负债完全不同。因此，根据当事人的意思表示，结合交易结构和商业理性，对赌协议应定性为投资者伴随股东身份与目标公司签订的合同，系资本性交易，除适用合同法外还应受到公司法规制。其中，保护公司债权人依赖于资本维持原则，保护其他股东利益依赖于同股同权原则。③

（二）公司为股东对赌提供担保的司法分歧与态度转变

1. "瀚霖案"

最高人民法院在"瀚霖案"中采取合同法解释路径，认为：（1）合同无效的判定应严格遵循法定主义，本案二审判决否定担保条款效力的裁判理由（即"担保条款使股东获益脱离公司经营业绩，背离公司法法理精神，使强某某规避了交易风险，严重损害瀚霖公司其他股东和债权人的合法利益"）不符

---

① 刘燕：《"对赌协议"的裁判路径及政策选择——基于PE/VC与公司对赌场景的分析》，载《法学研究》2020年第2期。

② 刘燕：《"对赌协议"的裁判路径及政策选择——基于PE/VC与公司对赌场景的分析》，载《法学研究》2020年第2期。

③ 游冕：《对赌裁判的发展与思索：资本维持、同股同权与法定抗辩——从海富案、瀚霖案、华工案、银海通案评析切入》，载微信公众号"天同诉讼圈"，2021年9月21日。

合合同法关于合同无效的各类法定情形，该项认定已违反合同法基本规则，构成适用法律错误。（2）目标公司已通过股东会决议，同意投资人参与增资以及相关的回购条件、价格和目标公司对回购提供担保等事项，投资人强某某对担保事项经过股东会决议已尽到审慎注意和形式审查义务，因此投资协议中目标公司的担保义务对目标公司已发生法律效力。（3）案件涉及的担保条款虽由原股东曹某某代目标公司签订，但投资人的投资款全部投入目标公司账户，且用于公司经营发展使用，符合公司全体股东的利益，目标公司提供担保的行为有利于其自身经营发展需要，未损害公司中小股东权益，应当认定案涉担保条款合法有效，瀚霖公司应当对曹某某支付股权转让款及违约金承担连带清偿责任。

2."久远案"

在"久远案"[①]中，最高人民法院再审认为：（1）投资人与目标公司原股东达成的上市对赌约定和回购条款属于真实意思表示，亦不存在违反公司法规定的情形，不涉及公司资产的减少，不构成抽逃公司资本，不影响公司债权人的利益，因此投资人与股东达成的上市对赌约定和股权回购条款有效。（2）目标公司在投资协议中约定对原股东的回购义务承担连带责任，但该等安排未经股东会审议，亦未获得股东会追认。投资人未能尽到要求目标公司提交股东会决议的合理注意义务，目标公司法定代表人代表公司在投资协议上的签署行为对投资人不发生法律效力，投资人对协议中约定的担保条款无效自身存在过错。（3）目标公司章程中未能规定公司对外担保，以及对股东、实际控制人提供担保的议事规则，导致公司法定代表人使用公章的权限不明，因此亦应对原股东不能履行的回购款及利息部分承担 1/2 的赔偿责任。

该案侧重于目标公司对回购义务或赔偿的担保责任是否成立的认定。自成都市中级人民法院一审开始，经过二审法院和最高人民法院再审落槌，最后形成生效的裁判观点为：对于对赌协议中与股东之间的约定，在不违反公司法规定等情况下，应属合法有效；若要求目标公司承担回购义务，其前提是目标公司作出了同意对相关事项承担连带责任的股东会决议，或该行为符合目标公司的相关章程规定要求。

3. 小结

从"瀚霖案"到"久远案"，确立了以《公司法》第 16 条为审查依据的整体思路。《公司法》第 16 条第 2 款规定，公司为股东或者实际控制人提供担保的，必须经过股东会或者股东大会决议。基于上述规定可知：公司对外

[①] 最高人民法院（2017）最高法民再 258 号通联资本管理有限公司与成都新方向科技发展有限公司与公司有关纠纷一案再审民事判决书。

担保均需出具机关决议（除一人有限公司无须决议外），对外担保属于为公司增设义务的重大行为，关于担保的限额及决策机制均需在公司章程中明确规定。虽然实践中确实存在部分公司章程没有明确担保决议机关的情况，但无论章程是否有明确规定，除不设决策机关的一人有限责任公司外，公司对外担保均需公司有权机关作出决议。据此，对于对赌中的公司担保，股东会决议应当系公司为其股东提供担保的前置要件，属于公司为其股东提供担保所必须履行的程序，亦属厘清股东与公司之间权利义务关系所必须，相关民事行为应受该法律规定之约束。故投资方在接受公司作出的对其股东所负债务进行担保的意思表示时，应当按照上述法律规定审查该公司的股东会决议，投资方未履行此审查义务的，不足以认定其完成了公司担保过程中所应当履行的交易程序。

对赌中的担保通常都是关联担保，要求的决议机关层级更高，必须由股东（大）会作出决议，且被担保的股东和实际控制人支配的股东在表决时均应回避，且由出席会议的其他股东所持表决权过半数同意，关联担保的决议才可通过。

（三）目标公司为股东对赌义务提供担保的价值判断与法理分析

除了上述担保视角的主要审查思路外，对于对赌中目标公司提供的担保是否有效，实践中有观点认为该安排可能构成抽逃出资，导致目标公司财产的减少，从而违反资本维持原则。抽逃出资，指在公司成立后，股东非经法定程序——有时是在秘密状态下，从公司抽回相当于已缴纳出资数额的财产，同时继续持有公司股份。股东抽逃出资实际上是股东不履行或只履行了部分的出资义务，却仍享有投资收益权、公司管理权等股东权利，本质上是股东不当地侵犯公司独立人格的行为。《公司法》第35条规定了股东不得抽逃出资，但并未对抽逃出资的具体认定标准作进一步规定。《公司法司法解释（三）》第12条列举了四种情形，公司为公司股东回购义务提供担保显然不在其列。同时，这种安排下目标公司承担担保责任属于或然债务，对赌能否成就，股东是否需要承担对赌责任本身均存在不确定性，且目标公司承担担保责任后也可向股东进行追偿。例如，福建省高级人民法院在（2015）闽民终字第1292号案件中即持该种观点，最高人民法院在（2019）最高法民申4849号案件中关于案涉担保是否构成抽逃出资的问题也认为，目标公司为股东间的股权转让款提供担保，并不违反《公司法》第16条有关公司担保的相关规定。目标公司承担担保责任后与股东形成新的债权关系，对股东享有追偿权，故该担保并不损害目标公司的利益。上述案件法院均认为不宜据此认定"目标公司为股东回购义务提供担保"的约定无效。

我们认为，只要担保行为符合《公司法》第16条的认定标准，则担保有效，不应再从抽逃角度去否认担保效力。首先，从《公司法》立法本意分析。《公司法》第16条旨在规范高管、股东的诚信义务，防止其滥用职权、不法损害公司利益，从而限制其以公司名义作出担保。如果公司为股东回购义务提供担保经过股东大会批准，履行公司法、公司章程事先预定的程序，就没有理由认为公司自主的经营行为是抽逃出资。

其次，从世界范围内的立法例来看，不论英美法系还是大陆法系，如果公司为其股东提供担保的行为对公司是公平的，不损害公司利益，且遵循了特殊批准、信息披露等要求，则应当得到法律确认。至于集团公司成员间的相互担保，更为法律所认可。同样，我国法律并不禁止公司为其股东向第三人的债务提供担保，只要存在有效股东会决议，即可代表公司真实意思，并不会损害其余股东利益和公司利益。当然，如果认为新老股东之间存在恶意串通，损害公司和债权人利益的情况，完全可以举证并通过恶意串通等法律规定进行保护，但这与抽逃出资是不同的审查路径。

最后，公司关联担保本质上是关联交易，尽管关联交易可能损害公司、非关联股东、公司债权人和社会利益，但它是公司经营的客观要求，有其内在的必然性和合理性。特别是考虑到公司在向银行贷款时都需要提供担保，一律禁止公司担保既不利于搞活经济，也是不现实的。新股东往往会为公司带来更多资源和更大的发展机会，在公司为股权转让款提供担保的情况下，原股东会更容易同意进行交易，会极大促进市场交易和资本流通。公司既然可以为不是其股东的没有任何关联的并不熟悉的人提供担保，自然也可以为自己的关联公司担保，况且，一般公司集团内部公司之间的担保被金融界认为是较为安全的担保。只是从上市公司角度看，为避免关联交易损害非控股股东利益，对关联交易的批准与披露程序进行特殊规定。我国立法并未一味禁止关联交易，而且，实践中其他领域的关联交易也是不禁止的，那么，单单禁止担保领域的关联交易就没有法理和法律依据。因此，对于公司为本公司股东或者其他个人提供担保的行为，应当像对待其他关联交易一样，由各相关当事人自己作出判断和决定，依法对自己的利益进行保护，法律不应越俎代庖作禁止性规定。

在华仪电气股份有限公司、万向信托股份公司等金融借款合同纠纷案件中，最高人民法院认为："因《民商审判会议纪要》并非司法解释，虽然不能作为裁判依据进行援引，但裁判时可参照其中的内容进行说理。结合本案事实，华仪电气公司的股东大会决议公告和董事会临时会议公告中明确华仪电气公司与华仪集团公司之间存在互相担保的情况，且在公告材料中载明华仪电气公司为华仪集团公司提供担保系本着共同发展的原则而为，因此案涉担保行为并不损害华仪集团公司的利益,对华仪电气公司也存有利益,原审法院在此基础上认定《保证合同》系华仪电气公司的真实意思且合法有效并无不当。"根据前述司法案例可知,商业互保的成立,应当根据公司是否存在真实的商业利益等事实来认定。因此,只要担保行为可以合理地被期待为担保公司直接或间接地获得利益,并经过严格的批准与披露程序,保证交易公平,公司就可以为其股东的回购义务提供担保,而不应因此被认定为抽逃出资。

(四)目标公司履行担保义务的路径选择

在"瀚霖案"中,最高人民法院从《公司法》第 16 条的审查视角认定涉案担保条款合法有效,瀚霖公司应当对曹某某支付股权转让款及违约金承担连带清偿责任,但未进一步从资本维持原则的角度加以论述。如前所述,投资方与目标公司的对赌不是单纯的市场交易、经营性交易,而应归属于资本性交易。相应地,目标公司为股东对赌债务提供担保,也不属于经营性交易,而属于资本性交易性质。经营性交易只需要考量是否存在违规性关联交易,而资本性交易必须以资本维持原则为底线。在不能用禁止抽逃出资原则一概否定目标公司为股东对赌债务提供担保之效力的情况下,如何在资本维持原则的框架下解决担保义务的履行问题,仍然是一个亟待解决的问题。也就是说,与"与目标公司对赌"问题相同,此时审查的核心已经从效力管控转移到履行规制上。对此,有学者给出的解决路径为,公司为股东间股权转让提供担保的交易并不能直接界定为股东抽回出资,除非被担保的受让方股东不具有履约能力,即以股东是否有履约能力作为区分标准,且检验应发生在公司履行担保责任的时点。[①]

对此,目标公司承担对赌债务与目标公司为股东对赌债务提供担保的本质区别在于,目标公司的担保责任与股东的对赌债务之间具有主从关系,至少从理论上说,目标公司承担担保责任后,可以向股东进行追偿。因此,在法律与司法解释未对此作进一步规定的情况下,把履行问题的判断标准放在股东的履约能力上,不失为一种较为有效的解决途径。基于此,可作两点考量。

1. 股东明显不具备履行能力

此时目标公司的追偿权势必落空,公司担保就变成了用公司的资产径直向投资方股东输出财产。这时候必须以资本维持原则作为审查标准,也就是说,启动资本维持原则是在审查是否具备履行条件时,而不必在审查合同效力时。鉴于公司向股东输出财产必须受到"禁止抽逃出资"原则和盈余分配

---

① 刘燕:《"对赌协议"的裁判路径及政策选择——基于 PE/VC 与公司对赌场景的分析》,载《法学研究》2020 年第 2 期。

规则的规制，故审查的核心又进一步转移到公司是否具有可分配利润上。具体的审查方式和程序可适用与目标公司对赌的相关论述。

2.股东具有履行能力

此时投资方依据担保条款请求目标公司为股东对赌债务承担连带责任，目标公司可以通过行使追偿权追回其流出的财产，并不会动摇公司资本，"此时公司的担保也可以作为一般的关联交易对待，并不启动资本维持原则的检验"。[1]

（五）约定不明情况的处理

实务中存在当事人仅约定目标公司承担"连带责任"，而未明确约定为"连带保证责任"的情形。对于此类情形，投资方要求目标公司承担"连带责任"的性质是连带保证责任、债务加入还是其他，在实务界中一直存在争议。目前有两种比较典型的处理方式：一种认定为债务加入；另一种则认为目标公司的承诺是连带保证责任。

1.认定公司为股东的回购义务承担"连带责任"是债务加入

例如，在（2020）沪0106民初24530号案件中，目标公司与原股东承诺就协议项下的现金补偿和回购义务向投资人共同承担不可撤销的无限连带责任，法院认为该种表述系债的加入，并认为"其相较于担保责任属于法律后果更为严重的责任形式"，并以投资人未尽到要求目标公司就债务加入事宜提交相关公司机关决议的合理注意义务、未能证明其为善意相对人、未证明本案存在无须相关公司机关决议的情形为由认定该债务加入行为无效。在（2021）苏06民终1657号案件中，各方约定股权回购款由目标公司以承担连带责任的方式共同负责向投资人支付，江苏省南通市中级人民法院审理后将目标公司的连带责任认定为债务加入。既然是债的加入，实质上是公司履行回购义务，因而需要履行减资程序。例如，在（2021）京0108民初179号案件中，北京市海淀区人民法院认为要求目标公司对回购价款的支付义务承担连带清偿责任，实际上就是要求目标公司回购自身股权，而由于在该案中投资人支付投资款后尚未办理增资变更登记，因此亦无法通过减资程序转出股权，法院据此未支持投资人的请求。北京市第一中级人民法院在二审中对此予以维持。在（2020）沪0116民初7351号案件中，上海市第一中级人民法院也有类似观点：债务加入的法律后果是股东与目标公司对回购义务承担连带责任，其结果与要求目标公司支付回购款并无差别，系变相要求目标公司回购股权，而根据公司法的相关规定，公司回购股东的股权，应当经过减资

---

[1] 刘燕：《"对赌协议"的裁判路径及政策选择——基于PE/VC与公司对赌场景的分析》，载《法学研究》2020年第2期。

等法定程序，现投资人并未提交证据证明目标公司已完成减资程序，故对投资人要求目标公司承担连带责任的诉请，法院不予支持。

2. 认为公司为股东回购义务承担"连带责任"是连带保证责任

以（2017）最高法民再 258 号案件为代表，虽然增资协议约定"久远公司对新方向公司负有的股权回购义务承担履约连带责任"，法院最终认定"双方当事人将'连带责任'理解为'连带担保责任'，并未加重久远公司的责任负担，且从通联公司诉请久远公司的责任后果看，是对新方向公司承担的股权回购价款本息承担连带责任，仍然属于金钱债务范畴，也与久远公司实际承担的法律责任后果一致"，也即认为目标公司承诺对其原股东的回购义务承担连带责任，但并未明确为连带担保责任，视为约定不明，但双方均认为是担保，且认为是担保也并未加重目标公司责任，所以模糊处理。在（2021）京 03 民终 6581 号案件中，目标公司承担"连带责任"的约定亦与前述一致，为"融资方和现有股东对于上述回购义务应承担个别和连带的责任"，北京市第三中级人民法院最终将这一连带责任认定为连带责任保证。在（2020）京民终 165 号案件中，各方约定"投资方有权要求公司和／或创始人股东无条件回购投资方所持有的全部或部分股份……创始人股东之间、创始人股东与公司在本条款下的上述回购义务均为连带"，针对投资人要求目标公司对回购价款的支付义务承担连带责任的诉讼请求，一审、二审、再审法院有着不同的态度：一审法院认为，案涉协议中关于目标公司与原股东对协议项下的责任和义务承担连带责任的约定实际系债务加入并准用担保规则。二审法院认为，根据原《民法总则》第 178 条第 2 款关于"二人以上依法承担连带责任的，权利人有权请求部分或者全部连带责任人承担责任"的规定，投资人有权要求原股东及目标公司中的任何一方或全体承担合同义务，故认定投资人起诉要求原股东承担股权回购义务并将股权转让至该股东名下、目标公司对原股东回购投资人持有的目标公司股权的付款义务向投资人承担连带责任的主张具有合同和法律依据，应当予以支持。同时，对于一审法院的认定，二审法院也作出为何纠正的进一步说明：目标公司与目标公司原股东之间是不区分份额的连带责任，是对多主体之间责任分配的约定。根据该条约定，目标公司与原股东的合同义务、责任承担不区分份额，债权人可向其中之一、之二或全部主张全部义务、责任；而担保责任具有从属性，根据原《担保法》第 6 条"本法所称保证，是指保证人和债权人约定，当债务人不履行债务时，保证人按照约定履行债务或者承担责任的行为"的规定，从《增资补充协议》第 4.4 条文义中无法解读有该意思表示。故一审判决关于目标公司为原股东向投资人承担连带责任，实质系债的加入以及准用担保规则的认定没有法律依据，亦与当事人的约定不符，该认定错误。最高人民法院（2020）最高法民申 6603 号再审案中则将《增资补充协议》中关于目标公司对协议约定的相关责任和义务承担连带责任的约定认定为目标公司对原股东的付款义务提供连带责任保证,即本案目标公司实质上为原股东的付款义务提供担保。

3. 小结

对于实践中的分歧,应从债务加入的法律规定本身出发。债务加入须有当事人明确的意思表示,当事人签署的对赌协议不足以确定公司是保证还是债务加入的,应认定为保证为宜。理由主要在于:一方面,第三方为相关债务人提供增信承诺,无论是以保证抑或债务加入的形式作出,其中皆不乏利益考量,当事人间的利益关系可作为保证与债务加入识别时综合考量的一个因素,却不应成为其基本标准。另一方面,从《民法典》第 686 条规定看,与原《担保法》相比,《民法典》在立法倾向上已发生了变化,即已由注重对债权人的保护向平衡债权人和担保人利益转变,因此,在无法对合同作出有说服力的解释的情况下,应向责任较轻的方向推定。而依上文分析,对于债务关系以外的第三方而言,债务加入所需承担的责任一般重于保证责任。因此,依当事人意思表示难以对增信承诺文件的法律性质作出准确判断时,将其推定为保证,明显更符合《民法典》的基本精神。因此,对于仅约定"连带责任"而未明确约定为"连带保证责任"的情形,应认定为连带担保责任为宜。

三、关于估值调整协议纠纷中夫妻共债的认定问题

估值调整协议纠纷中夫妻共债的认定问题,在司法实践中主要表现为投资方在请求目标公司的自然人股东或实际控制人承担对赌债务的同时,请求其配偶对此承担连带责任。此类纠纷的审查重点在于自然人股东或实际控制人的对赌债务是否构成夫妻共同债务。关于夫妻共同债务的认定,最高人民法院于 2018 年发布的《最高人民法院关于审理涉及夫妻债务纠纷案件适用法律有关问题的解释》规定了"共债共签""事后追认"以及"家庭日常生活所需"等认定标准,同时规定在无"共债共签"的情况下,需由债权人证明债务用于夫妻共同生活、共同生产经营或者基于夫妻双方共同意思表示。《民法典》采纳了上述裁判规则。《民法典》第 1064 条规定:夫妻双方共同签名或者夫妻一方事后追认等共同意思表示所负的债务,以及夫妻一方在婚姻关系存续期间以个人名义为家庭日常生活需要所负的债务,属于夫妻共同债务。夫妻一方在婚姻关系存续期间以个人名义超出家庭日常生活需要所负的债务,不属于夫妻共同债务;但是,债权人能够证明该债务用于夫妻共同生活、共同生产经营或者基于夫妻双方共同意思表示的除外。

根据上述规定，对于夫妻双方共同签名或夫妻一方事后追认的估值调整协议，应认定为夫妻共同意思表示，由此产生的债务认定为夫妻共同债务自无疑义。司法实践中产生争议的是没有"共债共签""事后追认"的情况。因对赌协议项下的债务一般数额巨大，明显"超出家庭日常生活需要"，债权人应当证明相关的对赌债务用于夫妻共同生活、共同生产经营或者基于夫妻双方共同意思表示。

关于对赌债务是否为夫妻共同债务的认定，最著名的案件为"小马奔腾"案[①]。该案中，2011年3月22日，各方签订《增资及转股协议》，约定建银文化产业股权投资基金（天津）有限公司（以下简称建银文化基金）作为投资方之一，投资北京新雷明顿广告有限公司（以下简称新雷明顿公司）。同日，李某1、李某2、李某3作为甲方，新雷明顿公司作为乙方，建银文化基金作为丙方（投资方），签订《投资补充协议》，约定若新雷明顿公司未能在2013年12月31日之前实现合格上市，则投资方均有权要求新雷明顿公司、甲方或甲方任一方一次性收购其所持有的公司股权。经仲裁裁决认定，《增资及转股协议》及《投资补充协议》合法有效，股权回购义务条件已经成就，李某1、李某2、李某3应当依约履行该项义务。金某与李某3于1993年11月19日结婚，李某3于2014年1月2日去世。新雷明顿公司设立时登记的法定代表人为金某，股东为金某及李某1。2007年9月15日，工商登记显示，金某不再担任该公司的法定代表人，也不再具有股东身份。2011年3月30日，该公司法定代表人由李某1变更为李某3。后经过两次股权变更登记，李某3成为新雷明顿公司持股比例3%的股东。2011年12月2日，新雷明顿公司变更名称为北京小马奔腾文化传媒股份有限公司（以下简称小马奔腾）。2014年1月27日，小马奔腾的法定代表人由李某3变更为金某。2014年11月3日，该公司法定代表人由金某变更为李某2。

该案的争议焦点为：因《投资补充协议》中约定李某3的股权收购义务而形成的李某3对建银文化基金的债务，是否为李某3与金某的夫妻共同债务。二审法院认为：根据查明事实，金某对于案涉协议约定的股权回购义务是明知的，其参与了公司的共同经营，案涉债务属于李某3、金某夫妻共同经营所负债务：其一，金某是新雷明顿公司设立时登记的法定代表人和股东，后经过数次变更，法定代表人变更为李某3，之后李某3成为新雷明顿公司持股比例3%的股东。其二，新雷明顿公司（小马奔腾）及其附属公司与小马奔腾集团公司间接控制的湖南优化公司之间签署了一系列控制协议，金某既

---

① 金某与建银文化产业股权投资基金（天津）有限公司合同纠纷案，二审案号（2018）京民终18号，再审案号（2020）最高法民申2195号。

是小马奔腾集团公司的董事，又是湖南优化公司的董事，并签署了相关决议。公司完成相关的登记事项需要金某的相关身份信息、账户信息，作为金某的配偶李某3对于金某相关的登记事项是明知的；在金某对李某3名下股权系金某与李某3婚姻关系存续期间所得的共同所有的财产主张一半股权归属的情况下，金某对上述公司登记的公示信息亦是确认的。金某作为小马奔腾集团公司、湖南优化公司董事，参与了公司经营；其签署相关公司的解除VIE架构的各种决议，应当知悉李某3与建银文化基金关于股份回购的协议安排。其三，李某3去世后金某的一系列行为证实李某3、金某夫妻共同经营公司。首先，2014年1月27日，小马奔腾的法定代表人变更为金某，金某现仍然为小马奔腾的董事。其次，既然李某3在小马奔腾等公司的股权系金某与李某3婚姻关系存续期间所得的共同所有的财产，建银文化基金的投资致使公司财产及股东个人的财产同时增值，金某作为配偶一方实际享有了建银文化基金投资小马奔腾所带来的股权溢价收益，李某3因经营公司所承诺的回购责任亦属夫妻共同债务，符合权利义务一致原则。最后，金某自称目前经营的公司雇用的是原小马奔腾人员、采用原小马奔腾经营模式。可见，金某现在经营的公司仍然享用建银文化基金投资小马奔腾所产生的溢出效应。最高人民法院再审确认了二审观点，驳回了金某的再审申请。

最高人民法院在（2021）最高法民申4323号郑某某与广州霍利投资管理企业股权转让纠纷再审案中也持相同的观点。该案结合目标公司股东所持股权为夫妻共同财产、配偶一方在目标公司的持股和任职情况等认定目标公司为夫妻共同经营的企业，因经营或任职目标公司所获得的收入亦应属于夫妻共同财产。目标公司股东负有回购股权的义务，是投资方投资的条件，对赌协议的签订系出于经营目标公司的商业目的，因此产生的回购股权债务应属于公司生产经营所负债务。此外，案件事实反映配偶一方对目标公司签订对赌协议及收到投资款应系明知并且同意。故对赌协议应系夫妻双方因经营公司所作出的共同决策，案涉债务的负担具有夫妻共同意思表示。据此，法院认为案涉债务用于夫妻共同生产经营，且有证据证明具有二人共同意思表示，应认定为夫妻共同债务。目标公司股权属于夫妻共同财产，目标公司亦系夫妻双方共同经营，无论商业经营行为的最终结果系盈利或亏损，后果均应及于配偶一方。

从上述两个案例可见，最高人民法院对于对赌债务是否属于夫妻共同债务持肯定态度。根据《民法典》关于夫妻共同债务的认定标准，在认定对赌债务是否属于夫妻共同债务时，应着重把握两个判断标准，一是"共同生产经营"，二是"共同意思表示"。通过归纳上述两个案例的裁判规则，在判断对赌债务是否属于夫妻共同债务时，可重点审查以下几个因素：（1）目标公司股东或实际控制人取得或间接取得目标公司股权是否发生在婚姻关系存续期间，即该目标公司股权是否属于夫妻共同财产。（2）相关估值调整协议的签订、履行是否发生在夫妻关系存续期间，即对赌债务是否产生在夫妻关系存续期间。（3）配偶在目标公司或其关联公司的持股情况。（4）配偶在目标公司的任职情况（是否担任目标公司董事、监事、高级管理人员、主要财务人员等对公司经营管理有重大影响的职务），是否参与目标公司的经营管理。（5）配偶是否知悉和参与涉案估值调整协议的签订以及履行过程（例如，签约时是否在场，是否收取过与对赌交易相关的款项等）。（6）配偶是否实际享有了投资方进行股权投资所带来的目标公司股权溢价收益等（例如，目标公司股权是否属于夫妻共同财产）。此外，应当注意的是，根据《民法典》第1064条规定，证明上述因素成立的举证责任在于债权人即投资方。

四、关于投资方在"对赌失败"后的责任承担问题

估值调整协议是投融资双方为解决目标公司未来发展的不确定性而签订的协议，因此，目标公司未来的发展情况对于投融资双方的利益均影响较大。具体到协议内容上，双方约定的对赌条件，如目标公司未来时段的净利润数、增长率或者在未来一定时间内成功上市等能否实现，将关系到双方约定的利益补偿条件是否触发。如上所述，估值调整协议在性质上最接近于附履行条件的合同。参照《民法典》关于附条件法律行为的相关规定，在司法实践中不可避免地需要审查双方是否存在不正当地阻止或者促成条件成就的情形，以及由此而产生的责任。实践中，此类争议最常见的情形：在目标公司未能完成对赌条件，例如，未能实现约定时段的净利润数，或者未能在约定期限内上市时，针对投资方要求融资方履行补偿义务，融资方抗辩目标公司未能实现对赌条件的原因在于投资方，从而拒绝履行补偿义务等。此外，基于资本市场的复杂性和多元性，估值调整协议在具体应用的过程中可能偏离"估值调整"的轨道，而成为投机者谋求不当利益的工具。因此，在审理此类纠纷时，需要结合案件的具体情况进行分析，既要从整体上认识对赌结果属于商业风险，应当由商事主体自行承担，也要合理认定投融资双方，尤其是投资方在对赌过程中的地位和影响，不让投机者从中谋取不正当利益，使估值调整协议沦为投机工具。

（一）关于投资方对"对赌失败"有无责任的审查

1. 投资方不参与目标公司经营管理的情况

一般情况下，在PE/VC领域中的投资为财务投资，投资方投资目标公司

取得股权后，除重大事项一票否决、派出少数董事等控制风险措施外，并不参与公司的日常经营管理。因此，在投资方不参加目标公司经营管理，对于目标公司未来发展情况并无决策权和影响力的情况下，难以认定投资方存在不正当阻碍或者促成条件成就的行为，目标公司不能实现对赌条件与投资方无关。在此种情况下，投资方对于对赌失败并不需要承担任何责任，其仍可依据合同约定向融资方主张权利。

2. 投资方参与目标公司经营管理的情况

这种情形常见于上市公司资产收购中。上市公司在资产收购过程中按照规定需要与交易相对方签订业绩承诺与补偿协议，由原股东承诺目标公司在未来几年内的年度净利润数，当期实际净利润低于承诺净利润的，由原股东向上市公司进行补偿。同时，由于上市公司在收购目标公司后，根据证监会的相关规定对其下属公司必须进行监管。因此，双方会在资产收购过程中事先约定目标公司的管理权分配，包括董事的委派，高级管理人员、其他财务负责人的推荐、聘任，公司管理权限的分配等。在股权转让完成后，目标公司事实上存在来自上市公司和原股东的两方管理层，两方之间围绕目标公司的经营管理难免产生龃龉，由此不可避免地发生对目标公司控制权的争夺。一旦对赌失败，目标公司未能完成业绩承诺，原股东一方往往会将对赌失败的原因归咎于双方之间的矛盾和争夺，主张对赌失败的责任在上市公司一方。上述纠纷一旦进入诉讼，法院就需要对投资方是否造成目标公司业绩不达标这一核心争议进行审查。

投资方参与目标公司的经营管理，是投融资双方根据具体的投资模式所采取的合理商业安排，其本身与目标公司未能完成对赌目标之间并无必然的因果关系，不能仅因投资方参与目标公司经营管理而减轻或者免除融资方在估值调整协议项下的责任。在审理此类纠纷时应当重点把握两项原则：一是要明确对赌成败首先是一种商业风险，目标公司能否完成业绩承诺，主要取决于整体市场环境、行业发展前景、市场竞争情况等因素。上述客观条件对于对赌结果的影响，不应归咎于任何一方，而应当由当事人依照约定承担相应的后果。二是要尊重当事人的意思自治，避免司法过多介入，当事人之间的交易安排，包括目标公司的内部治理和经营决策，均属于当事人的意思自治范畴，司法不应对此过多干预，轻易作出否定性评价。在遵循以上两点原则的基础上，司法实践中可结合以下因素进行审查：

（1）当事人之间关于目标公司经营管理（包括董事、高级管理人员等委派和推荐、公司管理权限划分等）是否进行了约定，法律法规、部门规章或规范性文件等对此有无特殊规定。就上市公司而言，《上市公司治理准则》（2018年修订）第94条规定，上市公司应当建立内部控制及风险管理制度，并设立专职部门或者指定内设部门负责对公司的重要营运行为、下属公司管控、财务信息披露和法律法规遵守执行情况进行检查和监督。上述当事人的约定或者行业监管规定为投资方参与目标公司经营管理提供了合法性依据。

（2）投资方在目标公司的运营过程中是否对其正常经营管理和决策进行不正当干预。在估值调整协议的交易框架下，作为对赌一方的原股东，其掌握目标公司的经营管理，方能保证目标公司在业绩承诺期间按照经营计划与决策正常运营，从而实现业绩承诺目标。原股东掌控目标公司具体的经营方针、策略，是对赌关系下的"题中应有之义"。如果原股东失去对目标公司具体运营决策的权力，却仍由其承担业绩不达标的后果，明显有违公平原则。因此，在审查中应考察投资方对目标公司的运营是否进行了不正当干预。基于尊重公司内部自治的原则，司法主要考察投资方监管行为的合法性、必要性及其影响力。合法性方面，主要审查投资方的相关监管行为是否符合法律法规、部门规章和规范性文件的规定，是否符合目标公司章程和投融资双方的约定，即其监管行为是否具有规范依据或者合同依据。必要性方面，主要审查投资方所采取的监管措施是否为保障目标公司合法、正常运营，维护目标公司根本利益所需。换言之，如果不采取该项监管措施，则可能导致目标公司陷入违法经营或者产生重大损失，则可认定投资方的监管行为具有必要性，不构成"不正当干预"。影响力方面，投资方的干预行为必须对目标公司的正常经营管理产生重大影响，才能达到"干预"的程度，如果影响较小，即使超出约定的范围或者不具有必要性，也不应认为构成"不正当干预"。

（3）投资方的不正当干预与目标公司未能完成业绩承诺之间是否具有因果关系。目标公司业绩不达标，通常是市场环境恶化、行业竞争激烈等客观因素所致。只有在投资方的不正当干预与目标公司业绩下滑存在直接因果关系的情况下，才能判令投资方对此承担责任。审查时应结合目标公司往年业绩完成情况、当年度所处的市场环境有无发生重大变化、假定消除不正当干预的前提下目标公司实现业绩目标的可能性高低、融资方在目标公司运营过程中有无重大过错等因素综合判断。同时应明确的是，根据"谁主张，谁举证"原则，应当由提出抗辩一方（融资方）就因果关系成立进行举证。

3.投资方全盘接手目标公司经营管理的情形

实践中还可能存在投资方受让目标公司100%股权后全盘接手目标公司经营管理，目标公司原股东全面退出公司的情况。此时如目标公司未能完成业绩承诺，投资方能否依据对赌条款的约定请求原股东承担业绩补偿义务？如上所述，原股东掌握目标公司的经营管理，方能控制目标公司未来的经营风险及实现承诺的业绩，并对此承担相应的法律后果；而投资方让渡业绩承诺期内全部或部分经营管理权，才能将经营不善的风险交由原股东承担，并由原股东对业绩差额进行补偿。这种制度设计符合投融资双方的利益驱动，也符合双方业绩对赌的初衷。如果股权转让后原股东全面退出目标公司，完全失去对目标公司运营决策的权力，则双方的对赌安排已失去其前提和基础。此时仍由原股东承担业绩不达标的后果，有悖对赌的制度目的，也明显有违公平原则。因此，在这种情况下，投资方请求原股东承担业绩补偿义务的，不予支持。

（二）关于投资方的责任承担

在认定投资方对目标公司的运营实施了不正当干预且与目标公司业绩不达标存在因果关系的情况下，投资方如何承担责任？对此应当根据因果关系的比例来进行认定。如果投资方的不正当干预是造成目标公司未能完成业绩承诺的唯一原因或者最主要的原因，则应免除融资方因对赌失败而产生的补偿义务；如果投资方的不正当干预仅是目标公司业绩下滑的原因之一，或者融资方对于目标公司业绩下滑也有责任，则可根据因果关系的比例，部分免除融资方的补偿义务。

五、涉及上市、新三板挂牌领域估值调整协议的相关法律问题

（一）上市公司重大资产重组过程中的估值调整协议

根据《公司法》第120条规定："本法所称上市公司，是指其股票在证券交易所上市交易的股份有限公司。"根据《上市公司重大资产重组管理办法》第35条第1款规定，采取收益现值法、假设开发法等基于未来收益预期的方法对拟购买资产进行评估或者估值并作为定价参考依据的，上市公司应当在重大资产重组实施完毕后3年内的年度报告中单独披露相关资产的实际盈利数与利润预测数的差异情况，并由会计师事务所对此出具专项审核意见；交易对方应当与上市公司就相关资产实际盈利数不足利润预测数的情况签订明确可行的补偿协议。该条第3款规定，上市公司向控股股东、实际控制人或者其控制的关联人之外的特定对象购买资产且未导致控制权发生变更的，不适用该条前两款规定，上市公司与交易对方可以根据市场化原则，自动协商是否采取业绩补偿和每股收益填补措施及相关具体安排。根据上述规定，上市公司在购买资产过程中通常需要与交易对方就相关资产实际盈利数不足利润预测数的情况签订明确可行的补偿协议，上述补偿协议在性质上属于估值调整协议。需要注意的是，根据上述管理办法规定内容，这类估值调整协议属于单向的对赌，即仅规定交易相对方在未实现预测利润数时对上市公司作

出补偿，实务中常表现为上市公司与交易相对方签订的"业绩承诺和补偿条款"。

实践中，这类估值调整协议的特殊之处在于，上市公司购买目标公司股权后，根据相关监管规定需对下属公司进行管控，由此可能发生上市公司与原股东之间对于目标公司管理权的争夺，对此问题已在上文中加以讨论。

（二）与首次公开发行股票并上市相关的估值调整协议纠纷

《公司法》第 125 条规定，股份有限公司的资本划分为股份，每一股的金额相等。公司的股份采取股票的形式。符合条件的股份有限公司按照法定程序，可向投资人发行股票以募集资金。根据《证券法》第 9 条规定，股票发行分为公开发行和非公开发行两种方式。《证券法》第 37 条第 1 款规定："公开发行的证券，应当在依法设立的证券交易所上市交易或者在国务院批准的其他全国性证券交易场所交易。"目前，我国依法设立的证券交易所包括上海证券交易所、深圳证券交易所及北京证券交易所，公开发行股票上市交易即指公开发行的股票在上述证券交易所交易。股份有限公司首次在证券市场公开发行股票募集资金并上市，称为首次公开发行股票并上市。《证券法》第 46 条第 1 款规定："申请证券上市交易，应当向证券交易所提出申请，由证券交易所依法审核同意，并由双方签订上市协议。"股份有限公司的股票经审核同意在证券交易所上市交易，即成为公司法上所称的"上市公司"。

由于公司上市后可以通过公开渠道募集大量资金，提高市场竞争力，获得更好的发展前景，投资者也可以从中获取更多的投资回报。因此，估值调整协议常见的对赌条件之一就是对赌目标公司在未来特定时间内成功上市，即目标公司的股票经审核同意在证券交易所上市交易。而根据相关的上市管理办法规定，首次公开发行股票要求发行人股权清晰、有持续盈利能力等，以确保公司上市后持续稳定经营，保护公众投资者利益。例如，适用于主板的《首次公开发行股票并上市管理办法》（2020 年）规定，首次公开发行股票并上市的条件包括"发行人的股权清晰，控股股东和受控股股东、实际控制人支配的股东持有的发行人股份不存在重大权属纠纷"（第 13 条），不得有"影响持续盈利能力的情形"（第 30 条）等。而估值调整协议中约定的融资方现金补偿、股权回购义务一旦触发，可能导致发行人的股权结构发生重大变化，或者严重影响发行人持续盈利能力。基于此，证监会在"首发业务"审核过程中要求发行人对原签订的估值调整协议进行清理。适用于主板的《首发业务若干问题解答》（2020 年 6 月修订）中针对"部分投资机构在投资发行人时约定对赌协议等类似安排的，发行人及中介机构应当如何把握？"的解答是："投资机构在投资发行人时约定对赌协议等类似安排的，原则上要求发行人在申报前清理，但同时满足以下要求的可以不清理：一是发行人不作为对赌协议当事人；二是对赌协议不存在可能导致公司控制权变化的约定；三是对赌协议不与市值挂钩；四是对赌协议不存在严重影响发行人持续经营能力或者严重影响投资者权益的情形。"适用于创业板的《深圳证券交易所创业板股票首次公开发行上市审核问答》和适用于科创板的《上海证券交易所科创板股票发行上市审核问答（二）》也有类似规定。

　　根据上述要求，作为融资方的发行人在"首发业务"审核过程中会对对赌协议进行清理。除符合不清理条件或者已履行完毕的对赌协议外，一般有两种清理方式：一是各方签订"中止条款"，即约定对赌协议在"首发业务"审核期间效力中止，一旦上市申请被否决或者撤回申请材料（即上市不成功），则恢复对赌协议效力；二是各方直接约定终止对赌条款。目前"中止"对赌协议的做法较难获得证监会审核通过，实务中通常采用"终止"对赌协议的方式，并在上市材料中予以披露。然而，投资方为了保障其投资利益，往往会要求发行人与其签订"抽屉协议"，即另行约定"中止"条款，而相关的"中止协议"并未在上市材料中披露，由此产生了关于"抽屉协议"效力的认定问题。

　　1.目标公司未成功上市的情形

　　当事人在"抽屉协议"中约定"首发业务"审核期间对赌协议中止履行，如上市不成功，则恢复对赌协议效力。在目标公司未能完成上市条件，投资方依据"恢复效力"后的对赌协议主张权利时，相关协议是否因违反披露义务而导致无效？由于"首发业务"中的披露义务涉及的是投资者利益保护和社会公众监督，属于公众公司的监督管理范畴。在目标公司上市不成功的情况下，估值调整协议牵涉的利益关系又回归到投融资双方，并不影响公共利益，不涉及金融安全、市场秩序、国家宏观政策等公序良俗。因此，对于此类协议按照一般估值调整协议进行效力审查即可。至于各方在"首发业务"过程中存在的违反披露义务等违规问题，属于证监部门审查和处理的范围，不影响估值调整协议的效力认定。

　　2.目标公司已成功上市的情形

　　如果当事人约定的对赌条件仅为上市，则在目标公司成功上市的情况下，估值调整协议所约定的对赌条件未触发，协议实际已告终止。但因实务中当事人除约定上市外，还可能同时约定其他对赌条件，该约定不因目标公司成功上市而自然失效，即各方的对赌安排持续至目标公司上市之后。因此，实务中也存在当事人签订"抽屉协议"约定公司上市后对赌约定持续生效，甚至未在"首发业务"审核过程中披露对赌条款的情形。2021年年底，上海证券交易所针对一起在首次公开发行股票并在科创板上市申请过程中，存在信息披露不规范情形的案件作出监管警示决定。[①]2016年12月，江苏硕世生物科技股份有限公司（以下简称硕世生物）实际控制人房某某、梁某某、控股股东绍兴闰康生物医药股权投资合伙企业（有限合伙）（以下简称闰康生物）与高科系投资方签署投资协议，约定投资方入伙闰康生物，并就硕世生物上市前/后回售权、反稀释权、估值调整等特殊权利义务作出安排。上述事项属于《上海证券交易所科创板股票发行上市审核问答（二）》规定应当披露并清理的对赌协议。但硕世生物在相关问询回复中均未提及相关对赌协议。12月5日，硕世生物股票上市交易。2020年12月7日，硕世生物披露公告称，高科系投资方基于投资协议中对硕世生物上市后回售权的相关约定向法院起诉，要求闰康生物、房某某、梁某某向其支付合伙份额回售价款。至此，硕世生物才披露对赌协议相关事项。上海证交所认为硕世生物作为信息披露的第一责任人，未履行信息披露义务，对其予以监管警示。同时予以监管警示的还有保荐代表人、签字律师等。

上述事件在业界引发热议，也产生了关于公司上市前应当清理而未清理，且未依法披露的估值调整协议效力如何认定的问题。对此，司法实践中应当根据上市公司涉公众利益的特点、上市公司监管的制度目的（此处主要是指清理对赌协议规定及信息披露规定），并结合具体案件情况对相关的对赌条款进行考察：

首先，上市公司作为公众公司，其运营情况关系到众多不特定投资者的利益，甚至会影响金融市场的安全和稳定。上市公司监管制度是为了保障上市公司持续正常经营，维护社会公共利益和金融市场安全，必须落到实处。

其次，公司上市的基本要求是"发行人的股权清晰""不存在重大权属纠纷"等。证监会要求清理的对赌条款有以下几种：（1）发行人作为对赌协议当事人；（2）对赌协议存在可能导致公司控制权变化的约定；（3）对赌协议与市值挂钩；（4）对赌协议存在严重影响发行人持续经营能力或者严重影响投资者权益的情形。证监会要求发行人清理上述对赌条款，是因为相关条款的履行结果会导致上市公司股权不清晰，或者可能损害公众利益，进而损害金融市场安全。例如，股权调整型的对赌条款，可能会导致发行人股权结构发生重大变化，损害上市公司股权结构的稳定性，不符合"股权清晰"的上市要求；与发行人之间的金钱补偿型对赌条款，公司上市后如需支付巨额现金补偿，可能严重影响其持续经营能力；与上市后的股票交易市值挂钩的对赌条款，可能促使投资方为追求自身投资利益而操纵二级市场股票交易价格，

[①] 详见上海证券交易所《关于对江苏硕世生物科技股份有限公司予以监管警示的决定》。

致使二级市场的股票交易价格背离上市公司的正常市场交易估值，损害其他公众投资者的利益，进而损害股票市场的交易秩序、危害国家金融安全。因此，证监会关于上述四类对赌条款在"首发业务"申报前必须清理的监管规定，实质上是基于维护公共利益和金融安全的需要，属于《民商审判会议纪要》第31条规定的涉及金融安全、市场秩序、国家宏观政策等公序良俗的部门规章。

最后，上市公司依法履行信息披露义务，是上市公司监管的核心。通过信息披露，一方面使众多投资者了解上市公司的真实情况，提高证券市场的透明度，保护众多投资者利益；另一方面则是促进上市公司规范运作、完善内部治理，保证上市公司持续正常运营。

综合上述几点考虑因素，对于上市公司在"首发业务"审核过程中应当清理而未清理、且未履行披露义务的对赌条款，可认定其违反了涉及公序良俗的相关证券监管规定。当然，以上仅是司法实践中审理此类纠纷的基本规则，在个案中认定具体条款效力时不可一概而论，还应当结合具体案件情况，包括对赌条款的具体内容、是否属于应当清理的条款、影响面的大小、是否造成实际损害结果等综合考虑。如结合具体案情可认定相关对赌条款损害了众多非特定投资者的合法权益，损害资本市场基本交易秩序与基本交易安全，损害金融安全与社会稳定，损害社会公共利益的，应当认定无效。

（三）与新三板挂牌相关的估值调整协议纠纷

目前业界所指的新三板挂牌，是指目标公司股票在全国中小企业股份转让系统公开转让。新三板是相对于在证券交易所上市交易的主板、创业板等资本市场而言的业界术语。根据《全国中小企业股份转让系统有限责任公司管理暂行办法》第2条规定，全国中小企业股份转让系统是经国务院批准设立的全国性证券交易场所，即业界所称的"新三板市场"。新三板市场属于《证券法》第37条规定的"国务院批准的其他证券交易场所"，公司股票在符合规定的条件下，可以在新三板市场交易转让。根据《全国中小企业股份转让系统有限责任公司管理暂行办法》第3条规定，股票在全国股份转让系统挂牌的公司（以下简称挂牌公司）为非上市公众公司。

关于目标公司申请挂牌时相关对赌条款的清理，全国中小企业股份转让系统有限责任公司颁布的《全国中小企业股份转让系统股票挂牌审查业务规则适用指引第1号》（2020年）就申请挂牌公司涉及对赌等特殊投资条款的相关事项明确如下："一、对赌等特殊投资条款的规范性要求。投资方在投资申请挂牌公司时约定的对赌等特殊投资条款存在以下情形的，公司应当清理：（一）公司为特殊投资条款的义务或责任承担主体；（二）限制公司未来股票发行融资的价格或发行对象；（三）强制要求公司进行权益分派，或者不能进行权益分派；（四）公司未来再融资时，如果新投资方与公司约定了优于本次投资的特殊投资条款，则相关条款自动适用于本次投资方；（五）相关投资方有权不经公司内部决策程序直接向公司派驻董事，或者派驻的董事对公司经营决策享有一票否决权；（六）不符合相关法律法规规定的优先清算权、查阅权、知情权等条款；（七）触发条件与公司市值挂钩；（八）其他严重影响公司持续经营能力、损害公司及其他股东合法权益、违反公司章程及全国股转公司关于公司治理相关规定的情形。二、对赌等特殊投资条款的披露。对于尚未履行完毕的对赌等特殊投资条款，申请挂牌公司应当在公开转让说明书中充分披露特殊投资条款的具体内容、内部审议程序、相关条款的修改情况（如有）、对公司控制权及其他方面可能产生的影响，并作重大事项提示。"《挂牌公司股票发行常见问题解答（三）——募集资金管理、认购协议中特殊条款、特殊类型挂牌公司融资》针对挂牌公司股票发行认购协议中签订的业绩承诺及补偿、股份回购、反稀释等特殊条款，以及《挂牌公司股票发行常见问题解答（四）——特殊投资条款》针对投资者参与挂牌公司股票发行时约定的特殊投资条款，也有类似的规定。

司法实践中对与新三板挂牌相关的对赌协议有以下裁判要旨：

（1）法律法规并未禁止非上市公众公司对赌，只要对赌协议本身不存在违反法律、行政法规强制性规定等法定无效情形或者违反挂牌公司监管禁止性规定，即应认定有效，对赌条款的披露属证券监管机构的监督管理范畴，与回购条款本身的效力并无必然关联。例如，在（2021）苏06民终783号徐某某与南通三建控股有限公司、江苏南通三建集团股份有限公司股权转让纠纷案件中，二审法院认为：首先，我国相关法律法规中并无禁止非上市公众公司对赌的规定，且案涉对赌协议系投资人和目标公司股东之间对赌，并不会损害目标公司利益和债权人利益。其次，投资方虽出具声明及承诺函保证不存在任何对赌协议，主办券商、律师事务所也均在股票发行合法合规性法律意见书中确认不存在对赌协议，但是对赌条款的披露涉及的是投资者利益保障及社会公众监督，系属证券监管机构对公司规范发行及运作的监督管理范畴，与回购条款本身的效力并无必然关联。只要协议不违反公司法相关规定，不涉及公司资产减少，不构成抽逃公司资本，不影响债权人利益，亦不存在原《合同法》第52条规定的无效情形，即应认定合法有效。对赌协议各方主体理应知晓非上市公众公司关于信息披露的监管规定，却仍选择隐瞒对赌协议的存在并作出虚假的信息披露，违反了监督管理制度，但融资方据此主张协议无效，缺乏法律依据。又如，在（2020）沪民再29号胡某某、宋某某与上海隽盛股权投资基金管理有限公司等增资纠纷案中，再审法院认为：全国中小企业股份转让系统并未禁止投资人在挂牌公司投资协议中约定股权回购等特殊条款，而是通过制定《挂牌公司股票发行常见问题解答（三）——募集资金管理、认购协议中特殊条款、特殊类型挂牌公司融资》《挂牌公司股票发行常见问题解答（四）——特殊投资条款》等业务规则对此类特殊条款提出监管要求。融资方不能证明涉案回购条款本身存在违反法律、行政法规强制性规定等法定无效情形或者违反挂牌公司监管禁止性规定，故涉案回购条款在中宝公司挂牌后的存续并不构成对证券市场公序良俗的违反。至于涉案回购条款的信息披露问题，系属全国中小企业股份转让系统与证券监管部门的自律监管与行政监管范畴，由此可能产生相关主体接受自律监管措施、纪律处分或者行政处罚等责任后果，并不影响回购条款本身的效力。故对融资方关于涉案回购条款在中宝公司挂牌后即丧失法律效力的主张不予采纳。

（2）对赌协议没有提交目标公司董事会与股东大会进行审议，更未在股票发行情况报告书中披露，违反挂牌公司相关监管规定，应属无效。例如，在（2021）粤09民终36号陈某、广东高瓷科技股份有限公司等证券回购合同纠纷案件中，二审法院认为，本案涉及的股权回购协议，属于《挂牌公司股票发行常见问题解答（三）——募集资金管理、认购协议中特殊条款、特殊类型挂牌公司融资》中的特殊条款。但涉案股权回购协议并没有提交目标公司的董事会与股东大会进行审议，更未在股票发行情况报告书中披露过任何有关回购股份条款的信息。《证券法》第19条规定："发行人报送的证券发行申请文件，应当充分披露投资者作出价值判断和投资决策所必需的信息，内容应当真实、准确、完整。"在目标公司该次股票发行认购中，没有遵守如实披露信息的法定义务，也违反了《挂牌公司股票发行常见问题解答（三）——募集资金管理、认购协议中特殊条款、特殊类型挂牌公司融资》对于股票发行存在特殊条款时的监管要求。由此产生的后果是，不能确保广东高瓷股份有限公司的股权真实清晰，对投资者股权交易造成不确定的影响，则损害了非特定投资者合法权益、市场秩序与交易安全，不利于金融安全及稳定，违背了公共秩序。尽管《挂牌公司股票发行常见问题解答（三）——募集资金管理、认购协议中特殊条款、特殊类型挂牌公司融资》属于部门规章性质，但因其经法律授权并为证券行业监管基本要求，且新三板是全国性的交易场所，社会影响面大，应当加强监管和交易安全保护，以保障广大非特定投资人利益；故违反《挂牌公司股票发行常见问题解答（三）——募集资金管理、认购协议中特殊条款、特殊类型挂牌公司融资》的合同也因违背公序良俗而应当认定为无效。

对比上述分歧意见，因新三板挂牌交易的公司属于非上市公众公司，同样涉及不特定投资者的利益，故对于相关纠纷原则上可比照上市公司的审理规则。但同时也应注意到新三板挂牌与主板、创业板等上市的区别。例如，根据新三板投资者适当性管理规定，新三板投资者相较于主板、创业板门槛更高，相应地，新三板的交易量远低于主板、创业板。此外，与主板、创业板首次公开发行并上市的同步性做法不同，新三板挂牌不一定同步公开发行股票，挂牌的影响面较小。由此，新三板挂牌公司的运营情况对于金融市场安全和稳定的影响力相对于上市公司较小。在无充分证据证明相关对赌条款损害了众多非特定投资者的合法权益，损害资本市场基本交易秩序与基本交易安全、金融安全与社会稳定，以及损害社会公共利益的情况下，当事人仅以相关对赌条款违反新三板挂牌公司监管规定为由主张无效的，倾向于不予支持。

六、关于涉"新冠疫情"估值调整协议纠纷的处理问题

（一）当事人提出情势变更或者不可抗力抗辩的一般审查规则

估值调整协议是股权性融资交易的当事人之间基于目标公司未来发展之不确定性而设置的、对目标公司未来估值进行调整的机制。当事人以目标公司未来价值作为对赌条件，通过利益补偿的方式来弥补因投资时估值不准确带来的利益失衡状态。一旦目标公司未来价值达不到预期目标，即触发对赌条款，从而产生融资方对投资方的利益补偿义务。就目标公司未来价值的衡量标准，一般会设置未来净利润数、增长率或者上市时间等指标。而目标公司是否能够实现业绩指标，除自身的运营情况外，往往取决于整体市场环境、行业发展前景、市场竞争情况等因素。上述因素属于商业风险，应当由商事主体自行承担后果。司法实践中，针对目标公司未能实现对赌条件，如未能实现承诺净利润数、未能如期上市等，当事人可能会提出情势变更或者不可抗力的抗辩。

《民法典》第533条规定，情势变更是指合同成立后，合同的基础条件发生了当事人在订立合同时无法预见的、不属于商业风险的重大变化。第180条规定，不可抗力是不能预见、不能避免且不能克服的客观情况。对于当事人提出的情势变更或者不可抗力抗辩理由是否成立，应主要审查以下两个要素：（1）当事人提出的事由是否符合情势变更或者不可抗力的法定要件；（2）该事由与目标公司未能实现对赌条件是否存在直接因果关系，即相关事由是否对目标公司未能实现对赌条件产生实质性影响。

（二）涉"新冠疫情"估值调整协议纠纷的审查规则

在目标公司未完成对赌指标的情况下，如融资方以"新冠疫情"作为抗

辩事由，在司法实践中应如何处理？对此，最高人民法院在 2020 年 5 月 15 日出台的《最高人民法院关于依法妥善审理涉新冠肺炎疫情民事案件若干问题的指导意见（二）》第 14 条规定，对于批发零售、住宿餐饮、物流运输、文化旅游等受疫情或者疫情防控措施影响严重的公司或者其股东、实际控制人与投资方因履行"业绩对赌协议"引发的纠纷，人民法院应当充分考虑疫情或者疫情防控措施对目标公司业绩影响的实际情况，引导双方当事人协商变更或者解除合同。当事人协商不成，按约定的业绩标准或者业绩补偿数额继续履行对一方当事人明显不公平的，人民法院应当结合案件的实际情况，根据公平原则变更或者解除合同；解除合同的，应当依法合理分配因合同解除造成的损失。"业绩对赌协议"未明确约定公司中小股东与控股股东或者实际控制人就业绩补偿承担连带责任的，对投资方要求中小股东与公司、控制股东或实际控制人共同向其承担连带责任的诉讼请求，人民法院不予支持。实践中在审理涉及"新冠疫情"估值调整协议纠纷时，应把握以下几点。

1. 关于"新冠疫情"的定性问题

实践中关于"新冠疫情"应认定为情势变更事由还是不可抗力存在争议。[①]最高人民法院《最高人民法院关于依法妥善审理涉新冠肺炎疫情民事案件若干问题的指导意见（一）》第 2 条规定，人民法院审理涉疫情民事案件，要准确适用不可抗力的具体规定，严格把握适用条件。对于受疫情或者疫情防控措施直接影响而产生的民事纠纷，符合不可抗力法定要件的，适用不可抗力的法律规定。根据上述规定，因"新冠疫情"本身属于"不能预见、不能避免且不能克服"的客观情况，实务中将其定性为不可抗力自无疑义；对于符合"不能预见、不能避免且不能克服"要件的疫情防控措施，将其定性为不可抗力，也无不当。

2. 涉"新冠疫情"估值调整协议纠纷的审理规则

在融资方以"新冠疫情"作为抗辩事由时，结合最高人民法院的指导意见，在审理中应把握以下适用要点：

---

① 原《合同法司法解释（二）》第 26 条将情势变更定义为"当事人在订立合同时无法预见的、非不可抗力造成的不属于商业风险的重大变化"，将不可抗力与情势变更作了明确区分，但《民法典》第 533 条取消了"非不可抗力"这一限定。因此，在现行法律框架下，不可抗力也可能成为情势变更的情形之一。在合同的基础条件因不可抗力因素发生重大变化，继续履行合同对于当事人一方明显不公平的情况下，当事人可援引情势变更的相关规定，请求变更或解除合同。事实上，最高人民法院发布的《最高人民法院关于依法妥善审理涉新冠肺炎疫情民事案件若干问题的指导意见（二）》第 14 条正是采取了这一处理原则。

（1）审查"新冠疫情"与目标公司未实现对赌条件之间是否存在因果关系。《最高人民法院关于依法妥善审理涉新冠肺炎疫情民事案件若干问题的指导意见（一）》第2条规定，当事人主张适用不可抗力部分或者全部免责的，应当就不可抗力直接导致民事义务部分或者全部不能履行的事实承担举证责任。根据该条规定，只有在"新冠疫情"与目标公司未实现对赌条件（例如，利润数不达标、不能如期上市等）之间存在直接因果关系时，即"新冠疫情"对于对赌条件的实现产生了实质性影响，当事人才可以此为由提出抗辩。

在认定因果关系时，首先，应考察目标公司所从事的行业。从当前"新冠疫情"对国民经济的影响情况看，"新冠疫情"主要影响第三产业，对于第一产业、第二产业的影响较小，故实践中目标公司所处行业是认定因果关系是否成立的重要判断标准。结合《最高人民法院关于依法妥善审理涉新冠肺炎疫情民事案件若干问题的指导意见（二）》第14条的规定，可主要考察目标公司是否属于批发零售、住宿餐饮、物流运输、文化旅游等受疫情或者疫情防控措施影响严重的行业。其次，应当根据对赌条件的不同进行具体分析。一般而言，对于约定以目标公司业绩（未来净利润数）作为对赌条件的情况，可以认为"新冠疫情"的实质性影响较大，上市条件往往取决于多项因素，包括目标公司自身是否符合上市条件、证监会的审核进程等，较难认定"新冠疫情"对上市不成功产生了实质性影响。最后，应当考察涉案协议的签订和履行时间。对于在2020年"新冠疫情"出现之前签订的协议，因"新冠疫情"在当时属于不可预见的客观情况，故当事人可以此为由提出不可抗力抗辩。但如果协议签订在"新冠疫情"出现之后，当事人对于疫情常态化应当有所预期，能否再以"新冠疫情"为由提出不可抗力抗辩，则需结合具体案情进行分析。如当事人在明知疫情因素可能影响对赌条件实现的情况下仍然签订对赌条款，此时"新冠疫情"在个案中已不属于"不可预见"的客观事实，当事人以此为由提出不可抗力抗辩的，不予支持。

（2）审查"新冠疫情"对目标公司未实现对赌条件影响力的大小。即使"新冠疫情"与目标公司未实现对赌条件有直接关系，仍需考察其影响力的大小。目标公司未实现对赌条件往往是多项因素造成，实践中应结合具体案情，充分考虑疫情或者疫情防控措施对目标公司业绩影响的实际情况。例如，目标公司从事住宿餐饮或公共娱乐行业，业绩承诺期间为2020年至2022年，即业绩承诺期间刚好覆盖了"新冠疫情"期间，在这一期间内目标公司的营业额大幅下滑，此时可认定"新冠疫情"因素对目标公司未能实现业绩目标起到决定性作用。反之，如业绩承诺期间为2018年至2020年，只有2020年的营业收入会受到"新冠疫情"影响，但2018年、2019年同样未完成业绩承诺，此时应认定"新冠疫情"因素对目标公司未能实现业绩目标的影响力较小。

（3）结合"新冠疫情"影响力的大小，根据公平原则解除合同或者变更条款。在认定"新冠疫情"与目标公司未实现对赌条件之间存在因果关系的前提下，如按约定的业绩标准或者业绩补偿数额继续履行对一方当事人明显不公平的，实践中应结合"新冠疫情"影响力的大小，根据公平原则解除或者变更合同。如果"新冠疫情"对目标公司未能实现业绩目标起到决定性作用，判令融资方承担业绩补偿义务显失公平的，应当解除相关的业绩补偿条款，免除融资方的业绩补偿义务，同时，对于由此造成的投资方投资损失，应当依法合理分配。如"新冠疫情"只是目标公司未能实现业绩目标的部分原因，达不到合同解除的条件，可根据案件情况减少融资方的业绩补偿责任。

（4）根据《民法典》第590条规定，当事人迟延履行后发生不可抗力的，不免除其违约责任。因此，在融资方发生迟延履行的情况下，其不能以不可抗力作为抗辩事由。如果对赌条款在"新冠疫情"出现之前已触发，即融资方的利益补偿义务在"新冠疫情"出现之前已届期，则融资方不得再以"新冠疫情"为由请求减轻其迟延履行的违约责任。

第四节　常见争点说理示范

一、关于估值调整协议效力的裁判说理示范

（一）关于与目标公司股东或实际控制人对赌条款效力的裁判说理示范

【适用情形】各方当事人约定目标公司未能实现业绩承诺，由管理层股东回购投资方股权。

【说理示范】实践中俗称的"对赌协议"，又称估值调整协议，是指投资方与融资方在达成股权性融资协议时，为解决交易双方对目标公司未来发展的不确定性、信息不对称以及代理成本而设计的，包含了股权回购、金钱补偿等对未来不确定的目标公司的估值进行调整的协议。这种股权性融资交易模式，一方面解决融资方资金短缺的问题，并有效约束和激励融资方改善经营管理，从而提升企业盈利能力和价值；另一方面可以吸引投资方对实体企

业的投资，帮助投资方控制投资风险。根据《投资协议书》约定，原告向目标公司进行投资并取得相应股权；目标公司及原股东（实际控制人）即被告承诺目标公司未来两年所要达到的营业收入和税后净利润额，如目标公司未达到业绩承诺的 50%，原告有权要求被告回购其持有的全部目标公司股权。上述协议中有关业绩承诺及股权回购的内容，系拥有控制权的原股东即被告与投资方股东即原告根据目标公司的未来经营情况，对当前目标公司估值及投资所进行的调整，属于缔约过程中当事人之间对投资合作、商业风险的自愿安排，系双方当事人的真实意思表示，内容不违反国家法律、行政法规的强制性规定，也没有损害公司、公司其他股东及公司债权人利益，不存在法定的合同无效情形，应认定为合法有效。《投资协议书》为典型的商事合同，对赌关系双方均系成熟、理性的商事交易主体，协议中原股东的股权回购义务与公司估值、公司经营预期等相关，取决于对赌关系双方的风险预测和风险偏好，属于意思自治的范围，并未违反权利义务相一致的原则，且被告虽不能直接从目标公司增资中获取利益，但其为目标公司的大股东及实际控制人，目标公司获取大量增资与其实际利益密切关联，故案涉对赌条款亦不存在显失公平的情形。

【参考裁判文书】广东省深圳市中级人民法院（2019）粤 03 民终 34061 号张某某、深圳市力合创业投资有限公司股权转让纠纷一案二审民事判决书。

（二）关于涉及目标公司对赌条款效力的裁判说理示范

【适用情形一】当事人约定目标公司未能实现业绩承诺，由目标公司承担股权回购义务。

【说理示范一】关于涉案估值调整协议中有关目标公司回购股份条款的效力问题。该约定是当事人在缔约过程中，为解决交易双方对目标公司未来发展的不确定性、信息不对称等问题而作出的对投资合作商业风险的安排，系当事人的真实意思表示。关于被告主张的该协议约定由目标公司回购股权，在目标公司未依法办理减资程序的情况下属于股东变相抽逃出资，违反资本维持原则，应当认定无效的问题。本院认为，公司法虽然规定原则上禁止公司回购本公司股份，但同时也规定了例外情形，即股份有限公司可以通过减少注册资本等方式回购本公司股份，有限责任公司股东在符合法定条件的情况下也可以要求公司收购其股权。本案中，目标公司如在履行法定减资程序后回购公司股份，支付股份回购款项，不会违反公司法的强制性规定，亦不会损害公司股东及债权人利益。因此，目标公司是否已履行减资程序，涉及的是该回购条款是否具备实际履行条件的问题，但不影响对协议效力本身的认定。

【适用情形二】当事人约定目标公司为股东支付股权回购款的义务承担担保责任。

【说理示范二】关于各方约定被告乙（目标公司）为被告甲（原股东）回购原告股权的股权转让款提供担保的问题。其一，原告已对目标公司提供担保经过股东会决议尽到审慎注意和形式审查义务。案涉《增资协议书》载明"目标公司已通过股东会决议，原股东同意本次增资；各方已履行内部程序确保其具有签订本协议的全部权利；各方授权代表已获得本方正式授权"。《补充协议书》载明"甲方（目标公司）通过股东会决议同意本次增资扩股事项。"因两份协议书约定内容包括增资数额、增资用途、回购条件、回购价格以及目标公司提供担保等一揽子事项，两份协议书均由目标公司盖章及其法定代表人签名。对于债权人原告而言，增资扩股、股权回购、公司担保本身属于链条型的整体投资模式，基于《增资协议书》及《补充协议书》的上述表述，原告有理由相信目标公司已对包括提供担保在内的增资扩股一揽子事项通过股东会决议，被告甲已取得目标公司授权代表该公司对外签订担保条款，且目标公司在本案审理中亦没有提交其他相反证据证明该公司未对担保事项作出股东会决议，故应当认定原告对担保事项经过股东会决议已尽到审慎注意和形式审查义务，因而案涉《补充协议书》所约定的担保条款对目标公司已发生法律效力。

其二，原告投资全部用于公司经营发展，目标公司全体股东因而受益，故应当承担担保责任。《公司法》第16条之立法目的，系防止公司大股东滥用控制地位，出于个人需要、为其个人债务而由公司提供担保，从而损害公司及公司中小股东权益。本案中，案涉担保条款虽系被告甲代表目标公司与原告签订，但是3000万元款项并未供被告甲个人投资或消费使用，亦并非完全出于被告甲个人需要，而是全部投入目标公司资金账户，供目标公司经营发展使用，有利于目标公司提升持续盈利能力。这不仅符合公司新股东原告的个人利益，也符合公司全体股东的利益，目标公司本身是最终的受益者。即使确如目标公司所述并未对担保事项进行股东会决议，但是该担保行为有利于目标公司的自身经营发展需要，并未损害公司及公司中小股东权益，不违反《公司法》第16条之立法目的。因此，认定目标公司承担担保责任，符合一般公平原则。

综上所述，原告已对目标公司提供担保经过股东会决议尽到审慎注意和形式审查义务，目标公司提供担保有利于自身经营发展需要，并不损害公司及公司中小股东权益，应当认定案涉担保条款合法有效，目标公司应当对被告甲支付股权转让款及违约金承担连带清偿责任。

【参考裁判文书】最高人民法院（2016）最高法民再128号强某某与曹某

某、山东瀚霖生物技术有限公司股权转让纠纷一案再审民事判决书。

【适用情形三】当事人约定目标公司为股东支付股权回购款的义务承担连带责任。

【说理示范三】案涉增资协议约定原告向目标公司（被告乙）增资8000万元，占目标公司增资后注册资本的8.3333%。考虑到本次增资为溢价增资，所支付的增资价款高于本次增资时所获目标公司股权对应的目标公司净资产价值，本案各方当事人又签订了增资补充协议，约定业绩对赌条款，即目标公司在业绩承诺期内净利润低于一定标准时，原告有权要求被告甲（原股东）等方回购目标公司股权，同时约定目标公司对协议约定的相关责任和义务承担连带责任。综上所述，案涉增资协议及其补充协议的性质为投资人与目标公司股东进行业绩对赌，目标公司对股东的付款义务提供连带责任保证，即本案目标公司实质上为被告甲的付款义务提供担保。

关于目标公司应否就被告甲的股权回购款承担连带责任的问题。《公司法》第37条第2款规定，股东会行使公司章程规定的职权时，股东以书面形式一致表示同意的，可以不召开股东会会议，直接作出决定，并由全体股东在决定文件上签名、盖章。目标公司章程第7条亦规定，为公司股东或者实际控制人提供担保作出决议，可以不召开股东会会议，由全体股东直接作出决定。本案增资补充协议签订时，目标公司股东均签署了该协议，故该协议关于目标公司承担连带保证责任的约定属于经过全体股东一致同意的决定，符合法律规定及公司章程规定，合法有效。目标公司应当就被告甲的股权回购款向原告承担连带责任。

【参考裁判文书】最高人民法院（2020）最高法民申6603号上海巨什机器人科技有限公司、毕某某与苏州兴博九鼎投资中心（有限合伙）合伙协议纠纷一案再审审查与审判监督民事裁定书。

（三）关于有限合伙企业的有限合伙人之间对赌条款效力的裁判说理示范

【适用情形】有限合伙企业的有限合伙人之间就合伙份额转让及差额补足签订对赌协议。

【说理示范】本案争议的法律关系实质为私募基金有限合伙企业的有限合伙人之间因对赌协议触发有限合伙企业份额的对内转让关系。根据《合伙企业法》的规定，法律并未禁止合伙人之间的合伙财产份额转让，对赌内容未违反《合伙企业法》规定的利润和亏损分配原则，也未违反《私募投资基金监督管理暂行办法》第15条私募基金管理人、私募基金销售机构不得向投资者承诺投资本金不受损失或者承诺最低收益的监管规定，未存在法定的无效之情形，故该合同应为有效合同。另外，合伙协议明确该合同作为合伙协议的附件，是合伙协议的组成部分，而合伙协议已经全体合伙人签字生效，即已确认该《无条件受让及差额付款合同》对全体合伙人具有法律效力，应视为全体合伙人对此已实质形成了一致意思表示，故对本案所涉的基金份额转让无须再另行履行合伙协议约定的表决程序。

【参考裁判文书】上海金融法院（2019）沪 74 民初 379 号长安财富资产管理有限公司与长城影视文化企业集团有限公司等其他合同纠纷一案一审民事判决书。

（四）关于对赌条款包含上市公司股权代持内容的裁判说理示范

【适用情形】双方约定股权转让后仍由转让方代持，同时约定了目标公司上市的对赌条件，后目标公司完成上市。

【说理示范】案涉《股权转让协议》的转让方（被告）系目标公司的实际控股股东，协议约定被告将所持目标公司部分股权 0.2186% 共 30 万股转让给原告，同时原告委托被告代持前述股权，直至双方交易完成。《股权转让协议》包含了股权转让、股权代持及收益支付、股权回购条款等项内容。其中收益支付约定按目标公司 IPO 公开发行满一年后连续 10 个交易日的收盘均价为每股单价计算原告的总收益，被告同意 IPO 公开发行满 1 年后回购总收益（扣除税费）的 30%，公开发行满 2 年后再回购总收益（扣除税费）的 30%，余款扣除税费在公开发行满 3 年后一次付清。如目标公司不能在 2015 年 12 月 30 日前完成 IPO，则被告应按原告购买价（扣除因股权所获收益）回购股权，同时按照年利率 12% 支付原告投资资金使用利息。上述交易安排实质构成了案涉股份的隐名代持。本案中，双方当事人均未提交证据证明在目标公司首次公开发行股票并上市时曾向目标公司或监管部门披露过代持情况，目标公司发行上市后案涉股份一直登记在被告名下。《证券法》第 63 条[①]规定："发行人、上市公司依法披露的信息，必须真实、准确、完整，不得有虚假记载、误导性陈述或者重大遗漏。"第 68 条第 3 款[②]规定："上市公司董事、监事、高级管理人员应当保证上市公司所披露的信息真实、准确、完整。"中国证券监督管理委员会（以下简称证监会）于 2006 年 5 月 17 日颁布的《首次公开发行股票并上市管理办法》第 13 条规定："发行人的股权清晰，控股股东和受控股股东、实际控制人支配的股东持有的发行人股份不存在重大权属

[①] 对应《证券法》（2019 年修订）第 78 条第 2 款规定："信息披露义务人披露的信息，应当真实、准确、完整，简明清晰，通俗易懂，不得有虚假记载、误导性陈述或者重大遗漏。"

[②] 对应《证券法》（2019 年修订）第 82 条第 3 款规定："发行人的董事、监事和高级管理人员应当保证发行人及时、公平地披露信息，所披露的信息真实、准确、完整。"

纠纷。"据此，发行人应当如实披露股份权属情况，禁止发行人的股份存在隐名代持属于证券市场中应当遵守的公共秩序。本案中，目标公司上市前被告代原告持有案涉股份，以自身名义参与目标公司的上市发行，隐瞒了实际投资人的真实身份，原告与被告的行为构成了发行人股份隐名代持，违反了证券市场的公共秩序，损害了证券市场的公共利益，属于违背公序良俗的民事法律行为，应认定为无效。

【参考裁判文书】广东省深圳市中级人民法院（2019）粤03民终24178号肖某某与张某股权转让纠纷一案二审民事判决书。

二、关于估值调整协议性质认定的裁判说理示范

【适用情形】当事人主张涉案协议名为对赌实为民间借贷。

【说理示范】根据涉案协议，原告（投资方）向目标公司投资×万元，从而获得目标公司增资后×%股权，目标公司承诺业绩承诺期间的净利润，在未能实现承诺业绩时则触发股权回购条款，原告作为投资方可要求原股东即被告回购其所持有的股权。涉案协议的性质为在股权投资过程中，投资方与融资方为解决交易双方对目标公司未来发展的不确定性、信息不对称以及代理成本而设计的包含股权回购、金钱补偿等对未来目标公司的估值进行调整的协议，在性质上属于估值调整协议。涉案协议虽然存在保底性质的条款，但股权回购条件并非确定事项，若承诺的业绩目标实现则不会触发股权回购条款。民间借贷系借款方在借期届满后向出借方还本付息的法律关系，涉案协议并不具备债权融资模式所具有的固定期限内获取固定收益的特征。被告主张涉案协议性质为"名股实债"，本案应为民间借贷纠纷，理由不成立，本院不予采纳。

三、关于投资方行使权利的裁判说理示范

（一）关于投资方权利行使期限的裁判说理示范

【适用情形一】融资方主张投资方未在约定期限内行权，导致失权的裁判说理示范。

【说理示范一】涉案回购协议约定，原告（投资方）有权在上述回购事由出现之日起3个月内要求被告（目标公司实际控制人）回购其全部或部分股权。被告辩称原告未在回购事由出现之日起3个月内要求回购，已丧失要求回购的权利。对此本院认为：首先，从《回购协议》签订的目的及意义看，

如前所述,《回购协议》本质上是投资方与目标公司之间的"对赌协议",目的为促成目标公司提升业绩,合格上市,以期获得巨大商业利益。更重要的是保证投资方在一定条件下能够顺利退出,保障投资方利益。《回购协议》亦是应投资方要求所签,故《回购协议》中约定对投资方实体权利的限制性的、排除性的条款缺乏合理性。其次,"三个月"的约定应系赋权性约定,不是限制性约定。(1) 从合同文义看,《回购协议》并未约定原告超过该3个月内行使权利,即丧失股权回购的请求权,也未有原告超过3个月后,或者未以书面形式提出股份回购申请即视为其放弃行使股份回购权的限制性规定,故本院认为该条款本义为敦促享有股份回购请求权一方及时行使股权回购权利,而非对其权利加以形式上和时间上的限制,甚至剥夺。(2) 虽被告未质押股权低于10亿元已超过3个月,但其未质押的股权价值低于10亿元,自2017年起至今仍持续处于下降状态,故本院认为被告资信能力下降处于持续进行状态下,否定原告回购权并无法律依据。(3) 根据《回购协议》约定,在被告未质押股权市值低于10亿元等回购事项发生后,目标公司应当在10个工作日内及时通知原告。但被告并未提交证据证实目标公司在回购条件触发之时甚至该情形持续期间通知过原告。该通知义务与原告所谓"行权期限"相关联,故割裂通知义务与3个月行权期限之间的关联关系缺乏合理性。原告在自行发现回购条件触发时向被告要求行权,具有正当合理性。综上所述,被告关于原告未在3个月内行使权利,无权请求股权回购的上诉主张,本院不予支持。

【参考裁判文书】北京市第三中级人民法院(2019)京03民终8116号冯某与天津平禄电子商务有限公司、牟某合同纠纷一案二审民事判决书。

【适用情形二】投资方未在约定期限内行权,且以行动表明放弃要求回购股权。

【说理示范二】涉案回购协议约定,原告(投资方)有权在回购事由出现之日起3个月内要求被告(目标公司实际控制人)回购全部股权。关于原告未在约定期限内行权,是否导致失权的问题。首先,从目的解释的角度来看,双方约定股权回购期限的目的,在于敦促投资方在回购条件成就后尽快作出是否回购的意思表示,以免给目标公司的经营造成严重不确定性,若给予投资方无任何期限的回购权,亦会造成双方合同权利义务的严重失衡。因此,投资方应当在合理期限行使股权回购权。其次,从各方实际履行情况看,涉案协议约定的回购条件成就后,原告不仅未主张回购股权,反而在之后两年多的时间内继续参与目标公司经营管理,行使股东权利,收取股东分红,被告及其他利益相关方完全有理由相信原告已放弃要求回购股权。现原告起诉请求回购股权,已经明显超出了合理期限,故对其要求被告支付股权回购款的诉讼请求，本院不予支持。

（二）关于投资方通知义务的裁判说理示范

【适用情形】融资方主张投资方未通知全部回购义务人要求回购股权，导致失权的裁判说理示范。

【说理示范】涉案《投资协议书》约定，若原告（投资方）决定转让其股份（即要求回购），需在 2019 年 10 月 31 日前以书面方式通知乙方。若乙方在上述日期前未收到甲方转让股份的书面通知，视同甲方不再转让其股份，甲方日后不得再对此股份提出转让要求。涉案协议约定的乙方包含本案四名被告。现有证据证明原告已在约定期限内向被告甲、被告乙发送了回购通知，但无证据证明原告向被告丙、被告丁发送过回购通知。被告丙、被告丁据此主张其免除回购义务。对此本院认为，首先，从整个《投资协议书》的内容来看，约定的乙方权利、义务并非分别针对作为乙方的原股东即被告甲、乙、丙、丁，而是将乙方作为一个整体约定，乙方的权利、义务内容是一致的，回购条款也没有对每一个人回购的具体股权数作出约定。其次，从协议通知条款的功能来看，其实质上约定的是乙方的回购义务，并对甲方该权利设置了行使期限的限制。该条表述为"通知乙方"，旨在确定是否回购，甲方应在 2019 年 10 月 31 日前对其是否主张回购明确表态，否则将丧失权利，而非设定必须书面通知到乙方每个人的回购条件。故综合审查双方协议所使用的概念和词句、有关条款的逻辑关系及双方当事人订约目的，该条款应与合同整体内容协调一致，在并未出现乙方单独个体的情况下，应视为对乙方整体作出约定。而原告在本案中要求回购股权的意思表示显然已经明确，符合该条约定。被告甲、乙、丙、丁均为案涉股权回购义务人，合同未约定各方具体回购比例，原告主张上述回购义务人对回购款承担连带责任，有事实及法律依据，本院予以支持。

【参考裁判文书】广东省深圳市中级人民法院（2021）粤 03 民终 4848 号董某某、吴某某、邓某某与李某某、钟某某、深圳市奥耐海成股权管理中心（有限合伙）等股权转让纠纷一案二审民事判决书。

四、关于是否触发对赌条款的裁判说理示范

（一）关于目标公司业绩已经审计的裁判说理示范

【适用情形】各方约定由股权受让方聘请审计机构对目标公司业绩完成情况进行审计。

【说理示范】涉案《股权转让协议》第 5 条约定目标公司原股东（被告

甲、乙）应当确保目标公司接受股权受让方（原告）聘请的审计机构审计，故由原告委托审计机构对目标公司进行审计，符合合同约定，也符合各方当事人的预期。被告以原告单方面委托会计师事务所对目标公司进行审计为由对审计报告不予认可，没有合同依据，本院不予支持。涉案会计师事务所（特殊普通合伙）出具的《目标公司业绩承诺完成情况的专项审核报告》中，针对原告编制的《目标公司业绩承诺完成情况的说明》进行专项审核并出具了专项审核报告。依据专项审核报告以及该会计师事务所在庭审中的陈述，会计师事务所按照会计准则规定执行审核工作，对目标公司的原始票据、来往函证包括业务合同及采购合同都进行了核实，相关项目重新计算金额。目标公司三年审计报告所依据的数据来源、原始票据等均经目标公司确认，被告亦对目标公司的原始票据不持异议，故会计师事务所在此基础上发表的鉴证意见具有客观性和合理性，可采信《目标公司业绩承诺完成情况的说明》中目标公司业绩完成情况的审计结果。被告未能提交足以反驳涉案审计报告的证据，其在本案中提出司法审计申请，本院不予准许。

【参考裁判文书】北京市高级人民法院（2019）京民终 124 号江苏中赛环境科技有限公司与金鸿控股集团股份有限公司、彭某某股权转让纠纷一案二审民事判决书。

（二）关于目标公司业绩未经审计的裁判说理示范

【适用情形一】因融资方的不当阻挠导致无法对目标公司业绩完成情况进行审计。

【说理示范一】依据查明事实，原告（投资方）自 2018 年 6 月 6 日至 2018 年 8 月 21 日期间数次通过邮件催促被告（原股东、回购义务人）签署业务约定书，以保证原告认可的会计师事务所及时进场审计。被告在明知签署业务约定书的目的和意图的情况下，依然以对签署业务约定书的意图和目的不清楚为由，拒绝签署业务约定书，导致原告认可的会计师事务所不能进场审计。根据《民法典》第 159 条规定，当事人为自己的利益不正当地阻止条件成就的，视为条件已经成就；不正当地促成条件成就的，视为条件不成就。据此，被告拒不配合原告指定的会计师事务所进场审计，应当视为回购条件已经成就。

【参考裁判文书】北京市高级人民法院（2021）京民终 431 号贾某与杭州链反应投资合伙企业（有限合伙）股权转让纠纷一案二审民事判决书。

【适用情形二】双方约定融资方逾期未能提供审计报告即视为回购条款触发。

【说理示范二】关于回购条款是否触发及触发的原因及时间认定问题。案涉《补充协议》约定，若目标公司最迟于 2017 年 6 月 30 日仍未能提供相关审计报告且未获得原告的事先许可延期或豁免，即视为本条所约定的回购条款触发。目标公司、被告（原股东）未于 2017 年 6 月 30 日前向原告（投资方）提供具有证券从业资格的会计师事务所出具的资产审计报告，且未能提供充分证据证明原告明确作出了同意延期或豁免的意思表示，或者放弃回购。原告于 2017 年 7 月 11 日向目标公司、被告发出《关于要求履行回购条款的通知》。2018 年 11 月 23 日，目标公司、被告出具的《回复函》明确"解决回购事宜尚需时日"。2018 年 12 月 24 日，目标公司、被告出具的《关于回购事宜的建议方案》亦载明已配合原告进行审计，并商谈回购方式。上述事实表明双方当事人已经以书面函的形式确认了回购条款触发的事实，应认定案涉协议的回购条款已经触发，并以原告发出《关于要求履行回购条款的通知》作为触发日。

【参考裁判文书】最高人民法院（2020）最高法民终 575 号上海银润传媒广告有限公司与陈某某合伙协议纠纷、股权转让纠纷一案二审民事判决书。

五、关于估值调整协议项下义务承担的裁判说理示范

（一）一般性裁判说理示范

【适用情形一】目标公司未完成约定的对赌条件，融资方股东或实际控制人应依约承担协议项下的现金补偿义务。

【说理示范一】根据涉案估值调整协议约定，目标公司未实现约定的 2016 年至 2018 年任一年度的承诺净利润数，被告应向原告履行现金补偿义务，并约定了现金补偿的计算方式。现根据目标公司 2017 年度审计报告，目标公司未能完成 2017 年度承诺净利润数，各方对此均无争议。原告据此请求被告履行现金补偿义务，符合合同约定。根据涉案估值调整协议约定，被告应向原告支付的现金补偿金额为……（简述计算方式），被告应向原告支付上述现金补偿款。

【适用情形二】目标公司未完成约定的对赌条件，融资方股东或实际控制人应依约承担协议项下的股权回购义务。

【说理示范二】根据涉案估值调整协议约定，若目标公司未能在 × 年 × 月 × 日前上市，原告有权要求目标公司管理层股东即被告回购其持有的全部股权。现目标公司未能完成约定的上市目标，原告请求被告承担股权回购义务，支付股权回购款，符合合同约定。根据涉案估值调整协议约定，被告应向原告支付的股权回购金额为……（简述计算方式），被告应向原告支付上述

股权回购款。

（二）关于有多名股权回购义务人如何承担回购义务的裁判说理示范

【适用情形一】合同约定有多名回购义务人，但未约定各义务人之间如何承担回购义务。

【说理示范一】根据涉案估值调整协议约定，若目标公司未能在 × 年 × 月 × 日前上市，原告有权要求目标公司原股东即被告甲、乙、丙回购其持有的全部股权。现目标公司未能完成约定的上市目标，原告请求被告甲、乙、丙承担股权回购义务，支付股权回购款，符合合同约定。因涉案估值调整协议未约定目标公司原股东之间按何种比例回购股权，在没有约定的情况下，原告请求被告甲、乙、丙按各自持股比例支付回购款，符合同股同权原则和公平原则，本院予以支持。

【适用情形二】合同约定各回购义务人连带承担回购义务。

【说理示范二】涉案估值调整协议约定各被告对股权回购承担不可撤销的连带责任，即各被告对回购原告股权负有同一债务，各债务人所负债务对外并不区分份额，其均应连带向原告支付涉案股权回购款。至于各被告内部如何区分份额的问题，可由各被告之间另循法律途径解决，但不影响其在本案中的义务承担。

（三）关于当事人另行约定补偿方式的裁判说理示范

【适用情形】合同原约定的股权补偿义务因融资方原因无法履行，双方另行约定现金补偿。

【说理示范】在涉案协议约定的"对赌"条件实际触发后，被告本应按照约定向原告履行转让其持有的目标公司 ×% 股权的股权补偿义务。但是，由于被告未事先通知原告、亦未征得原告的同意，已擅自将其持有的目标公司股权全部对外进行了质押，为此，相关各方通过签订补充协议，一致同意并确认，若被告限期仍未履行股权补偿义务的，其除应继续承担并履行其在涉案合同项下对原告所作的承诺，并向原告履行全部义务之外，同时按照目标公司 100% 股权估值价格对原应补偿给原告的标的股权进行 × 亿元的现金补偿。因此，补充协议属于"对赌协议"项下投资方与融资方就原股权补偿方式无法实现时，将直接以股权补偿的方式变更为以支付股权对价方式进行补偿所达成的一致合意，也是对上述协议的延续性安排，该 × 亿元款项的性质应属于在原协议约定的股权补偿方式已无法实现时，融资方应对投资方承担股权补偿义务的延续性对价支付。

对于被告提出该 × 亿元款项具有违约金的属性，相应违约金条款应属无效，且约定金额明显过高，应当予以调整的理由，本院认为，违约金具有赔偿性及惩罚性的特征，违约金比例对应的是一定合同标的额或者损失数额基数。而"对赌"框架下的交易模式应属于股权性融资与目标公司市场化估值之间进行调整的交易模式，其中的各类补偿方式，与合同标的额或者损失数额无关。因此，被告该项理由不成立。

关于上述×亿元款项的适当性、合理性。第一，补充协议关于现金补偿金额计算的约定系签约各方明确表示一致同意并确认的内容；第二（阐述其他目标公司股权估值价格合理的理由）；第三，交易双方均面临对目标公司未来发展的不确定性、信息不对称以及产生代理成本等风险，投资方也因此面临获得巨大投资利益或者遭受巨大投资损失的可能性。况且，在交易市场中，目标公司的股权估值与其实际注册资本、投资方的实际投资成本并不匹配。如本案目标公司属于互联网产业领域的网络技术企业，该类企业在初创期和成长期，其市场价值（包括股权价值）的估值很大程度会受到互联网产业市场和整体投融资市场波动幅度的影响。因此，补充协议的签约各方对目标公司股权作出估值×亿元的预期判断，具有合理性。综上所述，原告要求被告支付现金×亿元款项具有适当性和合理性。被告应当按照补充协议的约定，在其到期不能履行股权补偿义务的情况下，对原应补偿给原告的目标公司标的股权进行×亿元的现金补偿，即应向原告支付现金×亿元。

【参考裁判文书】北京市高级人民法院（2020）京民终167号喀什诚合基石创业投资有限公司与卜某某、徐某某等合同纠纷一案二审民事判决书。

（四）关于当事人同时约定业绩补偿和股权回购的裁判说理示范

【适用情形一】当事人针对不同情形分别约定了股权回购和业绩补偿，被告主张在已经支持股权回购请求的情况下，不应再支持业绩补偿款。

【说理示范一】关于业绩补偿条款与股权回购价款是否可以同时适用的问题，本院认为：首先，涉案协议对业绩补偿及股权回购系独立条款并行约定，该两条约定的条件、实现方式并不一致，并未约定选择适用条款，也未见冲突矛盾之处，均系当事人的真实意思表示，应当予以尊重。其次，原告要求被告给付业绩补偿款及股权回购款的依据是目标公司未达到经营目标业绩，导致实际估值与签订对赌协议时的预设估值有差距，与原告是否保持股东身份没有因果关系。本案中业绩补偿款的支付主体是被告而非目标公司，亦不存在股东身份的障碍。最后，涉案协议是投融资双方对目标公司未来的估值进行调整的协议。投资人在投资当时，对于投资收益的期望本身即包含每年度业绩收入带来的收益和最终退出时股权产生的溢价两个部分，投资人以高溢价认购公司股份，其中对于目标公司的估值也是以上述两种收益作为基础的。因此，股东或者实际控制人的业绩补偿及股权回购义务与投资方高溢价认购目标公司股权义务相对应，符合合同相对人权利义务相一致的原则，亦不会违反公平原则。

【参考裁判文书】北京市高级人民法院（2020）京民终 308 号谢某某与中信资本文化旅游（成都）股份有限公司合同纠纷一案二审民事判决书。

六、关于目标公司对赌义务是否具备履行条件的裁判说理示范

（一）关于投资方请求目标公司回购股权的裁判说理示范

【适用情形一】目标公司（股份有限公司）未依法完成减资程序的情形。

【说理示范一】关于股东请求公司回购股份是否应完成减资程序的问题。本案主要涉及股权性融资"对赌协议"。"对赌协议"又称估值调整协议，是指投资方与融资方在达成股权性融资协议时，约定由融资方根据企业将来的经营情况调整投资者的投资条件或给予投资者补偿的协议，估值调整手段主要包含股权回购、金钱补偿等。"对赌协议"主要分为投资方与目标公司的股东或者实际控制人的"对赌"、投资方与目标公司的"对赌"、投资人与目标公司的股东和目标公司同时"对赌"等形式。其中与目标公司"对赌"，指的是投资方与目标公司签订的协议约定，目标公司从投资方融资，投资方成为目标公司的股东，当目标公司在约定期限内实现双方预设的目标时，由投资方给予目标公司奖励；相反，则由目标公司按照事先约定的方式回购投资方的股权或者向投资方承担金钱补偿义务。本案即符合投资方与目标公司"对赌"的情形，原告为投资方，被告甲为目标公司。在处理"对赌协议"纠纷案件时，不仅应适用合同法上的相关规定，还应适用公司法上的相关规定，依法平衡投资方、公司股东、公司债权人、公司之间的利益。

被告甲与原告签订《增资扩股协议》，通过增资的方式向原告融资，并与被告乙三方共同签订具有股权回购、担保内容的《补充协议》，均系各方当事人的真实意思表示，不违反法律、行政法规的强制性规定，不存在法定的合同无效的情形，应属合法有效。

根据《公司法》第 35 条、第 142 条的规定，投资方与目标公司"对赌"失败，请求目标公司回购股份，不得违反"股东抽逃出资"的强制性规定。目标公司即被告甲为股份有限公司，其回购股份属减少公司注册资本的情形，须经股东大会决议，并依据《公司法》第 177 条的规定完成减资程序。现目标公司未完成前述程序，故原告请求被告甲回购股权，本院不予支持。

【参考裁判文书】最高人民法院（2020）最高法民申 2957 号北京银海通投资中心（有限合伙）与新疆西龙土工新材料股份有限公司、奎屯西龙无纺土工制品有限公司股权转让纠纷一案再审民事裁定书。

【适用情形二】目标公司（有限责任公司）未依法完成减资程序的情形。

【说理示范二】关于目标公司是否应按约定回购原告所持的股权。依照《公司法》第 35 条和第 37 条第 1 款第 7 项之规定，有限责任公司注册资本确定后，未经法定程序，不得随意减少或抽回。《公司法》第 74 条第 1 款规定："有下列情形之一的，对股东会该项决议投反对票的股东可以请求公司按照合理的价格收购其股权：（一）公司连续五年不向股东分配利润，而公司该五年连续盈利，并且符合本法规定的分配利润条件的；（二）公司合并、分立、转让主要财产的；（三）公司章程规定的营业期限届满或者章程规定的其他解散事由出现，股东会会议通过决议修改章程使公司存续的。"目标公司的章程亦有相同内容的约定。原告与目标公司原股东共同签订《增资协议》，约定原告投入现金 3000 万元成为目标公司持股 20% 的股东；目标公司与原告签订的《协议书》约定，如目标公司不能上市，由目标公司全额收购原告所投资的股权。尽管该《协议书》是双方当事人的真实意思表示，但协议中关于目标公司回购股份的约定不属于《公司法》第 74 条和公司章程所列举的情形，不符合公司法关于资本维持的基本原则，原告请求目标公司收购其股权的条件并不具备。原告要求目标公司按约定价格收购其 20% 股份的诉讼请求，本院不予支持。

【参考裁判文书】最高人民法院（2020）最高法民再 350 号深圳市广华创新投资企业与大连财神岛集团有限公司请求公司收购股份纠纷一案再审民事判决书。

（二）关于目标公司回购股权不具备履行条件情况下投资方请求原股东承担回购责任的裁判说理示范

【适用情形】各方约定由目标公司承担股权回购义务，并约定由原股东对目标公司的回购义务承担连带责任。

【说理示范】《公司法》第 35 条规定，公司成立后，股东不得抽逃出资。目标公司回购公司自身的股份，应先履行法定减资程序。原告（投资方）未提供证据证明目标公司已依法履行了法定的减资程序，原告在本案中无权直接要求目标公司收购自身股份，但这并不代表目标公司无须承担义务，其实质属于目标公司履行不能。根据案涉《补充协议》约定，被告为目标公司原股东，原股东对目标公司在协议中的义务承担连带责任。因此，虽然《补充协议》约定的股权回购主体为目标公司，但在目标公司无法承担回购股份义务时，由被告承担回购股份义务，符合上述合同约定。被告提出其未参与对赌，且在原告不能向目标公司主张股权回购的情况下，被告无须承担股权回购责任的主张，理据不足，本院不予支持。

【参考裁判文书】最高人民法院（2020）最高法民申 6234 号广东南方广播影视传媒集团有限公司与广东南方领航影视传播有限公司公司增资纠纷一案再审审查与审判监督民事裁定书。

七、关于违约金的裁判说理示范

（一）关于目标公司原股东迟延支付股权回购款的裁判说理示范

【适用情形】协议约定各方若违反协议的任何约定，则构成违约，违约金为投资方投资总额的 10%。

【说理示范】关于回购款价格与违约金并行问题。本院认为，涉案协议约定，如果目标公司不能在 2015 年 12 月 31 日前上市，原告（投资方）有权要求公司或大股东回购所持公司的股权，回购价格为投资额本金加上年息 12% 的收益。此为典型的股权估值调整条款，是投资方与融资方在达成股权性融资协议时，为解决交易双方对目标公司未来发展的不确定性、信息不对称以及代理成本而设计的包含股权回购、金钱补偿等对未来目标公司的估值进行调整的合同条款。涉案协议明确约定各方若违反协议的任何约定，则构成违约，违约金为投资方投资总额的 10%。因此，违反了股权回购义务应当适用违约金条款。案涉协议约定的违约金是各方当事人约定的因违约而产生的损害赔偿额的计算方法，标准为"投资方投资总额的 10%"即固定的违约金数额 450 万元。案涉各方作为从事商业经营活动的商事主体，预先确定了违约后的赔偿数额，以降低损失的举证成本、督促各方履行合同义务，其数额并未明显超出法律法规规定和交易惯例，应予以支持。股权回购价格和违约金的确定依据各方当事人不同的预期，均系各方当事人的真实意思表示，未违反法律法规的强制性规定，原告要求被告支付投资额 10% 的违约金 450 万元，具有合同依据，本院予以支持。

【参考裁判文书】北京市高级人民法院（2020）京民终 549 号高某某、刘某某、爵美名盟国际贸易（北京）有限公司与深圳市创新投资集团有限公司、深圳市红土信息创业投资有限公司等股权转让纠纷一案二审民事判决书。

（二）关于目标公司未办理减资程序情况下违约责任承担的裁判说理示范

【适用情形】目标公司未能及时办理减资程序，导致无法履行回购义务，投资方请求其承担违约责任。

【说理示范】关于目标公司是否应当向原告支付逾期履行违约金。目标公司提交公司章程，拟证明原告作为股东，对于目标公司股权回购应履行的相关减资程序是明知的，在目标公司股东大会未作出减资决议的情况下，目标公司无法办理任何后续的减资手续，故未履行回购义务并非目标公司的原因。对此本院认为，各方在签订《投资协议》和《补充协议》及合同履行过程中，应当对己方能否履行相应的义务有合理预期并如实履行，目标公司未能及时履行减资程序，违反了合同的附随义务，导致其未能在约定时间内足额支付原告赎回价款，应当承担因未及时履行合同义务而产生的迟延履行违约责任。关于目标公司主张的目标公司支付逾期回购违约金相当于投资方变相抽逃出资的意见，本院认为，《公司法》之所以规定"股东不得抽逃出资"，其主要目的是贯彻资本维持原则，保护公司债权人的利益。目标公司在不回购股权的情况下，其基于未履行股权回购义务支付违约金，并不导致公司注册资本的减少，亦不必然导致债权人利益受损。鉴于资本维持原则的规范目的以及目标公司对于其一时（自始）给付不能具有可归责性，目标公司应当按照《补充协议》的约定向原告支付逾期履行违约金。

关于逾期履行违约金的计算标准，目标公司未按照案涉《补充协议》的约定期限履行给付股权回购款及每年15%的投资回报义务，造成了原告的资金损失，目标公司主张实际损失过高，但未提供证据予以证明。且违约金兼具补偿性和惩罚性，如前所述，目标公司未能履行股权回购条款系其自身原因导致，故本院以违约造成的损失为基础，结合合同履行情况、当事人的过错程度以及预期利益等因素综合考量，以原告诉讼请求的4897.4万元为基数，按照日万分之三酌减逾期付款违约金。关于违约金的起止时间，根据已经查明的事实，原告于2018年9月17日向目标公司送达了《赎回通知》，目标公司应当按照《补充协议》约定在送达赎回通知后的60个工作日内无条件支付赎回价款，据此，目标公司应当自2018年12月15日起支付逾期付款违约金。鉴于本案中本院已确认向原告履行股权回购义务的主体为目标公司原股东，故原告无法再要求目标公司向其履行股权回购义务，目标公司不应再承担本判决生效之日后的逾期付款违约责任。

【参考裁判文书】北京市高级人民法院（2021）京民终495号北京中投视讯文化传媒股份有限公司、姜某等与南京钢研创业投资合伙企业（有限合伙）股权转让纠纷一案二审民事判决书。

八、关于估值调整协议已终止的裁判说理示范

【适用情形】各方协议所约定的投资方权利,在目标公司提交上市或新三板挂牌审核时,与上市、挂牌规则发生冲突的,相应条款效力自动终止。

【说理示范】原告主张目标公司在新三板挂牌后,并未制定新的章程,目标公司在新三板挂牌时的公开转让说明书已披露原告的回购权,故原告享有的回购权不因目标公司挂牌而丧失。对此本院认为,涉案协议约定,投资方权利在公司提交合格 IPO 或向新三板挂牌时,如与上市、挂牌规则发生冲突的,则相应条款效力自动终止;公司合格 IPO 或在新三板挂牌之后,投资方的权利和义务将以经公司股东大会批准的公司章程为准。故目标公司在新三板挂牌之后原告是否享有回购权,应以公司章程为准。目标公司章程中并未包含回购条款,故原告作为目标公司的股东,应该遵守公司法和公司章程规定的股东之间股权转让的规定。至于原告主张上述回购条款已在新三板上市公开转让说明书中予以披露,因合同并未约定将公开披露作为回购权是否能够行使的必要条件,故对原告该项理由,本院亦不予采纳。综上所述,根据系争增资补充协议的约定及目标公司章程,原告的回购权在目标公司新三板挂牌后已实际终止,现原告要求行使上述回购权,缺乏事实和法律依据。

【参考裁判文书】上海市第一中级人民法院(2019)沪 01 民终 10317 号上海真金高技术服务业创业投资中心(有限合伙)与汉亦盛数据系统(上海)股份有限公司等公司增资纠纷一案二审民事判决书。

九、关于合同解除的裁判说理示范

【适用情形一】投资方受让目标公司 100% 股权后,全盘接管公司,剥夺原股管理层对目标公司的经营管理权。

【说理示范一】本院认为本案当事人争议焦点为涉案《业绩承诺之补充协议》是否应当解除。被告(投资方)主张其暂停原告甲(目标公司实际控制人)在目标公司(三家目标医院)任职不构成根本违约,不应解除涉案业绩补偿协议。对此,本院认为,本案股权转让前,原告甲是目标公司的大股东兼法人代表,对目标公司的经营管理至关重要。股权转让后,投资方通过受让股权取得 100% 股权,目标公司的管理采取董事会领导下的院长负责制,董事会中的 6 名董事会成员由被告委派,董事长一名由原告甲担任,原告甲的任期 3 年;被告委派财务人员。应该说,目标公司的管理模式没有发生根本变化,仅是管理层和股东发生了变化,在股权转让后的董事会组成和决策

中，原告甲担任董事长，即意味着其需承担未来3年三家目标医院的经营管理决策职责，以继续发挥其作为原股东及管理层的经营管理优势。实践中，对赌的功能实质通常为投资方规避对目标公司未来发展的不确定性及收购股权时信息不对称而对未来目标公司的估值进行的调整，本案属于发生在原股东与受让方之间的业绩对赌。正是基于原告甲前期对三家目标医院的经营管理经营优势，作为对赌一方的原股东，指定原告甲担任董事长管理目标医院，以确保能够控制目标医院未来的经营风险，从而实现承诺的目标医院业绩。被告作为投资方也由此降低经营风险，将经营不善的风险交由原股东及原告甲，由原股东及原告甲承担业绩差额的补偿，这符合对赌双方的利益驱动，也符合双方业绩对赌的初衷。如股权转让之后，受让方全盘接管公司，原股东指定的管理层不再经营管理目标医院，仍由原股东及实际控制人承担经营业绩不达标的补偿，会明显加重原股东所应承担的风险，也有悖公司法基本原理。故应认定原告甲担任公司3年董事长，是《业绩补偿之补充协议》实现的重要条件。本案原告甲被暂停职务后，原告甲及其他原股东无法参与和控制目标医院的运营，也难以实现对目标医院经营业绩的控制和预期，继续履行《业绩承诺之补充协议》关于业绩不达标即进行补偿的约定丧失了基础，被告的上述行为导致《业绩承诺之补充协议》约定的业绩补偿条款无法继续履行，其行为构成根本违约，原告甲及其他原股东有权要求解除《业绩承诺之补充协议》中2018年度、2019年度业绩补偿条款。由于原告甲被停止和免除董事长职务发生在2018年年初，对2017年合同的履行没有影响。因此，《业绩承诺之补充协议》关于2017年度业绩补偿条款不应予以解除，2018年度、2019年度的业绩补偿条款，应当予以解除。

【参考裁判文书】四川省高级人民法院（2019）川民终1130号京福华越（台州）资产管理中心与恒康医疗集团股份有限公司股权转让纠纷一案二审民事判决书。

【适用情形二】各方以实际行为解除对赌条款。

【说理示范二】本案中，《增资扩股协议书》第5条"业绩承诺与现金补偿"是各被告作为公司的实际控制人对原告入股目标公司后公司业绩的要求及不能达到承诺业绩时的现金补偿办法。但目标公司在2014年12月31日召开股东会，全体股东一致形成决议，同意由原始股东对非原始股东进行补偿，补偿完毕后，原业绩对赌条款全部解除。该次股东会召开后，目标公司进行转增资并于2015年4月24日进行工商变更登记，原告持有目标公司股权由7.722%变更为8.3811%。此后，各被告又与原告、目标公司、目标公司其他股东及目标公司债权人签订《债权转股权协议》，并根据该协议于2015年5月29日对目标公司进行了工商变更登记，原告持有目标公司股权由8.3811%

变更为 6.4799%。综上所述，虽《增资扩股协议书》第五条约定了业绩对赌条款，但签订协议的各方当事人均参与了 2014 年 12 月 31 日股东会决议，并一致认可该次股东会决议内容，此次股东会决议中约定的公司债转股前原创股东对非原创股东进行补偿的内容及公司债转股均已经履行完毕。即各方当事人以书面的《股东会决议》以及实际行动解除了《增资扩股协议书》第 5 条约定的业绩对赌条款，且在本案审理过程中，各方当事人对该部分协议内容已经解除的事实均予以认可。上述行为符合《增资扩股协议书》中第 16 条关于协议的变更、解除的约定，即协议的任何修改、变更应经协议各方另行协商，并就修改、变更事项共同签署书面协议后方可生效。因此，应认定《增资扩股协议书》第 5 条的业绩对赌条款实际已经被解除。

【参考裁判文书】最高人民法院（2018）最高法民终 645 号王某某等与上海鋆泰股权投资合伙企业（有限合伙）股权转让纠纷一案二审民事判决书。

十、关于融资方原股东转让股权后回购义务如何承担的裁判说理示范

【适用情形一】融资方原股东在合同履行过程中基于豁免其回购义务的前提，将股权转让给投资方指定人员，原股东由此豁免回购义务。

【说理示范一】对赌协议产生的根源在于投资方与融资方的信息不对称，双方对于公司的不同预期需要平衡，为了尽快达成交易而采取事后估值的方法。但是，原告（投资方）指定的案外人在受让被告（融资方原股东）持有的目标公司全部股权份额后，其在目标公司的身份地位和影响远超过被告，属于信息资源获得的优势方。而被告在转让股权后与目标公司不再存在实质性关联。在此情况下，双方身份地位的对比已发生彻底变化。如果再要求被告仅基于在先签订的增资扩股协议的约定承担融资方的对赌义务，显然有悖对赌协议设立的初衷，也有违公平原则。基于被告在转让股权后的身份变化，其表示愿意转让全部股权给原告及其指定公司的前提必须是豁免其在目标公司历次增资过程中对于所有投资方的股权回购义务，上述请求具有合理性。虽然相关股权转让协议未明确约定原告对于被告股权回购义务的豁免，但从涉案诸份合同签订背景、实际履行情况以及权利义务对等原则考虑，本院有理由相信被告已与原告就豁免被告涉案股权回购义务达成合意。原告再要求被告承担涉案股权回购款的支付义务，缺乏事实和法律依据，本院不予支持。

【参考裁判文书】广东省广州市中级人民法院（2020）粤 01 民终 21667 号保某某、余某某与公司有关纠纷一案二审民事判决书。

【适用情形二】受让方在受让股权时对转让方存在股权回购义务系明知，转让方在转让股权时并未明确保留股权回购义务，且全体股东已同意该次股权转让，股权回购义务由受让方承继。

【说理示范二】关于目标公司原控股股东被告甲经合法程序将所持股份全部转让给被告乙后，股权回购义务是否应由被告乙继受问题。首先，根据查明事实，被告乙对于涉案股权回购约定应有充分了解。其次，案涉股权转让协议约定，被告乙在无偿受让被告甲目标公司股权后，应承继受让股权所对应的所有权益和所有义务。虽然股权转让协议约定股权转让后被告乙按双方认可的《财务会计报表》的范围承担被告甲应分担的风险、亏损和享有权益。但控股股东回购义务在被告乙受让股权时属预期产生之债、无法在财务会计报表中体现，被告乙在明知目标公司控股股东负有回购义务的情况下，未在股权转让过程中作出将该项义务予以排除的意思表示，不足以认定被告甲和被告乙就股权回购义务在股权转让后仍由被告甲保留的事项达成合意。最后，《增资协议》约定，当约定的股权回购条件触发时，新股东有权要求公司或控制股东（被告甲）回购或受让新股东持有的公司股权。被告乙主张，依据该条款负有回购义务的控股股东特指被告甲。但结合《增资协议》对控制股东的解释和案涉协议签订时目标公司的股权结构，设定控股股东股权回购义务的目的在于引入资金、激励完善公司治理结构以及以公司上市为目标的资本运作等，协议所约定的负有回购义务的股东应为目标公司控股股东，而非绝对化的被告甲个人。虽然《增资协议》约定"除非本协议另有规定，如果事先未经任何其他方一致书面同意，或在法律要求批准的情况下未经审批机关批准，任何一方不得全部或部分转让本协议或者本协议项下的任何权利和义务"，但依据目标公司股东会决议，被告甲将其拥有公司的股权转让给被告乙，全体股东一致同意并签字、盖章确认，即实质上变更了前述约定，同意被告甲将包括股权回购义务在内的股东义务予以转让。被告甲主张被告乙在受让股权后继受了股权回购义务，符合日常常理和普通人对股权转让标的物的判断。被告乙主张被告甲将目标公司股权无偿转让后特意将股权回购义务予以保留，明显不符合常理。综合被告乙在受让股权时对控股股东存在股权回购义务系明知、案涉控股股东回购义务属股东义务、被告甲在转让股权时并未明确保留股权回购义务以及诚信原则，本院认定案涉股权回购义务应由被告乙继受。

【参考裁判文书】浙江省高级人民法院（2019）浙民再212号浙江星莱和农业装备有限公司与浙江赛康创业投资有限公司、莱恩农业装备有限公司、杨仲雄股权转让纠纷一案再审民事判决书。

十一、关于融资方提出不可抗力或情事变更抗辩的裁判说理示范

【适用情形一】融资方主张目标公司主营业务因政策原因停滞进而不能上市，从而提出不可抗力抗辩。

【说理示范一】涉案协议约定的股权回购条件为目标公司在×年×月×日前或经投资人和承诺人一致书面同意的其他时点（上市承诺期）内未能实现首次公开发行股票并上市，但不包括因停发/停审等政策原因及其他不可抗力因素而导致公司确定不能上市的情形。被告主张，目标公司的主营业务是通过移动互联网等为购彩用户提供手机安全购彩服务，同时开展新彩种研发和运营业务，目标公司主营业务停滞进而不能上市完全是由于国家全面禁止互联网销售彩票的政策原因导致。本院认为，依据协议约定，被告所称的政策原因并非协议约定的免除回购义务的情形，具体理由如下：（1）该政策原因并非不可抗力。不可抗力是指不能预见、不能避免且不能克服的客观情况。被告提及的政策规范虽然对通过互联网销售彩票的行为进行严控和监管，但并未完全禁止通过互联网销售彩票。同时，互联网销售彩票在此之前也曾被多次叫停或加强监管审批，作为互联网销售彩票的经营者，被告理应对国家在互联网销售彩票活动的一贯政策精神予以注意，故上述文件的出台不属于不能预见、不能避免且不能克服的客观情况。（2）协议约定"停发/停审等政策"的约定，强调的是公司上市主管部门在审批申报公司上市方面的相关政策规定，被告提及的政策并非此类政策。基于此，被告关于因政策原因导致不能上市、投资人不能要求股权回购的意见，无事实及法律依据，本院不予采信。

【参考裁判文书】北京市高级人民法院（2021）京民终 178 号杨某、李某某与扬州嘉华创业投资有限公司等股权转让纠纷一案二审民事判决书。

【适用情形二】融资方以国家政策作为情势变更抗辩事由。

【说理示范二】被告主张因目标公司为向居民提供城市管道燃气供应的特许经营企业，2017 年国家推行"煤改气"政策，导致 2017 年年底以后燃气市场供求关系及价格发生剧烈变化和波动，构成情势变更。根据《民法典》第 533 条规定，情势变更是指合同成立后，合同的基础条件发生了当事人在订立合同时无法预见的、不属于商业风险的重大变化。构成情势变更必须具备以下要件：一是应有情势变更的事实，也就是合同赖以存在的客观情况确实发生变化；二是须为当事人所不能预见，如果当事人在订立合同时能够预见到相关的情势变化，即表明其知道相关变化所产生的风险，并甘愿承担，在这

种情况下，情势变更原则就不能适用；三是情势变更必须不可归责于双方当事人；四是情势变更的事实发生于合同成立之后，履行完毕之前；五是情势发生变更后，如继续维持合同效力，则会对当事人显失公平。根据上述规定，被告关于本案事实构成情势变更的主张不能成立。其一，2016年12月30日，各方签订《股权转让及增资协议》及《补充协议》，被告对目标公司2016年至2018年的净利润作出承诺。2016年以及2017年目标公司均完成了承诺业绩。2017年年底国家开始推行"煤改气"政策，致使天然气价格大幅上涨，与目标公司未完成2018年承诺业绩确实存在一定程度的关联性。但由于之后相关文件陆续出台，"煤改气"进度大幅放缓，因当事人并未提交证据证明天然气价格大幅上涨持续时间，故本院无法判断"煤改气"政策引起的天然气价格上涨对目标公司2018年度净利润的影响程度。其二，目标公司作为专业的城市燃气经营企业，其应充分知悉燃气销售价格实行政府指导价，目标公司在燃气供应价格发生大幅变化的情况下，其无法通过自由调整销售价格以弥补其成本支出，亦即因全国性天然气短缺导致的净利润业绩下降属于此类城市燃气经营企业固有的商业风险。其三，被告主张本案适用情势变更的主要依据是2017年12月5日国家发改委出台的政策文件，但"煤改气"工作至迟于2013年即开始启动。因此，目标公司作为专业的城市燃气经营企业，在签署交易文件时应当知晓国家关于环境治理、"煤改气"工程的相关政策，对于国家加大"煤改气"力度导致天然气需求激增，甚至出现全国性的供气短缺、天然气价格大幅提升应该有预期，其所提出的国家"煤改气"政策变化，并不属于案涉《股权转让及增资协议》及《补充协议》履行过程中发生的无法预见的、非不可抗力造成的情形。据此，被告以情势变更为由诉请解除案涉《股权转让及增资协议》及《补充协议》的主张亦不能成立，本院不予支持。

【参考裁判文书】北京市高级人民法院（2020）京民终677号宁波江北区昆颉九鼎股权投资中心（有限合伙）与美国向艺有限公司、樊某某、扬州万安燃气有限公司等合同纠纷一案二审民事判决书。

十二、关于"对赌债务"是否属于夫妻共同债务的裁判说理示范

【适用情形一】配偶一方对于对赌安排是明知的，且参与了目标公司的共同经营，对赌债务属于夫妻共同债务。

【说理示范一】本案的争议焦点为被告甲在涉案估值调整协议项下所负的

股权回购义务是否属于被告甲与被告乙的夫妻共同债务。首先，从被告乙在目标公司的持股情况、任职情况（简述被告乙在目标公司及其关联公司的持股和任职情况）以及案件相关事实看（简述认定被告乙知悉对赌安排的事实依据），被告乙应当知悉被告甲与原告关于股份回购的协议安排。其次，从被告乙参与目标公司经营管理情况看，目标公司是被告甲与被告乙共同经营管理（简述认定被告乙共同经营公司的事实依据）。最后，既然被告甲在目标公司的股权系双方婚姻关系存续期间所得的共同所有的财产，原告的投资致使公司财产及股东个人财产同时增值，被告乙作为配偶一方实际享有了原告投资目标公司所带来的股权溢价收益，被告甲因经营公司所承诺的回购责任亦属夫妻共同债务，符合权利义务一致原则。综上所述，被告乙对于案涉协议约定的股权回购义务是明知的，其参与了公司的共同经营，案涉债务属于被告甲、被告乙夫妻共同经营所负债务。

【参考裁判文书】北京市高级人民法院（2018）京民终18号金某与建银文化产业股权投资基金（天津）有限公司合同纠纷一案二审民事判决书。

【说理示范二】关于涉案债务是否属于夫妻共同债务。首先，被告乙与被告甲于1997年11月3日登记结婚，2017年7月17日协议离婚。目标公司成立于2007年10月18日，该公司股权结构多次变更，被告甲、被告乙及被告乙100%持股的案外人公司多次持有90%以上乃至100%股权。《股权转让及增资协议》签订于2015年1月30日，此时被告甲持有目标公司88.57%股权。《股权转让及增资协议》附件表明，被告甲和被告乙同为目标公司关键员工，被告甲为总裁，分管研发部（技术部）、市场部、海外部及国内销售部；被告乙为海外部总经理，全面负责海外市场推广及拓展规划，带领海外销售团队完成销售目标任务。被告乙于2017年7月底从目标公司辞职，其自认案外人公司与目标公司有过代收海外款项业务往来。案涉债务是基于《股权转让及增资协议》产生，在被告乙从目标公司辞职前，公司业绩一直未达到《股权转让及增资协议》约定的承诺利润，补偿条件已经成就。据此，应认定被告乙参与了目标公司的共同经营，案涉债务属于被告甲、被告乙夫妻共同经营所负债务。其次，被告乙于2014年10月16日出具的《确认和承诺》表明，其对被告甲与原告于同日签署关于目标《股权收购及增资意向协议》知情，且同意被告甲签署、遵守和履行意向协议。该意向协议约定原告拟通过对目标公司受让股权及增资的方式，收购目标公司股权。《股权转让及增资协议》基于该意向协议签订，此后目标公司股权、决策机构、法定代表人乃至盈亏状况等均发生重大变化，结合前述被告乙参与目标公司经营且系公司关键员工等情形，应认定被告乙对《股权转让及增资协议》应当知情。被告乙辩称其不知道《股权转让及增资协议》内容，不符合常理。最后，《股权转让及增资协议》合法有效，原告依据该协议对目标公司进行投资，并如约支付投资款。被告甲、被告乙均属于该投资的受益人，而案涉债务的产生在于被告甲未能按约实现承诺利润。被告乙关于案涉债务为纯负担债务、不存在认定为夫妻共同债务前提条件的主张，缺乏依据。任何商业经营行为均存在风险，被告甲最终是否获利并不影响《股权转让及增资协议》的投资性质及各方权利义务，亦不能成为被告乙的免责理由。

【参考裁判文书】最高人民法院（2021）最高法民终959号蒋某与厦门信达物联科技有限公司及李某某、深圳市安尼数字技术有限公司股权转让纠纷一案二审民事判决书。

【说理示范三】认定夫妻一方以个人名义超出家庭日常生活需要所负债务为夫妻共同债务，须有证据足以证明该债务用于夫妻共同生活、共同生产经营或者具有夫妻共同意思表示。首先，在本案中，被告甲取得目标公司股权时处于与被告乙的婚姻关系存续期间，该股权应认定为夫妻共同财产。其次，被告乙在婚姻关系存续期间亦曾任目标公司股东，后虽将股权转让，但陆续担任目标公司监事、监事会主席及财务副总等核心要职。被告甲则陆续为目标公司的唯一股东、控股股东，作为公司的法定代表人，任公司董事及经理。据此，目标公司系被告甲、被告乙二人分工协作，共同经营的企业，因经营或任职目标公司所获得的收入亦应属于夫妻共同财产。最后，涉案股权转让协议明确约定，被告甲将案涉股权转让给原告，如目标公司未能在2017年12月31日前完成中国A股IPO上市申报或未能在2020年12月31日前完成中国A股IPO上市，则原告有权向被告甲转让其在本次转让取得的目标公司全部或部分股份，被告甲必须予以购入，回购或转让的价款的支付时间为收到原告通知后1个月内。案涉协议约定被告甲负有回购股权的义务，该义务同时也是原告购买股权投资目标公司的条件，可见案涉协议的签订系出于经营目标公司的商业目的，因此产生的回购股权债务应属于公司生产经营所负债务。

此外，2017年8月26日，目标公司召开第一届监事会第四次会议，被告乙作为监事会主席主持会议，会议对目标公司《2017年半年度报告》进行审议并表决通过。被告乙对目标公司2017年4月17日签订案涉协议及2017年8月4日收到原告支付的股权转让款应系明知并且同意。据此，签订案涉协议应系被告甲、被告乙因经营公司所作出的共同决策，案涉债务的负担具有夫妻共同意思表示。

综上所述，案涉债务用于被告甲、被告乙二人共同生产经营，且有证据证明具有二人共同意思表示，应认定为夫妻共同债务。目标公司股权属于夫妻共同财产，目标公司亦系被告甲、被告乙共同经营，无论商业经营行为的最终结果是盈利或亏损，后果均应及于被告乙。原审认定被告乙长期与被告甲共同经营目标公司，案涉债务应当认定为夫妻共同债务，并无不当。

【参考裁判文书】最高人民法院（2021）最高法民申 4323 号郑某某与广州霍利投资管理企业（有限合伙）、许某某等股权转让纠纷一案再审民事裁定书。

十三、关于原告在约定的补偿义务之外请求赔偿损失的裁判说理示范

【适用情形】原告在请求被告承担估值调整协议项下补偿义务之外，另行请求被告赔偿损失。

【说理示范】根据涉案估值调整协议约定，在目标公司未能实现业绩承诺时，原告有权请求目标公司原股东即被告按约定标准回购原告持有的全部股权。在本案中，目标公司未能实现约定的净利润数，原告请求被告按约定标准回购其股权、支付股权回购款以及迟延支付回购款期间的利息，符合合同约定，本院予以支持。关于原告以目标公司未实现预期的业绩目标为由，请求被告向其赔偿预期分配利润损失的问题。对此本院认为，首先，商业投资具有风险性。目标公司是否盈利以及是否存在可分配利润，将受到市场环境、行业竞争等客观因素影响，未能实现约定的业绩目标属于商业风险。原告未能从该次投资中获得分配利益，本身即为原告作为投资方所应承担的商业风险，而非原告所称的损失。其次，针对目标公司未来盈利情况不确定所带来的商业风险，各方当事人已通过涉案估值调整协议作出安排。通过股权回购的交易安排，各方之间已合理地分配了本次投资可能带来的商业风险，原告在涉案增资协议项下的权益已得到保障。综上所述，原告另行请求"预期分配利润损失"赔偿，欠缺事实与法律依据，本院不予支持。

十四、关于融资方主张投资方不正当触发对赌条款的裁判说理示范

【适用情形】融资方主张投资方不当促成回购条件成就。

【说理示范】涉案估值调整协议约定的对赌条件为目标公司于 × 年 × 月 × 日之前成功上市。现因目标公司未能完成上市目标，原告请求目标公司管理层股东即被告承担股权回购义务。被告主张，原告作为目标公司的股东，在股东大会上对于"暂停上市"的表决结果亦表示同意，原告该行为客观上阻止了目标公司上市或对目标公司上市造成了障碍，属于不正当促成回购条

件的成就。对此本院认为，原告通过增资方式持有目标公司 ×% 股权，仅占较小的股权比例，而目标公司暂停上市是股东大会一致同意的决议。且根据股东会议记录，暂停上市是股东之间基于当时市场条件和目标公司经营状况共同作出的商业判断。故目标公司未能在约定时间上市并非原告所能决定，原告并未为自己的利益不正当地促成回购条件成就。

十五、关于股权回购是否涉及股权优先购买权的裁判说理示范

【适用情形一】目标公司原股东回购股权。

【说理示范一】对于股权回购责任的承担方式，因股权回购是在对赌失败情况下对赌方被动受让股权的行为，具有消极性，与一般股权转让的积极性不同；对赌失败后的回购责任是全体股东协商确定的结果，其特征为投资方成为股东后的再行转让行为，仅涉及股权在股东内部间的转让，与向股东之外的第三人转让股权不同，系约定权利；而股东优先购买权行使的前提条件为股权向股东以外的第三人流转，现有股东在同等条件下可享有法律规定的优先于他人的购买权，系法定权利。涉案股权回购与股东优先购买权在适用条件及法律特征上均存在较大差别，因此，本案股权回购争议不适用股东优先购买权。

【参考裁判文书】上海市第二中级人民法院（2020）沪02民终2334号上海立溢股权投资中心（有限合伙）、上海弘朗投资管理有限公司等与上海宝聚昌投资管理集团有限公司、朱某某等股权转让纠纷一案二审民事判决书。

【适用情形二】目标公司实际控制人回购股权。

【说理示范二】本案中，原告要求被告回购其股权，实质是要求向被告转让目标公司股权。因被告为目标公司实际控制人，并非目标公司股东，故本案涉及股东向股东以外的人转让股权，应当符合《公司法》第71条第2款规定关于股东向股东以外的人转让股权的相关规定。本案中，原告已按照《公司法》及公司章程约定，按照《增资协议》列明的目标公司股东联系方式，分别以电子邮件、EMS邮寄方式向公司其他股东发送了《关于转让股权的通知》，告知其他股东股权转让事宜并限期30日答复。现该30日期限已过，目标公司其他股东均未予答复，应视为其同意《关于转让股权的通知》所涉股权转让事宜。故原告要求向被告转让其股权的请求，已满足《公司法》及公司章程规定的程序性要求，符合法律和双方合同约定。

【参考裁判文书】北京市第三中级人民法院（2019）京03民终8116号冯

某与天津平禄电子商务有限公司、牟某合同纠纷一案二审民事判决书。

十六、关于被告抗辩估值调整协议内容显失公平的裁判说理示范

【适用情形】融资方主张估值调整协议条款内容显失公平。

【说理示范】估值调整协议作为一项新型的投资机制,其创设的风险和回报虽然较高,但对于双方而言亦是相对均等的。对于融资方,其需要资金注入以获得更多的经营空间,而对于投资方,其可以依靠注资企业的经营以实现高额利润。因而协议实质上满足了交易双方对于实现投资利益最大化的营利性要求,系双方真实的意思表示。对于融资方而言,应具备专业的判断能力、分析能力和交易能力,在签订估值调整协议时,从常理而言,双方均会对企业经营状况及业绩目标的可行性作出全面的调查、评估和判断。尤其对于融资方,融资企业系其经营管理,较之投资方更能了解企业现状,因而对投资风险更具有预见能力。故法院有理由相信,在被告作出业绩目标承诺时,应当经过审慎仔细的计算和判断,因此对被告辩称该协议显失公平法院不予采信。

【参考裁判文书】上海市第一中级人民法院(2014)沪一中民四(商)终字第2041号周某某等与苏州天相湛卢九鼎投资中心(有限合伙)等公司增资纠纷一案二审民事判决书。

第五节 判决主文规范表述

民事裁判文书主文表述应当符合最高人民法院发布的《人民法院民事裁判文书制作规范》的要求,以当事人诉讼请求为基础,判决主文内容必须明确具体,便于执行。判决主文包含给付内容的,应当明确履行期限;多名当事人承担责任的,应当写明各当事人承担责任的形式、范围;有多项给付内容的,应当写明各项目的名称、金额;对于给付金钱利息,应当明确利息计算的起止点、计息本金及利率等。估值调整协议纠纷中,当事人的诉讼请求一般为给付内容,故应符合上述文书制作要求。

估值调整协议纠纷判决主文规范表述见表2。

第二章 估值调整协议纠纷

表 2 估值调整协议纠纷判决主文规范表述列表

裁判类型	裁判事项	裁判主文
合同效力	确认合同无效	确认原告与被告于 × 年 × 月 × 日签订的 × 合同无效
	确认合同部分无效	确认原告与被告于 × 年 × 月 × 日签订的 × 合同中第 × 条 / 关于 × 的约定内容无效
合同履行	投资方请求融资方支付现金补偿款	被告应于本判决生效之日起 × 日内支付原告现金补偿款 × 元（或写明补偿款的计算方式）
	投资方请求融资方支付违约金	被告应于本判决生效之日起 × 日内支付原告违约金 × 元（或写明违约金的计算方式）
	投资方请求融资方给付股权补偿	被告甲（原股东）、第三人 / 被告乙（目标公司）应于本判决生效之日起 × 日（一般是三十日）内将登记在被告甲名下的第三人 / 被告乙（目标公司） × % 的股权变更登记至原告名下
	投资方请求融资方回购股权（仅请求支付股权回购款，不涉及股权变更）	被告应于本判决生效之日起 × 日内向原告支付股权回购款 × 元（或写明股权回购款计算方式）
	投资方请求融资方回购股权（除请求支付股权回购款外，还涉及股权变更）	1.被告应于本判决生效之日起 × 日内向原告支付股权回购款 × 元（或写明股权回购款计算方式）； 2.原告应于上述款项支付完毕之日起 × 日内将其持有的目标公司 × % 的股权变更至被告名下，被告应配合办理相关工商变更登记手续
	投资方请求目标公司对原股东支付义务承担连带担保责任	1.被告甲（原股东）应于本判决生效之日起 × 日内支付原告 × 款 × 元（或写明款项的计算方式）； 2.被告乙（目标公司）对上述判项确定的债务承担连带保证责任，被告乙承担保证责任后有权向被告甲进行追偿
	投资方请求义务方配偶承担共同责任	1.被告甲应于本判决生效之日起 × 日内支付原告 × 款 × 元（或写明款项的计算方式）； 2.被告乙（被告甲配偶）对上述判项确定的债务向原告承担共同清偿责任

续表

裁判类型	裁判事项	裁判主文
合同解除	请求解除合同	原告与被告于×年×月×日签订的×合同于×年×月×日起（起诉状副本送达之日）解除
	确认合同解除	确认原告与被告于×年×月×日签订的×合同自×年×月×日起（解除通知到达之日）解除

> # 第三章
> ## 上市公司收购纠纷

第一节 类型纠纷审判概述

　　上市公司作为经济发展载体和资本市场核心，是市场价值创造的主体和源泉，优质上市公司控制权向来是投资者必争之地。上市公司收购作为一种资产重组、产权交易方式，从20世纪60年代以敌意收购形式在美国最早出现至今，历经制度价值争辩[①]到观念转换再到资本市场收购类型化演变过程，各国关于上市公司收购立法秉持正当规制理念构建各种收购与反收购规则，逐渐将其发展为一部"披露法案"[②]，尽最大谨慎以避免倾斜支持目标公司股东、公司管理层或收购方，以促进公司各方利益群体同等保护，实现资源配置的效率与灵活。1993年9月"宝延事件"[③]拉开我国上市公司收购序幕，自此相关收购案例无论在数量上还是规模上都得以迅速增长，[④]相关纠纷诉讼亦以不同类型呈现。上市公司收购纠纷诉讼审理涉及公司法、合同法、证券法、反垄断法等众多法域以及证券、国资、外资监管等监管性规定，具有专业性强、审理难度大、牵涉主体利益多元（特别是牵涉中小股东利益）等特点，

[①] 公司法学界围绕上市公司收购究竟是有利于提升公司治理效率，实现企业之间协调和资源效益最大化，还是压榨目标公司股东，牺牲公司雇员与债权人利益以换取股东权益最大化展开了激烈争辩。

[②] 通过全面公允的信息披露保护投资者利益，实现对收购方与公司股东、管理层的同等保护。

[③] "宝延"事件是中国深圳宝安企业（集团）股份有限公司于1993年9月利用其下属的宝安上海公司、宝安华东保健用品公司、深圳龙岗宝灵电子灯饰厂通过从上海证交所购入股票的方式对上海延中实业股份有限责任公司发动的一次具有收购色彩的行动，其此次安排三家关联公司同时行动，借以逃避限制规定。

[④] 如申华竞购案、爱使股份五易其主案、恒通入主棱光、首例外资收购案例北旅事件等，近期的辽宁方大集团收购海航集团案等。近些年受宏观经济环境和《国企改革三年行动方案（2020—2022年）》深入实施的影响，以及叠加退市新规实施后上市公司退市压力加大等因素，A股上市公司控股权收购不断增加。据统计，2019年至2022年4月，A股市场涉及上市公司控股权收购案例（仅考虑可计算溢价率案例）共261件，其中收购方为国资背景的案例共132件，占比50.57%；收购方为非国资背景的案例共129件，占比49.43%。数据来源：微信公众号"投行最前线"，2022年6月8日。

审理时应综合适用相关规范妥善解决纠纷。

一、上市公司收购概述

(一)上市公司收购法律含义

公司收购概念最早源于英美法中的"takeover"与"acquisition"二词,从法律层面而言,前者是指取得某公司的控制权和经营权,往往通过受让或者公开收购目标公司的股份达一定比例,然后通过控制目标公司的股东大会并改组其管理层来实现;后者原意指获取特定财产所有权的行为,引申为通过该项行为,一方取得或获得某项财产。尤指通过任何方式获取"实质上的所有权"或称"实际控制权"。我国《证券法》第四章所规定的"上市公司收购"与英美法语境下的"takeover"内涵较为类似。证监会制定的《上市公司重大资产重组管理办法》中所规定的"重大资产重组"与英美法语境下的"acquisition"在内涵上有所竞合。[①]

对于上市公司收购概念,学界存在表述方面的分歧。有学者将上市公司收购定义为"投资者通过公开的证券交易市场,单独或共同购买上市公司的股份,以取得对该上市公司的控制权或经营权,进而实现对该上市公司兼并或实现其他产权性交易的行为"。[②]也有学者表述为"上市公司收购包括股权或资产的购买(纯粹以投资为目的而不参与营运的股权购买不包括在内),并且此种购买不以取得被购买方全部股份或资产为限,仅取得部分资产或股份并随之取得控制权亦可称为收购"。"上市公司收购,是指收购人通过法定方式,取得上市公司一定比例的发行在外的股份,以实现对该上市公司控股或者合并的行为……在公司收购过程中,采取主动的一方称为收购人,而被动的一方则称为被收购公司或目标公司"。

理解上市公司收购概念应当结合证券法规范把握其内涵和外延。各国证券法对于上市公司收购纳入规范的范畴有所区别:有的仅限于狭义法律行为,即仅针对收购方通过向目标公司股东发出收购要约方式购买该公司的有表决权证券的要约收购行为;有的则扩展至广义的上市公司收购行为,即除要约收购外,还包括收购人通过与目标公司的股票持有人达成收购协议的方式进行收购的协议收购行为以及其他合法形式。我国《证券法》在"上市公司的收购"专章中第62条规定:"投资者可以采取要约收购、协议收购及其他合

[①] 西北政法大学课题组:《上市公司收购法律制度完善研究》,载《证券法苑》2014年第1期。

[②] 叶林:《证券法》,中国人民大学出版社2005年版,第267页。

法方式收购上市公司。"《上市公司收购管理办法》第 5 条规定:"收购人可以通过取得股份的方式成为一个上市公司的控股股东,可以通过投资关系、协议、其他安排的途径成为一个上市公司的实际控制人,也可以同时采取上述方式和途径取得上市公司控制权。"由此可见,我国证券法律对上市公司收购行为规范的范畴包括广义上的上市公司收购行为,即包括采取要约收购、协议收购或其他合法方式对上市公司进行收购的各种情形。对于上市公司收购除要约收购和协议收购以外的"其他合法方式",实务中主要存在以下方式:二级市场的集中交易(包括举牌行为)、借壳上市、[①]整体上市、[②]继承赠与、行政划转、间接收购、司法裁决等。

(二)上市公司收购的法律特征

对于上市公司收购法律行为,可从以下方面理解。

1. 收购主体包括个人投资者和机构投资者

《证券法》对于收购主体使用了"投资者"和"收购人"两个概念,对购买不超过特定上市公司已发行股份 30% 以下的称为投资者;对购买特定上市公司已发行股份 30% 以上的称为收购人。《上市公司收购管理办法》对于收购主体统一采用了"收购人"概念。不过,该办法第 6 条对于收购受限主体作出了如下规定:"任何人不得利用上市公司的收购损害被收购公司及其股东的合法权益。有下列情形之一的,不得收购上市公司:(一)收购人负有数额较大债务,到期未清偿,且处于持续状态;(二)收购人最近 3 年有重大违法行为或者涉嫌有重大违法行为;(三)收购人最近 3 年有严重的证券市场失信行为;(四)收购人为自然人的,存在《公司法》第一百四十六条规定情形;(五)法律、行政法规规定以及中国证监会认定的不得收购上市公司的其他

[①] 借壳上市,也称重组上市,即非上市公司反向收购上市公司,相当于变相的"后门 IPO"(我国香港特别行政区称之为"后门上市"),一般通过取得上市公司控制权并注入自身资产间接实现上市。其核心要素是上市公司控制权的变更以及伴随控制权变更的资产业务调整,使得上市公司改头换面,基本上成为一个完全不同的新公司,装入的资产就变相实现了上市。借壳上市是重大资产重组的升级版,也即非常重大的重大资产重组,但它遵从并购重组的法规、思路、整体的设计原则。近年来,受业绩对赌压力增大、IPO 注册制改革等方面的影响,借壳上市案例明显减少。

[②] 整体上市,即集团公司利用控股的上市公司平台,通过换股合并、定向增发、收购资产等资产重组的形式将控股公司的主要资产和业务注入上市公司,实现集团内同类或相关业务资产的整体上市。上市公司的控股股东将相关的资产通过资产置换、发行股份购买资产的方式注入上市公司中去。它有两个好处:一是增加了大股东的持股比例;二是通过注入优质资产使上市公司股价上涨,上市公司的全体股东将会获得资本增值的收益。

情形。"

2. 收购客体为上市公司发行在外的有表决权的股票股份

《公司法》第 120 条规定："本法所称上市公司，是指其股票在证券交易所上市交易的股份有限公司。"非上市股份有限公司的"股份"收购以及上市公司上市的"债券"收购不在此范围。

3. 收购行为实质是一种股份买卖行为

上市公司收购是收购人与上市标的公司股东之间的股份交易行为，并不是投资者与上市公司之间的股份转让行为，除法律有特别规定外，上市公司本身不能收购自己的股份，即不能成为其公司的收购主体。不过在借壳上市收购方式中，不少是通过发行股票实现新股东对上市公司收购。

4. 收购目的是对上市公司实现控股或者兼并

控股，是指通过持有特定上市公司一定数量的股份而对该公司进行控制。控股公司按控股方式不同，分为纯粹控股公司和混合控股公司。前者是指不直接从事公司生产经营业务，只是凭借所持有的股份进行资本营运；后者是指既通过控股进行资本营运，也从事生产经营业务。兼并是合并的形式之一，是指投资者通过产权的有偿转让，将上市公司的全部资产收购为自己所有，但兼并前企业的股东或所有者在兼并后的企业中拥有股份，原经营管理层继续留任在兼并后的企业中。上市公司收购中的股份买卖是一种关于特殊财产即抽象的表示公司资本份额股份的买卖，股份的特殊性质决定了上市公司收购的根本目的是要获取对目标公司的控制权或者兼并目标公司，进而通过商业运营被收购的上市公司以获取商业收益。

（三）上市公司的收购类型

根据收购行为的特征界定和区分上市公司的收购类型有利于准确适用法律。

1. 立法区分类型

我国现行规范按照收购方式和特别收购主体不同，将上市公司收购类型区的为要约收购、协议收购、间接收购和管理层收购四种。

（1）要约收购。又称为公开要约收购或公开收购，是指收购人通过发布公告形式公开向目标公司全体股东发出收购上市公司依法发行股份的要约，待被收购上市公司确认后，方可实行收购行为。要约收购属于上市公司收购中最常见、最典型、最重要的一种方式，各国证券立法均将其作为规范的基本内容。要约收购主要包括收购期限、收购价格、收购数量等内容。这种收购方式主要运用于目标公司股权较为分散、股东与公司控制权分离的情况。根据合同法传统理论，要约一经到达受要约人就发生法律效力，要约人应受其约束，不得撤销或随意变更。

根据现行规范的具体内容，要约收购可以进一步细分为：

①全面要约收购和部分要约收购。要约收购根据所要收购的股份数量不同，具体可分为全面要约与部分要约两种具体类型。前者是指投资者向目标公司全体股东发出收购全部股份的要约；后者是指投资者发出收购部分股份的要约，即在比例范围内向目标公司所有股东发出收购要约，当预受要约数量超过预定收购数量时，收购人按比例收购预受要约。

②自愿要约收购和强制要约收购。根据收购人是否具有收购股份的法律义务，要约收购可分为自愿收购和强制收购。自愿收购是指收购人依其自己意愿，按自行确定的收购计划进行上市公司股份收购。需要注意的是，投资者应当一视同仁地向所有股东发出要约，不得只向部分股东发出。强制收购是指由于大股东持有某一上市公司的股份达到一定比例时，按照法律强制规定，其在规定的时间内必须发出全面要约进行收购，即收购人具有收购股份的法定义务，依法必须在限定的时间内进行上市公司股份收购。不过，强制收购在某种意义上说是相对的，其亦系以收购人自愿为基础条件，收购人前期的任何一次收购，都是其自愿实施的有计划购买目标公司股票的行为，即便达到强制收购持股比例，基本上都是属于收购者计划中的事。按照《上市公司收购管理办法》相关规定，强制要约收购在以下三种情形下会被"触发"：一是针对要约收购，根据该办法第24条规定，通过证券交易所的证券交易，收购人持有上市公司的股份达到该公司已发行股份的30%时，继续增持股份的，应当采取要约方式进行，发出全面要约或者部分要约。二是针对协议收购，根据该办法第47条第2款、第3款规定，收购人拥有权益的股份达到该公司已发行股份的30%时，继续进行收购的，应当依法向该上市公司的股东发出全面要约或者部分要约。收购人拟通过协议方式收购某一特定上市公司的股份超过30%的，超过30%的部分，应当改以要约方式进行。三是针对间接收购，根据第56条第2款规定，收购人拥有权益的股份超过该公司已发行股份的30%的，应当向该公司所有股东发出全面要约；收购人预计无法在事实发生之日起30日内发出全面要约的，应当在前述30日内促使其控制的股东将所持有的上市公司股份减持至30%或者30%以下，并自减持之日起2个工作日内予以公告；其后收购人或者其控制的股东拟继续增持的，应当采取要约方式。

③一般收购和继续收购。根据收购阶段不同，可分为一般收购和继续收购。一般收购，是指单独或者合并持有上市公司发行在外5%以上股份的投资者继续买进标的公司股票，但不超过该上市公司已发行的股份30%的收购。继续收购，是持有上市公司发行在外30%以上股份的投资者（收购人）

按照《证券法》规定的要约收购规则继续买入该标的公司股票的行为。继续收购是在强制法约束下的收购行为，需要采取公开要约的形式收购，以要约收购条件进行价格成交，不受集中竞价规则约束。

④初始要约收购和竞争性要约收购。按照收购要约发出顺序不同，可以分为初始要约收购与竞争性要约收购两类。初始要约收购，是指由最初向标的公司所有股东发出收购要约的投资者所发出的收购要约。竞争性要约收购，是指出现初始要约之后，其他投资者向同一家标的公司所有股东发出要约。竞争性要约收购的收购人最迟不得晚于初始要约收购期限届满前 15 日发出要约收购的提示性公告，并应当根据规定履行报告、公告义务。根据《上市公司收购管理办法》第 40 条第 1 款规定，收购要约期限届满前 15 日内，收购人不得变更收购要约；但是出现竞争要约的除外。根据该办法第 40 条第 2 款规定，出现竞争要约时，发出初始要约的收购人变更收购要约距初始要约收购期限届满不足 15 日的，应当延长收购期限，延长后的要约期应当不少于 15 日，不得超过最后一个竞争要约的期满日，并按规定比例追加履约保证金。以证券支付收购价款的，应当追加相应数量的证券，交由证券登记结算机构保管。

（2）协议收购。又称非公开收购，是指投资者在证券交易场所之外与被收购公司的某些股东（通常是大股东）私下订立股份转让协议，就股票价格、数量等方面进行私下协商，购买目标公司的股票，从而实现对目标公司的控股或兼并目的。协议收购一般发生在目标公司的股权较为集中，尤其是目标公司存在控股股东的情况下。协议收购是目前我国 A 股比较常见的收购方式，协议收购存在暗箱协商、定价不够市场化等弊端，但收购效率高。

（3）间接收购。上市公司间接收购，是指收购人通过投资关系、协议、其他安排导致其拥有的上市公司权益达到或者超过公司已发行股份的 5% 但未超过 30%，但收购人在形式上并没有直接成为目标公司股东的一种收购形式。间接收购的方式与直接收购相比具有多样性和灵活性。实践中经常使用的间接收购方式有直接收购大股东股权、向大股东增资扩股、出资与大股东成立合资公司、托管大股东股权等方式，其中直接收购大股东股权是最为常见的间接收购方式，也是表现最为直接的方式。根据我国相关收购法规规定，在进行间接收购时，应严格按照法定的程序进行权益披露，履行初始披露、持股变动的报告、公告义务以及持股达到 30% 时的强制要约收购义务，但符合相关规范规定的可以申请豁免强制要约收购的情形除外。

（4）管理层收购（MBO）[①]。管理层收购又称为"经理层融资收购"，是指上市公司管理层利用借贷所融资本购买本公司股份，从而改变公司所有者结构和控制权结构，进而达到收购公司的目的。通常为公司管理者从风险投资者手中回购股权的一种杠杆收购行为。MBO 收购的目标公司通常是具有巨大资产潜力或存在提高经营利润的潜力空间和能力，即公司的质地良好，管理层可以通过资产重组或机制创新等切实可行的改革措施创造高额投资收益。我国《上市公司收购管理办法》第 51 条[②]以及《公开发行证券的公司信息披露内容与格式准则第 18 号——被收购公司董事会报告书》（2020 年修订）第 2 条、第 27 条、第 32 条[③]规定了管理层收购的相关规范。

2. 商业区分类型

（1）友好收购和敌意收购。按照上市公司的收购方式和态度的不同，上市公司收购分为友好收购和敌意收购。友好收购又称为善意收购，是指收购人在发出收购要约前先行征得目标公司管理层的同意，管理层积极配合收购

[①] 即 Management Buy-out，起源于 20 世纪 70 年代的美国。美国的 KKR 公司收购案例是历史上最早的案例，我国四通集团于 1999 年率先进行了大胆探索，引发了我国管理层收购热潮。

[②]《上市公司收购管理办法》第 51 条规定："上市公司董事、监事、高级管理人员、员工或者其所控制或者委托的法人或者其他组织，拟对本公司进行收购或者通过本办法第五章规定的方式取得本公司控制权（以下简称管理层收购）的，该上市公司应当具备健全且运行良好的组织机构以及有效的内部控制制度，公司董事会成员中独立董事的比例应当达到或者超过 1/2。公司应当聘请符合《证券法》规定的资产评估机构提供公司资产评估报告，本次收购应当经董事会非关联董事作出决议，且取得 2/3 以上的独立董事同意后，提交公司股东大会审议，经出席股东大会的非关联股东所持表决权过半数通过。独立董事发表意见前，应当聘请独立财务顾问就本次收购出具专业意见，独立董事及独立财务顾问的意见应当一并予以公告。上市公司董事、监事、高级管理人员存在《公司法》第一百四十八条规定情形，或者最近 3 年有证券市场不良诚信记录的，不得收购本公司。"

[③]《公开发行证券的公司信息披露内容与格式准则第 18 号——被收购公司董事会报告书》（2020 年修订）第 2 条规定："被收购公司董事会（以下简称董事会）应当在收购人要约收购上市公司或管理层收购本公司时，按照本准则的要求编制被收购公司董事会报告书（以下简称董事会报告书）。"第 27 条规定："在管理层收购中，被收购公司的独立董事应当就收购的资金来源、还款计划、管理层收购是否符合《收购办法》规定的条件和批准程序、收购条件是否公平合理、是否存在损害上市公司和其他股东利益的行为、对上市公司可能产生的影响等事项发表独立意见。"第 32 条规定："独立董事除应当签字、盖章外，还应当声明是否与要约收购（或管理层收购）存在利益冲突，是否已履行诚信义务、基于公司和全体股东的利益向股东提出建议，该建议是否客观审慎。"

者，劝导公司股东向收购者出售股份。此种收购方式的成功率较高，而且收购成本较低。敌意收购又称恶意收购，是指收购人未征得目标公司管理层同意而进行的股份收购。由于收购人在证券交易市场购买目标公司股份达到一定比例后突然发布收购要约，目标公司管理层又对收购持反对态度，往往导致收购人的收购成本增加而且恶意收购往往因收购与反收购导致上市公司控制权争夺纠纷。

（2）现金收购、换股收购和混合收购。根据收购对价支付方式的不同，上市公司收购可分为现金收购、换股收购和混合收购。现金收购，是指收购人以现金方式支付股份收购对价。现金方式收购对于被收购股份股东来说，可以避免市场风险、货币贬值风险等，但会增加税收支出；对于收购人来说，存在较大现金流负担，有时会因现金收购危及财务安全而影响收购进程。换股收购，是指收购人以自己公司的股份换取目标公司的股份。换股收购方式对于被收购方来说，需要承受因股权价值不确定性带来的风险，但因属资产转让，其税收负担可以递延；对于收购人来说，最大的好处是可以减少现金支出。混合收购，是指收购人以现金、公司股份、债权等方式向被收购公司股东支付对价。混合收购能较好地平衡现金收购和换股收购两种方式的利弊。

（3）横向收购、纵向收购和混向收购。根据收购行为方式的不同，上市公司收购可分为横向收购、纵向收购和混向收购。横向收购，是指收购方与被收购方属于同一产业，二者的产品属同一市场。横向收购的目的是使企业的产业结构更趋合理，资源配置更为集中，通过收购降低单位产品的生产成本，提高产品质量和扩大产量，实现规模经济效益，以达到扩大生产规模、扩大在同行业中的竞争能力、控制或者影响同类产品市场的目的。这种收购形式特别适合我国目前上市公司规模偏小、产品生产能力分散、存在过度竞争的产业组织状况。纵向收购又称垂直收购，是指收购方与被收购方属于上、下游产业或者同产业的前后生产工序企业之间的收购。纵向收购是一种明显带有行业扩张意图的收购形式，此种收购方式有利于协调原材料、加工业及销售渠道间的关系，既可节省人力资源，降低成本，便于综合开发，又可对市场变化作出迅速反应，增加企业的创造力和竞争力。混向收购，是指收购方与被收购方分属不同产业领域，相互产业之间并无特别的生产技术联系。混向收购的宗旨在于改善、优化公司自身产业结构，扩大上市公司可涉足的行业领域。

（4）单独收购和共同收购。根据收购主体是单一的还是多个，上市公司收购可分为单独收购和共同收购。单独收购，是指单个主体独自实施收购行为的收购。共同收购，是指两个以上的主体为达到共同控制一个上市公司的目的，达成一致协议互相合作共同购买目标公司股份的收购。英美法中的

"一致行动人"是上市公司收购和权益变动监管中经常出现的概念。我国《证券法》没有对"一致行动人"进行直接定义,而是在该法第63条以规定"投资者持有或者通过协议、其他安排与他人共同持有一个上市公司已发行的有表决权股份"的方式描述投资者的一致行动关系。《上市公司收购管理办法》第83条对"一致行动人"有明确规定。该条第1款将"一致行动"定义为"一致行动是指投资者通过协议、其他安排,与其他投资者共同扩大其所能够支配的一个上市公司股份表决权数量的行为或者事实"。该条第2款进一步列举了符合"一致行动人"标准的12种情形,即推定一致行动人的情形包括规定了投资者之间有股权控制关系,投资者的董事、监事或高管中的主要人员相同等情形。可见,推定的一致行动人的范围很广。被认定为"一致行动人",最直接的影响是合并计算所持有的股份[①]以及锁定期延长[②]。

二、上市公司收购纠纷概述

(一)上市公司收购纠纷案由释义

上市公司收购作为投资者基于兼并或者获得特定上市公司控制权并达到控股目的而公开收购该公司已经依法发行上市的股份或有投票权证券的法律行为,其法律后果很可能导致公司控制权转移、董事会和监事会改组、股票价格波动,从而影响上市公司、股东、原管理层、债权人等多方利益,在整个收购交易过程中均可能发生相关纠纷。最高人民法院2020年12月修订的《民事案件案由规定》在第八部分"与公司、证券、保险、票据等有关的民事纠纷"第21条"与公司有关的纠纷"二级案由的第285项设立"上市公司收购纠纷"三级案由。[③]

在确定纠纷案由时,"上市公司收购纠纷"案由一般仅适用于狭义方面理解的相关纠纷,即购买者在购买上市公司股份以获得其控制权过程中与被收

---

① 《证券法》第63条第1款规定,在投资者持有或者通过协议、其他安排与他人共同持有一个上市公司已发行有表决权股份达到5%时,就应当向证监会、证券交易所的书面报告,通知上市公司,予以公告,不得买卖上市公司股票。

② 根据《公司法》第141条规定,目标公司的非控股股东的锁定期是股票在证券交易所上市交易之日起1年。但是构成公司控股股东的一致行动人,根据《上海证券交易所科创板股票上市规则》第2.4.4条、第2.4.9条的规定,控股股东及其一致行动人的锁定期均为公司股票上市之日起36个月。

③ 2008年发布的《民事案件案由规定》已设立"上市公司收购纠纷"三级案由。

购者之间发生的纠纷,[①] 而对于收购者之间的纠纷,收购者与目标公司、目标公司原管理层和员工之间的纠纷,目标公司与新旧管理层之间的纠纷等因上市公司收购引发的相关纠纷则按照纠纷法律关系性质以及诉的种类确定其他案由。

（二）上市公司收购常见纠纷类型

广义外延范畴的上市公司收购纠纷就类型而言,根据不同的分类依据可以分为不同纠纷类型,如根据交易类型可分为举牌行为纠纷、要约收购纠纷、协议收购纠纷、间接收购纠纷、借壳上市纠纷、整体上市纠纷、继承赠与纠纷、行政划转纠纷、司法裁决纠纷[②]等;根据纠纷产生的交易阶段可分为上市公司收购交易前纠纷、收购交易中纠纷和收购交易后纠纷。从纠纷审理时准确适用法律、解决争议角度而言,最有实质意义和区分价值的分类标准,应当是依据纠纷所涉法律关系进行区分。据此,我们可以将上市公司收购纠纷分为合同纠纷、与公司有关的纠纷、证券纠纷三大类型,各大类型纠纷中又可根据性质和责任不同细分为不同的具体类型。

1. 因上市公司收购引发的合同类纠纷

此类纠纷主要发生于收购人与被收购人之间因协议收购、间接收购等而发生的纠纷。上市公司收购中的合同纠纷往往贯穿于协议磋商、签订、文件报批、交易操作与后续阶段,引发纠纷的情形也多种多样。如在磋商阶段,容易发生框架协议单方终止纠纷;在协议签订阶段,容易发生磋商文件与交易文件存在矛盾引发的纠纷、市场变化影响交易价格公允性的纠纷、合同条款存在效力瑕疵的纠纷等;在报批阶段,容易发生报批方未履行报批义务纠纷、审批范围与交易范围不符纠纷、报批未获批准纠纷等;在交易阶段,容易存在标的公司资产存在重大瑕疵纠纷、标的资产归属不清纠纷等;在后续阶段,容易引发被收购人管理层对抗纠纷、被收购人账外债务承担纠纷、员工安置纠纷等。

2. 因上市公司收购引发的公司类纠纷

此类纠纷主要包括公司决议效力纠纷,公司章程效力纠纷,股东资格、股东权利限制纠纷,公司股东、高管损害公司利益或股东利益纠纷等。此类纠纷多发于未与目标公司管理层协商一致的敌意收购中,各方为了争夺公司控制权,围绕收购与反收购、兼并与反兼并展开系列公司类纠纷诉讼,主要对抗阵营分为收购人与被收购目标公司管理层两方。就收购人而言,为了保

[①] 人民法院出版社编著:《最高人民法院民事案件案由适用要点与请求权规范指引》（第2版）,人民法院出版社2020年版,第772页。

[②] 如执行异议纠纷等。

密经常采取"突袭收购"手段，往往出现如信息披露违法行为或未聘请财务顾问等证券违规行为，目标公司管理层往往围绕收购人违法违规行为采取行政救济或诉讼救济措施；就目标公司管理层而言，往往借助股东大会、董事会力量进行反收购行动，收购方会针对公司决议提出效力瑕疵诉讼等。

3. 因上市公司收购引发的证券类纠纷

因上市公司收购引发证券类纠纷在要约收购和协议收购中均容易引发投资者提起关联交易、内幕交易责任纠纷和信息披露不充分、不真实等证券虚假陈述责任纠纷以及操纵证券交易市场责任纠纷等。随着《证券法》《虚假陈述司法解释》等法律和司法解释的不断出台或修订，投资人发起证券民事赔偿诉讼的门槛逐步降低，有助于投资者利用司法途径维护自身权益。

（三）上市公司收购纠纷的特征

相较于非上市公司收购和兼并的股权转让纠纷，上市公司收购纠纷涉及更加复杂的法律关系，关涉更大的商业利益，所涉利益主体也更为多元，因而面临更加严格的监管规则和环境。相较于非上市公司以控制权为转移目的的纠纷，上市公司收购纠纷呈现以下特征。

1. 纠纷发生原因多元

上市公司收购纠纷的产生通常是由多个因素共同导致的结果，如选择的收购对象或被收购对象存在问题或不合适、收购协议约定的内容不清晰、业绩预估与实际偏差过大、收购方或被收购方存在诚实信用问题、违约责任条款约定不合理或者违约成本低、经济下行与资本市场低迷而引发收购纠纷或加剧各方冲突、对资本市场的风险意识不足和防范不够等原因均容易引发上市公司收购纠纷。

2. 受制于严格的监管规则

《证券法》和证监会、交易所的相关监管规定和规则对于上市公司收购的合规要求涵盖信息披露、证券发行、公司治理、内部控制等各个方面，但收购各方主体往往由于过分关注控制权争夺而忽视证券监管规定，致使上市公司控制权纠纷稍有不慎就可能触碰监管红线。对于收购过程中的违法违规行为，上市公司控制权争夺中常常使用行政监管举报或刑事举报作为御敌手段。

3. 容易引发中小投资者索赔

上市公司收购往往与二级市场股价存在高度关联性。由于资金方大量收购标的公司股票，导致中小投资者对公司控制权的潜在变化抱有较高的投资预期而跟风进场。不过，由于控制权争夺通常需要较为漫长的过程，短期的股价拉抬后大多会出现回落，从而致使股民受损。在此期间一旦收购人或上市公司及其相关方存在信息披露违法、内幕交易或者操纵证券市场行为，极有可能引发利益受损股民的索赔纠纷。

4.容易引发各类公司类纠纷

收购和反收购的争夺多数体现在对上市公司控股权或管理权的争夺，容易引发上市公司股东大会或董事会决议效力纠纷以及公司公章、证照、财务账册返还纠纷等各类公司诉讼。

三、上市公司收购法律规制

上市公司收购在优化资本配置、提高公司竞争力、促进经济规模发展等方面具有积极作用，但其消极影响不可忽视。上市公司收购导向不明时，容易造成社会资源浪费，甚至形成垄断，而且具有较大的不稳定性和高度风险性，往往容易滋生内幕交易或投机等扰乱市场秩序的不法行为，有必要加强规范和监管。现行立法规范主要有以下几种：

一是基本法律层面。我国《证券法》第四章专门规定了"上市公司的收购"专章，[①] 确立了我国上市公司收购监管的基本法律制度。此外，上市公司收购实质上是股份买卖交易，因此，《民法典》合同编的一般规则和《公司法》特殊规则同样适用于上市公司收购纠纷审理。《民法典》合同编、《证券法》、《公司法》作为上位法，对上市公司的收购作出明确方向、基本规则、相关理念的原则性规定，其他下位法主要进行具体、细化规范。

二是行政法规层面。国务院于1993年4月发布的《股票发行与交易管理暂行条例》以第四章"上市公司的收购"专章规定了上市公司收购规则。中共中央办公厅、国务院办公厅于2021年7月发布了《关于依法从严打击证券违法活动的意见》。目前正在加速推进《上市公司监督管理条例》的制定工作，监管条例的制定和出台有利于承接上位法，并解决当前监管规则位阶较低、执法威慑力缺乏等问题，同时更加细化地规范包括上市公司收购在内的上市公司行为。

三是部门规章层面。证监会发布的《上市公司收购管理办法》专门细化上市公司收购的操作流程与监管规则。[②] 证监会为了规范上市公司重大资产重组行为于2008年4月发布了《上市公司重大资产重组管理办法》。上述两

[①] 我国《证券法》自1999年7月1日起施行，历经5次修改，即2004年8月第一次修正、2005年10月第一次修订、2013年6月第二次修正、2014年8月第三次修正、2019年12月第二次修订。

[②] 最早一版的《上市公司收购管理办法》于2002年颁布，2006年7月颁布新《上市公司收购管理办法》，后经2008年8月、2012年2月、2014年10月、2020年3月4次修订。

个办法均经多次修订且有配套披露准则。此外,有关上市公司收购的监管规范还有三部证券期货适用意见(证券期货适用意见4号、7号、9号)、一部监管规则适用指引(《监管规则适用指引——上市类第1号》)、五份格式准则(15号权益变动报告书、16号上市公司收购报告书、17号要约收购报告书、18号被收购公司董事会报告书、19号豁免要约收购申请文件)。

四是交易所规则层面。上市公司收购还要参照深交所或上交所制定的相关自律规则,如《股票上市规则》《规范运作指引》《上市审核业务指引》《自律监管指引》等。

上述规范共同构建了我国严格的上市公司收购监管体系。除适用上述监管规范以外,上市公司收购还需遵循外资相关法规、国资相关法规、反垄断相关规则以及特殊行业监管规则等。此外,人民法院在审理上市公司收购纠纷案件时应当依据最高人民法院的相关司法解释进行审理和裁判。

四、上市公司收购纠纷审理原则

证券法等相关规范规制上市公司收购活动的出发点,不在于保证上市公司收购结果的公正性,而是要保障上市公司收购过程的公正性。基于这种规制目的,证券法等相关规范主要通过建立合理的收购程序、充分的信息公开制度以及严格的责任体系等监管规则,规范整合证券市场信息,维持证券市场秩序,防止利用上市公司收购进行内幕交易、操纵市场,防止利用收购行为损害上市公司利益,同时确保被收购公司的股东在收购过程中能够得到同等公平的对待。围绕上市公司收购法律规制基本原则,上市公司收购纠纷相关诉讼应该坚持以下审理原则。

(一)坚持目标公司股东平等对待原则

股东平等待遇原则是公司法理中股东平等原则的体现,是指"公司在基于股东资格而发生的法律关系中,不得在股东间实行不合理的不平等待遇,并应按股东所持有股份的性质和数额实行平等待遇的原则"。[1]坚持目标公司股东待遇平等是各国上市公司收购立法的根本性规制原则。股东平等待遇原则基本内容具体包括以下几个方面:一是全体持有人规则,即在公开要约收购时收购者必须向全体股东发出收购要约;二是按比例接纳规则,即进行部分收购时,收购者必须按比例收购所有同意股东的股份,而不以股东作出同意出售股份意思表示的先后顺序,从而有别于一般证券交易所遵循的"时间

---

[1] 刘俊海:《股份有限公司股东权的保护》,法律出版社1997年版,第30页。

优先原则";三是价格平等和最高价规则,即目标公司股东平等地享有收购者提出的最高价要约待遇,这是股东最具实质意义的平等待遇原则内容。我国《证券法》第65条[①]、第69条第1款[②]、第70条[③]、第73条第1款[④]、第74条[⑤],《股票发行与交易管理暂行条例》第48条[⑥]、第51条第3款[⑦],《上市公司收购管理办法》第四章等规定了股东平等待遇各项原则。审理上市公司收购纠纷应当坚持"确保目标公司股东待遇平等原则"所细化的全体持有人规则、按比例接纳规则和最好价格规则三项规则,使目标公司的所有股东,不论大小和持股先后,在信息获得、条件适用、价格提高、股份出售机会等方面被一视同仁,以防止上市公司收购中大股东操纵行情和私下交易。

(二)坚持信息依法披露审查原则

信息披露制度是证券市场监管制度的基石和赖以生存的基础,各国证券

[①]《证券法》第65条规定:"通过证券交易所的证券交易,投资者持有或者通过协议、其他安排与他人共同持有一个上市公司已发行的有表决权股份达到百分之三十时,继续进行收购的,应当依法向该上市公司所有股东发出收购上市公司全部或者部分股份的要约。收购上市公司部分股份的要约应当约定,被收购公司股东承诺出售的股份数额超过预定收购的股份数额的,收购人按比例进行收购。"

[②]《证券法》第69条第1款规定:"收购要约提出的各项收购条件,适用于被收购公司的所有股东。"

[③]《证券法》第70条规定:"采取要约收购方式的,收购人在收购期限内,不得卖出被收购公司的股票,也不得采取要约规定以外的形式和超出要约的条件买入被收购公司的股票。"

[④]《证券法》第73条第1款规定:"采取协议收购方式的,收购人收购或者通过协议、其他安排与他人共同收购一个上市公司已发行的有表决权股份达到百分之三十时,继续进行收购的,应当依法向该上市公司所有股东发出收购上市公司全部或者部分股份的要约。但是,按照国务院证券监督管理机构的规定免除发出要约的除外。"

[⑤]《证券法》第74条第1款规定:"收购期限届满,被收购公司股权分布不符合证券交易所规定的上市交易要求的,该上市公司的股票应当由证券交易所依法终止上市交易;其余仍持有被收购公司股票的股东,有权向收购人以收购要约的同等条件出售其股票,收购人应当收购。"

[⑥]《股票发行与交易管理暂行条例》第48条规定,发起人以外的任何法人直接或者间接持有一个上市公司发行在外的普通股达到30%时,应当自该事实发生之日起45个工作日内,向该公司所有股票持有人发出收购要约。

[⑦]《股票发行与交易管理暂行条例》第51条第3款规定:"收购要约人要约购买股票的总数低于预受要约的总数时,收购要约人应当按照比例从所有预受收购要约的受要约人中购买股票。"

立法均将信息披露作为基本宗旨。真实准确、完整公平、易解易得的信息披露是投资者作出理性投资决策的先决条件。美国关于上市公司收购的立法即《威廉姆斯法》①被称为一部"信息公开法"。从我国上市公司收购规范发展沿革来看，可称为一部信息披露制度发展的完善史。《深圳市上市公司监管暂行办法》②《股票发行与交易管理暂行条例》③《公开发行股票公司信息披露实施细则（试行）》④《禁止证券欺诈行为暂行办法》《证券市场禁入暂行规定》⑤以及后来出台的《证券法》⑥均详细规定上市公司收购信息披露内容。目前，我国上市公司收购信息披露制度主要由《证券法》《上市公司信息披露管理办法》《上海证券交易所股票上市规则》⑦《深圳证券交易所股票上市规则》⑧中的有关

---

① 《威廉姆斯法》（Williams Act）是美国1968年的一项法案，该法案实际上是对《美国1934年证券交易法》的修正案。其立法的目的首先是规范要约收购，明确收购的程序和信息披露的要求，使股东有充分的时间来了解收购方的背景、收购意图和对目标公司的影响，以便于作出正确的决策。

② 该办法于1992年4月出台，其中第四章"重大交易"和第五章"收购与合并"对上市公司收购的程序、信息公开义务、重大交易信息公开义务等有关公司收购事项作了规定。

③ 该条例于1993年4月出台，其中第四章"上市公司收购"专门规制上市公司收购，有关信息披露的内容主要有以下几方面：持股预警披露触发点5%，持股增减变动披露点2%，披露方式为报告和公告（在证监会指定上市公司信息披露报刊上登载），持股达30%的要约收购义务，要约收购的支付方式（货币）、价格、期限，收购失败标准、下市标准、收尾交易，等等。

④ 该文件于1993年6月出台，其中第一章"总则"第3条规定，"本细则还适用于持有一个公司5%以上发行在外普通股的法人和收购上市公司的法人"，第4条规定，临时报告包括收购与合并公告，第五章"临时报告——公司收购公告"对要约义务人的收购公告规定了18项内容。

⑤ 《禁止证券欺诈行为暂行办法》《证券市场禁入暂行规定》分别于1993年9月、1997年3月出台，都对包括持股和收购信息披露在内的虚假陈述、内幕交易、操纵市场等行为予以禁止。

⑥ 该法于1999年7月出台。

⑦ 该规则于1998年1月实施，后历经2000年5月第一次修订、2001年6月第二次修订、2002年2月第三次修订、2004年12月第四次修订、2006年5月第五次修订、2008年9月第六次修订、2012年7月第七次修订、2013年12月第八次修订、2014年10月第九次修订、2018年4月第十次修订、2018年6月第十一次修订、2018年11月第十二次修订、2019年4月第十三次修订、2020年12月第十四次修订、2022年1月第十五次修订。

⑧ 该规则于1998年1月实施，后历经2000年5月第一次修订、2001年6月第二次修订、2002年2月第三次修订、2004年12月第四次修订、2006年5月第五次修订、2008年9月第六次修订、2012年7月第七次修订、2014年10月第八次修订、2018年4月第九次修订、2018年11月第十次修订、2020年12月第十一次修订、2022年1月第十二次修订。

规定组成。相关信息披露制度主要由以下部分构成。

1. 持股预警披露制度

该制度亦称为"大股东报告义务",即当投资者直接或间接持有一家上市公司发行在外的有表决权股份达到一定比例或达到该比例后持股数量发生一定比例的增减变动时,即负有向上市公司、公司上市的证券交易所及证券监管部门披露有关情况的义务。[①] 其目的在于防止收购人突然袭击给上市公司股东和管理层造成措手不及,扰乱交易秩序,也可以使其他投资者及时了解大宗股份买卖行为而作出投资决策并一定程度上防止内幕交易和市场操纵。我国《证券法》第63条[②]、第64条[③],《上市公司收购管理办法》第二章等较为详细地规定了持股预警披露制度。

2. 要约收购信息披露制度

该制度是指收购者公开向目标公司所有股东发出要约,以确定的条件在一定期间内购买目标公司部分或全部股份,以达到控制目标公司的目的。该制度包括披露触发点、义务人、方式、内容等主要方面,其目的是确保目标公司股东平等获得要约收购信息并保证有充足时间来估量信息并作出理性决

---

① 吴弘:《证券法论》,世界图书出版公司1998年版,第153页。

②《证券法》第63条规定:"通过证券交易所的证券交易,投资者持有或者通过协议、其他安排与他人共同持有一个上市公司已发行的有表决权股份达到百分之五时,应当在该事实发生之日起三日内,向国务院证券监督管理机构、证券交易所作出书面报告,通知该上市公司,并予公告,在上述期限内不得再行买卖该上市公司的股票,但国务院证券监督管理机构规定的情形除外。投资者持有或者通过协议、其他安排与他人共同持有一个上市公司已发行的有表决权股份达到百分之五后,其所持该上市公司已发行的有表决权股份比例每增加或者减少百分之五,应当依照前款规定进行报告和公告,在该事实发生之日起至公告后三日内,不得再行买卖该上市公司的股票,但国务院证券监督管理机构规定的情形除外。投资者持有或者通过协议、其他安排与他人共同持有一个上市公司已发行的有表决权股份达到百分之五后,其所持该上市公司已发行的有表决权股份比例每增加或者减少百分之一,应当在该事实发生的次日通知该上市公司,并予公告。违反第一款、第二款规定买入上市公司有表决权的股份的,在买入后的三十六个月内,对该超过规定比例部分的股份不得行使表决权。"

③《证券法》第64条规定:"依照前条规定所作的公告,应当包括下列内容:(一)持股人的名称、住所;(二)持有的股票的名称、数额;(三)持股达到法定比例或者持股增减变化达到法定比例的日期、增持股份的资金来源;(四)在上市公司中拥有有表决权的股份变动的时间及方式。"

定。《证券法》第 65 条[①]、第 66 条[②]、第 68 条[③],《上市公司收购管理办法》第三章等规定了要约收购信息披露制度。

3. 协议收购信息披露制度

协议收购属于收购人先行与目标公司的股东、管理层进行充分协商,双方在协商一致基础上对上市公司进行"友好型"收购的一种方式,其收购成本较低,成功率高。实践中,上市公司收购绝大多数采取协议收购方式。不过,协议收购因协商过程不公开,具有隐蔽性,更容易发生内幕交易等市场不当行为;同时,因收购人仅与目标公司个别股东进行股份交易,较要约收购可能更不利于保护被收购公司其他股东的利益等,一些国家和地区的证券法律制度将上市公司要约收购和协议收购统一进行规制。我国《证券法》第 71 条[④]、第 73 条[⑤]、

[①]《证券法》第 65 条规定:"通过证券交易所的证券交易,投资者持有或者通过协议、其他安排与他人共同持有一个上市公司已发行的有表决权股份达到百分之三十时,继续进行收购的,应当依法向该上市公司所有股东发出收购上市公司全部或者部分股份的要约。收购上市公司部分股份的要约应当约定,被收购公司股东承诺出售的股份数额超过预定收购的股份数额的,收购人按比例进行收购。"

[②]《证券法》第 66 条规定:"依照前条规定发出收购要约,收购人必须公告上市公司收购报告书,并载明下列事项:(一)收购人的名称、住所;(二)收购人关于收购的决定;(三)被收购的上市公司名称;(四)收购目的;(五)收购股份的详细名称和预定收购的股份数额;(六)收购期限、收购价格;(七)收购所需资金额及资金保证;(八)公告上市公司收购报告书时持有被收购公司股份数占该公司已发行的股份总数的比例。"

[③]《证券法》第 68 条规定:"在收购要约确定的承诺期限内,收购人不得撤销其收购要约。收购人需要变更收购要约的,应当及时公告,载明具体变更事项,且不得存在下列情形:(一)降低收购价格;(二)减少预定收购股份数额;(三)缩短收购期限;(四)国务院证券监督管理机构规定的其他情形。"

[④]《证券法》第 71 条规定:"采取协议收购方式的,收购人可以依照法律、行政法规的规定同被收购公司的股东以协议方式进行股份转让。以协议方式收购上市公司时,达成协议后,收购人必须在三日内将该收购协议向国务院证券监督管理机构及证券交易所作出书面报告,并予公告。在公告前不得履行收购协议。"

[⑤]《证券法》第 73 条规定:"采取协议收购方式的,收购人收购或者通过协议、其他安排与他人共同收购一个上市公司已发行的有表决权股份达到百分之三十时,继续进行收购的,应当依法向该上市公司所有股东发出收购上市公司全部或者部分股份的要约。但是,按照国务院证券监督管理机构的规定免除发出要约的除外。收购人依照前款规定以要约方式收购上市公司股份,应当遵守本法第六十五条第二款、第六十六条至第七十条的规定。"

第76条[1],《上市公司收购管理办法》第四章等规定了上市公司协议收购信息披露制度。

信息披露制度是防止上市公司在收购过程中进行内幕交易、操纵市场、损害上市公司以及其他股东利益的有效手段，是相关交易主体责任构成和认定的重要审查要素，在审理上市公司收购纠纷时，应当注意结合信息披露监管规则，审查相关交易主体是否充分和规范履行信息披露义务，以准确界定上市公司收购相关主体违约或侵权责任构成。

（三）坚持保护中小股东利益原则

公司收购需注重中小股东保护的法理基础源于上市公司收购中各利益主体权利失衡格局。前述股东平等待遇原则侧重于强调构建中小投资者的外部保护机制，而在目标公司内部，应当注重公司控股股东、实际控制人、管理层与中小股东在公司收购过程中的利益平衡。由于上市公司普遍实行"董事会中心主义"甚至"经理人中心主义"，理论上的股东会中心主义实际极易落空且股东会容易流于形式，因而中小股东往往处于相对不利地位，其利益容易受到损害，大股东、董事会、经理人都极有可能因谋求个人或团体利益而损害中小股东利益。如有学者提出在1998年天津大港收购上海爱使股份的收购案中，目标公司爱使股份的管理层实施了如修改公司章程条款，采用焦土战术，寻求白衣骑士以及降落伞计划等一系列反收购措施，其中一些反收购措施如焦土战术中的出售公司资产、对外实施担保行为的合法性不无疑问。[2]中小股东与收购方、目标公司大股东乃至管理层在具体收购活动中获取信息不对称是客观存在的。收购人发出收购要约以及协议收购谈判往往需要经过较长的时间和过程，在这一过程中，收购人、目标公司大股东及其管理层在信息获取方面居于主动的强者地位，甚至可能形成交易信息垄断；而作为一般投资者的中小股东则处于弱势地位，很难获得其理性投资所需的充分信息。为了平衡保护目标公司的中小股东利益，各国上市公司收购法律制度把保护中小股东正常权益作为立法宗旨和基本出发点，[3]确立目标公司控股股东、实

---

[1]《证券法》第76条规定："收购行为完成后，收购人与被收购公司合并，并将该公司解散，被解散的原有股票由收购人依法更换。收购行为完成后，收购人应当在十五日内将收购情况报告国务院证券监督管理机构和证券交易所，并予公告。"

[2] 荆林波：《中国企业大并购：十大并购商战实录》，社会科学文献出版社2002年版，第240~272页。

[3] 官以德：《上市公司收购的法律透视》，人民法院出版社1999年版，第34~35页。

际控制人、管理层[1]对公司负有谨慎与忠诚的义务并秉持忠于股东利益的原则，努力在双方之间建立一种适当的权力分配机制，从而既鼓励目标公司管理层运用专业知识及技能，保护公司和众多股东的利益，又维护目标公司股东就是否出售其股份享有最后决定的权利，防止目标公司管理层为了私利而阻止、破坏对目标公司股东有利的收购行为。[2]我国证券法律亦规定了目标公司控股股东或者实际控制人、管理层对公司及股东负有诚信义务。《上市公司收购管理办法》第7条规定，被收购公司的控股股东或者实际控制人不得滥用股东权利损害被收购公司或者其他股东的合法权益，如有损害则应当在转让之前主动消除损害或作出安排，并依照公司章程取得被收购公司股东大会的批准。第8条规定，被收购公司的董事、监事、高级管理人员对公司负有忠实义务和勤勉义务，应当公平对待收购本公司的所有收购人。被收购公司董事会针对收购所作出的决策及采取的措施，应当有利于维护公司及其股东的利益，不得滥用职权对收购设置不适当的障碍，不得利用公司资源向收购人提供任何形式的财务资助，不得损害公司及其股东的合法权益。根据《上市公司收购管理办法》第32条[3]、第33条[4]、第34条[5]等规定，当收购人将收购要约报告书通知目标公司后，公司董事会在收购人收购要约未发出前，应当聘请独立财务顾问等专业机构，分析公司财务状况，就收购要约条件是否公平合理、收购可能对公司产生的影响等提出专业意见；如果收购人为目标公司管理层、员工，公司独立董事应当为公司聘请独立财务顾问等专业机构，

---

[1] 由于控股股东、实际控制人在选任管理层组成人员时具有控制或决定优势，二者的立场、利益几乎一致。

[2] 代越：《论公司收购的法律管制》，载《经济法论丛》1999年第1期，中国方正出版社1999年版，第415页。

[3]《上市公司收购管理办法》第32条规定："被收购公司董事会应当对收购人的主体资格、资信情况及收购意图进行调查，对要约条件进行分析，对股东是否接受要约提出建议，并聘请独立财务顾问提出专业意见。在收购人公告要约收购报告书后20日内，被收购公司董事会应当公告被收购公司董事会报告书与独立财务顾问的专业意见。收购人对收购要约条件做出重大变更的，被收购公司董事会应当在3个工作日内公告董事会及独立财务顾问就要约条件的变更情况所出具的补充意见。"

[4]《上市公司收购管理办法》第33条规定："收购人作出提示性公告后至要约收购完成前，被收购公司除继续从事正常的经营活动或者执行股东大会已经作出的决议外，未经股东大会批准，被收购公司董事会不得通过处置公司资产、对外投资、调整公司主要业务、担保、贷款等方式，对公司的资产、负债、权益或者经营成果造成重大影响。"

[5]《上市公司收购管理办法》第34条规定："在要约收购期间，被收购公司董事不得辞职。"

分析可能对公司产生的影响并提出专业意见,以保证意见的独立性与公正性;在收购人发出收购要约10日内,公司董事会应当将编制的董事会报告书和独立财务顾问的专业意见,按规定的方式向公司所有股东公告,董事会报告书中应当就是否接受收购要约向股东提出建议;收购人对收购要约条件作出重大更改的,公司董事会应补充董事会报告书,独立董事应当发表补充意见,并进行公告。此外,上市公司收购立法突出对中小股东的利益保护还表现在对目标公司管理层反收购行为的限制。根据《公司法》第103条①关于股东表决权的规定,上市公司收购的结果为公司合并,故相应决定权应归属于股东大会;《公司法》第147条②、第148条第1款③规定了董事、监事、高级管理人员对公司负有忠实和勤勉义务,目标公司经营者采取反收购措施时应当受其对公司信义义务的限制。在审理涉及上市公司收购中小股东与目标公司管理层纠纷或者目标公司与其管理层纠纷时,应当综合适用公司法、证券法等相关法律规定,审查公司控股股东或者实际控制人、管理层是否存在违反信义义务的行为。

---

①《公司法》第103条规定:"股东出席股东大会会议,所持每一股份有一表决权。但是,公司持有的本公司股份没有表决权。股东大会作出决议,必须经出席会议的股东所持表决权过半数通过。但是,股东大会作出修改公司章程、增加或者减少注册资本的决议,以及公司合并、分立、解散或者变更公司形式的决议,必须经出席会议的股东所持表决权的三分之二以上通过。"

②《公司法》第147条规定:"董事、监事、高级管理人员应当遵守法律、行政法规和公司章程,对公司负有忠实义务和勤勉义务。董事、监事、高级管理人员不得利用职权收受贿赂或者其他非法收入,不得侵占公司的财产。"

③《公司法》第148条第1款规定:"董事、高级管理人员不得有下列行为:(一)挪用公司资金;(二)将公司资金以其个人名义或者以其他个人名义开立账户存储;(三)违反公司章程的规定,未经股东会、股东大会或者董事会同意,将公司资金借贷给他人或者以公司财产为他人提供担保;(四)违反公司章程的规定或者未经股东会、股东大会同意,与本公司订立合同或者进行交易;(五)未经股东会或者股东大会同意,利用职务便利为自己或者他人谋取属于公司的商业机会,自营或者为他人经营与所任职公司同类的业务;(六)接受他人与公司交易的佣金归为己有;(七)擅自披露公司秘密;(八)违反对公司忠实义务的其他行为。"

第二节 基本要素审理指引

上市公司收购纠纷实质上为特殊的股权转让纠纷，本节重点介绍相对狭义范畴的上市公司收购纠纷的审理要素及审查重点内容。关于因上市公司收购引起的公司决议效力纠纷、公司章程效力纠纷、股东资格确认纠纷、变更登记纠纷等审理要素可以参阅相应的专门类案指南内容。

一、立案要素

在立案审查环节，应结合上市公司收购纠纷的特点，并依照《民事诉讼法》第122条的内容，重点对以下要素进行审查。

（一）主管要素

上市公司收购纠纷为民事纠纷，属于人民法院受理民事案件范围。股东或上市公司在提起上市公司收购纠纷诉讼时，应当符合《民事诉讼法》第122条规定的起诉条件。

需要注意的是，股东或上市公司在提起上市公司收购纠纷诉讼时，在立案审查环节，法院应当审查原告提交的相关收购合同有无约定仲裁条款。上市公司收购的双方当事人如果达成书面仲裁协议条款，相关纠纷应由仲裁机构主管。原告坚持起诉的，裁定不予受理，但仲裁条款或者仲裁协议不成立、无效、失效、内容不明确无法执行的除外。

在人民法院首次开庭前，被告以有书面仲裁协议为由对受理民事案件提出异议的，人民法院应当进行审查。经审查符合下列情形之一的，人民法院应当裁定驳回起诉：（1）仲裁机构或者人民法院已经确认仲裁协议有效的；（2）当事人没有在仲裁庭首次开庭前对仲裁协议的效力提出异议的；（3）仲裁协议符合《仲裁法》第16条规定且不具有《仲裁法》第17条规定情形的。

【规范依据】《民事诉讼法》第122条、第127条第2项；《民事诉讼法司法解释》第215条、第216条；《民事案件案由规定》285.上市公司收购纠纷。

（二）管辖要素

因上市公司收购纠纷提起的诉讼，应以《民事诉讼法》第 22 条规定的地域管辖的一般原则为基础，并结合《民事诉讼法》第 27 条规定的公司诉讼管辖原则，综合考虑确定管辖法院。①

1. 与公司有关诉讼的特殊地域管辖。如果上市公司收购纠纷属于《民事诉讼法》第 27 条、《民事诉讼法司法解释》第 22 条规定涉及与公司组织行为有关的诉讼，由公司住所地法院管辖。

2. 上市公司收购合同纠纷，如果双方当事人对管辖法院有约定且约定有效的，应适用其约定；没有约定或约定不明，按照《民事诉讼法》第 24 条及最高人民法院相关司法解释的规定，由被告住所地或合同履行地人民法院管辖。

（1）协议管辖。收购方与被收购方可以在书面合同中协议选择被告住所地、合同履行地、合同签订地、原告住所地、标的物所在地人民法院管辖，但不得违反《民事诉讼法》对级别管辖和专属管辖的规定。

（2）合同履行地。上市公司收购纠纷的特殊性在于收购行为需要向公司注册地的登记机关履行相应手续方可完成，因此被收购的上市公司注册地可以作为合同履行地。②上市公司收购纠纷中，如果仅是转让方请求支付股权转让款，可以接受货币一方所在地（以诉请义务说为例）为合同履行地。

（3）被告住所地。上市公司收购纠纷中不涉及特殊地域管辖时，可选择被告住所地人民法院管辖。

（三）案由要素

狭义的上市公司收购纠纷，是指收购人在购买上市公司股份以获得上市公司控制权的过程中与被收购人之间发生的纠纷。从狭义方面界定了"上市公司收购纠纷"范畴，收购人之间发生的纠纷不属于此案由，若收购人之间发生纠纷，可以根据收购人之间的具体法律关系提起诉讼。③司法实务中，对于其他因上市公司收购引发的纠纷，可按照纠纷法律关系性质以及诉的种类确定其他案由。

【规范依据】《民事案件案由规定》285. 上市公司收购纠纷。

---

① 人民法院出版社编：《最高人民法院民事案件案由适用要点与请求权规范指引》（第 2 版），人民法院出版社 2020 年版，第 772 页。

② 以上市公司注册地作为合同履行地并作为此类案件管辖地，是国际上的通行做法。

③ 人民法院出版社编著：《最高人民法院民事案件审理适用要点与请求规范指引》（第 2 版），人民法院出版社 2020 年版，第 772 页。

（四）诉讼请求要素

诉讼请求，是指原告通过诉讼对被告提出的实体权利请求。诉讼请求必须具体、明确，即要求原告根据诉的种类，明确、细化其要求被告承担的责任形式及责任内容，具体、明确的判断标准因诉的种类的不同而不同。

1. 确认之诉

确认之诉是原告明确请求法院确认民事法律关系存在或不存在之法律效果。在上市公司收购纠纷中，收购人向法院起诉请求确认上市公司收购合同法律关系有效或者无效，或者请求确认上市公司相关决议效力，或者收购人依据上市公司收购法律关系确认其公司股东资格，被收购公司要求确认上市公司股份收购人不具有公司股东资格等，均属于确认之诉。

2. 形成之诉

形成之诉亦称为变更之诉，是指原告起诉请求撤销或解除合同，改变或者消灭既成的法律关系。上市公司股份收购人或被收购人起诉请求撤销上市公司收购合同或解除上市公司收购合同，改变或者消灭上市公司收购法律关系，属于形成之诉。司法实践中常见的是原告以欺诈、胁迫、瑕疵出资等为由请求撤销上市公司收购合同；原告以对方拒绝付款或拒绝办理变更登记、发生重大事件导致客观履行不能、以合同约定解除条件成就，或是以对方根本违约或合同目的无法实现等为由要求解除上市公司收购合同。形成之诉与确认之诉相同，诉讼请求只要明确了形成的民事法律关系产生、撤销还是变更之形成效果，就达到了民事诉讼法所规定的具体条件。

3. 给付之诉

给付之诉是指起诉请求交付某项财物或者为一定的行为，如继续履行合同或者请求承担违约责任。司法实践中常见的是上市公司股份收购人请求目标公司交付所收购的上市公司股权，或是以股权转让有瑕疵为由要求赔偿损失等，或是请求履行变更股东名册记载、变更公司登记等，或是被收购人请求收购人支付转让款项等。

二、主体要素

（一）原告主体要素

上市公司收购纠纷原告是与收购有直接利害关系的民事主体，主要是具有诉的利益的被收购上市公司、上市公司股份收购人、上市公司股份被收购人。

1. 上市公司股份收购人为原告

具体而言,有以下几种情形:上市公司股份收购人向法院起诉请求确认上市公司收购合同法律关系有效或者无效;上市公司股份收购人起诉请求撤销上市公司收购合同或解除上市公司收购合同,或是以股权转让有瑕疵为由要求赔偿损失等;上市公司股份收购人依据上市公司收购法律关系确认其公司股东资格,请求目标公司交付所收购的上市公司股权或履行变更股东名册记载、变更公司登记等。

原告为上市公司股份收购人的主体资格主要审查以下内容:(1)原告为自然人的,应明确其姓名、性别、出生日期、民族、户籍所在地等基本信息;原告为公司的,查明公司的名称、住所地、法定代表人等基本信息。(2)原告是否已经被登记为上市公司的股东。(3)原告及其一致行动人所持有的股权比例范围:小于5%、5%~20%、20%~30%或大于30%。

2. 被收购的上市公司为原告

被收购上市公司要求确认上市公司股份收购人不具有公司股东资格,原告为被收购上市公司。

原告为上市公司的主体资格主要审查以下内容:(1)原告上市公司的名称。(2)原告上市公司的住所地。(3)原告上市公司的法定代表人等基本信息。(4)原告上市公司的公司章程与收购纠纷相关的条款。

3. 上市公司股份转让方为原告

原告为上市公司股份转让方的主体资格主要审查以下内容:(1)原告为自然人的,明确其姓名、性别、出生日期、民族、户籍所在地等基本信息;原告为公司的,查明公司的名称、住所地、法定代表人等基本信息。(2)原告是否已经被登记为上市公司的股东。(3)原告及其一致行动人所持有的股权比例。

【规范依据】《民事诉讼法》第122条;《证券法》第65条;《上市公司收购管理办法》第5条、第7条。

(二)被告主体要素

上市公司收购纠纷的被告主要包括上市公司股份收购人与被收购人、被收购上市公司。被告必须具体明确,原告应根据其诉讼请求准确界定被告主体。

1. 被告主体的确定

(1)上市公司股份收购人向法院起诉请求确认上市公司收购合同法律关系有效或者无效,或是请求撤销上市公司收购合同或解除上市公司收购合同,或是以股权转让有瑕疵为由要求赔偿损失等,被告为上市公司股份被收购人。

（2）上市公司股份收购人依据上市公司收购法律关系请求确认其公司股东资格，或请求目标公司交付所收购的上市公司股权、履行变更股东名册记载、变更公司登记，上述诉讼请求中被告为被收购上市公司。可根据案件具体情况将股份被收购人列为共同被告或者第三人。（3）被收购上市公司要求确认上市公司股份收购人不具有公司股东资格，被告为上市公司股份收购人。

2. 被告主体资格审查

被告主体资格主要审查以下内容：（1）被告为自然人的，明确其姓名、性别、出生日期、民族、户籍所在地等基本信息；被告为公司的，查明公司的名称、住所地、法定代表人等基本信息。（2）被告是否已经被登记为上市公司的股东。（3）被告及其一致行动人所持有的股权比例。

【规范依据】《民事诉讼法》第 122 条；《证券法》第 65 条；《上市公司收购管理办法》第 5 条、第 7 条。

（三）第三人主体要素

在上市公司收购纠纷案件中，如果上市公司不是原告或被告，但是案件处理结果与上市公司有法律上的利害关系，上市公司可以申请参加诉讼，或者由人民法院通知上市公司作为案件的第三人参加诉讼。

原告起诉时将上市公司列为第三人的，是否通知其参加诉讼，由人民法院审查决定。实践中，如果第三人参与了上市公司收购协议的签订，通知其参加诉讼有利于人民法院查明相关事实，对于当事人申请第三人参加诉讼，法院可予准许。

关于上市公司作为第三人的主体资格，重点需审查以下内容：（1）上市公司与案件处理结果是否有法律上的利害关系。（2）上市公司是否有独立的请求权。

【规范依据】《上市公司收购管理办法》第 5 条、第 7 条；《民事诉讼法》第 56 条；《民事诉讼法司法解释》第 222 条。

三、上市公司要约收购审查要素

上市公司要约收购是收购人通过向目标公司所有股东公开发出收购要约的方式对标的公司进行收购。要约收购具有信息公开、程序公正、待遇公平的特点，收购者发出要约收购的目的是获得上市公司的控制权，发出要约收购的对象是目标公司的全体股东。审理此类纠纷时，应当依照《证券法》《上市公司收购管理办法》等着重审查上市公司股份收购人是否遵守要约收购的相关规定。

（一）要约收购股东平等对待规则

《上市公司收购管理办法》第26条规定，以要约方式进行上市公司收购的，收购人应当公平对待被收购公司的所有股东。持有同一种类股份的股东应当得到同等对待。对于被收购上市公司或上市公司的股份转让方主张上市公司股份收购人违反此规则的，可以从以下五个方面进行审查：

1. 投资者的各种收购条件尤其是预受股份的价格，包括收购方随后提高的对价，是否适用于所有被收购上市公司的股东。

2. 所有被收购上市公司的股东是否都赋予参与交易的机会。

3. 收购人是否采取要约规定以外的形式或超出要约的条件买入被收购上市公司的股份。

4. 收购人是否卖出被收购上市公司的股份。

5. 其他投资者能否在证券交易所公开求购上市公司的股份。

（二）要约收购报告与公告规则

为充分保护投资者的投资决策需求，应当审查以要约方式收购上市公司股份的收购人是否依照《证券法》第66条、《上市公司收购管理办法》第29条的规定编制要约收购报告书，并聘请财务顾问向中国证监会、证券交易所提交书面报告，抄报派出机构，通知被收购公司，同时对要约收购报告书摘要作出提示性公告。

对于收购报告书，应当审查是否载明以下事项：（1）收购人的姓名、住所；收购人为法人的，其名称、注册地及法定代表人，与其控股股东、实际控制人之间的股权控制关系结构图。（2）收购人关于收购的决定及收购目的，是否拟在未来12个月内继续增持。（3）上市公司的名称、收购股份的种类。（4）预定收购股份的数量和比例。（5）收购价格。（6）收购所需资金额、资金来源及资金保证，或者其他支付安排。（7）收购要约约定的条件。（8）收购期限。（9）公告收购报告书时持有被收购公司的股份数量、比例。（10）本次收购对上市公司的影响分析，包括收购人及其关联方所从事的业务与上市公司的业务是否存在同业竞争或者潜在的同业竞争，是否存在持续关联交易；存在同业竞争或者持续关联交易的，收购人是否已作出相应的安排，确保收购人及其关联方与上市公司之间避免同业竞争并保持上市公司的独立性。（11）未来12个月内对上市公司资产、业务、人员、组织结构、公司章程等进行调整的后续计划。（12）前24个月内收购人及其关联方与上市公司之间的重大交易。（13）前6个月内通过证券交易所的证券交易买卖被收购公司股票的情况。（14）中国证监会要求披露的其他内容。

（三）要约收购期限规则

为保障股东有充足的时间评估被披露的信息以作出最终的决策，从而减轻要约收购产生的强迫性，应当审查上市公司股份收购人是否遵守《证券法》第 67 条规定的收购要约的期限规则，收购要约约定的收购期限不得少于 30 日，并不得超过 60 日。

（四）要约收购的撤销、变更与预受规则

上市公司收购不同于普通的股权转让，需遵守《证券法》《上市公司收购管理办法》规定的要约撤销、变更与预受规则，具体从以下方面审查：

1. 收购要约一旦公布即发生法律效力，在收购要约约定的承诺期限内，收购人不得撤销其收购要约。

2. 收购人需要变更收购要约的，必须及时公告，载明具体变更事项，并通知被收购公司。变更收购要约不得存在下列情形：（1）降低收购价格；（2）减少预定收购股份数额；（3）缩短收购期限；（4）中国证监会规定的其他情形。

3. 收购要约期限届满前 15 日内，收购人不得变更收购要约，但是出现竞争要约的除外。

4. 收购人需要变更收购要约的，必须及时公告，载明具体变更事项，并通知被收购公司。

5. 预受股东在要约过程中的预受股份撤回权，股东对接受要约与否具有选择权，撤回权可在要约收购期限届满 3 个交易日前行使。

（五）要约收购董事会行为规则

实务中，董事会存在利用商业判断规则不当抵御敌意收购情形。因此，在审理上市公司收购纠纷时，应当从四个方面审查董事会是否履行了注意义务与忠实义务。

1. 被收购上市公司董事会应当对收购人的主体资格、资信情况及收购意图进行调查，对要约条件或重大变更后的条件进行分析，对股东是否接受要约提出建议，并聘请独立财务顾问提出专业意见。

2. 收购人对收购要约条件作出重大变更的，被收购上市公司董事会应当在 3 个工作日内公告董事会及独立财务顾问就要约条件的变更情况所出具的补充意见。

3. 收购人作出提示性公告后至要约收购完成前，被收购公司除继续从事正常的经营活动或者执行股东大会已经作出的决议外，未经股东大会批准，被收购公司董事会不得通过处置公司资产、对外投资、调整公司主要业务、担保、贷款等方式，对公司的资产、负债、权益或者经营成果造成重大影响。

4. 在要约收购期间，被收购公司董事不得辞职。

【规范依据】《证券法》第65~69条；《上市公司收购管理办法》第23~46条。

（六）要约收购义务豁免规则

采取协议收购方式的，收购人收购或者通过协议、其他安排与他人共同收购一个上市公司已发行的有表决权股份达到30%时，如继续进行收购，应当依法向该上市公司所有股东发出收购上市公司全部或者部分股份的要约。但是，按照国务院证券监督管理机构的规定免除发出要约的除外。

《上市公司收购管理办法》第61条规定："符合本办法第六十二条、第六十三条规定情形的，投资者及其一致行动人可以：（一）免于以要约收购方式增持股份；（二）存在主体资格、股份种类限制或者法律、行政法规、中国证监会规定的特殊情形的，免于向被收购公司的所有股东发出收购要约。不符合本章规定情形的，投资者及其一致行动人应当在30日内将其或者其控制的股东所持有的被收购公司股份减持到30%或者30%以下；拟以要约以外的方式继续增持股份的，应当发出全面要约。"

《上市公司收购管理办法》第62条规定："有下列情形之一的，收购人可以免于以要约方式增持股份：（一）收购人与出让人能够证明本次股份转让是在同一实际控制人控制的不同主体之间进行，未导致上市公司的实际控制人发生变化；（二）上市公司面临严重财务困难，收购人提出的挽救公司的重组方案取得该公司股东大会批准，且收购人承诺3年内不转让其在该公司中所拥有的权益；（三）中国证监会为适应证券市场发展变化和保护投资者合法权益的需要而认定的其他情形。"

《上市公司收购管理办法》第63条规定："有下列情形之一的，投资者可以免于发出要约：（一）经政府或者国有资产管理部门批准进行国有资产无偿划转、变更、合并，导致投资者在一个上市公司中拥有权益的股份占该公司已发行股份的比例超过30%；（二）因上市公司按照股东大会批准的确定价格向特定股东回购股份而减少股本，导致投资者在该公司中拥有权益的股份超过该公司已发行股份的30%；（三）经上市公司股东大会非关联股东批准，投资者取得上市公司向其发行的新股，导致其在该公司拥有权益的股份超过该公司已发行股份的30%，投资者承诺3年内不转让本次向其发行的新股，且公司股东大会同意投资者免于发出要约；（四）在一个上市公司中拥有权益的股份达到或者超过该公司已发行股份的30%的，自上述事实发生之日起一年后，每12个月内增持不超过该公司已发行的2%的股份；（五）在一个上市公司中拥有权益的股份达到或者超过该公司已发行股份的50%的，继续增加其在该公司拥有的权益不影响该公司的上市地位；（六）证券公司、银行等金融机构在其经营范围内依法从事承销、贷款等业务导致其持有一个上市公司已发行股份超过30%，没有实际控制该公司的行为或者意图，并且提出在合理期限内向非关联方转让相关股份的解决方案；（七）因继承导致在一个上市公司中拥有权益的股份超过该公司已发行股份的30%；（八）因履行约定购回式证券交易协议购回上市公司股份导致投资者在一个上市公司中拥有权益的股份超过该公司已发行股份的30%，并且能够证明标的股份的表决权在协议期间未发生转移；（九）因所持优先股表决权依法恢复导致投资者在一个上市公司中拥有权益的股份超过该公司已发行股份的30%；（十）中国证监会为适应证券市场发展变化和保护投资者合法权益的需要而认定的其他情形。相关投资者应在前款规定的权益变动行为完成后3日内就股份增持情况做出公告，律师应就相关投资者权益变动行为发表符合规定的专项核查意见并由上市公司予以披露。相关投资者按照前款第（五）项规定采用集中竞价方式增持股份的，每累计增持股份比例达到上市公司已发行股份的2%的，在事实发生当日和上市公司发布相关股东增持公司股份进展公告的当日不得再行增持股份。前款第（四）项规定的增持不超过2%的股份锁定期为增持行为完成之日起6个月。"

《上市公司收购管理办法》第64条规定："收购人按照本章规定的情形免于发出要约的，应当聘请符合《证券法》规定的律师事务所等专业机构出具专业意见。"

【规范依据】《证券法》第73条；《上市公司收购管理办法》第61~64条。

四、上市公司协议收购审查要素

协议收购是收购人与目标公司的股东不通过证券交易所的竞价系统，而是以场外达成协议的形式收购上市公司股份。《上市公司收购管理办法》对协议收购方式作了详细规定。协议收购具有简便、成本低的优点，一般适用于大宗股票转让，且无须遵守股东地位平等原则，对不同股东可以采用不同的收购价格。由于协议收购一般通过私下进行，收购者只与少数持有大量股份的股东（往往是控股股东）接触并达成交易，有关信息一般不公开。相对于要约收购而言，在机会平等、信息公开、中小股东权益保护等方面具有一定的局限性，并且，协议收购以30%股份为限，超过该比例，则需进入要约收购。

协议收购适合于我国上市公司存在流通股与非流通股不同股份的股权构成特色，在现阶段，协议收购是上市公司收购的最重要形式。鉴于为收购市场不断发展提供合法制度运作空间，我国《证券法》用三个条款对协议收购作了原则性规定。关于上市公司协议收购纠纷，主要从信息披露、协议收购过渡期企业稳定、履行程序等方面进行审查。

（一）协议收购报告与公告规则

为充分保护投资者投资权利，应当重点审查以协议方式收购上市公司股份的收购人是否依照《上市公司收购管理办法》的规定履行报告与公告义务：

1. 收购人以协议方式拥有上市公司权益股份的 5%，须编制权益变动报告书，向中国证监会、证券交易所提交书面报告，通知该上市公司，并予公告。

2. 收购股份超过 30%，收购人拟申请豁免的，应当在与上市公司股东达成收购协议之日起 3 日内编制上市公司收购报告书。

3. 收购人自取得中国证监会的豁免之日起 3 日内公告其收购报告书。

（二）协议收购过渡期交易双方行为限制规则

以协议方式进行上市公司收购的，自签订收购协议起至相关股份完成过户的期间为上市公司收购过渡期（以下简称过渡期），应当审查以下内容：

1. 在过渡期内，收购人不得通过控股股东提议改选上市公司董事会，确有充分理由改选董事会的，来自收购人的董事不得超过董事会成员的 1/3。

2. 被收购公司不得为收购人及其关联方提供担保；被收购公司不得公开发行股份募集资金，不得进行重大购买、出售资产及重大投资行为或者与收购人及其关联方进行其他关联交易，但收购人为挽救陷入危机或者面临严重财务困难的上市公司的情形除外。

（三）协议收购中董事会披露规则

为了保障投资者的知情权，应当审查上市公司控股股东与董事会是否履行以下义务：

1. 上市公司控股股东向收购人协议转让其所持有的上市公司股份的，应当对收购人的主体资格、诚信情况及收购意图进行调查，并在其权益变动报告书中披露有关调查情况。

2. 控股股东及其关联方未清偿其对公司的负债，未解除公司为其负债提供的担保，或者存在损害公司利益的其他情形的，被收购公司董事会应当对前述情形及时予以披露，并采取有效措施维护公司利益。

（四）协议收购履行规则

协议收购应当遵守证券交易结算的相关规定，应当审查以下内容：

1. 协议收购的相关当事人应当向证券登记结算机构申请办理拟转让股份的临时保管手续，并可以将用于支付的现金存放于证券登记结算机构指定的银行。

2.收购报告书公告后,相关当事人应当按照证券交易所和证券登记结算机构的业务规则,在证券交易所就本次股份转让予以确认后,凭全部转让款项存放于双方认可的银行账户的证明,向证券登记结算机构申请解除拟协议转让股票的临时保管,并办理过户登记手续。

【规范依据】《证券法》第71~73条;《上市公司收购管理办法》第47~55条。

五、上市公司间接收购审查要素

间接收购是收购人不直接取得上市公司的股份,而是通过投资关系、协议、其他安排使其拥有权益的股份达到或者超过一个上市公司已发行股份的法定比例的收购方式。上市公司间接收购在我国被认同、引入,不仅拓宽了人们对上市公司控制权取得方式的认知,更防范了以间接收购方式规避信息披露与要约收购规则的约束,使控制上市公司的幕后人士走上前台。间接收购途径主要采取两种方式:其一,直接收购控股股东本身,从而实际控制上市公司,如此在上市公司层面上,其控股股东表面上不一定发生变化;其二,收购人与上市公司控股股东共同投资设立一家公司,由收购人控股该公司并通过该公司实现对上市公司的控制。间接收购的核心特点是,投资者不直接取得上市公司的控股股份,也不成为上市公司的股东,而是通过控制对上市公司享有控制权的股东且对该股东的资产和利润构成影响的方式,间接取得上市公司的控制权。关于上市公司收购的间接收购方式,主要从信息披露、协议收购过渡期企业稳定、履行程序等方面进行审查。

(一)间接收购持股权益披露义务

间接收购人应当遵守持股权益披露规则,从以下三方面进行审查:

1.间接收购人拥有的权益达到或超过一个上市公司已发行股份的5%未超过30%,则触动权益披露的起始点,须编制权益变动报告书,履行报告与公告义务。

2.当间接收购人拥有权益的股份超过该公司已发行股份的30%,应当向该公司所有股东发出全面要约。

3.收购人预计无法在事实发生之日起30日内发出全面收购要约,或无法取得证监会豁免的,应当在前述30日内将其直接控制的股东所持有的该公司股份减持至30%或30%以下。

（二）实际控制人及受其支配股东信息披露义务

上市公司实际控制人及受其支配的股东，负有配合上市公司真实、准确、完整披露有关实际控制人发生变化的信息的义务；实际控制人及受其支配的股东拒不履行上述配合义务，导致上市公司无法履行法定信息披露义务，除可能承担行政责任外，还需承担民事责任，上市公司有权对其提起诉讼。

（三）上市公司报告与公告义务

为了保障投资者的知情权，应当审查上市公司是否履行了以下义务：

1.上市公司实际控制人及受其支配的股东未履行报告、公告义务的，上市公司应当自知悉之日起立即作出报告和公告。

2.上市公司就实际控制人发生变化的情况予以公告后，实际控制人仍未披露的，上市公司董事会应当向实际控制人和受其支配的股东查询，必要时可以聘请财务顾问进行查询，并将查询情况向中国证监会、派出机构和证券交易所报告。

（四）上市公司董事会的法定义务

在协议收购过程中，应当审查上市公司董事会是否履行以下法定义务：

1.上市公司实际控制人及受其支配的股东未履行报告、公告义务，且拒不配合上市公司董事会查询的，或者实际控制人存在不得收购上市公司情形的，上市公司董事会应当拒绝接受受实际控制人支配的股东向董事会提交的提案或者临时议案，并向中国证监会、派出机构和证券交易所报告。中国证监会责令实际控制人改正，可以认定实际控制人通过受其支配的股东所提名的董事为不适当人选；改正前，受实际控制人支配的股东不得行使其持有股份的表决权。

2.上市公司董事会未拒绝接受实际控制人及受其支配的股东所提出的提案的，中国证监会可以认定负有责任的董事为不适当人选。

【规范依据】《上市公司收购管理办法》第56~60条。

六、上市公司管理层收购审查要素

管理层收购是上市公司管理层利用高负债融资买断本公司股权，进而达到控制、重组公司目的。管理层作为标的公司的内部人，容易在上市公司收购中进行利益输送，损害上市公司中小股东利益。根据《上市公司收购管理办法》规定，管理层收购需符合以下严格要求：

1.内部控制制度要求。上市公司应当具备健全且运行良好的组织机构以及有效的内部控制制度，公司董事会成员中独立董事的比例应当达到或者超过 1/2。

2. 资产评估要求。上市公司应当聘请符合《证券法》规定的资产评估机构提供公司资产评估报告。

3. 公司决议要求。收购应当经该上市公司董事会非关联董事作出决议，且取得 2/3 以上的独立董事同意后，提交公司股东大会审议，经出席股东大会的非关联股东所持表决权过半数通过。

4. 独立财务顾问要求。上市公司独立董事发表意见前，应当聘请独立财务顾问就本次收购出具专业意见，独立董事及独立财务顾问的意见应当一并予以公告。根据《上市公司并购重组财务顾问业务管理办法》第 17 条规定："证券公司、证券投资咨询机构或者其他财务顾问机构受聘担任上市公司独立财务顾问的，应当保持独立性，不得与上市公司存在利害关系；存在下列情形之一的，不得担任独立财务顾问：（一）持有或者通过协议、其他安排与他人共同持有上市公司股份达到或者超过 5%，或者选派代表担任上市公司董事；（二）上市公司持有或者通过协议、其他安排与他人共同持有财务顾问的股份达到或者超过 5%，或者选派代表担任财务顾问的董事；（三）最近 2 年财务顾问与上市公司存在资产委托管理关系、相互提供担保，或者最近 1 年财务顾问为上市公司提供融资服务；（四）财务顾问的董事、监事、高级管理人员、财务顾问主办人或者其直系亲属存在上市公司任职等影响公正履行职责的情形；（五）在并购重组中为上市公司的交易对方提供财务顾问服务；（六）与上市公司存在利害关系、可能影响财务顾问及其财务顾问主办人独立性的其他情形。"

5. 管理层资格要求。上市公司董事、监事、高级管理人员存在《公司法》第 148 条[1] 规定情形，或者最近 3 年有证券市场不良诚信记录的，不得收购本公司。

【规范依据】《上市公司收购管理办法》第 51 条。

---

[1]《公司法》第 148 条第 1 款规定："董事、高级管理人员不得有下列行为：（一）挪用公司资金；（二）将公司资金以其个人名义或者以其他个人名义开立账户存储；（三）违反公司章程的规定，未经股东会、股东大会或者董事会同意，将公司资金借贷给他人或者以公司财产为他人提供担保；（四）违反公司章程的规定或者未经股东会、股东大会同意，与本公司订立合同或者进行交易；（五）未经股东会或者股东大会同意，利用职务便利为自己或者他人谋取属于公司的商业机会，自营或者为他人经营与所任职公司同类的业务；（六）接受他人与公司交易的佣金归为己有；（七）擅自披露公司秘密；（八）违反对公司忠实义务的其他行为。"

七、上市公司收购证券类纠纷审查要素

上市公司收购行为与证券市场投资者利益有重大影响，如果收购人、上市公司等相关行为人未遵守证券法、证券市场行政管理法规而侵犯投资者权益，投资者往往会提起操纵证券交易市场责任纠纷、证券内幕交易责任纠纷、证券市场虚假陈述等与上市公司收购相关的证券纠纷。

（一）操纵证券交易市场责任纠纷审查要素

操纵证券交易市场是指利用其资金、信息等优势或者滥用职权，人为干扰证券市场上的供求关系，控制某一证券的价格或者走势，影响证券市场价格，制造证券市场假象，诱导或者致使普通投资者在不了解事实真相的情况下作出证券投资决定，以获取利益或者减少损失。

1. 操纵证券交易市场责任纠纷的被告

操纵证券交易市场责任纠纷的被告主体是操纵市场行为人。按照《证券法》第 55 条"禁止任何人以下列手段操纵证券市场"的规定，操纵市场行为人可能是上市公司或者上市公司的董事、监事、高级管理人员，也可能没有上述人员参与。但很多情况下操纵证券交易市场的行为人与上市公司及内部人员有关联。

2. 操纵证券交易市场责任纠纷的原告

操纵证券交易市场责任纠纷中原告是因操纵行为的受害者，往往是导致其买入或者卖出该证券而遭受损失的投资者。有权请求赔偿的主体应当是在从事相关证券交易时不知道也不应当知道存在操纵市场行为、善意地信赖市场供求关系，在被操纵价位上从事了相关证券交易并因此而遭受损失的投资者。上述过程中的"信赖"判断以及"因果关系"[1]属于相当复杂的法律事实认定问题。

在特殊情况下，因操纵行为而受到损害的上市公司也可能成为权利人向行为人主张赔偿。

3. 操纵证券交易市场侵权行为

操纵证券交易市场责任纠纷的侵权行为应当从以下几方面进行审查，《证券法》第 55 条第 1 款以列举方式明确禁止任何人以下列手段操纵证券市场，影响或者意图影响证券交易价格或者证券交易量：（1）单独或者通过合谋，集中资金优势、持股优势或者利用信息优势联合或者连续买卖；（2）与他人串通，以事先约定的时间、价格和方式相互进行证券交易；（3）在自己实际控制的账户之间进行证券交易；（4）不以成交为目的，频繁或者大量申报并

---

[1] 包含交易上的因果关系和损失上的因果关系。

撤销申报；（5）利用虚假或者不确定的重大信息，诱导投资者进行证券交易；（6）对证券、发行人公开作出评价、预测或者投资建议，并进行反向证券交易；（7）利用在其他相关市场的活动操纵证券市场；（8）操纵证券市场的其他手段。

4.操纵证券交易市场民事责任

根据《证券法》第55条第2款规定，操纵证券市场行为给投资者造成损失的，应当依法承担赔偿责任。

【规范依据】《证券法》第55条。

（二）证券内幕交易责任纠纷审查要素

证券内幕交易，是指掌握上市公司未公开的、可以影响证券价格的重要信息的人，在该信息转变为公开信息之前，买入或者卖出该证券，或者泄露该信息，或者建议他人买卖该证券，直接或间接地利用该信息进行证券交易，以获取利益或减少损失的行为。

1.证券内幕交易责任纠纷被告

认定行为人的内幕人员身份是确定其是否承担内幕交易法律责任的前提。《证券法》第50条将内幕交易民事责任的责任主体规定为以下两种：一是内幕人员，即在证券交易活动中知悉内幕信息的人员；二是非内幕人员，即以非法手段获取内幕信息的人员。

《证券法》第51条规定："证券交易内幕信息的知情人包括……（五）上市公司收购人或者重大资产交易方及其控股股东、实际控制人、董事、监事和高级管理人员……（八）因法定职责对证券的发行、交易或者对上市公司及其收购、重大资产交易进行管理可以获取内幕信息的有关主管部门、监管机构的工作人员……"

根据《证券法》第80条第2款第8项规定，持有公司5%以上股份的股东或者实际控制人持有股份或者控制公司的情况发生较大变化，公司的实际控制人及其控制的其他企业从事与公司相同或者相似业务的情况发生较大变化，属于内幕信息的标的公司重大事件。

2.证券内幕交易责任纠纷原告

原告是因证券内幕交易行为的受害者，同样存在受害投资者交易过程中的"信赖"判断以及"因果关系"判断问题。

3.证券内幕交易侵权责任行为

根据《证券法》第53条规定的反向理解，证券内幕交易行为主要有两类：证券交易内幕信息的知情人和非法获取内幕信息的人，在内幕信息公开前，买卖该公司的证券，或者泄露该信息，或者建议他人买卖该证券；持有或者通过协议、其他安排与他人共同持有公司5%以上股份的自然人、法人、非法人组织收购上市公司的股份。

4. 证券内幕交易侵权民事责任

内幕交易行为给投资者造成损失的，应当依法承担赔偿责任。

【规范依据】《证券法》第50条、第51条、第53条、第80条第2款第8项。

（三）证券市场虚假陈述纠纷审查要素

证券虚假陈述责任纠纷，是指证券市场上证券信息披露义务人违反《证券法》规定的信息披露义务，在提交或公布的信息披露文件中作出违背事实真相的陈述或记载，侵犯了投资者合法权益而发生的民事侵权责任纠纷。在上市公司收购过程中，收购人、上市公司、专业中介服务机构等主体如果违反了信息披露义务，投资者可以根据《证券法》与《虚假陈述司法解释》等法律法规提起证券虚假陈述责任纠纷的诉讼，可以从以下要素进行审查。

1. 证券市场虚假陈述责任主体

《虚假陈述司法解释》就证券市场虚假陈述行为的民事赔偿责任人作了列举性的规定，包括控股股东等实际控制人、上市公司及其负有责任的董事、监事和经理等高级管理人员等。

2. 证券虚假陈述责任纠纷原告

原告是因听信虚假陈述作出证券买卖行为而遭受损失的投资者。根据《虚假陈述司法解释》第2条规定："原告提起证券虚假陈述侵权民事赔偿诉讼，符合《民事诉讼法》第一百二十二条规定，并提交以下证据或者证明材料的，人民法院应当受理：（一）证明原告身份的相关文件；（二）信息披露义务人实施虚假陈述的相关证据；（三）原告因虚假陈述进行交易的凭证及投资损失等相关证据。人民法院不得仅以虚假陈述未经监管部门行政处罚或者人民法院生效刑事判决的认定为由裁定不予受理。"

3. 证券虚假陈述责任纠纷管辖

证券虚假陈述侵权民事赔偿案件，由发行人住所地的省、自治区、直辖市人民政府所在的市、计划单列市和经济特区中级人民法院或者专门人民法院管辖。《最高人民法院关于证券纠纷代表人诉讼若干问题的规定》等对管辖另有规定的，从其规定。省、自治区、直辖市高级人民法院可以根据本辖区的实际情况，确定管辖第一审证券虚假陈述侵权民事赔偿案件的其他中级人民法院，报最高人民法院备案。

4. 关于虚假陈述行为认定

虚假陈述，是指信息披露义务人违反法律、行政法规、监管部门制定的规章和规范性文件关于信息披露的规定，在披露的信息中存在虚假记载、误导性陈述或者重大遗漏、未按照规定披露信息。

虚假陈述行为的表现方式有四种，即虚假记载、误导性陈述、重大遗漏与未按照规定披露信息。虚假记载，是指信息披露义务人披露的信息中对相关财务数据进行重大不实记载，或者对其他重要信息作出与真实情况不符的描述。误导性陈述，是指信息披露义务人披露的信息隐瞒了与之相关的部分重要事实，或者未及时披露相关更正、确认信息，致使已经披露的信息因不完整、不准确而具有误导性。重大遗漏，是指信息披露义务人违反关于信息披露的规定，对重大事件或者重要事项等应当披露的信息未予披露。《证券法》第85条规定的"未按照规定披露信息"，是指信息披露义务人未按照规定的期限、方式等要求及时、公平披露信息。

5. 关于内容重大性、交易因果关系与主观过错的认定

证券虚假陈述责任构成需符合虚假阐述内容具有导致相关证券交易价格或者交易量明显变化的重大性、原告的投资决定与虚假陈述之间存在因果关系以及行为人具有主观故意或重大过失。

6. 关于损失认定

发行人在证券发行市场虚假陈述，导致原告损失的，原告有权请求按照《虚假陈述司法解释》第25条的规定赔偿损失。信息披露义务人在证券交易市场承担民事赔偿责任的范围，以原告因虚假陈述而实际发生的损失为限。原告实际损失包括投资差额损失、投资差额损失部分的佣金和印花税。人民法院应当查明虚假陈述与原告损失之间的因果关系，以及导致原告损失的其他原因等案件基本事实，确定赔偿责任范围。

【规范依据】《证券法》第85条、第163条；《虚假陈述司法解释》第2~13条、第23条、第25条、第31条。

第三节 实务难点裁判思路

一、关于上市公司收购纠纷一致行动人认定问题

（一）一致行动及一致行动人的界定

一致行动是指在上市公司收购过程中，两个或两个以上的收购人为扩大对目标公司的影响或取得控制权而相互配合行动。一致行动人，顾名思义是

指采取一致行动的人,广义上来说,一致行动人是指通过协议等形式承诺在面对某些事项时保持一致行动的自然人或法人。①

我国《上市公司收购管理办法》第 83 条对一致行动以及一致行动人作出如下具体规定:"本办法所称一致行动,是指投资者通过协议、其他安排,与其他投资者共同扩大其所能够支配的一个上市公司股份表决权数量的行为或者事实。在上市公司的收购及相关股份权益变动活动中有一致行动情形的投资者,互为一致行动人。如无相反证据,投资者有下列情形之一的,为一致行动人:(一)投资者之间有股权控制关系;(二)投资者受同一主体控制;(三)投资者的董事、监事或者高级管理人员中的主要成员,同时为另一个投资者担任董事、监事或者高级管理人员;(四)投资者参股另一投资者,可以对参股公司的重大决策产生重大影响;(五)银行以外的其他法人、其他组织和自然人为投资者取得相关股份提供融资安排;(六)投资者之间存在合伙、合作、联营等其他经济利益关系;(七)持有投资者 30% 以上股份的自然人,与投资者持有同一上市公司股份;(八)在投资者任职的董事、监事及高级管理人员,与投资者持有同一上市公司股份;(九)持有投资者 30% 以上股份的自然人和在投资者任职的董事、监事及高级管理人员,其父母、配偶、子女及其配偶、配偶的父母、兄弟姐妹及其配偶、配偶的兄弟姐妹及其配偶等亲属,与投资者持有同一上市公司股份;(十)在上市公司任职的董事、监事、高级管理人员及其前项所述亲属同时持有本公司股份的,或者与其自己或者其前项所述亲属直接或者间接控制的企业同时持有本公司股份;(十一)上市公司董事、监事、高级管理人员和员工与其所控制或者委托的法人或者其他组织持有本公司股份;(十二)投资者之间具有其他关联关系。一致行动人应当合并计算其所持有的股份。投资者计算其所持有的股份,应当包括登记在其名下的股份,也包括登记在其一致行动人名下的股份。投资者认为其与他人不应被视为一致行动人的,可以向中国证监会提供相反证据。"

(二)一致行动规制的义务主体问题

一致行动是各国或地区上市公司收购立法中的重点监管行为,也是上市公司收购法律制度中不可或缺的组成部分,它直接关系到上市公司收购信息披露的公开、公平和公正。在上市公司收购中,收购人往往处于信息与资本的优势地位,而目标公司与目标公司的股东则往往处于劣势地位,为了逃避信息披露以及收购的某些法律义务,收购公司往往通过隐蔽性的关联化处理,

---

① 张席领:《上市公司收购中一致行动人的法律界定》,载《湖北经济学院学报(人文社会科学版)》2018 年第 1 期。

由多个收购主体出面共同采取行动,每个收购主体购买低于法定比例的同一家上市公司的股票,进而达到既逃避义务,又控制上市公司或实现利益输送的目的。若不对收购人进行法律规制,那么目标公司及其股东的权益容易受到侵害。为了保护投资者的合法权益,公开、公平、公正的"三公"原则要求对上市公司收购活动中的主体履行信息披露义务及其强制要约收购义务进行监督。因此,在上市公司收购纠纷中,如何认定履行义务的主体成为一个关键问题。

信息披露义务是上市公司收购中各主体必须履行的义务之一,其直接关系到收购活动的"三公"原则的落实,而采取一致行动的各方主体之间若通过违法手段规避义务,势必会对收购活动以及市场秩序造成损害,因此,应当将采取一致行动的各主体视为一个整体,要求其承担正常主体的义务。随着我国证券市场的发展,上市公司收购的日益繁荣,对一致行动人进行合法的规制是市场的要求。在收购人进行一致行动安排的情况下,通常都是在隐蔽状态下进行,人们一般无法及时获得相关信息,而一致行动人可能会利用这种信息的不对称攫取利益,损害证券市场的秩序以及破坏"三公"原则。因此,在对上市公司收购活动中,对一致行动的规制应当受到足够重视。目前许多国家和地区在上市公司收购法律体系中都引入了一致行动的法律制度,对一致行动人科以相应的义务,加强对一致行动的监管,保障投资者的合法权益和证券市场的正常秩序。[①]

(三)认定一致行动人的难点

《上市公司收购管理办法》虽然对一致行动人的概念进行了具体说明,但如何判定其中的"控制""重大决策""重大影响"以及"支配"等术语,仍是实务中认定一致行动人的难点。因此,明确概念中的关键词,是准确把握一致行动人的重点所在。

1. "控制"的认定

首先,《上市公司收购管理办法》第83条第2款前两项均涉及"控制"的认定问题。"控制"指能够决定一个企业经营政策和重大决策,并可据以从该企业的经营活动中获取利益的状态。在认定投资者是否存在"控制"关系时,应着重从投资者能否决定企业股东会决议、董事会决议以及董监高的人选和重大决策等关键节点入手,一旦投资者的股权或者行使表决权数量达到一定比例,就应当被认为构成"控制"的情形。

---

① 张鑫:《论上市公司收购一致行动人的认定标准——兼论中国的问题及改革方向》,华东政法大学2016年硕士学位论文。

2. "重大决策"和"重大影响"的认定

《上市公司收购管理办法》第 83 条第 2 款第 4 项提到了"对参股公司的重大决策产生重大影响"这一概念，具体而言，可分为重大决策和重大影响两个方面。

对于"重大决策"，是指《公司法》所规定的股东享有的提出议案和表决权。重大决策的事项和范围，主要包括企业发展战略、破产、改制、兼并重组、资产调整、产权转让、对外投资、利益调整、机构调整等方面的重大问题等。

对于"重大影响"，应根据实际情况具体确定，结合《上市公司收购管理办法》第 84 条，考虑到上市公司股权的分散性，一般可以将掌握 20%~30% 表决权的投资者认定为能够产生"重大影响"的人。除了表决权以外，还应考虑是否派驻代表、是否参与财务、经营政策制定过程、是否发生交易，投资者之间形成参股关系的时间和背景，持有上市公司股份的时间、方式和目的等因素。存在上述一种或多种情形并不意味着投资方一定对被投资方具有"重大影响"，需综合考虑所有事实和情况进行恰当判断。

3. 如何认定"支配"

《上市公司收购管理办法》第 83 条第 1 款规定："本办法所称一致行动，是指投资者通过协议、其他安排，与其他投资者共同扩大其所能够支配的一个上市公司股份表决权数量的行为或者事实。在认定投资者是否构成"支配"时，可以从三方面入手：第一，一名投资者是否拥有能够决定另一名投资者持有的表决权行使方式的权力。若是，则该投资者的行为或者事实应当被认定为"支配"。第二，一名投资者是否拥有能够否决另一名投资者持有的表决权行使方式的权力。若是，则该投资者的行为或者事实也应当被认定为"支配"。第三，一名投资者是否拥有能够参与另一名投资者行使表决权决策的权力。若是，则该投资者的行为或者事实应当被认定为"支配"。但从监管实务中关于一致行动情形的认定来看，对于"支配"一词的理解并没有一个准确的答案，实务中需要基于个案进行具体分析。[①]

（四）实务中认定"一致行动人"的常见情形

《上市公司收购管理办法》第 83 条第 1 款和第 2 款分别从两个维度对比进行厘定，其中第 1 款对"一致行动"进行了概念性界定，第二款列举了 12 项"推定一致行动人"的情形，由于第 2 款对于"推定一致行动人情形"作了非常宽泛的规定，所以除个别情形（比如签署一致行动协议）以外，实务

[①] 杜娟、祝心怡：《上市公司并购中"一致行动人"的认定》，载微信公众号"海普睿城律师事务所"，2021 年 1 月 2 日。

中关于"一致行动人"的认定主要围绕第 2 款展开。

在第 2 款的具体适用上，比较典型的情形是监管机构认为相关投资者存在"推定一致行动人情形"，要求这些投资者就是否构成"一致行动人"进行答复。在大多数情况下，相关方所作出的不构成"一致行动人"的论证都能够为监管机构所接受，但也存在个别先例，相关方的论证不为监管机构所接受，进而按照监管机构的要求作出构成"一致行动人"的认定并履行相关信息披露义务。其中典型情况主要有以下几种。

1. 部分表决权委托的一致行动人认定

将表决权委托他人的情况在实务中并不少见，其中在表决权全部委托的情况下，委托方与受托方无疑构成一致行动人。然而，在将部分表决权委托他人的情况下，是否认定双方构成一致行动人，存在诸多难点。

一般而言，在部分委托的情形下，将委托方和受托方的全部持有股份认定为"一致行动人"，缺乏充分的合理性。原因在于委托方仅就其持有的部分股份进行委托，恰恰说明其并不希望将所持全部股份与受托方达成一致行动关系，就部分股份作出表决权委托安排往往有其特别的考量。

然而，市场上对部分股份表决权委托情况下是否构成"一致行动人"，在认定上存在两种意见：一种是认定委托方和受托方之间并不会因为部分股份表决权委托导致双方就其所持的全部股份均构成一致行动关系；而另一种方式则是将委托方和受托方认定为"一致行动人"。从监管机构发布的文件来看，其更倾向于后一种处理方式，如沪、深证券交易所于 2018 年 4 月 13 日分别发布的《上市公司收购及股份权益变动信息披露业务指引（征求意见稿）》，明确规定"投资者委托表决权的，受托人与委托人视为存在一致行动关系"。

通常来说，相对人若要论证不存在一致行动关系，通常会提出四项理由：委托方与受托方没有签订《一致行动协议》，因而不存在一致行动的相关安排；委托方与受托方均按照自身的意思行使表决权，未受他人影响；委托方表决权数量下降（或不再具有表决权）而受托方表决权数量扩大；双方签订了《关于不存在一致行动关系的承诺书》（或类似声明、承诺等）。其中以第一项理由最为常见，或辅之第二项到第四项理由。[①]

2. 关于利用关联关系进行间接投融资的一致行动人认定

"推定一致行动人情形"的第 5 项和第 8 项分别规定："银行以外的其他法人、其他组织和自然人为投资者取得相关股份提供融资安排""在投资者任

[①]《案例分析之"表决权委托后是否构成一致行动人"》，载微信公众号"他人咨询"，2021 年 12 月 8 日。

职的董事、监事及高级管理人员,与投资者持有同一上市公司股份",这一规定整体而言较为直接,但在实务中,遇到一个投资人作为另一个投资人的股东或者合伙人进行出资的情形,应当认定不构成第5项规定的"提供融资安排"。原因在于,直接进行投资的双方主体之间存在一致行动关系毋庸置疑,然而,间接的投资、融资关系存在时,双方主体并不必然在行动上保持一致,若没有直接的证据支撑,不能轻易认定为一致行动人,否则就会加重相对人的证明义务,损害证券市场效率。投资者之间存在关联关系并不等同于二者构成一致行动人,关联关系只是可能导致存在一致行动的一种情形,至于是否真实构成一致行动还需要进行具体分析和判断。即对于利用关联关系进行间接投融资,不认定为一致行动人。如西藏景源一案:2019年7月1日,西藏景源的全资子公司西藏世纪腾云与刘某1共同设立找稻餐饮公司,刘某2担任法定代表人、执行董事及经理,也就是说,刘某2是西藏景源孙公司的法定代表人和高级管理人员。截至2019年7月1日,刘某2与西藏景源合计持有皖通科技7.12%的股份,超过5%;至2020年4月30日,上述两名股东不断增持,分别持有18.54%和2.75%的公司股份,合计超过20%,其间二者未对合计持有股票的情况进行报告和公告,仅西藏景源对其单独持股情况履行了信息披露义务。皖通科技认为,由于刘某2系西藏景源孙公司的法定代表人,因此二者应当根据《上市公司收购管理办法》第83条第2款第8项的内容被认定为"一致行动人"。然而,监管部门最终认为第8项的规定不应被作扩大解释,公司法定代表人等与收购公司能否被认定为一致行动人,应当根据二者持股的原因以及实际情况具体而定,在本案中由于缺少相关证据证明二者作出一致行动,因此不应当被认定为一致行动人。

另如金陵华软案:金陵华软是金陵控股的子公司,张某某是金陵华软的法定代表人。莫高股份披露,2016年5月4日,金陵控股及其一致行动人西藏华富合计持有其5.1%的股份。在年度股东大会上,金陵控股提名的三名董事以约53%的得票率当选,其中意见表决一致的张某某等股东与金陵控股在任职、开户交易等方面存在关联。5月18日和6月16日,上交所两次向莫高股份发出问询函,要求核实金陵控股与其他表决意见一致的张某某等股东是否存在一致行动关系。面对监管机构的问询,金陵控股否认构成一致行动人,后经核查,莫高股份于6月28日发布公告,根据《上市公司收购管理办法》第83条第6项、第12项的规定,金陵控股与张某某之间存在关联关系,但没有证据证明二者之间存在一致行动关系,最终未被认定为一致行动人。

举重以明轻,若没有足够有力的证据证明存在一致行动关系,子公司法定代表人与母公司持有同一家上市公司股票不会被认定为一致行动人,则控制关系链更长的公司之间同样也不应当被认定为一致行动人。

3. 投资者之间存在合伙、合作、联营的一致行动人认定

《上市公司收购审理办法》第83条第6项规定的"推定一致行动人情形"是"投资者之间存在合伙、合作、联营等其他经济利益关系",这是实践中经常被"反证"的一项推定情形,也是相关"反证"最容易为监管机构所接受的情形。主要原因在于这一推定涵盖了大量与一致行动没有关系的情形。根据此项规定,若两个投资者在与收购上市公司股份完全不相关的领域存在合伙、合作、联营等经济利益关系,即可构成该项"推定一致行动人情形",但此种情形认定为"一致行动人"存在明显不合理之处,明显属于过度扩张适用此项"推定一致行动人"情形。

我们认为,只有在"为共同持有上市公司股份之目的而存在"这一前提下的投资者之间的"合伙、合作、联营"才能认定构成"一致行动人"。如四通新材一案中,收购方为四通新材,目标方为立中股份,天津新锐参与收购四通新材为收购而增发的股份,臧氏家族为四通新材的实际控制人,而家族成员之一臧某某又是天津新锐的最大合伙人,就天津新锐与臧氏家族是否构成一致行动人存在争议。表面上看,双方符合《上市公司收购管理办法》第83条第2款第6项的规定,但天津新锐的执行事务合伙人安小宁已出具承诺,本次交易完成后,将按照全体合伙人及四通新材利益最大化的原则执行天津新锐的合伙事务、行使天津新锐所持四通新材股份的表决权,不会与臧氏家族保持一致行动。另外,臧某某及其配偶周某某均承诺在本次交易完成后,对于天津新锐合伙协议约定的需全体合伙人一致同意的事项,两人在相关合伙人会议中放弃表决权,由其他合伙人一致同意即可通过相关决议,其不以任何方式参与天津新锐的经营管理或对天津新锐所持四通新材股份的表决权行使施加影响。故最终认为臧某某无法对本次交易完成后天津新锐所持的四通新材股份的表决权施加影响,天津新锐与臧氏家族不构成一致行动人。[①]

就投资者之间存在合伙、合作、联营等其他经济利益关系时是否构成一致行动人的问题,除了以上的限制条件之外,应当根据交易双方作出的具体说明、结合实际情况作出判断,并不必然构成一致行动人。

4. 私募基金中的一致行动关系认定

近年来,一些私募基金旗下的不同基金或同一管理人管理的不同资产管理计划产品活跃于上市公司收购、再融资和并购重组活动中,相关基金或产

---

① 熊川、周德吉:《有限合伙人与有限合伙企业能否不认定为一致行动人?》,载微信公众号"资本市场法律服务札记",2019年1月28日。

品之间是否构成"一致行动人"经常被中国证监会或证券交易所关注。

整体而言,私募基金旗下的不同基金或同一管理人管理的不同资产管理计划产品并不必然构成一致行动人。监管机构根据相关方提供的投资者之间不存在共同扩大其所能够支配的一个上市公司股份表决权数量的证据或者事实,认定各相关基金或资产管理产品进行独立管理和投资、投资决策委员会不存在重合,不构成一致行动人。

例如,招商财富旗下有"瑞丰向阳1号"和"恒泰华盛1号"两项资管计划,2015年曾合计持有万润股份5.15%的股份,2016年3月减持至4.19%,均未履行信息披露义务。深交所就信息披露、增减持计划向招商财富发出问询函。面对监管机构的问询,万润股份于4月11日发布公告,招商财富称上述资管计划由投资顾问担任投资决策人,且投资顾问相互独立,并陈述了运作方式、资产管理人的主要权利等情况,因而不存在《上市公司收购管理办法》第83条规定的一致行动人的情形,不构成一致行动人,且根据公司的尽职调查,亦未发现上述两个资管计划投资顾问之间存在关联关系或一致行动安排,深交所也接受了万润股份的这一解释。

5. 投资者的一致投票协议认定

在具体交易实践中,上市公司的股东之间可能会就涉及股东大会决议的部分事项达成一致并签署相关的协议与安排,对于这种安排是否会导致不同股东之间被认定为具有一致行动关系,同样应当需要根据涉及的股东大会决议具体事项进行分析。

一项比较常见的股东间一致投票安排是,上市公司的控股股东同意在上市公司董事选举的股东大会中,就上市公司的战略投资者所提名的董事投出赞成票。就此,市场上较为主流和一致的理解是,此项安排并不会导致控股股东和战略投资者之间构成一致行动关系。当然市场上也存在另外一种理解,认为上市公司的股东主要通过其委派的董事影响上市公司的经营和决策,因此就董事选举安排达成一致投票的协议会使得特定股东之间构成一致行动关系,但这一理解并不准确,实际上对董事选举这一特定事项需要事先作出一致投票安排,在一定程度上恰恰反映控股股东和战略投资者之间不存在一致行动关系。而且,就董事选举事宜达成一致投票安排,也不会导致控股股东和战略投资者各自提名的上市公司董事之间作出一致行动。[①]此外,股东就单个议案达成一致并不意味着其在未来持续一段时间内会就所有议案达成一致。

---

① 张金恩、林熙翔、毛佳星:《上市公司收购和权益变动中的"一致行动人"认定》,载微信公众号"海问律师事务所",2020年4月7日。

二、关于上市公司收购合同的效力认定问题

合同效力是法律赋予依法成立的合同所产生的约束力。合同的效力可分为四大类,即有效合同,无效合同,效力待定合同,可变更、可撤销合同。[①]合同的生效应当符合下列条件:当事人具有相应的民事行为能力,意思表示真实,不违反法律和社会公共利益,合同必须具备法律所要求的形式。

(一)收购合同常见类型

随着市场经济的高速发展,合同的种类日益增多。《民法典》合同编虽规定了19种有名合同,但仍不能概括所有的合同类型。司法实践中,收购合同大多被认为是买卖合同,收购合同纠纷在审理过程中往往会涉及双方买卖标的物之外的其他要求。因此,收购合同并非单一的买卖合同。解决收购合同纠纷首先要对收购合同的性质进行界定,由于法律对收购合同的法律性质并无明文规定,导致实务中对其性质有不同观点。一种观点认为,收购合同就是买卖合同,合同目的就是取得标的物的所有权,一方支付价款,另一方取得标的物所有权;另一种观点认为,收购合同的性质应根据合同内容来认定。收购合同中标的物可能还未建成或者相关手续未完成,一方并不对标的物享有所有权。收购合同除交付标的物外还需对方当事人办理其他事务,并非单一买卖关系。

依据合同标的可以将收购合同分为两类:资产收购合同与股权收购合同。资产收购合同的标的既可能包括债权、动产、不动产、知识产权等传统标的,也可能包括客户资源、市场份额、生产流程等非传统标的;股权收购合同的标的则主要是目标公司的股权,甚至可能是多个目标公司(包括外国公司)的股权。从出让方角度来看,资产收购合同的主体是目标公司本身,而股权收购合同的主体是目标公司的股东;就受让方而言,其可以是任何自然人、法人等主体,但从公司并购的专业性而言,不应将其视为普通消费者。在无法律及政府规制的约束下,[②]股权收购合同的具体内容有较大的自治空间,一般都会包含一些"法律适用条款"。[③]目前我国立法未对股权收购合同的性质

[①] 张成东:《对业经法院确认有效的合同可否提起撤销之诉》,载《人民法院报》2018年7月11日,第7版。

[②] 对于股权转让合同内容的基本要求,参见《关于外国投资者并购境内企业的规定》第22条关于针对外资并购的相关规定及《外商投资企业投资者股权变更的若干规定》第10条关于外商投资企业股权变更的相关规定。

[③] 针对法律适用条款的法律适用,参见沈涓:《法律选择协议效力的法律适用辨析》,载《法学研究》2015年第6期。

作出明确规定，《买卖合同司法解释》第 32 条第 1 款认为此类合同可以参照适用《民法典》中关于买卖合同的规定，①在此基础上，将股权收购合同视为债法意义上的普通民事买卖合同。

（二）未生效的收购合同

上市公司并购重组往往涉及国有资产审批、外商投资审批、证券监管审批甚至反垄断审批等各类审批程序。实践中，各方主体常常因为负有报批义务的一方未报送审批、未及时报送审批、已经报送审批但未获批准、审批范围与交易范围不匹配等问题引发纠纷。

《民商审判会议纪要》第 37 条明确规定了"未经批准的合同因欠缺法律规定的特别生效条件而未生效"，并强调"未生效合同已具备合同的有效要件，对双方具有一定的拘束力，任何一方不得擅自撤回、解除、变更，但因欠缺法律、行政法规规定或当事人约定的特别生效条件，在该生效条件成就前，不能产生请求对方履行合同主要权利义务的法律效力"。因此，在实践中，不能把未生效合同认定为无效合同，或者虽认定为未生效，却按无效合同处理。②

在司法实践中，对于法律、行政法规规定上市公司收购涉及的应当办理批准手续生效的合同，批准是合同的法定生效条件，未经批准的合同因欠缺法律规定的特别生效条件而未生效。如浙江省高级人民法院（2010）浙商初字第 3 号民事判决③认为，根据合同法规定依法成立的合同，自成立时生效。法律、行政法规规定应当办理批准、登记等手续生效的，依照其规定。《证券法》第 94 条规定，上市公司收购中涉及国家授权投资机构持有的股份，应当按照国务院的规定，经有关主管部门批准。《国务院关于减持国有股筹集社会保障资金管理暂行办法》第 15 条规定，该办法实施后，上市公司国有股协议转让，包括非发起人国有股协议转让，由财政部审核等。《股份有限公司国有股权管理暂行办法》第 29 条第 2 款规定，转让国家股权须遵从国家有关转让国家股的规定，由国家股持股单位提出申请，说明转让目的、转让收入的投向、转让数额、转让对象、转让方式和条件、转让定价、转让时间以及其他

---

① 参见《买卖合同司法解释》第 32 条第 1 款规定："法律或者行政法规对债权转让、股权转让等权利转让合同有规定的，依照其规定；没有规定的，人民法院可以根据民法典第 467 条和第 646 条的规定，参照适用买卖合同的有关规定。"

② 刘贵祥、吴光荣：《关于合同效力的几个问题》，载《中国应用法学》2021 年第 6 期。

③ 详见浙江省高级人民法院（2010）浙商初字第 3 号新昌金昌实业发展有限公司与浙江省仙居县国有资产经营有限公司股权转让纠纷一案一审民事判决书。

具体安排；第 3 款规定，转让国家股权的申请报国家国有资产管理局和省级人民政府国有资产管理部门审批。《关于规范股份有限公司国有股权管理有关问题的通知》规定，国有股股东和作为发起人的国有法人股股东转让其拥有的上市公司的股权（不包括向外商转让股权）时，国有股权管理事宜由国有资产管理部门逐级审核（中央企业由中央企业主管部门审核）后报国家国有资产管理局批准或由国家国有资产管理局会同有关部门批准；以上批准文件是国家证券监管部门批准股东过户的必备文件。根据上述法律法规的规定，涉及国有股权转让必须经有权机关批准才能生效。双方涉案股权转让协议约定，该协议须经各方法定代表人或授权代表签字盖章并获得有关部门批准后生效，该约定不违反法律法规规定。由于本案仙居公司所转让的股份为上市公司国有股，依照上述法律行政法规规定及合同约定，该转让合同必须经有权机关批准才能生效。但根据本案事实，涉案股权转让协议至今未经主管部门批准，依法应认定未生效。

（三）可撤销的收购合同

根据《民法典》第 148 条、第 150 条和第 151 条规定，对因欺诈、胁迫、处于危困状态而在违背真实意思情况下实施的民事法律行为，当事人有权在一定期限内请求人民法院予以撤销，未在相应期限内请求撤销，事后再以此为由进行抗辩的，人民法院不应予以支持。如山东省高级人民法院（2020）鲁民终 2404 号民事判决[①]中，冉某某和郑某签订的确认协议书与承诺函均系其真实意思表示，内容不违反法律、行政法规的强制性规定，具有法律约束力。该院认为，根据协议，冉某某为了确保对目标公司（中润资源）的控制权，建议第二大股东郑某减持全部股份并按照每股 12.5 元的价格进行补偿，郑某通过证券交易所大宗交易、协议转让等方式完成了减持，并已按证券法等相关规定进行了信息披露，冉某某等人关于协议内容违法的抗辩理由不能成立。另外，冉某某等人抗辩系被迫签订协议书，但未能提交有效证据予以证实，应当承担举证不能的不利后果，且其未在法定期限内请求撤销，事后再进行抗辩，不应得到支持。

（四）效力待定的收购合同

1. 未及时履行信息披露义务的超比例持股的效力认定

上市公司收购中，对收购人未履行信息披露义务的收购行为效力如何认定。实务中一般认为未及时履行信息披露义务的超比例持股的收购行为，虽

[①] 参见山东省高级人民法院（2020）鲁民终 2404 号宁波冉盛盛远投资管理合伙企业、宁波冉盛盛瑞投资管理合伙企业合同纠纷案二审民事判决书。

然违反《证券法》第 86 条的规定，但是该条规定应当属于管理性强制规定，并不影响合同效力。

如 2015 年"上海新梅"案作为首个要求通过司法判决认定未及时履行信息披露义务而超比例持股有效性的案例。审理该案的法院认为，本案焦点在于王某某及其控制的账户组违反信息披露规定超比例持股的行为是否有效，该行为是否属于原《合同法》第 52 条第 2 款规定的"恶意串通，损害国家、集体或者第三人利益"及第 5 款规定的"违反法律、行政法规的强制性规定"的情形。对于这两种情形，需要考虑《证券法》第 86 条是"效力性强制规定"还是"管理性强制规定"。根据《最高人民法院关于当前形势下审理民商事合同纠纷案件若干问题的指导意见》对"效力性强制规定"的内涵所作的阐述，即"正确理解、识别和适用《合同法》第五十二条第（五）项中的'违反法律、行政法规的强制性规定'，关系到民商事合同的效力维护以及市场交易的安全和稳定。人民法院应当注意根据《合同法解释（二）》第十四条之规定，注意区分效力性强制规定和管理性强制规定。违反效力性强制规定的，人民法院应当认定合同无效；违反管理性强制规定的，人民法院应当根据具体情形认定其效力"。人民法院应当综合法律法规的意旨，权衡相互冲突的权益，诸如权益的种类、交易安全及其所规制的对象等，综合认定强制性规定的类型。如果强制性规范规制的是合同行为本身即只要该合同行为发生即绝对地损害国家利益或者社会公共利益，人民法院应当认定合同无效。如果强制性规定规制的是当事人的"市场准入"资格而非某种类型的合同行为，或者规制的是某种合同的履行行为而非某类合同行为，人民法院对于此类合同效力的认定，应当慎重把握，必要时应当征求相关立法部门的意见或者请示上级人民法院。

具体到本案，首先，《证券法》第 86 条本身及其后续引发的信息披露义务，不仅事关上市公司本身利益，同时，还事关整个上市公司收购管理制度，更重要的是，直接影响证券市场广大中小股东的利益，但是该利益能否上升至"绝对地损害国家利益或者社会公共利益"，值得商榷。其次，根据上述条文得出，如果强制性规定规制的是当事人的"市场准入"资格而非某种类型的合同行为，或者规制的是某种合同的履行行为而非某类合同行为，人民法院对于此类合同效力的认定，应当慎重把握，必要时应当征求相关立法部门的意见或者请示上级人民法院。在二级市场中买卖股票，交易所成交系统作为买卖平台，股票卖出行为和买入行为应被视为独立的两个法律行为。由于在实际交易中买卖双方其实不知对方的真实身份，买卖双方的意思表示是相互独立的，只要其意思表示真实有效，且该意思表示向特定的交易系统发出，应视为双方交易完成，至于之后的信息披露可以被视为"合同的履行行为"，所以不能依据履行行为判断合同效力。最后，如果《证券法》第86条属于"管理性强制规定"，《最高人民法院关于当前形势下审理民商事合同纠纷案件若干问题的指导意见》已经给出了一个较为明确的结论，即"违反管理性强制规定的，人民法院应当根据具体情形认定其效力"。即使《证券法》第86条属于"效力性强制规定"，也不能简单认为收购人未履行信息披露义务的收购行为归于无效，还需要分析上市公司的整体运行状况、收购人的收购动机以及上市公司中小股东的利益损害等情况，再作出综合考量。法院在作出影响经济活动的判决时应当更为谨慎。

2. 审批时存在"阴阳合同"，批复文件的效力认定

根据《行政许可法》的规定，被许可人以欺骗、贿赂等不正当手段取得行政许可的，应当予以撤销。但司法实践面临的问题往往千变万化，需要全面分析案情，作出专业判断。对于"阴阳合同"，是否维持批复文件的效力，需要考虑交易是否真实、是否实际履行以及对公共利益影响等多重因素，并不当然一概否定其效力。如在一起香港上市公司并购境内公司引发纠纷的案件中，就"报批文件所涉交易已经实际履行，但审批程序中存在'阴阳合同'等瑕疵，是否应因此撤销相关批复"的问题，商务部在综合考量交易履行情况和社会公共利益等因素后，最终决定维持了相关批复的效力。

（五）无效的收购合同

根据《民法典》第153条规定，违反法律、行政法规的强制性规定的民事法律行为无效。江苏省镇江市中级人民法院（2020）苏11民终3117号民事判决认为，本案的争议焦点为刘某于1999年7月27日、8月17日通过镇江市产权交易中心取得江苏天工实业总公司工会持有的江苏天工工具股份有限公司股份的交易行为是否合法有效。而关于案涉股份交易行为的法律效力，1993年《公司法》第147条第1款规定："发起人持有的本公司股份，自公司成立之日起三年内不得转让。"该条款的立法目的在于防范发起人利用公司设立谋取不当利益，并通过转让股份逃避发起人可能承担的法律责任。其所禁止的发起人转让股份的行为，是指发起人在公司成立之日起3年内实际转让股份，只要不实际交付股份，就不会引起股东身份和股权关系的变更。1993年《公司法》第77条规定："股份有限公司的设立，必须经过国务院授权的部门或者省级人民政府批准。"本案中，江苏天工工具股份有限公司设立于1997年7月，江苏天工实业总公司工会作为江苏天工工具股份有限公司的发起人，同年就将其持有的998万股股份实际进行了转让，且刘某自认基于股东身份已获得分红，故刘某与江苏天工实业总公司工会交易江苏天工工具股份有限公司股份的行为违反了法律的强制性规定，应认定无效。

但是，如果只是存在违规行为，没有违反法律强制性规定，不能认定合同无效。如在广东省深圳市福田区人民法院（2016）粤0304民初22334号民事判决中，对于原告要求确认本诉被告持有第三人新都酒店股票的行为无效是否具有法律依据的问题，认为证券交易属于特殊买卖行为，不仅具有电子化交易的特征，而且是通过证券交易系统以集合竞价、自动撮合方式进行的交易，涉及众多不特定的证券投资者。为维护证券交易的稳定性，根据2014年修正的《证券法》第120条第1款规定："按照依法制定的交易规则进行的交易，不得改变其交易结果。对交易中违规交易者应负的民事责任不得免除；在违规交易中所获利益，依照有关规定处理。"因此，只要是按照交易规则完成的证券交易，即便投资者在交易中存在违规行为，相关交易结果也并不因此改变，其持股行为的效力仍应予以确认。当事人主张因存在证券违法行为而导致持股无效，缺乏事实和法律依据，不应予以支持。

司法实践中，对合同效力认定应持谨慎态度，法院不能轻易否定合同效力。特别是股权转让合同，其效力不受股权委托代持合同效力的影响。如浙江省绍兴市中级人民法院（2020）浙06民终1078号民事判决认为，认定股权转让合同的效力应当按两个阶段分析：一是中视精彩公司的股权被"捷某某股份"收购之前；二是中视精彩公司的股权被"捷某某股份"收购以后。股权转让行为实质上包含三份合同：一是股权转让合同；二是股权代持委托合同；三是担保合同。股权代持又称委托持股，是指实际出资人与他人约定，以他人名义代实际出资人履行股东权利义务的一种股权或股份处置方式。熊某主张涉案股权转让合同无效的理由是，熊某代持杨某股份的行为违反了上市公司限售股份禁止代持的强制性规定，因而股权转让合同无效。国家对上市公司监督管理的基本法律制度要求上市公司披露的信息，必须真实、准确、完整，股权必须清晰，股东不得隐名代持股权。这是国家对上市公司监管的基本要求，如违背了上述规定，其他对于上市公司信息披露的要求、关联交易的审查、高管人员的任职回避等监管举措必然落空，并损害到广大非特定投资者的合法权益、资本市场的基本交易程序与交易安全以及金融安全与社会稳定，从而损害社会公共利益。因此，依照原《合同法》第52条第4项规定，应当认定相关股权代持合同或者行为无效。结合本案应当认定双方签订的股权代持合同无效，但股权委托代持合同无效，并不影响股权转让合同的效力，因此股权转让合同仍然有效。

另外，对于信息披露义务的履行是否影响合同效力的问题，根据《证券法》第63条的规定："当投资者及其一致行动人在证券市场上收购某一个上市公司已发行股份达到百分之五时，以及持有该上市公司已发行股份达到百分之五后每增持或减持百分之五时，依法进行信息披露，且在信息披露期间不得再行买卖该上市公司的股票。但该条的立法目的并非否定买卖行为的效力，因此属于管理性规范，而非效力性规范。"[1]《上市公司收购管理办法》亦有此规定。司法实践中，从已有的"上海新梅案"判决可以看出，法院一般认为违规举牌收购上市公司股份的行为不属于我国证券法规定的交易行为无效情形，故对收购方持股的合法性予以确认。[2] 综上所述，我国对于违规举牌收购上市公司股份行为的法律效力，一般持有效的观点，并对收购方的表决权没有限制。但是，交易合同的有效，并不妨碍追究相关违规行为人的法律责任。

三、关于上市公司收购纠纷表决权委托认定问题

（一）表决权委托及其特殊性问题

1. 表决权委托的概念厘清

股东的表决权又称股东投票权，是指股东基于股东地位享有参加股东会或股东大会，并就股东会、股东大会的议案作出一定意思表示的权利。股东可以在股东（大）会上就章程的修改、公司的经营管理、董事和监事的选举、公司分立和合并等重大事项行使表决权，通过表决权参与公司经营管理，防止自己的权利受到侵害。表决权是股东最重要的权利，股东通过表决权实现控制公司。根据《公司法》规定的"一股一权"和"资本多数决原则"，股东持有的股份越多，表决权就越多，实现的权利就越大。表决权既可以亲自行使，也可以通过委托实现。

表决权委托，是指上市公司或公众公司股东通过代理人在股东大会上行使投票权的法律制度。[3] 表决权委托制度属于委托代理法律关系的范畴。代理是代理人基于被代理人的授权而与第三人进行法律行为，并在三方之间发生的权利义务，其本质在于代理行为的法律效果归属于行为主体以外的被代理人。[4]

2. 表决权委托的特殊性问题

虽然表决权委托也属于代理制度的范畴，但该制度却有其独特性：

---

[1] 姚蔚薇：《违反证券交易大额持股披露及慢走规则的民事责任探析》，载《证券法苑》2017年第2期。

[2] 参见上海市第一中级人民法院（2015）沪一中民六（商）初字第66号民事判决书。

[3] 伏军：《公司投票代理权法律制度研究》，北京大学出版社2005年版，第7页。

[4] 江帆：《代理法律制度研究》，法律出版社2000年版，第1页。

（1）投票权行使的决策来源不同。在一般民事委托代理中，受托人需要按照委托人的具体指示从事委托行为，在委托人没有明确的明示下，受托人应按照最有利于委托人的方式行事。而在表决权委托法律关系中，多数上市公司都会在协议中明确和特别强调"依据受托人的意愿进行投票"或"自行决定行使表决权"。比如著名的万科宝能控制权之争中，万科在公布的公告中，就披露表示"关于深圳地铁集团与中国恒大集团签署的《战略合作框架协议》"中"恒大将持有的标的股份表决权不可撤销地委托给地铁集团，由地铁集团自行决定前述特定股东权利的行使"。

（2）委托的动机不同。一般民事委托代理的委托人将特定事务委托给受托人，通常是因为受托人在某些方面具有优势，如具备特定领域的专业知识和能力或有充足的时间解决委托人的问题，相比于委托人自己解决，将事务委托给受托人无疑是投入产出比更高的选择，因此基于此产生一般民事上的委托关系。而对于表决权委托的动机而言，则不像民事委托关系那样简单，存在包括法律障碍、经济障碍、成本问题等一系列因素。[1]这些因素将在后续表决权委托问题中予以详细论述。

（3）委托结果的追求是否一致不同。在一般民事委托代理中，委托人和受托人的目标和结果具有一致性，都是为了顺利完成被委托事项。但是在大多数表决权委托中，委托人根本不关心委托结果，更多的是委托权转让，至于结果如何、达到什么目的委托人并不关心。

（4）受托人承担的法律后果不同。在一般民事委托代理中，无论委托事项的处理结果如何，和受托人无关，其只是按照委托人的意志行事，所有后果和法律责任都由委托人承担。但是在表决权委托中，很多上市公司都会在表决权委托协议中约定"由受托人承担行使表决权的相关法律责任"。这种约定具有合理性，因为在董事、监事和高级管理人员的选择，以及重大经营计划、重大资产重组、对外担保等事项中都是由受托人作出对自己有利的决策，后果当然应由其承受。

（二）表决权委托的动因及其规制问题

1. 规避股份转让限制性规定，实现表决权统一

上市公司的股份转让虽然原则上自由，但是依旧会受到我国法律法规以及交易所业务规则的限制，如首发和增发认购的股份数量限制、高管任职期间股权转让的限制、收购后12个月内收购人股份转让的限制以及股东的限售承诺限制等，甚至在某些情况下，因诉讼而被冻结的股份同样受到严格的转

---

[1] 廖森林：《权利分置下的上市公司表决权委托探析》，载《济宁学院学报》2021年第4期。

让限制。为了摆脱以上种种限制，部分股东就会以委托表决权的方式达到掌握公司控制权的目的。

上述表决权委托的方式较为常见，著名的"宝万之争"中也出现了表决权委托的情况。恒大集团 2017 年 3 月 16 日发布消息称，恒大集团将与深圳地铁集团签署战略合作协议，将恒大集团下属的子公司中国恒大持有的 14.07% 万科 A 股不可撤销地委托给深圳地铁集团行使，期限为 1 年。原因在于，根据《证券法》的相关规定，从恒大集团最后一次买入万科股份的时间起 6 个月内不能转让，即其至少要等到 2017 年 5 月份才能将所持有的万科股份对外转让。与此同时，万科股份的股权结构中，第一大股东宝能持股 25.4%，深圳地铁接盘华润 15.31% 的股份成为第二大股东，恒大集团持股 14.07%，成为第三大股东，恒大集团将手中的股份委托给深圳地铁集团后，深圳地铁集团合计拥有 29.38% 的股份，成为万科的实际控制人，从而保持对万科股份的控制。

此外，深沪两市以及新三板在 2017 年发布的表决权公告中，除了恒大集团外，还有南方轴承、绵石投资、延华智能等多家上市公司通过表决权委托的方式完成了实际控制人的变更。然而，此种通过委托表决权的方式变更上市公司的实际控制人，实质上是为了规避法律法规的限制性规定，逃避必要的程序及义务，已引起市场监管部门的注意，在今后的市场发展中也许会受到限制。

2. 绕过重组上市控制权变动监管，保持控制权不变

在我国的证券市场中，上市公司实际控制人的变动是监管机构的重点监管事项，在公司重组上市的过程中，公司控制权的变更更是受到监管层的严格监督和审查，一旦变更实际控制人，就会对公司的股票发行产生重大影响。因此，在一些上市公司重组过程中，重组方往往会通过将表决权委托给原控制人的方式，使公司的"实际控制人"保持不变，规避由于实际控制人变更带来的风险，实现"控制权不变"的要求。

2016 年，深圳市的全新好公司发布的公司重组预案中涉及这一问题。2015 年 12 月 15 日，全新好控股股东广州博融及其实际控制人练某某与前海全某某签订《表决权转让协议》，将广州博融和练某某持有的全新好股份对应的表决权全部委托给前海全某某行使，前海全新好实际控制人吴某某、陈某某夫妇成为该公司的实际控制人。2016 年 11 月 2 日，公司新的第一大股东北京泓钧资产管理有限公司将所持全新好股份中 31 000 000 股对应表决权委托给吴某某代为行使，吴某某、陈某某夫妇直接和间接控制的全某某股份合计为 69 027 141 股（占公司总股本的 29.89%），吴某某、陈某某夫妇仍为公司的实际控制人。

此外，2016 年 10 月，四通股份披露的重组方案中也涉及同样的问题。四通股份拟作价 45 亿元收购 13 名交易对手合计持有的启行教育百分百股权，该交易完成后上市公司实际控制人及其一致行动人的持股比例从 59.27% 摊薄至 26.85%，标的资产股东的持股比例合计增加到 54.7%，为了确保公司的实际控制权不发生变更，标的资产 10 名股东承诺无条件且不可撤销地放弃在此次交易中取得的表决权，使得公司的原实际控制人及其一致行动人的表决权比例达到 46.84%，由此实现实际控制人不发生变更。

与第一种表决权委托的情况一致，通过委托表决权以保持实际控制人不发生变更，实质上同样是为了规避法律法规的规定和监管，在今后的资本市场中亦会受到进一步监管。

3. 实现一致行动人的内部决策权、集中控制权

由于上市公司的股东人数众多，各股东的持股比例往往较小，公司的股权结构较为分散，难以实现对公司的有效管理与控制，若公司再缺少有效的反收购措施，上市公司的控制权就会被轻易转移。虽然公司股东在此情况下往往会签署一致行动协议，以保证在涉及公司利益的重大事项上保持一致，但是难以从根本上解决公司暗藏的问题。基于此，通过委托表决权的方式将公司的实际控制权集中于一名股东身上，对于加强对公司的管理与控制非常有利。

北京蓝色光标品牌管理顾问股份有限公司就是其中的典型。2016 年，公司的五名一致行动人赵某某、许某某、陈某某、吴某、孙某某签订了《一致行动解除协议》，终止了自 2008 年以来五名股东的一致行动，同时五名股东共同签署了《委托投票协议》，将公司的控股股东与实际控制人设定为赵某某，以实现对该公司的实际控制。

2017 年 3 月 14 日，动漫食品发布公告称，该公司控股股东、实际控制人翁某某与公司第三大股东张某某于 2017 年 3 月 9 日在广东省汕头市龙湖区民政局登记结婚，婚姻关系正式成立。同日，二人签订了《表决权委托协议》。公告显示，翁某某持股 65.04%，张某某持股 5.7%，张某某授权翁某某作为其持有的动漫食品 5.70% 股份的唯一的、排他的代理人，全权代表张某某按照法律法规、公司章程规定行使相关权利。由此，翁某某控制该公司 70.74% 表决权的股份，进一步巩固了对公司的控制权。

2015 年 11 月，凤形股份大股东的第一顺位继承人陈某 1（次子）、陈某 2（女儿）在遗产分割前将表决权委托给陈某 3（长子），实现由陈某 3 享有遗产股份 28.52% 的全部表决权，三位第一顺位继承人又与陈某 4 签署一致行动协议，由四人共同控制凤形股份，保持控制权稳定（46.19% 股权）。

通过表决权委托的形式实现对公司的控制权，这与一致行动的内容相似，

均是股东扩大自己控制权的方式,因此,表决权委托可以视作一致行动协议的具体化。由于该种委托方式并不涉及公司的对外义务,因此不存在违规问题。

4. 子母公司为合并财务报表,凑足表决权

我国《企业会计准则第33号——合并财务报表》规定,母公司直接或通过子公司间接拥有被投资单位半数以上的表决权资本,可以合并财务报表。在我国的上市公司中,一些公司的实际控制人一方面直接持有上市公司的股份,另一方面也通过集团公司间接持有上市公司的股份。由于集团公司的持股比例较低,达不到合并报表50%的股权要求,此时上市公司实际控制人就会选择将手中的部分或全部表决权委托给集团公司,实现集团公司的持股要求,从而合并报表。

2017年,牧原集团持有上市公司牧原股份21.27%的股份,牧原股份实际控制人秦某某持有42.48%股份,由于牧原集团的持股比例未达到50%,无法与牧原股份合并报表,因此,12月19日,在牧原集团持股85%的秦某某与牧原集团签署了《表决权委托补充协议》,将其持有的38.73%牧原股份表决权委托给牧原集团行使。经过此次表决权委托,牧原集团间接持有牧原股份38.73%股份,合计持有牧原股份60%的股份,达到了合并报表的股权要求,但公司的实际控制人未发生变更。

不难发现,这种表决权委托的原因是当事人为了实现子公司与母公司合并报表的合理需求,且同样不涉及公司的对外义务,因此该种委托方式合理合法,并不涉嫌规避法律规定。

5. 收购方为实现过渡期权益,让渡表决权

上市公司的股份流通原则上是自由的,但在实践中,双方签署了股份转让协议之后受让方并非能够立即取得转让方股权的全部权益,即在签署转让协议到受让方完全拥有股份权益之间存在过渡期,为了保证受让方过渡期内的权益,转让方会在此期间内将表决权委托给受让方,以使受让方权益得到保障。这一表决权委托的形式往往发生在协议收购中,实质上是一种权利的担保形式,没有涉及规避法律法规的问题。[①]

(三)表决权委托有效性审查要件及其中难点问题

由于表决权委托能达到掌握公司控制权的实际效果,在实务中应注重表决权委托有效性的审查。

1. 表决权委托意思表示是否真实

根据《民法典》第146条的规定,行为人与相对人以虚假的意思表示实

---

① 蒋学跃:《上市公司表决权委托问题研究》,载《证券市场导报》2018年第5期。

施的民事法律行为无效。以虚假的意思表示隐藏的民事法律行为的效力，应当按照有关法律规定处理。如果委托方和受托方真实的意思表示并不是表决权委托，而是表决权转让，那么应当属于"名为委托代理关系，实为股东表决权转让"，即双方实际为股东权利转让。如何进一步约束股东的意思表示真实性，应当事先由委托人和受托人在公告中作出承诺，这种承诺是法院审查双方意思表示的初步证据，至于提出表决权委托存在隐藏的虚假意思表示的一方，应当承担举证责任。表决权委托的承诺是对委托方和受托方的一种权利约束，从而让争议解决机构节省资源和时间，快速解决问题。

2. 信息披露是否已经完成

如前所述，根据《上市公司收购管理办法》第24条规定，收购人持有上市公司的股份达到该公司已经发行股份的30%，继续增持股份的，应当采取要约收购的方式。因此，如表决权委托比例超过上市公司表决权30%，触发要约收购义务，受托人就要发出收购要约。如受托表决权超过50%，受托方可以将上市公司财务报表合并到自己名下。监管部门并不否认上市公司的表决权委托，只是将其归于上市公司权益变动范围并要求相关主体按照监管规则履行相应的义务，包括权益变动超过5%需要公告、权益比例超过30%需要发出收购要约、并要求财务顾问或者公司律师对此发表意见。公告和财务顾问或者公司律师发表意见的过程就是信息披露的过程，因为监管部门和社会大众对上市公司的表决权委托是否合法合规的判断依赖于信息披露，披露的过程可以真实地反映表决权委托的原因，避免通过表决权委托掩盖真实交易的目的。

3. 表决权委托决议是否符合章程规定和内部程序

通过已经披露的上市公司情况和现有案例的统计，上市公司表决权委托涉及实质的重大权利义务，并非代理投票那么简单。如果受托人或者委托人一方系法人，就必须受《公司法》的约束，严格遵循公司法原则和相关规定。同时，公司内部的章程和决议等内部规范，亦应当遵守。

4. 表决权委托是否支付对价

如前所述，表决权委托的真实意思大都为表决权转让。股权转让，必然要支付对价。虽然监管制度中没有禁止表决权委托，但是却明令禁止支付对价。《规范运作指引》第3.5.2条第7项规定，独立董事有权在股东大会召开前公开股东征集投票权，但不得采取有偿或者变相有偿的方式进行征集。由于很多上市公司采取普通投票制，即简单多数通过即可，为了能够凑足表决权，不排除少数股东为了实现自己目的私下购买表决权。这种方式与融资没有区别，就是利用杠杆的方式实现表决权的统一，从而实现自己的目的，甚至是不法利益，故其必然会损害全体股东的利益，应当在立法上予以禁止。

目前，相关监管规范不仅要求委托人不能向受托人支付表决权委托的对价，还要求由财务顾问或公司律师在专项报告或者法律意见书中明确表决权委托不存在委托人向受托人支付对价的情形。

5. 表决权委托是否随意撤销

一般的民事委托可以随意撤销，但如果允许表决权委托协议随时撤销，就会使公司的实际控制权处于不稳定状态，公司可能随时因此陷入控制权之争，不仅给公司利益带来风险，中小股东的利益也会直接受到侵害。在深交所上市的 ST 准油就曾因为大股东签订《表决权委托》，将总股本 16.83% 全权委托给国浩科技行使，后又公告收回委托。双方对于表决权委托是否可以撤销还存在争议，目前都没有解决，导致公司存在退市的风险。

四、收购要约撤回相关法律问题

要约撤回，是指要约人在发出要约之后，要约生效之前收回发出的要约，取消其效力的行为。《民法典》第 141 条规定："行为人可以撤回意思表示。撤回意思表示的通知应当在意思表示到达相对人前或者与意思表示同时到达相对人。"根据该条规定，撤回要约的通知应当在要约到达受要约人之前或者同时到达受要约人。如要约撤回的通知迟于受要约人收到要约的时间，将使受要约人的利益受损，对此要约人应当承担相应的法律责任。关于要约收购，《证券法》第 68 条规定，在收购要约确定的承诺期限内，收购人不得撤销其收购要约。实践中可能存在收购人撤回收购要约的情况，由此产生收购方能否撤回收购要约、撤回要约的时间以及撤回要约的法律后果等问题。

在（2013）民申字第 1881 号兴业全球基金管理有限公司（以下简称兴业基金）与江苏熔盛重工有限公司（以下简称熔盛重工）缔约过失责任纠纷申请再审民事案件中，安徽全柴集团是安徽省全椒县政府持股 100% 的国有企业，上市公司全柴动力是其子公司。熔盛重工与安徽省全椒县政府签订《产权交易合同》，间接受让全柴动力 44.39% 的股份，触发了要约收购义务。熔盛重工于 2011 年 4 月向全柴动力除安徽全柴集团之外的全体股东发出全面收购股份的要约。2012 年 8 月，熔盛重工函告全柴动力，称其已向证监会撤回关于该次要约收购的行政许可申请材料，决定不再实施本次要约收购计划。随后，全柴动力的股价大幅下跌，引发一系列投资者索赔诉讼，其中就包括兴业基金以熔盛重工存在缔约过失为由，请求熔盛重工赔偿其投资损失的缔约过失责任纠纷案件。

最高人民法院再审认为：该案为缔约过失责任纠纷。针对兴业基金的申请再审理由，本案着重审查两方面的问题。

1. 关于熔盛重工在订立合同过程中履行先合同义务是否违背诚实信用原则的问题

根据原《合同法》第42条规定，当事人在订立合同过程中，不得故意隐瞒与订立合同有关的重要事实或者提供虚假情况。否则，给对方造成损失的，应当承担缔约过失责任。这就要求当事人在订立合同过程中，应履行通知、说明、保密等义务，亦即通常所说的先合同义务。本案中：首先，熔盛重工主要履行的先合同义务，应结合案中拟订合同的性质、目的和交易习惯进行认定。对熔盛重工而言，二审判决认定其应履行的先合同义务主要为通知义务，即告知与收购全柴动力股份有关的重要信息，并无不当。至于熔盛重工于2011年6月29日发布一份《关于延期上报有关补正材料的公告》，称待取得国资委、商务部相关批复文件后立即上报补正材料等，系其在订立合同过程中，与兴业基金进行磋商的行为，并非熔盛重工应予履行的先合同义务。其次，熔盛重工履行上述先合同义务是否违背诚实信用原则，应根据相关法律规定进行判断。本案中，并无直接有效的证据证明熔盛重工披露的信息有虚假记载、误导性陈述、重大遗漏，或违反公开、公平、公正原则，二审判决认定熔盛重工适当履行了告知与收购全柴动力股份有关重要信息的先合同义务，不违背诚实信用原则，并无不当。

2. 关于熔盛重工在订立合同过程中是否有其他违背诚实信用原则行为的问题

根据原《合同法》第42条规定，当事人在订立合同过程中不得有其他违背诚实信用原则的行为。否则，给对方造成损失的，应当承担缔约过失责任。对此，主要系规定当事人在订立合同过程中，行使权利不得违背诚实信用原则。本案中：首先，根据原《合同法》第4条规定，熔盛重工依法享有自愿订立合同的权利。从全柴动力公开发布的公告来看，上述《产权交易合同》在国资委、商务部相关批准文件有效期内并未实施，至今亦无直接有效的证据显示熔盛重工通过其他投资关系、协议、安排，间接拥有全柴动力权益的股份超过该公司已发行股份的30%。这种情况下，强制熔盛重工发出全面收购要约的条件尚不具备，依法其仍享有自愿订立合同的权利。因此，二审判决认定熔盛重工向中国证监会撤回行政许可申请材料，取消全面要约收购全柴动力股份计划，不违背诚实信用原则正确。其次，根据2012年修正的《上市公司收购管理办法》第31条关于"收购人向中国证监会报送要约收购报告书后，在公告要约收购报告书之前，拟自行取消收购计划的，应当向中国证监会提出取消收购计划的申请及原因说明，并予公告；自公告之日起12个月内，该收购人不得再次对同一上市公司进行收购"之规定，熔盛重工于2012年8月17日向中国证监会撤回行政许可申请材料，自行取消全面要约收购全柴动力股份计划，也就没有必要再依 2011 年 6 月 29 日发布的《关于延期上报有关补正材料的公告》所称，立即向中国证监会补正上报国资委、商务部相关批复文件等材料。

2014 年修正《上市公司收购管理办法》时，第 31 条规定修改为："收购人自作出要约收购提示性公告起 60 日内，未公告要约收购报告书的，收购人应当在期满后次一个工作日通知被收购公司，并予公告；此后每 30 日应当公告一次，直至公告要约收购报告书。收购人作出要约收购提示性公告后，在公告要约收购报告书之前，拟自行取消收购计划的，应当公告原因；自公告之日起 12 个月内，该收购人不得再次对同一上市公司进行收购。"2020 年该办法未作修改。从上述规定可见，收购人在公告要约收购报告书之前，属于要约未到达被要约人的情形，故可自行取消收购计划，而无须对此承担缔约过失责任。

五、上市公司章程反收购条款的审查认定问题

（一）上市公司反收购的内涵及其价值评判

上市公司反收购指的是目标上市公司为了保护自己对公司的控制权，所采取的旨在挫败收购者收购行为的措施。上市公司收购的目的在于获得上市公司控制权，因此，上市公司收购与反收购实质是上市公司控制权之争。上市公司作为公众公司，具有极强的开放性，上市公司收购涉及收购者、上市公司及其大股东、中小股东、管理层等多方利益，且不同主体之间的利益诉求并不相同。收购者的目标在于通过收购获得上市公司控制权；上市公司寻求的是公司的稳定、持续发展；大股东的关注点更多在于维护自己对公司的控制权，而中小股东则更加关注溢价转让股份以实现投资收益；对于上市公司管理层而言，因公司控制权的更迭会带来管理层成员的变动，故其可能更加关注维护自己的管理层地位及权益。在多方利益冲突之下，各种反收购措施伴随收购而生，成为上市公司抵御敌意收购的武器。根据反收购措施发挥作用的时间，反收购措施可分为事前型防御措施和事后型防御措施。事前型防御措施指的是目标上市公司在收购行为发生之前为了防止可能出现的被收购风险所采取的反收购措施；事后型防御措施指的是在收购行为已经发生的情况下目标上市公司所采取的临时反收购措施。在"宝万之争"的影响下，众多上市公司为了抵御敌意收购，纷纷在章程中设置反收购条款，旨在提高收购者的收购成本，为收购行为设置障碍，章程中的反收购条款即属于事前型防御措施。

上市公司收购与反收购实质是上市公司控制权之争。反收购措施的积极意义在于抵御敌意收购，保障公司持续、稳定发展，同时保护公司股东利益。但上市公司收购中存在多方主体的利益冲突，上市公司章程反收购条款并不一定是站在公平公正的立场上平衡保护各方利益，而可能仅体现大股东以及管理层的利益。上市公司收购本身具有优化资本配置、提高公司竞争力、促进经济规模化发展等积极作用，我国对于上市公司收购采取的是"有限度鼓励"[1]的态度，如果一味放任立场偏颇的反收购措施，从长远来看不利于上市公司的健康发展，也不利于资本市场的稳定和繁荣。因此，有必要对上市公司反收购措施进行监管和规制。就当前我国的法律政策环境而言，凡是与改变公司资本结构有关的反收购措施，无论是于要约收购之前在章程中设置股权摊薄反收购计划，还是在收购要约发出之后启动股票回购等反收购措施，均不存在足够的空间，我国众多公司管理者偏好于预先在章程中设定反收购条款，并且这些反收购条款大多数属于不改变公司资本结构的措施。[2] 因此，下文主要解决上市公司章程反收购条款法律规制的相关疑难问题。

（二）上市公司章程反收购条款的主要类型

实务中，上市公司章程反收购条款主要类型包括以下三种：（1）限制股东权利、增加股东义务类，例如限制股东的董事提名权、临时提案权和自行召集股东大会的权利，加重股东持股信息披露义务等；（2）维护上市公司现有董事会利益、扩大董事会权力类，例如设置交错董事会规则、提高董事任职资格、实行"黄金降落伞"计划、概括性授权董事会实施反收购措施等；（3）设置股东大会、董事会议事规则的绝对多数条款。[3]

其中，董事交错条款也称分级分期董事会条款，来源于美国，其典型做法是将董事会按照不同任期分组，只有任期届满的该组董事才会被改选，以达到控制董事更换人数的目的。我国实务中的做法更多的是直接限制每年更换董事的人数或比例，或者规定原任董事会成员的继任比例等。例如，有的上市公司章程要求在董事会任期届满前，每连续 12 个月内改选董事的总数不得超过章程规定董事会人数的 1/4；有的上市公司章程规定在发生恶意收购时，如该届董事会任期届满的，继任董事会成员中应至少有 2/3 以上的原任

---

[1] 叶林、吴烨：《上市公司章程反收购条款的规范路径》，载《证券法苑》2017年第4期。

[2] 郭富青：《上市公司反收购：政策导向、实施偏好与法律边界》，载《法学》2018年第11期。

[3] 关于上市公司章程反收购条款的类型化划分，参见陈霖：《上市公司修改章程设置反收购条款的合法性检视与监管探讨》，载《证券法苑》2017年第1期。

董事会成员连任,在继任董事会任期届满前的每一年度内,改选董事的总数不得超过章程规定董事会组成人员的1/3。[①]董事交错条款使得敌意收购人收购公司后,无法迅速调整公司全部董事,也就无法通过公司董事会充分实现其收购目的。[②]"黄金降落伞"条款,是指公司高级管理人员任期未满而被提前解除职务时,公司需支付高额补偿金。该条款意在增加敌意收购人更换公司高级管理人员的成本,从而实现反收购的目的。[③]"黄金降落伞"条款同时也是上市公司管理层维护自身权益的手段。绝对多数条款,是指公司章程规定某些事项需经过特定多数的股东同意,在这样的规定下,目标公司控股股东或实际控制人即可利用该规定,阻止敌意收购人提出的涉及公司结构或者公司经营重大改变的某些事项通过,从而使敌意收购人难以真正控制公司并按自己的意志进行经营。[④]

(三)上市公司章程反收购条款的效力问题

1. 审查上市公司章程反收购条款合法性的主要规范依据

实践中关于上市公司章程反收购条款合法性之争,可能以公司决议纠纷的形式进入诉讼程序,即收购方提起确认股东大会决议无效之诉,请求确认上市公司关于修改公司章程、增加反收购条款的股东大会决议因违反法律规定而无效,从而产生对上市公司章程反收购条款合法性进行司法审查的问题。在判断上市公司章程反收购条款的合法性时,主要的法律依据包括《公司法》《证券法》以及证监会的部门规章和规范性文件(例如《上市公司收购管理办法》等)。其中,《上市公司收购管理办法》第8条规定,被收购公司的董事、监事、高级管理人员对公司负有忠实义务和勤勉义务,应当公平对待收购本公司的所有收购人。被收购公司董事会针对收购所作出的决策及采取的措施,应当有利于维护公司及其股东的利益,不得滥用职权对收购设置不适当的障碍,不得利用公司资源向收购人提供任何形式的财务资助,不得损害公司及其股东的合法权益。上述规定可作为判断上市公司章程反收购条款合法性的一般审查规则。实践中主要可审查以下要素:(1)反收购条款是否违反法律、

[①] 陈霖:《上市公司修改章程设置反收购条款的合法性检视与监管探讨》,载《证券法苑》2017年第1期。

[②] 张钰涵:《上市公司章程反收购条款之法律界限》,载《成都理工大学学报》2020年第1期。

[③] 张钰涵:《上市公司章程反收购条款之法律界限》,载《成都理工大学学报》2020年第1期。

[④] 张钰涵:《上市公司章程反收购条款之法律界限》,载《成都理工大学学报》2020年第1期。

行政法规的强制性规定；（2）反收购条款是否损害股东利益，剥夺或者实质上剥夺股东的固有权利；（3）反收购条款是否存在大股东滥用权利损害上市公司及中小股东利益的情形；（4）反收购条款是否存在违反董事信义义务损害上市公司或其股东利益的情形等。

2. 常见上市公司章程反收购条款的合法性问题

（1）限制股东临时提案权和自行召集股东大会权利的条款。股东行使临时提案权和自行召集股东大会，是股东参与公司重大决策的主要方式。收购方收购股权后，为实现其收购目的，必然需要行使上述权利。为此，上市公司事先在章程中设置限制条款，限制收购者行使权利，以达到保护原股东控制权的目的。关于此类条款合法性的审查，应注意其是否剥夺了股东的固有权利。《公司法》第 101 条第 2 款规定，董事会不能履行或者不履行召集股东大会会议职责的，监事会应当及时召集和主持；监事会不召集和主持的，连续 90 日以上单独或者合计持有公司百分之十以上股份的股东可以自行召集和主持。第 102 条第 2 款规定，单独或者合计持有公司 3% 以上股份的股东，可以在股东大会召开十日前提出临时提案并书面提交董事会；董事会应当在收到提案后 2 日内通知其他股东，并将该临时提案提交股东大会审议。上述法条已就股东行使临时提案权和自行召集股东大会的条件作出规定，即"单独或者合计持有公司百分之三以上股份"和"连续九十日以上单独或者合计持有公司百分之十以上股份"的股东分别依法享有上述两项权利，如果公司章程规定的股东行使权利的条件明显高于法定条件，或者另行设置其他条件，实质上剥夺了股东的固有权利，则应当认定相关条款不具备合法性。

（2）限制股东董事提名权条款。因上市公司收购的目的在于获得公司控制权，收购方收购股权后往往会更换董事等管理层，以达到控制公司的目的。因此，事先在章程中设置限制股东董事提名权条款，就成为抵御收购的一种措施。限制股东董事提名权的做法主要有三种情形：一是通过直接提出股东持股时间、持股比例等要求，从而对股东的董事提名权进行限制；二是剥夺未按章程进行信息披露的股东提名权；三是限缩股东提名权，从而间接实现对股东提名董事的限制。[①]

在（2017）沪 0120 民初 13112 号中证中小投资者服务中心有限责任公司（以下简称中证公司）与上海海利生物技术股份有限公司（以下简称海利公司）公司决议效力确认纠纷一案中，中证公司持有海利公司 230 股股份。海利公司发出《上海海利生物技术股份有限公司 2015 年第一次临时股东大会决

[①] 陈霖：《上市公司修改章程设置反收购条款的合法性检视与监管探讨》，载《证券法苑》2017 年第 1 期。

议公告》，该公告中有关议案审议情况第 14 项为关于修订公司章程并办理工商变更登记，该议案以 100% 同意的比例通过。根据上述股东大会作出的决议内容，海利公司办理了公司章程的工商变更登记，该章程中第 82 条第 2 款第 1 项内容为："董事会、连续 90 天以上单独或合并持有公司 3% 以上股份的股东有权向董事会提出非独立董事候选人的提名，董事会经征求被提名人意见并对其任职资格进行审查后，向股东大会提出提案。"中证公司认为，上述公司章程第 82 条增加"连续 90 天以上"的持股时间限制，违反了《公司法》规定，限制和剥夺了部分股东参与选择公司管理者的权利，故起诉请求确认上述公司章程第 82 条第 2 款第 1 项内容无效。法院经审理认为，根据《公司法》规定，公司股东依法享有资产收益、参与重大决策和选择管理者等权利。在权利的具体行使方式上，单独或者合计持有公司 3% 以上股份的股东，可以在股东大会召开 10 日前提出临时提案并书面提交董事会。上述规定表明，只要具有公司股东身份，就有选择包括非独立董事候选人在内的管理者的权利，在权利的行使上并未附加任何的限制条件。分析涉案公司章程第 82 条第 3 款第 1 项内容，其中设定"连续 90 天以上"的条件，违反了《公司法》的规定，限制了部分股东就非独立董事候选人提出临时提案的权利，该决议内容应认定为无效。

关于限制股东董事提名权条款的合法性问题，《公司法》第 4 条规定，公司股东依法享有资产收益、参与重大决策和选择管理者等权利。但未对股东选择管理者的权利如何行使及其行使条件作出具体规定。《上市公司章程指引》第 54 条规定，董事会、监事会以及单独或者合并持有公司 3% 以上股份的股东，有权向公司提出提案。第 82 条规定，董事候选人名单以提案的方式提请股东大会表决。根据上述规定，股东选择管理者的权利通过提案的方式行使。因此，关于限制股东董事提名权条款合法性的审查，最终还是落到《公司法》第 102 条规定上。"海利案"中，法院正是以相关章程条款限制了部分股东就非独立董事候选人提出临时提案的权利为由认定其无效。因此，虽然从理论上说，公司章程可以对股东行使董事提名权加以细化，但如果章程对于股东行使董事提名权的限制实质剥夺了股东选择管理者的固有权利，或者课以法定条件之外的负担，则应当认定相关条款不具备合法性。

（3）加重股东信息披露义务条款。关于上市公司收购中的信息披露义务，《证券法》第 63 条规定，通过证券交易所的证券交易，投资者持有或者通过协议、其他安排与他人共同持有一个上市公司已发行的有表决权股份达到 5% 时，应当在该事实发生之日起 3 日内，向国务院证券监督管理机构、证券交易所作出书面报告，通知该上市公司，并予公告，在上述期限内不得再行买卖该上市公司的股票，但国务院证券监督管理机构规定的情形除外。投资者持有或者通过协议、其他安排与他人共同持有一个上市公司已发行的有表决权股份达到5%后,其所持该上市公司已发行的有表决权股份比例每增加或者减少5%,应当依照前款规定进行报告和公告,在该事实发生之日起至公告后3日内,不得再行买卖该上市公司的股票,但国务院证券监督管理机构规定的情形除外。投资者持有或者通过协议、其他安排与他人共同持有一个上市公司已发行的有表决权股份达到5%后,其所持该上市公司已发行的有表决权股份比例每增加或者减少1%,应当在该事实发生的次日通知该上市公司,并予公告。上市公司在章程中加重股东信息披露义务(如将5%的举牌线降至3%),目的在于及时知晓公司股份的变动情况,以防御敌意收购。但5%是法定的举牌线,其设立乃基于交易秩序、交易自由、交易效率、披露成本及披露之必要性,实系利益平衡之法定数值,具有不可更改性,否则,将严重影响公司章程与私法的协调,破坏法之安定性。[1] 因此,上市公司章程加重股东信息披露义务,实质上是对股东课以法定义务之外的额外负担,不当干涉股东的合法权益,应认定相关条款不具备合法性。

(4)董事交错条款。我国上市公司章程一般是直接限制改选董事的人数或比例、原任董事会成员的继任比例等。《公司法》第45条规定,董事任期由公司章程规定,但每届任期不得超过3年。董事任期届满,连选可以连任。第108条规定,该法第45条关于有限责任公司董事任期的规定,适用于股份有限公司董事。《公司法》未对董事的连任、改选等作进一步的规定,因此,实务中有观点认为董事交错条款并未违反《公司法》关于董事任期的强制性规定,可认定其合法性。也有观点认为,交错董事会可能造成上市公司董事会长期被少数权益股东把持的不合理局面,新进股东即使达到绝对控股的持股比例,也无法在短时间内通过董事改选获得董事会的控制权,显然违背了《公司法》关于资本多数决的基本原则,应对其持否定态度。[2] 对此,应注意实务中的"交错董事条款",实质是直接限制股东选择管理者(表现为改选董事会成员)的权利,虽然《公司法》未对董事的连任、改选等作明确规定,但从保护股东权利原则出发,如果相关条款(特别是直接限制每次更换董事人数或比例、规定原任董事的继任比例等条款)实质上剥夺了股东选择管理者的权利,则应否认其合法性。另外,相关董事发生法定应当解除职务情形的,则不应受到董事交错条款的约束。

---

[1] 朱奕奕:《我国上市公司章程中反收购条款之法理审视——以15家上市公司章程为分析对象》,载《中共杭州市委党校学报》2017年第2期。

[2] 陈霖:《上市公司修改章程设置反收购条款的合法性检视与监管探讨》,载《证券法苑》2017年第1期。

（5）"黄金降落伞"条款。《公司法》第 37 条规定，有关董事、监事的报酬事项由股东会决定；第 99 条规定，该法第 37 条第 1 款关于有限责任公司股东会职权的规定，适用于股份有限公司股东大会。《上市公司治理准则》（2018 年修订）第 20 条规定，上市公司应当和董事签订合同，明确公司和董事之间的权利义务、董事的任期、董事违反法律法规和公司章程的责任以及公司因故提前解除合同的补偿等内容。现行法律法规并未对上市公司董事、监事和高级管理人员的报酬加以明确限制，董事、监事和高级管理人员的报酬以及离职补偿属于公司自治范畴，故上市公司章程中的"黄金降落伞"条款一般可认定有效。当然，根据《公司法》第 21 条规定，公司的控股股东、实际控制人、董事、监事、高级管理人员不得利用其关联关系损害公司利益。如果补偿金标准明显过高，可能存在不正当关联交易及利益输送之嫌，从而损害上市公司利益，则应当否定其效力。

（6）绝对多数条款。《公司法》第 103 条规定，股东大会作出决议，必须经出席会议的股东所持表决权过半数通过。但是，股东大会作出修改公司章程、增加或者减少注册资本的决议，以及公司合并、分立、解散或者变更公司形式的决议，必须经出席会议的股东所持表决权的 2/3 以上通过；第 111 条规定，董事会会议应有过半数的董事出席方可举行。董事会作出决议，必须经全体董事的过半数通过。《公司法》关于表决权的规定是法律设置的下限，章程中的绝对多数条款在公司法的基础上提高多数决比例或者扩大特别决议事项范围，并不违反法律的强制性规定，一般可认定有效。但在实际适用中，根据上市公司股权结构的不同，绝对多数条款可能有不同的适用效果。对于股权结构比较分散的公司，章程设置更高的表决通过比例，会增加决议通过的难度，不利于公司经营决策的作出，实际上可能有损公司和股东利益；对于股权结构比较集中的公司，章程设置更高的表决通过比例，则有利于限制大股东的控制权，保护中小股东的利益。

六、上市公司收购中的中小股东利益保护问题

（一）上市公司收购中的利益冲突

如前所述，上市公司收购涉及收购者、上市公司及其大股东、中小股东、管理层等多方利益，且不同主体之间的利益诉求并不相同，在收购中容易发生利益冲突。

1. 收购方与中小股东的利益冲突

收购方收购上市公司股权的目的在于获得公司控制权，其追求的是以更

低的成本达到收购目的,而中小股东在收购中更加关注溢价转让股份以实现投资收益。但相比实力雄厚、有备而来的收购方,中小股东持股量低、高度分散、信息闭塞,在收购中往往处于被动地位,不具备议价的能力和条件。特别是收购方在收购前必然会对收购项目进行调查分析、策略研究,做好充足准备,以排除其他收购方的介入,降低收购成本;而中小股东面对收购,往往因信息滞后而措手不及。双方信息极其不对称,导致中小股东在收购中处于弱势地位,其权益得不到保障。

2. 大股东与中小股东的利益冲突

根据资本多数决原则,大股东在上市公司收购中拥有决策上的优势,其可通过行使表决权形成有利于自身利益的公司决议,也可通过选任的管理层来左右公司的经营决策。在上市公司收购中,大股东往往掌握先机,能获取相关的内幕信息,而中小股东则缺乏信息渠道和谈判能力。如果大股东通过内幕交易、虚假陈述等违规操作来牟取利益,或者大股东与收购方早早达成合意,先行获得优惠的收购条件,而置中小股东利益于不顾,则中小股东可能面临股份被低价收购的不利局面。此外,在某种意义上,敌意收购控制权将剥夺原控股股东的"私有利益",并将这种利益(部分)输送给小股东,由此可见,由控股股东及其控制的董事会发起的收购抵御显然与小股东的利益存在冲突。①

3. 管理层与中小股东的利益冲突

管理层在上市公司收购中对股东负有信义义务,其理应发挥专业管理团队的优势,准确判断收购条件是否合理并作出正确决策,以保护公司股东利益。然而,上市公司收购所带来的控制权更迭使得原管理层面临"下岗"风险,因此,即使是有利于股东的收购,也可能受到来自管理层的抵制,不当的反收购措施必然给股东利益带来损害。换言之,目标公司管理层发起的抵御收购与公众投资人的利益天然存在冲突。②其中,中小股东持股比例低、人员分散,很难对管理层起到监督、约束作用,其权益更容易受到侵害。

(二)对中小股东利益的保护措施

1. 违反信息披露义务的责任认定问题

中小股东的劣势地位主要来自信息不对称,因此,完善的信息披露制度是中小股东利益保护的核心机制。《证券法》第63条规定,通过证券交易所的证券交易,投资者持有或者通过协议、其他安排与他人共同持有一个上市公司已发行的有表决权股份达到5%时,应当在该事实发生之日起3日内,

---

① 张巍:《资本的规则Ⅱ》,中国法制出版社2019年版,第164页。
② 张巍:《资本的规则Ⅱ》,中国法制出版社2019年版,第163页。

向国务院证券监督管理机构、证券交易所作出书面报告,通知该上市公司,并予公告,在上述期限内不得再行买卖该上市公司的股票,但国务院证券监督管理机构规定的情形除外。投资者持有或者通过协议、其他安排与他人共同持有一个上市公司已发行的有表决权股份达到5%后,其所持该上市公司已发行的有表决权股份比例每增加或者减少5%,应当依照前款规定进行报告和公告,在该事实发生之日起至公告后3日内,不得再行买卖该上市公司的股票,但国务院证券监督管理机构规定的情形除外。投资者持有或者通过协议、其他安排与他人共同持有一个上市公司已发行的有表决权股份达到5%后,其所持该上市公司已发行的有表决权股份比例每增加或者减少1%,应当在该事实发生的次日通知该上市公司,并予公告。违反第1款、第2款规定买入上市公司有表决权的股份的,在买入后的36个月内,对该超过规定比例部分的股份不得行使表决权。以上是关于上市公司收购中信息披露义务的基本法律规定。在上市公司收购中,中小股东由于信息不对称导致其缺乏足够的判断能力和应对能力,从而影响其作出正确的投资决策。根据《证券法》第78条规定,发行人及法律、行政法规和国务院证券监督管理机构规定的其他信息披露义务人,应当及时依法履行信息披露义务。信息披露义务人披露的信息,应当真实、准确、完整,简明清晰,通俗易懂,不得有虚假记载、误导性陈述或者重大遗漏。因此,在收购过程中的信息披露必须及时、真实、准确、完整,不得有虚假记载、误导性陈述或者重大遗漏,以便众多的中小股东及时掌握交易信息,作出正确的投资决策。相关义务主体在收购过程中违反信息披露义务损害股东权益的,应当承担相应的赔偿责任。

在"龙薇传媒收购万家文化"证券虚假陈述责任纠纷案件中,浙江祥源文化股份有限公司(原名为浙江万好万家文化股份有限公司,以下简称祥源公司)为上市公司。2016年12月27日,祥源公司发布《关于第一大股东签署〈股份转让协议〉暨控制权变更的提示性公告》,载明:2016年12月23日,公司第一大股东万好万家集团有限公司(以下简称万家集团)与西藏龙薇文化传媒有限公司(以下简称龙薇传媒公司)签署《股份转让协议》,万家集团将其持有的18 500万股公司流通股股份转让给龙薇传媒公司,占公司股份总数的29.135%。

2017年1月12日,祥源公司发布《关于对上海证券交易所〈关于对浙江万好万家文化股份有限公司权益变动信息披露相关事项的问询函〉回复的公告》,载明:本次收购所需资金305 990万元全部为自筹资金,其中股东自有资金6000万元,已于2016年12月26日支付;向西藏银必信资产管理有限公司借款150 000万元,担保措施为赵某个人信用担保;向金融机构质押融资剩余的149 990万元。同日,祥源公司股票复牌交易,并连续两个交易日涨停,第三个、第四个交易日继续收涨。

2017年2月14日,祥源公司发布《关于股东股份转让交易数量发生变动的公告》,载明:公司第一大股东与龙薇传媒公司于2017年2月13日签署了《关于股份转让协议之补充协议》,将转让给龙薇传媒公司的股份总数由原先的18 500万股调整为3200万股,转让总价款调整为52 928万元。截至补充协议签署之日,龙薇传媒公司已支付股份转让价款25 000万元,尚需支付剩余股份转让价款27 928万元,双方约定应于补充协议签署之日起35个工作日内支付。龙薇传媒公司能否按期足额付清尚存在不确定性,请投资者注意相关风险。依据补充协议,调整后的股份转让方案不会造成上市公司的实际控制人变更。

2017年2月16日,祥源公司发布《关于对上海证券交易所〈关于对浙江万好万家文化股份有限公司控股股东股权转让相关事项的问询函〉回复的公告》,载明:《股份转让协议》签订之后,龙薇传媒公司立即就本项目融资事宜与A银行某支行展开谈判协商,双方于2016年12月29日达成初步融资方案。因本项目融资金额较大,故需上报A银行总行进行审批。2017年1月20日,龙薇传媒公司接到A银行电话通知,本项目融资方案最终未获批准。此后,龙薇传媒公司立即与其他银行进行多次沟通,希望就本项目开展融资合作,但陆续收到其他银行口头反馈,均明确答复无法完成审批。因此,龙薇传媒公司判断无法按期完成融资计划。

2017年2月27日,因重要事项未公告,祥源公司股票全天停牌。2017年2月28日,祥源公司发布复牌提示性公告。同日,祥源公司发布了《关于收到中国证券监督管理委员会调查通知书的公告》,载明:公司于2017年2月27日收到证监会《调查通知书》,内容如下:"因你公司涉嫌违反证券法律法规,根据《证券法》的有关规定,我会决定对你公司进行立案调查,请予以配合。"祥源公司复牌后的当日股价下跌10.02%。

2017年4月1日,祥源公司发布《关于控股股东签署〈解除协议〉的公告》以及《对上海证券交易所〈关于浙江万好万家文化股份有限公司控股股东部分股权转让进展事项的问询函〉回复的公告》,载明:由于标的公司正被立案调查,结果无法预知,交易存在无法预测的法律风险,龙薇传媒公司认为交易的客观情况已经发生变化,就补充协议是否继续履行需要与万家集团协商处理,因此未能按照协议约定办理相关股份过户手续。2017年3月29日,龙薇传媒公司与万家集团协商一致,双方同意终止本次交易,并于2017年3月31日签署《关于股份转让协议和补充协议之解除协议》。根据解除协议约定,万家集团不再向龙薇传媒公司转让任何标的股份,并将前期已收取的部分股份转让款返还给龙薇传媒公司,龙薇传媒公司不再向万家集团支付任何股份转让协议款,双方互不追究违约责任。上述公告发布后的第一个交易日万家集团股价下跌 2.39%。

证监会作出《行政处罚决定书》,认定祥源公司和龙薇传媒公司有多项违反信息披露义务的行为,对两公司及相关个人作出行政处罚。其后,众多投资者以祥源公司、龙薇传媒公司及相关个人为被告提起证券虚假陈述责任纠纷诉讼,请求判令祥源公司赔偿经济损失,龙薇传媒公司、赵某、孔某某承担连带赔偿责任。

浙江省高级人民法院二审认为:(1)关于案涉信息披露行为是否属于证券市场虚假陈述行为。证券市场虚假陈述,是指信息披露义务人违反证券法律规定,在证券发行或者交易过程中,对重大事件作出违背事实真相的虚假记载、误导性陈述,或者在披露信息时发生重大遗漏、不正当披露信息的行为。祥源公司分别在 2017 年 1 月 12 日及 2 月 16 日发布的公告中,披露万家集团向龙薇传媒公司转让其持有的公司流通股股权过程中的转让款筹资计划和安排、融资计划等信息,涉及公司 5% 以上股权交易,属于证券交易过程中的重大事件。祥源公司在公告中对前述重大事件作出虚假记载、误导性陈述及存在重大遗漏,属证券市场虚假陈述。(2)关于投资人的损失与案涉信息披露行为之间是否存在因果关系。在证券欺诈责任纠纷案件中,导致投资人损失的原因可能系被诉证券欺诈行为抑或系证券市场系统风险等其他因素。在判断导致投资人损失的原因时,应当重点考查被诉证券欺诈行为对损失后果的影响程度及是否存在系统风险等其他因素及对损失所起作用的大小。证券市场系统风险是指由整个政治、经济、社会等环境因素对证券价格所造成的影响,风险所造成的后果具有普遍性,不可能通过购买其他股票保值。无论是系统风险还是其他因素,均应是对证券市场产生普遍影响的风险因素,对证券市场所有的股票价格产生影响,这种影响为个别企业或行业不能控制,投资人无法通过分散投资加以消除,此时应认定虚假陈述与损害结果之间不存在因果关系。通常情况下,投资人选购股票时,无疑对该股票的法定信息披露义务人所披露的信息给予足够的信任,披露的信息应是投资人在决定购买股票时所信赖的对象。祥源公司 2017 年 1 月 12 日、2 月 16 日两次公告均与案涉股权转让项目中筹资计划和安排有关。该公司于 2017 年 1 月 12 日虚假陈述实施日复牌后,案涉股票连续两个交易日出现涨停,第三个、第四个交易日继续收涨,涨幅高达 32.77%。因前述信息存在虚假记载、误导性陈述及重大遗漏,同年 2 月 28 日虚假陈述揭露日复牌后,当日股价下跌 10.02%。因此在虚假陈述揭露日前,股价并非正常价格,而是受虚假陈述的影响处于一种虚高的状态。投资人所投资的股票,自虚假陈述实施日之后至虚假陈述揭露日之前买入,在揭露日及之后卖出或持有而发生亏损,虚假陈述是导致投资人损失的直接原因,符合认定虚假陈述与损害结果之间存在因果关系的法定条件。从投资人买入案涉股票至基准日止,上海证券交易所上证指数并未出现较大幅度的下跌情况,故不能认定本案存在系统风险等其他因素导致投资人损失的情况。(3)关于祥源公司的赔偿责任。从案涉股票虚假陈述实施日至揭露日的收盘价看,虚假陈述实施前一天即2017年1月11日的收盘价为18.38元,2017年2月16日祥源公司发布《关于对上海证券交易所〈关于对万好万家文化股份有限公司控股股东股权转让相关事项的问询函〉回复的公告》前一交易日的收盘价为20.13元,2017年2月28日祥源公司发布《关于收到中国证券监督管理委员会调查通知书的公告》前一交易日的收盘价为16.87元。案涉股票价格在2017年2月16日前无大幅度波动;2017年2月16日,祥源公司公告融资计划无法按期完成后,导致投资人失去信心,股票价格出现持续下跌。故股价下跌并非属于该股票的正常价格波动,由此产生的投资差额损失不应由投资人承担。(4)关于龙薇传媒公司、赵某是否应当承担民事责任。龙薇传媒公司作为上市公司祥源公司的收购方,其是否属于其他作出虚假陈述的机构或者自然人,取决于其是否属于信息披露义务人及是否实施了虚假陈述行为。由于证监会《行政处罚决定书》对龙薇传媒公司予以处罚,显然,证监会是将龙薇传媒公司作为其他信息披露义务人予以处罚,龙薇传媒公司属于虚假陈述行为人。原审判决龙薇传媒公司构成共同侵权,其应当对投资人的损失承担连带责任,符合《证券法》及其司法解释的规定。赵某作为龙薇传媒公司的法定代表人,在《股权转让协议》《借款协议》上签字,为祥源公司于2017年1月12日、2月26日披露的公告事项提供个人资产情况、个人征信查询,尤其是在前述公告披露的关于龙薇传媒公司筹资计划和安排的信息存在虚假记载、误导性陈述及重大遗漏的情况下,作为该公司法定代表人的赵某应予知悉但并未表示明确反对存在过错,应认定为虚假陈述行为人及案涉证券虚假陈述责任纠纷案件的责任主体之一。原审判决认定赵某应当对投资人的损失承担连带责任,有相应的事实和法律依据。据此,法院判令祥源公司向投资者赔偿损失,龙薇传媒公司及赵某、孔某某承担连带责任。

上述案件中,根据行政处罚决定书认定的事实,在控股权转让过程中,龙薇传媒公司通过祥源公司在公告中披露的信息存在虚假记载、误导性陈述及重大遗漏,具体包括龙薇传媒公司在自身境内资金准备不足、相关金融机构融资尚待审批、存在极大不确定性的情况下,以空壳公司收购上市公司,且贸然予以公告,对市场和投资者产生严重误导;关于筹资计划和安排的信息披露存在虚假记载、重大遗漏;未及时披露与金融机构未达成融资合作的情况;对无法按期完成融资计划原因的披露存在重大遗漏;关于积极促使本次控股权转让交易顺利完成的信息披露存在虚假记载、误导性陈述等。上述行为违反了上市公司收购中的信息披露义务，损害众多中小股东利益，需要承担相应的行政责任和民事责任。

2. 管理层违反信义义务的责任审查认定问题

信义义务起源于信托领域，属于衡平法的重要组成部分，在英美法系中作用突出。[①]一般而言，信义义务是受信人基于其与委托人之间的信义关系而应承担的义务。忠实义务是信义义务的核心内容；美国法上，信义义务尚包括另一种子义务，被称为"注意义务"、"勤勉义务"或者"谨慎义务"。[②]管理层的信义义务包含忠实义务和注意义务，前者指管理层在履职中不得侵害公司及股东利益以牟取私利，后者指管理层在履职中应当勤勉尽职，尽到善良管理人的职责。在现代公司治理结构中，公司的各项事务一般都由董事会来执行，上市公司收购亦如此。因此，管理层在收购中是否尽到信义义务，对于维护股东特别是中小股东利益至关重要。上市公司收购中，管理层违反信义义务、损害中小股东利益的行为主要包括以下几种情形：通过不正当关联交易实施利益输送；通过内幕交易牟取利益；采取不当反收购措施；其他怠于履行注意义务，损害中小股东权益的行为等。《公司法》第152条规定，董事、高级管理人员违反法律、行政法规或者公司章程的规定，损害股东利益的，股东可以向人民法院提起诉讼。对于管理层在上市公司收购过程中违反信义义务、损害中小股东利益的行为，中小股东可起诉请求赔偿损失。

在审查管理层是否尽到信义义务时，主要审查以下因素：（1）相关决策内容是否属于管理层权限范围，管理层在作出决策时是否尽到专业管理人员的谨慎注意义务，例如，是否咨询专业机构意见，是否经过调查研究等。（2）管理层在收购中应当尽忠实义务，配合收购程序正常开展，不得为自己利益阻挠收购进行。管理层采取反收购措施的，应审查该措施是否合法、适当，是否符合公司股东利益。（3）管理层对于公司收购具有更强的专业知识和技能，且掌握更充分、更准确的信息，其对股东负有信息披露义务。因此，应审查管理层是否向全体股东披露有关公司收购的重要信息，包括目标公司资产、经营状况，收购方情况，收购条件等，以帮助中小股东克服信息不对称的劣势地位。（4）审查管理层在收购中是否利用其专业知识和技能为股东

---

① 徐化耿：《信义义务的一般理论及其在中国法上的展开》，载《中外法学》2020年第6期。

② 徐化耿：《信义义务的一般理论及其在中国法上的展开》，载《中外法学》2020年第6期。

决策提供支持，例如，分析收购方的收购动机、收购方的实力、收购行为是否合法、收购条件是否合理、是否存在其他更优的收购方等，以帮助中小股东更好地作出投资决策。（5）管理层是否与收购方进行过谈判，为股东争取最有利的收购条件，或者积极寻找其他收购方参加竞购，以使股东获得更高的收购价格等。

3.反收购措施不当实施的审查认定问题

反收购措施分为事前型防御措施和事后型防御措施，前文已就事前型防御措施即章程中的反收购条款加以讨论。为更好地保护中小股东利益，除了对反收购条款进行法律规制外，还需要对具体反收购措施的实施进行规制。在上市公司收购中，大股东或者管理层为了自身利益，会促使上市公司采取反收购措施以抵御敌意收购方的收购。即便收购条件符合中小股东的利益，收购进程也可能因此受阻，导致中小股东错失溢价转让股份以实现投资收益的机会。因此，应当规范上市公司反收购措施的实施。实践中可以从反收购的措施内容是否合法、反收购决策程序是否符合法律和章程规定，管理层在采取反收购措施过程中是否尽到信义义务等方面加以审查。

关于反收购措施内容，主要审查反收购措施是否违反法律、行政法规的强制性规定，是否剥夺或者实质上剥夺股东的固有权利，是否存在大股东滥用权利损害中小股东利益等情形。关于反收购决策程序，主要审查决策机构、召集程序、表决程序等是否符合《公司法》和章程规定。关于管理层的信义义务，主要审查管理层在作出反收购决策前是否咨询了专业机构的意见；是否与收购方进行过谈判以争取更优的收购条件；是否向股东及时、如实披露相关的收购和反收购信息；采取的反收购措施是否合法、适当，是否以维护公司及包括中小股东在内的股东利益为目的等。

第四节 常见争点说理示范

一、关于上市公司收购合同纠纷裁判说理示范

（一）关于上市公司收购人要约收购先合同义务裁判说理示范

【适用情形】收购人应负的先合同义务主要是告知义务，履行要约收购告知义务的方式主要是信息披露。信息披露是否符合规范性要求是判断收购方

有无适当地履行先合同义务的重要方面。收购人以公告或年报、季报的形式在要约收购过程中真实、及时、完整地披露了要约收购的进展情况，可认定已尽了相应的告知义务，不存在缔约上的过失。

【说理示范】本案为缔约过失责任纠纷。《民法典》第500条规定："当事人在订立合同过程中有下列情形之一，造成对方损失的，应当承担赔偿责任：（一）假借订立合同，恶意进行磋商；（二）故意隐瞒与订立合同有关的重要事实或者提供虚假情况；（三）有其他违背诚信原则的行为。"本案应着重审查以下问题：（1）关于A公司在订立合同过程中履行先合同义务是否违背诚信原则的问题。根据《民法典》第500条规定，当事人在订立合同过程中，不得故意隐瞒与订立合同有关的重要事实或者提供虚假情况。否则，给对方造成损失的，应当承担缔约过失责任。这就要求当事人在订立合同过程中，应履行通知、说明、保密等义务，亦即通常所说的先合同义务。本案中：首先，A公司主要履行的先合同义务，应结合案中拟订合同的性质、目的和交易习惯进行认定。从二审查明的案件事实来看，A公司于×年×月×日发布公告，提示其计划全面要约收购B公司股份，实际系向B公司的股东表达缔约意向。此后，C公司从证券交易市场买进B公司股票，从而持有B公司股份，成为B公司的股东，一定程度上系向A公司传递缔约意向。自此，双方实际已进入接触、磋商阶段，构成缔约关系，具有信赖利益。因此，遵循诚信原则，双方均应履行通知、说明、保密等先合同义务，不得故意隐瞒与订立合同有关的重要事实或者提供虚假情况。由于C公司在订立合同过程中是否继续持有B公司股票，以维系自己的缔约意向，很大程度上要依赖与A公司收购B公司股份有关的重大信息。因此，对A公司而言，二审判决认定其应履行的先合同义务主要为通知义务，即告知与收购B公司股份有关的重要信息，并无不当。至于A公司于×年×月×日发布一份《关于延期上报有关补正材料的公告》，称待取得国资委、商务部相关批复文件后立即上报补正材料等，系其在订立合同过程中，与C公司进行磋商的行为，并非A公司应予履行的先合同义务。对此，C公司申请再审提出的理由，缺乏法律依据，不能成立。其次，A公司履行上述先合同义务是否违背诚实信用原则，应根据相关法律规定进行判断。从二审查明的案件事实来看，A公司自己或通过B公司先后于×年×月×日等时间以公告、报告的形式，真实、准确、完整地披露了与收购B公司股份有关的重要信息，符合《上市公司收购管理办法》第3条关于"上市公司的收购及相关股份权益变动活动，必须遵循公开、公平、公正的原则。上市公司的收购及相关股份权益变动活动中的信息披露义务人，应当充分披露其在上市公司中的权益及变动情况，依法严格履行报告、公告和其他法定义务。在相关信息披露前，负有保密义务。信息披露义务人报告、公告的信息必须真实、准确、完整，不得有虚假记载、误导性陈述或者重大遗漏"之规定。本案中，并无直接有效的证据证明 A 公司披露的信息有虚假记载、误导性陈述、重大遗漏，或违反公开、公平、公正原则，二审判决认定 A 公司适当履行了告知与收购 B 公司股份有关重要信息的先合同义务，不违背诚信原则，并无不当。C 公司申请再审提出 A 公司履行先合同义务违背诚实信用原则的理由，缺乏事实根据，不能成立。（2）关于 A 公司在订立合同过程中是否有其他违背诚信原则行为的问题。根据《民法典》第 500 条规定，当事人在订立合同过程中不得有其他违背诚实信用原则的行为。否则，给对方造成损失的，应当承担缔约过失责任。对此，主要系规定当事人在订立合同过程中，行使权利不得违背诚信原则。本案中：首先，根据《民法典》第 5 条规定，A 公司依法享有自愿订立合同的权利。从二审查明的案件事实来看，安徽省全椒县人民政府持有 D 公司 100% 股权，D 公司持有 B 公司 44.39% 股权。×年×月×日，A 公司与安徽省全椒县人民政府签订了一份《产权交易合同》，约定安徽省全椒县人民政府所持 D 公司 100% 股权转让给 A 公司。如果该份《产权交易合同》最终得以履行，则 A 公司间接持有 B 公司 44.39% 权益，超过该公司已发行股份的 30%，依照《上市公司收购管理办法》第 56 条有关收购人虽不是上市公司的股东，但通过投资关系、协议、其他安排导致其拥有权益的股份超过该公司已发行股份的 30% 的，应当向该公司所有股东发出全面要约之规定，A 公司在中国证监会行政许可后，应当向 B 公司所有股东发出全面收购股份要约。对此，即系所谓的强制要约收购。但是，从 B 公司公开发布的公告来看，上述《产权交易合同》在国资委、商务部相关批准文件有效期内并未实施，至今亦无直接有效的证据显示 A 公司通过其他投资关系、协议、安排，间接拥有 B 公司权益的股份超过该公司已发行股份的 30%。这种情况下，强制 A 公司发出全面收购要约的条件尚不具备，依法其仍享有自愿订立合同的权利。因此，二审判决认定 A 公司向中国证监会撤回行政许可申请材料，取消全面要约收购 B 公司股份计划，不违背诚信原则正确。C 公司申请再审提出 A 公司违背诚信原则的理由，缺乏法律依据，不能成立。其次，根据案件审理当时适用 2012 年《上市公司收购管理办法》第 31 条关于"收购人向中国证监会报送要约收购报告书后，在公告要约收购报告书之前，拟自行取消收购计划的，应当向中国证监会提出取消收购计划的申请及原因说明，并予公告；自公告之日起 12 个月内，该收购人不得再次对同一上市公司进行收购"之规定，A 公司于×年×月×日向中国证监会撤回行政许可申请材料，自行取消全面要约收购 B 公司股份计划，也就没有必要再依×年×月×日发布的《关于延期上报有关补正材料的公告》所称，立即向中国证监会补正上报国资委、商务部相关批复文件等材料。C 公司申请再审提出 A 公司至今未向中国证监会补正上报国资委、商务部相关批复文件等材料，违背诚信原则的理由，缺乏法律依据，不能成立。

【参考裁判文书】最高人民法院（2013）民申字第 1881 号兴业全球基金管理有限公司与江苏熔盛重工有限公司缔约过失责任纠纷一案申请再审民事裁定书。

（二）关于收购人履行要约收购先合同义务无过失不承担责任的裁判说理示范

【适用情形】投资者基于《要约摘要》购入上市公司股票，以待认购人收购。认购人的要约收购中途夭折，但未违反信息披露义务，无须承担缔约过失赔偿责任。

【说理示范】本案的主要争议焦点为 A 公司在要约收购过程中不向中国证监会提交补正材料是否违反先合同义务，是否应承担缔约过失责任；A 公司的要约收购行为与张某主张的损失间是否存在因果关系。

首先，上市公司要约收购是收购方以要约的形式收购上市公司的股份。缔约的一方为收购方，另一方则为众多的持有上市公司股份的股东。作为证券交易合同缔约的双方，要约收购的缔约过程有一定的特殊性，双方当事人并无直接的接触磋商，而是以上市公司信息披露的形式传达缔约意向，反映订立合同的过程。由此，收购方应负的先合同义务主要是告知义务，履行要约收购告知义务的方式主要是信息披露。信息披露是否符合规范性要求是判断收购方有无适当地履行先合同义务的重要方面，若因过失违反了此类先合同义务，过失方就要承担缔约过失责任。同时，《民法典》关于缔约过失责任的规定，并未要求缔约过失责任须以要约生效为前提，即缔约当事人为缔结合同接触、磋商之际不诚信地违反先合同义务，导致对方损失，就应承担缔约过失责任。本案《要约收购报告书》虽未生效且存在相当不确定性，但双方通过证券交易平台表达了要约收购的意愿，已经进入了合同签订的准备阶段，故 A 公司应负有先合同义务。本案中，因 A 公司收购全椒县政府所持 B 公司 100% 股权而间接持有 C 公司 44.39% 股份触发要约收购，其作为收购方应为信息披露义务人。被收购的 C 公司为上市公司，拥有证券市场信息披露平台，A 公司通过 C 公司进行信息披露符合《上市公司收购管理办法》的规定。C 公司于 × 年 × 月 × 日发布公告，登载了 A 公司《要约收购报告书》内容，同时载明《要约收购报告书》须经商务部反垄断局、国务院国资委、中国证监会等批准，披露了批准文件的进展情况、提示了此要约收购报告书摘要的目的仅为向社会公众投资者提供本次要约收购的简要情况，收购要约并未生效，具有相当的不确定性。此后，C公司多次发布公告，对要约收购进展进行了披露，多次提示要约收购存在不确定性。C公司的股东包括张某亦通过C公司的信息披露平台及时获悉A公司要约收购的进程，A公司的上述行为符合信息披露的相关规定，应认定其适当履行了先合同义务。

其次，张某主张A公司违反先合同义务，应承担缔约过失责任的理由不能成立。根据张某的举证，A公司有以下几种违反先合同义务的行为：（1）A公司隐瞒重要事实、不提交补正材料。对此，B公司于×年×月×日平台发布关于延期上报有关补正材料的公告，载明了A公司完成协议所涉交易需取得国务院国资委、商务部反垄断局、中国证监会批准和同意；A公司将《B公司收购报告书备案》报送至中国证监会审核后收到中国证监会出具的补正通知，要求其在30个工作日向中国证监会报送有关补正材料。也就是说，A公司已经对需要补正的重要材料即批复文件进行了披露，履行了通知义务。张某并无证据证明A公司的信息披露有重大遗漏或违反公开、公平、公正原则，故A公司并不违反先合同义务。至于如何、何时上报，不是A公司应履行的先合同义务。（2）A公司自行取消收购计划。当事人享有自由缔结合同的权利，不能以一方中断缔约为由追究其责任。从C公司平台发布的公告看，股权转让的《产权交易合同》在国资委、商务部相关批准文件有效期内并未实施，故A公司强制收购C公司股份的要约正式发布条件尚不具备，即其享有自愿订立合同的权利。因此，A公司于×年×月×日向中国证监会撤回要约收购申请，取消收购计划，并于次日依照规定发布公告对该情况进行了披露，符合法律规定，且不违反诚实信用原则。

最后，关于A公司的要约收购行为与张某购买股票造成损失问题。由上分析，张某主张的A公司违反先合同义务的理由不能成立，则张某基于该理由主张A公司承担缔约过失责任，法院难以采信。另外，在A公司多次公告提示交易风险的情况下，张某仍买进C公司股票，应为根据交易风险判断而作出的市场决策行为，该行为本身就蕴含着投资风险。张某因股价下跌所遭受的损失，系其自身对风险判断失误所致。因此，A公司要约收购过程中的行为，不是造成张某损失的充分条件，与张某损失之间不存在缔约过失责任上的因果关系。张某在已充分认识和考量市场风险的情况下，作出了买卖或持有C公司股票的行为，其再行主张因信赖缔约成功而导致损失，法院不予支持。

【参考裁判文书】山东省如皋市人民法院（2015）皋商初字第1652号原告张某与被告江苏熔盛重工有限公司缔约过失责任纠纷一案一审民事判决书。

（三）关于上市公司股份转让先履行抗辩权的裁判说理示范

【适用情形】上市公司收购中，目标公司股东未履行《股权转让协议》约定的其应先履行的担保义务，收购方支付部分款项的行为不能直接推定其放弃了后续股权转让款的先履行抗辩权。

【说理示范】关于 A 公司的先履行抗辩权问题。依据《股权转让协议》第 3 条约定，A 公司支付第 2 笔 1 亿元后，B 公司需将解押后的土地立即抵押给 C 公司。此后，再由 A 公司支付余款 1 亿元至共管账户，作为《保证合同》的履约保证款。B 公司未履行在先义务，将相关土地抵押给 C 公司，A 公司因此享有先履行抗辩权。A 公司支付了其中的 5000 万元，并不意味着其放弃了尚未支付的 5000 万元的先履行抗辩权，故原审关于 A 公司享有先履行抗辩权的认定并无不当。B 公司主张，其已按约定将标的股权转让并过户，不存在 A 公司可行使先履行抗辩权的情形，但依据《股权转让协议》第 5 条约定，B 公司除了应履行股权转让及过户的义务外，还应对 C 公司在交割日前产生的或有负债、未披露负债的所有债务承担清偿责任及相关责任，并非完成了股权转让及过户就完成了合同约定的全部义务，故 B 公司的相关主张没有依据。B 公司认为，土地抵押并非《股权转让协议》的主义务，而是《保证合同》的从义务，而《保证合同》只是《资产置换协议》的从合同，A 公司不能根据《股权转让协议》以外的其他合同的从合同行使先履行抗辩权。就此，法院认为，依据相关协议，土地抵押是 B 公司为《保证合同》提供的担保，《保证合同》又是 B 公司为《资产置换协议》中 C 公司相关责任的担保，而《资产置换协议》明确了 C 公司向 A 公司等就或有债务、未披露负债、置出资产按时交割等承担的责任，而或有债务、未披露负债的相关责任也是《股权转让协议》约定的重要内容。因此，土地抵押是 A 公司在整个交易中实现全部权利的重要保障之一，《股权转让协议》为此也约定了 B 公司抵押土地的在先义务，故 A 公司据此行使先履行抗辩权并无不当。B 公司还主张，土地抵押给 C 公司系双方之间商定的另一个交易，因合作未成，土地无须抵押。对此，双方在《股权转让协议》中约定，如果合作完成，则需将 B 公司持有的合作公司的股权和土地立即质押或抵押给 C 公司，若该合作不能同时完成，B 公司必须立即将该土地抵押给 C 公司。据此，无论合作成功与否，涉案土地均应抵押给 C 公司，故 B 公司的此项主张无法支持。B 公司还认为，《框架协议》应在本案中适用，而依据《框架协议》A 公司的先履行抗辩权将不复存在。对此，《框架协议》的双方当事人是 B 公司和案外人 D 公司，并不包括本案当事人 A 公司，且本案各方当事人此后另外签订了《股权转让协议》《资产置换协议》《保证合同》等新的具体协议。而 B 公司依据

《股权转让协议》要求 A 公司支付股权转让款，原审依据《股权转让协议》及相关合同而非《框架协议》确定本案当事人权利义务并无不当，B 公司的本项主张亦无法获得支持。关于原审是否违反公平原则、严重损害 B 公司正当利益的问题。除股权转让及过户外，B 公司还应承担合同约定的其他义务，其未履行在先义务，A 公司拒绝其履行 5000 万元款项的请求依法有据，并不损害其合法利益。B 公司在履行完毕《保证合同》约定的担保责任后，即可依法主张相关权利，故不存在显失公平的问题。

【参考裁判文书】最高人民法院（2013）民申字第1211号百科投资管理有限公司与浙江宋都控股有限公司及宋都基业投资股份有限公司股权转让纠纷一案再审审查民事裁定书。

（四）关于上市公司收购协议纠纷的裁判说理示范

1. 关于豁免批复并非股份转让协议法定生效要件的裁判说理示范

【适用情形】证监会要约收购豁免的决定并非股份转让合同的法定生效条件。

【说理示范】本案中，双方当事人签订的股权转让协议明确约定"豁免受让方要约收购义务"之日为其生效日。《证券法》第73条第1款规定："采取协议收购方式的，收购人收购或者通过协议、其他安排与他人共同收购一个上市公司已发行的有表决权股份达到百分之三十时，继续进行收购的，应当依法向该上市公司所有股东发出收购上市公司全部或者部分股份的要约。但是，按照国务院证券监督管理机构的规定免除发出要约的除外。"这一规定仅涉及股权收购的方法，并未涉及股权转让合同的生效条件，在《民法典》和证监会颁布的《上市公司收购管理办法》中也未将证监会的豁免批复规定为股权转让协议生效的前提条件。因此，证监会要约收购豁免的决定并非股权转让合同的法定生效条件，仅是当事人双方约定的合同生效条件。

【参考裁判文书】最高人民法院（2009）民提字第51号江苏南大高科技风险投资有限公司与太平洋机电（集团）有限公司股权转让纠纷一案再审民事判决书。

2. 关于被收购人不正当阻止生效条件成就行为认定的裁判说理示范

【适用情形】被收购人是否存在不正当阻止生效条件行为的认定。

【说理示范】关于 A 公司是否存在不正当阻止生效条件成就行为的问题。第一，根据《上市公司收购管理办法》的规定，证监会应就收购申请作出是否予以豁免的决定。现证监会尚未对 B 公司豁免要约收购的申请作出决定，也就是说证监会是否同意豁免尚处于不明确的状态，A 公司却以此推断证监会已经否决了 B 公司的豁免申请，且在证监会审查期间，A 公司即因与他人债务陷于诉讼，客观上导致证监会豁免要约收购审查程序无法继续进行，A公司据此认为协议未生效缺乏依据。因此，A公司在证监会未明确批复的情况下，未兑现其在股权转让协议中承诺的目标股权在转让完成日之前不会遭遇查封、冻结的潜在威胁，对7200万股股权被查封没有采取消除的积极措施，反而在B公司为促使股权转让协议得以履行而自愿代其偿还全部债务且获得债权人同意的情况下，一再拒绝B公司代偿，显然对协议的生效设置了障碍。第二，协议确定的股权转让价格是签约双方当事人在会计师事务所出具的审计报告的基础上协商一致的结果，合法合理，但A公司不顾双方依法协商一致的转让价格，以其事后股价评估报告为依据主张股权转让价格过低，说明A公司对原确定的转让价格存在反悔、拒不履约的动机。根据《民法典》的规定，A公司存在为自己的利益不正当地阻止协议生效条件成就的行为。

【参考裁判文书】最高人民法院（2009）民提字第51号江苏南大高科技风险投资有限公司与太平洋机电（集团）有限公司股权转让纠纷一案再审民事判决书。

3. 关于不正当阻止股份转让协议生效视为协议条件已成就的裁判说理示范

【适用情形】上市公司收购中，被收购人为自己的利益设置障碍阻止交易进行，属于为自己的利益不正当地阻止协议生效的条件成就的情形，应视为协议条件已成就。

【说理示范】本案股权转让协议约定："生效日"是指"本协议经双方签字盖章并报上海证券交易所，以及证监会在法律、法规规定的期限内未对本次目标股权收购的收购报告书提出异议，豁免受让方的要约收购义务之日"。《证券法》第73条第1款规定："采取协议收购方式的，收购人收购或者通过协议、其他安排与他人共同收购一个上市公司已发行的有表决权股份达到百分之三十时，继续进行收购的，应当依法向该上市公司所有股东发出收购上市公司全部或者部分股份的要约。但是，按照国务院证券监督管理机构的规定免除发出要约的除外。"要约收购豁免批准是法律赋予证券监管部门的行政审批权，但股权收购双方是否取得豁免要约，并不影响收购双方的合同成立及生效，也即豁免要约不是合同生效的必要条件，而是收购双方以什么方式对抗上市公司其他股东的法律条件。×年×月×日，证监会受理了A公司提交的股权收购文件以及豁免要约收购的申请，因标的股权被C公司的案外债权人追索而被法院冻结，客观上导致证监会豁免要约收购批准审查程序无法继续进行。对此事实，本案双方当事人均予以认可。C公司在股权转让协议中承诺："目标股权在转让完成之日前系转让方合法所有，其上未存在任何质押、债务负担或任何形式的第三者权益、权利或限制或任何索赔，也不会遭遇被质押、查封、冻结的潜在威胁，同时承诺本协议一经签署即构成对转让方合法有效并可依法强制执行的义务"。但C公司未履行其上述承诺，且拒绝A公司为实现解除查封标的股权而提出的代其偿还债务的方案，直接导致标的股权被冻结至今，证监会受理的要约豁免申请审查程序被迫中止。基于以上事实，C公司为自己的利益设置障碍的行为显而易见。根据《民法典》第159条第2款的规定，C公司为自己的利益不正当地阻止协议生效的条件成就的，应视为条件已成就。故涉案《股权转让协议》已经生效。

【参考裁判文书】最高人民法院（2009）民提字第51号江苏南大高科技风险投资有限公司与太平洋机电（集团）有限公司股权转让纠纷一案再审民事判决书。

4.关于上市公司股份收购协议应继续履行的裁判说理示范

【适用情形】上市公司股份转让协议合法有效且存在继续履行条件的，应继续履行。

【说理示范】关于股权转让协议是否合法有效以及可否解除问题。A公司申诉主张，本案《股权转让协议》签订时，B公司及其上级单位领导胁迫A公司实际控制人签订本协议，价格显失公平。本案经一审、二审及再审调查，A公司未能提交受胁迫导致不得已而签约的事实及证据，故其此点申诉理由不能成立。关于转让价格显失公平问题，本案《股权转让协议》第4.1条、第4.2条约定："本协议项下的目标股权转让的对价将以会计师事务所出具的《审计报告》所反映的账面净资产价格为基础协商确定。"该约定明确、具体。且本案争议的股权是×年B公司以每股0.14元的价格转让给A公司，当时股票的二级市场每股价格已达到10.5元。×年，A公司同意以每股0.25元的价格向B公司出让股权时，股票二级市场价格只有每股7.50元。鉴于该股票属于非流通股，所以双方的转让股权价格并不以二级市场价格为测算依据，而是买卖双方基于多种因素考虑的结果。在非流通股因股权分置改革可流通、市场价格存在上升预期的情况下，A公司仅以"转让价格过低"为由主张解除协议，因无诸如双方当事人地位或交易能力不平等以及无交易经验等事实佐证，应认定A公司关于显失公平、协议应予解除的理由不能成立。

关于协议是否已终止履行问题。股权转让协议约定："如果在×年×月×日下午×时前（或B公司另行书面同意的较长期限），任何先决条件未被B公司接受、豁免或放弃，则协议将立即终止。"依此约定，A公司主张在约定期限内B公司没有以约定形式主张权利，故协议因逾履行期限而终止。但在实际履行过程中，B公司于×年×月以诉讼方式要求A公司继续履行股权转让协议，并通过司法机关向A公司送达了相关法律文书。由此可见，在股权转让协议期限届满前，B公司已经用诉讼方式明确表达了其继续履行协议的意愿，且提起诉讼的日期没有超过双方《股权转让协议》约定的最后期限，无论是形式要件还是主观意思表示都满足了协议的约定。故A公司的此点理由亦不能成立。因证监会已受理B公司提交的要约豁免申请，且B公司已将股权转让款交法院提存，故本案股权转让协议能够继续履行。

【参考裁判文书】最高人民法院（2009）民提字第51号江苏南大高科技风险投资有限公司与太平洋机电（集团）有限公司股权转让纠纷一案再审民事判决书。

二、关于借壳上市纠纷的裁判说理示范

（一）关于综合依据借壳上市系列协议确定给付义务的裁判说理示范

【适用情形】各方交易主体基于借壳上市交易签订的系列协议属于重组上市的共同组成部分，可作为确定给付义务的共同事实依据。

【说理示范】关于二审判决是否超出当事人的诉讼请求问题。本案中，B公司的第一项诉讼请求是判令"A公司、郭某等共同给付B公司留存在上市公司的账面款29 706 600.71元，并按同期银行贷款利率支付违约金"，从其诉讼请求来看，B公司提起的诉讼为给付之诉，即一方当事人请求法院判令对方当事人履行一定民事义务，而该民事义务指向的对象即为留存账面款29 706 600.71元及相应违约金。一审、二审法院经审理，判决A公司、郭某给付B公司账面存款24 495 668.79元及相应利息，该给付内容并未超出B公司要求法院予以保护的实体民事权益的范围，故本案不存在超出当事人诉讼请求的问题。因《承诺函》是B公司提供的关键证据之一，亦为B公司提出诉讼请求的依据，二审判决依照《框架协议》《置换协议》《补充协议》《承诺函》所组成的证据链条，基于A公司、郭某在《承诺函》中的意思表示作出本案判决，并未影响A公司、郭某的应诉权、答辩权等诉讼权利，故A公司、郭某的该项申请再审理由不能成立。

【参考裁判文书】最高人民法院（2015）民申字第2121号浙江宋都控股有限公司、郭某某与百科投资管理有限公司及深圳市平安置业投资有限公司、杭州宋都房地产集团有限公司、宋都基业投资股份有限公司与公司有关的纠纷一案申请再审民事裁定书。

（二）关于借壳上市交易中作出的赠与承诺不能任意撤销的裁判说理示范

【适用情形】借壳上市交易中被收购方作出的赠与承诺虽名为无偿赠予，实是双方当事人经协商达成的商业交易对价，故该承诺不同于合同法上的赠与，不能任意撤销。

【说理示范】关于《承诺函》能否撤销问题。A 公司、郭某向 B 公司出具《承诺函》，是源于《置换协议》的签订，两者密切相关，二审判决对此予以认定并无不当。因二审判决认定《承诺函》与《置换协议》之间系关联关系而非从属关系，A 公司、郭某关于二者关系的异议主张，不能成立。《置换协议》的签订，是上市重组交易的重要组成部分，《承诺函》作为 A 公司、郭某的真实意思表示，涉及对置出资产的处置，系当事人在《股权转让协议》之外对实体权利的处分达成的合意，此《承诺函》名为无偿赠予，实是双方当事人经协商达成的商业交易对价，故该承诺不同于合同法上的赠与，不能任意撤销。二审判决认定《承诺函》与《置换协议》共同为上市重组交易的组成部分，并无不当。A 公司、郭某应当按照《承诺函》中的承诺，在《置换协议》或《补充协议》约定的交易交割日将本次交易中的拟置出资产无偿赠予给 B 公司。

【参考裁判文书】最高人民法院（2015）民申字第 2121 号浙江宋都控股有限公司、郭某某与百科投资管理有限公司及深圳市平安置业投资有限公司、杭州宋都房地产集团有限公司、宋都基业投资股份有限公司与公司有关的纠纷一案再审民事裁定书。

（三）关于借壳上市交易中置换资产交付数额认定的裁判说理示范

【适用情形】借壳上市交易中置换资产交付数额的认定。

【说理示范】关于置出资产的交付数额问题。《承诺函》的签订源于《置换协议》，《置换协议》第 1.1 条明确约定拟置出资产系指郭某即上市公司拟置出的全部资产及负债，具体范围以具有证券从业资格的资产评估机构最终出具的评估报告及其资产评估明细表中列明的评估范围为准；拟置出资产评估报告是指以 × 年 × 月 × 日为基准日的《资产评估报告》。故对于"本次交易中的拟置出财产"的认定，应当以《83 号评估报告》为依据。《83 号评估报告》确定货币资金账面价值 125 111 511.45 元，包括银行存款评估值为 81 256 885.39 元，资产评估价值为 416 298 331.68 元，负债评估价值为 124 993 040.69 元，净资产账面评估价值为 291 305 290.99 元。由此，虽然 B 公司主张 × 年 × 月 × 日其将上市公司控制经营权交割至 A 公司时账面资金为 24 495 668.79 元，其内涵和外延与《承诺函》中约定的拟置出资产不完全一致，但 B 公司主张的数额远低于《83 号评估报告》所确定的上市公司的货币资金账面价值，故 B 公司的诉讼主张应予支持。A 公司、郭某主张 B 公司在取得资产的同时，应当承担相应的负债。诚然，《承诺函》中所指的"拟置出资产"，包括上市公司的资产及负债，但《83 号评估报告》确定的净资产账面评估价值已经扣除了负债，且其数额远大于 B 公司主张的账面资金数额，故 A 公司、郭某主张的同时履行抗辩权不能成立。A 公司、郭某主张《5039 号审计报告》是对拟置出资产交割前的最终认定，二审判决认定《83 号评估报告》确定的资产价值不得减损无合同和法律依据。因 A 公司、郭某是依据《承诺函》的承诺履行给付责任，但《承诺函》中"本次交易中的拟置出财产"的数额认定应当以《83 号评估报告》为依据。《83 号评估报告》确定拟置出资产的范围和价值后，除非各方当事人对该资产价值另行达成明确约定，否则该项资产已经确定，不得改变。《5039 号审计报告》作为对拟置出资产期间的损益进行审计的报告，亦不能产生变更已确定的拟置出资产数额之效力。故二审判决此项认定符合当事人的约定。A 公司、郭某主张二审判决未对控制权转移日这一作为上市公司账面货币资金交割基准日进行分析论证，否定了其以交割基准日（× 年 × 月 × 日）作为货币资金交割依据的主张。如前所述，关于拟置出资产价值的确定，《置换协议》已明确约定以《83 号评估报告》(× 年 × 月 × 日为基准日）为依据，交割基准日则是交付拟置出资产的日期而非认定拟置出资产的日期，A 公司、郭某主张以 × 年 × 月 × 日交割基准日作为货币资金交割的依据，与协议约定不符，其主张不予支持。至于 B 公司以控制权转移日的公司账面资金主张权利，其数额未超出已确定的拟置出资产价值，故其诉请应当予以支持。拟置出资产价值的确定亦与 C 公司的资产无关。A 公司、郭某的申请再审理由不能成立。

【参考裁判文书】最高人民法院（2015）民申字第 2121 号浙江宋都控股有限公司、郭某某与百科投资管理有限公司及深圳市平安置业投资有限公司、杭州宋都房地产集团有限公司、宋都基业投资股份有限公司与公司有关的纠纷一案再审民事裁定书。

三、关于上市公司收购证券纠纷的裁判说理示范

（一）关于因信息披露存在重大遗漏引发的证券虚假陈述侵权及其民事责任的裁判说理示范

1. 关于因信息披露存在重大遗漏引发的证券虚假陈述侵权认定的裁判说理示范

【适用情形】标的公司、收购人披露信息时发生重大遗漏，构成证券虚假陈述侵权。证券公司未取得并核查上市公司的《股权转让合同》，未发现收购活动中收购方和目标公司在信息披露上存在重大遗漏，其出具的财务顾问核查意见存在重大遗漏，构成证券虚假陈述侵权。

【说理示范】证券虚假陈述，是指信息披露义务人违反法律规定，在证券发行或者交易过程中，对重大事件作出违背事实真相的虚假记载、误导性陈述，或者在披露信息时发生重大遗漏、不正当披露信息的行为。本案经查明：A 公司在云南省昆明市工商局登记注册，系在上海证券交易所及香港联合交易所挂牌上市的股份有限公司，证券名称为 × 机床。× 年 × 月 × 日，B 公司与 C 公司正式签署《B 公司和 C 公司关于 A 公司股份转让协议》。× 年 × 月 × 日，A 公司发布《关于大股东转让公司股份签署协议公告》，公告 B 公司已与 C 公司签署了《股份转让协议》，B 公司拟向 C 公司转让其持有的 × 机床 25.08% 股份。公告中未披露"3 个月自动解除""获得云南各部门支持"条款。× 年 × 月 × 日，B 公司通过 A 公司披露了《简式权益变动报告书》，但该报告书未披露"3 个月自动解除""获得云南各部门支持"条款。× 年 × 月 × 日，B 公司与 C 公司又签署了一份《股份转让协议之补充协议》。截至 × 年 × 月，股权转让终止，B 公司未披露该补充协议。× 年 × 月 × 日，C 公司通过 × 机床披露了《详式权益变动报告书》，该报告书未披露《股份转让协议》中"3 个月自动解除"条款和包括"获得云南有关部门支持"条款在内的全部生效条件。同日，D 公司出具《财务顾问声明》，并与《详式权益变动报告书》一并公告，确认"已履行勤勉尽责义务，对本报告书的内容进行了核查和验证，未发现虚假记载、误导性陈述或者重大遗漏，并对此承担相应的责任"。同日，D 公司出具《详式权益变动报告书之财务顾问核查意见》（以下简称《核查意见》），认为信息披露义务人已经按照《上市公司收购管理办法》及相关配套文件的规范要求，披露了信息披露义务人的基本情况、权益变动目的等信息，披露内容真实、准确、完整。D 公司在出具上述《核查意见》和声明时，未取得 B 公司和 C 公司正式签署的《股份转让协议》，未通过核查发现该协议文本中的新增条款。× 年 × 月 × 日，A 公司发布《重大

事项进展情况公告》，提示协议中存在"3个月自动解除"条款，《股权转让协议》将在2月8日自动解除，转让双方正在协商是否延期。中国证监会行政处罚决定书〔2017〕18号载明"×机床在披露大股东持有股份情况的较大变化时，未披露《股份转让协议》中'3个月自动解除'及'获得云南各部门支持'条款的行为，违反了《中华人民共和国证券法》第六十三的规定，构成《中华人民共和国证券法》第193条第1款所述信息披露存在重大遗漏行为"，并对A公司及直接负责的主管人员进行了相应处罚。中国证监会行政处罚决定书〔2017〕45号载明"B公司通过×机床披露《简式权益变动报告书》时，未披露《股份转让协议》中'3个月自动解除''及获得云南各部门支持'条款，且未披露补充协议，违反了《上市公司收购管理办法》第三条第三款的规定，构成《中华人民共和国证券法》第一百九十三条第一款所述信息披露存在重大遗漏和未按照规定披露信息的行为"，并对B公司及直接负责的主管人员进行了相应处罚。中国证监会行政处罚决定书〔2016〕112号载明"D公司未取得并核查B公司和C公司正式签署的《股权转让协议》，未发现C公司披露的《详式权益变动报告书》信息披露存在重大遗漏，其出具的财务顾问核查意见存在重大遗漏。D公司的上述行为违反了《中华人民共和国证券法》第一百七十三条和《上市公司收购管理办法》第九条第二款的规定，构成《中华人民共和国证券法》第二百二十三条所述'证券服务机构未勤勉尽责，所制作、出具的文件有虚假记载、误导性陈述或者重大遗漏'的行为"，并对D公司及直接负责的主管人员进行了相应处罚。中国证监会行政处罚决定书〔2018〕17号载明"C公司通过×机床披露《详式权益变动报告书》时，未披露'3个月自动解除'条款和包括'获得云南各部门支持'条款在内的全部生效条件，以及未披露补充协议的行为，违反了《上市公司收购管理办法》第三条第三款的规定，构成《中华人民共和国证券法》第一百九十三条第一款所述信息披露存在重大遗漏和未按照规定披露信息的行为"，并对C公司及直接负责的主管人员进行了相应处罚。依据上述查明的事实，法院分析认定如下：

首先，根据《证券法》第80条的规定A公司第一大股东B公司拟将其持有的A公司25.08%的股权转让的事件属于应当公告的重大事件。

其次，正如本案事实认定部分所述，中国证监会行政处罚决定书〔2017〕18号、〔2017〕45号、〔2016〕112号、〔2018〕17号已经明确认定A公司涉案行为构成我国证券法所述信息披露存在重大遗漏行为，B公司、C公司的涉案行为构成我国证券法所述信息披露存在重大遗漏和未按照规定披露行为，D公司的涉案行为构成我国证券法所述"证券服务机构未勤勉尽责，所制作、出具的文件有虚假记载、误导性陈述或者重大遗漏"的行为。

综上所述，本案 A 公司、B 公司、C 公司、D 公司存在证券市场虚假陈述行为。A 公司、B 公司、C 公司、D 公司在 A 公司发布股权转让事宜之前，应当明知依法应当公告的内容。但是，A 公司于 2015 年 11 月 11 日对 B 公司已与 C 公司签署了股份转让协议的事宜发布公告时，遗漏了协议中"3 个月自动解除"和"获得云南有关部门支持"条款，该公告足以对投资者的判断产生重大影响。B 公司、C 公司、D 公司于 × 年 × 月 × 日同样发布了遗漏相同条款的股权转让事宜的相关报告、核查意见，虽然公布时间晚于 A 公司，但遗漏了协议中"3 个月自动解除"及"获得云南有关部门支持"条款，也进一步强化了投资者对涉案 A 公司发布公告的确认，故本案的虚假陈述实施日应确认为 × 年 × 月 × 日。

【参考裁判文书】云南省高级人民法院（2020）云民终 281 号沈机集团昆明机床股份有限公司与西藏紫光卓远股权投资有限公司证券虚假陈述责任纠纷一案二审民事判决书。

2. 关于因信息披露存在重大遗漏引发的证券虚假陈述侵权责任因果关系认定的裁判说理示范

【适用情形】证券虚假陈述与投资人损失因果关系的界定。

【说理示范】关于本案 A 公司、B 公司、C 公司、D 公司证券市场虚假陈述行为与投资人损失是否存在因果关系的争议焦点。本案中，A 公司、B 公司、C 公司、D 公司均不认可本案投资人损失与相关虚假陈述行为间存在因果关系，并辩称：（1）揭露日至基准日 × 机床的股价并未发生大幅下跌，且因受到利好消息的影响，其间有上涨甚至涨停的情况，可见本案涉及的股权转让交易未达成与股票价格波动之间没有因果关系；（2）本案实施日至基准日期间，证券市场存在普遍性的系统风险，苑某的损失系因多种系统风险和其他正常市场交易风险导致，与虚假陈述行为无因果关系；（3）除本案苑某主张的信息披露违法外，× 机床还存在虚增巨额利润或减少亏损等业经证监会查实的财务造假行为，故即使本案构成虚假陈述，投资人的损失也系多个虚假陈述行为共同导致，C 公司不应为由 × 机床单方面实施的涉及财务造假的信息披露违规行为所导致的投资人损失承担赔偿责任；（4）遗漏披露的信息对苑某投资决策不构成实质性影响，部分投资者并不依赖涉案信息披露交易股票，在揭露日后仍多次买入涉案股票。法院认为，根据《虚假陈述司法解释》第 11 条关于"原告能够证明下列情形的，人民法院应当认定原告的投资决定与虚假陈述之间的交易因果关系成立：（一）信息披露义务人实施了虚假陈述；（二）原告交易的是与虚假陈述直接关联的证券；（三）原告在虚假陈述实施日之后、揭露日或更正日之前实施了相应的交易行为，即在诱多型虚假陈述中买入了相关证券，或者在诱空型虚假陈述中卖出了相关证券"的规定，可以看出现行司法解释对投资损失与虚假陈述之间因果关系的认定，实行的是严格责任标准，即只要符合上述三个条件，就应该认定因果关系成立，除非A公司、B公司、C公司、D公司能举证证明具有《虚假陈述司法解释》第12条规定的不存在因果关系的情形。针对A公司、B公司、C公司、D公司的答辩观点，分析如下：（1）揭露日后涉案股价的下跌幅度大小，不属于前述法律规定的可以否定因果关系存在的情形，不能直接推导出本案涉及的股权转让交易未达成与股票价格波动之间没有因果关系这一结论。（2）《虚假陈述司法解释》第31条虽然明确了证券市场系统风险是阻断投资者损失与证券虚假陈述行为之间因果关系的法定因素之一，但对系统风险这一概念未作明确定义，故应依据通常理解确定系统风险的含义。系统风险的特征在于因共同因素所引发，对证券市场所有的股票价格均产生影响，这种影响为个别企业或行业所不能控制。证券市场系统风险的结果必然会体现为包含股市综合指数、行业板块指数、个股在内的股价普遍性下跌。本案的虚假陈述实施日至基准日，刚好涵盖了我国证券业施行"指数熔断"机制的期间，且在本案的虚假陈述实施日至基准日，表征上证所有股票整体走势的上证指数、案涉股票所在的行业板块综合指数即通用设备制造指数确实存在一定程度下跌。故该期间苑某的投资损失部分系由系统风险所致，该部分损失不应由A公司、B公司、C公司、D公司承担，理应在计算投资差额损失赔偿数额时予以扣除。至于应当扣除的比例，我国相关法律规定对此没有明确的计算标准，一审法院综合本案实际，酌情认定苑某损失的30%是由于系统性风险所致。（3）苑某主张的损失仅系A公司2015年11月虚假陈述行为造成的损失，中国证监会行政处罚决定书〔2018〕9号认定的信息披露违法行为，其揭露日是×年×月×日，远在本案虚假陈述行为的基准日×年×月×日以后，故中国证监会行政处罚决定书〔2018〕9号认定的信息披露违法行为造成的损失与本案苑某的损失无关。（4）不能仅凭投资者在揭露日之后的投资行为，判定其在揭露日之前的投资行为一定不是基于披露的信息而进行股票交易，且投资者在揭露日后买入涉案股票的股数并不属于法定保护的投资范围，亦不会计入投资人的损失范围。综上所述，查明的事实足以证明，苑某的投资损失与虚假陈述行为存在因果关系，而A公司、B公司、C公司、D公司提出的两者之间不存在因果关系的抗辩理由并不成立，故A公司、B公司、C公司、D公司证券市场虚假陈述行为与投资人的损失之间存在因果关系。

【参考裁判文书】云南省高级人民法院（2020）云民终281号沈机集团昆明机床股份有限公司与西藏紫光卓远股权投资有限公司证券虚假陈述责任纠纷一案二审民事判决书。

3. 关于因信息披露存在重大遗漏引发的证券市场虚假陈述投资人实际损失认定的裁判说理示范

【适用情形】投资人因证券市场虚假陈述而实际发生的损失确定。

【说理示范】关于本案投资人因证券市场虚假陈述而实际发生的损失如何认定的问题。首先，苑某诉请的损失金额由投资差额损失、印花税、佣金三部分组成，符合《虚假陈述司法解释》第25条关于投资人实际损失组成的规定。其次，苑某的投资差额损失有苑某投资×机床的交易记录及一审法院向中登公司上海分公司调取的苑某交易记录为证。再次，实际发生的损失如何确定。（1）投资差额损失，根据《虚假陈述司法解释》第28条的规定，投资差额损失的计算公式可以概括如下：投资差额损失＝（买入平均价－卖出平均价）×揭露日至基准日期间卖出的可索赔股票的数量＋（买入平均价－基准价）×基准日之后卖出或仍持有的可索赔股票的数量。我国现行司法解释对买入平均价的计算方法并未予以明确，实践中也确实存在对其计算方法的不同认识。本案中，苑某庭后书面表示愿意按加权平均法计算买入平均价，A公司、B公司均认为应按加权平均法计算买入平均价，C公司、D公司认为应按先进先出法计算买入平均价。法院认为，苑某、A公司、B公司主张的按加权平均法计算买入平均价，即买入平均价＝（实施日至揭露日期间买入总金额）÷（实施日至揭露日期间买入总股数），符合我国对投资者损失保护的相关立法规定，亦并不违背社会对买入平均价的一般认知，故本案均按加权平均法计算买入平均价。（2）印花税、佣金，苑某主张各按投资差额损失的千分之一标准计算，根据《上海证券交易所交易规则》等相关规定，印花税、佣金是苑某在上海证券交易所进行涉案股票交易必然产生的成本，且苑某主张的该两项赔偿的计算标准不超出当前证券市场通常佣金和印花税标准，具有合理性，予以确认。审理中，本案各方一致确认，苑某的投资差额损失金额为20 629元，佣金损失为20.63元（20 629×1‰，保留至小数点后两位），至于苑某主张的印花税，需卖出可索赔的案涉股票才发生，因苑某未举证证明其存在卖出案涉可索赔股票的投资行为，故苑某要求A公司、B公司、C公司、D公司承担印花税损失的主张没有事实依据，法院不予支持。故苑某因A公司、B公司、C公司、D公司证券市场虚假陈述而实际发生的损失为20 629+20.63元，即20 649.63元。根据前述的理由，由于苑某损失中30%系由系统性风险所致，故在苑某主张的损失中对此部分进行相应扣减，则A公司、B公司、C公司、D公司应当赔偿的原告损失为115 622.78×（100%－30%）=14 454.74元。

【参考裁判文书】云南省高级人民法院（2020）云民终281号沈机集团昆明机床股份有限公司与西藏紫光卓远股权投资有限公司证券虚假陈述责任纠

纷一案二审民事判决书。

4.关于因信息披露存在重大遗漏引发的证券市场虚假陈述民事赔偿责任承担的裁判说理示范

【适用情形】证券市场虚假陈述民事赔偿责任的承担。

【说理示范】关于A公司、B公司、C公司、D公司因证券市场虚假陈述行为的民事赔偿责任如何承担的争议焦点。根据《证券法》第80条、第163条、《上市公司收购管理办法》第3条、《公开发行证券的公司信息披露内容与格式准则第15号——权益变动报告书（2014年修订）》第23条的规定，上市公司即本案的A公司、股权转让方即本案B公司、股权受让方即本案C公司、专业中介服务机构即本案D公司均是信息披露义务人。本案A公司、B公司、C公司、D公司均违反了披露信息必须完整不得有重大遗漏的义务，分别实施了虚假陈述行为，这一事实已被前述的中国证监会相应行政处罚决定书所确认。本案A公司、B公司、C公司、D公司的证券市场虚假陈述行为给投资人造成了经济损失，且每个侵权行为均足以造成全部损害，根据《民法典》第1171条关于"二人以上分别实施侵权行为造成同一损害，每个人的侵权行为都足以造成全部损害的，行为人承担连带责任"之规定，A公司、B公司、C公司、D公司应对苑某的损失承担连带赔偿责任。综上所述，苑某要求A公司、B公司、C公司、D公司承担其损失赔偿责任的诉求，于法有据，应予支持。

【参考裁判文书】云南省高级人民法院（2020）云民终281号沈机集团昆明机床股份有限公司与西藏紫光卓远股权投资有限公司证券虚假陈述责任纠纷一案二审民事判决书。

（二）关于因以空壳公司收购上市公司引发的证券虚假陈述侵权及民事责任的裁判说理示范

1.关于因以空壳公司收购上市公司引发的证券虚假陈述侵权认定的裁判说理示范

【适用情形】以空壳公司收购上市公司属于证券市场虚假陈述行为。

【说理示范】关于发布虚假收购上市公司信息是否属于证券市场虚假陈述行为问题。经查明：A公司的股票于××年××月××日在上海证券交易所上市交易。×年×月×日，A公司发布《关于第一大股东签署〈股份转让协议〉暨控制权变更的提示性公告》，其中载明：×年×月×日，A公司第一大股东B公司与C公司签署了《B公司与C公司之股份转让协议》。B公司将其持有的18 500万股公司流通股股份转让给C公司，占公司股份总数的29.135%。本次转让完成前，B公司持有公司193 822 297股，占公司总股本的30.525%，本次转让完成后，B公司持有公司8 822 297股，占公司总股本的1.389%。×年×月×日，A公司发布《关于收到上海证券交易所〈关于对A公司权益变动信息披露相关事项的问询函〉的公告》。×年×月×日，A公司发布《A公司关于延期回复上海证券交易所〈关于对A公司权益变动信息披露相关事项的问询函〉的公告》。×年×月×日，A公司发布《关于对上海证券交易所〈关于对A公司权益变动信息披露相关事项的问询函〉回复的公告》，其中载明：关于资金来源，本次收购所需资金305 990万元全部为自筹资金，其中股东自有资金6000万元，已于×年×月×日支付；向D公司借款150 000万元，借款额度有效期为该借款协议签订之日起3个月，借款年化利率10%，担保措施为赵某个人信用担保，D公司已于×年×月×日发放19 000万元；向金融机构质押融资剩余的149 990万元，金融机构股票质押融资目前正在金融机构审批流程中，融资年利率6%左右，担保措施为质押本次收购的上市公司股份，金融机构股票质押融资审批流程预计于×年×月×日前完成。若C公司未能及时足额取得金融机构股票质押融资，C公司将积极与B公司进行沟通以使本次交易顺利完成，同时继续寻求其他金融机构股票质押融资。×年×月×日，A公司股票复牌交易，并连续两个交易日涨停，第三个、第四个交易日继续收涨。×年×月×日，A公司发布《关于股东股份转让交易数量发生变动的公告》，其中载明：公司第一大股东B公司与C公司于×年×月×日签署了《关于股份转让协议之补充协议》，对双方于×年×月×日签署的《股份转让协议》作出调整，将转让给C公司的股份总数由原先的18 500万股调整为3200万股，转让总价款调整为52 928万元。依照补充协议，调整后的交易C公司将全部以现金支付，截至该补充协议签署之日，C公司已支付股份转让价款25 000万元，尚需支付剩余股份转让价款27 928万元，双方约定应于补充协议签署之日起35个工作日内支付。C公司能否按期足额付清尚存在不确定性，请投资者注意相关风险。依据补充协议，调整后的股份转让方案不会造成上市公司的实际控制人变更。同日，A公司发布《A公司关于收到上海证券交易所〈关于A公司控股股东股权转让相关事项的问询函〉的公告》。×年×月×日，A公司发布《关于对上海证券交易所〈关于对A公司控股股东股权转让相关事项的问询函〉回复的公告》，其中载明：《股份转让协议》签订之后，C公司立即就本项目融资事宜与E银行某支行展开谈判协商，双方于×年×月×日达成初步融资方案。因本项目融资金额较大，故需上报E银行总行进行审批。×年×月×日，D公司接到E银行电话通知，本项目融资方案最终未获批准。此后，D公司立即与其他银行进行多次沟通，希望就本项目开展融资合作，但陆续收到其他银行口头反馈，均明确答复无法完成审批。因此，D公司判断无法按期完成融资计划。×年×月×日，因重要事项未公告，A公司股票全天停牌。×年×月×日，A公司发布复牌提示性公告。同日，A公司还发布了《关于收到中国证券监督管理委员会调查通知书的公告》，其中载明：A公司于×年×月×日收到中国证券监督管理委员会《调查通知书》，内容如下："因你公司涉嫌违反证券法律法规，根据《中华人民共和国证券法》的有关规定，我会决定对你公司进行立案调查，请予以配合"。A公司复牌后的当日股价下跌10.02%。×年×月×日，A公司发布《关于控股股东签署〈解除协议〉的公告》以及《对上海证券交易所〈关于A公司控股股东部分股权转让进展事项的问询函〉回复的公告》，其中载明：C公司表示在补充协议有效期内，A公司收到了中国证监会的《调查通知书》，由于A公司正被立案调查，结果无法预知，交易存在无法预测的法律风险，C公司认为交易的客观情况已经发生变化，就补充协议是否继续履行需要与B公司协商处理，因此未能按照协议约定办理相关股份过户手续。×年×月×日，C公司与B公司协商一致，双方同意终止本次交易，并于×年×月×日签署《关于股份转让协议和补充协议之解除协议》（以下简称《解除协议》）。根据《解除协议》约定，C公司与B公司签署的《股份转让协议》和《关于股份转让协议之补充协议》解除，即B公司不再向C公司转让任何标的股份，并将前期已收取的部分股份转让款返还给C公司，C公司不再向B公司支付任何股份转让协议款，双方互不追究违约责任。上述公告发布后的第一个交易日A公司股价下跌2.39%。×年×月×日，A公司发布《关于公司及相关当事人收到中国证券监督管理委员会行政处罚及市场禁入事先告知书的公告》。×年×月×日，A公司发布《关于收到中国证券监督管理委员会〈行政处罚决定书〉的公告》，其中载明：中国证券监督管理委员会《行政处罚决定书》（〔2018〕32号）经查明，在控股权转让过程中，C公司通过A公司在×年×月×日、×年×月×日公告中披露的信息存在虚假记载、误导性陈述及重大遗漏：（1）C公司在自身境内资金准备不足，相关金融机构融资尚待审批，存在极大不确定性的情况下，以空壳公司收购上市公司，且贸然予以公告，对市场和投资者产生严重误导；（2）C公司关于筹资计划和安排的信息披露存在虚假记载、重大遗漏；（3）C公司未及时披露与金融机构未达成融资合作的情况；（4）C公司对无法按期完成融资计划原因的披露存在重大遗漏；（5）C公司关于积极促使本次控股权转让交易顺利完成的信息披露存在虚假记载、误导性陈述。中国证券监督管理委员会决定："一、对A公司、C公司责令改正，给予警告，并分别处以60万元罚款；二、对孔某、黄某、赵某、丁某给予警告，并分别处以30万元罚款。"依据上述事实，法院分析认定如下：《虚假陈述司法解释》第 4 条第 1 款规定，信息披露义务人违反法律、行政法规、监管部门制定的规章和规范性文件关于信息披露的规定，在披露的信息中存在虚假记载、误导性陈述或者重大遗漏的，人民法院应当认定为虚假陈述。A 公司分别在 × 年 × 月 × 日及 × 月 × 日发布的公告中披露 B 公司向 C 公司转让其持有的公司流通股以及股权过程中转让款的筹资计划和安排、融资计划等信息，涉及公司 5% 以上股权交易，属于证券交易过程中的重大事件。A 公司在公告中对前述重大事件作出了虚假记载、误导性陈述并存在重大遗漏，属证券市场虚假陈述。

【参考裁判文书】浙江省高级人民法院（2019）浙民终 1661 号浙江祥源文化股份有限公司、赵某证券虚假陈述责任纠纷一案二审民事判决书。

2. 关于因以空壳公司收购上市公司引发的证券虚假陈述侵权因果关系认定的裁判说理示范

【适用情形】虚假收购上市公司信息披露行为与投资人的损失是否存在因果关系的认定。

【说理示范】关于投资人的损失与案涉信息披露行为之间是否存在因果关系问题。在证券欺诈责任纠纷案件中，导致投资人损失的原因可能是被诉证券欺诈行为，也可能是证券市场系统风险等其他因素。在判断导致投资人损失的原因时，应当重点考查被诉证券欺诈行为对损失后果的影响程度及是否存在系统风险等其他因素及对损失所起作用大小。证券市场系统风险，是指由整个政治、经济、社会等环境因素对证券价格所造成的影响，且其所造成的后果具有普遍性，不可能通过购买其他股票保值。无论是系统风险还是其他因素，均应是对证券市场产生普遍影响的风险因素，对证券市场所有的股票价格产生影响，这种影响为个别企业或行业不能控制，投资人无法通过分散投资加以消除，根据《虚假陈述司法解释》第 31 条第 2 款的规定，此时应认定虚假陈述与损害结果之间不存在因果关系。但在此情况下，被告方应当对损失或者部分损失是由证券市场系统风险等其他因素所导致承担举证证明责任。通常情况下，投资人选购股票时，应是基于对该股票的法定信息披露义务人所披露的信息给予足够的信任，披露的信息应是投资人在决定购买股票时所信赖的对象。A 公司 × 年 × 月 × 日、× 月 × 日两次公告均与案涉股权转让的筹资计划和安排有关。该公司于 × 年 × 月 × 日虚假陈述实施日复牌后，其股票连续两个交易日出现涨停，第三个、第四个交易日继续收涨，涨幅高达 32.77%。因前述信息存在虚假记载、误导性陈述及重大遗漏，同年 × 月 × 日虚假陈述揭露日复牌后，当日股价下跌 10.02%。因此，在虚假陈述揭露日前，股价并非正常价格，而是受虚假陈述的影响处于一种虚高的状态。投资人所投资的股票，自虚假陈述实施日之后至虚假陈述揭露日之前买入，在虚假陈述揭露日及以后，因卖出该股票发生亏损，应当认定虚假陈述是导致投资人损失的直接原因，如此认定亦符合《虚假陈述司法解释》第 11 条规定的虚假陈述与损害结果之间存在因果关系的法定条件。而从投资人买入案涉股票至基准日止，上海证券交易所上证指数并未出现较大幅度的下跌情况，故不能认定本案存在系统风险等其他因素导致投资人损失的情况。

【参考裁判文书】浙江省高级人民法院（2019）浙民终 1661 号浙江祥源文化股份有限公司、赵某证券虚假陈述责任纠纷一案二审民事判决书。

3. 关于因以空壳公司收购上市公司引发的证券虚假陈述侵权实施日、揭露日和基准日确定的裁判说理示范

【适用情形】证券虚假陈述的实施日、揭露日和基准日的确定。

【说理示范】关于虚假陈述实施日问题。A 公司于 × 年 × 月 × 日发布的公告中因存在信息披露的虚假记载、误导性陈述及重大遗漏等问题而被中国证券监督管理委员会予以行政处罚，依据《虚假陈述司法解释》第 7 条第 1 款的规定，一审法院确定 × 年 × 月 × 日为祥某文化公司虚假陈述的实施日。

关于虚假陈述揭露日问题。虚假陈述被揭露的意义在于其对证券市场发出了一个警示信号，提醒投资人重新判断股票价值，进而对市场价格产生影响。A 公司于 × 年 × 月 × 日在上海证券交易所网站发布的《复牌提示性公告》以及《关于收到中国证券监督管理委员会调查通知书的公告》系该公司包括案涉虚假陈述在内的违法违规问题在全国范围发行媒体首次被公开揭露，且在证券监管机构的立案调查通知书公告后，A 公司的股价当日即下跌 10.02%，可以认为 A 公司公告立案调查通知书的行为已对证券市场具有强烈的警示作用，对市场价格也产生了影响，该时点确定为 A 公司虚假陈述的揭露日，符合全案现有情形。据此，一审法院依据《虚假陈述司法解释》第 8 条第 1 款的规定确定 × 年 × 月 × 日为 A 公司虚假陈述的揭露日。

关于虚假陈述基准日问题。自 × 年 × 月 × 日至 × 年 × 月 × 日，A 公司股票的累计成交量达到其可流通部分的 100%，一审法院依据《虚假陈述司法解释》第 26 条之规定确定 × 年 × 月 × 日为 A 公司虚假陈述的基准日，揭露日至基准日期间每个交易日收盘价的平均价格为每股 15.5 元。

【参考裁判文书】浙江省高级人民法院（2019）浙民终 1661 号浙江祥源文化股份有限公司、赵某证券虚假陈述责任纠纷一案二审民事判决书。

4. 关于因以空壳公司收购上市公司引发的证券虚假陈述投资者损失确认的裁判说理示范

【适用情形】投资者损失的确认。

【说理示范】杨某在实施日至揭露日期间系以四舍五入后每股 20.44 元的加权平均价买入 A 公司股票 38100 股,在基准日后卖出,故其实际投资差额损失为 188 214 元〔(20.44-15.5)元 ×38 100〕,上述损失部分的佣金为 188 214 元 ×1‰=188.21 元、印花税 188 214 元 ×1‰=188.21 元。综上所述,因 A 公司虚假陈述而实际发生的损失为 188 590.42 元,杨某主张赔偿 188 457.16 元属于对自己权利的处分,应予以准许。

【参考裁判文书】浙江省高级人民法院(2019)浙民终 1661 号浙江祥源文化股份有限公司、赵某证券虚假陈述责任纠纷一案二审民事判决书。

5.关于因以空壳公司收购上市公司引发的证券虚假陈述赔偿责任承担的裁判说理示范

【适用情形】投资者损失的确认。

【说理示范】关于上市公司 A 公司是否应对杨某的投资损失承担民事赔偿责任。依据《虚假陈述司法解释》第 31 条规定的内容,损失或者部分损失是由证券市场系统风险等其他因素所导致,应当认定虚假陈述与损害结果之间不存在因果关系,故杨某的投资损失是否应当全部归责于 A 公司的虚假陈述,需进一步审查杨某的投资损失或者部分损失是否由证券市场系统风险等其他因素所导致。依据证券业通常之理解,系统风险系指对证券市场产生普遍影响的风险因素,其特征在于系统风险因共同因素所引发,对证券市场所有的股票价格均产生影响,这种影响为个别企业或行业所不能控制,投资人亦无法通过分散投资加以消除。经审查,本案中杨某自买入并持有 A 公司股票至基准日止,该段期间内以上海证券交易所挂牌上市的全部股票为计算范围并以发行量为权数的上证指数未出现较大幅度下跌现象。因此可以判断,该段期间内证券市场个股价格并未出现整体性下跌,故现有情形无法表明本案存在证券市场系统风险等其他因素,A 公司的相应抗辩事由缺乏依据,其应当对杨某的相应投资损失承担民事赔偿责任。

关于收购人的法定代表人、控股股东赵某是否系适格被告及是否应当承担连带责任的问题。《上市公司收购管理办法》第 3 条第 2 款规定:上市公司的收购及相关股份权益变动活动中的信息披露义务人,应当充分披露其在上市公司中的权益及变动情况,依法严格履行报告、公告和其他法定义务。C 公司作为收购人,属于本案 A 公司股份权益变动活动中的信息披露义务人,其通过 A 公司对上交所问询函发布的回复公告,存在虚假记载、误导性陈述、重大遗漏及披露不及时的情形,构成《证券法》第 197 条第 2 款规定的"信息披露义务人报送的报告或者披露的信息有虚假记载、误导性陈述或者重大遗漏的"行为,应认定为虚假陈述行为人。而赵某当时是 C 公司的法定代表人、控股股东,在《股份转让协议》《关于股份转让协议之补充协议》等文件上签字、知晓并支持收购事项、知悉公告内容，表明其知道虚假陈述而未明确表示反对，在具体的信息披露行为中未尽勤勉尽责、谨慎注意的义务，应当承担相应的民事责任。《虚假陈述司法解释》第14条第1款规定，发行人的董事、监事、高级管理人员和其他直接责任人员主张对虚假陈述没有过错的，人民法院应当根据其工作岗位和职责、在信息披露资料的形成和发布等活动中所起的作用、取得和了解相关信息的渠道、为核验相关信息所采取的措施等实际情况进行审查认定。综上所述，根据侵权责任法原理和司法解释的精神，赵某属于《虚假陈述司法解释》第1条规定的"信息披露义务人"，是该条规定的适格被告，并类推适用《虚假陈述司法解释》第14条的规定，认定赵某于本案中应当对杨某的相应投资损失承担连带责任。

【参考裁判文书】浙江省高级人民法院（2019）浙民终1661号浙江祥源文化股份有限公司、赵某证券虚假陈述责任纠纷一案二审民事判决书。

（三）关于收购方实施诱空型证券虚假陈述行为侵权与民事责任界定的裁判说理示范

1. 关于收购方实施诱空型证券虚假陈述行为属于虚假陈述行为的裁判说理示范

【适用情形】收购人大宗持有上市公司股票应当披露而未真实披露，属于虚假陈述行为人。

【说理示范】关于收购人大宗持有上市公司股票应当披露而未予真实披露，是否属于虚假陈述行为人的争议焦点。《虚假陈述司法解释》第4条规定："信息披露义务人违反法律、行政法规、监管部门制定的规章和规范性文件关于信息披露的规定，在披露的信息中存在虚假记载、误导性陈述或者重大遗漏的，人民法院应当认定为虚假陈述。虚假记载，是指信息披露义务人披露的信息中对相关财务数据进行重大不实记载，或者对其他重要信息作出与真实情况不符的描述。误导性陈述，是指信息披露义务人披露的信息隐瞒了与之相关的部分重要事实，或者未及时披露相关更正、确认信息，致使已经披露的信息因不完整、不准确而具有误导性。重大遗漏，是指信息披露义务人违反关于信息披露的规定，对重大事件或者重要事项等应当披露的信息未予披露。"据此，证券虚假陈述责任主体为具有法定信息披露义务而没有适当履行该义务的信息披露义务人，虚假陈述行为既包括违背事实真相的虚假记载、误导性陈述，也包括重大遗漏信息、不正当披露信息。《证券法》第63条规定："通过证券交易所的证券交易，投资者持有或者通过协议、其他安排与他人共同持有一个上市公司已发行的有表决权股份达到百分之五时，应当在该事实发生之日起三日内，向国务院证券监督管理机构、证券交易所作出书面报告，通知该上市公司，并予公告，在上述期限内不得再行买卖该上市公司的股票，但国务院证券监督管理机构规定的情形除外。投资者持有或者通过协议、其他安排与他人共同持有一个上市公司已发行的有表决权股份达到百分之五后，其所持该上市公司已发行的有表决权股份比例每增加或者减少百分之五，应当依照前款规定进行报告和公告，在该事实发生之日起至公告后三日内，不得再行买卖该上市公司的股票，但国务院证券监督管理机构规定的情形除外。投资者持有或者通过协议、其他安排与他人共同持有一个上市公司已发行的有表决权股份达到百分之五后，其所持该上市公司已发行的有表决权股份比例每增加或者减少百分之一，应当在该事实发生的次日通知该上市公司，并予公告。违反第一款、第二款规定买入上市公司有表决权的股份的，在买入后的三十六个月内，对该超过规定比例部分的股份不得行使表决权。"《上市公司收购管理办法》第13条规定："通过证券交易所的证券交易，投资者及其一致行动人拥有权益的股份达到一个上市公司已发行股份的5%时，应当在该事实发生之日起3日内编制权益变动报告书，向中国证监会、证券交易所提交书面报告，通知该上市公司，并予公告；在上述期限内，不得再行买卖该上市公司的股票，但中国证监会规定的情形除外。前述投资者及其一致行动人拥有权益的股份达到一个上市公司已发行股份的5%后，通过证券交易所的证券交易，其拥有权益的股份占该上市公司已发行股份的比例每增加或者减少5%，应当依照前款规定进行报告和公告。在该事实发生之日起至公告后3日内，不得再行买卖该上市公司的股票，但中国证监会规定的情形除外。前述投资者及其一致行动人拥有权益的股份达到一个上市公司已发行股份的5%后，其拥有权益的股份占该上市公司已发行股份的比例每增加或者减少1%，应当在该事实发生的次日通知该上市公司，并予公告。违反本条第一款、第二款的规定买入在上市公司中拥有权益的股份的，在买入后的36个月内，对该超过规定比例部分的股份不得行使表决权。"A公司在×年×月×日至×年×月×日期间，大宗持有B公司股票应当披露而未予真实披露、虚假披露的事实，业经证监会（2012）6号行政处罚决定书认定，违反了《证券法》第63条和《上市公司收购管理办法》第13条规定的证券市场中的信息公开制度，隐瞒真实情况，构成不正当披露，故A公司系具有法定信息披露义务的主体，属于虚假陈述行为人，依据《虚假陈述司法解释》第1条的规定，A公司因其虚假陈述而为本案被告并无不当。

【参考裁判文书】山东省济南市中级人民法院（2014）济商重初字第5号张某某诉山东京博控股股份有限公司证券虚假陈述责任纠纷一案一审民事判决书。

2. 关于诱空型证券虚假陈述行为的实施日、揭露日确定的裁判说理示范

【适用情形】诱空型证券虚假陈述行为的实施日、揭露日确定。

【说理示范】关于虚假陈述实施日确定问题。《虚假陈述司法解释》第7条规定:"虚假陈述实施日,是指信息披露义务人作出虚假陈述或者发生虚假陈述之日。"虽然证监会(2012)6号行政处罚决定书认定,A公司于×年×月×日和×年×月×日两次虚假披露其持有B公司股票的情况,但该处罚决定书亦同时认定,×年×月×日,A公司持有B公司股票4203914股,持股量占B公司已发行股份的6%,A公司未通知B公司并予公告。故A公司违反《证券法》第63条和《上市公司收购管理办法》第13条规定,不正当披露的行为在×年×月×日即已发生,据此,虚假陈述的实施日应为×年×月×日。

关于虚假陈述揭露日的确定问题。《虚假陈述司法解释》第8条第1款规定:"虚假陈述揭露日,是指虚假陈述在具有全国性影响的报刊、电台、电视台或监管部门网站、交易场所网站、主要门户网站、行业知名的自媒体等媒体上,首次被公开揭露并为证券市场知悉之日。"×年×月×日,《每日经济新闻》的文章虽然提及A公司持有B公司股票超过5%,但该报道仅为新闻报道,对虚假陈述的揭露并不确定和具体,且×年×月×日B公司根据A公司书面回复发布的澄清公告,亦未对A公司持有B公司股份的相关事实予以任何说明。故×年×月×日的媒体报道,不属于证券法意义上的信息披露,亦不构成对证券虚假陈述事实的揭露,故×年×月×日不能确定为虚假陈述揭露日。A公司亦无证据证实,在×年×月×日证监会通报对其进行行政处罚之前,除×年×月×日的《每日经济新闻》之外,尚有在全国范围发行或者播放的报刊、电台、电视台等其他媒体,对其虚假陈述事实作出部分或全部与证监会(2012)6号行政处罚决定书相同的揭露,故×年×月×日证监会对其行政处罚的通报应为首次公开揭露其虚假陈述事实,据此,×年×月×日应为虚假陈述揭露日。

【参考裁判文书】山东省济南市中级人民法院(2014)济商重初字第5号张某某诉山东京博控股股份有限公司证券虚假陈述责任纠纷一案一审民事判决书。

3. 关于诱空型证券虚假陈述行为不会诱使投资者作出积极投资决定故不应当承担赔偿责任的裁判说理示范

【适用情形】收购人大宗持有上市公司股票应当披露而未真实披露,构成不正当披露,属于虚假陈述行为人。但在沉默的诱空型虚假陈述行为中,利好消息未依法如实披露,不会诱使投资者作出积极的投资决定,故不应当承担赔偿责任。

【说理示范】《虚假陈述司法解释》第11条规定："原告能够证明下列情形的，人民法院应当认定原告的投资决定与虚假陈述之间的交易因果关系成立：（一）信息披露义务人实施了虚假陈述；（二）原告交易的是与虚假陈述直接关联的证券；（三）原告在虚假陈述实施日之后、揭露日或更正日之前实施了相应的交易行为，即在诱多型虚假陈述中买入了相关证券，或者在诱空型虚假陈述中卖出了相关证券。"第12条规定："被告能够证明下列情形之一的，人民法院应当认定交易因果关系不成立：（一）原告的交易行为发生在虚假陈述实施前，或者是在揭露或更正之后；（二）原告在交易时知道或者应当知道存在虚假陈述，或者虚假陈述已经被证券市场广泛知悉；（三）原告的交易行为是受到虚假陈述实施后发生的上市公司的收购、重大资产重组等其他重大事件的影响；（四）原告的交易行为构成内幕交易、操纵证券市场等证券违法行为的；（五）原告的交易行为与虚假陈述不具有交易因果关系的其他情形。"张某投资的股票是与虚假陈述直接关联的B公司股票，其在虚假陈述实施日以后、揭露日之前买入该证券，在揭露日之后持续持有该证券，且其平均买入价高于揭露日收盘价，但该部分损失是否与B公司股票的虚假陈述有因果关系，需分析B公司股票虚假陈述的性质及B公司股票的涨跌与虚假陈述之间的因果关系。

依据证监会（2012）6号行政处罚决定书的认定，A公司违反《证券法》第63条和《上市公司收购管理办法》第13条的规定，在其持有B公司的证券达到已发行股份的5%后，未予报告和公告，达到已发行股份的30%后，未向B公司所有股东发出收购股份的要约。对于投资者而言，股份收购是利好消息，利好消息的披露一般会引发被收购证券价格的增长，从而亦增加收购成本，当收购人为降低其收购成本而隐瞒股份收购的利好消息时，收购人的隐瞒行为即为诱空型虚假陈述行为。在诱空型虚假陈述行为中，利好消息即便未披露，也不会诱使投资者作出积极的投资决定。A公司虽然存在未及时披露信息的违法行为，但其行为并非采取浮夸、误导的方式公布信息，从而引诱投资人作出积极的投资行为，而是延迟披露重大信息，故A公司被证监会处罚的行为为诱空型虚假陈述行为。由此，张某的投资交易并不是由A公司未及时披露信息引发的行为，其投资决定并未受到虚假陈述行为的影响，与A公司的虚假陈述行为之间不存在交易的因果关系。

在市场交易中，虚假陈述对股票价格产生不利影响一般从虚假陈述揭露日开始，虚假陈述被揭示的意义在于向证券市场发出预警信号，提醒投资人重新判断股票价值，进而对市场价格产生影响。依据《虚假陈述司法解释》第11条的规定，虚假陈述行为人应赔偿的是发生在虚假陈述揭露日之后的损失，故张某主张其在揭露日之前高价买入亦为其损失，无法律依据。虽然张某投资交易的 B 公司股票的平均买入价高于揭露日收盘价,但在揭露日 × 年 × 月 × 日之前,B 公司股票的价格即不断下跌;揭露日当天未有下跌反有小幅上涨。比较揭露日和基准日的股票价格,上证指数和上证工业指数均下跌,B 公司股票却上涨。即便揭露日之后至基准日期间,B 公司股票的平均收盘价 8.94 元低于揭露日的价格 9.64 元,但其跌幅 7% 仍低于同期大盘的同比跌幅 9%。故通过分析 B 公司股票的价格走势,可以看出其涨跌并非受到虚假陈述的影响,而是由证券市场系统风险等其他因素导致。因此,张某的损失与 A 公司的虚假陈述行为之间不存在因果关系,A 公司不应当承担赔偿责任。

综上,A 公司虽然存在未及时披露信息的违法行为,但张某的投资决定并未受 A 公司虚假陈述行为的影响,B 公司股票的价格亦未受到虚假陈述揭露的影响,故张某的损失与 A 公司的虚假陈述行为之间不存在因果关系,A 公司不应当承担赔偿责任。

【参考裁判文书】山东省济南市中级人民法院(2014)济商重初字第 5 号张某某诉山东京博控股股份有限公司证券虚假陈述责任纠纷一案一审民事判决书。

四、关于上市公司收购决议效力的裁判说理示范

(一)关于上市公司董事会作出限制收购方股东权利决议无效的裁判说理示范

【适用情形】上市公司股权被收购后,目标公司的董事会决定收购方在改正其违法行为前不得对其持有的公司股份行使表决权,要求其减持目标公司的股份至 5% 以下,并将违法所得上缴公司,还确认收购方不具有收购上市公司的主体资格,以上决议缺乏法律依据和公司章程的授权,应属无效。认定收购公司是否存在证券违法行为,系证券监管部门的职责和司法机关的权力范围,没有任何法律、行政法规授权公司董事会具有这一公法项下的权力。

【说理示范】该案为公司决议效力纠纷。《公司法》第 22 条第 1 款规定,公司股东会或者股东大会、董事会的决议内容违反法律、行政法规的无效。依照上述规定,该案的争议焦点为 A 公司董事会是否有权作出相关决议,以及相关决议是否符合法律、行政法规的规定。关于董事会决议效力的问题。从该案查明的事实来看,× 年 × 月 × 日举行的 A 公司第八届董事会临时会议作出决议,决定 B 公司在改正其违法行为前不得对其持有的公司股份行使

表决权，要求其减持 A 公司的股份至 5% 以下，并将违法所得上缴公司，还确认了 B 公司不具有收购上市公司的主体资格。由此可见，该决议不仅认定 B 公司存在证券违法行为，还限制了 B 公司行使股东权利。但是，A 公司董事会作出该决议，缺乏法律依据和公司章程的授权，应属无效。理由如下：首先，认定 B 公司是否存在证券违法行为，系证券监管部门的职责并属司法机关的权力范围，没有任何法律、行政法规授权公司董事会享有这一公法项下的权力。A 公司作出决议后向监管部门举报，向法院提起诉讼，均表明其知晓这一点。其次，限制股东权利应由有权机关作出。《上市公司收购管理办法》第 75 条规定，"上市公司的收购及相关股份权益变动活动中的信息披露义务人，未按照本办法的规定履行报告、公告以及其他相关义务的，中国证监会责令改正，采取监管谈话、出具警示函、责令暂停或者停止收购等监管措施。在改正前，相关信息披露义务人不得对其持有或者实际支配的股份行使表决权"。该规定明确了作出相应处罚的机关系中国证监会，而非公司董事会。并且，A 公司章程第 107 条规定的董事会可以行使的职权中并无限制股东权利，A 公司也没有举证证明有法律、行政法规授权其董事会可以限制股东权利，故 A 公司董事会作出限制股东权利的决议缺乏依据。最后，《公司法》第 4 条规定，"公司股东依法享有资产收益、参与重大决策和选择管理者等权利"。上述法律规定的股东权利是根本性的权利，未经正当的程序不应受到非法的限制和剥夺。B 公司持有的 A 公司股份已经登记，其取得了相应的股东身份，依法享有股东权利。股东参与公司重大决策系以表决权的方式行使，A 公司董事会在 B 公司的股东身份不存在异议的情况下，限制 B 公司的股东权利，违反了前述《公司法》的规定，亦属无效。至于 B 公司请求法院确认董事会决议中授权公司等对有关违法行为提起诉讼的决议内容无效，由于公司要求监管部门对其所认为的违法行为进行查处，进而向司法机关提起诉讼，均是公司当然享有的民事权利，该部分决议内容不违反法律规定，应属有效。故对于 B 公司的该部分请求，应予驳回。

【参考裁判文书】广东省深圳市中级人民法院（2016）粤 03 民终 13834 号京基集团有限公司诉深圳市康达尔（集团）股份有限公司公司决议效力纠纷一案二审民事判决书。

（二）关于上市公司股东会作出限制收购方股东权利决议效力的裁判说理示范

【适用情形】上市公司收购中，违规增持者改正违法行为后应享有完整股东权利，目标公司股东大会决议增设永久性限制违规收购方股东表决权的反收购条款违反法律规定，该决议应属无效。

【说理示范】《公司法》第4条规定:"公司股东依法享有资产收益、参与重大决策和选择管理者等权利。"股东参与重大决策权和选择管理者的权利属于公司法赋予股东的固有权利,而表决权是其中最重要的内容。上述股东权利非依据法律规定或股东自行放弃,不得以章程或股东大会决议等方式予以剥夺或限制。依照《上市公司收购管理办法》第75条的规定,信息披露义务人存在信息披露违法行为,由证券监管机构责令改正,在改正前,相关信息披露义务人不得对其持有或者实际支配的股份行使表决权。因此,在信息披露义务人的违法行为改正后,其表决权再受到限制的前提条件就已不存在,其应享有完整的股东权利。A公司×年×月×日股东大会决议修改章程第37条的内容,其中增加的第5项内容,将投资者增持公司股份过程中违反信息披露义务的行为视为永久性"放弃表决权",并规定"公司董事会有权拒绝其行使除领取股利以外的其他股东权利",该内容违反法律规定,依据《公司法》第22条第1款关于"公司股东会或者股东大会、董事会的决议内容违反法律、行政法规的无效"的规定,应为无效。A公司提出,深圳证券交易所对该公司上述修改章程的决议未提出异议,且其他上市公司也有类似限制违法股东权利的规定。对此,法院认为,人民法院应当依照公司法相关规定对股东大会决议效力进行个案审查,证券交易所是否对上市公司股东大会决议提出异议,以及其他上市公司是否存在类似情形,不影响法院对案涉股东大会的决议效力依法作出判断。由于李某的违法行为已于×年×月×日改正,此后李某应享有表决权。×年×月×日《A公司×年第二次临时股东大会决议》以及×年×月×日《A公司×年第一次临时股东大会决议》均以李某所持公司股票不享有表决权为由,未将李某表决情况计入会议有表决权的股份总数。以上两次临时股东会议中的表决方式剥夺了股东固有权利中的表决权,严重违反法律规定。依照《公司法》第22条第2款关于股东大会表决方式违反法律,股东可以自决议作出之日起60日内请求撤销的规定,李某请求撤销股东大会决议的诉讼请求应得到支持。

【参考裁判文书】四川省成都市中级人民法院(2017)川01民终14529号李某诉成都市路桥工程股份有限公司公司决议效力确认、公司决议撤销一案二审民事判决书。

五、关于收购上市公司中一致行动人认定的裁判说理示范

【适用情形】在上市公司收购及相关股份权益变动活动中有一致行动情形

的收购人,收购人之间存在足以扩大其所能够支配一个上市公司股份表决权数量的行为或者事实,应认定两者互为一致行动人。

【说理示范】根据A公司、B公司在《收购报告书》中披露的内容,A公司的控股股东及实际控制人为崔某,B公司的控股股东及实际控制人为邹某某,崔某与邹某某为夫妻关系。A公司参股B公司,持股比例30%,B公司的另一股东H合伙企业的股东为邹某某(持股95%)、崔某(持股5%),A公司的股东崔某持股50%,邹某某持股21%。根据《上市公司收购管理办法》第83条规定,只要投资者与其他投资者之间存在足以扩大其所能够支配一个上市公司股份表决权数量的行为或者事实,就可以认定两者互为一致行动人,本案中,根据A公司、B公司在《收购报告书》中披露的内容,A公司、B公司存在以下情形:(1)A公司、B公司的控股股东及实际控制人崔某、邹某某为夫妻关系。(2)A公司在B公司参股30%。上述两种情形足以使A公司、B公司扩大其所能够支配的×公司股份表决权数量,可以认定A公司、B公司在签署一致行动人协议前即构成一致行动人关系。根据上交所的统计,A公司、B公司相关账户在×年×月×日盘中合计持股比例触及5%,并进行了买入、卖出操作。《上市公司收购管理办法》第13条第1款规定,通过证券交易所的证券交易,投资者及其一致行动人拥有权益的股份达到一个上市公司已发行股份的5%时,应当在该事实发生之日起3日内编制权益变动报告书,向中国证监会、证券交易所提交书面报告,通知该上市公司,并予公告;在上述期限内,不得再行买卖该上市公司的股票。根据上述规定,A公司、B公司在×年×月×日盘中合计持股比例触及5%后仍然买入、卖出操作案涉股票,属于违规操作。

【参考裁判文书】宁夏回族自治区银川市中级人民法院(2018)宁01民终400号银川新华百货商业集团股份有限公司与上海宝银创赢投资管理有限公司、上海兆赢股权投资基金管理有限公司股东资格确认纠纷一案二审民事判决书。

六、关于违规收购法律后果和救济的裁判说理示范

(一)关于收购人违规收购行为效力认定的裁判说理示范

【适用情形】收购人未履行信息披露义务下超比例购买上市公司股票的交易行为不因违规而无效。

【说理示范】关于在未履行信息披露义务的情况下超比例购买上市公司股票的交易行为是否有效问题。根据证券监督管理部门对王某的行政处罚决定

认定的事实，王某是通过其实际控制的各被告的证券账户，按照证券交易所的交易规则，通过在交易所集合竞价的方式公开购买了上市公司的股票，其交易方式本身并不违法。根据《证券法》第117条第1款的规定，"按照依法制定的交易规则进行的交易，不得改变其交易结果，但本法第一百一十一条第二款规定的除外"。该法律规定是由证券交易的特性所决定的。证券交易虽在法律属性上属于买卖行为，但又与一般买卖行为存在明显区别，一般买卖合同发生于特定交易主体之间，而证券交易系在证券交易所以集合竞价、自动撮合方式进行的交易，涉及众多证券投资者，且交易对手间无法一一对应，如交易结果可以随意改变，则不仅会影响证券交易市场秩序，还会涉及众多投资者的利益。因此，即使证券投资者在交易过程中存在违规行为，只要其系根据依法制定的交易规则进行的交易，交易结果仍不得改变。但是，交易结果的确认并不等同于违规交易者对其违法行为可以免责，对此，《证券法》第117条第2款进一步规定："对交易中违规交易者应负的民事责任不得免除；在违规交易中所获利益，依照有关规定处理。"由此可见，依法确认违规交易行为的交易结果并不必然导致违法者因其违法行为而获取不当利益的法律后果，违规交易者仍应根据其所违反的具体法律规范所造成的后果承担相应的法律责任。结合本案具体事实，被告的交易行为违反了《证券法》第63条关于大额持股信息披露制度的相关规定。该条规定："通过证券交易所的证券交易，投资者持有或者通过协议、其他安排与他人共同持有一个上市公司已发行的有表决权股份达到百分之五时，应当在该事实发生之日起三日内，向国务院证券监督管理机构、证券交易所作出书面报告，通知该上市公司，并予公告，在上述期限内不得再行买卖该上市公司的股票，但国务院证券监督管理机构规定的情形除外。投资者持有或者通过协议、其他安排与他人共同持有一个上市公司已发行的有表决权股份达到百分之五后，其所持该上市公司已发行的有表决权股份比例每增加或者减少百分之五，应当依照前款规定进行报告和公告，在该事实发生之日起至公告后三日内，不得再行买卖该上市公司的股票，但国务院证券监督管理机构规定的情形除外。投资者持有或者通过协议、其他安排与他人共同持有一个上市公司已发行的有表决权股份达到百分之五后，其所持该上市公司已发行的有表决权股份比例每增加或者减少百分之一，应当在该事实发生的次日通知该上市公司，并予公告。违反第一款、第二款规定买入上市公司有表决权的股份的，在买入后的三十六个月内，对该超过规定比例部分的股份不得行使表决权。"上述条款对上市公司的投资者通过证券交易所的证券交易，控制上市公司5%以上比例的股份及在该比例后每增减5%比例股份的公告义务作出明确规定，并要求上述投资者履行向证券监管部门、交易所及上市公司的报告义务，且在公告及报告期内不得再行买卖该上市公司的股票。该法律规定之所以要求投资者在大额购买上市公司股票时履行信息披露义务,并在一定期限内不得再行买卖该上市公司股票,一方面是为了便于证券监管机构、证券交易所及上市公司及时了解上市公司的股权变动情况,另一方面是为了维护证券市场的公开、公平、公正的交易规则,对股票大额交易行为实施有效监督,防止投资者利用信息或资金优势进行内幕交易或操纵证券市场,保护广大中小投资者的知情权,从而进一步保障广大投资者能够在合理期限内充分了解市场信息,并在该前提下实施投资决策权。为此,证券法对违规进行内幕交易、操纵市场及违反信息披露义务的责任主体分别规定了相应的法律责任,其中包括行政责任、民事赔偿责任甚至刑事责任。《虚假陈述司法解释》则进一步明确,违反上市公司信息披露义务的责任主体,应对其他证券市场投资者的损失承担相应的民事赔偿责任。至于本案被告是否应承担相应的民事赔偿责任,因不属于双方当事人的争议范围,本案不作审查。综上所述,结合《证券法》第63条及第117条的相关规定,违反大额持股信息披露义务而违规购买上市公司股票的行为并不属于我国证券法应确认交易行为无效的法定情形,故对被告持股的合法性应予以确认。

【参考裁判文书】上海市第一中级人民法院(2015)沪一中民六(商)初字第66号上海兴盛实业发展(集团)有限公司与王某某、上海开南投资控股集团有限公司、上海腾京投资管理咨询中心等证券欺诈责任纠纷一案一审民事判决书。

(二)关于标的公司股东能否以收购人违规收购侵害其知情权、控制权和反收购权为由限制收购人股东权利的裁判说理示范

【适用情形】标的公司股东不能以收购人违规收购侵害其知情权、控制权和反收购权为由限制收购人的股东权利。

【说理示范】本案原告A公司在诉讼中明确表示,其提起本案诉讼并非基于股东代表诉讼,而系其自身利益受到侵害,即被告B公司的违规交易行为侵害了其股东知情权及对本案第三人C公司的控制权和反收购权。就知情权问题,《证券法》第63条所规定的相关责任主体的信息披露义务旨在保障证券市场广大投资者的知情权,维护证券市场公开、公平、公正的交易秩序。B公司违反了《证券法》第63条规定,在未依法及时履行信息披露义务的情况下,通过二级市场超比例大量购买C公司股票的交易行为,确实侵害了包括A公司在内的广大投资者的知情权。但是,根据我国现行证券法及相关司法解释的规定,对于因违反信息披露义务,侵害了投资者的知情权及交易选择权的责任主体,对于遭受损失的投资者应承担民事侵权损害赔偿责任。换

言之，受损害的投资者享有的是要求侵权行为人承担赔偿其自身财产性权益损失的权利。现 A 公司并未主张财产性权益损失，而是以此为由要求限制 B 公司行使股东权利及对股票的处分权利，该主张缺乏相应的法律依据。另外，A 公司主张 B 公司的行为侵害了其对 C 公司的控制权及反收购权。该诉讼主张是否成立的关键在于确定 A 公司是否为 C 公司的控股股东，以及 A 公司所主张的控制权及反收购权是否属于依法应予保护的股东权利。《公司法》第 216 条规定："本法下列用语的含义：（一）高级管理人员，是指公司的经理、副经理、财务负责人，上市公司董事会秘书和公司章程规定的其他人员。（二）控股股东，是指其出资额占有限责任公司资本总额百分之五十以上或者其持有的股份占股份有限公司股本总额百分之五十以上的股东；出资额或者持有股份的比例虽然不足百分之五十，但依其出资额或者持有的股份所享有的表决权已足以对股东会、股东大会的决议产生重大影响的股东。（三）实际控制人，是指虽不是公司的股东，但通过投资关系、协议或者其他安排，能够实际支配公司行为的人。（四）关联关系，是指公司控股股东、实际控制人、董事、监事、高级管理人员与其直接或者间接控制的企业之间的关系，以及可能导致公司利益转移的其他关系。但是，国家控股的企业之间不仅因为同受国家控股而具有关联关系。"上市公司控股股东是指：（1）持有的股份占股份有限公司股本总额 50% 以上的股东；（2）持有股份的比例虽然不足 50%，但依其持有的股份所享有的表决权已足以对股东大会的决议产生重大影响的股东。本案中，A 公司持有 C 公司股份的比例为 11.19%，C 公司在本案诉讼中对 A 公司系其控股股东的事实予以确认，故对 A 公司所主张的其系 C 公司控股股东的事实予以确认。对于上市公司控股股东的控制权是否依法应予保护的问题，上市公司控股股东的控制权取决于其所持股份的表决权的大小。作为公众公司，为促进市场资源配置最优化，其本质特征就在于符合条件的投资者均可依法自由买卖其股票，因而上市公司控制权也会因投资主体持股数量的变化而随时发生变更。因此，所谓上市公司的控制权仅表现为投资者根据其投资比例依法享有的对公司管理事务表决权的大小，并非控股股东理应或恒定享有的股东权利。况且，为防止控股股东滥用控制权，我国证券法及公司法更多强调上市公司控股股东应对公司承担忠实、勤勉的信义义务。因此，上市公司股东的控制权并非法定的股东权利，对于 A 公司该诉讼主张，不应采纳。对于 A 公司主张的 B 公司的违规交易行为侵害了其反收购权的诉讼主张，A 公司的该诉讼主张涉及对 B 公司的交易行为是否构成对 C 公司的收购，以及 A 公司是否享有其所主张的"反收购权"的认定。因反收购措施权利归属的认定是 A 公司该诉讼主张是否依法成立的首要前提条件，换言之，即使 B 公司的行为构成对 C 公司的收购，如 A 公司依法不享有其所主张的所谓反收购权利，则B公司的行为亦不构成对A公司权利的侵害。由于反收购既非法律概念，亦非上市公司控股股东的一项法定权利。结合国内外证券市场的现状，所谓反收购是指在目标公司管理层不同意收购的情况下，为了防止公司控制权转移而采取的旨在预防或挫败收购者收购目标公司的行为。我国证券法、公司法以及中国证监会发布的《上市公司收购管理办法》中均未赋予上市公司的控股股东享有反收购的法定权利。相反，为防止目标公司管理层为一己私利而采取不正当的反收购行为，《上市公司收购管理办法》第8条对被收购公司管理层采取反收购措施进行了明确规制。该条规定："被收购公司的董事、监事、高级管理人员对公司负有忠实义务和勤勉义务，应当公平对待收购本公司的所有收购人。被收购公司董事会针对收购所作出的决策及采取的措施，应当有利于维护公司及其股东的利益，不得滥用职权对收购设置不适当的障碍，不得利用公司资源向收购人提供任何形式的财务资助，不得损害公司及其股东的合法权益。"因此，任何证券市场主体均不享有A公司所主张的所谓法定的反收购权利，而目标公司管理层也只有在为维护公司及广大股东合法利益的前提下才可以采取合法的反收购措施。故A公司以C公司控股股东的身份主张B公司的行为侵犯了其反收购权利，缺乏法律依据，不应予以支持。

【参考裁判文书】上海市第一中级人民法院（2015）沪一中民六（商）初字第66号上海兴盛实业发展（集团）有限公司与王某某、上海开南投资控股集团有限公司、上海腾京投资管理咨询中心等证券欺诈责任纠纷一案一审民事判决书。

（三）关于违规收购方履行改正义务后其股东权利依法不受限制的裁判说理示范

【适用情形】违规收购方依据行政处罚决定履行了改正义务后，监管部门后期未进一步责令其改正，应视为其违规行为已改正完成，相关股东权利依法不应继续受到限制。

【说理示范】持股被告的股东权利是否应当受限，取决于被告是否已经完成违法行为的改正义务。《证券法》第196条规定："收购人未按照本法规定履行上市公司收购的公告、发出收购要约义务的，责令改正，给予警告，并处以五十万元以上五百万元以下的罚款。对直接负责的主管人员和其他直接责任人员给予警告，并处以二十万元以上二百万元以下的罚款。收购人及其控股股东、实际控制人利用上市公司收购，给被收购公司及其股东造成损失的，应当依法承担赔偿责任。"根据上述条款的规定，责令改正的事项应由证券监督管理机构依其行政职权依法作出行政处罚决定，而是否全面履行改正义务亦应由作出行政处罚决定的证券监督管理机构予以审查认定。证券监督管理部门对诉争违法交易行为予以审查后，最终认定王某违反《证券法》第63条的规定，构成了《证券法》第197条所述的信息披露违法行为，并根据《证券法》第197条的规定，责令王某改正违法行为，给予警告，并处以50万元的罚款。后王某于×年×月×日通过中国工商银行向中国证券监督管理委员会缴纳罚款50万元，并和某南公司作为信息披露义务人，与一致行动人腾某咨询中心、升某设计中心共同发布《新某公司详式权益变动报告书（补充披露）》。迄今为止，相关证券监督管理部门并未进一步责令王某改正其他违法行为，或要求其进一步补充信息披露，故对原告提出的根据行政处罚决定的结果，各被告的改正行为尚未完成的诉称意见，因缺乏相应的事实及法律依据，法院难以采纳。至于原告在本案诉讼中提出的被行政处罚的责任主体及处罚事项不当的诉讼主张，因不属于民事纠纷审查范围，故法院不予审查认定。

证券市场所具有的匿名交易、连续交易、涉及众多投资主体等特性，证券交易具有的无因性、流动性、集中性等特性，决定证券交易奉行绝对的外观主义。证券交易市场中，如果交易结果得以确认后可以随意改变，整个市场交易秩序就会混乱，进而影响众多投资者的利益。因此，为维护证券市场的有序和稳定，《证券法》第117条明确规定了交易结果恒定原则，即只要遵守集中竞价交易规则的证券交易行为，交易结果一旦形成，证券交易的相关主体应当承认并不得对之加以改变。即使证券交易的背后存在违反权益信息披露义务等违规情形，但只要交易行为本身符合交易规则的业务性、技术性规定，交易行为本身的效力就不因违规行为而受到影响。

这一规则与一般民事交易规则明显不尽一致，因为后者完全有可能改变已经完成的交易结果。例如，如果投资者违背了自己的真实意思（如因受胁迫）进行证券买卖行为，则该项交易在民法上是属于可撤销的民事行为，但证券法中并不因为交易当事人意思表示的不真实而确认交易行为无效。值得注意的是《证券法》第117条的规定，即"对交易中违规交易者应负的民事责任不得免除"。申言之，在证券交易活动中，虽然交易结果不得改变，但交易结果的确认并不否定违规交易者应承担的法律责任，在追究违规交易者行政责任甚至刑事责任的同时，民事责任亦不免除。

根据《证券法》第196条规定："收购人未按照本法规定履行上市公司收购的公告、发出收购要约义务的，责令改正，给予警告，并处以五十万元以上五百万元以下的罚款。对直接负责的主管人员和其他直接责任人员给予警告，并处以二十万元以上二百万元以下的罚款。收购人及其控股股东、实际控制人利用上市公司收购，给被收购公司及其股东造成损失的，应当依法承担赔偿责任。"《上市公司收购管理办法》第 75 条规定："上市公司的收购及相关股份权益变动活动中的信息披露义务人,未按照本办法的规定履行报告、公告以及其他相关义务的,中国证监会责令改正,采取监管谈话、出具警示函、责令暂停或者停止收购等监管措施。在改正前,相关信息披露义务人不得对其持有或者实际支配的股份行使表决权。"换言之,法律通过对收购人等信息披露义务人违规所持或实际控制股份表决权的限制,敦促其完成改正。

股东表决权,是基于股东地位享有的一种固有的民事权利,也是股东权的核心权益。首先,必须明确的是,上述规定只限制股东的表决权,而不包括提案权、参加股东大会等权利。其次,对于上述规定中的"改正"作何理解。其一,从文义解释角度,此处"改正"的内容应无异议;即行为人未披露的要披露,虚假披露或误导性披露的要更正披露,重大遗漏的要补充披露。其二,从目的解释、体系解释角度,对"改正"的理解则必须与立法目的、前后语境相联系,即责令改正基于其违反了权益信息披露义务,则改正的内容应当是与信息披露有关的内容,不应作无限制的延展,不能将因违反信息披露义务而引发的种种后果都纳入改正内容。其三,结合前述行政责任的认定来看,因对证券交易市场承担监督职责而作出"责令改正"决定的主体是证券监督管理机构,故是否全面履行改正义务亦应由作出该决定的证券监督管理机构进行审查认定。具体而言,违规举牌者是否全面履行了改正义务,应根据监管部门后期有无进一步责令其改正,或要求其进一步补充信息披露来判断。如无,则应视为已经改正完成。在此情形下,以"改正未完成"为由限制违规举牌者的表决权,没有依据。

【参考裁判文书】上海市第一中级人民法院(2015)沪一中民六(商)初字第 66 号上海兴盛实业发展(集团)有限公司与王某某、上海开南投资控股集团有限公司、上海腾京投资管理咨询中心等证券欺诈责任纠纷一案一审民事判决书。

第五节 判决主文规范表述

裁判文书主文即裁判结果,是人民法院针对当事人的诉讼请求依法进行审理后作出的实体结论。对于上市公司收购纠纷,实务中判决主文的表述需要注意两类特殊情形。

一、需等待中国证监会豁免要约收购审批的上市公司收购协议继续履行的规范表述

根据《证券法》第 73 条第 1 款、《上市公司收购管理办法》第 13 条、《民事诉讼法》第 156 条的规定，需要等待中国证监会豁免要约收购审批的上市公司收购协议继续履行的规范表述如下：本案中的《股权转让协议》有效并继续履行，待中国证监会豁免要约收购后，A 公司将其持有的某某股 × 股社会法人股全部过户到 B 公司名下。

二、确认上市公司董事会作出限制收购方股东权利决议无效的规范表述

根据《公司法》第 4 条、第 11 条、第 22 条规定，确认上市公司董事会作出限制收购方股东权利决议无效的判决主文，应根据不同情形规范表述如下：一是被告 A 公司于 × 年 × 月 × 日召开的第 × 届董事会第 × 次临时会议作出的"B 公司及其一致行动人在改正行为前不得对其持有公司股份行使表决权"的决议无效；二是被告 A 公司于 × 年 × 月 × 日召开的第 × 届董事会第 × 次临时会议作出的"B 公司及其一致行动人将其违法所得（即违法增持公司股票及减持该股票所获得的收益）上交上市公司"的决议无效；三是被告 A 公司于 × 年 × 月 × 日召开的第 × 届董事会第 × 次临时会议作出的"B 公司及其一致行动人改正其违法行为，将合计持有的公司股票减持至合计持有比例 5% 以下"的决议无效；四是被告 A 公司于 × 年 × 月 × 日召开的第 × 届董事会第 × 次临时会议作出的"B 公司及其一致行动人不具备收购上市公司主体资格"的决议无效。

上市公司收购纠纷判决主文规范表述见表 3。

表3 上市公司收购纠纷判决主文规范表述

裁判事项		裁判主文
合同效力	确认合同无效	确认原告A与被告B于×年×月×日签订的上市公司收购协议无效
	确认合同部分无效	确认原告A与被告B于×年×月×日签订的上市公司收购协议中第×条/关于×的约定内容无效
	撤销合同	撤销原告A与被告B于×年×月×日签订的上市公司收购协议
	合同不生效	原告A与被告B于×年×月×日签订的上市公司收购协议不生效
企业法人股收购协议继续履行		本案中的《股权转让协议》有效并继续履行，A公司将其持有的某某股×股社会法人股全部过户到B公司名下
		本案中的《股权转让协议》有效并继续履行，待中国证监会豁免要约收购后，A公司将其持有的某某股×股社会法人股全部过户到B公司名下
确认公司决议无效		被告A公司于×年×月×日召开的第×届董事会第×次临时会议作出的"B公司及其一致行动人在改正行为前不得对其持有公司股份行使表决权"的决议无效
		被告A公司于×年×月×日召开的第×届董事会第×次临时会议作出的"B公司及其一致行动人将其违法所得（即违法增持公司股票及减持该股票所获得的收益）上交上市公司"的决议无效
		被告A公司于×年×月×日召开的第×届董事会第×次临时会议作出的"B公司及其一致行动人改正其违法行为，将合计持有的公司股票减持至合计持有比例5%以下"的决议无效
		被告A公司于×年×月×日召开的第×届董事会第×次临时会议作出的"B公司及其一致行动人不具备收购上市公司主体资格"的决议无效

续表

裁判事项	裁判主文
证券交易侵权赔偿	被告A公司应于本判决生效之日起10日内赔偿原告A投资损失×元、佣金（含利息）和印花税损失×元
	被告B证券公司对上述判决第1项确定的被告A公司所负原告债务承担连带赔偿责任
	被告C资产评估有限公司对上述判决第一项确定的被告A公司所负原告债务的×%部分承担补充赔偿责任